ENCYCLOPÉDIE

METHODIQUE,

OU

PAR ORDRE DE MATIERES;

PAR UNE SOCIÉTÉ DE GENS DE LETTRES, DE SAVANS ET D'ARTISTES;

Précédée d'un Vocabulaire univerſel, ſervant de Table pour tout l'Ouvrage, ornée des Portraits de MM. DIDEROT & D'ALEMBERT, premiers Éditeurs de l'Encyclopédie.

AVIS.

Les Planches, dont nous donnons l'explication à la fin de chacune des parties contenues dans ce volume, se trouvent dans le tome VIII du Recueil des Planches des Arts et Métiers.

ENCYCLOPÉDIE
MÉTHODIQUE.

MANUFACTURES ET ARTS.

TOME QUATRIÈME
CONTENANT:

LE DICTIONNAIRE DES TEINTURES,
PAR M. G. T. DOIN,

D. M. P., Membre de la Société philotechnique de Paris, Correspondant de la Société d'Émulation de Cambray, etc. etc.

LE TRAITÉ DES HUILES,
PAR M. POUTET,

Pharmacien-chimiste; Membre de l'Académie de Marseille; Membre correspondant de l'Académie royale de médecine de Paris; de la Société des Amis des arts utiles de Lyon, et de plusieurs autres Sociétés savantes, etc. etc.

LE TRAITÉ DES SAVONS,
PAR LE MÊME AUTEUR.

A PARIS,
Chez Mme veuve AGASSE, Imprimeur-Libraire, rue des Poitevins, n° 6.

M. DCCCXXVIII.

AVERTISSEMENT.

En me chargeant de rédiger, pour l'*Encyclopédie méthodique*, le *Dictionnaire des Teintures*, je ne me suis pas dissimulé toutes les difficultés que présente un pareil sujet. Sans doute ici il ne s'agissoit pas d'offrir au public des découvertes importantes, des procédés nouveaux, mais il falloit lui présenter l'art de la teinture au point où l'ont porté les efforts réunis de ceux qui, dans les ateliers, éclairent chaque jour la pratique, et de ceux qui, initiés aux plus profondes spéculations de la science, cherchent à fonder une théorie, à expliquer les opérations. En lisant avec soin les derniers Traités de chimie, en parcourant ces Mémoires précieux où sont consignés tous les faits nouveaux et intéressans, on pouvoit espérer d'arriver à une connoissance positive de l'état où se trouve aujourd'hui la théorie; mais comment y joindre toutes ces notions pratiques, tous ces renseignemens traditionnels, tous ces procédés manuels qui ajoutent tant à la certitude des opérations et dont on fait un secret dans la plupart des ateliers ? C'étoit là la principale difficulté, je ne l'ai pas surmontée tout entière ; mais du moins, grace à l'extrême complaisance de M. Beauvisage, qui dirige dans l'île Saint-Louis un de nos premiers établissemens de teinture, j'ai pu connoître, étudier, suivre la plupart des opérations, et joindre ainsi à la théorie chimique la pratique d'un des premiers ateliers de Paris.

La forme de dictionnaire excluant toute espèce de suite dans les descriptions, j'étois obligé de passer successivement d'un sujet à un autre tout-à-fait étranger au premier, et de négliger plusieurs suites d'opérations qui peuvent encore être utiles quand elles cessoient de se rattacher au mot que je traitois. Cet inconvénient, assez grand sans doute, mais qui est inhérent à la forme qui m'étoit imposée, j'ai cherché à le compenser en traitant toutes les grandes questions de théorie, toutes les opérations importantes de pratique, dans des articles généraux, auxquels j'ai donné toute l'extension compatible avec les limites qui m'étoient tracées, et surtout en joignant au Dictionnaire un Vocabulaire où tous les mots employés sont rangés par ordre alphabétique, avec l'indication de tous les endroits de l'ouvrage où il en est parlé. Ainsi le lecteur qui voudra connoître, non-seulement l'histoire, la description, mais encore toutes les applications qu'on peut faire d'un mordant, d'un principe colorant, ou d'un agent chimique quelconque, pourra y parvenir en consultant tour à tour toutes les pages du Dictionnaire indiquées à la suite du mot qu'il veut étudier.

Pour rendre plus facile la lecture de la plupart des ouvrages publiés sur l'art de la teinture, avant l'adoption du nouveau langage chimique, j'ai joint à l'article TEINTURE (Histoire de la) un Tableau des termes anciens avec l'expression moderne en regard. Dans le même article, j'ai donné un aperçu rapide de l'histoire de l'art, depuis les temps les plus éloignés jusqu'à nos jours; j'ai payé un juste tribut d'éloges et de reconnoissance à ceux qui ont contribué à faire faire des progrès à la teinture, et dont les savans écrits ou les utiles travaux m'ont servi à composer le travail que je livre aujourd'hui au public. De toutes les difficultés que j'ai eues à surmonter, l'obligation de me renfermer dans les limites de vingt à vingt-cinq feuilles, n'étoit pas la moindre; l'art du teinturier est tellement vaste, qu'une étendue quatre fois plus considérable eût à peine été suffisante. On sait que Berthollet, en publiant sur ce sujet un ouvrage en deux volumes de plus de cinquante feuilles, ne lui a donné encore que le titre d'*Élémens de l'Art de la Teinture*, convaincu, comme il l'étoit, qu'un traité complet exigeroit au moins quatre ou six volumes in-8°. C'est au lecteur à juger si j'ai montré quelque habileté dans le choix que j'ai fait des sujets à omettre et de ceux à insérer, et si mon Dictionnaire abrégé donne une idée exacte d'un art qui contribue si puissamment à la prospérité publique, par les nouveaux produits auxquels il donne naissance, ou, pour mieux dire, par la valeur nouvelle et quelquefois centuple qu'il donne à de nombreux produits.

G. T. DOIN.

DICTIONNAIRE
DE TEINTURE.

A

ABAT-CHAUVÉE. Nom qu'on donne à une laine de qualité inférieure. *Voyez* Laine.

ABATTRE LE BAIN ou *le bouillon*. C'est rafraîchir un bain avec de l'eau fraîche, avant d'y plonger l'étoffe ou l'écheveau.

ABLAQUE. Nom qu'on donne à une soie qui vient de Perse, et à ce byssus de la pine marine avec lequel on fait des étoffes. *Voy.* Soie-Byssus.

ACÉTATES. Sels formés par la combinaison de l'acide acétique avec les bases salifiables. *Voy.* Acides.

ACHÈVEMENT. Terme employé par les teinturiers. C'est l'action de finir le teint d'une étoffe en noir, ou de lui donner le dernier ton noir.

ACIDES. On a long-temps pensé que la combinaison d'un corps combustible avec l'oxigène pouvoit seule donner naissance à un acide, mais les progrès récens de la chimie ont démontré que l'hydrogène pouvoit, aussi bien que l'oxigène, engendrer des acides. Les acides hydro-sulfurique, hydro-chlorique, hydriodique, sont là pour attester la puissance de l'hydrogène, qui a été si long-temps regardé seulement comme un des principes constituans de l'eau. Les propriétés communes à tous les acides sont : l'acidité plus ou moins prononcée, la faculté de rougir les couleurs bleues végétales, et notamment le papier de tournesol, de se combiner avec les bases salifiables ou oxides métalliques, et de donner naissance à des composés nouveaux, que l'on désigne sous le nom de *sels*.

Une foule d'acides sont employés dans la teinture, soit comme mordans, soit comme réactifs, soit surtout en combinaison avec d'autres substances, auxquelles ils donnent des propriétés toutes particulières. Je vais donner quelques détails sur les caractères distinctifs, sur la préparation, et sur les prix courans de ceux qu'on met le plus souvent en usage, ou qu'il importe de con-

noître, à cause de l'action qu'ils exercent sur quelques opérations de la teinture.

ACIDE ACÉTIQUE. Acide végétal formé, suivant MM. Gay-Lussac et Thénard, de

Carbone...................... 50,224
Hydrogène.................... 5,629
Oxigène...................... 44,147

Ou bien :

Carbone...................... 50,224
Oxigène et hydrogène dans les proportions nécessaires pour faire l'eau........ 46,910
Oxigène...................... 2,866

Pur, ou du moins aussi pur qu'on a pu l'obtenir jusqu'à présent, il se prend en masse cristallisable à treize degrés au-dessus de zéro, il est incolore, son odeur est piquante, sa saveur forte, son action sur le tournesol très-marquée; il pèse spécifiquement 1,063. On pense qu'il contient à cet état, acide 89, eau 11, et que c'est à cette eau qu'il doit la propriété de se volatiliser sans se décomposer. Ce n'est jamais sous cette forme que l'acide acétique est employé dans les arts; c'est toujours étendu d'une plus grande quantité d'eau; et alors on le retire, soit en distillant le vinaigre ordinaire, et s'arrêtant aussitôt que le résidu a la consistance de la lie de vin, soit en purifiant l'acide pyroligneux ou le vinaigre que l'on obtient par la distillation des bois. Cette opération se fait en grand à la manufacture de Choisy, sous la direction de M. Mollerat, et l'acide qui en sort, au prix de 2 francs 50 centimes la pinte, réunit toutes les conditions voulues et peut être employé avec avantage.

Voici la description que M. P.-L. Dupuytren donne de ce procédé : « On dispose, à l'une des extrémités d'un vaste bâtiment, quatre fourneaux destinés à recevoir de vastes cornues, dont la partie inférieure est en fonte et les parois en forte tôle. A très-peu de distance du fond de ces cornues, se trouve l'ouverture d'un tuyau en cuivre, du diamètre de trois pouces, qui s'élève le long des parois, et s'évase en entonnoir à la partie supérieure. Un cylindre en cuivre , de huit à neuf pouces de large; et long de dix-huit à vingt pieds, s'ajuste à cet entonnoir, sort de l'atelier , se recourbe, et va plonger au fond d'un vaste cuvier plein d'eau , qui se renouvelle sans cesse. Là il se décharge dans un condensateur, auquel sont adaptés , d'un côté , un petit robinet pour l'écoulement des liquides, et , de l'autre, un cylindre à peu près du même calibre que le précédent, et qui s'élève verticalement, se recourbe , rentre dans l'atelier, se recourbe de nouveau, et va s'ouvrir dans le foyer.

» Cet appareil monté , on remplit la cornue de bois coupé depuis un an , et qui est , autant que possible, droit, long, et de la grosseur du poignet; on le range avec ordre, et , lorsque la cornue est pleine, on la ferme avec son couvercle, qu'on assujettit par des vis; on lute la cornue avec de la terre argileuse, et, au moyen d'une grue, on la place dans son fourneau. On met par-dessus un dôme en maçonnerie mobile, et que l'on place ou l'on déplace à l'aide d'une forte grue. On adapte le cylindre à la cornue , et on fait le feu. Toute l'eau contenue dans le bois se dissipe, et bientôt la carbonisation commence. Alors il se dégage de l'acide carbonique, de l'acide pyrolignique très-étendu d'eau, du gaz hydrogène carboné , c'est-à-dire, du gaz hydrogène qui tient du charbon en dissolution, une matière huileuse analogue au goudron , et peut-être un peu de gaz oxide de carbone , formé de charbon combiné à une petite quantité d'oxigène , et tenu par le calorique à l'état de gaz.

» Dans quelques points de la cornue que la décomposition se fasse , tous ces produits sont forcés de traverser la masse entière pour chercher l'ouverture du tuyau de cuivre, qui prend son origine à peu de distance du fond de la cornue; de là ils se rendent dans le cylindre de cuivre, qui les porte dans le condensateur, d'où l'eau, l'acide pyrolignique et la matière huileuse coulent par le petit robinet, tandis que les gaz prennent la route du second cylindre pour arriver ensuite dans le foyer et y brûler, à l'exception seulement du gaz acide carbonique.

» Lorsque l'opération a marché cinq heures , on dirige, au moyen d'un robinet, les gaz inflammables, les vapeurs huileuses qui les accompagnent, sous une autre cornue, où l'on vient d'allumer le feu. La chaleur du fourneau, et celle qui se développe dans le bois pendant sa décomposition, suffisent pour achever la carbonisation du bois contenu dans la première. On n'attend pas même que le dégagement des gaz et des vapeurs ait cessé pour retirer cette cornue, parce que le charbon seroit trop friable.

» Aussitôt que la cornue voisine de la première commence à donner des produits gazeux, on enlève cette première cornue, et on met le feu aux produits gazeux qui en sortent, pour n'être pas incommodé de leur odeur; la flamme qu'ils produisent est de la grosseur du corps, et s'élève à plusieurs pieds au-dessus du tuyau; elle dure environ une demi-heure.

» Aussitôt qu'une cornue est enlevée, on la remplace par une nouvelle, et l'on procède comme ci-dessus. Il y a ici quelques précautions à prendre. En effet, au moment où l'on sort la cornue de son fourneau, le cylindre est rempli de vapeurs inflammables. Si on lutoit sur le champ le cylindre avec la nouvelle cornue , les gaz se mêleroient avec l'air atmosphérique qu'elle contient, et la plus petite étincelle qui pénétreroit par les fissures de la cornue enflammeroit le gaz tonnant , formé par le mélange du gaz hydrogène carboné et du gaz oxide de carbone avec l'oxigène de l'air atmosphérique , et produiroit une violente détonation. Il ne faut donc luter l'appareil qu'au moment où les vapeurs empyreumatiques se dégagent de la nouvelle cornue.

» Les cornues sont de la capacité de 72 à 100 pieds cubes; elles contiennent une voie & demie ou deux voies de bois. Lorsque le bois est bien choisi & de bonne qualité, il donne 28 ½ de charbon, & de 240 à 300 litres d'acide pyrolignique mêlé avec un douzième de goudron. Le charbon a conservé la forme du bois; il n'est mêlé que d'une très-petite quantité de poussier qui provient des écorces; il a toutes les qualités d'un bon charbon; sa combustion est plus rapide et plus vive, aussi en faut-il moins pour porter les liquides à l'ébullition : exposé à l'air, il gagne en poids 10 ⅔. Les bois durs sont ceux qui donnent les résultats les plus avantageux; on doit rejeter les bois blancs. La carbonisation s'opère dans l'espace de cinq ou six heures; enfin, il faut sept heures pour laisser refroidir le charbon.

» En laissant reposer pendant quelques semaines l'acide pyrolignique obtenu par les opérations précédentes, il s'y forme un dépôt assez considérable d'une espèce particulière de goudron, qui peut trouver plus d'un emploi utile dans les arts. Le vinaigre de bois , extrait comme on vient de le dire , est très-impur; c'est un liquide d'un jaune-rougeâtre , d'une saveur et d'une odeur empyreumatique, due à la présence de l'huile et du goudron qu'il tient en dissolution.

» Pour purifier cet acide, on commence par y verser autant de craie qu'il en peut décomposer à la température ordinaire; il se forme une écume noirâtre qu'il faut enlever avec soin. On fait ensuite bouillir la liqueur, et on achève de la saturer avec de la chaux éteinte, après quoi on y ajoute une quantité convenable de sulfate de soude; il se forme de l'acétate de soude soluble et du sulfate de chaux, qui , en se précipitant, entraîne avec lui plus ou moins de goudron : lorsque le sulfate de chaux est bien déposé, on décante l'acétate de soude; et on fait évaporer jusqu'à pellicule; on met alors la liqueur ainsi concentrée dans des cristallisoirs où, par le refroidissement, elle se prend en masse cristallisée.

» Cette masse est très-impure ; elle est noircie par une grande quantité de goudron. On la purifie en la desséchant, en lui faisant subir la fusion ignée, en la dissolvant de nouveau dans l'eau, en filtrant et en la faisant cristalliser à plusieurs reprises. Par la fusion, l'huile et le goudron se volatilisent ou se charbonnent, et l'acétate de soude est alors suffisamment pur. On fait dissoudre les cristaux dans le moins d'eau possible ; on décompose le sel par un poids déterminé d'acide sulfurique ; il se forme du sulfate de soude qui cristallise presqu'entièrement, et il reste de l'acide acétique qui surnage. On décante l'acide ; on le distille dans des vaisseaux de grès, de verre ou de cuivre étamé, et on le reçoit dans des récipiens en argent. L'acide acétique est alors très-pur et très-concentré ; il marque à l'aréomètre sept ou huit degrés.... »

Il est un troisième procédé que l'on peut employer également avec succès, c'est de distiller dans un appareil convenable. le verdet ou acétate de cuivre que l'on prépare en grand à Montpellier ; seulement, pour arriver à obtenir un acide pur et dépouillé de tout mélange, il faut le soumettre au moins à deux distillations.

L'acide acétique pur est employé à plusieurs usages ; en teinture on s'en sert quelquefois comme mordant (voyez ce mot) ; mais c'est surtout combiné avec d'autres substances qu'il rend de nombreux et importans services. Uni à l'alumine, soit qu'on fasse ce sel de toutes pièces, soit qu'on l'obtienne par la double décomposition de l'alun et de l'acétate de plomb, il sert à fixer les couleurs sur les toiles peintes. (Voyez Mordans, Fixation des couleurs.) Ce sel, bien préparé, est incolore, très-astringent, très-styptique, incristallisable, et rougit sensiblement le tournesol.

Voici le procédé qu'on met le plus souvent en usage : « Dans huit parties d'eau chaude, on fait dissoudre trois parties d'alun et une partie d'acétate de plomb (sel de Saturne) ; on y ajoute ensuite un huitième de partie de potasse et autant de craie. On agite à plusieurs reprises pendant quelques heures ; on laisse bien former le dépôt, et on décante ensuite dans un flacon la liqueur claire et transparente qui le surnage. Cette liqueur doit marquer de sept à huit degrés à l'aréomètre de Baumé. Dans cette opération, il se forme de l'acétate d'alumine qui reste à l'état liquide, et du sulfate de plomb qui se précipite en poudre très-blanche. Comme la quantité d'acétate de plomb est insuffisante pour décomposer tout l'alun, on est obligé d'ajouter de la craie et de la potasse qui décomposent le reste. L'acétate d'alumine ainsi obtenu n'est pas pur ; il contient du sulfate de potasse ou du sulfate d'ammoniaque ;

heureusement le mélange de ces sels étrangers avec l'acétate d'alumine ne nuit point aux couleurs qu'on cherche à fixer par ce mordant. Toutefois, on pourroit décomposer tout l'alun, et même sans addition de potasse et de craie, en employant trois parties et demie d'acétate de plomb, au lieu d'une partie seulement. »

Combiné avec le fer, l'acide acétique donne un noir (voyez ce mot) dont les teinturiers font un grand usage. Ce sel se prépare dans tous les ateliers, soit en mettant seulement de l'acide en contact avec la tournure de fer et laissant le mélange exposé à l'air, soit en mélangeant les divers oxides de fer avec l'acide. L'acétate de fer, convenablement préparé, est d'un blanc-rougeâtre, incristallisable, soluble dans l'eau ; il rougit fortement la teinture de tournesol.

Uni au cuivre par le procédé employé à Montpellier (voyez Verdet), l'acide acétique sert à former un acétate de cuivre qui donne une couleur verte, et peut être employé pour obtenir l'acide acétique, comme je l'ai dit plus haut.

Enfin, uni au plomb, ce qu'on obtient facilement en faisant bouillir l'acide avec l'oxide de plomb, connu sous le nom de litharge, il forme un sel qui cristallise en aiguilles blanches, d'abord sucrées, puis astringentes ; il ne rougit point le tournesol, et se dissout facilement dans l'eau. Ce sel est connu dans le commerce sous le nom de sel ou sucre de Saturne. C'est avec ce sel que l'on prépare une grande partie de l'acétate d'alumine employé comme mordant ; c'est avec lui qu'on fait le blanc de plomb ou la céruse.

Acide carbonique. Il s'obtient facilement en versant une certaine quantité d'acide hydro-chlorique sur du marbre blanc concassé, et en recueillant le gaz qui se dégage dans des cloches remplies de mercure ou d'eau ; on peut aussi le dissoudre dans de l'eau froide. En dissolution, il n'est point employé en teinture. A l'état de gaz, il est incolore, élastique, transparent, d'une odeur piquante, d'une saveur aigrelette ; il pèse spécifiquement 1,5196 ; il rougit l'infusum de tournesol, éteint les corps en combustion et tue les animaux qui le respirent. Sous cette forme il joue un rôle dans quelques opérations de teinture, soit par son action directe, soit par combinaison avec diverses substances.

Parmi les sels auxquels l'acide carbonique peut donner naissance en se combinant avec les bases salifiables, les seuls qui soient employés dans la teinture sont :

Le Sous-carbonate de potasse. C'est la potasse du commerce. (Voyez ce mot.) Ce sel entre dans plusieurs opérations chimiques nécessaires à l'art du teinturier ; il sert à préparer la potasse caustique que l'on emploie pour lessiver le coton et le préparer au blanchiment.

Le Sous-carbonate de soude. C'est la soude du commerce. (*Voyez* ce mot.) Ce sel est très-fréquemment et très-utilement employé dans la teinture rouge des Indes.

Le Sous-carbonate de fer. On le prépare en exposant, pendant un certain temps, de la ferraille en contact avec l'air humide. Le fer, oxidé d'abord, se combine ensuite avec l'acide carbonique répandu dans l'air atmosphérique. Ce sel ne cristallise point ; il est sous-forme de poudre jaune-rougeâtre ; il est insipide et insoluble dans l'eau. Il sert à préparer la tonne au noir. *Voyez* Noir.

Le Sous-carbonate de chaux. C'est la craie, la pierre à chaux, les marbres blancs, les stalactites, les albâtres. C'est le marbre blanc et la craie qui offrent ce sel dans son plus grand état de pureté. On l'emploie fréquemment dans des décompositions chimiques, et notamment pour corriger la trop grande acidité de quelques solutions dans lesquelles entre l'acide sulfurique. Une petite quantité de craie ou de marbre blanc en poudre, jetée dans une solution trop acide, lui enlève cette propriété ; il se forme avec l'acide en excès un sulfate de chaux qui se précipite, et l'acide carbonique se dégage avec effervescence.

Acide citrique. Il se trouve tout formé dans le suc de l'orange ou du citron. Voici le procédé que l'on met en usage pour l'obtenir parfaitement pur : « Après avoir extrait le jus de ces fruits, on le fait chauffer et on y verse peu à peu de la craie réduite en poudre fine, jusqu'à ce que la saturation soit presque complète. Il en résulte une vive effervescence et du citrate de chaux. Celui-ci étant insoluble se précipite ; on le recueille sur un filtre, et on le lave à plusieurs reprises avec de l'eau chaude. Lorsque l'eau, qui d'abord passe colorée, cesse de l'être, on arrête les lavages et on traite le citrate par l'acide sulfurique. Les meilleures proportions possibles paroissent être une partie de citrate de chaux supposé sec., et trois parties d'acide sulfurique à 1,15 de pesanteur spécifique. Le citrate et l'acide doivent être mêlés dans une capsule, et leur réaction doit être favorisée par l'agitation et par la chaleur. Dans cette opération l'acide sulfurique se combine avec la chaux et forme un sulfate peu soluble, tandis que l'acide citrique reste en dissolution avec un peu de sulfate de chaux et l'excès d'acide sulfurique. Au bout d'environ demi-heure, en supposant qu'on opère sur 4 à 500 grammes de citrate, on filtre, on lave, et on réunit toutes les liqueurs, que l'on concentre jusqu'à un certain point et qu'on laisse ensuite refroidir. Par ce moyen, la majeure partie de l'acide citrique cristallise dans l'espace de quelques jours. En concentrant les eaux mères, on obtient de nouveaux cristaux. » Ainsi préparé, l'acide citrique retient encore un peu d'acide sulfurique ; on le purifie en le rédissolvant dans l'eau, et ajoutant au liquide, peu à peu, de la baryte en liqueur. Il se forme un sulfate de baryte insoluble qui se précipite ; on filtre, on fait cristalliser, et on obtient un acide citrique parfaitement pur. Ainsi préparé, l'acide citrique cristallise en prismes rhomboïdaux. Sa saveur est tellement acide, qu'on peut difficilement la supporter ; il rougit fortement la teinture de tournesol ; il est plus soluble à chaud qu'à froid ; l'air ne l'altère nullement. L'analyse y reconnoît,

Suivant Gay-Lussac et Thénard :

	en poids.
Carbone	33,811
Oxigène	59,859
Hydrogène	6,330
	100,000

Ou

Carbone	33,811
Oxigène et hydrogène dans les proportions nécessaires pour faire l'eau	52,749
Oxigène en excès	13,440
	100,000

Suivant Berzelius :

Carbone	41,369
Oxigène	54,831
Hydrogène	3,800
	100,000

Cet acide dont jusqu'à présent on a fait peu d'usage, et qui, préparé en très-petite quantité, puisqu'on ne l'emploie guère que pour faire ce qu'on appelle les limonades sèches, n'est livré au commerce qu'à un prix très-élevé, pourroit rendre aux arts d'importans services et remplacer souvent avec avantage d'autres acides végétaux, si l'on se livroit à sa fabrication en grand et on le donnoit à un prix modéré, ce qui seroit très-facile. Il suffiroit d'aller le préparer dans un pays où le citron et l'orange croissent abondamment : rien n'est plus facile, comme on a pu le voir, que l'exécution des procédés au moyen desquels on parvient à l'isoler des substances avec lesquelles il est mêlé, et son transport ne présenteroit aucun inconvénient, puisque l'air ne l'attaque pas, et qu'il suffiroit de mettre ses cristaux dans des tonneaux que l'on fait si aisément voyager. Jusqu'à présent la teinture ne l'emploie que pour faire la couleur rose du coton par le safranum. *Voyez* Rose et Safranum.

Acide gallique. Il tire son nom de la noix de galle dont on l'extrait le plus communément ; il se trouve aussi dans le *sumac*, dans l'*écorce* et la *sciure de chêne*, dans le *bois de campêche*, l'*écorce d'aulne*, etc. (*Voyez* ces mots.) Pur et séparé des substances avec lesquelles il est uni, l'acide gallique, dont le prix seroit très-considérable, n'est point employé en teinture. C'est à l'article TANNIN et à ceux consacrés aux diverses substances qui le renferment, que l'on verra le rôle qu'il joue dans les diverses opérations de l'art du teinturier.

ACIDE HYDRO-CHLORIQUE. C'est l'acide *muriatique* du commerce, que l'on désignoit autrefois sous le nom d'*esprit de sel fumant*, parce qu'on l'extrait du sel de cuisine (deuto-chlorure de soude) et qu'il a la propriété, lorsqu'il est concentré, de laisser exhaler des vapeurs qui ressemblent à de la fumée. Cet acide dont les arts tirent un grand parti et qui est devenu indispensable dans plusieurs opérations de la teinture, se fabrique en grand pour les besoins du commerce, et peut être aisément préparé par tous les industriels qui l'emploient. Voici le procédé qu'on met le plus souvent en usage : « On traite, à l'aide de la chaleur, le sel marin par l'acide sulfurique; on prend une partie de sel marin et une demi-partie d'acide sulfurique du commerce; on introduit le sel dans une fiole de verre ou un matras, dont la capacité est une fois plus grande que le volume du mélange; on adapte au col du vase un bouchon percé de deux trous, dont l'un reçoit un tube recourbé propre à recueillir les gaz, et l'autre un tube à trois branches parallèles; on place le vase sur un fourneau, et l'on fait plonger le tube recourbé sous un bain de mercure : alors on verse l'acide peu à peu par le tube à trois branches. Le gaz commence à se dégager tout de suite, même à la température ordinaire; mais on ne le recueille que lorsqu'il est pur, c'est-à-dire, lorsqu'en le mettant en contact avec l'eau, il s'y dissout complétement et instantanément; il doit toujours être reçu dans des flacons pleins de mercure. D'ailleurs, on ne fait du feu sous le matras que quand le dégagement se ralentit; on en fait peu d'abord; on l'augmente successivement. »

Cet acide ainsi obtenu est un gaz incolore, produisant des fumées blanches, rougissant fortement l'infusum de tournesol, éteignant les corps en combustion, pesant spécifiquement 1,247, se combinant avec les bases salifiables et donnant naissance à des sels solubles, ayant une extrême affinité pour l'eau, qui peut en dissoudre 464 fois son volume. Cet acide à l'état de gaz n'est employé que dans les laboratoires. Dans les arts et en teinture, c'est dissous dans l'eau ou combiné avec d'autres corps qu'on en fait usage. L'acide hydro-chlorique liquide s'obtient par le même procédé que le gaz; seulement, au lieu de faire arriver l'acide dans des cloches de mercure, on le reçoit dans des flacons remplis aux deux tiers d'eau, jusqu'à ce que l'eau en soit entièrement saturée. Cette solution convenablement préparée est blanche, très-caustique, d'une odeur insupportable, rougit fortement l'infusum du tournesol, et pèse spécifiquement 1,208. Parmi les combinaisons formées par l'acide hydro-chlorique avec d'autres corps, les plus usitées en teinture sont :

L'HYDRO-CHLORATE DE SOUDE (sel de cuisine, sel marin). On sait que ce sel est très-commun dans la nature, et qu'on le retire soit des eaux de la mer, soit des sources salées, soit du sein de la terre, où on le trouve en masses considérables. Pur ou tel qu'il sort des raffineries, il est blanc, cristallisé en cubes; sa saveur est fraîche et salée; il décrépite sur le feu; l'eau froide en dissout deux parties et demie; il n'est guère plus soluble dans l'eau bouillante. L'hydro-chlorate de soude pur est inaltérable à l'air; à l'état de sel gris et tel qu'on le trouve le plus souvent dans le commerce, il est déliquescent, ce qui dépend de son mélange avec quelques sels étrangers. C'est avec l'hydro-chlorate de soude qu'on prépare le chlore liquide ou gazeux dont on fait un si grand usage dans le blanchiment (*Voyez* CHLORE, BLANCHIMENT.) C'est du même sel que l'on extrait aujourd'hui les cristaux de soude connus en teinture sous le nom de *sel de soude*. Voyez ce mot.

L'HYDRO-CHLORATE D'AMMONIAQUE (sel ammoniac). Pendant long-temps l'Europe a été tributaire de l'Egypte pour ce produit, dont les arts consomment une quantité assez considérable. Aujourd'hui on sait le préparer en Europe. Les Egyptiens le retirent de la fiente du chameau. Cette fiente recueillie, séchée au soleil, est brûlée dans des cheminées. On ramasse la suie qui provient de cette combustion et qui contient le sel ammoniac; on en remplit des ballons de verre d'environ un pied de diamètre, jusqu'à trois doigts près de leur col, et on les expose à l'action du feu. Cette opération peut se faire commodément dans les fourneaux appelés *galères*; il faut que chaque ballon soit disposé de manière à ce que sa partie supérieure sorte du fourneau et soit en contact avec l'air froid. Le feu doit être conduit doucement et continué pendant trois jours environ; après ce temps on casse le ballon et on trouve le sel ammoniac sublimé à sa partie supérieure, en masses hémisphériques, d'un blanc gris, demi-transparentes, douées d'une sorte d'élasticité et épaisses d'environ deux pouces à deux pouces et demi.

En France, c'est en distillant les os mêlés de toutes sortes de chiffons de laine que l'on prépare le sel ammoniac. « On introduit les os et les chiffons dans des tuyaux de fonte, disposés horizontalement dans des fourneaux à réverbère; l'une des extrémités de ces tuyaux, qui peut être ouverte ou fermée à volonté, est destinée à l'introduction des matières : c'est par l'autre que se dégagent les produits. A cet effet on y adapte un tube très-large et courbé qui va se rendre dans un tonneau, qui lui-même, par des tubes intermédiaires, communique avec d'autres tonneaux : l'appareil se termine par un tube droit qui porte les gaz hors de l'atelier ; il seroit mieux de les ramener dans le fourneau pour les brûler, en ayant soin toutefois de placer de distance en distance des diaphragmes de gaze métallique, afin de prévenir les détonations. Les produits dont on facilite la condensation en refroidissant les tuyaux de communication, consistent en eau, en huile, en une petite quantité d'acétate et d'hydro-cyanate d'ammoniaque, et en une grande quantité de sous-carbonate d'ammoniaque. Lorsqu'ils sont retirés des récipiens, on les met en contact avec du sulfate de chaux réduit en poudre, et même on les filtre à travers une couche de ce sel. Le carbonate d'ammoniaque et le sulfate calcaire se décomposent réciproquement : il se forme du sulfate d'ammoniaque soluble et du carbonate de chaux insoluble. Alors on verse dans la liqueur un excès de sel marin, on la concentre, et, par des évaporations et refroidissemens successifs, on en retire de l'hydro-chlorate d'ammoniaque et du sulfate de soude, faciles à purifier par la cristallisation. Lorsque le sel ammoniac est purifié et séché, on procède à sa sublimation comme dans le procédé égyptien et on le verse dans le commerce. »

Le sel ammoniac convenablement préparé est blanc, clair, transparent, sec et sans crasse, d'une saveur salée, âcre et piquante. Il entre dans la préparation de plusieurs mordans, et sert aussi à faire la dissolution d'étain.

L'Hydro-chlorate d'étain. L'étain étant susceptible de se combiner en plusieurs proportions avec l'oxigène, donne aussi naissance à deux sels différens dans ses combinaisons avec l'acide hydro-chlorique. Ces sels sont employés avec succès en teinture, surtout dans le rosage du rouge des Indes. On trouvera à l'article Etain les divers procédés employés pour leur préparation et leurs caractères distinctifs.

Acide hydro-chloro-nitrique (acide nitro-muriatique, eau régale). Ce réactif qui joue un rôle important dans les arts, et qui doit son nom d'eau régale à la propriété qu'il a de dissoudre l'or qui passoit jadis pour le roi des métaux, s'obtient en mêlant des diverses proportions de l'acide nitrique et de l'acide hydro-chlorique. Long-temps on a cru que le résultat de cette opération étoit un simple mélange ; mais les recherches les plus récentes ont prouvé qu'il y a décomposition réciproque, et que c'est au chlore, à l'oxigène, à l'hydrogène à l'état naissant, qu'on doit attribuer la plupart des phénomènes auxquels ce mélange donne lieu. L'acide hydro-chloro-nitrique sert à dissoudre un grand nombre de métaux, et surtout pour préparer la dissolution d'étain (voyez ce mot), nommée dans les ateliers composition ou mordant d'étain.

Acide nitrique (eau forte). Cet acide doit son nom au sel de nitre dont on l'extrait le plus ordinairement. Voici le procédé employé aujourd'hui : « On place horizontalement dans un fourneau construit exprès, des cylindres en fonte ; on les recouvre intérieurement de nitre (nitrate de potasse) dans toute leur longueur ; deux plaques de fonte percées chacune d'un trou, en bouchent les deux extrémités : par l'une on verse l'acide sulfurique ; par l'autre, au moyen d'un conduit de grès, on recueille l'acide nitrique dans des récipiens. Le sulfate de potasse qui se forme et qui reste dans les cylindres, se retire après chaque opération. » Convenablement préparé, cet acide est liquide, incolore, transparent, d'une odeur particulière et désagréable, d'une saveur excessivement acide. Il rougit fortement l'infusum de tournesol, tache les matières végétales et minérales en jaune et les désorganise promptement. Concentré, il pèse spécifiquement 1,554, ou 40° à l'aréomètre de Baumé ; mais en teinture, celui qu'on emploie ne marque jamais plus de 28 à 30°. La lumière du soleil le décompose en partie ; c'est pourquoi il faut le conserver dans des flacons bien bouchés et dans un lieu obscur. Il se mêle à l'eau dans toutes les proportions. L'acide nitrique du commerce est rarement pur ; le plus souvent même, ce qu'on vend sous ce nom n'est qu'un mélange d'acide nitreux et d'acide hydro-chlorique, ce qui, dans beaucoup de cas, ne nuit en rien aux opérations pour lesquelles on l'emploie. Lorsqu'on veut l'avoir pur, il suffit de le distiller, en ayant soin de rejeter les premières portions qui passent colorées et entraînent le chlore et l'acide nitreux ; le reste est incolore, c'est l'acide nitrique seul. Cet acide pur est employé en teinture pour dissoudre plusieurs métaux, et notamment l'étain. Ses combinaisons les plus usitées sont :

Le Nitrate de potasse (nitre ou salpêtre). Ce sel blanc, dont la saveur est âcre et piquante, cristallise en prismes à six pans terminés par des sommets à deux faces ; il absorbe l'humidité de l'air et tombe facilement en déliquescence. Il se forme naturellement dans tous les endroits habités, soit par les hommes, soit par les animaux, surtout quand ces endroits sont humides. On en trouve beaucoup dans les plâtres qui proviennent des vieux bâtimens, dans les terres qui forment le sol des caves, des écuries, des étables, des bergeries. L'extraction de ce sel constitue l'art du salpêtrier. (Voyez Arts et Métiers, tome VII, page 161.) Le nitrate de potasse sert à fabriquer l'acide sulfurique et à extraire l'acide nitrique ; on l'emploie aussi quelquefois dans la préparation des mordans qui servent à l'impression des toiles peintes.

Le Nitrate de fer. C'est la combinaison de l'acide nitrique avec le fer ; il y en a de deux espèces, qui diffèrent suivant la quantité d'oxigène que le métal contient : on nomme le premier *deuto-nitrate de fer*, parce qu'il est formé par le fer au second degré d'oxidation; le second s'appelle *trito-nitrate*, parce que le fer y est au troisième degré d'oxidation. Ces deux sels sont fréquemment employés dans l'impression des toiles, pour préparer ce qu'on appelle les *mordans de noir*. Voici comment on peut les préparer, en ayant soin toutefois de faire ces opérations sous le manteau d'une cheminée, afin de se garantir des vapeurs qui se dégagent, et qu'il seroit dangereux de respirer. Le deuto-nitrate s'obtient soit en faisant agir à froid l'acide nitrique étendu de deux fois son volume d'eau sur du deutoxide de fer, soit en projetant peu à peu du fer divisé dans de l'acide nitrique foible. Le sel que l'on obtient par ces deux procédés est également pur, et cristallise aisément par une lente évaporation. Il est très-soluble dans l'eau, et il faut le conserver dans des vases bien bouchés et dans un endroit frais, car l'air et la chaleur le font aisément passer à l'état de trito-nitrate. Quant au trito-nitrate, on l'obtient en traitant du fil ou de la tournure de fer par l'acide nitrique étendu d'environ une fois son poids d'eau. Il faut avoir soin de verser l'acide peu à peu, parce qu'il se produit une grande effervescence et un grand dégagement de calorique. On doit laisser agir l'acide pendant un certain temps sur le fer, afin que la dissolution soit chargée de métal autant que possible; on filtre ensuite, et l'on se contente de décanter la liqueur. On ne peut obtenir le trito-nitrate de fer à l'état solide; ce sel se décompose constamment lorsqu'on évapore la liqueur jusqu'à siccité. On voit que dans ces diverses opérations, une partie de l'acide nitrique est décomposée, et se transforme en acide nitreux qui se dégage sous forme de vapeurs, tandis que son oxigène va servir à oxider le métal.

ACIDE OXALIQUE. Cet acide végétal doit son nom à l'oseille (*oxalis*) dont on peut l'extraire. C'est du sucre ou de quelqu'autre matière végétale analogue qu'on le retire le plus communément; l'opération est fort simple. On place dans un vase de verre une partie de sucre, et l'on verse dessus par tiers, et d'heure en heure, six fois en poids d'acide nitrique à 22° de l'aréomètre de Baumé. Le mélange doit être tenu sur un feu doux, et on doit l'en retirer dès que les vapeurs rougeâtres cessent de se dégager. La liqueur obtenue, versée dans une terrine de grès et évaporée lentement, ne tarde pas à laisser déposer l'acide oxalique qui se dépose sous forme de cristaux. On décante l'eau mère, on fait égoutter les cristaux sur du papier joseph. On les redissout ensuite dans de l'eau distillée, pour les débarrasser entièrement de l'acide nitrique qu'ils peuvent avoir retenu, et on procède à une seconde cristallisation en évaporant lentement comme la première fois. Ainsi obtenu, l'acide oxalique cristallise en

prismes quadrangulaires, incolores, transparens, et terminés par des sommets à deux faces; il a une saveur très-acide et il rougit fortement l'infusum de tournesol; il est inaltérable à l'air, se dissout dans son poids d'eau bouillante et dans deux parties d'eau à la température ordinaire. L'analyse y démontre,

Suivant Gay-Lussac et Thénard:

	en poids.
Carbone	26,566
Oxigène	70,689
Hydrogène	2,745

Suivant Berzelius:

	en volume.
Vapeur de carbone	12
Gaz oxigène	18
Gaz hydrogène	1

On trouve dans le commerce un sel acide, connu sous le nom de *sel d'oseille*; c'est une combinaison de l'acide oxalique avec la potasse, un véritable oxalate acide de potasse; on l'extrait en Suisse du *rumex acetosella*, en Angleterre de l'*oxalis acetosella*. « Le *rumex* ou l'*oxalis* sont pilés, mêlés avec un peu d'eau et soumis à la presse après quelques jours de macération; ensuite on chauffe légèrement le suc, et on le porte dans une cuve en bois. Là on le met en contact avec de l'argile pendant un ou deux jours. Au bout de ce temps il se trouve clarifié; on le décante et on l'évapore convenablement dans une chaudière de cuivre. Peu à peu il se forme des cristaux; mais comme ils sont verdâtres, on les purifie par de nouvelles cristallisations. De 500 gr. de rumex on retire environ 4 gr. de sel d'oseille. »

Le sel d'oseille du commerce est en petits cristaux blancs, aiguillés ou lamelleux. Romé pense que ce sont des parallélipipèdes fort alongés. Quand on les brise, on y reconnoît des groupes de lames ou de feuillets appliqués les uns contre les autres. Sa saveur est aigre, piquante et un peu acerbe; elle n'a rien de désagréable. Ce sel est fragile, cassant, facile à réduire en poudre. On peut, par une opération chimique, en extraire l'acide oxalique; mais en général, lorsqu'on veut employer cet acide, on préfère se servir du procédé que nous avons indiqué plus haut, et traiter le sucre par l'acide nitrique. L'acide oxalique se combine très-bien avec le fer et donne naissance ainsi à un sel soluble; aussi s'en sert-on pour enlever les taches formées par ce métal, celles d'encre par exemple. C'est à cet usage encore aujourd'hui qu'est employée la plus grande partie du sel d'oseille du commerce. On conçoit pourtant que ce sel doit agir avec une énergie moins grande que son acide, puisque dans le sel une portion de l'acide lui-même est neutralisée par la potasse, et que l'excès d'acide est le seul qui agisse. Il seroit donc avantageux de préférer l'acide pur, et c'est ce qu'ont fait les hommes instruits qui dirigent des manufactures de toile peinte : desirant enlever par place les couleurs à base de fer, ils ont eu recours à l'acide oxalique, et ce moyen leur a parfaitement réussi. *Voy.* IMPRESSION DES TOILES, DÉGRAISSAGE, FER.

ACIDE PRUSSIQUE, ou mieux, comme on le désigne maintenant, *acide hydro-cyanique*. C'est un des poisons les plus actifs, les plus rapides, un de ceux dont l'action terrible et instantanée nous rend vraisemblable ce que les anciens auteurs nous racontent des horribles talens de Locuste, et de ces empoisonnemens subits dont on trouve tant d'exemples dans les annales de l'Italie. Pur, isolé de tous les corps avec lesquels on le trouve ordinairement combiné, cet acide n'est point employé en teinture, et n'est d'aucun usage dans les arts. Quelques expériences récentes de Magendie semblent indiquer que la médecine en pourra retirer quelqu'avantage. On trouve cet acide dans les feuilles du laurier cerise, *prunus lauro-cerasus*, dans les amandes amères, *amygdalus communis*, dans les amandes de cerises noires, *prunus avium*, dans les amandes, les feuilles et les fleurs de pêcher, *amygdalus persica*, et dans quelques écorces. Dans les laboratoires on le retire par une opération chimique assez compliquée, de l'hydro-cyanate de mercure; il est alors sous forme liquide, transparent, sans couleur; sa saveur d'abord fraîche, devient bientôt âcre et irritante; sa densité à 7° est de 0,7058. Il rougit légèrement la teinture de tournesol. Son odeur est si forte, qu'elle produit presque sur-le-champ des maux de tête et des étourdissemens : elle ne devient supportable que lorsque l'acide est répandu dans un grande quantité d'air; alors elle est la même que celle des amandes amères.

Si l'acide prussique pur n'est pas employé en teinture, il n'en est pas de même de quelques-uns des sels auxquels il peut donner naissance en se combinant avec les bases salifiables. Les plus intéressans pour le teinturier sont :

Le PRUSSIATE DE FER. C'est le bleu de Prusse qui fut découvert en 1704 par Diesbach, fabricant de couleurs, et Dippel, pharmacien à Berlin: de là le nom de *bleu de Berlin* qu'on lui donne aussi quelquefois. Voici le procédé que l'on emploie le plus souvent pour sa préparation : « Après avoir fait un mélange à parties égales de potasse du commerce et d'une matière animale qui est ordinairement du sang desséché, des rognures de corne, de cuir, etc., on calcine le mélange dans une chaudière de fonte, jusqu'à ce qu'il devienne pâteux, ce qui n'a lieu qu'à la température rouge. On le jette alors, par parties, dans douze ou quinze fois son poids d'eau, on l'y délaie, et on le laisse en contact avec elle pendant une demi-heure ; en le remuant de temps en temps. On filtre ensuite sur une toile la liqueur que l'on agite avec un bâton, tandis qu'on y verse en même temps une solution

chaude de deux à quatre parties d'alun et une solution aussi chaude d'une partie de sulfate de fer du commerce, ou mieux de nitrate de fer, et on ne cesse de verser de ces dissolutions dans la liqueur que lorsqu'elle ne se trouble plus, ni par l'une ni par l'autre. Lorsque le précipité qui s'est formé est entièrement déposé, on décante la liqueur qui le surnage, et on lave ensuite le dépôt avec une grande quantité d'eau limpide qu'on renouvelle toutes les douze heures.

» La couleur du précipité ou dépôt passe successivement du brun-noirâtre au brun-verdâtre; de là au brun-bleuâtre, puis à un bleu plus prononcé, et enfin à un bleu très-foncé; ce qui n'a lieu qu'au bout de vingt à vingt-cinq jours de lavage. On rassemble alors le précipité sur une toile, on le laisse égoutter, et on le partage en petites masses que l'on fait sécher pour le livrer au commerce. »

Convenablement préparé, le bleu de Prusse est solide, d'un bleu extrêmement foncé, sans saveur, sans odeur, et beaucoup plus pesant que l'eau. Distillé, il se décompose; exposé pendant long-temps à l'air, il s'altère et prend une teinte verte. Le chlore le verdit également; on peut lui rendre sa teinte bleue par le moyen des corps desoxigénans, tels que le proto-sulfate, l'hydro-chlorate de protoxide d'étain. Le bleu de Prusse n'est soluble ni dans l'eau, ni dans l'alcool. Toutes les dissolutions alcalines bouillantes lui enlèvent et son acide et sa couleur bleue. Peu d'acides ont de l'action sur lui, à moins qu'ils ne soient très-concentrés; l'acide hydro-chlorique, par exemple, s'empare de sa base et en chasse l'acide à la température ordinaire.

Jusqu'à présent on connoît peu la composition de ce sel; les chimistes pensent que c'est un hydro-cyanate, ou un cyanure de tritoxide de fer, dans lequel une petite quantité de potasse et d'alumine est combinée. Les usages du bleu de Prusse sont nombreux et importans. Les fabricans de papiers peints en emploient une grande quantité ; il en est de même des peintres en bâtimens; on en fait un fréquent usage dans la peinture à l'huile, mais à tort, parce qu'il s'altère par l'action de l'air atmosphérique, et prend bientôt une teinte verdâtre. C'est avec le bleu de Prusse qu'on donne à la soie cette belle teinte bleue, connue sous le nom de *bleu Raymond* (*voyez* ce mot), bleu que l'on prépare aujourd'hui en grand dans plusieurs ateliers de Lyon. On s'en sert pour teindre le coton en bleu léger, mais peu solide. On l'emploie aussi dans l'impression des toiles, pour faire un très-beau bleu d'application. *Voyez* ce mot.

Le PRUSSIATE DE POTASSE. Ce sel si utile comme réactif, s'obtient en traitant convenablement le bleu de Prusse. Voici le procédé qu'on emploie : « Après avoir broyé le bleu de Prusse, on en en dissout l'alumine et les autres matières étrangères, en le faisant bouillir avec son poids d'acide sulfurique étendu de cinq à six parties d'eau. Au bout de demi-heure, le tout est mis sur un filtre et lavé à grande eau. Lorsque celle-ci ne contient plus d'acide sulfurique, on verse le résidu par parties dans une dissolution d'hydrate de potasse bouillante et suffisamment étendue, et on en ajoute jusqu'à ce qu'il cesse d'être décoloré, ou de passer du bleu au brun-jaunâtre; alors on filtre la liqueur; on sature le petit excès d'alcali qu'elle contient par l'acide acétique; on la concentre, on la laisse refroidir, et peu à peu l'hydro-cyanate s'en dépose sous forme de cristaux cubiques ou quandrangulaires; on le purifie en le

dissolvant et le faisant cristalliser de nouveau. » Ainsi obtenu, ce sel est transparent, de couleur citrine, sapide, inodore, plus pesant que l'eau. La dissolution de ce sel n'est point troublée par les oxides ni par les sels alcalins, tels que ceux qui sont à base de soude, de potasse, d'ammoniaque, etc. Elle l'est au contraire d'une manière très-sensible par presque toutes les dissolutions des autres sels, et le précipité varie de couleur suivant le métal contenu dans la dissolution et suivant que l'on emploie comme réactif le prussiate de potasse simple ou un prussiate de potasse ferrugineux. Voici un tableau dressé par Thénard, et où ces différens résultats sont indiqués :

DANS LES DISSOLUTIONS DE	PAR L'HYDRO-CYANATE DE POTASSE FERRUGINEUX.	PAR L'HYDRO-CYANATE SIMPLE.
Manganèse............	Blanc.	Jaune sale.
Fer protoxidé.........	Blanc abondant.	Orangé abondant.
Fer deutoxidé.........	Bleu clair abondant.	Vert-bleuâtre abondant.
Fer tritoxidé.........	Bleu foncé abondant.	Presqu'insensible.
Etain...............	Blanc.	Blanc.
Zinc................	*Ibid.*	*Ibid.*
Antimoine............	*Ibid.*	*Ibid.*
Urane...............	Couleur de sang.	Blanc-jaune.
Cérium..............	Blanc	»
Cobalt..............	Vert d'herbe.	Cannelle claire.
Titane..............	Rouge.	»
Bismuth.............	Blanc.	Blanc.
Cuivre protoxidé......	*Ibid.*	*Ibid.*
Cuivre deutoxidé......	Cramoisi.	Jaune.
Nickel..............	Vert pomme.	Blanc-jaunâtre.
Plomb..............	Blanc.	»
Mercure deutoxidé.....	*Ibid.*	Jaune.
Argent..............	Blanc. Il bleuit à l'air.	Blanc, soluble dans un excès de prussiate.
Palladium...........	Olive.	»
Rhodium............	»	»
Platine.............	»	»
Or................	Blanc.	Blanc. Il devient d'un beau jaune.

On voit combien un tel réactif peut être utile pour les teinturiers. C'est ainsi qu'ils reconnoîtront sans peine la présence du fer dans l'alun; le résultat de cet essai leur montrera constamment un précipité blanc, si le fer contenu dans l'alun est à l'état de protoxide, bleu clair, si le fer est deutoxidé, bleu foncé, si le fer est à l'état de tritoxide, tandis que la solution restera claire si l'alun est convenablement préparé. L'hydro-cyanate, ou le prussiate de potasse, sert aussi à donner à la soie et au coton un bleu magnifique, mais qui est peu solide. *Voyez* BLEU.

ACIDE SULFUREUX. Cet acide qui n'est employé en teinture jusqu'à présent qu'à l'état de gaz, est

le produit constant de la combustion du soufre dans l'air atmosphérique. C'est un gaz invisible, d'une saveur forte et désagréable, d'une odeur piquante, qui excite la toux, resserre la poitrine, et suffoque les animaux qui le respirent. Il rougit d'abord la teinture de tournesol, mais ensuite en fait passer la couleur à celle de vin paillet; il pèse 2,234, et il est formé de soufre 100, oxigène 97,63. On l'emploie pour blanchir les étoffes de laine ainsi que les soies destinées à la fabrication des étoffes qui doivent rester blanches. Le plus souvent on se contente de placer ces matières sur des cordes tendues dans une chambre, où l'on fait brûler du soufre et que l'on tient hermétiquement fermée. Nous verrons à l'article SOUFRAGE, s'il n'y auroit pas dans quelque cas de l'avantage à employer l'acide sulfureux pur, tel qu'on le prépare dans les laboratoires, par la décomposition de l'acide sulfurique au moyen du mercure, si l'on ne pourroit pas se servir avec succès et économie de l'acide sulfureux liquide, ou de la solution d'acide sulfureux.

ACIDE SULFURIQUE. C'est de tous les acides celui dont les arts ont su tirer le plus grand parti, et dont on consomme la quantité la plus considérable. Autrefois on le tiroit d'un sulfate connu sous le nom de *vitriol*, et à cause de son aspect oléagineux on l'avoit appelé *huile de vitriol*, nom sous lequel il est encore très-souvent désigné dans le commerce et dans les ateliers. L'énorme quantité de cet acide devenu indispensable aujourd'hui, en a fait beaucoup multiplier les fabriques où on le prépare. Paris, Rouen, Montpellier, sont les villes où l'on rencontre les établissemens les plus considérables. Partout on suit le même procédé, qui consiste à faire brûler dans des chambres doublées en plomb, et dont le sol est recouvert d'eau, un mélange de huit parties de soufre et d'une partie de nitrate de potasse. Par cette combustion le nitrate et le soufre disparoissent et donnent naissance à du sulfate de potasse qui reste sur la plaque chauffée, et à de l'acide sulfurique qui s'est dissous dans l'eau. Lorsque, après avoir brûlé plusieurs mélanges, on juge que l'eau est suffisamment saturée, on la recueille, on la porte dans des chaudières de plomb où on l'évapore jusqu'à ce qu'il marque 55° environ à l'aréomètre de Baumé. Cette opération ne suffit pas encore pour l'amener au point où il peut être employé avec succès, et en le retirant des chaudières on le soumet à une nouvelle concentration; c'est quand il marque 66° qu'on le place dans les grandes bouteilles de verre vert, appelées *dames-jeannes*, et qu'on le livre au commerce. Dans cet état, l'acide sulfurique est propre à toutes les opérations des arts, mais il n'est pas pur; pour l'avoir tel, il suffit de le distiller dans une cornue de verre dont le col communique par une alonge à un récipient froid.

L'acide sulfurique est sous la forme d'un liquide incolore, inodore, d'une consistance oléagineuse; il a une saveur acide très-forte, caustique, brûlante; il pèse 1,84 lorsqu'il marque 66° à l'aréomètre de Baumé, et c'est à ce degré qu'il faut l'employer surtout pour dissoudre l'indigo: moins concentré, il seroit à craindre qu'il ne retînt quelques portions d'acide nitrique qui rendroient l'opération dangereuse. L'acide sulfurique bout à 300° centigrades, ou à 240° Réaumur; c'est à cette température qu'il se vaporise, et c'est à cette température qu'il faut le porter lorsqu'on veut le distiller. Exposé à l'air, il en absorbe l'humidité et perd son degré de concentration, d'où il résulte que lorsqu'on veut le con-

server à un degré donné, il faut le garder dans des vases clos et même opaques pour le soustraire à l'action de la lumière. L'acide sulfurique se combine avec l'eau dans toutes les proportions, et dans cette opération il se passe deux phénomènes qui méritent d'être notés; c'est la production instantanée d'une grande quantité de calorique, et une diminution marquée dans le volume du mélange. Par exemple, si on mêle parties égales d'eau et d'acide sulfurique concentré à la température ordinaire, on verra dans le mélange le thermomètre monter à 84° centigrades. Si on mêle une partie d'eau avec quatre parties d'acide, le thermomètre montera à 105°. On voit d'après cet effet, qu'il faut éviter avec soin d'opérer ce mélange dans des vases de verre ou de grès qui pourroient se rompre; on doit toujours leur préférer des vases en bois ou en plomb; on doit aussi avoir soin de verser l'acide dans l'eau, et non pas l'eau dans l'acide, non-seulement pour rendre la production du calorique moins rapide, mais encore parce que l'acide étant plus pesant que l'eau, le mélange est plus parfait. Malgré cette précaution, il est bon encore d'agiter le mélange avec une tige de bois ou de verre; on a vu souvent l'acide concentré rester au fond du vase et y détruire les substances qu'on y plongeoit, ce qu'on auroit évité si le mélange eût été parfait. Toutes les fois que l'on fait un mélange d'eau et d'acide sulfurique, le volume total du mélange est moindre que le volume de ces deux corps pris isolément. Vauquelin a dressé, pour l'usage des manufacturiers, une table des pesanteurs spécifiques de l'acide sulfurique étendu d'eau en diverses proportions.

NOMBRE de parties d'acide à 66°.	NOMBRE de parties d'eau.	PESANTEUR spécifique de la combinaison acide.	DEGRÉS de l'aréomètre de Baumé.
84,22	15,78	1,725	60°
74,32	25,68	1,618	55
66,45	33,55	1,524	50
58,02	41,98	1,466	45
50,41	49,59	1,375	40
43,21	56,79	1,315	35
36,52	63,48	1,260	30
30,12	69,88	1,210	25
24,01	75,99	1,162	20
17,39	82,61	1,114	15
11,73	88,27	1,076	10
6,60	93,40	1,023	5

Il résulte de cette table, que 100 parties d'acide, dont la pesanteur spécifique est de 1,725, et qui marquent à l'aréomètre de Baumé 60°, sont

formées de 15,78 parties d'eau et de 84,22 d'a-
cide très-concentré, ou d'acide à 66°. Vauquelin
n'ayant examiné la composition de l'acide sulfurique que de cinq en cinq degrés de l'aréomètre
de Baumé, Darcet a complété ce travail, et par
des expériences scrupuleuses, il a déterminé la
composition de l'acide sulfurique pour les degrés
intermédiaires, du moins pour ceux où cet acide
s'emploie le plus fréquemment. Voici un tableau
qu'il a publié dans les *Annales de Chimie*, tom. I,
pag. 198.

DEGRÉS de l'aréomètre de Baumé.	PESANTEURS spécifiques.	QUANTITÉS d'acide sulfurique à 66° par quintal.	OBSERVATIONS.
45	1,454	58,02	L'acide sulfu-
46	1,466	59,85	rique employé
47	1,482	61,32	marquoit 66° à
48	1,500	62,8	l'aréomètre de
49	1,515	64,37	Baumé. On avoit
50	1,532	66,45	1,844 de pesan-
51	1,550	68,03	teur spécifique.
52	1,566	69,3	On a toujours
53	1,586	71,17	opéré à 12° du
54	1,603	72,7	thermomètre de
55	1,618	74,32	Réaumur, ou à
60	1,717	82,34	15° centigrades.

L'acide sulfurique soumis à un froid de 15 à 20°
au-dessous de zéro, se prend en masse cristalline,
et ses cristaux sont des prismes hexaèdres, terminés par des pyramides à six faces. Les usages de
cet acide sont extrêmement nombreux; on s'en
sert pour extraire le chlore ou gaz employé au
blanchiment du coton, pour donner du vif aux
bleus de cuve à froid, pour obtenir de belles
nuances de bleu, avec le prussiate de potasse, pour
dissoudre l'indigo.

On trouve dans le commerce une espèce particulière d'acide sulfurique, désignée par le nom
d'*huile de vitriol de Saxe*. Cet acide, dont le prix
est constamment plus élevé que celui de l'acide
français, puisqu'on le vend toujours de 3 à 4 fr. la
livre, diffère de celui que l'on fabrique en France
par sa couleur, qui est d'un brun-noirâtre, par sa
densité ou pesanteur spécifique, qui est de 68 à
69° de l'aréomètre de Baume, l'autre, comme on
l'a vu, ne marquant que 66°; en ce qu'il exhale à
l'air des vapeurs blanches, épaisses; en ce que,
versé goutte à goutte dans l'eau, il fait entendre
un bruit semblable à celui que produit l'immersion
d'un fer chaud dans ce liquide; enfin, en ce qu'il
dissout mieux l'indigo, et que la couleur de cette
dissolution est plus riche et plus brillante que celle
qu'on obtient par l'acide sulfurique ordinaire. Cet

acide, ou cette huile de vitriol de Saxe, est toujours préféré, malgré son prix plus élevé, par les
fabricans d'indienne, et même par les teinturiers
sur fil et coton, notamment pour faire la couleur
nommée *vert printemps*. (*Voyez* ce mot.) Il est
bien probable que cet acide ne doit ses caractères
distinctifs et les propriétés qui le font rechercher
qu'à son plus grand degré de concentration, et
qu'on obtiendroit les mêmes avantages de l'acide
sulfurique français si l'on portoit dans les cornues
l'évaporation à 69°, au lieu de s'arrêter, comme
on le fait, à 66° de l'aréomètre de Baumé. Du
reste, il est dans les agens que la teinture met en
usage, certaines propriétés remarquables, tranchées, constantes, qu'on ne peut rapporter à aucun principe particulier, et que ne partagent pas
ces agens préparés ailleurs, d'après les mêmes
procédés et avec mêmes matières. Il est dans la
chimie des teintures une foule de petites influences exercées par des agens inconnus, ou dont on
ne se rend pas compte; influences importantes
que le hasard a fait découvrir, dont la routine
sait tirer parti, mais que personne ne cherche à
expliquer. Nous verrons, en parlant des EAUX,
combien de phénomènes de ce genre restent encore inexplicables. Quel vaste champ est ouvert
à ceux qui voudront se livrer à des recherches de
cette nature, à ceux qui essayeront d'imiter dans
les laboratoires des combinaisons qui, tous les
jours, s'opèrent naturellement, et sans lesquelles
une foule de couleurs et de nuances ne pourroient être obtenues!

L'acide sulfurique peut se combiner avec toutes
les bases salifiables, et donne ainsi naissance à
une grande quantité de sels dont les arts, les
sciences, l'industrie et l'économie domestique
retirent un grand parti. Ceux qui sont employés
en teinture sont:

LES SULFATES DE FER. Ces sels sont au nombre de trois, et diffèrent par la quantité d'oxigène
que contient ce métal. On les distingue en chimie
par les noms de *proto-sulfate*, de *deuto-sulfate* et
de *trito-sulfate*, dénominations qui indiquent que
le métal est au premier, au second ou au troisième
degré d'oxidation. Le proto-sulfate s'obtient en
faisant dissoudre de la tournure de fer ou du sous-
proto-carbonate de fer (rouille de fer) dans de
l'acide sulfurique étendu de trois ou quatre fois
son volume d'eau. Il suffit de filtrer la dissolution,
d'évaporer convenablement, pour obtenir ce sel en
cristaux rhomboïdes. Ces cristaux sont d'un beau
vert d'émeraude, transparens, d'une saveur âpre,
astringente, analogue à celle de l'encre. Dans
le commerce on les appelle *couperose*, *vitriol de
Mars*, etc. Il faut les conserver dans des vases
hermétiquement fermés, car lorsqu'on les laisse
exposés à l'air, ils absorbent promptement de l'oxigène, s'effleurissent, se recouvrent de taches jaunâtres, et passent, au moins quant aux parties

extérieures, à l'état de sous-trito-sulfate de fer. Le proto-sulfate obtenu comme nous l'avons indiqué, et convenablement conservé, se dissout dans deux parties d'eau froide, et dans les trois quarts de son poids d'eau bouillante. La solution, dans tous les cas, est transparente, d'une belle couleur verte, mais le contact de l'air l'altère promptement. On conçoit que le phénomène qui a lieu pour les cristaux à l'état solide, doit, à plus forte raison, se passer dans la solution ; en effet, au bout d'un certain temps on voit au fond du vase une poudre jaune, c'est du sous-trito-sulfate de fer insoluble, tandis que la liqueur, devenue rouge, est colorée par le sur-trito-sulfate de fer, ou du trito-sulfate de fer acide, qui est soluble. Il suit de là qu'on ne doit dissoudre la couperose qu'au moment du besoin, et que si on vouloit conserver de cette solution, il faudroit l'enfermer dans des flacons bien pleins, bouchés à l'émeri, et placés dans un lieu obscur.

La couperose sert à faire des teintures en noir, en gris, pour les couleurs olives, les brunitures, les violets, etc. (voyez ces mots) ; elle entre dans la composition de l'encre, elle sert à monter les cuves de bleu à froid. Voyez BLEU.

Les deux autres sulfates de fer, le deuto et le trito, sont encore très-rarement employés en teinture ; cependant on pourroit, comme nous l'indiquerons plus tard, les employer avec avantage pour faire les noirs, les gris, les bruns, les olives, les violets, (voyez ces mots), tandis qu'on pourroit réserver le proto-sulfate ou la couperose presqu'exclusivement pour la cuve de bleu d'indigo à froid. Voici, au surplus, comment on peut se les procurer : en faisant bouillir dans des vaisseaux fermés du deutoxide de fer avec de l'acide sulfurique étendu de deux fois son poids d'eau, on obtient un sel dont la couleur varie suivant la quantité de deutoxide qui a été dissoute, et passe successivement du jaune citrin au jaune brun, au jaune rougeâtre et au rouge brun foncé ; c'est le deuto-sulfate de fer. En laissant pendant quelque temps de la couperose exposée à l'air humide, on la voit se recouvrir d'une poussière jaune, orangée, en partie soluble dans l'eau, en partie insoluble, d'une saveur acerbe et incristallisable ; c'est le trito-sulfate, dont la partie soluble est acide, tandis que celle qui se précipite est avec excès de base.

Les arts consomment une grande quantité de proto-sulfate de fer, ou de couperose. On la nomme quelquefois vitriol vert, et dans le commerce on en trouve que l'on désigne par les noms de vitriol de Rome, de Pise, de Suède, d'Angleterre, de France, suivant le pays où on la prépare. Il faut la choisir bien cristallisée, et d'un beau vert d'émeraude, sans taches jaunes, et refuser ces couperoses d'une couleur blanchâtre ou d'un vert pâle, parce qu'elles contiennent un excès d'acide sulfurique

qui attaque le coton et les étoffes en général, et les rend dures et cassantes.

« Il existe dans le commerce, dit Vitalis, une espèce de couperose nommée vitriol de Saltzbourg, qu'il faut bien se garder de confondre avec la couperose verte. Ce vitriol, outre le sulfate de fer, contient du sulfate de cuivre ; on reconnoît aisément la présence de ce dernier sel en plongeant une lame de fer bien décapée dans la dissolution du vitriol de Saltzbourg : en peu d'instans cette lame se recouvre d'une poudre rouge, qui n'est autre chose que du cuivre très-divisé. Ce sel double de Saltzbourg, puisqu'il est tout à la fois à base de fer et de cuivre, bien loin de pouvoir servir à monter les cuves de bleu d'indigo à froid, nuiroit au contraire beaucoup dans cette opération, parce que l'oxide de cuivre rendroit à l'indigo l'oxigène qui lui auroit été enlevé par le fer, et qu'ainsi l'indigo ne pourroit être amené à l'état de désoxigénation où il doit être pour devenir soluble dans les alcalis ou oxides alcalins tels que la chaux, la potasse, la soude. »

LES SULFATES DE CUIVRE. On en connoît trois, qui tous sont le résultat de la combinaison de l'acide sulfurique avec le deutoxide de cuivre. Le premier est avec excès de base, ou à l'état de sous-sulfate ; le second est neutre, c'est-à-dire que la base et l'acide y sont également et complétement saturés ; le troisième est à l'état de sursulfate ou avec excès d'acide : ce dernier seul est employé en teinture. On le trouve dans le commerce sous les noms de vitriol bleu, couperose bleue, vitriol de Chypre, vitriol de Hongrie. On le prépare dans le voisinage de beaucoup de mines de cuivre. Le procédé que l'on emploie le plus fréquemment consiste à faire rougir, dans un four construit exprès, des lames de cuivre préalablement mouillées et saupoudrées de soufre, à les plonger dans l'eau froide et à les remettre dans le four avec une nouvelle quantité de soufre. On évapore la dissolution du sel qui s'est formé, et on obtient des cristaux en prismes irréguliers, transparens ou demi-transparens, d'un bleu foncé, d'une saveur acide et métallique, qui rougissent l'infusum de tournesol, qui sont solubles dans quatre parties d'eau froide et dans deux parties d'eau bouillante, qui s'effleurissent à l'air et se recouvrent d'une poudre blanchâtre.

Ce sel est fréquemment employé en teinture, et sert à faire une foule de couleurs, telles que le violet, le lilas, etc. Il sert aussi à préparer le vert de Schéele et les cendres bleues. Voyez ces mots.

LE SULFATE D'ALUMINE ET DE POTASSE. Voyez ALUN.

LE SULFATE DE SOUDE. C'étoit autrefois le sel de Glauber, la soude vitriolée, le sel admirable. On le trouve tout formé dans les eaux de quelques fontaines, comme à Dieuze, à Château-Salins, et les procédés pour l'en extraire sont aussi simples que peu dispendieux ; mais comme les arts font une grande consommation de ce sel, qui sert surtout à faire la soude artificielle, le plus souvent on le tire du sel marin, *hydrochlorate de soude*, en décomposant celui-ci par l'acide sulfurique. Le sulfate de soude cristallise très-aisément en longs prismes à six pans, d'une grande transparence, terminés par un sommet dièdre. Il est sans couleur, très-amer, soluble dans un peu moins que son poids d'eau bouillante, et seulement dans trois fois son poids d'eau froide. *Voyez* SOUDE.

ACIDE TARTARIQUE OU TARTRIQUE, ainsi nommé parce qu'on l'extrait du tartre purifié, connu dans le commerce sous le nom de *crême de tartre*. Voici le procédé qu'on met en usage : « On pulvérise une certaine quantité de crême de tartre ou tartrate acide de potasse. Par exemple, cinq kilogr. que l'on met sur le feu dans un bassin de cuivre avec 50 kilogr. d'eau ; lorsque l'eau est bouillante, on y projette peu à peu de la craie réduite en poudre fine, jusqu'à ce que l'excès d'acide soit saturé, en ayant soin toutefois, pour faciliter l'action, d'agiter le mélange de temps en temps avec une spatule : il en résulte un grand dégagement de gaz acide carbonique, du tartrate de chaux qui se précipite, et du tartrate de potasse qui reste en dissolution, retenant un peu de tartrate calcaire. Ensuite on verse un excès d'hydrochlorate de chaux dans la liqueur ; par ce moyen tout le tartrate de chaux est décomposé, son acide entre en combinaison avec la chaux, et le nouveau tartrate calcaire se mêle à celui qui s'étoit formé d'abord : alors on lave le précipité à grande eau, par décantation, pour enlever l'hydrochlorate de potasse, et on le traite par les trois cinquièmes de son poids d'acide sulfurique concentré, que l'on étend de trois à quatre parties d'eau avant de l'employer. Enfin, on fait cristalliser l'acide tartarique, et on le purifie par la litharge, comme il a été dit pour l'*acide acétique*. Voyez ce mot. »

Cet acide est solide, il cristallise en lames divergentes ou en prismes incolores aplatis. Il a une saveur acide très-forte, et rougit l'infusum de tournesol. L'air ne l'altère point ; il forme, avec les bases salifiables, des sels que l'on nomme *tartrates*. Il se dissout aisément dans l'eau froide ou chaude.

Jusqu'à présent il est peu employé en teinture ; il pourroit pourtant, dans beaucoup de cas, remplacer l'acide citrique, et il y auroit avantage à cause de la différence de prix.

De toutes les combinaisons qu'il est susceptible de former avec les bases salifiables, la seule qui soit employée en teinture est :

Le TARTRATE ACIDE DE POTASSE. Ce sel se trouve dans le raisin, dans le tamarin, etc. C'est lui qui se dépose sur les parois des tonneaux, et auquel on donne, dans le commerce, le nom de *tartre*. On le nomme *tartre blanc*, s'il provient du vin blanc ; *tartre rouge*, si c'est le vin rouge qui l'a laissé déposer. Voici le procédé que l'on emploie pour le séparer des corps étrangers auxquels il est mêlé. Cette opération, fondée sur la propriété qu'a le tartre d'être beaucoup plus soluble dans l'eau chaude que dans l'eau froide, s'exécute en grand à Montpellier : « Après avoir pulvérisé le tartre, on le traite par l'eau bouillante dans une chaudière de cuivre. Lorsque l'eau en est saturée, on la verse dans des terrines où elle laisse déposer, par le refroidissement, une couche cristalline presque décolorée ; cette couche est redissoute dans l'eau bouillante. On délaie 4 ou 5 pour cent d'une terre argileuse et sablonneuse dans la dissolution, et on évapore celle-ci jusqu'à pellicule. L'argile s'empare de la matière colorante, et il se précipite de la liqueur, à mesure qu'elle refroidit, des cristaux blancs ; qui, exposés en plein air sur des toiles pendant quelques jours, acquièrent un nouveau degré de blancheur. Ces cristaux blancs, demi-transparens, sont la crême de tartre, le tartrate acide de potasse pur. » Dans le commerce, les petits cristaux qui forment la pellicule à la surface de la liqueur, se nomment *crême de tartre*, et on nomme *cristaux de tartre* les gros cristaux qui se déposent au fond de la chaudière.

La crême de tartre bien préparée a une saveur acide ; elle cristallise en prismes quadrangulaires, coupés en biais aux deux extrémités ; elle se pulvérise aisément ; elle est inaltérable à l'air ; elle se dissout dans quinze fois son poids d'eau bouillante, et dans soixante fois son poids d'eau froide. La dissolution rougit fortement la teinture de tournesol ; cette solution, abandonnée à elle-même, ne tarde pas à se décomposer, d'où il résulte qu'on ne doit la préparer qu'au moment de l'employer.

Ce sel, employé en médecine et en pharmacie, joue un rôle important dans la teinture des laines, où il se trouve presque toujours associé avec l'alun. *Voyez* LAINE, MORDANT, TEINTURE DES LAINES.

ADARCA. C'est une espèce de coton qu'on retire des roseaux. *Voyez* COTON.

ADENOS. Variété de coton qui nous vient d'Alep. *Voyez* COTON.

ADOUCISSAGE. Action de rendre une couleur moins vive par le mélange combiné de ce qui peut en diminuer l'éclat.

ADOUX. Pastel qui jette d'abord une fleur bleue dans la cuve du teinturier.

AFFINAGE ou AFFINEMENT. Mots que l'on

emploie pour désigner soit du chanvre fin, beau, et de la plus belle qualité, soit la meilleure et la dernière tonte que l'on donne aux draps.

AFFINITÉ. C'est le nom que les chimistes donnent à la force ou puissance en vertu de laquelle les molécules d'un corps vont s'unir à d'autres molécules pour donner naissance à un composé nouveau doué de propriétés nouvelles, qui ne sont plus celles dont jouissoient les molécules dans leur état d'isolement. C'est l'affinité qui unit les oxides métalliques et les bases salifiables aux acides, et donne naissance à des sels; c'est l'affinité qui unit l'oxigène à un métal, et donne naissance à un oxide; c'est l'affinité qui unit l'oxigène à l'hydrogène, et donne naissance à l'eau. Deux corps n'ont pas le même dégré d'affinité pour un troisième. L'acide sulfurique a plus d'affinité pour la chaux que l'acide carbonique; c'est pourquoi le carbonate de chaux est toujours décomposé par l'acide sulfurique, qui s'empare de la base, donne naissance à un sulfate, et met en liberté l'acide carbonique, qui se dégage sous forme de gaz. L'alcool a plus d'affinité pour l'eau que pour les résines; c'est pourquoi une solution alcoolique d'une résine quelconque, versée dans l'eau, donne naissance à un précipité; c'est que l'alcool a quitté la résine pour aller se combiner avec l'eau, et que cette résine, qui n'est plus dissoute, nage et tombe au fond du vase. C'est en étudiant cette loi de l'affinité, en calculant sa force dans les différens corps et dans les divers composés, qu'on parvient à expliquer et à exécuter une foule d'opérations chimiques; c'est par elle aussi qu'on se rend compte de la plupart des opérations de la teinture; c'est par elle qu'on peut expliquer la combinaison des matières avec les principes colorans, soit immédiatement, soit au moyen des mordans. L'affinité du coton, par exemple, pour un principe colorant est quelquefois tellement foible, que la teinture n'a presqu'aucune adhérence pour la matière sur laquelle on l'applique. Mais qu'on fasse subir au coton, à la soie, au lin, à la laine, quelques opérations préalables; qu'on les combine avec certains corps particuliers, comme l'alun, l'étain, la noix de galle, et à l'instant même ils acquerront un haut degré d'affinité pour les principes colorans, et les teintures qu'on y appliquera y adhéreront avec une grande force. C'est aux mots Fixation et Mordans qu'on trouvera les diverses théories de ces affinités, dues à l'emploi d'un corps intermédiaire entre la matière et le principe colorant.

AFIOUME. Lin très-fin d'Egypte. Voyez Lin.

AGNELINE. Mot employé pour désigner la laine d'agneaux. Voyez Laine.

AHÉ-GAST. Arbre indéterminé dont la racine

est employée dans les Indes pour obtenir une belle teinture rouge.

AHOUA. Sorte de graine qu'on emploie dans l'Orient pour faire des couleurs. Il est probable que la plupart des plantes dont on la tire appartiennent au genre Cerbère, *Cerbera*, et que ces fruits ont quelqu'analogie avec la noix du *Cerbera ahouai*, dont les habitans de l'Amérique méridionale se font des ceintures bruyantes.

ALCANA. Nom qu'on donne à la racine de buglose, qui fournit une couleur jaune pour la teinture.

ALCANNA. Plante dont, suivant quelques naturalistes, se servent certains peuples du Levant pour teindre leurs ongles et leurs dents.

ALCOOL, ALCOHOL, ALKOOL. C'est un nom qui vient de l'arabe, et que l'on donne à ce liquide connu dans le commerce sous le nom d'*esprit-de-vin*. Cette dernière dénomination pouvoit être convenable lorsque tout le liquide qu'elle désigne étoit tiré du vin par la distillation; mais aujourd'hui qu'on en retire indifféremment du cidre, du poiré, de la bière, des fruits, des graines, et généralement de tous les corps qui peuvent éprouver la fermentation vineuse, un mot générique est plus convenable, et le nom d'*alcool* doit être consacré.

Ce liquide, auquel la chimie et les arts doivent tant de services, étoit inconnu aux Anciens, et sa découverte ne paroît pas remonter au-delà du quatorzième siècle; on l'attribue généralement à un alchimiste nommé *Arnauld de Villeneuve*. Tous les liquides, tous les mélanges où s'est établie la fermentation vineuse, contiennent de l'alcool qui a la propriété de se volatiliser à une température plus basse que tous les autres, et qui, par conséquent, passe le premier toutes les fois qu'on soumet à la distillation ces liquides ou ces mélanges. C'est sur cette propriété qu'est fondé l'art de l'obtenir en grand, art qui s'est beaucoup perfectionné depuis les travaux d'Adam et de Blumenthal. Lorsqu'on distille du vin dans un appareil convenable, on voit s'échapper de la cornue un liquide qui d'abord retient quelques principes colorans, c'est l'eau-de-vie de commerce; si on la soumet à une seconde, à une troisième distillation, en ayant soin chaque fois de ne pas pousser l'opération jusqu'à l'entier épuisement de la cornue, on finira par obtenir l'alcool pur. Il pèse alors 36, 40, et même 42 à l'aréomètre; il est transparent, incolore, d'une saveur forte, chaude et pénétrante, d'une odeur suave; il est miscible à l'eau en toute proportion. Aucune température connue ne peut le congeler; il est très-volatil, et entre en ébullition à 70°. Quand on l'allume, il brûle avec une flamme bleue et sans laisser de résidu.

La propriété qu'a l'alcool de dissoudre une foule de substances insolubles dans l'eau, l'a rendu indispensable dans plusieurs opérations des arts; la teinture surtout l'emploie fréquemment.

ALDÉE. Plante figurée dans la *Flore péruvienne* de Ruiz et Pavon, et dont on se sert au Chili pour la teinture en noir.

ALÉPINE. Nom qu'on donne quelquefois à la noix de galle qui vient d'Alep. *Voyez* NOIX DE GALLE.

ALLONGER. Dans l'impression des étoffes, l'ouvrier *allonge* quand l'étoffe est mal frappée, que les figures du dessin n'ont pas les contours convenables, ou sont plus longues que le dessin ne l'exige.

ALOÈS. Famille des Asphodèles, hexandrie monogynie de Linné. Végétal très commun dans les pays où la température est élevée; on en cultive beaucoup dans la partie méridionale de l'Espagne, et notamment à Morovedo. Cette plante n'est pas employée en teinture, ou si quelques individus savent en tirer parti, ils font un secret de cette découverte. Peut-être pourroit-on l'utiliser davantage : en effet, Pœrner assure « qu'une simple immersion dans une décoction aqueuse d'aloès suffit pour communiquer à la laine une belle couleur brune foncée assez solide. » On lit aussi : « que Jean Fabroni, de Florence, a retiré des feuilles d'aloès perfolié une belle couleur violette qui résiste à l'action de l'oxigène, des acides et des alcalis. Il conseille d'extraire le suc des feuilles fraîches et de l'exposer à l'air; peu à peu le liquide devient rouge, et prend, au bout d'un certain temps, une couleur pourpre-violet qui s'applique parfaitement sur la soie par une simple immersion et sans le secours des mordans. » Ces faits paroîtront très-vraisemblables si l'on fait attention que le suc d'aloès renferme une grande quantité de résine, et que ce sont les couleurs résineuses qui, en général, résistent le mieux à cause de leur insolubilité dans l'eau.

ALPAGA. Animal du Pérou, dont la laine sert à fabriquer une étoffe qui porte le même nom.

ALPAGNE. Vigogne à jambes courtes, dont la laine, fine et douce comme de la soie, sert à faire des étoffes très-recherchées par leur brillant et leur mollesse.

ALUMINE, ou OXIDE D'ALUMINIUM, a été long-temps regardée comme un corps simple et rangée parmi les terres; aujourd'hui, quoiqu'on ne soit pas parvenu à la décomposer, on la considère comme un oxide métallique, et l'on juge d'après sa capacité de saturation qu'elle doit contenir :

Aluminium 53,274
Oxigène 46,726

On ne trouve l'alumine pure qu'en très-petite quantité dans la nature; jusqu'à présent on ne l'a rencontrée qu'aux environs de Hall en Saxe, en Silésie, en Angleterre et auprès de Vérone. Mais on peut l'obtenir facilement, soit en versant dans une solution d'alun, une certaine quantité d'ammoniaque qui s'empare de l'acide sulfurique et met en liberté l'alumine qui se précipite en gelée, soit en desséchant le sulfate d'alumine et d'ammoniaque et le chauffant ensuite pendant vingt ou trente minutes jusqu'au rouge dans un creuset ordinaire : tout l'acide sulfurique et tout l'ammoniaque se dégagent, et il ne reste alors que de l'alumine sous forme de poudre blanche. L'alumine pure est blanche, douce au toucher, happant à la langue : sa pesanteur spécifique est de 2,00; elle est insoluble dans l'eau et forme pâte avec elle; elle est infusible au feu de forge, se combine avec tous les acides, et n'exerce aucune action marquée sur les fluides impondérables, sur l'oxigène, sur l'air, et sur les corps combustibles simples.

Sous cet état, l'alumine reviendroit à un prix assez élevé; aussi n'est-elle jusqu'à présent employée que dans les laboratoires de chimie et comme réactif. Mais dans ses combinaisons naturelles avec la silice, c'est-à-dire à l'état d'argile, elle est employée à une foule d'usages : c'est avec l'argile qu'on fait toutes les poteries, depuis les plus grossières jusqu'aux porcelaines les plus fines; c'est l'argile qui sert à glaiser les bassins et qui s'oppose à l'infiltration des eaux; c'est une argile qui constitue la terre à foulon (*voyez* ce mot); c'est une argile qui donne la pierre à dégraisser; c'est de l'argile enfin qu'on enlève quelquefois l'alumine qui entre ensuite dans la composition de l'alun.

L'argile que l'on vend sous le nom de *pierre à dégraisser* ou *à détacher*, et que les gens qui font métier de nettoyer les étoffes emploient assez fréquemment, est très-commune dans les environs de Paris, et notamment à Montmartre, où elle est grise, tachetée de brun et très-douce au toucher. Elle appartient aux argiles calcarifères d'Haüy, et donne à l'analyse :

Silice 66
Alumine 19
Chaux 7
Fer oxidé 6
Perte 2
                    ———
                    100

C'est principalement sur les étoffes de laine et contre les taches de graisse que cette argile est employée par les dégraisseurs. Son action, comme l'a très-bien reconnu Chaptal dans son traité intitulé : *Principes chimiques sur l'art du teinturier dégraisseur*, n'est peut-être pas purement mécanique. Il est probable que les bases salifiables qu'elle contient, comme l'alumine, la chaux, donnent naissance, en se combinant avec l'huile ou la graisse, à une espèce de savon soluble dans l'eau, et que les lavages font disparoître. Toutes les pierres à détacher employées dans l'art du dégraisseur ne sont pas aussi simples dans leur combinaison ; assez souvent on forme un mélange de savon, de fiel, de jaune d'œuf avec les terres savonneuses, qui alors ne servent qu'à donner de la consistance, et cette réunion donne naissance à une masse que l'on emploie avec beaucoup d'avantage.

ALUN, autrefois *vitriol d'argile*, *vitriol d'alumine*, *alumine vitriolée*, maintenant *sur-sulfate d'alumine et de potasse* ou *d'alumine et d'ammoniaque*, est un sel double, formé par la combinaison de l'acide sulfurique avec la potasse et l'alumine, ou bien avec l'ammoniaque et l'alumine, et quelquefois, quoique rarement, avec ces trois bases salifiables à la fois.

L'alun pur est incolore, transparent, soluble dans quinze fois son poids d'eau à quinze degrés, et dans un poids d'eau bouillante moindre que le sien. Il cristallise facilement et affecte presque constamment la forme de l'octaèdre ou ses décompositions. Exposé à une chaleur peu considérable, il éprouve la fusion aqueuse ; à une chaleur plus élevée, il se boursouffle, devient blanc, opaque et très-cohérent ; à une chaleur rouge, il laisse dégager du gaz oxigène, du gaz acide sulfureux, et l'on obtient pour résidu de l'alumine et du sulfate de potasse, ce qui prouve que la portion d'acide sulfurique combinée avec l'alumine est la seule qui soit décomposée.

On trouve peu d'alun tout formé dans la nature : il n'en existe guère qu'aux environs des volcans, comme à la Solfatare ; mais on y rencontre des quantités considérables de sous-sulfate de potasse et d'alumine, sous forme de roche et de pierre assez dure. On en voit des collines tout entières à la Tolfa, près de Civita-Vecchia, et à Piombino. On peut recourir à quatre procédés différens pour le préparer tel qu'on le rencontre dans le commerce, et dont on en consomme plusieurs millions de kilogrammes : 1°. on l'extrait des substances qui le contiennent tout formé comme à la Solfatare, où il suffit de laver et d'évaporer les efflorescences que l'on rencontre à la surface du sol, pour obtenir un alun de très-bonne qualité ; 2°. on le tire des pierres où ses élémens sont à l'état de sous-sulfate, en les calcinant, les arrosant de temps en temps, les laissant exposées à l'air pendant trente ou quarante jours, jusqu'à ce qu'elles soient réduites en bouillie, les lessivant et les évaporant ensuite ; celui qu'on obtient par ce moyen est d'une grande pureté, et ce n'est pas

sans quelque raison qu'on lui donne dans les arts la préférence sur l'alun obtenu par les autres procédés ; 3°. en exposant à l'air des mélanges naturels de pyrite et d'alumine, les lessivant et ajoutant du sulfate de potasse ou d'ammoniaque à la liqueur ; 4°. en combinant directement les trois élémens dont il se compose (1). Quel que soit celui de ces procédés auquel on ait recours, pour être employé avec avantage dans les arts, l'alun ne doit contenir aucune substance étrangère, et surtout être débarrassé entièrement de l'oxide de fer qui s'y trouve fréquemment mêlé. Avant que l'on connût en France le moyen d'enlever l'oxide de fer à l'alun, en donnoit à l'alun de Rome une grande préférence sur celui qui se prépare ailleurs, et il la devoit à son plus grand état de pureté. Alors son prix étoit double. Lorsqu'on fut parvenu à purifier les autres aluns, cette distinction devoit cesser ; elle ne disparut pourtant pas entièrement : l'alun de Rome avoit été si long-temps le meilleur, que les gens peu éclairés, et le nombre en est considérable parmi les artisans, ne vouloient pas, quelqu'avantage qu'ils y trouvassent, en employer d'autre. Il leur falloit de l'alun de Rome, qu'ils reconnoissoient à sa teinte légèrement rosée, teinte qui étoit due à une très-petite quantité d'oxide de fer. Force fut à ceux qui avoient purifié l'alun, et qui pouvoient le vendre parfaitement pur, et à un prix très-modéré, de le vendre plus cher et d'y ajouter un principe colorant. Alors leur alun eut cours comme l'alun de Rome. Mais aujourd'hui on n'a plus besoin de recourir à de semblables précautions ; tous ceux qui emploient l'alun le veulent avec les caractères que j'ai indiqués plus haut ; tous, ou presque tous, savent le ramener au plus grand degré de pureté possible par des lessives et des cristalisations successives. L'alun du commerce doit, d'après les travaux de Vauquelin, donner à l'analyse :

Sulfate d'alumine 0,49
Sulfate de potasse 0,07
Eau 0,44

On connoît dans le commerce plusieurs sortes d'alun : voici les quatre dont on fait le plus fréquent usage : 1°. l'alun de Rome ; 2°. l'alun du Levant ; 3°. l'alun d'Angleterre ; 4°. l'alun de fabrique.

L'alun de Rome se trouve en morceaux plus ou moins gros, qui n'excèdent jamais un pouce de diamètre. Quoique la forme ne soit pas toujours prononcée sur chaque fragment, il est toujours possible d'y reconnoître la figure octaèdre plus ou moins altérée. La surface de cet alun est farineuse, comme affleurée, à tel point même que cette poussière lui ôte sa transparence.

_____

(1) *Voyez*, pour l'exploitation générale, *Arts et Métiers*, tom. I, pag. 11.

L'alun

L'alun de fabrique, tel qu'on le prépare surtout dans les ateliers de Chaptal à Montpellier, est presque tout en cristaux formés par des pyramides octaèdres, enchâssées les unes dans les autres; les angles saillans de toutes les pyramides sont tronqués.

L'alun d'Angleterre est en gros fragmens dont la forme est rarement régulière; la cassure présente un coup d'œil graisseux; la surface n'est point effleurée; on le pulvérise avec quelque difficulté.

L'alun du Levant est en petits morceaux de la grosseur d'une amande: ses fragmens ne présentent de régulier que quelques faces de la pyramide, qui est pour tous le but commun de la cristallisation. Il est à l'extérieur d'un rose sale; l'intérieur offre la même teinte quoique plus claire. Cet alun se brise plus aisément que les autres; il a une cassure sèche: on observe une poussière blanche sur quelques unes de ses parties.

En teinture, et surtout quand il s'agit de couleurs fines, on emploie presqu'indifféremment les aluns de fabrique, de Rome ou du Levant; tandis que l'alun d'Angleterre est employé avec avantage pour l'apprêt des cuirs.

Les usages de l'alun sont extrêmement nombreux; les fabricans de papier, les chamoiseurs en emploient d'énormes quantités, mais c'est surtout dans la teinture que ce sel joue un rôle important: une foule de couleurs lui doivent leur éclat, presque toutes lui empruntent leur solidité.

ALUNAGE. C'est l'opération par laquelle on combine une cert... e quantité d'alun en dissolution avec la matière que l'on se propose de colorer. Après avoir choisi l'alun, et s'être assuré de sa pureté comme nous l'avons indiqué (voyez ALUN), on en dissout une certaine quantité, ordinairement vingt-cinq ou trente pour cent en poids quand on opère sur le coton, le chanvre ou le lin, vingt-cinq pour cent quand c'est de la laine, et deux pour cent seulement quand il s'agit de la soie. L'alun étant un sel acide, il faut lui enlever l'excès d'acide sulfurique qui pourroit faire virer plusieurs couleurs et en détruire d'autres; on y parvient constamment en ajoutant graduellement à la dissolution d'alun une solution de soude faite avec la seizième partie du poids de l'alun. Cette addition doit se faire peu à peu, afin d'éviter une trop grande effervescence, produite par le dégagement subit de l'acide carbonique qui étoit uni à la soude dans la dissolution, et que l'excès d'acide sulfurique a mis en liberté en se combinant avec la base salifiable. On doit aussi essayer de temps en temps le bain d'alun, afin d'épier le moment où il cesse d'être acide: on conçoit qu'une trop grande quantité de soude auroit l'inconvénient de décomposer l'alun, et de mettre en liberté une portion de l'alumine qui se précipiteroit alors en forme de flocons blancs. Pour la ma-

nière dont les matières doivent être alunées, voyez les différentes teintures.

ALUNER. C'est combiner soit avec une étoffe, soit avec des fils, soit même avec des substances premières, comme la soie, la laine ou le coton, une certaine quantité d'alun pour leur donner la propriété de s'unir à certains principes colorans, avec lesquels on doit plus tard les mettre en contact. Voyez MORDANS.

ALUNIÈRE. Lieu où l'on fait l'alun.

AMARANTHE. C'est une couleur d'un rouge foncé, que l'on obtient rarement solide, et qui pourtant est souvent de mode. C'est presque toujours sur le coton qu'on l'applique. Voici le procédé qu'on met le plus souvent en usage: « 1°. On engalle fortement le coton, on le sèche et on le lave; 2°. on le passe dans un bain de tonne au noir, jusqu'à ce qu'il ait pris une nuance de fort gris; 3°. on le met dans le bain d'eau de chaux; 4°. on applique le mordant de dissolution d'étain; 5°. on teint dans la décoction de bois de Brésil ou de Sainte-Marthe. » Ces deux dernières opérations doivent être répétées deux fois et même plus, si l'on veut donner de l'intensité à la couleur.

AMESTREMENT. Préparation de teinture, action de préparer de la teinture; effets de cette action.

AMESTRER. Faire une préparation de teinture.

AMIDON. C'est une substance très-connue, et dont les usages sont assez multipliés. On la retire de toutes les semences céréales, de la pomme de terre, des racines de brionne, de l'arum, etc. Son extraction constitue un art déjà décrit (voyez *Arts et Métiers*, tom. I, pag. 16): on s'en sert en teinture pour épaissir plusieurs couleurs d'application, et pour préparer l'empois qu'on emploie si souvent comme apprêt.

AMMONIAQUE. C'est un gaz que l'on extrait du sel ammoniac, hydro-chlorate d'ammoniaque des chimistes, par le procédé suivant: « On pulvérise une partie de ce sel avec deux parties de chaux vive que l'on a réduite en poudre en la faisant déliter par le moyen de l'eau. On place le mélange dans une cornue convenablement lutée, et qui aboutit à un appareil de Woulf. Il faut que la cornue ne soit remplie qu'à moitié; on agite doucement pour opérer le mélange, & l'on chauffe graduellement. Le gaz se dégage, on laisse perdre les premières bulles, et les autres reç... dans les flacons vont se dissoudre dans l'eau qu'ils renferment. L'eau saturée doit mar-

C

quer à l'aréomètre 20 à 22°. Elle a une odeur piquante; on la désigne dans le commerce sous le nom d'*alcali volatil*. Les teinturiers l'emploient quelquefois comme dissolvant ou comme mordant; les dégraisseurs en font un fréquent usage, lorsqu'elle est peu concentrée, pour enlever les taches formées par les corps gras et huileux. Combiné avec des acides, ou à l'état de sel, l'ammoniaque a d'autres usages que j'ai indiqués. *Voyez* Acides.

AMPASTELLER. Donner aux laines et aux draps le bleu de pastel.

ANALYSE. C'est une opération chimique par laquelle on sépare différens principes constituans d'un corps, afin d'en déterminer la nature et la quantité respective. Dans la teinture, l'analyse doit être faite toutes les fois qu'on veut reconnoître quels sont les principes colorans que l'on a employés pour arriver à une nuance, à une teinte particulière & que l'on veut imiter, toutes les fois que l'on veut reconnoître une substance la quantité et la nature du principe colorant et des divers principes qu'elle contient. J'indiquerai, en parlant des diverses matières colorantes, la manière de les reconnoître lorsqu'elles sont employées, et les diverses analyses que les chimistes en ont faites.

ANTIMOINE. *Voyez* Oxides métalliques.

APPLICATION. On nomme *couleurs d'application*, celles que l'on a épaissies soit à la gomme, soit à l'amidon, et qu'on applique immédiatement sur l'étoffe. Ces couleurs sont rarement solides. Il y a des bleus, des rouges, des jaunes, des rouilles, des verts, des noirs, des aurores, des violets, des lilas d'application. J'indiquerai les divers procédés employés pour préparer ces couleurs, à l'article Impression des toiles.

APPRÊTS. Ce sont ou des substances que l'on applique sur les étoffes selon divers procédés, ou des opérations mécaniques auxquelles on les soumet, pour leur donner le dernier lustre, la dernière façon, avant de les livrer au commerce. Ces divers procédés seront décrits, soit en parlant des étoffes, soit à l'article Dégraissage, où j'indiquerai les moyens de réparer les apprêts que les taches ont altérés.

ARGENT. *Voyez* Oxides métalliques.

ARSENIC. *Voyez* Oxides métalliques.

ATELIERS. C'est le nom qu'on donne à toute espèce de local ou d'emplacement dans lequel s'exécute un travail manuel quelconque. Les di-

verses opérations de la teinture, celles du dégraissage, s'exécutent dans des ateliers. Il est bien difficile d'indiquer quelle forme, quelle distribution on doit donner à ces sortes d'emplacemens. Dans le plus grand nombre des cas, le teinturier est forcé de prendre une maison toute construite, et de se conformer, au moins en grande partie, à une distribution à laquelle il n'a pu présider. Il est bien rare que les chefs de ces établissemens aient le temps et les moyens de faire élever les bâtimens où doit s'exécuter leur exploitation. Quelles que soient d'ailleurs les circonstances dans lesquelles on se trouve, voici les principales conditions qu'on doit rechercher dans les divers ateliers où se pratiquent les opérations de la teinture.

L'atelier où sont placés les bains, celui dans lequel on chauffe les cuves, où sont plongés les écheveaux ou les étoffes, doit être spacieux, éclairé d'un beau jour, très-aéré, et autant que possible voisin d'une eau courante. Dans un lieu vaste, les ouvriers peuvent agir avec plus de facilité, on peut placer un plus grand nombre de cuves, on peut enfin conserver pendant quelque temps certains résidus qui, ne pouvant plus servir à une opération, trouveront quelque jour leur place dans une opération différente. « Un bain qui » se trouve trop épuisé pour une couleur, ou » même pour ce qu'on appelle les suites d'une » couleur, peut servir à donner un pied à d'au- » tres étoffes en y mêlant d'autres ingrédiens. La » noix de galle qui a servi à l'engallage de la soie, » peut encore être utilement employée sur la laine » ou sur le coton. » Il est donc important de pouvoir les conserver, et l'on ne pourroit le faire si l'atelier trop petit étoit entièrement employé par les opérations actuellement en activité. On conçoit sans peine que l'atelier doit être bien éclairé; dans un lieu sombre et trop obscur il est impossible de bien juger une nuance, et même une couleur, et le chef qui conduit les travaux s'exposeroit à commettre des erreurs si un jour pur ne lui permettoit pas de juger avec exactitude les échantillons qu'il doit examiner fréquemment, et par lesquels il reconnoît si une opération marche bien. Aujourd'hui qu'on a adopté le chauffage à la vapeur (*voyez* ce mot), il est très-important de pouvoir établir un courant d'air dans l'atelier, afin de le débarrasser de la masse de vapeur qui ne tarderoit pas à le rendre tout-à-fait obscur. Lorsqu'on chauffoit chaque bain isolément, ces bains étoient placés dans des cuves de cuivre, et chaque cuve étoit surmontée d'une cheminée : aujourd'hui les cheminées ne sont plus utiles : les cuves sont en bois, chaque cuve est chauffée par la vapeur que lui amène un tuyau particulier, et l'on conçoit que l'air de l'atelier ne tarderoit pas à être tellement chargé de vapeur, qu'il cesseroit d'être respirable et pénétrable par la lumière, si un courant convenablement établi n'en renouveloit continuellement l'atmosphère. Le voisinage d'un courant d'eau, et mieux encore d'une rivière, est une condition tellement importante pour tous les lavages, qu'on doit le rechercher toujours, et que rien au monde ne peut le remplacer, pas même une prise d'eau par le moyen de tuyaux, quelqu'abondante qu'elle puisse être. L'atelier de teinture doit en outre être pavé en chaux et ciment, et on doit y ménager, pour les eaux et les vieux bains, un écoulement prompt et facile, ce qui le rend à la fois propre et salubre.

Après l'atelier destiné à la teinture, on doit s'occuper du séchoir ou de l'endroit où l'on fait sécher les fils ou les étoffes après leur sortie du bain et les lavages convenables. Deux emplacemens différens sont nécessaires : l'un, échauffé convenablement au moyen d'un calorifère et de bouches de chaleur pour les objets qui exigent un prompt desséchement ; l'autre, où l'air se renouvelle sans cesse avec une grande facilité pour les étoffes ou les fils dont les couleurs ne craignent pas un desséchement plus lent. Ces deux pièces, dont la grandeur varie suivant les opérations qu'on exécute, peuvent sans inconvénient et doivent même être placées au sommet de la maison, loin des autres ateliers, loin des cheminées, des fourneaux, de tout ce qui pourroit nuire à la propreté des étoffes, et il faut veiller avec un grand soin à ce qu'aucun corps sale ne vienne se mêler à l'air qu'on y introduit. Dans le séchoir, où l'on n'emploie d'autre moyen que le renouvellement de l'air, on se trouve très-bien de châssis mobiles, recouverts en canevas ou en toile solide, et adaptés aux ouvertures de croisées ; ces châssis, que l'on peut ouvrir, entr'ouvrir ou fermer à volonté, suffisent toujours, quand on peut en placer sur deux des côtés du séchoir, pour établir un courant d'air très-rapide et qui sèche promptement.

En sortant du séchoir, les étoffes doivent passer dans un autre atelier où elles vont recevoir un apprêt qui varie suivant la nature des étoffes ; c'est là qu'on les soumet à la tonte, qu'on les lustre, qu'on les presse, qu'elles reçoivent enfin cette façon dernière qui doit leur donner leur plus grand éclat. Cet atelier doit être clair, et les machines qu'on y emploie doivent être assez éloignées les unes des autres pour que les ouvriers puissent les mouvoir sans se gêner réciproquement. C'est un point très-important que la place ; il faut savoir l'économiser, afin que rien ne soit inutilement employé ; mais il ne faut pas en être non plus trop avare, parce qu'alors on perd du temps, et que, dans toutes les affaires de ce monde, et surtout dans l'industrie, le temps est l'élément le plus précieux, celui qu'on doit savoir dépenser avec le plus de sagesse et de précaution.

Dans tous les établissemens de teinture il faut

encore que le chef qui dirige les travaux puisse se livrer dans le silence, à des essais, à des expériences qui ne peuvent tourner qu'au profit de l'art. Il lui faut un laboratoire convenablement disposé, où il puisse exécuter la plupart des opérations chimiques et toutes les épreuves de teinture : c'est de ce lieu que sortiront tous les procédés qu'il pourra ensuite exécuter en grand lorsqu'il en aura constaté la bonté et la solidité. Au moyen de son laboratoire, un teinturier peut, sans inconvéniens pour sa fortune, se livrer à des recherches utiles, puisqu'il n'opère alors que sur des quantités infiniment petites ; tandis que, quelle que fût la portée de son esprit, il courroit risque de se ruiner vingt fois si, dès l'abord, il essayoit en grand les innovations que le raisonnement et la réflexion lui auroient suggérées.

J'ai mis en première ligne la propreté et la clarté dans les conditions que doivent réunir les divers ateliers d'un établissement de teinture. On conçoit que, pour celui qui cherche une nuance souvent très-fugitive, une lumière vive et pure devient un besoin indispensable ; mais la propreté n'est pas moins nécessaire, puisqu'une simple tache peut faire perdre à une pièce d'étoffe une partie de sa valeur : il faut avec un grand soin surveiller les étoffes et les écheveaux depuis leur entrée dans l'établissement de teinture jusqu'au moment où ils doivent le quitter pour passer dans les magasins du marchand. Je citerai comme exemple de ces précautions les moyens employés dans les beaux ateliers de M. Beauvisage, teinturier, rue et hôtel Bretonvilliers, île Saint-Louis, à Paris : là on verra tout le parti qu'un homme éclairé a su tirer d'une maison déjà construite, et dont il n'a pu changer qu'une partie de la distribution intérieure, et on verra aussi quels moyens sont mis en usage pour faire voyager la pièce d'étoffe depuis son entrée dans l'établissement jusqu'au moment où elle est enveloppée dans le papier sous lequel elle est livrée au commerce. Quelques trappes pratiquées dans les plafonds, et des armoires en osier qui sont mues par un manège, tels sont les moyens de transport des étoffes, qui évitent ainsi le contact des mains et une trop longue exposition à l'air et à la poussière. Dans les ateliers que je viens de citer, chaque ouvrier reste renfermé dans le cercle de ses attributions ; chacun se livre à son travail, et la même pièce passe toujours en des mains nouvelles chaque fois qu'elle va subir une nouvelle opération.

Pour les ateliers du dégraisseur, qui ne sont ni aussi vastes ni aussi nombreux, *voyez* Dégraissage, où tous les procédés de cet art seront traités avec quelque détail.

AUNE, *Betula alba*, *Alnus communis*, est un arbre qui croît sur le bord des rivières et dans tous les terrains humides ; on en trouve beaucoup dans le midi de la France. Il appartient à la famille des Amentacées de Jussieu, et à celle des Bétulinées de Richard. Son écorce, qui contient de l'acide gallique et du tannin, peut être employée au tannage des cuirs ; on s'en sert en teinture avec quelqu'avantage. Sa décoction dans l'eau est riche en tannin, et dissout par conséquent une assez grande quantité d'oxide de fer : aussi s'en sert-on quelquefois pour monter les tonnes au noir. (*Voyez* ce mot.) Cette écorce, comme beaucoup d'autres que nous indiquerons à l'article COULEURS VÉGÉTALES INDIGÈNES, est par elle-même susceptible de fournir une couleur qui prend bien sur la laine et sur le coton, et qui peut acquérir un grand degré de solidité. C'est un fauve clair dont on peut varier les nuances, soit en plongeant l'étoffe plusieurs fois dans le bain, soit en employant divers mordans, comme l'alun, le sulfate de fer, le muriate d'étain, etc. La décoction d'écorce d'aune, convenablement préparée, doit, suivant Berthollet, être d'un fauve clair, se troubler et brunir promptement à l'air, former avec la dissolution d'alun un précipité jaune abondant ; avec la dissolution d'étain, un précipité également abondant et jaune clair ; avec la dissolution de fer, un précipité noir. Toutes ces propriétés lui sont communes avec une foule d'autres substances, mais elle les possède à un degré moindre que le brou de noix.

AURORE. C'est une nuance de jaune fort estimée et très-brillante. C'est avec le rocou (*voy.* ce mot) que l'on obtient sur la soie, le lin et le coton, les plus belles nuances *aurore*. On peut les obtenir aussi, surtout sur le coton, en mélangeant le jaune de gaude avec le rouge du rocou, du bois de Brésil et de la garance. Il est un aurore d'application qu'on emploie fréquemment dans l'impression des toiles ; on l'obtient en ajoutant une quantité suffisante d'alun en dissolution à un bain de rocou, en épaississant avec de la gomme.

AVANCES. Les teinturiers donnent ce nom à ce qui reste d'un bain quelconque après l'opération pour laquelle il a été préparé, lorsque ce reste n'est point altéré et peut être ajouté sans inconvénient au bain suivant.

AVINÉ. C'est ainsi qu'on désigne une couleur rouge qui a perdu de sa vivacité, et qui a pris de la couleur du vin. Le rouge *aviné* est presque toujours un rouge défectueux.

AVIVAGE. Dans la teinture de coton en rouge des Indes ou d'Andrinople, lorsque la matière première a subi successivement les neuf opérations du décreusage, du bain bis, du bain blanc, des sels, du dégraissage, de l'engallage, de l'alunage, du lavage d'alun et du garançage, elle

offre une teinte rouge-brune et sombre, d'un effet désagréable. L'opération au moyen de laquelle on lui enlève cette teinte brune et sombre qui altère sa couleur, qui obscurcit son rouge, se nomme *avivage*, parce qu'elle rend le rouge plus vif. Voici en quoi elle consiste et les divers procédés que l'on peut employer : On ajoute dans les *avances*, ou ce qui reste du dernier bain blanc, quatre ou cinq livres de savon blanc de Marseille, dissous dans une quantité d'eau telle, que le tout forme environ six cents pintes de liquide ; on couvre la chaudière, en ayant soin toutefois de laisser une issue à la vapeur, soit par le moyen d'une soupape, soit en interposant de grosses étoffes entre la chaudière et son couvercle. Ce procédé, très-usité jadis, est aujourd'hui presqu'entièrement abandonné. On préfère maintenant passer le coton teint en garance dans le bain blanc ordinaire, préparé avec cinquante pintes d'eau de soude à un degré pour six livres d'huile grasse, et qu'on nomme *sikiou* ; le faire sécher et le mettre ensuite bouillir dans le bain de savon préparé, comme il est indiqué ci-dessus.

Ou bien le tremper de suite et le faire bouillir dans un bain préparé, toujours pour cent livres de coton, avec cinq livres d'huile grasse, six livres de savon blanc de Marseille, et six cents livres d'eau de soude à 2°. Quel que soit, au surplus, celui de ces procédés auquel on ait recours, on ne cesse le feu que lorsqu'un échantillon retiré de la chaudière a prouvé que l'opération est terminée. On laisse refroidir le coton dans la chaudière ; on exprime, on lave à la rivière, on tord à la cheville, et on doit passer au rouge sans faire sécher.

° AZUR. C'est un verre coloré en bleu par l'oxide de cobalt. Ce produit est préparé par le procédé suivant, à Schnéeberg en Saxe, à Platten en Bohême, etc. « Après avoir trié le minerai de cobalt, on le concasse, on le broie et on le crible ; ensuite on le grille dans des fourneaux à réverbère, et on transforme ainsi ses principes constituans ; savoir : le soufre en gaz sulfureux, qui se dégage ; l'arsenic en deutoxide, qui se sublime, et le cobalt et le fer en oxides, qui restent sur la sole du fourneau. Lorsque le minerai est grillé, on le crible de nouveau ; on le pulvérise, on le mêle avec deux ou trois fois son poids de sable siliceux pur, et à peu près autant de potasse, et l'on expose ce mélange dans des creusets à une température élevée : il en résulte au bout d'un certain temps un verre bleu appelé *smalt*, qu'on jette tout chaud dans l'eau ; c'est ce verre, broyé entre deux meules et réduit en poudre de diverses ténuités, qui constitue l'azur. Cette dernière opération se fait en mettant le *smalt* broyé dans des tonneaux pleins d'eau, agitant et décantant la liqueur. Plus il s'écoule de temps entre l'époque à laquelle on agite et celle à laquelle on décante, et plus l'azur est fin ; il est d'ailleurs d'autant plus intense qu'il contient plus de cobalt et moins d'oxide de fer. » Cet azur dont on pourroit peut-être multiplier les usages, n'est guère employé aujourd'hui que pour colorer l'empois bleu que l'on emploie dans le blanchiment et dans quelques apprêts. Dans le blanchiment, il sert à former ce qu'on appelle *le bain de bleu d'azur.* Voy. ce mot.

B

BABLAH ou TANNIN ORIENTAL. C'est la gousse du *Mimosa arabica*, arbre qui croît abondamment dans l'Inde. Quelques expériences faites sur ces gousses, sembloient indiquer qu'elles pouvoient remplacer avec avantage la noix de galle dans plusieurs opérations de teinture. Séduits par ces premiers essais, des négocians en firent venir une assez grande quantité du Bengale, et firent annoncer cette substance dans plusieurs journaux, et notamment dans le *Journal du Commerce* du 4 octobre 1815. Les faits cités n'avoient du reste rien d'extraordinaire, puisqu'on savoit depuis long-temps que les fruits des acacias pouvoient être employés avec avantage dans la fabrication de l'encre et dans les teintures en noir, et qu'à l'Ile-Bourbon, les teinturiers et les fabricans d'encre et le cirage emploient avec succès les gousses de l'acacia-farnese. Un de nos chimistes et de nos industriels les plus distingués, Roard de Clichy, ancien directeur des teintures des Gobelins, s'est livré à de nouvelles recherches sur le *bablah* ; je les consigne ici, on verra ce qu'on doit penser de la haute réputation qu'on avoit voulu faire à ce fruit étranger :

« *Engallage.* Nous avons fait bouillir, avec deux litres d'eau pendant deux heures, dans quatre vases parfaitement semblables, cent grammes de laine blanche, avec vingt grammes des matières suivantes, amenées au même état de division :

» 1°. Noix de galle en sorte du commerce ;
» 2°. Gousses du *bablah* ;
» 3°. Gousses du *bablah* avec ses graines ;
» 4°. Graines du *bablah.*

» Ces laines, après cette opération, ayant été complétement refroidies, ont été lavées à grande eau et séchées ensuite à l'air ; elles ont présenté les résultats suivans :

» Le n°. 2 et le n°. 3 ont pris dans l'engallage une teinte plus foncée que le n°. 1, surtout le n°. 2, ce qui nous a démontré de suite que la gousse du *bablah* contient, outre la matière astringente, une substance colorante analogue à celle qu'on trouve dans l'écorce du chêne, dans le brou de noix, et dans quelques autres astringens employés en teinture.

» Le n°. 4 étoit d'une couleur de bois un peu rougeâtre, de la même hauteur que le pied de galle, mais beaucoup plus fraîche.

» Ces différences étoient faciles à apprécier sur les quatre échantillons.

» *Teinture en noir.* Nous avions d'abord pris cinquante grammes de chacune des laines engallées avec les matières n°s. 1, 2, 3 et 4, et nous les avions fait bouillir le même temps avec les proportions nécessaires de sulfate de fer, de bois de campêche et de vert-de-gris, matières qui sont généralement employées dans les ateliers de teinture pour faire un beau noir ; mais comme l'addition de ces deux dernières matières ne nous laissoit pas le moyen de juger d'une manière aussi rigoureuse la quantité de tannin et d'acide gallique contenue dans la gousse et dans la graine du *bablah*, nous avons fait alors l'expérience suivante :

» Cinquante grammes de chacune des laines engallées avec les matières ci-dessus indiquées, ont été traités séparément au bouillon dans un litre d'eau, pendant deux heures, avec dix grammes de sulfate de fer ; ces laines, bien aérées, complétement refroidies et bien lavées, ont alors présenté, étant sèches, les résultats suivans :

» Le n°. 1, fait avec la galle, nous a donné un très-beau noir et très-intense.

» Le n°. 2, avec la gousse seule du *bablah*, est un noir grisâtre moins foncé que le n°. 1, et qui a un léger reflet jaune.

» Le n°. 3, avec la gousse et la graine du *bablah*, n'est qu'un brun carmélite foncé, avec un reflet jaune bien prononcé.

» Le n°. 4, avec la graine seule du *bablah*, n'est absolument qu'une couleur de suie foncée.

» Des échantillons pris sur chacun des n°s. 1, 2, 3 et 4, teints en noir, ont été passés dans une dissolution bouillante de savon, pendant cinq minutes, lavés et séchés ; ceux teints avec le *bablah* avoient peu perdu de leur intensité, et s'étoient soutenus à peu près aussi bien que celui fait avec la galle.

» Ces mêmes échantillons ont été traités de la même manière par une dissolution bouillante de vinaigre foible ; ceux faits avec le *bablah* ont été plus altérés que celui obtenu avec la galle.

» Pour compléter ces expériences, nous aurions bien desiré pouvoir mettre ces quatre échantillons teints en noir à l'action de l'air, et surtout du soleil ; mais la saison dans laquelle nous nous trouvons (février 1826) ne nous a pas permis de nous en occuper.

» Les expériences de teinture que nous venons de rapporter, nous ayant démontré que la gousse seule du *bablah* contient les matières nécessaires pour faire du noir, et qu'elles ne se trouvent pas d'une manière sensible dans la graine, nous avons pensé qu'il étoit nécessaire de déterminer le rapport, entr'elles, de chacune de ces deux matières, sur un poids donné de gousses entières. Pour cela, nous avons pris au hasard, sur la partie que nous avons achetée à Paris, dix grammes de gousses bien entières, que nous avons ouvertes avec soin pour en séparer les graines; les unes et les autres ont été mises à part. Le poids des gousses, sur deux expériences semblables, a été de soixante-six grammes, et le poids des graines de trente-trois grammes. Nous avons eu constamment un gramme de perte dans chacune de ces deux vérifications.

» Or, comme nous avons démontré par les expériences précédentes, que la graine du *bablah* ne contient pas sensiblement de matière astringente, on en peut conclure que, sur 1300 balles de 150 kilogrammes chaque, soit 195,000 kilogrammes de gousses entières de *bablah* apportées du Bengale en France, il doit se trouver 65,000 kilogrammes de graines qui sont entièrement inutiles pour la teinture.

» Nous venons de prouver que la gousse seule du *bablah*, traitée comparativement à la noix de galle en sorte du commerce, et dans la même proportion, ne donnoit pas des noirs aussi beaux que ceux obtenus avec cette dernière matière : nous allons actuellement démontrer que l'emploi de cette gousse privée de sa graine ne seroit même pas économique.

» Le *bablah* se vend à Paris 260 fr. les cent kilogrammes; et la galle en sorte du commerce, que nous avons employée pour nos expériences, n'y est cotée qu'à ce prix; ainsi, pour avoir cent kilogrammes de ces gousses, ou la représentation de ce poids, il faudroit acheter et employer 150 kilogrammes de *bablah* à 260 fr. les cent kilogrammes. On dépenseroit donc alors, en se servant de cette matière pour faire du noir, 390 fr., tandis qu'avec cent kilogrammes de galle, coûtant seulement 260 fr., on obtiendroit pour les mêmes applications de meilleurs résultats.

» Pour avoir avec le *bablah* un noir aussi intense qu'avec la galle, et qui ne seroit pas encore aussi beau, nous estimons, d'après nos essais, qu'il faudroit employer deux parties de cette matière contre une de galle. Dans ce cas, ce noir coûteroit le double du prix auquel il revient dans nos ateliers de teinture.

» Les négocians qui ont fait cette spéculation ont été animés sans doute par des intentions fort louables, en faisant venir du Bengale une substance qu'ils croyoient devoir donner, en teinture,

des résultats bien préférables à ceux que fournit la noix de galle; ils n'auroient point commis une erreur aussi grande, et qui pourroit être préjudiciable à leurs intérêts, si, avant d'importer des quantités aussi considérables de ce *bablah*, ils avoient consulté des chimistes habiles et des teinturiers instruits, sur la nature intime et les applications de cette matière astringente.

» Quant aux avantages que cette substance paroît présenter, suivant ces Messieurs, pour faire la couleur nankin, nous ne les regardons pas comme bien importans, quand bien même les faits avancés par eux, à cet égard, seroient exacts, attendu que nous savons, et depuis assez long-temps, faire parfaitement cette couleur avec le tan, le bois d'acajou et quelques matières colorantes.

» D'après les expériences que nous venons de rapporter, il nous paroît constant :

» 1°. Que la gousse entière du *bablah* de l'Inde, employée en teinture pour faire du noir, et dans la même proportion que la noix de galle en sorte du commerce, ne donne pas même une couleur noire, mais un carmélite foncé;

» 2°. Que la gousse seule, privée de sa graine, fournit bien une couleur noire; mais que cette couleur, comparée à celle que donne la galle, en employant les poids égaux de ces deux matières, a toujours un coup d'œil grisâtre avec un léger reflet jaune, et qu'elle coûteroit beaucoup plus cher que celle obtenue par les moyens en usage dans nos ateliers de teinture;

» 3°. Que la graine renfermée dans la gousse du *bablah*, et qui est le tiers du poids de cette même gousse entière, employée aussi comparativement à la noix de galle, ne produit dans la teinture en noir qu'une couleur de suie;

4°. Que la couleur noire produite par la gousse du *bablah* ne résiste pas mieux à l'action d'une dissolution bouillante de savon, que celle obtenue par la galle; et enfin que, traitée par les acides foibles à la même température, elle ne se soutient pas aussi bien que les noirs faits avec cette dernière substance. »

Les conséquences que Roard tire de ses expériences sont très-justes, et méritent toute l'attention des teinturiers. Cependant il ne faudroit pas en conclure que le *bablah* ou la gousse du *Mimosa arabica* ne peut trouver d'application dans la teinture, et qu'il faut en cesser dès à présent l'importation. Le *bablah*, à prix égal, ne peut, ne doit pas remplacer la noix de galle, puisqu'il donne des noirs très-inférieurs. Mais que l'on baisse son prix, que ceux qui ont spéculé sur cette matière, cherchent à l'amener en France à peu de frais, et qu'ils la vendent à moitié, ou même à tiers de prix, et le *bablah* prendra bientôt son rang parmi les substances que la teinture emploie constamment; il sera préféré à la galle toutes les fois qu'on fera des noirs communs ; et l'usage apprendra sans doute qu'on peut en faire d'autres applications utiles.

BAINS. En teinture on nomme ainsi tous les liquides simples ou composés, chargés d'un principe colorant, ou destinés à décolorer, renfermés dans un vase, et dans lesquels on plonge soit les fils, soit les étoffes que l'on veut préparer, blanchir, apprêter ou teindre. D'après cela, toutes ou presque toutes les opérations de la teinture se feroient au moyen de bains qui varieroient autant que les résultats que l'on veut obtenir ; cependant l'usage a un peu restreint cette dénomination, en la consacrant plus particulièrement aux préparations suivantes :

Bain d'azur. Il est destiné à rehausser la blancheur des fils ou des étoffes. Pour le coton, le lin, le chanvre, on le prépare avec l'oxide de cobalt, *bleu d'azur du commerce*, le plus beau possible, pulvérisé très-fin et tenu en suspension dans de l'eau bien limpide. Pour la soie, le bain de bleu se fait avec la partie la plus fine de l'indigo flore, qui peut aussi rester en suspension dans une eau limpide. Il est difficile d'indiquer quelles proportions on doit employer des principes colorans. Cette proportion varie suivant la qualité de ces principes, suivant la nature des substances qu'on blanchit, suivant le degré d'intensité de bleu que l'on veut obtenir ; l'usage, l'expérience, sont les seuls guides qu'on puisse prendre à cet égard.

Bain d'acide, ou *bain sûr*. Ce bain employé dans le blanchiment, et destiné à faire agir un acide foible sur un principe colorant, notamment sur le fer, que l'on cherche à enlever, se prépare aujourd'hui, surtout pour le coton, avec soixante parties d'eau en poids et une d'acide sulfurique à 66°. Il est des cas où la proportion varie : c'est lorsqu'on doit agir sur un principe colorant plus fort. Il en est d'autres où l'on doit employer d'autres acides : ainsi, dans le blanchiment de la filasse, Giobert conseille l'emploi de l'acide hydro-chlorique, qui donne à cette matière un blanc plus beau et une plus grande souplesse. Dans quelques fabriques on conserve encore l'ancien procédé, qui consiste à mettre les étoffes en contact avec des liqueurs acidules, qui sont ou du lait aigri, ou bien du son, ou de la farine de seigle délayés dans l'eau, et que l'on porte à la fermentation. Le bain acide comme je l'ai décrit, est toujours préférable, en ce qu'on peut plus aisément en calculer et en varier les effets, en ce qu'il présente une grande économie de temps et d'argent.

Bain de savon. C'est celui que l'on prépare avec de l'eau de savon. La nature du savon, et la proportion de cette matière à l'eau du bain, varient suivant les résultats qu'on veut obtenir et les substances sur lesquelles on agit. Pour dégommer la soie, on emploie du savon blanc et dur, fait avec l'huile d'olive et la soude. On doit recourir à ce savon toutes les fois qu'on opère sur des étoffes ou des fils d'une grande finesse et d'un grand prix ; mais lorsqu'on veut blanchir des objets moins précieux, ou lorsqu'on blanchit des toiles ou des fils écrus, ainsi que dans l'opération du foulon des laines, on préfère le savon mou, ou noir, qui coûte bien moins cher, et qui est fait avec la potasse et des huiles communes, et même des graisses animales.

Bain d'huile, ou *bain blanc*. Ce bain destiné à donner au coton une plus grande affinité pour la couleur dans la teinture en rouge de garance, et dont la durée se prolonge suivant l'intensité que l'on veut donner à cette teinture, se prépare de la manière suivante : On verse sur six livres d'huile grasse, cinquante pintes d'eau de soude à un degré environ ; on mêle bien en agitant avec un râble, ou en transvasant plusieurs fois le bain d'un baquet dans un autre. Le bain est convenablement préparé lorsque la lessive de soude reste combinée à l'huile pendant quatre ou cinq heures, et que celle-ci ne remonte pas à la surface ; c'est alors qu'on y plonge le coton de manière à ce que toutes ses parties soient également en contact avec la liqueur.

Bain de fiente, ou *bain bis*. Ce bain est destiné à animaliser le coton, et à lui communiquer en quelque sorte quelques-unes des propriétés dont jouissent les substances animales comme la laine, d'entrer plus aisément en combinaison avec les matières colorantes, et de former avec elles des composés plus solides et plus durables.

On se sert de fiente de mouton, parce qu'elle contient une certaine quantité d'albumine et de matière animale particulière. Ordinairement on en emploie de vingt-cinq à trente livres pour cent livres de coton. Voici comment on prépare ce bain : Après avoir fait tremper la fiente pendant cinq ou six jours dans une lessive de soude à huit ou dix degrés, on la délaie avec environ cinq cents pintes de lessive moins forte, et on l'écrase en même temps avec la main, dans une bassine de cuivre dont le fond est criblé de trous. On verse la liqueur dans un baquet où l'on a mis de cinq à six livres d'huile grasse ou *tournante*, et on mêle bien les matières en les agitant, à diverses reprises, jusqu'à ce que la liqueur soit bien homogène, et de la même couleur dans toutes ses parties. C'est alors seulement qu'on y plonge le coton, en ayant bien soin d'en mettre toutes les parties également en contact avec la liqueur. Ce bain est employé dans plusieurs cas, et notamment dans la teinture en rouge de garance.

Bain de réserve. On nomme ainsi une combinaison que l'on applique sur les toiles, afin d'en préserver quelques parties de l'action de la teinture et de les conserver blanches, ou de leur donner plus tard une autre teinte. Le bain de réserve se prépare le plus communément en faisant dissoudre dans une pinte d'eau six onces de sulfate de cuivre, trois onces de vert-de-gris, deux onces d'alun & quatre onces de gomme arabique; ou bien en faisant fondre dans deux litres d'eau quatre onces de vitriol de Chypre, six onces de vert-de-gris, une livre de gomme arabique : dans l'un et l'autre cas on épaissit le bain de réserve avec une bouillie faite avec une livre de terre de pipe bien tamisée et délayée dans trois ou quatre onces d'eau. *Voyez* IMPRESSION DES TOILES.

Bain-marie. Appareil au moyen duquel on transmet la chaleur à un vase par l'intermède de l'eau. Dans un vase plein d'eau, immédiatement placé sur le feu, on met un autre vase contenant une substance quelconque : l'eau du premier vase, en s'échauffant, transmet le calorique au second vase et aux substances qu'il contient. Le bain-marie donne un moyen assuré de ne jamais communiquer aux matières que l'on échauffe par ce moyen, une température de plus de quatre-vingts degrés de Réaumur.

Bain de sable. On donne ce nom à un appareil au moyen duquel le vase ou la substance que l'on veut échauffer ne reçoit le calorique qu'à travers le sable où il est plongé. Ce moyen est surtout employé pour échauffer les vases en verre, ou ceux dont on veut échauffer toutes les parties en même temps.

Les bains colorans seront décrits à mesure qu'il sera question de chacune des substances employées en teinture.

BAROCHER. Dans l'impression des toiles c'est ne pas tracer nettement un contour, ou faire jaillir de la couleur sur le fond.

BATTERIE ou BATTOIR. Dans les endroits où l'on fabrique l'indigo, on donne ce nom à un vase qui reçoit l'extrait de l'herbe en fermentation, et dans lequel on le bat avant de le mettre en composition.

BATTURE. C'est l'action de battre les étoffes ou les écheveaux que l'on lave en eau courante. Les moyens dont on se sert, sont le battoir de blanchisseuse, le fléau, ou quelques mécaniques plus ou moins ingénieuses & mises en mouvement par le courant d'eau lui-même. Donner une *batture*, c'est battre une fois; deux *battures*, c'est battre deux fois, &c.

BAYARD. Sorte de table ou de civière sur laquelle on met égoutter les fils ou les étoffes qui sortent d'un bain.

BEZETTA. Lin du Levant de première qualité.

BIASSE. Soie crue du Levant.

BISAGE. C'est teindre en une couleur nouvelle une étoffe déjà teinte auparavant.

BISEUR. Nom que l'on donne quelquefois au teinturier qui ne fait que le bisage.

BLANC. C'est par ce mot qu'on désigne une étoffe ou un fil qu'on est parvenu à priver entièrement, ou presqu'entièrement, des matières colorantes avec lesquelles il étoit combiné. Ce résultat s'obtient par les diverses opérations du blanchiment. Dans le commerce on distingue deux espèces de blanc, le *blanc commun* et le *blanc d'argent*, ou le *blanc superfin*. Pour le premier, qui suffit fréquemment aux matières qu'on se propose de soumettre à la teinture, on se contente d'une lessive à un degré fort, d'une immersion dans le chlore liquide, d'un bain d'acide sulfurique, d'un léger bain de savon et d'un lavage. Si l'on veut arriver au blanc superfin, on aura recours à une lessive plus forte, d'un degré et demi, par exemple, à plusieurs immersions dans le chlore, au bain d'acide sulfurique, à un léger bain de soude, au bain d'azur et aux lavages. Ces opérations varient, du reste, suivant la nature des substances sur lesquelles on opère, et suivant l'intensité des principes colorans qu'on veut enlever. *Voyez* BLANCHIMENT.

BLANCHARDS. Toiles de lin dont on blanchit le fil à demi avant la fabrication.

BLANCHIMENT. C'est le nom qu'on donne, « à une suite d'opérations au moyen desquelles on parvient à enlever au coton, au lin, au chanvre, la couleur grise, jaunâtre ou noire qu'ils portent naturellement, et à les amener à un blanc plus ou moins parfait. » De tous les arts, le blanchiment est peut être celui auquel la chimie a fait faire les plus grands et les plus rapides progrès. Jusqu'en 1785, on ne savoit employer, pour amener les étoffes et les fils au plus grand degré de blancheur possible, que l'influence prolongée de l'air atmosphérique et de la lumière, et quelques lessives alcalines : aussi falloit-il un temps considérable, plusieurs mois, par exemple, pour parvenir au but que l'on atteint aujourd'hui en quelques jours, et avec plus de certitude, par un procédé dont la découverte est due à Berthollet, et que par reconnoissance on désigne, dans quelques fabriques, par le nom de *Berthollien*. Je veux parler de l'emploi de l'acide muriatique oxigéné, ou du chlore (*voyez* ce mot), comme moyen de détruire la teinte plus ou moins prononcée que les fils et les étoffes conservent en sortant des mains du fabricant. Ce procédé, dont on a fait depuis de si heureuses applications, repose sur ce principe, que l'acide muriatique oxigéné, ou le chlore, a la propriété d'attaquer les substances colorantes, et de les rendre plus solubles dans l'eau et dans les lessives. Tant qu'on a pensé que le corps employé étoit de l'acide muriatique oxigéné, on expliquoit ses effets en

admettant

admettant qu'il cédoit une partie de son oxigène à la matière colorante, l'oxidoit, la brûloit en quelque sorte et la rendoit plus facile à dissoudre et à détacher ; aujourd'hui que de nouveaux progrès de la chimie ont prouvé que ce n'étoit qu'un corps simple, mais doué d'une très-grande affinité pour l'hydrogène, dont il s'empare partout où ce corps est combiné avec d'autres principes, on se rend compte de ses effets par cette affinité même. En effet, toutes les substances végétales ou animales qui peuvent servir à la coloration, contiennent de l'hydrogène ; si on leur enlève par un moyen quelconque ce principe constituant, elles acquerront des propriétés nouvelles : d'insolubles qu'elles étoient, elles pourront devenir solubles ; d'adhérentes qu'elles étoient, elles pourront cesser de l'être. C'est ce qui a lieu évidemment après l'immersion des fils ou des étoffes écrues dans la solution de chlore ; leur matière colorante change de nature presque subitement et devient facile à enlever.

Voici le meilleur procédé qu'on puisse employer pour préparer en grand et pour le blanchiment, la solution de chlore. C'est à Vitalis que j'en emprunte la description. « On se sert d'un appareil qui consiste dans un matras de plomb, fondu, autant que possible, d'une seule pièce, pour éviter les inconvéniens de la soudure. Sa forme doit être à peu près ovale, et il peut avoir de quinze à seize pouces de diamètre dans sa plus grande dimension.

» Ce matras porte, à sa partie supérieure, un collet de quatre à cinq pouces d'ouverture, par laquelle on introduit les matières dont il sera parlé bientôt, et qui sert en outre à retirer aisément ce qui reste au fond après l'opération. Cette ouverture se ferme avec un bouchon de plomb qui y entre à frottement, et qui est retenu en situation au moyen d'une forte vis de pression adaptée au corps du collet.

» A droite et à gauche du collet, et à environ deux ou trois pouces de distance, se trouve une tubulure d'un pouce et demi de diamètre, sur un pouce et demi de hauteur.

» L'une de ces tubulures reçoit un bouchon de liège traversé par un tube de plomb sans soudure, d'un demi-pouce au moins de diamètre, ou d'un tube de verre de mêmes dimensions. L'un ou l'autre de ces tubes doit être courbe deux fois à angles droits, de manière à former deux branches verticales séparées entr'elles par une branche horizontale, qui sera d'une longueur proportionnée à la distance qui existe entre la tubulure et le récipient, c'est-à-dire de la cuve où doit s'opérer la solution du chlore. L'une des branches verticales ne doit avoir de longueur qu'autant qu'il est nécessaire pour qu'elle puisse s'engager d'un à deux pouces dans l'intérieur de l'une des tubulures. La seconde branche verticale doit être assez longue pour pouvoir se rendre à deux ou trois lignes

près du fond inférieur de ce récipient ; mais, en ce cas, il faut avoir soin de ménager cinq ou six trous, d'une ligne ou deux de diamètre, sur la circonférence de l'extrémité inférieure de la branche verticale, afin que le chlore puisse se dégager aisément dans le récipient.

» Ce récipient est une cuve formée de fortes douves de bois de sapin cerclées en fer ; elle a de cinq à six pieds de diamètre, sur huit à dix pieds de hauteur. A quelque distance de son bord, elle porte un fond supérieur : 1°. d'un trou percé, suffisant pour livrer passage à la plus grande branche verticale ; 2°. d'un trou plus petit qui reçoit un petit tube de verre recourbé, que l'on fait plonger dans un vase qui contient une solution de potasse, ou simplement de l'eau destinée à absorber le gaz qui auroit échappé à la solution de l'eau dans la cuve.

» La seconde des tubulures dont il a été parlé plus haut, sert à verser dans le matras, le liquide acide, qui, par son action, doit déterminer le dégagement du chlore à l'état gazeux. Cette tubulure se ferme ensuite avec un bouchon de liège que l'on recouvre, ainsi que toutes les jointures, de lut gras, ou mieux encore d'un lut fait avec de l'argile grasse pétrie avec un peu d'eau et de bouse de vache. On recouvre l'un ou l'autre de ces luts avec des bandes de vessie de cochon, ramollies dans l'eau, ou encore de bandes de vieux linges enduits de colle de farine ou d'amidon, et on assujettit le tout par plusieurs tours de ficelle.

» Il est d'une extrême importance de luter avec le plus grand soin toutes les jointures pour prévenir les effets dangereux du chlore sur l'économie animale. En effet ce gaz, s'il vient à être respiré, détermine une toux violente et convulsive, quelquefois le crachement de sang, et même la mort ; si on ne se hâte de remédier aux accidens. Le moyen le plus simple d'en arrêter les progrès, est de boire une grande quantité de lait, et de continuer, pendant quelque temps, l'usage des boissons émollientes et mucilagineuses.

» Le matras étant supposé placé dans une chaudière de fonte, posée sur un fourneau, et contenant assez de sable fin pour que le matras y soit plongé jusqu'aux deux tiers ou aux trois quarts de sa hauteur, on le charge des matières qui servent à l'extraction du chlore. Ces matières sont : 1°. l'oxide noir de manganèse, dont la meilleure qualité est celle qui présente des aiguilles d'apparence métallique, ce qui lui a fait donner dans le commerce, le nom impropre de *manganèse* (*voyez* OXIDES MÉTALLIQUES) ; 2°. le sel marin ou de cuisine (*voyez* à l'article ACIDES, le mot HYDRO-CHLORATE DE SOUD) ; 3°. l'huile de vitriol concentrée, ou à 66 degrés du pèse-liqueur. (*Voyez* ACIDE SULFURIQUE.) Les meilleures proportions à employer, pour un muid d'eau de 288 pintes de Paris, sont les suivantes :

liv.
» Oxide noir de manganèse en poudre fine. 1
» Sel marin du commerce............ 3
» Huile de vitriol................ 2

» L'huile de vitriol doit être préalablement étendue non pas de son poids, mais de son volume d'eau. Ce mélange d'acide et d'eau se fait dans un vase de plomb, ou tout au moins de bois, en versant peu à peu l'acide sur l'eau, et en agitant bien avec une baguette de plomb ou de bois, afin d'opérer exactement le mélange des deux liquides. Ce mélange est accompagné d'un développement de chaleur assez considérable pour déterminer la rupture des vases de verre ou de grès (1).

» Cela posé, on mêle bien exactement ensemble l'oxide de manganèse et le sel marin, l'un et l'autre réduits en poudre fine, et on introduit le mélange dans le matras par l'ouverture de son collet, que l'on ferme ensuite de son bouchon de plomb.

» On adapte le tube conducteur à l'une des tubulures, et on le lute exactement à l'endroit de la tubulure et à l'endroit où il pénètre dans le récipient, qu'on aura eu soin de remplir de la quantité d'eau convenable. On verse enfin par la seconde tubulure, et au moyen d'un entonnoir de plomb, l'acide sulfurique étendu d'eau comme il a été dit. On ferme aussitôt cette tubulure par un bouchon de liége qui entre à frottement, et que l'on recouvre d'abord de lut, puis de bandes de vessie de cochon ou de vieux linges enduits de colle de farine, et on assujettit le tout avec de la ficelle.

» Le matras étant ainsi chargé, vers le soir, on l'abandonne à lui-même pendant la nuit, sans mettre de feu sous la chaudière, qui sert de bain de sable, dans la crainte qu'en chauffant l'appareil, les matières, en agissant trop brusquement les unes sur les autres, ne se boursoufflent et ne viennent à en obstruer le tube conducteur, ou même à passer, par ce tube, dans le récipient; ce que l'on doit éviter avec soin, et que l'on préviendra aisément en ne remplissant le matras qu'aux trois quarts de sa capacité. Le lendemain matin, on donne le feu en mettant des charbons ardens sous le bain de sable, et on l'entretient de manière que les bulles de gaz se succèdent sans interruption; ce dont on juge aisément à l'oreille.

» Lorsqu'il ne se dégage plus de bulles, ou que le tube conducteur vient à s'échauffer sensi-

blement, on le délute sur-le-champ, et on l'enlève pour empêcher l'eau du récipient de se porter dans le matras; effet que la pression de l'air sur l'eau de la cuve ne manqueroit pas de produire lorsque cette pression n'est plus vaincue, ou du moins contre-balancée par le dégagement du chlore à l'état de fluide élastique.

» Enfin, on ferme l'ouverture destinée à livrer passage au tube conducteur, et on conserve ainsi la dissolution de chlore pour l'usage. Afin de pouvoir la faire écouler commodément dans les cuves où elle doit se rendre, on a ménagé, au bas du récipient, une chantepleure à laquelle on adapte un tuyau de verre ou de plomb qui la porte dans les cuves à immersion. »

L'odeur du chlore est âcre, piquante, et sa vapeur respirée produit de funestes effets. Quand on observe exactement les proportions de matières et d'eau qui sont indiquées ici, il est rare que le liquide obtenu puisse exercer une influence malfaisante; cependant Descroizilles aîné, qui s'est long-temps occupé du blanchiment par le procédé Berthollien et l'a beaucoup perfectionné, conseille de mettre au fond du récipient environ une livre de craie, en poudre grossière, par chaque muid d'eau. Cette addition qui se fait sans inconvéniens pour le blanchiment, neutralise presqu'entièrement l'odeur du chlore en même temps qu'elle lui communique à l'eau la propriété d'en absorber une plus grande quantité.

Voici ce qui se passe dans le procédé qui vient d'être décrit: le sel marin, hydro-chlorate de soude, est décomposé par l'acide sulfurique, qui s'empare de la soude et forme un sulfate de soude; l'acide hydro-chlorique est mis en liberté. Une partie de cet acide se combine avec le manganèse pour faire un hydro-chlorate de manganèse, l'autre partie est décomposée; son hydrogène s'unit à de l'oxigène du peroxide et donne naissance à de l'eau, et son chlore se dégage et se rend dans le récipient. Il ne reste dans le matras, après l'opération, qu'un mélange de proto-sulfate de soude et du proto-hydro-chlorate de manganèse, dont on a cherché vainement, jusqu'à ce jour, à tirer un parti utile.

On peut encore se procurer le chlore en chauffant doucement au bain de sable, dans un matras de grès, une livre de peroxide de manganèse en poudre très-fine, avec cinq ou six livres d'acide hydro-chlorique très-fumant. Cette opération s'exécute comme dans le premier procédé. En général, c'est l'autre moyen qu'on met le plus fréquemment en usage; c'est aussi celui qui est le plus économique.

La solution de chlore convenablement préparée a l'odeur, la saveur et la couleur du chlore gazeux; elle altère et détruit la teinture de tournesol et presque toutes les couleurs végétales et animales. Exposée à une température de deux à trois degrés au-dessus de zéro, et à plus forte raison à

(1) Ce développement de chaleur est dû à la diminution de volume du mélange, et au rapprochement des molécules des deux corps que l'on réunit. Voyez ACIDE SULFURIQUE.

une température inférieure, il s'y forme des cristaux en lames d'un jaune foncé, qui sont formés de beaucoup moins d'eau et de beaucoup plus de chlore que la solution même : d'où il résulte qu'on ne doit pas pour l'usage, et surtout pour le blanchiment, employer la solution de chlore à cette température, parce que les cristaux auroient une action trop énergique; tandis que le reste de la solution ne seroit plus assez concentré. Pendant l'hiver, c'est dans un lieu où la température est au moins à quatre ou cinq degrés que l'on doit faire les immersions dans la solution de chlore. Enfin, comme le chlore a une telle affinité pour l'hydrogène qu'il décompose toutes les matières animales ou végétales répandues dans l'air atmosphérique, et que même, à l'aide de la lumière, il décompose l'eau dans laquelle on le tient dissous et finit par passer à l'état d'acide hydrochlorique, il est extrêmement important de conserver la solution qu'on a préparée, dans des vases clos, et dans un lieu obscur.

La solution de chlore qui sert dans le blanchiment ne doit être employée qu'à un degré déterminé de concentration; trop foible elle ne détruit point les parties colorantes; trop concentrée elle altère l'étoffe et enlève aux fils toute leur ténacité. Pour juger ce degré de concentration, Descroizilles s'est servi d'un moyen aussi ingénieux que certain. Considérant que le chlore a la propriété de décolorer la solution d'indigo, il a pensé qu'on pourroit, en calculant la quantité de solution de chlore nécessaire pour décolorer ou ramener au jaune une mesure déterminée de solution d'indigo, reconnoître le degré de concentration du chlore liquide. En conséquence il prépare une dissolution d'indigo avec sept parties d'acide sulfurique et une partie d'indigo flore, et il y ajoute 992 parties d'eau. Or, l'expérience a prouvé que l'on employoit avec avantage, surtout pour une première immersion, une solution de chlore, dont une partie peut décolorer une partie et demie et même deux parties d'indigo préparées comme il a été dit. Descroizilles a décrit, pour faire cet essai, un instrument composé d'une petite mesure et d'un bocal à peu près semblables à ceux qui servent à éprouver les potasses. *Voyez* POTASSE.

Si j'insiste autant sur la préparation de la liqueur Berthollienne, c'est qu'elle joue le rôle le plus important dans le blanchiment du lin, du chanvre, du coton; il ne faut pas croire pourtant que seule elle puisse suffire pour amener les étoffes et les fils au plus grand degré de blancheur possible; il est d'autres opérations qui sont également nécessaires; et dans le détail desquelles je vais entrer successivement : telles sont, le séjour prolongé dans l'eau, les lessives, l'immersion dans le chlore, le bain d'acide sulfurique, le bain de savon, le bain de bleu d'azur, et dans quelques cas l'exposition à l'air et à la rosée.

C'est dans l'eau froide et dans des vases que l'on fait tremper en masse les étoffes. Il s'établit par ce moyen une fermentation qui rend bientôt soluble le *paron* dont les tisserands enduisent leur trame. C'est pour enlever ce paron, qu'après le séjour de l'eau froide, on a coutume de couler pendant quelques heures les étoffes d'abord à l'eau chaude, ensuite à l'eau bouillante.

On donne le nom de *lessive* à une opération par laquelle on met les étoffes que l'on veut ramener au blanc, en contact avec les alcalis, tels que la potasse, la soude et la chaux. Les lessives les plus ordinaires se préparent avec une partie de bonne chaux vive récemment préparée, et réduite en poudre très-fine, et deux parties de bonne potasse du commerce également en poudre. On mêle bien et on verse par-dessus de vingt-quatre à trente fois en poids, autant d'eau que de potasse; on agite de temps en temps, dans l'espace de vingt-quatre heures, avec un bâton, on laisse déposer, et on décante la liqueur claire qui doit marquer un degré et demi à l'aréomètre de Baumé.

Les conditions nécessaires pour qu'une lessive agisse d'une manière efficace, sont le temps, le contact immédiat, la température, le degré de concentration de la liqueur employée. Le temps pendant lequel les objets que l'on se propose de blanchir doivent rester en contact avec la lessive, varie suivant la nature de ces objets; c'est ordinairement de quatre à douze heures. Il est très-important, comme on le pense bien, que toutes les parties de fil, ou d'étoffe, soient également soumises au contact de la lessive. Si la liqueur alcaline n'atteignoit pas uniformément tous les points, le blanchiment ne seroit pas uniforme. Dans les anciens procédés de coulage on ne parvenoit à éviter cet inconvénient qu'en plaçant avec une extrême précaution les écheveaux ou les pièces d'étoffes, afin d'empêcher le liquide de filtrer plutôt par un point que par les autres. Aujourd'hui, d'après le moyen qu'on met en usage dans la plupart des grands établissemens, on peut bien plus aisément obvier à ce danger. La température de la lessive est on ne peut pas plus importante; il est une foule de matières qu'on ne peut blanchir qu'avec une lessive bouillante. Lorsqu'on se bornoit à faire bouillir la liqueur dans une chaudière, à la prendre là au moyen d'un seau à long manche et à la verser sur le cuvier où étoient contenus les étoffes ou les écheveaux, les couches supérieures seules étoient en contact avec la liqueur bouillante; mais elle avoit déjà perdu une grande partie de son calorique lorsqu'elle parvenoit aux couches inférieures. Grâce aux travaux et aux procédés de Widener, on sait éviter le refroidissement, et tous les points du cuvier sont également arrosés par un liquide bouillant, « Il a imaginé de placer directement au-dessus d'une chaudière, un cuvier qui n'a pour fond qu'un fort grillage en bois ; au milieu de la chaudière est une pompe qui élève la lessive au bout du cuvier, où elle est répandue par quatre tuyaux égaux au rayon du cuvier, et qui sont unis circulairement par un mouvement ajusté au bras de la pompe : la lessive est ainsi dispersée également à la surface des toiles, elle filtre à travers et retombe dans la chaudière : loin d'être exposée au refroidissement, elle conserve dans ce trajet sa température, parce que les toiles sont échauffées par la vapeur qui s'élève de la chaudière, et ne peut s'échapper qu'en passant par leurs intervalles Deux thermomètres placés dans un appareil ainsi construit, l'un à la base, l'autre au sommet du cuvier, indiquent constamment le même degré de chaleur : en trois heures d'un coulage non interrompu, ils marquent l'un et l'autre 80 degrés............... On peut, par ce moyen communiquer aux toiles une chaleur supérieure à celle de l'eau bouillante. Les thermomètres du grand appareil se sont élevés jusqu'à 84° ; mais dès qu'ils passent le terme de l'eau bouillante, la pompe ne peut plus élever le liquide, et nous ignorons jusqu'à quel point il peut convenir de couler des lessives à des degrés supérieurs. Pour éviter que la pression empêche la pompe de jouer, Widener a donc placé quatre tuyaux qui, établissant une communication libre entre la partie supérieure de la chaudière et celle du cuvier, donnent une libre issue à la vapeur. Cet appareil réunit les avantages de couler les lessives, en beaucoup moins de temps, à la chaleur de l'eau bouillante, et avec moins de combustible ; car au lieu d'avoir à échauffer une lessive continuellement refroidie par le transport, et qui occupe la capacité du cuvier et de la chaudière, celle-ci seule est remplie et la chaleur est conservée pendant le coulage, par l'impression de la vapeur. »

Il ne faudroit pas penser que cette vapeur suffit pour opérer sur les matières l'effet qu'on attend des lessives : les solutions salines ou alcalines offrent presque toutes le même phénomène, c'est que le liquide qui séjourne du vase retient tout le sel ou tout l'alcali, et que la vapeur n'entraîne rien ou presque rien avec elle. On sait que c'est sur ce principe qu'est fondé l'art de rendre potable l'eau de la mer et toutes les eaux salées. Il ne faudroit donc pas se contenter de faire passer de la vapeur sur les matières à blanchir, car par ce moyen on ne les rendroit que chaudes et humides, mais on ne les soumettroit pas à l'action des alcalis ; et dans l'appareil de Widener, la vapeur ne sert qu'à élever la température, et facilite ainsi l'action de la liqueur qui coule à travers les étoffes. Cet appareil, outre qu'il peut servir à couler à la fois quatre cents pièces d'étoffes, offre encore une grande économie de temps et d'argent. En effet, six heures suffisent pour terminer entièrement les plus longues lessives, qui n'exigent en outre que cinq mesures de charbon de terre.

Le bain d'acide sulfurique se prépare avec soixante parties d'eau et une partie d'acide sulfurique à 66°. On mêle bien ces deux liquides en les agitant fréquemment à mesure qu'on verse l'acide Ce bain dans lequel on plonge la plupart des objets qu'on veut blanchir à mesure qu'ils sortent de la lessive et du bain de chlore, sert à enlever quelques parties colorantes jaunâtres, provenant de quelques parcelles d'oxide de fer, presque toujours contenues dans les eaux, et qui ayant résisté aux alcalis et au chlore, reparoîtroient bientôt soit sur l'étoffe blanche, soit à travers les diverses teintures. La durée du bain acide varie suivant les matières sur lesquelles on opère. Au sortir de ce bain, toutes les matières doivent être lavées avec le plus grand soin, et sur-le-champ, dans une eau courante. Ces lavages même doivent être faits à plusieurs reprises. Sans cette précaution, l'acide se concentreroit par l'évaporation, et ne tarderoit pas à brûler l'étoffe ou le fil.

Le bain de savon se fait en dissolvant une certaine quantité de savon dans l'eau, et y plongeant les fils ou les étoffes. Ce bain a pour but d'enlever les derniers atomes de chlore et d'acide sulfurique, et de donner aux matières plus de souplesse et de douceur.

Le bain d'azur, préparé comme je l'ai dit (*voy.* Azur), est la dernière opération du blanchiment ; elle a pour objet de donner aux matières une teinte bleuâtre, agréable à l'œil, et qui rend le blanc plus doux et plus gracieux. Dans ce bain, comme dans tous les autres, il faut avoir soin que toutes les parties des écheveaux ou des pièces trempent également, afin que l'action soit uniforme. On conçoit sans peine que l'on peut se dispenser de donner le bain d'azur aux pièces qui doivent ensuite passer à la teinture, et que cette opération n'est indispensable que pour celles qui doivent rester blanches.

Telles sont les opérations qui amènent le blanchiment le plus parfait. Toutes ces opérations ne sont pas constamment nécessaires : il en est qu'on peut négliger sans inconvéniens, lorsqu'on se propose de blanchir certaines substances ; il en est d'autres, au contraire, sur lesquelles on est obligé de revenir plusieurs fois, pour obtenir un blanchiment complet.

Pour le coton filé :

Une lessive à un degré et demi,

Une première immersion dans le chlore liquide,

Une seconde immersion dans une solution de chlore moins forte que la précédente,

Un bain dans l'acide sulfurique,

Un bain de soude très-foible,

Un bain de bleu d'azur,

Et des lavages dans une eau courante, après chaque opération, suffisent constamment pour obtenir un beau blanc.

Pour les fils de lin et de chanvre :

Une immersion prolongée pendant trois jours dans l'eau simple,

Deux et quelquefois trois lessives,

Deux ou trois immersions dans la solution de chlore,

Et les autres opérations auxquelles on a recours pour blanchir le coton, tels sont les moyens que l'on emploie pour obtenir un blanc superfin.

Quant aux toiles, celles de coton, connues sous le nom de *calicots*, se blanchissent de la manière suivante, à Jouy, dans la belle manufacture fondée par Oberkampf.

« Les toiles sont mises à tremper, en masse, dans l'eau froide. La fermentation qui s'y établit, rend le *paron* soluble dans l'eau. Après avoir été bien dégorgées, on les coule à l'eau chaude, pendant quatre heures, dont la dernière en bouillant. » Cette première opération se nomme *dégommage*. Voyez ce mot.

« *Première lessive* contenant en alcali pur, l'équivalent de deux et un tiers centièmes du poids des toiles ; cette lessive est coulée sept heures, dont quatre en bouillant.

» *Passage à l'acide sulfurique*, étendu de cent vingt-cinq parties d'eau, pendant une heure.

» *Deuxième lessive*, avec deux centièmes d'alcali pur ; six heures de coulage, dont trois en bouillant.

» *Immersion* dans une solution forte de chlore, jusqu'à ce que la liqueur ne s'affoiblisse plus.

» *Troisième lessive*, avec deux centièmes d'alcali pur ; cinq heures de coulage, dont deux en bouillant.

» *Immersion* un peu moins forte que la précédente.

» *Quatrième lessive*, avec un et demi centième d'alcali pur ; quatre heures de coulage, dont une heure en bouillant.

» *Immersion* comme la précédente, mais de peu de durée.

» *Passage à l'acide sulfurique*, comme la première fois, mais pendant douze heures. Lavages répétés, bains de savon, bain d'azur. »

Lorsqu'on opère sur des toiles dont la chaîne est en lin, on donne deux lessives, chacune avec deux centièmes d'alcali pur, et aussi deux immersions, de plus que pour le blanchiment du coton, et on expose ces toiles pendant quatre jours sur le pré, après chaque lessive.

Le blanchiment des fils ou des étoffes constitue l'art du blanchisseur, a été décrit en détail dans le tome I, pag. 59, du *Dictionnaire des Manufactures et Arts*. Je ne reviendrai pas en conséquence sur les procédés employés dans les divers pays de l'Europe. J'ai insisté sur les propriétés du chlore, et sur les avantages que le blanchiment retire de cette substance, parce que cette découverte est récente et n'a pu être décrite dans l'Encyclopédie. Il en est de même du bain d'acide sulfurique qui a remplacé avec avantage les *bains sûrs* (voyez ce mot), que l'on faisoit avec des substances en fermentation, à une époque où l'on pensoit que cette fermentation jouoit un rôle important dans la théorie du blanchiment. On trouvera du reste à l'article CHLORE, les autres usages de ce liquide précieux, et notamment son emploi dans la fabrication et le blanchiment du papier.

BLANCHIMENT DE LA LAINE. Lorsqu'on veut soumettre la laine à la teinture, il faut la priver d'une matière grasse avec laquelle elle est constamment combinée, et qu'on nomme *suint*. Cette séparation s'opère au moyen de lavages particuliers, auxquels on donne le nom de *désuintage*. (*Voyez* ce mot.) Il faut aussi lui donner un *bouillon*, c'est-à-dire la faire bouillir pendant deux heures au moins dans une solution qui contient, relativement au poids de la laine, un quart d'alun et un huitième de sel de tartre. Ce bouillon varie quelquefois, et dans quelques cas on peut s'en dispenser. Enfin lorsque la laine, soit en fil, soit en étoffe, doit rester blanche, on lui donne le plus grand degré de blancheur et d'éclat en la soumettant au *soufrage*. Voyez ce mot.

BLANCHIMENT DE LA SOIE. Toutes les soies, au moment où on les enlève aux cocons, sont recouvertes d'un enduit gommeux naturel, auquel elles doivent leur roideur, leur élasticité. Dans le plus grand nombre des cas, cet enduit doit être enlevé, et cette opération s'appelle *dégommage*. (*Voyez* ce mot.) Presque toutes les soies portent en outre un principe colorant jaunâtre, qu'il est important de leur enlever ; on y parvient par le *décreusage*. (*Voyez* ce mot.) Après ces deux opérations, la soie n'est pas encore parvenue au degré de blanc le plus parfait, ou le plus agréable. Ordinairement on la fait tremper dans un bain très-chaud, mais non bouillant, que l'on prépare en faisant dissoudre une livre ou une livre et demie de savon dans vingt-cinq seaux d'eau bien claire ; on laisse la soie dans cette eau jusqu'à ce qu'elle ait pris la nuance de blanc que l'on demande. Mais comme cette nuance varie, et qu'il y en a cinq principales, connues dans le commerce sous les noms de *blanc de Chine*, *blanc des Indes*, *blanc de pâte* ou *de lait*, *blanc d'argent* et *blanc azuré*, on les obtient par l'addition de diverses substances. Ainsi le *blanc de Chine*, qui porte avec lui un petit œil rouge, s'obtient en ajoutant au bain savonneux de blanchiment, un peu de bain de rocou. Les autres nuances, qui toutes ont un œil bleu plus ou moins foncé, s'obtiennent en ajoutant soit au bain savonneux, soit même au bain de dégommage, une quantité plus ou moins grande d'*azur*, qui, dans ce cas, n'est que la partie la plus ténue et la plus fine de l'indigo tenue en suspension dans l'eau.

A Lyon, le blanchiment de la soie diffère de

celui-ci. Après avoir dégommé et décreusé la soie, les fabricans de Lyon ne la mettent point dans le bain savonneux; ils la lavent et la soumettent au *soufrage* (*voyez* ce mot): ils préfèrent ce procédé, parce que le soufrage, qui ne s'oppose point du reste à ce que la soie prenne bien la teinture, lui donne une roideur, une consistance, qui en augmentent l'éclat.

BLANCHIMENT DES TOILES PEINTES. Lorsqu'on a imprimé les toiles avec différens mordans, on les passe dans la garance, où les lessives prennent différentes nuances suivant la nature des mordans; mais le fond de ces toiles reçoit aussi la couleur de la garance. Cette couleur est beaucoup moins solide que celle qui a été fixée par les mordans, et il faut la détruire, de même que le fond jaune des toiles imprimées qu'on a passées dans la gaude pour donner aux dessins les nuances qui dépendent du jaune. On pense bien que dès que le chlore fut connu, on songea à s'en servir pour opérer ce blanchiment; Widener et Hausmann se livrèrent chacun à des essais en ce genre. On verra à l'article IMPRESSION DES TOILES, quelles furent les expériences faites par le premier, et le résultat qu'il en a publié. On y verra aussi quel avantage on peut retirer de la dissolution de chlore pour décolorer une pièce de toile qui a quelque défectuosité de teinture ou de dessin, ou dont l'usage a terni les couleurs. *Voyez* IMPRESSION DES TOILES, TOILES PEINTES, etc.

BLANCHISSAGE. On donne ce nom à la série d'opérations au moyen desquelles on ramène au blanc, ou à leur couleur naturelle, les étoffes façonnées, en vêtemens ou en meubles, et que l'usage a salies. L'*Art du blanchisseur* a été décrit dans le *Dictionnaire des Arts et Manufactures*. (*Voy.* tom. I, pag. 59 & suiv.) Je n'ajouterai, aux détails donnés par Roland de la Plâtrière, que ceux qui sont relatifs à l'emploi d'une liqueur alors inconnue, et dont on doit la découverte à Berthollet. C'est l'*eau de javelle* (*voyez* ce mot), solution de chlore dans une eau de soude ou de potasse, dont l'action est bien moins grande que celle du chlore pur, mais qui altère, change et détruit encore d'une manière très-sensible les différens corps étrangers qui se sont combinés avec les étoffes que l'on veut ramener au blanc ou à leur couleur naturelle. Le chlore agit ici de la même manière, quoiqu'avec moins de force, que lorsqu'il est en dissolution dans l'eau. En conséquence, ceux qui font usage de l'eau de javelle doivent juger sur quelles étoffes ils opèrent, et ne jamais l'employer quand on a à nettoyer des tissus dont la couleur est peu solide, ou dont les nuances tendres peuvent être facilement altérées. Du reste, le dégraisseur auquel on confie ordinairement le nettoyage des étoffes dont la couleur pourroit être altérée, saura apprécier les cas où

l'eau de javelle peut être employée sans inconvénient. Quant au blanchisseur de linge, s'il adopte le procédé des lessives à la vapeur, comme je les ai décrites à l'article BLANCHIMENT, il pourra presque constamment se passer de l'eau de javelle, et en restreindre l'usage à des cas extrêmement bornés, et presqu'exclusivement pour les étoffes blanches.

BLEU D'APPLICATION. Ce bleu peut se préparer par deux procédés, et avoir pour base ou l'indigo ou le bleu de Prusse. Le premier, plus solide, plus cher, mais moins brillant, n'est presque plus employé. Le second, moins solide, mais plein d'éclat, est presque le seul qu'on mette aujourd'hui en usage. Voici les deux procédés:

1°. Pour le bleu d'application par l'indigo. On fait bouillir pendant une demi-heure, dans soixante pintes d'eau, quinze livres de potasse et six livres de chaux vive, afin de rendre la potasse caustique; on ajoute ensuite six livres d'orpiment réduit en poudre fine, et on continue l'ébullition pendant un quart d'heure, ayant soin d'agiter continuellement avec une spatule. On verse alors dans la chaudière un peu refroidie, de six à huit livres d'indigo bien broyé au moulin, et on agite de nouveau jusqu'à ce que l'indigo soit bien dissous; ce que l'on reconnoît lorsqu'une goutte de liqueur, posée sur un verre blanc, paroît jaune. Le bain étant encore chaud, on l'épaissit avec une livre de gomme par pot de liqueur, ou avec quatre onces d'amidon par litre. Cette préparation doit être conservée avec le plus grand soin à l'abri du contact de l'air, afin que l'indigo ne s'oxide pas avant d'être employé. Ce bleu d'application ne peut servir qu'autant que sa couleur est jaune, ou au moins d'un jaune-verdâtre. Si par hasard il étoit devenu bleu, on le traiteroit de nouveau avec quelques livres de potasse caustique et d'orpiment, qui tous les deux ont la propriété de désoxigéner l'indigo.

2°. Pour le bleu d'application par le prussiate de fer. On met dans une terrine de grès quatre onces de beau bleu de Prusse réduit en poudre et passé au tamis très fin; on verse par-dessus peu à peu, et en délayant au fur et à mesure assez d'acide hydro-chlorique pour amener le mélange à la consistance de sirop; on agite bien d'heure en heure pendant une journée, et on épaissit avec quatre ou huit pots d'eau gommée, suivant la nuance que l'on veut obtenir.

BLEU DE CAMPÊCHE. (*Voyez*, pour la préparation de la dissolution, l'article BOIS DE CAMPÊCHE.) Pour teindre la laine en bleu par le campêche, on emploie le plus souvent pour une partie de laine alunée, un quart de partie de bois, quinze à vingt parties d'eau, et un vingt-quatrième de partie de vert-de-gris. Lorsque le bain est convenablement préparé, on l'agite bien, et on y abat l'étoffe qui se teint au bouillon ; on l'y laisse une heure environ, puis on la lave et on la fait sécher. Cette couleur est belle ; mais le coton traité par le même procédé, ne prend qu'un bleu terne, maigre et sans solidité.

BLEU CÉLESTE, Bleu anglais, Boules de bleu. Les boules de bleu de Wuy, le meilleur fabricant de Paris, sont faites avec :

Indigo extrait de la fécule de pastel,
ou à défaut, indigo gatimalo flore... 1 kilog.
Acide sulfurique concentré....... 6.
Potasse blanche................. 15
Savon blanc.................... 1
Chaux vive.................... 0,1
Sel marin..................... 0,1

On pulvérise l'indigo, on le purifie dans dix litres d'alcool, on le passe dans une suffisante quantité d'eau acidulée d'acide hydro-chlorique, on le lave dans une eau douce, limpide, on le fait sécher à l'ombre, on le porphyrise, et on le met ensuite en état de dissolution dans l'acide sulfurique.

La division des molécules par l'union des principes colorans avec l'acide, s'opère très-bien, et cette dissolution, étendue dans de l'eau chaude, donne une teinture diaphane d'un bleu céleste très-élégant et très-propre à la fabrication des boules de bleu céleste.

On verse la dissolution d'indigo dans un vase doublé de plomb ; on y introduit insensiblement les matières ci-dessus. La potasse et le savon doivent être dissous dans de l'eau de pluie, en consistance de sirop.

On combine le tout jusqu'au point de saturation ; on reconnoît que la neutralisation est parfaite lorsque l'effervescence est entièrement appaisée et que la pâte ne contient aucune saveur dominante d'acide ou d'alcali. On la laisse refroidir, et au bout de vingt-quatre heures on y incorpore, par un long battage, huit litres d'eau de pluie bouillante, dans laquelle on a fait dissoudre un demi-kilogramme de sulfate d'alumine, et l'opération est parfaite.

Ces boules ont la propriété :

1°. De teindre en beau bleu de ciel ;

2°. De donner à toutes les étoffes le superbe blanc d'azur, en dispensant du soufre, et sans avoir l'inconvénient de jaunir ;

3°. De donner aux bas de soie et autres soieries la vivacité du neuf, sans l'intermède du soufre ;

4°. Aux bas de coton et de fil l'apparence de la soie ;

5°. Aux mousselines, batistes, basins, piqués, toiles de coton, et au linge en général, un blanc de neige éblouissant.

Il est d'autres manières de préparer ces boules. Le procédé de William Story consiste à prendre

un grand vase de terre, ou un vase de fer, qui dispense alors d'employer de la limaille de fer. On y met une livre de bel indigo en poudre, avec trois livres d'acide sulfurique ; on remue le mélange, et on laisse reposer pendant vingt-quatre heures seulement.

On fait fondre ensuite dix livres de bonne potasse dans une pinte d'eau, et on ajoute d'abord au mélange précédent une pinte de cette forte dissolution de potasse ; on mêle bien le tout et on y ajoute une livre du meilleur savon bleu marbré coupé menu, et on remue.

On continue à ajouter de la solution de potasse jusqu'à ce que le mélange se présente sous forme de poudre sèche ; on jette alors dans ce mélange une demi-pinte d'eau claire, et on remue.

On continue d'ajouter la solution de potasse, toujours en remuant, jusqu'à ce qu'elle soit tout employée ; puis on y mêle avec soin une demi-livre d'alun en poudre fine, passé au tamis.

Après trois jours de repos, la composition est propre à être employée ; elle est en consistance de pâte ; on en fait des boules qu'on laisse sécher à l'air. Ces boules ont les mêmes usages que les précédentes.

Le procédé de M. Estive, de Flessingue, diffère des deux premiers ; le voici :

Prenez, dit l'auteur, une livre de bon indigo pilé et tamisé ; laissez-le dissoudre dans trois livres de bon acide sulfurique ; ajoutez une livre de craie en poudre fine tamisée, et remuez. L'effervescence occasionnée par la craie et l'acide étant cessée, et annonçant une saturation parfaite, ajoutez six livres d'amidon pulvérisé et tamisé, et quatre livres de marbre blanc en poudre impalpable, afin de donner de la consistance à la pâte. Remuez bien le mélange, et pour le rendre plus parfait, broyez-le entre deux pierres, en ajoutant successivement une quantité de sang de bœuf, que vous mélangez selon l'intensité de couleur que vous voulez donner à votre bleu. Ayant obtenu une pâte molle, douce au toucher, et ne laissant apercevoir aucune imperfection dans le mélange, on en fait des boules qu'on laisse sécher à l'air.

Mêmes usages. Quelquefois on s'en sert pour teindre les étoffes ou des vêtemens ; la couleur en est belle, brillante ; mais elle disparoît entièrement au premier savonnage.

BLEU CHIMIQUE. Ce bleu, employé par les teinturier au petit teint, surtout comme apprêt, ou pour raccords, se prépare de la manière suivante : On prend un demi-kilogramme de bon acide sulfurique ; on le verse sur trois décagrammes de bon indigo flore bien pulvérisé et tamisé ; on ajoute à la liqueur, après l'avoir bien agitée, deux grammes de bonne perlasse. Au même instant il se produit une grande effervescence et une dissolution plus parfaite de l'indigo. Aussitôt que l'effervescence a cessé, on met la liqueur dans un flacon bien bouché à l'émeri ; elle peut servir vingt-quatre heures après sa préparation. Il faut observer de ne pas mettre plus de perlasse qu'il n'a été dit, car elle terniroit et saliroit la liqueur. On n'emploie pas ce bleu en nature, on en délaie une plus ou moins grande quantité dans de l'eau chaude, selon la nuance que l'on veut obtenir.

Ce bleu chimique a la plus grande analogie avec le bleu de Saxe. *Voyez* ce mot.

BLEU DE CUVE. C'est celui qu'on nomme encore *bleu solide* ; c'est le meilleur, celui qui a le plus de fixité, celui enfin qu'on emploie le plus souvent et avec le plus d'avantage. Un grand nombre de procédés ont été tour à tour proposés et employés pour la préparation de ce bleu de cuve ; chaque teinturier a encore aujourd'hui des manipulations et des proportions qui lui sont propres et dont il fait un secret ; cependant on peut rapporter à trois, les cuves dont on peut faire usage, savoir : *la cuve au pastel* ou *au vouède*, *la cuve à l'Inde*, et *la cuve au vitriol*, que l'on nomme aussi *cuve à froid*.

1°. *Cuve au pastel* ou *au vouède*. La cuve dont on se sert le plus souvent aujourd'hui, est en cuivre, enfoncée en terre dans le *guesdre*, mais de manière à ce qu'elle ne soit enterrée que de deux pieds à partir de son fond. A cette hauteur on pratique un fourneau sans grille, destiné à chauffer le pourtour de la chaudière, afin de tenir constamment le bain à une température de 30 à 35 degrés. A cet effet, entre les parois de la chaudière et la maçonnerie qui la soutient par son bord, on ménage un espace de quatre pouces qui communique à une cheminée placée à l'opposé de la porte du fourneau, ayant soin de réserver, sur divers points de la maçonnerie, des regards pour pouvoir enlever facilement la cendre et la suie qui s'amassent à la longue dans l'espace dont on a parlé plus haut, et dont l'accumulation affoibliroit ou empêcheroit le tirage de la cheminée.

J'ai vu quelques cuves où cette construction étoit remplacée avec avantage par des tuyaux en cuivre, rampant le long des parois intérieures, et dans lesquels on pouvoit à volonté faire passer de la vapeur. Cette manière de chauffer doit toujours être préférée dans les établissemens de teinture, parce qu'elle n'offre jamais les inconvéniens des cendres, des charbons et de la fumée.

La cuve est ordinairement d'une capacité de quarante muids. On y verse d'abord vingt muids d'eau bouillante, et pendant que cette eau y coule, on jette environ cent cinquante livres de coques de pastel, ramollies et développées, et douze livres d'indigo broyé au moulin, avec la plus petite quantité d'eau possible, et amené seulement à la consistance d'une bouillie épaisse. Ces additions se font peu à peu, et pendant ce

temps un ouvrier *pallie* la cuve avec soin et également.

Lorsque toute l'eau est versée, on sème légèrement à sa surface, six livres de bonne garance de Provence, quatre livres de chaux éteinte à l'air, et le quart d'un boisseau de son. On ferme la cuve de son couvercle, on la recouvre de grosses couvertures, et on la laisse reposer pendant six heures.

Au bout de ce temps on la pallie pendant une demi-heure, et on répète la même opération de trois en trois heures, jusqu'à ce qu'on aperçoive des veines bleues à sa surface. Après l'apparition de ces veines on pallie encore deux fois dans l'espace de six heures, et on répand alors légèrement à la surface une livre de chaux. On recouvre la cuve ; trois heures après on pallie de nouveau, et on n'ajoute rien, à moins que la fermentation ne soit trop active : dans ce cas on répandroit encore une livre ou une livre et demie de chaux.

En ce moment, le bain doit être d'un jaune doré ; le pied ou la pâtée qu'on ramène avec le râble, doit être doux au toucher et pas trop gras ; sa couleur verdâtre doit brunir à l'air ; les bulles qui se montrent à sa surface doivent résister quelque temps avant de se rompre. L'odeur générale en doit être enfin ni trop douce, ni trop piquante ; et la surface doit se recouvrir de veines bleues, d'un écume légère et bleue qu'on nomme *fleurée*, et de plaques cuivrées.

On continue à pallier de trois heures en trois heures, jusqu'à ce qu'un échantillon plongé pendant une demi heure dans la cuve, et deux heures après le palliement, en sorte coloré d'un beau vert, qui passe promptement au bleu quand on l'expose à l'air. On pallie alors pour la dernière fois, et trois heures après, la cuve est en état de teindre.

Dans quelques établissemens, on fait bouillir le son et la garance pendant une demi-heure dans la première eau ; mais, comme le fait observer Pavié, cette méthode a l'inconvénient de décomposer ces matières et de les rendre moins aptes à la désoxigénation de l'indigo.

On peut se rendre compte aisément de ce qui se passe dans la préparation et le travail intérieur de la cuve au pastel. L'indigo est désoxigéné et par conséquent rendu soluble par l'action réunie du pastel, de la garance et du son qui ont fermenté. Il a pris la couleur jaune-verdâtre, et est tenu en dissolution dans la chaux, comme il le seroit dans tous les autres oxides alcalins ; voilà pourquoi les étoffes qu'on plonge dans la cuve en sortent vertes ; mais dès qu'elles sont exposées à l'air, l'indigo y reprend l'oxigène qui lui a été enlevé, et redevient bleu.

C'est par erreur qu'on a pensé que la garance contribuoit à la coloration des étoffes ou augmentoit leur affinité pour l'indigo ; la fermentation à

laquelle

laquelle elle est soumise lui fait perdre tout son principe colorant.

La même cuve peut se monter de la même manière avec du vouède au lieu de pastel, et l'une et l'autre n'exigent guère que cent vingt livres de pastel ou de vouède sec pour quarante muids. On préfère employer ces substances sèches et non fermentées, parce qu'on est bien plus maître de diriger leur fermentation et de la calculer.

Pavie a consigné dans les *Mémoires de l'Académie de Rouen*, année 1811, pag. 72, des observations importantes sur ces cuves; en voici les passages les plus importans : « On ne peut jamais, dit-il, déterminer la quantité de chaux en raison de la quantité d'indigo, ni même de la quantité d'isatis ou de vouède que l'on emploie. Cette quantité est subordonnée au degré de fermentation qui s'établit naturellement dans la cuve. Or, ce degré dépend de la quantité et de la qualité des matières qui la produisent; il dépend encore de l'état de l'atmosphère, du plus ou du moins de chaleur du bain, du refroidissement plus ou moins grand et plus ou moins prompt, de la quantité et de la qualité des étoffes à teindre.

» Presque tous les teinturiers sont dans l'usage de regarder le sens de l'odorat comme le seul guide auquel on doit s'en rapporter pour administrer la chaux : mais ne sait-on pas que la sensibilité de cet organe varie suivant les individus, et que d'ailleurs la moindre indisposition dont il seroit affecté, pourroit occasionner des erreurs capitales, et exposer le teinturier à de très grandes pertes?

» Je crois devoir consigner ici quelques observations qui me sont propres, et au moyen desquelles il sera facile de reconnoître le véritable état d'une cuve, et par conséquent de quelle manière il convient de lui administrer la chaux.

» Lorsque, dans les premiers jours de réchaud, une cuve présente à l'œil un bain de couleur olive-jaunâtre; que les veines bleues qui sont à la surface sont très-multipliées & prolongées, qu'elles se tiennent toutes les unes aux autres, et qu'elles sont recouvertes d'une pellicule rougeâtre gorge-de-pigeon; qu'en soufflant sur le bain, les veines se rompent et se partagent en cet endroit; qu'elles se réunissent avec la même rapidité qu'elles se sont séparées; qu'elles forment à l'endroit de leur réunion un point bleu en forme de nœud; que la *fleurée* est bien réunie et d'une couleur bleu-cuivré-violent; qu'elle imite la forme de plusieurs grappes de raisin entassées les unes sur les autres; qu'en *clapotant* le bain avec un petit bâton, les cloches qui se forment à sa surface restent quelques momens sans s'affaisser; qu'une goutte de bain déposée sur le revers de la main paroît à l'instant d'un vert très-vif, qui *vire* d'abord en vert très-foncé, puis en bleu-noir, et qu'une nuance de ce bleu reste imprimée sur l'épiderme; que le pied, de couleur olive-

jaunâtre, exposé à l'air, devient vert-bleuâtre : tous ces indices sont des signes certains que la cuve est dans le meilleur état possible, et il faut alors la *nourrir* avec beaucoup de modération.

» Si, au contraire, on n'aperçoit pas la pellicule rougeâtre gorge-de-pigeon; si les veines sont plus abondantes et plus larges en certains endroits que dans d'autres; si, en soufflant dessus, elles ne se réunissent que très-lentement ou même qu'elles ne se réunissent point; si la fleurée n'est pas bien réunie et si elle est affaissée; si, en clapotant le bain avec un petit bâton, les cloches qui se forment crèvent très-rapidement; si une goutte de bain déposée sur le revers de la main paroît d'un vert-olive-jaunâtre, virant d'abord en vert-bouteille, puis en bleu; si une teinte de cette couleur s'imprime foiblement sur l'épiderme; si le pied exposé à l'air devient vert-bouteille; tous ces caractères sont autant de preuves que la cuve est très-douce en goût, et qu'elle a grand besoin de nourriture, c'est-à-dire de chaux.

» L'observateur pourra remarquer un phénomène singulier, en administrant la chaux aux cuves dont on vient de parler. Dans le premier cas, celui où la cuve est en bon état, la chaux restera quelques instans à la surface du bain, comme si la cuve refusoit de la recevoir; dans le deuxième cas, la cuve s'emparera de la chaux avec une rapidité étonnante, au point que les premier et deuxième *tranchoirs* de chaux disparoîtront à l'instant.

» En palliant une cuve à laquelle on donne de la chaux, on reconnoîtra si elle est suffisamment pourvue, à une pellicule gazeuse de couleur grisâtre, qui nage, comme un corps gras, à la surface du bain, malgré le mouvement occasionné par le palliage. Dans ce cas, il faut suspendre toute nourriture, et, si on l'aperçoit encore au palliage suivant, continuer la diète; sans quoi on s'exposeroit à mettre la cuve hors de travail, en empêchant la fermentation de naître. On reconnoît ce même état de la cuve à l'odorat, lorsque l'odeur ammoniacale dont il a été parlé précédemment se fait sentir jusque dans la gorge. »

On voit combien il est difficile de bien monter une cuve : il n'est pas moins difficile de la bien gouverner, et d'éviter trois accidens que dans les ateliers on nomme *maladies de la cuve*. Les cuves, en effet, peuvent être *rebutées*, *coulées* ou *décomposées*, attaquées du *vert-brisé*.

Pavie, dans le Mémoire déjà cité, a traité ces diverses questions avec toute l'attention qu'elles méritent. Voici comment il explique ces maladies, et par quels moyens il propose de les combattre.

A. *Cuves rebutées.* On reconnoît cette maladie, lorsque, le lendemain du réchaud, le bain et la pâtée paroissent de couleur olive-vert-brunâtre; que les veines de la surface du bain sont très-minces, quoique la fleurée soit abondante;

qu'en heurtant la cuve avec le râble, les bulles d'air qui paroissent à la surface restent long-temps sans s'affaisser ; que l'odeur est âcre ; qu'au toucher, le bain est légèrement rude entre les doigts. Dans cet état, la cuve n'est que légèrement *rebutée*, c'est-à-dire, un peu trop garnie de chaux, et il suffit de la laisser dix à douze heures en repos sans lui donner de nourriture, pour la ramener à un état parfait.....

Mais si le bain, le lendemain du réchaud, ne présente aucune nuance de couleur déterminée ; qu'une goutte placée entre l'œil et la lumière, paroisse claire comme de l'eau ; que le pied de couleur brune-rougeâtre, ne varie point par son exposition au contact de l'air, et qu'il n'ait aucune odeur déterminée ; qu'au toucher, le bain et le pied soient rudes ; qu'en heurtant la cuve, les bulles d'air qui viennent à la surface soient d'un bleu-grisâtre et fassent entendre une espèce de sifflement ; qu'on n'aperçoive ni veines bleues ni fleurée, on peut être alors certain que la cuve est tout-à-fait rebutée.

Dans ce cas on a proposé tour à tour le tartre, la garance, l'urine, le son ; ce dernier moyen est celui que conseille Pavie : on met un boisseau de son dans un sac, auquel on attache un poids de douze livres ; on le met dans la cuve pendant six ou douze heures, suivant le besoin. Au moment où le sac s'élève de lui-même à la surface du bain, malgré le poids de douze livres qui tend à le retenir au fond, on le retire..... Le son, à l'aide de la chaleur, devient ici un moyen de fermentation pour l'isatis. De cette fermentation naît de l'acide acétique. Cet acide sature l'excès de chaux, la fermentation générale se rétablit, et il en résulte un mouvement qui porte le sac de son à la surface du bain : l'odeur du sac, après la fermentation du son, est absolument la même que celle des eaux sûres des amidonniers.

Quelquefois une cuve se rebute, non pas le soir ou le lendemain du réchaud, mais pendant qu'elle travaille ; on reconnoît cet accident aux signes suivans : le bain et la pâtée paroissent d'une couleur olive-jaune-rougeâtre ; les veines sont très-minces ; en soufflant dessus, elles ne se réunissent pas ou ne se réunissent que très-lentement ; le bain placé entre l'œil et la lumière ne donne qu'une très-légère teinte d'olive-clair et terne ; le pied exposé à l'air varie très peu ; le toucher du bain et du pied sont rudes ; l'odeur est âcre. Il faut alors cesser le travail et rétablir la cuve par le repos et le son.

B. *Cuve coulée ou décomposée.* Cette maladie, qui dépend d'un excès de fermentation, se reconnoît à son odeur putride, à la couleur de son bain et de son pied qui est argile-rougeâtre, et qui vire au vert-jaunâtre lorsqu'on les expose à l'air. De plus, le bain est doux au toucher, et le pied mollasse ; les veines sont très-larges ; en soufflant dessus, elles se divisent et se réunissent

très-lentement. Cette maladie se guérit très-bien en réchauffant le bain et en administrant de la chaux ; seulement cette administration doit être faite avec une extrême précaution, afin de ne pas passer d'une extrémité à l'autre.

C. *Vert-brisé.* Cette maladie peut être produite par plusieurs causes : 1°. lorsqu'on emploie du vouède ou pastel qui a trop fermenté dans sa préparation, ou du vouède de seconde coupe récolté avec fermentation ; 2°. lorsqu'on fait travailler une cuve qui n'étoit pas en état, ou qu'on la fait travailler trop long-temps, ou trop souvent, quoiqu'en bon état ; 3°. lorsqu'on la laisse manquer de nourriture, et qu'on lui en administre ensuite trop abondamment.

On reconnoît le *vert-brisé* aux symptômes suivans : le bain et le pied de couleur olive-vert-rembruni, étant exposés à l'air, ne varient pas de nuance : il y a très-peu ou point de fleurée ; les veines sont presqu'imperceptibles ; le toucher n'est ni rude, ni doux ; il n'y a point d'odeur déterminée ; en heurtant la cuve, les bulles d'air sont de couleur grisâtre, et les étoffes que l'on teint sortent de nuance bleu-grisâtre très-terne. On guérit très-bien cette maladie, en réchauffant le bain sans y ajouter de chaux, et en y ajoutant quelques livres d'isatis récolté sans fermentation.

On voit combien il y a d'avantages à monter les cuves avec le vouède ou le pastel non fermentés, puisque c'est un moyen d'exciter une fermentation qu'il est toujours plus facile de modérer que de provoquer.

Lorsque la cuve est montée, qu'elle est arrivée à bien, voici comment on l'exploite : On y descend d'abord un *champagne* pour empêcher les étoffes de toucher le pied ou la pâtée ; puis on y plonge soit trente livres de drap, soit l'équivalent en laine bien dégraissée. Ces matières doivent passer entre deux eaux, être tordues, et exposées à l'air ; si le bleu obtenu n'est pas assez intense, on peut leur donner un ou deux rejets ; on lave ensuite à la rivière, et dans quelques endroits on fait même passer les étoffes au foulon avec un peu de savon qui n'altère pas le bleu ; quelques teinturiers passent en outre dans une solution chaude d'alun.

Après cela on pallie la cuve, et on la garnit de chaux ; en général, une cuve qui travaille peut recevoir par jour un tranchoir de chaux. On peut y faire trois ou quatre mises par jour, pendant la semaine, réserver les teintes les plus claires pour les derniers jours, et la laisser reposer le dimanche. Une cuve bien conduite dure plusieurs années, et donne constamment des bleus de belle qualité. C'est presqu'exclusivement à la teinture des laines que les cuves au pastel, au vouède, sont consacrées.

2°. *Cuve d'Inde.* On nomme ainsi une cuve montée avec l'indigo seul, et dans laquelle il n'entre ni pastel, ni vouède ; on la nomme aussi quelquefois *cuve à la potasse*, parce qu'on se sert de cet alcali pour dissoudre l'indigo après sa désoxigénation. Il y a plusieurs manières de préparer cette cuve ; voici celle que l'on adopte le plus souvent :

Dans une chaudière d'une capacité de quatre ou cinq muids, et remplie d'eau, on jette douze livres de bonne potasse du commerce, quatre livres de son, quatre livres de garance de Provence, et on chauffe graduellement jusqu'à 75° du thermomètre de Réaumur. Alors on fait passer le bain avec le marc dans une cuve en cuivre semblable à celle qui sert pour le bain d'indigo et de pastel, et d'une capacité de sept à huit muids ; on y verse dix à douze livres d'indigo broyé au moulin, et on achève de la remplir avec de l'eau chaude, jusqu'à six doigts de son bord ; on pallie bien pendant une demi-heure ; on couvre et on fait assez de feu pour soutenir la température de 30 à 35 degrés. Douze heures après on pallie de nouveau, et ainsi de douze heures en douze heures, jusqu'à ce que la cuve soit venue à bien, c'est-à-dire que le bain soit jaune-verdâtre, qu'il soit couvert de plaques jaunes cuivrées, de veines bleues et d'une fleurée d'un beau bleu : ce qui se présente ordinairement après quarante-huit heures.

Dans cette cuve, le son et la garance servent à désoxigéner l'indigo, et c'est dans la potasse qu'il est tenu en dissolution.

Quand on veut se servir de cette cuve, on y descend d'abord un *champagne*, et on y plonge les étoffes comme il a été dit pour la cuve au pastel. On l'entretient en y ajoutant de temps en temps sept à huit seaux d'eau à 75°, dans laquelle on a fait chauffer trois livres de bonne potasse, une livre de son et une livre de garance, et y jetant aussi quelques livres d'indigo.

La cuve d'Inde est plus chère que celle au pastel, puisque tout le bleu vient de l'indigo ; cependant, comme elle n'est pas sujette aux maladies, qu'elle est très-facile à conduire, et qu'elle convient non-seulement à la laine, mais à la soie, au lin et au coton, on en fait un grand usage. A Elbeuf et à Louviers, c'est presque la seule que l'on emploie pour teindre les draps ; c'est une cuve d'inde qui sert à donner à la soie ces belles teintes bleues : il suffit que la soie ait été cuite avec environ trente pour cent de savon, et qu'elle en ait été dégorgée par deux ou trois battures dans l'eau courante. La soie doit être baignée plusieurs fois et en petites parties, exposée à l'air pour déverdir, jetée dans l'eau pure, tordue à l'espart et séchée rapidement dans l'étuve.

Les bleus les plus foncés sur soie, comme le bleu *turc* et le bleu *de roi*, ne s'obtiennent qu'en donnant d'abord un bain d'orseille plus ou moins fort. Quelquefois on substitue la cochenille à l'orseille, et alors on obtient ce qu'on appelle le *bleu fin*. Les soies écrues se teignent de même, et

avec encore plus de facilité ; c'est pourquoi on les garde pour la fin.

Hellot a décrit les cuves dans lesquelles l'indigo est dissous au moyen de l'urine. On y ajoute de la garance, puis on met dans l'une du vinaigre, et dans l'autre du tartre et de l'alun, de chacun un poids égal à celui de l'indigo : la quantité d'urine doit être très-considérable. Ici l'indigo est désoxigéné par l'urine et la garance en fermentation, et c'est dans l'ammoniaque qu'il se dissout. Ces cuves ne peuvent convenir qu'à de très-petits ateliers.

3°. *Cuve à la couperose* : on la nomme aussi *cuve à froid*. Voici comment on la prépare : On remplit d'eau, à peu près à moitié, une tonne de quatre à cinq cents litres ; on ajoute six livres de couperose *verte* du commerce (proto-sulfate de fer), quatre à cinq livres d'indigo broyé au moulin, trois livres de chaux éteinte à l'eau, et une livre de soude ou de potasse du commerce. On pallie pendant un quart d'heure et on laisse reposer pendant deux ou trois heures. On achève de remplir la cuve lorsque le bain est devenu d'un vert-jaunâtre, et qu'il se manifeste à sa surface des veines bleues, des plaques cuivrées et une belle fleurée. On la pallie de nouveau, on laisse reposer cinq ou six heures et on teint. On peut avancer la cuve de quelques heures en se servant, au lieu d'eau froide, d'eau à 35 ou 40°.

Dans cette opération, le proto-sulfate de fer est décomposé par une partie de la potasse et de la chaux ; le protoxide de fer mis en liberté, enlève l'oxigène à l'indigo et passe à l'état de deutoxide ; l'indigo désoxigné devient vert et soluble, et se dissout dans ce qui reste de potasse et de chaux.

Cette cuve, très-facile à préparer et à conduire, est presqu'exclusivement destinée à teindre en bleu le lin et le coton.

Le coton débouilli à l'eau pure, bien lavé, séché, puis abreuvé d'eau tiède, est plongé dans la cuve aussi également que possible pendant deux ou trois minutes, tordu à la cheville, éventé et étendu. Une fois sec, il est passé dans un bain d'eau aiguisée avec un cinquantième ou un soixantième d'acide sulfurique concentré, pour enlever la chaux adhérente, lavé en eau courante et séché à l'étuve.

Quand on veut obtenir ces bleus qu'on nomme dans les ateliers *bleus viols* ou *violens*, on donne d'abord au coton un fort pied de bleu ; le passant dans quatre cuves dont la force va toujours en croissant, et terminant par le plonger dans une cuve neuve et très-chargée d'indigo.

Chaque fois qu'on a cessé de teindre, il faut pallier les cuves, et les *nourrir* en y ajoutant deux ou trois livres de couperose *bien verte*, deux livres de chaux éteinte à l'eau, et une certaine quantité d'indigo.

La cuve à froid est celle qui donne les bleus les plus brillans, et par suite les plus beaux *verts*.

Les principales nuances du bleu sont le *bleu*

blanchi, le *bleu ciel*, le *bleu de roi*, le *bleu foncé*, viol ou *violent*, et une foule de nuances intermédiaires qui toutes peuvent être obtenues par les cuves à froid.

Quand on veut teindre les toiles de lin, de chanvre ou de coton, on se sert le plus souvent de cuves construites en cailloux, chaux et ciment, dont les parois ont six pouces d'épaisseur, d'une forme carrée, de quatre pieds de côté et de six pieds de profondeur; elles sont enfoncées dans le sol, et ne sortent guère que d'un pied et demi ou deux. Il faut plusieurs de ces cuves, où le principe colorant est en proportion croissante. Au-dessus des cuves on dispose des potences mobiles qui permettent de plonger les étoffes dans une cuve, de les en retirer, et de les transporter dans une autre.

Les toiles sont attachées par les lisières sur des cadres garnis de petits clous à crochets; les barres du haut de ces cadres sont mobiles dans des coulisses, afin de pouvoir être fixées par des chevilles, suivant la largeur de la toile. On attache ces cadres à une corde avec laquelle, à l'aide de la potence, on les lève, on les baisse, on les change de cuve à volonté. Chaque immersion ne doit pas durer plus de sept à huit minutes; lorsqu'on est arrivé à la nuance que l'on desire, on relève, on laisse égoutter, on passe dans un léger bain d'acide sulfurique, on lave en eau courante et on étend.

Ces cuves se montent avec vingt livres de chaux, trente-six livres de couperose, dix-huit ou vingt livres d'indigo. Il faut que l'indigo ait macéré pendant huit jours dans une lessive caustique de soude à 20 ou 25° de l'aréomètre, et qu'il ait ensuite été broyé au moulin, et versé dans une cuve à travers un tamis. On pallie sept ou huit fois, et trente-six heures suffisent pour que la cuve puisse servir.

En sortant de la cuve, les fils et les étoffes ont une couleur jaunâtre; bientôt après ils passent au vert, et ensuite au bleu.

Outre ces trois grands procédés, il en est beaucoup d'autres que l'on pourroit mettre en usage; en voici deux autr'autres qui méritent quelque attention. Bergman et Scheffer conseillent, pour teindre le lin et le coton en bleu solide, de faire bouillir, dans cent parties d'eau, pendant une demi-heure, six parties de potasse et trois parties de chaux vive, d'ajouter ensuite huit parties d'*orpiment* (*voyez* ce mot) réduit en poudre fine; de continuer l'ébullition pendant un quart d'heure en agitant continuellement; de laisser refroidir la chaudière, d'y verser huit parties d'indigo broyé au moulin, et d'agiter. Lorsqu'on aperçoit les veines bleues, les plaques cuivrées et la fleurée, on cesse le feu, et la cuve peut servir à teindre. L'emploi de l'orpiment n'étant pas sans danger, Bancroft conseille de le remplacer par le sucre; cette cuve est peu employée.

Vitalis en indique une autre : « Je mêle trois parties de protoxide d'étain hydraté, avec une partie d'indigo broyé à l'ordinaire; j'ajoute, par chaque demi-once d'indigo, trois litres d'une dissolution de potasse caustique, à deux degrés et demi de l'aréomètre. Une cuve ainsi montée donne des bleus très-vifs, mais elle ne peut fournir que des bleus clairs, et qui par suite fournissent des verts aussi agréables que solides. » Cette cuve revient à un prix très-élevé, et ne peut être employée que pour teindre des étoffes d'un grand prix.

Dans tous ces procédés on voit qu'il faut désoxigéner l'indigo et le dissoudre ensuite dans un alcali; par conséquent on obtiendra un bleu de cuve toutes les fois qu'on mettra l'indigo en contact à la fois avec un corps qui puisse lui enlever son oxigène, et un autre qui le tienne en dissolution.

BLEU D'OUTRE-MER. C'est une substance que l'on extrait du lazulite, pierre précieuse remarquable par sa belle couleur bleue, et fournissant à l'analyse, suivant Clément Désorme :

Silice	35,8
Alumine	34,8
Soude	23,2
Soufre	3,1
Carbonate de chaux	3,1
	100,0

et qui nous vient de la Sibérie, de la Perse, de la Natolie, de la Chine, etc. On en extrait une couleur très-précieuse, qu'on a nommée *bleu d'outremer*. Voici le procédé qu'on met en usage : On fait rougir la pierre, et on la jette dans l'eau pour l'étonner ou la rendre moins dure; ensuite on la pulvérise, on la mêle intimement avec un mastic formé de résine, de cire et d'huile de lin cuite; on met la pâte qui résulte de ce mélange dans un linge, et on la pétrit dans l'eau chaude à plusieurs reprises; la première eau est ordinairement sale : on la jette; la seconde donne un bleu de première qualité; la troisième en donne un moins précieux; la quatrième en donne un autre moins précieux encore, et ainsi de suite jusqu'à la fin de l'opération, où le bleu qu'on obtient est si pâle, qu'on le connoît sous le nom de *cendres d'outre-mer*. Cette opération est fondée sur la propriété qu'a le bleu d'outre-mer, d'être moins adhérent au mastic que les matières étrangères qu'il contient.

Cette belle couleur à cause de sa rareté et de sa cherté, puisqu'elle se vend jusqu'à deux cents francs l'once, n'est employée jusqu'à présent qu'en peinture et pour des ouvrages d'un grand prix; cependant, si l'observation faite par Tassaert se répétoit, si un bleu analogue à l'outremer s'étoit formé spontanément dans le sol d'un four à soude construit en grès, si surtout on parvenoit à imiter cette opération, nul doute que le bleu dont il est ici question, ne devînt pour la teinture un des agens les plus précieux.

BLEU PETIT TEINT. C'est ainsi qu'on désigne, dans les ateliers, les bleus de Saxe, de Prusse, de Campêche, les bleus remontés, parce qu'ils sont en général moins solides que ceux que l'on obtient par les bleus de cuve.

BLEU DE PRUSSE. (*Voyez*, pour sa composition, l'article *Prussiate de fer*, au mot ACIDE.) Comme cette substance fournissoit depuis long-temps à la peinture une couleur tout à la fois belle et solide, on s'est efforcé de l'appliquer à la teinture des étoffes, et il n'y a guère que quinze ans qu'on y est complètement parvenu; encore, jusqu'aujourd'hui, ne prend-elle bien que sur la soie, le lin et le coton.

Pour ces deux dernières matières, Vitalis conseille deux procédés:

1°. Délayer du bleu de Prusse de la plus belle qualité et réduit en poudre, dans deux, trois à quatre fois son poids d'acide hydro-chlorique, et le laisser digérer à froid pendant vingt-quatre heures, avec la précaution de l'agiter cinq ou six fois pendant ce temps. Le bleu de Prusse ainsi traité, donne une composition d'un bleu magnifique. Puis, après avoir blanchi le coton, on le passe au mordant d'acétate d'alumine, à tiède et à cinq ou six degrés de l'aréomètre de Baumé. On fait sécher, et après avoir bien lavé du mordant, on verse une suffisante quantité de la composition précédente dans vingt ou vingt-cinq fois son poids d'eau chaude; on mêle bien en agitant avec la main, et lorsque la liqueur placée entre l'œil et la lumière paroît de la nuance qu'on veut obtenir, on y plonge le coton, on le lise bien d'abord pour unir la couleur; on l'abat ensuite dans le bain; on l'y tient plongé jusqu'à ce qu'il cesse de prendre de la couleur. On le retire alors, on le tord; on l'évente pendant un quart d'heure, on le lave et on le met sécher; puis on le passe dans un bain d'eau aiguisée par un seizième d'acide sulfurique, on le tord de nouveau, on le lave avec soin, puis on fait sécher. Par ce procédé on obtient sur le coton, des nuances de bleu très-fines et très-délicates, qu'il seroit presque impossible d'obtenir par tout autre moyen.

2°. On donne au coton un pied plus ou moins fort de jaune de rouille, en le passant alternativement, et à deux ou trois reprises, dans une dissolution de sulfate de fer à trois ou quatre degrés, et dans une lessive de potasse à deux degrés; on retire, on exprime, on fait sécher et on lave; on fait dissoudre ensuite dans de l'eau chaude du prussiate de choix, un dixième en poids du coton; on ajoute au bain un cent soixantième d'acide sulfurique concentré; on mêle bien, et on passe dans ce bain le coton piété de rouille,

ayant soin de remettre du prussiate de potasse et de l'acide quand le bleu monte lentement, et de laisser le coton plongé jusqu'à ce qu'il cesse de monter en couleur; on évente pendant une heure, on lave et on fait sécher.

Dans cette opération il se forme évidemment un prussiate de fer qui se précipite sur le coton et lui donne sa couleur bleue.

Par ce procédé on donne au coton des nuances si belles et si éclatantes, que les plus beaux bains de cuve ne sauroient leur être comparés; mais cette couleur si rude et si brillante est en général peu solide, les alcalis la détruisent promptement: peut-être pourroit-on lui donner plus de solidité en alunant le coton avant de le passer au bain.

Avant d'être parvenu à ces résultats, on avoit fait un grand nombre de tentatives qui toutes étoient restées infructueuses ou n'avoient donné que des teintes inégales ou pâles. Macquer, Bancroft, Hatchett, sont ceux qui se sont le plus livrés à ce genre de recherche. Roland de la Platrière, auquel les arts et l'industrie doivent tant d'utiles travaux, et qui fut un des collaborateurs de cette Encyclopédie, a indiqué les moyens de teindre en bleu les velours de coton au moyen du bleu de Prusse. Voici son procédé, rectifié par Berthollet, et tel que quelques teinturiers l'emploient encore aujourd'hui.

« Sur du bleu de Prusse pulvérisé et passé au tamis très-fin, mis dans un vase de faïence en dose indéterminée, mais à raison d'un demi-kilogramme par pièce d'étoffe, on verse de l'acide hydro-chlorique jusqu'à ce que la matière vienne à consistance de sirop; on remue constamment pendant la fermentation, qui dure une demi-heure environ, on délaie avec soin, et ensuite, pendant une journée, on remue d'heure en d'heure, jusqu'à ce qu'enfin on n'aperçoive plus de fermentation, que la division des parties entr'elles soit très-grande, que leur union avec l'acide soit intime.

» Dans un baquet plus étroit que les baquets ordinaires et plus évasé par le haut, de deux pieds de diamètre par bas, et de deux pieds et demi par en haut, de hauteur égale à son évasement, on met sept à huit seaux d'eau pour une pièce de velours; on y ajoute de la composition qu'on a bien délayée avec de l'eau, dans un vase à part; on la verse dans le bain à travers un tamis très-fin, et aussitôt que la pièce est disposée sur le tourniquet placé au-dessus du baquet, on pallie fortement le bain, on abat promptement, et on travaille avec le plus d'activité qu'il est possible pendant une, deux, trois heures, en passant la pièce successivement du tourniquet à la planche et de la planche au tourniquet.

» Comme le bleu de Prusse n'est réellement pas dissous, qu'il n'est que très atténué, et qu'il a du poids, il se dépose rapidement sur la matière, et toujours en plus grande quantité sur la première qui se présente : il en résulte que la couleur est d'abord ondée et souvent placardée, quelque soin qu'on prenne : on ne doit point s'en étonner; il faut cependant éviter ces accidens le plus qu'il est possible ; travailler et retravailler l'étoffe; laver avec le bain même les parties trop atteintes ; retravailler tantôt un bout le premier, tantôt l'autre, faire sécher; enfin retravailler de nouveau, toujours le plus également et le plus promptement; faire sécher encore une fois, s'il en est besoin, et retravailler encore, jusqu'à ce que la nuance soit au point qu'on la desire, et que la couleur soit bien unie : c'est la couleur pour laquelle il faut un ouvrier des plus exercés. On lave l'étoffe entre chaque sec; on la bat : il faut en toutes sortes de bains, que l'étoffe y soit toujours bien humectée; séchée, elle ne se pénétreroit qu'avec beaucoup de peine et toujours très-inégalement. A la fin de l'opération on ne lave point, on fait sécher à la rame, au grand air, au soleil ou à l'ombre, pourvu que la pièce soit bien étendue.

» Cette couleur, une des plus belles que l'art puisse produire, est solide à l'air et à toutes les intempéries, lorsqu'elle est bien faite; elle résiste même aux acides; le débouilli à l'alun ne l'altère que foiblement; mais la poussière, et surtout le frottement, la ternissent très-promptement. C'est ce que l'on peut observer sur les vêtemens, dont les coutures et les parties exposées au frottement sont bientôt décolorées. »

Mais de toutes les matières sur lesquelles le bleu de Prusse donne des résultats, la soie doit sans contredit être placée au premier rang. C'est à un ancien professeur de chimie à Lyon, à Raymond, que les arts ont dû, en 1811, un procédé ingénieux, et une couleur qui porte le nom de celui qui a indiqué les moyens de l'obtenir.

Le *bleu Raymond*, couleur à la fois foncée et brillante, se prépare ainsi dans la plupart des ateliers : Après avoir décreusé la soie, on la plonge pendant un quart d'heure à la température ordinaire, dans de l'eau contenant environ la vingtième partie de son poids d'hydro-chlorate de tritoxide de fer, on la lave; on la met pendant une demi-heure dans un bain de savon presque bouillant, on la lave de nouveau, et on la met à froid dans une dissolution très-foible de prussiate de potasse, acidulée par l'acide sulfurique ou l'acide hydro-chlorique; Dès que la soie y est plongée, elle devient bleue, et n'a besoin, au bout d'un quart d'heure, que d'être lavée et séchée pour être versée dans le commerce.

La théorie de cette opération est facile à concevoir. La soie, dans le premier bain, s'empare d'abord d'une certaine quantité de sel ferrugineux; en la plongeant dans un bain de savon presque bouillant, on fait disparoître l'acide hydrochlorique dont le savon s'empare, et l'oxide de fer reste presque seul sur l'étoffe; l'acide sulfurique

ou l'acide hydro-chlorique que l'on mêle à la dissolution de prussiate, s'empare de la base de sel, met l'acide prussique à découvert, et cet acide prussique, en se combinant avec l'oxide de fer fixé sur la soie, fait naître un prussiate de fer dont la principale propriété est d'être bleu.

Cette théorie, qui est à peu près la même dans les autres procédés, et qui consiste toujours à fixer sur l'étoffe un oxide de fer, et à y précipiter de l'acide prussique que l'on enlève à un prussiate quelconque, pourra recevoir de nouvelles applications, et nul doute qu'on ne trouve quelque jour les moyens de teindre d'une manière brillante et solide, la laine en bleu de Prusse.

BLEU RAYMOND. *Voyez* BLEU DE PRUSSE.

BLEU REMONTÉ. Ces bleus peu solides et qui n'ont jamais beaucoup d'éclat, devroient être abandonnés depuis long-temps, puisque d'autres procédés plus avantageux peuvent donner les mêmes résultats; mais le commerce s'obstine encore à les demander, et il n'est pas de chef d'atelier qui ne soit obligé d'en faire de temps en temps.

Toute l'opération consiste, qu'on opère sur la laine ou sur le coton, à donner d'abord à l'étoffe un pied plus ou moins fort, de bleu solide, ou de cuve, et on *remonte* ensuite la couleur par le moyen de bains de campêche avec addition de vert-de-gris, et que l'on répète jusqu'à ce que l'on ait obtenu la nuance desirée; on lave ensuite légèrement et on laisse sécher.

Les bleus remontés servent surtout à rassortir des couleurs et à faire des nuances de fantaisies auxquelles les marchands donnent des noms de circonstance.

On peut donner au bleu remonté sur coton, une assez grande solidité en engallant sur le pied de bleu solide; cependant, quelque précaution que l'on prenne, on reconnoît facilement la nature du bleu, en le trempant dans de l'eau aiguisée par quelques gouttes d'acide sulfurique. Le bleu remonté, ou de campêche, disparoît, et il ne reste plus que le pied de bleu solide.

BLEU DE SAXE. On nomme ainsi une teinture pour laquelle on fait usage de la dissolution de l'indigo par l'acide sulfurique. La découverte en est due au conseiller saxon Barth, et elle commença à se répandre vers le milieu du siècle dernier. D'abord on ne se contentoit pas d'employer seulement l'acide sulfurique et l'indigo, on y ajoutoit de l'alumine, de l'antimoine, etc. C'est à mesure que les arts se perfectionnent que l'on voit les méthodes se simplifier, et ce n'est jamais que fort tard, et après de longs tâtonnemens et de vains efforts pour combattre les préjugés, que l'on parvient à éloigner d'un procédé une foule d'additions inutiles et souvent nuisibles.

Macquer, Bergman, Quatremère, Bancoft , Poerner, Buchoz, etc., se sont tour à tour occupés du bleu de Saxe, et c'est à eux qu'on doit les divers perfectionnemens qui ont été introduits dans ce procédé. Voici dans les différentes proportions indiquées ; et d'après les travaux les plus récens, celles qu'on peut employer avec le plus d'avantage.

1°. Verser quatre parties d'acide sulfurique concentré sur une partie d'indigo finement pulvérisé ; délayer peu à peu la poudre dans l'acide, de manière à en former une espèce de bouillie bien homogène, chauffer le tout, pendant quelques heures, dans un vaisseau de verre, soit au bain de sable, soit au bain-marie, à une température de 25 à 30° Réaumur ; laisser refroidir et ajouter alors une partie de bonne pôtasse du commerce, sèche et réduite en poudre ; agiter le tout et laisser reposer pendant vingt-quatre heures.

Cette dissolution est d'un bleu si foncé, qu'elle en paroît presque noire ; mais on l'amène à telle nuance de bleu que l'on desire, par l'addition d'une quantité d'eau plus ou moins considérable.

2°. Prendre acide sulfurique de Saxe. 2 parties: acide sulfurique ordinaire. 1 indigo en poudre fine.... 1 sixième.

Mélanger le tout comme ci-dessus, chauffer pendant quelques heures ou laisser digérer à froid pendant un jour et une nuit, en agitant de temps en temps, et ajouter ensuite à la dissolution une quantité d'eau convenable.

3°. Prendre acide sulfurique concentré. 1 livre. indigo en poudre fine..... 2 onces.

Quand le mélange est opéré, on ajoute à la dissolution, une livre ou une livre et demie de solution d'étain pour chaque trois livres d'indigo employé.

Quel que soit, au reste, celui de ces procédés que l'on emploie, quand on veut teindre des draps, on les prépare d'abord par un bouillon dans lequel il entre quatre ou cinq parties d'alun sur une partie de tartre ; on les passe ensuite dans un bain chauffé à soixante degrés seulement, et où l'on a délayé assez de solution d'indigo pour leur donner la nuance que l'on desire obtenir.

Les nuances claires doivent se faire sur un bain neuf. Pour avoir des couleurs foncées, on fera bien de verser la dissolution dans le bain, à différens intervalles, en relevant le drap à chaque fois. On lave ensuite en eau courante.

Lorsqu'on ajoute de la solution d'étain au bain de teinture, on se dispense de donner le bouillon de tartre et d'alun.

Quand on opère sur de la soie, on commence par l'abreuver d'eau chaude, puis on la passe à l'ordinaire, dans le bain, à un degré de chaleur que la main peut supporter ; on donne ensuite une ou deux battures et un bon lavage.

Le bleu de Saxe, sur la laine ou sur la soie, est, en général, beaucoup moins solide que les bleus de cuve ; ce qui vient probablement de ce que, par l'action trop directe de l'acide sulfurique, l'indigo a éprouvé une altération assez profonde ; d'où vient cette altération ? de quelle nature est-elle ? C'est ce qu'il est assez difficile de déterminer dans l'état actuel de nos connoissances chimiques.

Est-ce que, comme le pense Hauffman, pendant que la dissolution d'indigo s'opère, il se dégage réellement un peu d'acide sulfureux et un peu de gaz hydrogène ? Est-ce que cet hydrogène viendroit de l'indigo qui en fourniroit non-seulement pour faire de l'eau avec l'oxigène de l'acide sulfurique, mais en laisseroit encore échapper ? Dans ce cas, l'altération de l'indigo viendroit de l'hydrogène qu'il auroit perdu.

Il est plus vraisemblable, comme le dit Berthollet dans son *Essai de Stat. chim.*, tom. IV, pag. 530, « qu'il faut appliquer à l'action de l'acide sulfurique sur l'indigo, les observations qui ont été faites sur le sucre et les autres substances animales et végétales, que cet acide détermine la production d'un peu d'eau formée aux dépens d'une portion de l'oxigène et de l'hydrogène, qui entrent dans la composition de l'indigo ; on peut expliquer par-là la grande chaleur qui se produit, sans qu'il se forme d'acide sulfureux ; l'état de concentration où doit être l'acide sulfurique, et pourquoi d'autres acides, quoique puissans et concentrés, ne peuvent opérer cette dissolution. »

Quoi qu'il en soit, on peut, sinon empêcher, du moins diminuer l'altération que subit l'indigo lorsqu'on le traite par l'acide sulfurique concentré : en employant un acide au degré de concentration précisément indispensable, à 66 degrés de l'aréomètre de Baumé par exemple, en modérant autant que possible la chaleur pendant l'opération, et en se bornant aux proportions indiquées au n°. 1 ; c'est-à-dire quatre parties d'acide sulfurique pour une d'indigo.

« Quant à l'addition de potasse, dit Vitalis, nous la croyons utile ; mais nous pensons en même temps qu'il faut en user avec sobriété, et s'en tenir aux proportions que nous avons indiquées (une partie de potasse, pour une d'indigo et quatre d'acide sulfurique), puisque c'est un fait reconnu que l'alcali a la propriété de dissoudre les molécules bleues qui ont été précipitées de l'acide sulfurique. »

C'est sur la laine et sur les étoffes de laine que le bleu de Saxe offre les meilleurs résultats ; sur la soie les bleus sont assez brilans, mais ils ne résistent point à l'action du savon ; les fils et les cotons ne prennent par cette teinture que des nuances très-pâles.

BILE. C'est une substance amère, jaunâtre ou

d'un jaune-verdâtre, plus ou moins visqueuse, d'une pesanteur spécifique un peu plus grande que celle de l'eau, commune à un grand nombre d'animaux ; c'est le foie qui la sécrète, et elle s'amasse dans une poche que les anatomistes appellent la *vésicule du fiel*. C'est celle du bœuf qu'on emploie le plus fréquemment ; on pourroit sans inconvéniens se servir de celle de beaucoup d'autres animaux. La bile du bœuf est d'un jaune-verdâtre, très-amère, et légèrement sucrée tout à la fois ; elle a une odeur analogue à celle de quelques matières grasses lorsqu'elles sont chaudes. Huit cents parties de cette bile contiennent à peu près :

Eau	700
Matière résineuse	15
Picromel	69
Matière jaune {quantité variable, ici supposée égale à	4
Soude	4
Phosphate de soude	2
Hydro-chlorate de soude et de potasse .	3,5
Sulfate de soude	0,8
Phosphate de chaux et peut-être de magnésie	1,2
Oxide de fer, quelques traces.	

Elle a la propriété de se combiner avec l'eau dans toutes les proportions, et par sa combinaison avec toutes les matières grasses, de les rendre également solubles. C'est qu'elle forme avec elles une sorte de savon, au moyen de la résine, de la soude et du picromel qui entrent dans sa composition : aussi elle est employée pour enlever les taches de graisse par les dégraisseurs, qui la préferent même au savon pour le nettoyage des étoffes de laine.

BOIS DE BRÉSIL. Ce bois si précieux pour la teinture et si rare aujourd'hui, est fourni par le *casalpina echinata* de Lamarck, arbre qui croît dans l'Amérique méridionale, et que l'on reconnoît aisément à ses rameaux larges et divergens, couverts de feuilles deux fois ailées, à folioles ovales et obtuses. Les grappes de ses fleurs panachées de jaune et de rouge exhalent une odeur suave et produisent un très-agréable effet. Le bois de Brésil est très-dur, et par conséquent susceptible d'un beau poli ; mais ses usages en teinture font qu'il n'est que bien rarement employé dans l'ébénisterie. Il est pesant, rouge à sa surface, pâle à l'intérieur lorsqu'on le divise, mais il ne tarde pas à prendre la couleur rouge lorsqu'on le laisse exposé à l'air ; sa saveur est sucrée ; son odeur est légèrement aromatique.

L'abondance rend prodigue, et la prodigalité conduit à la misère ; voilà ce qui est arrivé dans les immenses forêts de l'Amérique. Lorsqu'on y a porté la hache pour la première fois, elles sembloient inépuisables ; les arbres qu'on y exploitoit,

étoient si nombreux, qu'ils paroissoient ne devoir jamais s'épuiser, et pourtant on est parvenu à les détruire presqu'entièrement. Le *casalpina echinata* est devenu si rare, que son bois est coté maintenant de 245 à 250 fr. les cent kilogrammes, tandis que le prix des autres varie de 25 à 40 fr. Aussi maintenant ne l'emploie-t-on plus que rarement et a-t-on cherché à le remplacer par d'autres. Ceux dont on se sert le plus fréquemment, sont : les bois de Bimas, de Sainte-Marthe, d'Aniola, de Nicaragua, de Siam, de Sapan, etc. Ce dernier, connu aussi sous le nom de *brésillet des Indes*, se vend dans les Indes orientales, où il est indigène, et paroît plus facile à travailler et plus riche en teinture que le véritable *Brésil*. C'est aussi un *casalpina*, dont la hauteur excède rarement quinze pieds, et dont le tronc n'a que sept à huit pouces dans son plus grand diamètre. Il porte des branches couvertes de piquans, et chargées de feuilles bipinnées à folioles obliques et échancrées.

Le bois de Brésil sert à teindre la laine, le coton et le lin en rouge, rose, pourpre, amaranthe, cramoisi, et à faire de faux cramoisis sur la soie. *Voyez* ces mots.

L'eau bouillante enlève au bois de Brésil toute sa partie colorante ; sa décoction est d'un beau rouge ; elle passe au rouge-fauve par les acides sulfurique et hydro-chlorique ; au jaune, par l'acide nitrique et le tartre ; au cramoisi, au violet-foncé, par la potasse ou la soude ; au rouge tirant au cramoisi, par l'alun ; au rouge-brunâtre, par l'alun et le tartre ; au noir tirant sur le violet, par le sulfate de fer ; au rose, par la dissolution d'étain.

L'expérience a prouvé que la décoction de bois de Brésil, nommé dans les ateliers *jus de Brésil*, produit de moins bons effets en teinture lorsqu'elle est récente, que lorsqu'elle est vieille et qu'elle a subi un certain degré de fermentation. Pour obtenir cette décoction, on fait bouillir, pendant deux ou trois heures, le bois réduit en copeaux ou mieux encore en poudre, dans dix-huit à vingt fois son poids d'eau. On verse cette première décoction dans une tonne ; on remet de nouvelle eau sur le bois, et on fait bouillir pendant deux heures, puis on mêle cette seconde décoction à la première.

Il est essentiel de placer la tonne de Brésil dans un endroit qui ne soit pas exposé à certaines exhalaisons, telles que celles qui s'échappent des lieux d'aisance, des puisards, parce que les gaz qui en sortent, altèrent et finissent même par détruire la couleur de Brésil.

Le bois de Brésil étant devenu d'un prix presqu'inabordable, surtout quand on veut faire des couleurs communes, on a cherché à en employer d'autres. J'ai indiqué ceux qui peuvent dans ce cas être mis en usage ; mais comme tous ou presque tous présentent dans la décoction une couleur fauve,

fauve, désagréable, et qui ternit l'éclat de la teinture, on s'est occupé des moyens de l'enlever. Dingler est celui qui paroît le mieux y avoir réussi; voici son procédé, tel qu'il a été inséré dans le n°. CCIX du *Bulletin de la Société pour l'encouragement de l'industrie nationale* :

« Les bois étant râpés ou râclés comme à l'ordinaire, on en extrait, soit par l'ébullition, soit par l'action des vapeurs aqueuses, toute la matière colorante ; on fait évaporer les décoctions obtenues, jusqu'à ce que, par exemple, sur deux kilogrammes de bois employé, il ne reste que six à sept kilogrammes de liquide. Ce résidu étant refroidi, on y verse, douze à dix-huit heures après, un kilogramme de lait écrémé. Après avoir remué ce mélange, on le fait bouillir pendant quelques minutes, puis on le fait passer à travers un morceau de flanelle d'un tissu très-serré. La couleur fauve reste sur le filtre avec la matière caséeuse, à laquelle elle s'attache, tandis que la couleur rouge passe dans le plus grand état de pureté, et sans qu'il s'en perde la moindre partie.

» Veut-on se servir de cette dernière liqueur pour teindre en rouge ? on la délaie dans suffisante quantité d'eau pure, et l'on y plonge ou l'on y passe les étoffes à teindre.

» Mais si l'on veut en faire usage pour avoir un rouge d'application, on fera de nouveau évaporer la liqueur jusqu'à ce qu'il ne reste que deux et demi à trois kilogrammes de liquide. On épaissira ensuite avec l'amidon, auquel on ajoutera une quantité convenable soit de dissolution d'étain, soit d'acétate d'alumine, et on aura un rouge d'application aussi beau que celui qu'auroit pu donner le véritable bois de Fernambouc. »

Le véritable bois de Brésil porte dans le commerce différens noms; on l'appelle indistinctement *bois de Sapan*, *bois de Japon*, *bois de Fernambouc*, et *Brésillet*.

Il a paru depuis peu dans les laboratoires et dans quelques ateliers, un extrait de bois de Brésil, envoyé de l'Amérique, et qui peut être appelé à jouer un grand rôle dans les opérations de la teinture. Cet extrait, tel que je l'ai entre les mains, est d'une couleur noire rougeâtre, d'un aspect vitreux, cassant, et brillant dans sa cassure; inodore, d'une saveur légèrement amère. Plus soluble dans l'eau chaude que dans l'eau froide, sa décoction dans l'eau est d'un rouge sanguin et brillant comme celle du bois de Brésil. Abandonnée à elle-même, elle passe peu à peu au rouge-orangé, se couvre de moisissures, et laisse déposer des flocons d'un rouge-jaunâtre. Cette décoction traitée par l'acide hydro-chlorique prend une couleur de vin paillet, et donne un léger dépôt rose. Les alcalis redissolvent le dépôt et lui rendent sa couleur primitive. Par l'acide nitrique elle passe au jaune et prend la couleur de l'eau-de-vie, et donne également un dépôt

rose plus abondant; par l'acide sulfurique elle est moins décolorée, et conserve une teinte rouge orangée; par l'acétate de plomb elle passe au violet, donne naissance à un dépôt abondant et violet, et la liqueur qui surnage est transparente et d'un violet-rose; par le sulfate de cuivre elle se trouble, passe à un violet presque noir : ce n'est qu'en l'étendant d'une grande quantité d'eau qu'on la ramène à une teinte violette, elle finit par donner un dépôt rouge floconneux et très-lent à se précipiter : la liqueur qui surnage reste transparente et d'un violet léger. Par le protosulfate de fer, la liqueur devient noire comme de l'encre, donne bientôt un précipité très-foncé, et la liqueur qui surnage est transparente et d'un gris-foncé. Enfin, par le sulfate de zinc elle prend un rouge plus intense, tirant sur le pourpre, le précipité qu'elle donne est rouge et peu abondant, et la liqueur qui surnage reste d'un beau rouge-violet. On voit par ce court aperçu combien cet extrait de Brésil peut donner de résultats variés, et quels avantages on en pourra retirer lorsqu'il sera plus répandu et mieux préparé, car celui que j'ai entre les mains me paroît avoir été trop brûlé : circonstance qui explique très-bien et son aspect vitreux et la quantité énorme de parties insolubles qu'il contient.

Quant à son emploi en teinture, je n'ai pu me livrer qu'à un très-petit nombre d'essais, mais qui m'ont suffi pour me convaincre que cet extrait pourra avec avantage remplacer le bois lui-même, et qu'il donne sur de la laine convenablement préparée, des rouges aussi vifs, aussi brillans et aussi solides que ceux qu'on obtient par le bois de Brésil.

BOIS DE CAMPÊCHE. *Hæmatoxylum campechiacum* de Linné. C'est un arbre qui s'élève à la hauteur de quarante à soixante pieds; son écorce est rugueuse, son aubier est jaunâtre; tandis que les couches ligneuses sont d'un rouge-foncé. On remarque sur ses branches des épines formées par de jeunes rameaux avortés. Ses feuilles sont alternes, pinnées, sans impaire, composées ordinairement de quatre ou cinq paires de folioles opposées, petites, obovales, presque cordiformes, luisantes, coriaces et à nervures parallèles. Les fleurs, de couleur jaune, sont disposées en épis ou en grappes simples à l'aisselle des feuilles; elles répandent une odeur analogue à celle de la jonquille. Cet arbre croît sur les côtes du Mexique, près de Campêche, d'où lui vient son nom. Il est maintenant naturalisé dans les Antilles, où on le plante autour des propriétés pour en former des haies.

Ce bois est apporté en Europe en bûches d'un volume plus ou moins considérable. Il est d'un brun-rougeâtre, dur, compacte, pesant, susceptible d'un poli assez beau, et presqu'incorruptible; ce qui le rend précieux pour les ouvrages d'ébénisterie. Il a une saveur douce d'abord, puis amère et astringente. Son odeur est légèrement aromatique; il colore la salive en violet.

C'est avec le bois de campêche employé seul ou avec d'autres substances, que l'on fait les violets, les bleus, les gris, le noir, le cramoisi, et une infinité de nuances assez belles.

En 1810, Chevreul, auquel la chimie appliquée aux arts doit une foule de découvertes importantes, est parvenu à séparer la partie colorante du bois de campêche de toutes les autres substances auxquelles elle est unie, et il lui a donné le nom d'*hématine*. Voici le procédé que ce chimiste a mis en usage : Après avoir fait digérer pendant quelques heures le campêche en poudre dans de l'eau chauffée seulement à 40 ou 45° Réaumur, il filtre la liqueur, l'évapore jusqu'à siccité, et met pendant un jour le résidu dans de l'alcool à 36°. Au bout de ce temps il filtre la nouvelle liqueur, la concentre jusqu'au point de l'épaissir, y verse une petite quantité d'eau, la soumet de nouveau à une douce évaporation et l'abandonne à elle-même : par ce moyen il obtient une assez grande quantité de cristaux d'hématine qui, pour devenir purs, n'ont besoin que d'être lavés à l'alcool et séchés.

L'hématine est cristalline, d'un blanc-rosé, très brillante quand on l'examine à la loupe, d'une saveur légèrement astringente, amère et âcre : elle est peu soluble dans l'eau froide, beaucoup plus soluble dans l'eau bouillante; qui se colore en pourpre et jaunit par le refroidissement. La solution évaporée fournit des cristaux d'hématine.

Les acides font passer cette solution au jaune, puis au rouge : les alcalis lui font prendre une couleur pourprée; un grand excès d'alcali la change en bleu-violet, puis en rouge-brun; en cet état l'hématine est décomposée, et on ne peut plus la faire reparoître par les acides.

Plusieurs oxides métalliques, et notamment le protoxide d'étain, s'unissent à l'hématine et la colorent en un bleu plus ou moins violet. Le deutoxide d'étain agit sur elle à la manière des acides minéraux. Elle précipite la solution de colle-forte sous forme de flocons rougeâtres.

Jusqu'à présent l'hématine pure n'a point été employée en teinture; il est probable pourtant qu'on pourroit s'en servir avantage, et qu'on parviendroit ainsi bien plus sûrement et à bien meilleur marché, à varier ses teintes en la combinant avec d'autres substances. Il seroit également à désirer que l'on continuât avec constance les recherches commencées par Chevreul sur les bois de teinture. Certes l'économie seroit grande, si l'on parvenoit à isoler tous les principes colorans, dans les pays même où naissent les bois qui les produisent, et à les envoyer seuls en Europe. Les premiers essais entrepris à ce sujet indiquent que ce but pourra être atteint quelque jour, et

nul doute que la chimie des teintures n'y gagne alors plus de certitude dans ses opérations, et de nouvelles nuances à la fois brillantes et économiques. *Voyez* BOIS DE BRÉSIL.

La décoction de campêche se prépare à peu près comme celle du bois de Brésil; elle est d'un beau rouge tirant un peu au violet ou au pourpre. Abandonnée à elle-même, elle devient, au bout d'un certain temps, jaunâtre, et finit par être noire; les acides la font passer au jaune et les alcalis foncent sa couleur et l'amènent au pourpre et au violet; les acides sulfurique, nitrique et hydro-chlorique y occasionnent un petit précipité, qui est assez long-temps à se séparer. Ce précipité est rouge-brun avec l'acide sulfurique, feuille-morte avec l'acide nitrique, et rouge plus clair avec l'acide hydro-chlorique; la liqueur qui surnage est transparente, d'un rouge-foncé avec les acides sulfurique et hydro-chlorique, et jaunâtre avec l'acide nitrique. L'acide oxalique forme un précipité marron-clair; la liqueur reste transparente, d'un rouge-jaunâtre. L'acide acétique produit à peu près les mêmes effets, si ce n'est que le précipité est d'une couleur un peu plus foncée. L'ammoniaque ne forme point de précipité, mais fait passer la dissolution au violet-foncé, qui par la suite devient presque brun. L'alun occasionne un précipité assez abondant, d'un violet-clair; la liqueur reste violette et presque transparente. L'alun et le tartre y occasionnent un précipité rouge-brun assez abondant; la liqueur reste transparente et d'un rouge-jaunâtre. Le sulfate de fer lui donne sur-le-champ une couleur noire bleuâtre comme celle de l'encre; il s'y forme un précipité de même couleur : la liqueur reste long-temps trouble, mais si elle est assez étendue, et surtout s'il y a un petit excès de sulfate, toute la partie noire finit par se déposer. Le sulfate de cuivre produit un précipité très-abondant, d'un noir plus brun et moins éclatant que le précédent; la liqueur reste transparente, d'un rouge-jaunâtre ou brunâtre très-foncé. L'acétate de plomb y occasionne sur-le-champ un précipité noir avec une foible teinte rougeâtre; la liqueur reste transparente, d'une couleur de bière et très-claire. Enfin, l'étain dissous par l'acide nitro-muriatique, y forme à l'instant un précipité d'un fort beau violet-pourpre presque prune de monsieur; la liqueur qui surnage est très-claire et totalement décolorée. On voit par ces diverses modifications dont l'hématine et la dissolution de bois de campêche sont susceptibles, quel immense parti les arts peuvent tirer de cette substance tinctoriale.

Le bois de campêche, que l'on désigne encore dans le commerce par les noms de *bois d'Inde*, *bois de la Jamaïque*, *bois de Sainte-Croix*, *bois violet*, *bois bleu*, se vend au quintal et est coté de trente-deux à trente-quatre francs.

BOIS JAUNE. Il est fourni par le *morus tinc-*

toria, grand arbre qui croît dans les Antilles, et principalement à Tabago; d'où partent les expéditions les plus considérables. Le *morus tinctoria* s'élève à soixante pieds environ. Son écorce est d'un brun clair, et quelquefois sillonnée; son bois est ferme, solide et d'un jaune brillant. Il pousse de tous côtés plusieurs branches couvertes d'une écorce blanche, et garnies de quatre feuilles de quatre pouces de longueur, larges, arrondies à leur base et plus d'un côté que de l'autre, de manière qu'elles paroissent placées obliquement sur les pétioles; leur largeur diminue par degrés vers l'extrémité, qui se termine en pointe aiguë. Elles sont rudes, d'un vert-foncé, et supportées par de courts pétioles. Ses fleurs sont des chatons d'un vert pâle; le fruit, semblable à une grosse noix muscade, a une saveur douce et sucrée quand il est mûr.

Le bois jaune arrive en Europe sous forme de gros tronçons; il est léger, peu compacte, de couleur jaune, comme son nom l'indique; il a des veines orangées; ses prolongemens médullaires sont très-minces.

L'usage qu'on en fait dans la teinture ne remonte pas à plus de quarante ans. Il est très-abondant en principe colorant, et donne une couleur jaune-solide, surtout sur les étoffes de laine; il s'unit bien à l'indigo.

La décoction de bois jaune, qui se prépare comme celle du Brésil et du campêche, est d'un jaune-rouge foncé lorsqu'elle est bien concentrée; en l'étendant d'eau, elle devient jaune-orangée: les acides la troublent avec quelques differences peu remarquables; il se forme un petit précipité jaune-verdâtre; la liqueur qui surnage est d'un jaune pâle. Les alcalis redissolvent le précipité, ou plutôt neutralisent l'action des acides, et la liqueur reprend une couleur rougeâtre foncée.

Les alcalis donnent à la dissolution de bois jaune une couleur foncée et presque rouge: il se fait avec le temps un dépôt d'une substance jaunâtre qui adhère au vase, et qui quelquefois vient surnager.

L'alun forme un petit précipité jaune; la liqueur reste transparente et d'un jaune moins foncé. L'alun et le tartre donnent un précipité qui a la même couleur, mais qui est plus lent à se former; la liqueur retient une couleur encore moins foncée.

Le muriate de soude rend la couleur un peu plus foncée, sans troubler la liqueur. Le sulfate de fer forme un précipité qui est d'abord jaune, mais qui brunit de plus en plus; la liqueur reste brune et sans transparence. Le sulfate de cuivre donne un précipité abondant d'un jaune-brun; la liqueur surnageante retient une foible couleur verdâtre. Le sulfate de zinc donne un précipité brun-verdâtre; la couleur retient une couleur jaune-rougeâtre. L'acétate de plomb forme un précipité abondant jaune-orangé; la liqueur qui surnage est transparente, d'un jaune-verdâtre

très-foible. La dissolution d'étain donne un précipité très-abondant d'un beau jaune, un peu plus clair que le précédent; la liqueur retient une foible couleur jaune.

Les usages du bois jaune en teinture son nombreux, parce que non-seulement on peut l'employer seul, mais qu'il se combine parfaitement avec une foule d'autres substances colorantes.

Ce bois se vend au quintal, et est coté de trente-six à quarante francs.

BOIS DE SANTAL. Ce bois est fourni par le *pterocarpus santalinus*, arbre de la grosseur de nos noyers, qui croît aux Indes orientales, principalement dans le royaume de Siam, et dans les îles de Timor et de Solor. Ses feuilles sont ailées et semblables à celles du lentisque; ses fleurs sont d'un bleu-noirâtre, ses fruits ou baies gros comme une cerise, d'abord verts et ensuite noirs à l'époque de leur maturité; quoiqu'insipides, ils sont mangés avec beaucoup d'avidité par les oiseaux.

Le bois de santal qui arrive en Europe est dur, compacte, pesant, à fibres tantôt droites, tantôt ondées, et imitant des vestiges de nœuds. Il n'a pas d'odeur bien sensible; sa saveur est légèrement astringente et austère; sa couleur est celle d'un rouge de sang obscur, ou d'un fauve-brun tirant sur le rouge. Il fournit peu de couleur par l'action de l'eau même bouillante et long-temps prolongée.

J. Pelletier est parvenu à en extraire le principe colorant, qu'il regarde comme une résine particulière. Pour obtenir cette substance qu'on nomme *santaline*, « il suffit de traiter le bois moulu en poudre fine, à plusieurs reprises, avec de l'alcool concentré et bouillant; la partie colorante se dissout dans le liquide; on évapore la solution à siccité, et le résidu est la santaline pure.

» La santaline est rouge, solide et en masse. Soumise à l'action du feu, elle se ramollit et se fond à environ 100° du thermomètre centigrade; elle se décompose ensuite, mais sans produire d'ammoniaque.

» Elle est très-peu soluble dans l'eau même bouillante; elle est au contraire très-soluble dans l'alcool, dans l'acide acétique, dans les lessives de soude et de potasse, dans l'ammoniaque, l'éther sulfurique et quelques huiles essentielles.

» Le chlore la détruit sur-le-champ et la convertit en une sorte de résine jaune.

» L'acide sulfurique la charbonne à l'instant de son contact; l'acide nitrique la dissout et la décompose.

» Dissoute dans l'alcool ou dans l'acide acétique, et mise en contact avec différens sels, elle produit des précipités dont la couleur varie: celui qu'elle forme avec le sel d'étain est d'un pourpre éclatant, et celui qu'elle donne avec les sels de plomb, est d'un violet assez beau. »

F 2

Pelletier a fait en outre sur l'emploi du santal en teinture, les observations suivantes : « Les auteurs qui se sont occupés de la teinture, disent tous que la noix de galle, le sumac, le brou de noix, le bois de cariatour et les autres substances astringentes augmentent la propriété dissolvante de l'eau pour la matière colorante du santal. J'ai fait plusieurs expériences sur cet objet, et je ne me suis pas aperçu que la solubilité de la matière colorante du santal fût sensiblement augmentée. Peut-être cette différence n'est-elle sensible que lorsqu'on opère en grand; peut-être aussi a-t-on confondu avec une véritable solution, la division de la matière colorante produite par la chaleur dans un liquide dont la densité est augmentée par les matières extractives qu'il contient : car dans ce cas, si l'on passe la liqueur chaude à travers un blanchet, elle entraîne encore une quantité assez forte de matière colorante, que l'on peut ensuite séparer, après le refroidissement, par la filtration.

» Il me paroît certain que le santal, employé en décoction pour les teintures fauves, agit plutôt par les parties qui sont en suspension, et qu'il sert à donner une teinte rougeâtre. L'acide gallique que contient aussi en petite quantité le bois de santal, peut également influer sur les couleurs pour lesquelles on l'emploie ; mais je ne doute pas qu'en se servant de dissolvans appropriés, tels que les solutions alcalines, et surtout les solutions dans l'alcool, on ne puisse l'employer utilement dans la teinture, ainsi que l'a déjà fait M. Weigler. Sa dissolution dans l'acide acétique seroit surtout très-utile pour la teinture des laines et de la soie. »

Jusqu'à présent le santal n'est employé que dans la teinture des laines. Il est hors de doute que lorsqu'on voudra se livrer à des recherches sérieuses sur son principe colorant, on ne parvienne à en faire une foule d'autres applications. Ce bois se vend comme les autres par 100 kilog. Il est coté de vingt-cinq à vingt-sept francs.

BOUILLON. Donner un *bouillon*, c'est faire bouillir pendant un certain temps un liquide quelconque. Teindre au *bouillon*, c'est teindre dans un bain bouillant. — On nomme *bouillon*, un bain particulier dans lequel il entre une certaine quantité de tartre et d'alun, et où l'on plonge dans quelques cas les étoffes de laine.

BOUILLON D'ÉCARLATE. Dans la teinture de la laine en écarlate par la cochenille, on donne le nom de *bouillon d'écarlate*, à un bain préparé avec de l'eau, six livres de tartre purifié, une demi-livre de cochenille, cinq livres de dissolution d'étain bien claire, et dans lequel on fait bouillir le drap pendant deux heures environ. *Voyez* ECARLATE SUR LAINE.

BOUIN. Les teinturiers donnent ce nom à un paquet d'écheveaux de soie.

BOUJON. Outil avec lequel on plombe les étoffes.

BOUJONNEUR. Ouvrier qui se sert du boujon.

BOUR, ou BOURMIO. Soie de Perse.

BOURLOTTE. Soie de Perse de qualité inférieure.

BOURRON. Laine en bourre.

BOUZAGE. C'est l'action de tremper une matière quelconque pour l'animaliser, dans un bain où l'on a délayé de la bouze de vache. Le plus souvent pourtant on préfère la fiente de mouton. *Voyez* BAIN DE FIENTE ou BAIN DIS.

BRANLOIRE. On nomme ainsi une perche suspendue et mobile, sur laquelle on étend la soie, et que l'on tient agitée pour rendre la dessiccation plus rapide.

BRÉSILLOT. Arbrisseau des îles, dont le bois sert pour la teinture.

BREVET. *Donner un brevet*, c'est ajouter dans un bain une certaine quantité des ingrédiens qui le constituent. — C'est quelquefois aussi le nom qu'on donne à la cuve elle même. — Ouvrir le *brevet*, c'est prendre de la liqueur pour connoître la couleur du bain.

BRIFAUDER. C'est donner le premier peignage aux laines.

BRONZE. Cette nuance qu'on ne recherche guère que pour la laine, se fait de la manière suivante : « Pour vingt-cinq livres de drap, on fait bouillir pendant deux heures, quatre livres de *bois jaune* réduit en copeaux et enfermé dans un sac. Le bois étant cuit et le sac retiré du bain, on y passe le drap pendant une heure ; après quoi on relève, et on ajoute au bain de quatre à six onces de couperose et une livre de garance brune, ou deux livres de santal; on rabat le drap de nouveau, et on tient au bouillon jusqu'à ce qu'il ait pris la nuance ; on évente ensuite, on lave et on fait sécher. » La couperose est ici une véritable *bruniture;* elle change et rembrunit les couleurs naturelles au bois jaune, à la garance ou au santal, et le fer est fixé par l'acide gallique que renferment ces bois.

BROSSURE. C'est la couleur que les teinturiers en peaux appliquent avec la brosse.

BROU DE NOIX. C'est l'écorce blanche à l'intérieur et verte à l'extérieur, qui recouvre la noix. Cette partie blanche noircit promptement lorsqu'on l'expose à l'air ; elle noircit aussi lorsqu'on la plonge dans une solution de chlore. La décoction filtrée, prend à l'air une couleur brune foncée ; évaporée, elle laisse un dépôt qui se redissout entièrement dans l'eau.

L'alcool précipite les parties colorantes de la décoction de brou de noix sous la forme d'une substance brune qui peut se redissoudre dans l'eau.

La dissolution de potasse ne produit pas d'abord de changement sensible dans la décoction de brou de noix ; peu à peu la liqueur se trouble un peu et la couleur se fonce.

L'acide hydro-chlorique en éclaircit la couleur et l'amène au jaune ; il s'y forme un petit précipité brun , et la liqueur reste jaune-clair.

La dissolution d'étain produit dans la décoction un précipité abondant, fauve-cendré ; la liqueur ne retient qu'une foible couleur jaune.

La dissolution d'alun la trouble foiblement ; il s'y forme un très-petit dépôt fauve-brun ; la liqueur conserve une couleur plus claire ; mais encore fauve.

La dissolution de sulfate de cuivre ne la trouble que lentement ; il s'y forme un dépôt peu abondant d'un vert-brun ; la liqueur reste verte.

L'acétate de plomb y forme promptement un dépôt abondant fauve-foncé.

La dissolution de sulfate de fer en rend la couleur plus foncée et même noire ; en la délayant d'eau, elle passe par le brun au fauve-verdâtre, et sans dépôt.

La dissolution de sulfate de zinc la trouble peu et la rend plus foncée.

Le brou de noix exerce une action vive sur l'oxide de fer ; il le dissout et il forme une liqueur noire comme de l'encre : si on le fait bouillir avec la limaille pure, il ne l'attaque pas ; mais si on le laisse exposé à l'air, la liqueur devient bientôt noire.

Les parties colorantes du brou de noix ont une grande disposition à se combiner avec la laine ; elles lui donnent une couleur noisette ou fauve très-solide, peuvent être employées sans mordant, et laissent à la laine toute sa douceur et toute sa souplesse.

On ramasse le brou de noix lorsque les noix sont entièrement mûres ; on en remplit de grandes cuves ou tonneaux, et on y met assez d'eau pour qu'il en soit recouvert : on le conserve en cet état aux Gobelins, où l'on en fait un grand usage. On le garde deux ans avant de l'employer : on trouve qu'il fournit beaucoup plus de couleur. Il exhale alors une odeur putride très-désagréable.

Le brou de noix enlevé aux noix vertes peut servir aussi, mais il se conserve moins long-temps.

Quand on veut teindre avec le brou de noix , on en fait bouillir, pendant un bon quart d'heure, dans une chaudière , une quantité proportionnée à la quantité d'étoffe et à la nuance plus ou moins foncée qu'on veut lui donner. Pour les draps, on commence ordinairement par les nuances les plus foncées, en finissant par les plus claires ; mais pour les laines filées , c'est ordinairement par les nuances les plus claires que l'on commence, et l'on finit par les plus foncées, en ajoutant du brou de noix à chaque mise. Le drap et la laine filée doivent être simplement humectés d'eau tiède, *abreuvés*, avant d'être plongés dans la chaudière , où on les retourne avec soin jusqu'à ce qu'ils aient pris la nuance qu'on désire, à moins qu'on ne donne un alunage préliminaire qui rend seulement la couleur plus pleine et plus brillante.

BRUN. Les bruns sont des nuances assez recherchées dans la teinture des laines ; on les obtient facilement en plongeant de la laine alunée et engallée , dans des décoctions de *Brésil* ou de *Campêche* ; dans lesquelles on ajoute un peu de dissolution de fer. On conçoit qu'ici le fer est fixé par l'acide gallique de la galle, et par celui du campêche et du Brésil ; on conçoit aussi que la nuance doit varier suivant la quantité employée de dissolution de fer, et de chacun des bois. Ici la couleur du campêche et du Brésil est , par l'effet de la bruniture, combinée à un noir plus ou moins foncé. On peut employer le même procédé sur d'autres matières ; seulement il ne faut jamais oublier que pour la soie il ne faut avoir recours qu'à des bains à peine tièdes, si l'on veut éviter les inégalités.

BRUNITURES. C'est le nom qu'on donne au mélange du noir avec d'autres couleurs , soit pour donner une teinte plus brune , plus foncée , soit pour leur faire prendre une teinte nouvelle. On conçoit que les procédés doivent varier presque pour chacune des couleurs qu'on emploie, presque pour chacune des teintes que l'on veut obtenir.

Quelquefois on passe l'étoffe qui a reçu une couleur quelconque , dans une dissolution de fer, de galle , de sumac , d'écorce d'aune , ou dans d'autres *bains noirs* ; quelquefois on ajoute du sulfate de fer au bain colorant ; quelquefois enfin on commence par plonger l'étoffe dans une bruniture avant de la teindre.

Les couleurs , ou plutôt les nuances qui s'obtiennent au moyen des brunitures, sont : les *marrons* , les *pruneaux* , les *cafés* , les *bruns* , les *cannelles* , les *mordorés* , un *nacarat* sur coton, quelques *violets* , les *bronzes* , les *puces* , les *sa-*

woyards, les *têtes de nègres*, etc. etc. C'est en parlant de chacune de ces nuances en particulier, que j'indiquerai le genre de bruniture qui doit être employé.

En général on doit chercher, quand on fait une bruniture, à rendre le mélange égal, la teinte uniforme, solide, et bien fondue. Il faut que le fer qui fait la base des noirs, et qu'on emploie le plus souvent, soit bien fixé par une certaine quantité d'acide gallique. Il faut enfin calculer si la matière colorante contient ou non de cet acide, et dans le cas où elle n'en renfermeroit pas, ou en renfermeroit trop peu, ajouter au bain une autre matière qui puisse en fournir; ou bien, au lieu de recourir au fer, employer d'autres brunitures, telles que le *brou de noix*, l'*écorce d'aune*, etc. etc.

C'est seulement quand on a bien étudié la théorie des brunitures, qu'on sait les employer avec proportion, qu'on en a bien calculé tous les effets, qu'on peut réellement espérer de se distin-guer dans l'art si difficile et si compliqué de la teinture.

BUQUET. Instrument dont on se sert pour agiter l'indigo dans la cuve.

BURGOLÈSES. Laines que l'on tire de Burgos.

BYSMUTH ou BISMUTH. *Voyez* OXIDES MÉTALLIQUES.

BYSSUS. On nomme ainsi une touffe de filamens qui sort des valves de plusieurs coquilles. Ces filamens leur servent à s'attacher. Ceux des jambonneaux ou pinnes-marines ressemblent à de la soie, en ont la finesse, peuvent être filés, tissés, et servent dans quelques pays, et notamment en Sicile, à faire des bas, des gants, des étoffes, qui sont très-recherchés, et portent naturellement une couleur fauve très-brillante et très-jolie.

C

CAA-CHIRA. Nom qu'on donne dans quelques pays à la plante qui fournit l'indigo.

CABALLEROS. Laine d'Espagne.

CABESSA ou CABEÇA. Soie des Indes orientales.

CAFÉ. Cette couleur assez recherchée a plusieurs nuances. Le *café clair* ou *café au lait* se fait sur laine avec le bouillon d'écarlate déjà employé, auquel on ajoute un peu de fustet, de dissolution d'étain, et très-peu de garance. En teignant d'abord la laine, et la passant ensuite dans un *bain de noir* fait avec la décoction de noix de galle, de sumac, d'écorce d'aune, ou dans de l'eau où l'on a versé un peu de dissolution de fer, on obtient un *café foncé*. Ce bain noir est ici une véritable bruniture.

CAFFIGNON. Cocon de soie.

CALANDRE. « C'est un instrument qui sert à lustrer les étoffes; il est composé de plusieurs cylindres en métal, sur la surface desquels l'étoffe passe sous une forte pression, ce qui lui donne le poli, l'espèce de vernis que l'on desire. Les cylindres les plus parfaits sont en papier; ils sont formés d'une infinité de feuilles de papier fortement comprimées entre deux rondelles de fer, et tournées cylindriquement ensuite. » C'est surtout lorsqu'on veut les imprimer, que les toiles ont besoin de passer à la calandre.

CALANDREUR. Ouvrier qui fait passer les étoffes à la calandre.

CALICOTS. C'est le nom qu'on donne à des toiles de coton, très en usage aujourd'hui, et que l'on emploie soit blanches, soit teintes uniformément, soit imprimées. Lorsqu'on veut les soumettre à la teinture ou à l'impression, elles doivent subir une *préparation*. Cette *préparation* se réduit en général à cinq opérations : dégraissage, roussi, blanchiment, passage au sûr, calandrage.

1°. *Dégraissage.* Il consiste à faire tremper les toiles pendant vingt-quatre heures dans une dissolution de potasse caustique, de un à deux degrés de l'aréomètre de Baumé, et à la température de trente degrés, et à les laver; à les faire bouillir vingt minutes dans la même lessive, et enfin à les bien laver à la rivière, au moulinet ou à la mécanique. Cette opération a pour but d'enlever la graisse dont les tisserands enduisent leur fil pour le faire couler. L'on conçoit que le mélange de cette graisse avec un alcali donne naissance à un savon que les lavages dissolvent et emportent aisément.

2°. *Roussi.* On coud les pièces de toile à la suite les unes des autres, on les roule sur un cylindre de bois, et de là, en les roulant sur un autre cylindre de bois, on les fait passer une ou deux fois sur un demi-cylindre de fer que l'on tient constamment au rouge presque blanc. Cette opération a pour but de détruire, en le brûlant, l'espèce de duvet qui se trouve à la surface des calicots, et qui nuiroit à la netteté de l'impression. Quelquefois la chaleur fait sortir quelques taches de graisse qui ne paroissoient pas, et on est obligé de soumettre l'étoffe à une nouvelle lessive.

3°. *Blanchiment.* (*Voyez* ce mot.) Quelques fabricans ont adopté le blanchiment par le chlore, mais d'autres, en plus grand nombre, pensent que ce moyen ne suffit pas, et s'en tiennent au procédé suivant : Après avoir lavé les toiles, on les range dans un cuvier, et on leur donne une bonne lessive faite avec une once de potasse et une once de chaux vive par livre de matière, aussi chaude que possible, et pendant six heures au moins. Au sortir de la lessive, les toiles sont lavées et exposées pendant six jours sur le pré. La lessive et l'exposition sont répétées jusqu'à ce que les toiles aient acquis le degré de blancheur convenable.

4°. *Passage au sûr.* (*Voyez* BAIN SÛR.) Cette opération a pour but de débarrasser les toiles de quelques taches ferrugineuses qui nuisent à l'impression et que les lavages les plus complets ne peuvent emporter, et d'enlever une portion d'alcali qui reste combiné à l'étoffe. Voici le procédé qu'on suit le plus souvent : On remplit d'eau en partie une chaudière de plomb montée sur son fourneau, et on y ajoute un soixantième en poids de l'eau d'acide sulfurique concentré, on chauffe jusqu'à 40 degrés, puis on y passe les toiles en les faisant circuler rapidement pendant un quart d'heure à l'aide d'un moulinet. On tord et on lave sur-le-champ à la rivière, soit au moulinet, soit à la mécanique, jusqu'à ce qu'elles aient perdu toute saveur acide, ce que l'on reconnoît en les suçant dans plusieurs endroits, ensuite on les fait sécher.

5°. *Calandrage.* C'est le passage à la calandre pour écraser le grain du calicot et lui donner du lustre.

CALISSOIRE. Poêle de fer qui sert à lustrer les draps.

CALLA. Nom qu'on donne quelquefois au brou de noix.

CALORIQUE. C'est le nom qu'on donne en physique et en chimie à un fluide impondérable, éminemment subtil et élastique, et qui, en s'accumulant dans les corps, a la faculté d'en écarter les molécules, d'en augmenter le volume et d'en diminuer la cohésion. Le calorique n'est pas la chaleur, la chaleur n'est qu'un effet du calorique.

C'est le calorique qui, en s'accumulant dans les corps, les fait passer successivement par l'écartement de leurs molécules, de l'état solide à l'état liquide, et ensuite à l'état gazeux ou aériforme. L'eau, par exemple, prise à l'état de glace, deviendra bientôt liquide, si l'on y introduit du calorique, et passera ensuite à l'état de vapeur, si l'on continue à chauffer.

C'est sur la propriété qu'a le calorique d'écarter les molécules des corps et d'augmenter leur volume, qu'est fondé l'art de construire les thermomètres (*voyez* ce mot), instrumens si utiles, et que tous les teinturiers doivent se procurer. C'est sur la propriété qu'il a de diminuer momentanément la force de cohésion de certains corps, que sont basées une foule d'opérations au moyen desquelles on parvient à exécuter plusieurs mélanges ou combinaisons utiles.

Le calorique joue un rôle immense dans la plupart des opérations de la teinture. C'est lui qui, en écartant les molécules des matières à teindre, facilite considérablement leur combinaison soit avec les mordans, soit avec les principes colorans : c'est par lui qu'on parvient à extraire du bois, des racines, des écorces, des fleurs, etc., toute la matière colorante que ces substances contiennent ; c'est le calorique qui, dans une foule d'opérations de teinture, donne naissance à des phénomènes variés et tellement importans, qu'on ne sauroit avec trop de justesse en apprécier la quantité en deçà ou au-delà de laquelle on manque le résultat que l'on cherchoit à obtenir ; enfin, dans quelques cas, non-seulement on doit calculer la quantité de calorique employé, mais encore le temps qu'il met à arriver à un degré déterminé, puisque, donné trop lentement ou trop rapidement, il peut faire échouer l'opération.

C'est par la combustion qu'on donne naissance au calorique. Les matières que l'on brûle sont le bois, le charbon de bois, le charbon de terre, etc. La construction des appareils dans lesquels on opère cette combustion n'est rien moins qu'indifférente ; aujourd'hui elle est parvenue à un degré de perfection remarquable. C'est au moyen de la vapeur que l'on parvient à échauffer les différens bains, et tous les mélanges liquides. C'est en établissant un courant d'air chaud, qu'on porte le calorique dans les étuves et les *sécheries*. Voy. VAPEUR, ÉTUVE, SÉCHERIES, etc.

CAMPO. Sorte de laine d'Espagne.

CANABOU, *Canabé, Carbe, Chambrie, Kanève, Pantagruéliou, Pantagruélion,* vieux mots par lesquels on désigne encore quelquefois le chanvre.

CANELLE. Cette nuance assez agréable s'obtient sur le drap, en donnant d'abord un bouillon d'alun et de tartre, passant dans un bain de garance peu foncé, et plongeant ensuite dans un bain de gaude qui ordinairement a déjà servi à faire le *mordoré*. On voit que cette nuance résulte du mélange du jaune et du rouge.

On emploie le même procédé pour faire le *canelle* sur coton; quelquefois pourtant on a recours au procédé suivant : « On commence par gauder le coton en employant un peu de vert-de-gris, on passe ensuite dans une dissolution de fer, et on fait sécher; on engalle à raison de deux onces de galle par livre de coton; on sèche encore, on alune et on garance; on lave de la teinture, et on avive sur une eau de savon très-chaude. »

Le *canel'e* sur soie se fait par le moyen du bois d'Inde, du Brésil et du fustet. On cuit la soie à l'ordinaire, on l'alune, et on prépare un bain en mêlant les décoctions des trois bois que l'on vient de nommer, lesquelles ont été faites séparément; l'on varie la proportion de chacune selon la nuance que l'on veut obtenir; celle du fustet doit dominer. Le bain doit être de chaleur modérée. On lise la soie sur le bain; et lorsqu'il est tiré et que la couleur est unie, on la tord et on la passe dans un second bain des trois ingrédiens, qu'on proportionne selon l'effet du premier bain, pour obtenir la nuance que l'on desire.

Dans toutes les nuances qui résultent du mélange de plusieurs couleurs, il est presqu'impossible de tracer des règles fixes, et d'indiquer des proportions qui varient suivant la quantité de principes colorans que contiennent les substances employées. L'habitude, l'expérience, sont les seuls guides qu'on puisse prendre en pareil cas.

CAOUTCHOUC, *gomme élastique, résine élastique*, est une substance solide, blanche, inodore, insipide, molle, flexible, extrêmement élastique. Elle n'est soluble que dans les huiles essentielles. On l'extrait par incision de plusieurs arbres d'Amérique ou des Indes occidentales, tels que l'*havea cuouichouc*, le *jatropa elastica*, le *ficus indica*, l'*artocarpus integrifolia*. Le caoutchouc entre dans la composition de plusieurs vernis; on en a tiré parti dans quelques apprêts et dans l'impression de toiles.

CAPUCINE. Cette nuance très-brillante est un mélange de rouge et de jaune : on l'obtient sur laine en se servant du bain de rouge d'écarlate (*voyez* ce mot), dans lequel on fait bouillir d'abord du fustet, puis en y ajoutant du tartre et de la dissolution d'étain.

Dans l'impression des toiles, le *capucine* s'obtient par le mélange de la gaude et de la garance, et en se servant pour mordant d'acétate d'alumine; on garance légèrement et on finit par le gaudage.

Sur soie c'est par le mélange du bois d'Inde, du Brésil et de fustet, qu'on obtient le *capucine*.

Pour le coton, on passe d'abord au mordant

d'acétate d'alumine, puis on brésille et on garance légèrement et on finit par le gaudage.

CARMÉLITE. Cette nuance sur coton s'obtient en passant au bain de galle, puis au bain de rocou, et terminant par une bruniture.

Sur laine, on fait un *carmélite* bon teint avec un bouillon d'alun, le brou de noix, la gaude et la garance.

Sur la soie, on peut se servir d'un vieux bain de rocou, aluner, laver, donner un peu de bois de Brésil, un peu de bois d'Inde sur de l'eau chaude. Le bois de Brésil doit toujours être donné le premier, et il faut constamment opérer à une température très-douce.

CARMIN. C'est le nom qu'on donne à une laque extraite de la cochenille. (*Voyez Arts et Métiers*, tom. I, pag. 438.) Cette substance, qui jusqu'à présent n'est guère employée que dans la miniature en détrempe, ou pour faire un rouge de fard, pourroit avec quelqu'avantage être utilisée dans quelques opérations de la teinture. Elle m'a donné sur la soie quelques belles teintes, mais qui reviennent à un prix très-élevé.

CARTES. L'art de peindre les cartes pourroit presque rentrer dans les procédés de la teinture, puisque les couleurs que l'on emploie sont toutes simples et s'appliquent comme dans l'impression des étoffes. En effet, le *jaune* se fait avec la graine d'Avignon, le *rouge* avec le cinnabre, le *noir* avec le noir de fumée et la gomme, le *bleu* avec l'indigo, le *gris* avec un bleu clair auquel on ajoute quelquefois un peu de noir, etc. Cet art a été décrit dans le premier volume des *Arts et Métiers*, pag. 465 et suiv.

CARTHAME, *carthamus tinctorius*, *safran bâtard*, syngénésie polygamie égale de Linné. Plante qui croît spontanément en Orient et même dans le midi de l'Europe, et que l'on cultive dans quelques jardins à cause de ses fleurs qui ont une belle couleur orange. Il y en a deux variétés qui ne diffèrent que par la grandeur de leurs feuilles. C'est la variété à petites feuilles, que l'on cultive en Egypte, où elle fait l'objet d'un commerce très-considérable.

Le carthame a été et pourroit être encore cultivé en Europe, mais on y a renoncé, parce qu'il donne alors moins de principe colorant rouge.

La fleur du carthame est la seule partie qui soit employée en teinture; elle contient deux principes colorans entièrement distincts, l'un jaune, soluble dans l'eau et jusqu'à présent sans usages (*voyez* JAUNE); l'autre rouge, soluble seulement dans les alcalis, et très-recherché.

En Egypte, lorsqu'on a cueilli les fleurs du carthame, on les comprime entre deux pierres, pour

pour en exprimer le suc : on les lave plusieurs
fois dans de l'eau qui tient en dissolution une
petite quantité de sel marin ; on les exprime entre
les mains, on les étend sur des nattes et on les
fait sécher lentement et à l'ombre. Lorsqu'on les
trouve suffisamment sèches, on les met en paquets et on les livre au commerce sous le nom de
saffranon.

Lorsque le carthame arrive dans les ateliers,
on commence par le dépouiller de tout ce qui lui
reste de couleur jaune, en le mettant dans un
sac qu'on foule dans l'eau jusqu'à ce qu'en l'exprimant il ne donne plus de couleur. Les fleurs qui
étoient jaunes prennent une teinte rougeâtre, et
perdent dans cette opération à peu près la moitié
de leur poids.

Quant à la partie rouge, c'est dans les alcalis
qu'on la dissout, et c'est au moyen des acides, et
principalement de l'acide citrique ou jus de citron, que ce principe colorant se sépare précipité sur les étoffes. Quelquefois on emploie l'a-
cide sulfurique, d'autres fois le suc des baies du
sorbier des oiseaux. La partie colorante rouge du
carthame ne va pas au-delà des cinq millièmes de
son poids ; aussi vaut-elle dans le commerce 14
à 1500 francs la livre. Mais une très-petite quantité de cette substance suffit pour teindre une
grande surface en beau rose, et même en couleur
cerise.

Le procédé de teinture varie suivant les étoffes
sur lesquelles on opère et la nature des nuances
que l'on desire obtenir. *Voyez* ROUGE, ROSE, NA-
CARATS, CERISES, etc.

Le principe colorant rouge du carthame, broyé
très-fin avec du talc, forme le rouge des femmes ;
ses graines donnent une huile qui pourroit être employée avec avantage, et peuvent servir à la nourriture des oiseaux ; ses tiges donnent un fourrage
recherché par les chèvres et les brebis, et un
combustible précieux : voilà bien des motifs pour
qu'on cherche à naturaliser cette plante en Europe, où tout semble indiquer qu'elle réussiroit
parfaitement.

CASSIS. Couleur belle et brillante, qui s'obtient par le mélange du rouge et du jaune. Il suffit
de plonger la laine dans une bouillie d'écarlate
qui a déjà servi, et à laquelle on ajoute de la
garance, peu de fustet et de la dissolution d'é-
tain.

CENDRES BLEUES. On donne ce nom à une
combinaison de chaux et de deutoxide de cuivre.
Dans le commerce on les fait en versant une dissolution de potasse dans une dissolution de deuto-sulfate de cuivre, lavant le carbonate de cuivre
qui se précipite, et le broyant avec de la chaux,
à laquelle on ajoute un peu de sel ammoniac.
L'addition de ce sel, qui est décomposé par la
chaux, donne beaucoup plus d'éclat à la couleur ;

il en résulte une sorte d'ammoniure d'un bleu très-
foncé.

Les cendres bleues ne sont employées jusqu'à
présent que pour teindre les papiers en bleu ;
mais cette teinture est peu solide, les cendres
bleues attirent l'acide carbonique de l'air, se
transforment en carbonate de chaux et de cuivre,
et ne tardent pas à passer au vert.

CERISE. Couleur rouge très-brillante et très-
recherchée. C'est par le carthame qu'on l'obtient
sur la soie, le lin et le coton. Pour la soie, il suffit d'employer un bain de deuxième coulage, ou
fait avec la seconde eau qu'on a versée sur le marc
de carthame. Le bain doit être employé à froid,
sur-le-champ, et il ne doit y entrer que des sous-
carbonates alcalins, et non des alcalis *caustiques*. Il doit être viré par l'acide citrique. La soie
doit rester plongée jusqu'au moment où elle cesse
de monter en couleur ; on la tord ensuite à la
main, puis à la cheville. Quelquefois on la passe
dans un second bain, puis on la fait sécher. On
avive la couleur en lisant sept ou huit fois dans
un bain d'eau chaude, auquel on ajoute environ
demi-setier de suc de citron pour chaque seau
d'eau. La soie crue se teint plus facilement que
la soie cuite ; aussi peut-on employer, pour teindre la première, des bains qui ne donnent plus
que des nuances très-pâles sur la seconde.

C'est par le même procédé qu'on fait les *cerises*
sur lin et coton ; seulement ces substances doivent
avoir été bien blanchies ; et il faut faire sécher à
l'étuve.

On obtient sur le coton une très-belle couleur
rouge-cerise, très-estimée dans la fabrication des
rouenneries, par le procédé suivant, que décrit
Vitalis : Après le débouilli on donne au coton un
bain de fiente, trois bains blancs, chacun avec six
ou huit livres d'huile, un sel à deux degrés, un
dégraissage complet, un engallage avec la décoction de cinq livres de noix de galle, à laquelle on
ajoute l'infusion de vingt livres de sumac, une alunage avec trente-six livres d'alun pur, un
lavage entier, un garançage avec la garance de
Chypre ou de Smyrne, d'une livre à une livre et
demie au plus par livre de coton. Quelquefois on
met un tiers de garance de Provence. On donne ensuite un avivage en faisant bouillir le coton pendant
cinq ou six heures dans la lessive de soude à 1
degré ½, et dans laquelle on a fait dissoudre de
huit à dix livres de savon ; refroidissement, lavage ; rosage en faisant bouillir le coton pendant
une demi-heure dans six cents pintes d'eau, où
l'on a fait dissoudre une livre et demie de sel d'é-
tain, et où l'on a versé une bouteille d'acide sulfurique à 30 degrés ; lavage ; bouillon pendant
trois quarts d'heure dans une dissolution de quinze
à seize livres de savon blanc.

Quant à la laine, c'est par la cochenille qu'on
lui donne la couleur *cerise*. Le carthame lui donne

bien d'abord une assez belle teinte rouge, mais qui ne tarde pas à passer au jaune-orangé. *Voyez* ROUGE DE COCHENILLE.

CÉRUSE. C'est un sous-carbonate de plomb, que l'on fabrique en grand, et dont il se consomme une grande quantité. Il sert en peinture pour étendre les couleurs, obtenir toutes les nuances possibles et faciliter la dessiccation de l'huile; on en fait surtout usage dans la peinture en bâtimens.

CHAM-LON-LA. Espèce de plante de la Chine, dont on se sert pour teindre en bleu comme avec l'indigo.

CHAMOIS. On obtient cette nuance qui est très-souvent de mode, en plongeant la laine convenablement préparée dans une bouillie d'écarlate qui a déjà servi, et à laquelle on ajoute un peu de fustet et très-peu de dissolution d'étain.

Dans les fabriques de siamoise, on fait le *chamois* par le produit simple de rocou. Deux onces de rocou par livre de coton suffisent pour donner un bel orangé, & le coton blanc plongé dans ce bain, après qu'il a servi, y prend une belle teinte *chamois*.

C'est aussi au moyen du rocou que l'on fait sur la soie les plus belles teintes *chamois*.

CHAMPAGNE. C'est le nom qu'on donne à une espèce de treillis formé de grosses cordes, et monté sur un cercle de fer, que l'on descend dans les cuves de bleu avant d'y plonger les étoffes, afin d'empêcher celles-ci de remuer le *pied* ou la *pâtée* et de troubler le bain.

CHANVRE, *Cannabis sativa*. Urticées. Dioécie hexandrie de Linné. Ce végétal qui joue un si grand rôle dans l'économie domestique, et dont l'industrie a si bien su tirer parti, a une tige droite qui atteint jusqu'à six pieds de hauteur, quadrangulaire, un peu velue, garnie de feuilles digitées, pointues, dentées en scie, et répandant une odeur fortement aromatique lorsqu'on les froisse entre les doigts. Les fleurs mâles et les fleurs femelles sont sur des individus séparés; mais comme le chanvre qui porte les fleurs mâles est plus petit que l'autre, on lui a donné de tous temps, et on lui donne encore dans le commerce et en agriculture, le nom de *chanvre femelle*, tandis que celui qui porte les fleurs femelles est improprement appelé *chanvre mâle*, à cause de sa haute stature. Le chanvre est originaire de la Perse et de tout l'Orient, mais il est parfaitement acclimaté en Europe, où on le cultive en grand, surtout en France et en Italie.

On arrache le chanvre lorsqu'il est mûr et qu'il commence à jaunir; on le réunit en petites bottes, et on le porte au *rouissage*. Cette opération qui a

pour but de rendre ses fibres faciles à détacher, et de les débarrasser d'un principe visqueux qui les tient réunies, s'exécute en plongeant pendant un certain temps le chanvre dans une eau stagnante: une eau courante ne donne pas un résultat aussi prompt; une eau croupie ou corrompue altère et noircit la filasse. J'ai observé que les meilleurs rouissages s'exécutoient sur le bord des rivières, en ayant soin de placer le chanvre dans des anses ou routoirs, formées naturellement ou creusées exprès, et dans lesquelles l'eau ne se renouvelle qu'avec une extrême lenteur.

Berthollet qui s'est beaucoup occupé de cette question, a fait plusieurs observations importantes. Suivant cet illustre chimiste, pendant le rouissage, et pendant la dessiccation qui a pu précéder, et celle qui suit, les parties colorantes vertes subissent une altération semblable à celle qu'on observe dans la substance verte des plantes qui sont exposées à l'action de l'air et à l'influence de la lumière; leur couleur passe au jaune, au fauve, et même au brun, par un effet qu'il compare à celui d'une légère combustion. Cette substance réduite en partie en poussière s'échappe pendant le serançage; une autre portion reste fixée sur les fibres, mais est facilement enlevée par les lessives qui précèdent le blanchiment.

On a trouvé, dit toujours Berthollet, le moyen de donner à la filasse et même à l'étoupe, une division et une finesse qui permettent de la soumettre aux mêmes procédés de filature que le coton, et de faire avec cette matière seule, ou mêlée avec du coton ou avec de la soie, des étoffes qui lui donnent une valeur beaucoup plus considérable que celle qu'elle avoit dans son état brut.

On commence par faire macérer la filasse dans une vieille lessive pendant quatre ou cinq jours; dans les temps froids on peut prolonger la macération jusqu'à sept ou neuf jours; on la lave ensuite parfaitement dans une eau courante, jusqu'à ce que l'eau en sorte très-claire.

Quelquefois on fait succéder des lessives, mais elles ont toujours l'inconvénient de rendre la filasse roide et très-difficile à filer; quand on le peut, on doit leur préférer plusieurs macérations successives. Cependant, quand on veut aller vite, on a recours aux lessives, et alors on les emploie fortes, bouillantes, pendant trois heures seulement, et dans un appareil disposé de telle manière qu'on puisse ensuite laver au moyen d'un courant d'eau dans la cuve même dans laquelle on a lessivé. C'est dans cette cuve ensuite qu'on passe au chlore pour blanchir.

A la suite du bain de chlore, on donne un léger bain acide avec l'acide sulfurique, ou mieux encore avec l'acide hydro-chlorique, qui donne naissance à un sel de chaux très-soluble.

Enfin on savonne, sans avoir lavé après le bain acide, et cette dernière opération donne à la filasse une souplesse, un moelleux, qui la rendent bien plus propre aux opérations du cardage, du filage, etc.

Pour lui donner plus de souplesse encore, on peut prendre la filasse séchée, en faire de grosses balles, et la conserver bien emballée, dans un lieu humide, pendant deux ou trois mois. Il naît alors une espèce de fermentation dont les effets sont très-avantageux.

Mais si l'on veut donner au chanvre toutes les apparences du coton, ce qui maintenant est peu important, puisque le coton est à très-bas prix, mais ce qui naguère pouvoit être très-avantageux, on peut mêler dans le cardage au chanvre, de 10 à 15 pour cent de coton ordinaire. Les fils que l'on fait par ce moyen ne peuvent plus se distinguer du coton filé ordinaire.

Mercandier qui s'est livré à beaucoup de recherches sur le chanvre, dit : « Qu'en cardant » la filasse comme la laine, il en résulte une » matière fine, moelleuse et blanche, dont, » pendant long-temps, on ne connoissoit pas » l'usage. Non-seulement, dit-il, on peut l'em- » ployer seule en cet état pour faire des ouates, » qui, à beaucoup d'égards, l'emporteront sur » les ouates ordinaires, mais encore on peut la » filer et en former un très-beau fil. On peut aussi » les mêler avec du coton, de la soie, de la » laine, et même du poil; et le fil qui résulte de » ces différens mélanges, fournit, par ses variétés » infinies, matière de nouveaux essais très-in- » téressans pour les arts, et très-utiles à plusieurs » sortes de manufactures. »

Le chanvre après avoir été *roui*, pour enlever la matière glutino-gommeuse qui retenoit ses fibres réunies; *taillé* pour enlever toute la partie ligneuse; et *peigné* pour achever de séparer tout ce qui est étranger à la filasse; après même que la filasse a subi quelques-unes des diverses opérations que je viens d'indiquer, ne peut pas encore fournir une matière propre à recevoir des teintures. Il faut lui faire subir encore trois opérations, qui sont le *décreusage*, l'*engallage* et l'*alunage*.

1°. Par *décreusage* on entend une série d'opérations qui ont pour but d'enlever à la filasse, ou au fil de chanvre, la couleur fauve ou grisâtre qui leur est propre. On fait tremper la filasse ou le fil pendant trois jours en été; pendant six ou sept jours en hiver, dans des cuviers remplis d'eau tiède, afin de faciliter par un commencement de fermentation, la séparation de la matière colorante. On fait égoutter, on lave bien dans une eau courante, et on procède ensuite au débouilli par une lessive de soude un peu caustique, d'un degré à un degré et demi de l'aréomètre; quelquefois on donne un second débouilli. On retire alors, on fait égoutter sur un banc placé en travers sur la chaudière; on lave ensuite en eau

courante, on tord à la cheville et on fait sécher à l'air.

2°. L'*engallage* a pour but de combiner une certaine quantité de tannin et d'acide gallique avec le chanvre. On emploie ordinairement trois ou quatre onces de noix de galle par livre de filasse. On fait cuire la noix de galle concassée dans une chaudière de cuivre, avec cent ou cent cinquante livres d'eau pour cent livres de filasse. On fait bouillir jusqu'à ce que la noix puisse s'écraser facilement entre les doigts, on laisse un peu refroidir et on passe la liqueur à travers un tamis de crin. Lorsque le bain est encore assez chaud pour pouvoir y tenir à peine la main, on y passe la filasse par parties, de manière à la bien imprégner en la pétrissant dans le vase. On la retire ensuite, on tord à la cheville et on fait sécher en plein air autant que possible. Dans quelques cas, lorsqu'on veut être assuré que la filasse est parfaitement engallée, on la laisse séjourner quelques heures dans la décoction.

3°. L'*alunage* se fait aussi à raison de trois ou quatre onces d'alun par livre de matière, et a pour but de combiner la filasse ou le fil de chanvre engallé avec une certaine quantité d'alun, ce qui le rend bien plus apte à se combiner avec les principes colorans. L'alun pulvérisé et fondu dans de l'eau chaude et non bouillante, on la laisse devenir tiède, et on y travaille le chanvre jusqu'à ce qu'il soit bien imprégné, on tord à la main et on fait sécher à l'ombre.

Dans quelques cas on donne deux engallages et deux alunages entre chacun desquels on fait sécher.

CHASSE-FLEURÉE. Planche dont on se sert pour écarter l'écume ou fleurée qui pourroit tacher les étoffes.

CHATAIGNE. Nuance sombre que l'on obtient facilement en mêlant à la rougie d'écarlate qui a déjà servi, le jaune-fauve du sumac, de la racine de noyer ou du brou de noix.

CHATOIEMENT. Se dit du reflet d'une étoffe ou d'un écheveau teint, dont les scintillations varient suivant la direction de la lumière qui les frappe.

CHAUX. *Voyez* OXIDES MÉTALLIQUES.

CHEVILLE. Lorsqu'on veut tordre les écheveaux afin de leur enlever le plus possible d'humidité, on les fixe par une extrémité à un morceau de bois scellé dans la muraille, et qu'on nomme *espart*, et dans l'autre extrémité on passe un second morceau de bois que l'on tourne autant que possible. Ce second morceau de bois se nomme *cheville*.

CHEVILLER. C'est tordre à la cheville.

CHEVRON. Sorte de laine qu'on tire du Levant.

CHLORE. C'est un gaz jaune-verdâtre, dont la saveur et l'odeur sont désagréables, fortes et tellement caractérisées, qu'elles permettent de le reconnoître toujours avec facilité. Il pèse spécifiquement 2,4216. La flamme des bougies qu'on plonge dans ce gaz pâlit d'abord, rougit, et ensuite disparoît. Il a été découvert en 1774 par Schéele, mais ce n'est que depuis peu d'années qu'on sait que c'est un corps simple; long-temps on le regardoit comme acide, et on le désignoit par les noms d'*acide muriatique déphlogistiqué*, d'*acide muriatique oxigéné*; de *gaz oxi-muriatique*. J'ai indiqué à l'article BLANCHIMENT, les moyens de se procurer le chlore, et ses usages dans les opérations qui précèdent la teinture. Berthollet, auquel on doit cette précieuse découverte, a montré que ce gaz en solution dans l'eau pouvoit encore servir à d'autres usages. Le chlore liquide sert, comme on l'a vu, à blanchir le lin, le chanvre, le coton et les diverses étoffes faites avec ces matières. On l'emploie quelquefois pour décolorer quelques parties des toiles imprimées, pour ramener au blanc des étoffes sur lesquelles la teinture est passée ou a été mal appliquée : il peut servir encore à décolorer la pâte du papier et à rendre les feuilles plus blanches et d'un prix plus élevé, et à ramener au blanc les livres imprimés et les gravures tachées, parce qu'il n'attaque ni l'encre d'impression ni le noir qui sert à la gravure.

CHOCOLAT. Nuance dont on fait un assez fréquent usage; le *chocolat clair* s'appelle quelquefois *chocolat au lait*. On peut l'obtenir par une foule de procédés qu'il seroit inutile d'énumérer ici. On fait un très beau chocolat sur laine en ajoutant à la rougie d'écarlate, peu de fustet et de dissolution d'étain, très-peu de garance, un peu de cochenille et de tartre. Le même moyen réussit sur la soie, sur le coton, etc.

CHROME. *Voyez* OXIDES MÉTALLIQUES.

CINNABRE. C'est un sulfure de mercure; il est formé d'environ 100 de mercure et de 16 de soufre. On le trouve fréquemment tout formé dans la nature; il suffit alors de le sublimer pour l'avoir parfaitement pur. Quand on le fabrique en grand, comme en Hollande, on fond du soufre dans une bassine et on y fait arriver le mercure en le passant à travers une peau de chamois, et on sublime. Le cinnabre réduit en poudre, lavé et séché, prend le nom de *vermillon*; le plus estimé est celui qui nous vient de Chine. On ne l'emploie guère qu'en peinture. Quelques essais semblent

indiquer qu'on pourroit l'utiliser dans la teinture, au moins pour faire un rouge d'application.

CITRON. C'est le fruit du citronnier, arbre originaire de la Perse, et qui maintenant est parfaitement acclimaté en Italie, en Espagne, en Portugal et dans les départemens méridionaux de la France. C'est du citron qu'on extrait l'*acide citrique* (*voyez* ce mot), si utile dans la teinture par le carthame. L'écorce du citron renferme une huile essentielle que l'on recueille en grand à Venise, et qui pourroit avec avantage être employée dans quelques opérations du dégraissage.

CLAPOTER. C'est frapper doucement un bain avec un petit bâton, de manière à agiter sa surface et à la couvrir de bulles d'air.

COAILLE. Laine grossière que l'on tire de la queue des brebis.

COBALT. *Voyez* OXIDES MÉTALLIQUES.

COCHENILLE. Cet insecte donne à la teinture des couleurs si riches, si précieuses, qu'on ne sera sans doute pas fâché de trouver ici quelques renseignemens détaillés sur sa forme, son histoire, la manière de l'élever et de le récolter, et sur ses usages. Le mâle est très-petit; ses antennes sont moins longues que le corps, qui est d'un rouge-foncé, alongé et terminé par deux soies divergentes et assez longues : les ailes sont longues, blanches, croisées et couchées sur l'abdomen; les pattes sont assez longues. La femelle est le double plus grosse que le mâle : quand elle a pris tout son accroissement, elle est de la grosseur d'un petit pois et d'un couleur brune foncée, avec tout le corps couvert d'une poudre blanche. Les antennes sont courtes, le corps aplati en dessous, convexe en dessus, bordé, avec les anneaux assez visibles; les pattes sont courtes. Les femelles ne vivent que deux mois, et les mâles moitié moins. Les deux sexes ne restent que dix jours à l'état de larve et quinze à celui de nymphes. Les femelles vivent encore un mois après avoir été fécondées, prennent de l'accroissement pendant ce temps, et périssent bientôt après la ponte. Les œufs qu'elles ont pondus restent attachés à leur peau, et c'est en plaçant ces œufs ainsi attachés aux cadavres des femelles, dans des circonstances favorables, qu'on parvient à en faire naître et à en perpétuer l'espèce.

C'est au Mexique, et notamment dans la province de Honduras, aux environs de Mestèque, que l'on cultive la plus grande partie de la cochenille que les arts emploient.

La plante sur laquelle on élève cet insecte, est le *nopalli* des Indiens, *castus cochenilifer* de Linné; on en fait des plantations qui ont rarement plus d'un arpent d'étendue, et qu'on nomme *nopaleries*.

On sème la cochenille vers le milieu d'octobre, temps du retour de la belle saison. On commence par faire un petit nid avec une espèce de filasse tirée des pétioles du palmier, ou avec toute autre matière cotonneuse. On place dans chacun de ces nids, huit à dix femelles couvertes de leurs œufs, et le nid est ensuite accroché aux épines des feuilles de nopal, et tourné vers le soleil levant; bientôt il sort des nids des milliers de petites cochenilles de couleur rouge, couvertes d'une poussière blanche, et qui vont se fixer sur les feuilles.

On fait communément trois récoltes par an; sans les pluies qui nuisent à l'incubation des œufs, on en pourroit faire davantage. La première a lieu vers le milieu de décembre, la seconde au moment où les cochenilles commencent à faire leurs petits, et la troisième au milieu de mai. Pour faire tomber les cochenilles, on se sert d'un couteau dont le tranchant et la pointe sont émoussés, afin de ne pas endommager la plante. On emploie plusieurs moyens pour faire périr les insectes : on les trempe dans l'eau bouillante après les avoir mis dans un panier, et on les fait sécher au soleil; on les met dans un four chaud; on les place sur des plaques de métal chauffées. Le premier moyen est le meilleur, en ce qu'il n'altère jamais l'insecte. Les cochenilles ainsi préparées perdent une grande partie de la poudre blanche qui les recouvre, prennent une teinte rouge-brunâtre, et sont connues sous le nom de *ranagrida*; celles qui périssent dans le four sont d'un gris-cendré et portent le nom de *jarpedda*; celles qu'on a fait mourir sur des plaques sont noires et s'appellent *negra*.

Long-temps en Europe la cochenille étoit regardée comme une graine; c'est aux travaux de Plumier et de Réaumur qu'on doit des renseignemens précis.

Dans le commerce on connoît deux espèces de cochenille, l'une connue sous les noms de *cochenille fine*, *mastèque*, *grana fina*, qui est la plus estimée et qu'on récolte sur le nopal; l'autre qu'on appelle *cochenille sylvestre*, *cochenille sauvage*, *grana sylvestris*, qui est moins estimée et qui se trouve sur différens végétaux. L'une et l'autre arrivent en Europe sous la forme de petits grains irréguliers, convexes d'un côté, concaves de l'autre, et sur lesquels on reconnoît encore quelques traces d'anneaux. Les grains de cochenille fine sont d'un gris-ardoise, mêlés de rougeâtre et couverts d'une poussière blanche; ceux de cochenille sauvage sont plus petits et revêtus d'un duvet cotonneux qui augmente leur poids et absorbe inutilement une partie de la couleur. La première coûte maintenant cinquante fr.; l'autre n'en vaut que quarante. Les pays dont on tire la cochenille sont le Mexique, Saint-Domingue, la Caroline méridionale, la Géorgie, la Jamaïque et le Brésil.

La décoction de cochenille est d'un cramoisi tirant sur le violet.

Un peu d'acide sulfurique lui fait prendre une couleur rouge-jaunâtre, et il s'y forme un précipité d'un beau rouge.

La dissolution de tartre lui donne aussi une teinte rouge-jaunâtre; il s'y forme lentement un petit précipité d'un rouge pâle : la liqueur qui surnage reste jaune et prend une couleur pourpre si l'on y verse un peu d'alcali.

La dissolution d'alun éclaircit la couleur de la décoction, et lui donne une teinte plus rouge; il s'y forme un précipité cramoisi.

Le mélange d'alun et de tartre produit une couleur plus claire, plus vive, et tirant sur le rouge-jaunâtre.

La dissolution d'étain y forme un dépôt abondant d'un beau rouge; la liqueur qui surnage est claire comme de l'eau.

En versant d'abord de la dissolution de tartre et ensuite de la dissolution d'étain, on a promptement un dépôt rosé tirant sur le lilas, et la liqueur qui surnage est jaune.

La dissolution de muriate de soude fonce la couleur sans troubler la décoction.

Le muriate d'ammoniaque donne une nuance de pourpre sans précipité.

Le sulfate de fer forme un précipité violet-brun, et la liqueur qui surnage est claire et couleur feuille-morte.

Le sulfate de zinc forme un précipité violet-foncé.

L'acétate de plomb donne un précipité violet-pourpre moins foncé que le précédent.

Le sulfate de cuivre produit un dépôt violet qui se forme lentement, et la liqueur qui surnage est claire et violette.

Pelletier et Caventou ont analysé la cochenille; il résulte de leurs expériences que cette matière contient : 1°. une matière colorante différente de tout ce qui est connu, et qu'ils ont nommé *carmine*; 2°. une matière animale particulière; 3°. un substance grasse, composée de stéarine, d'élaine et d'un acide odorant; 4°. enfin de plusieurs sels, tels que phosphate de chaux, carbonate de chaux, hydro-chlorate de potasse, et de la potasse unie à un acide organique.

La *carmine*, ou matière colorante de la cochenille, isolée au moyen de l'éther et de l'alcool, de toutes les substances avec lesquelles elle est mélangée ou combinée, est d'un rouge-pourpre très-éclatant; elle a un aspect grenu et comme cristallin; elle ne s'altère point à l'air et n'en attire point l'humidité. Chauffée, elle fond à environ 40 degrés Réaumur; chauffée plus fortement, elle se boursoufle et se décompose. Elle est très-soluble dans l'eau; la dissolution est d'un beau rouge tirant un peu sur le cramoisi; l'alcool dissout d'autant plus de carmine qu'il est moins rectifié; les acides foibles la dissolvent; aucun acide ne précipte la carmine, mais tous changent sa teinte, et de rouge-cramoisi la font passer au rouge-vif, puis au rouge-jaunâtre et enfin au jaune. Lorsque les acides ne sont pas trop concentrés, le principe colorant n'est pas altéré dans sa composition, et reparoît aussitôt qu'on sature l'acide avec un alcali.

Le chlore jaunit et détruit tout-à-fait le principe colorant de la cochenille, et ne produit de précipité que lorsque la carmine est unie à une certaine quantité de matière animale.

Les alcalis donnent à la dissolution de carmine une teinte violette cramoisie; si l'on met un petit excès d'alcali et qu'on chauffe, la teinte violette disparoît, la liqueur devient rouge, puis jaune, et la matière colorante est totalement altérée : si l'alcali est en petite quantité, on peut, en le saturant avec un acide, faire reparoître la carmine sans aucune altération.

L'alumine en gelée précipite à froid de la solution de carmine une laque d'un très-beau rouge (*voyez* CARMIN); à chaud cette laque est cramoisie, et devient d'autant plus violette que l'on chauffe davantage.

Les sels d'étain ont une action marquée sur la solution de carmine. L'hydro-chlorate de protoxide d'étain forme dans la liqueur un précipité violet très-abondant; ce précipté devient cramoisi si le sel contient un excès d'acide. L'hydrochlorate de deutoxide d'étain ne produit pas de précipité, mais fait passer la liqueur au rouge-écarlate; si alors on ajoute de l'alumine engallée, on a un beau rouge, et qui, en bouillant, tourne au cramoisi.

La cochenille sert à faire l'*écarlate sur laine*, le *cramoisi sur laine*, soie et *coton*, et une foule de nuances riches et brillantes, telles que les *cerises*, les *couleurs de rose*, de chair, de feu, etc. etc. *Voy.* ces mots.

COQUELICOT. Cette nuance rouge et brillante se fait sur la laine, en ajoutant au bain de rouge d'écarlate, du fustet, un peu de cochenille et de dissolution d'étain.

Pour le coton, il suffit de le passer au mordant d'acétate d'alumine, de donner un léger bain de Brésil, un léger bain de garance, et ensuite de donner un gaudage.

On fait sur le coton un *coquelicot* qu'on appelle *faux*, en donnant d'abord un bon teint de rocou frais, un engallage, un alunage et un bain de Brésil vieux cuit.

C'est avec le carthame et un peu de rocou qu'on fait le plus souvent le *coquelicot* sur soie.

On voit que le *coquelicot* résulte du mélange du jaune et du rouge, et par conséquent qu'il est bien des manières d'y parvenir.

COTON. C'est une chose remarquable que parmi les nombreuses familles de végétaux qui cou-

vrent la surface de notre Globe, les moins connues soient précisément celles qui rendent les plus importans services, et dont les arts, les sciences, le commerce ou l'industrie retirent les plus précieux avantages. L'histoire des roses est complète, et on chercheroit encore vainement une bonne monographie du cotonnier. Quelle famille de plante mériteroit mieux pourtant d'être étudiée ! Voici, quant à présent, un résumé de ce qu'on en connoît :

Le cotonier appartient à la famille des Malvacées et à la monadelphie polyandrie. C'est un arbuste plus ou moins élevé, à feuilles alternes, à fleurs grandes, purpurines ou jaunâtres, et dont le fruit est coupé en trois ou cinq loges qui renferment chacune de trois à huit graines enveloppées de la substance connue sous le nom de *coton*. En botanique on connoît six espèces de cotonniers :

1°. COTONNIER HERBACÉ, *Gossypium herbaceum*. Il varie beaucoup dans son port, sa fleur est jaune, et chaque pétale est marqué à sa base d'une tache de pourpre; ses capsules sont ovoïdes, à trois loges. Il croît en Egypte, en Syrie, en Arabie, dans quelques îles de l'Archipel et dans l'Inde; on le cultive aussi en Italie, en Sicile, et même dans le midi de la France.

2°. COTONNIER ARBORESCENT, *Gossypium arboreum*. C'est un arbrisseau de quinze à vingt pieds de hauteur; ses fleurs sont purpurines, ses capsules sont ovoïdes, à trois ou quatre loges, dans chacune desquelles on trouve quatre graines enveloppées d'un excellent coton. Il croît dans l'Inde, en Arabie, en Egypte; il a été transporté aux Canaries et en Amérique, où il prospère.

3°. COTONNIER DE L'INDE, *Gossypium indicum*. Arbrisseau de dix à douze pieds; fleurs jaunes avec une tache de pourpre; capsules ovoïdes à quatre loges. Originaire de l'Inde.

4°. COTONNIER VELU, *Gossypium hirsutum*. Végétal herbacé, tige velue, fleurs jaunes et solitaires; l'Amérique méridionale est sa patrie.

5°. COTONNIER A FEUILLES DE VIGNE, *Gossypium vitifolium*. Arbuste, fleurs jaunes avec une tache pourpre à la base interne de chaque pétale; capsule ovoïde, à trois loges qui contiennent chacune de six à dix graines noirâtres; il paroît originaire des Indes orientales; on le cultive avec succès à l'île de France.

6°. COTONNIER RELIGIEUX, *Gossypium religiosum*. Petit arbuste de trois à quatre pieds de hauteur, à fleurs d'abord blanchâtres, puis roses, puis enfin rouges; capsule ovoïde à trois loges. On le croit originaire du Cap de Bonne-Espérance. On le cultive à l'île de France.

Telles sont les espèces que l'on trouve décrites dans les ouvrages de botanique. On conçoit sans peine qu'il en existe beaucoup d'autres, et que chacune de ces espèces doit d'ailleurs renfermer une foule de variétés dont il seroit important d'étudier non-seulement les caractères, mais encore les mœurs, la culture, et la nature du produit. Rohr, qui s'est livré à quelques recherches sur les cotonniers dans les Antilles et à la Guiane française, a indiqué les variétés suivantes comme étant cultivées en grand. Il les classe d'après la forme, la couleur et la nature de leur graine.

Coton nu ou sauvage. Peu estimé, ne donne que deux gros par arbre.

Coton à petits flocons. Fournit trop peu.

Coton couronné vert, ou *fin de la Martinique.* Très-estimé. Deux onces et demie de très-beau coton par pied.

Sorel vert. Bonne variété. Quatre onces par pied.

Sorel rouge. Deux récoltes par an. Sept à huit onces par pied d'un coton très-beau et très-blanc.

Coton à barbe pointue. Trois onces d'un coton court et frisé.

Coton à crochet barbu. Cinq onces d'un coton fin et blanc.

Year rund. Sept onces d'un coton fin, blanc et long.

Coton à gros flocons. Quatre onces d'un coton court, peu estimé parce qu'il se salit aisément.

Coton de la Guiane. On lui donne aussi le nom de *Cayenne, Surinam, Demerary, Berbice, Essequibo.* Un des plus estimés. Deux récoltes par an, dix à douze onces d'un coton blanc, fin, fort et très-long.

Coton du Brésil. Coton très-fin.

Coton indien. Deux récoltes. Sept à huit onces du coton le plus fin de tous.

Coton lisse de Siam brun. Trois onces d'un coton fin de couleur nankin.

Coton de Saint-Thomas. Trois onces et demie d'un coton très-fin, très-blanc, très-long.

Coton aux Cayes. Deux onces et demie d'un coton fin et long.

Coton de Siam brun couronné. Deux récoltes. Trois onces de coton très-fin, élastique et de couleur nankin pâle.

Coton de Carthagène. Très-petite quantité d'un coton fin et blanc.

Coton de Siam blanc. Très-recherché. Deux récoltes. Dix onces d'un coton très-fin, très-blanc et très-élastique.

Coton de Curaçao. Sept onces et demie d'un coton fin et très-blanc.

Coton de Saint-Domingue couronné. Deux récoltes. Douze onces d'un coton très-fin et blanc.

Coton rampant. Peu estimé, peu productif.

Coton lisse tacheté. Coton fin de couleur rouille claire.

Coton gros. Peu productif et peu cultivé.

Coton de Siam brun. Coton très-fort, élastique, couleur isabelle.

Coton mousseline à gros grains. Quatre onces. Coton blanc et rude.

Coton mousseline rougeâtre. Une once et demie. Coton fin, incarnat.

Coton mousseline de la Trinité. Quatre onces. Coton extrêmement fin et très-blanc.

Coton mousseline Remire. Coton grossier, blanc sale.

Coton rouge. Une once et demie d'un coton fin.

Coton des nonnes de Tranquebar. Fournit trop peu.

Coton de Porto-Rico. Douze onces d'un beau coton.

Voilà quelles sont les variétés observées et décrites par Rohr. Quelle que soit celle que l'on cultive, il faut attendre la maturité du fruit, ou le moment où la capsule s'ouvre d'elle-même, pour faire la récolte. Elle se fait de deux manières : on cueille les capsules et on les place dans des sacs ou paniers ; ou bien on se borne à extraire les graines et on laisse les capsules sur l'arbre. Dans tous les cas, la récolte doit être faite le matin. Un arpent de terre convenablement cultivé, peut donner de trois à quatre cents livres de coton. Le coton cueilli est séché soit au soleil, soit à l'étuve, puis on l'épluche, c'est-à-dire qu'on sépare le duvet de la graine et de la capsule. Cette opération est la plus longue et la plus dispendieuse. Un homme ne peut guère en éplucher qu'une livre par jour ; mais on a inventé des machines à cylindres qui sont maintenant généralement répandues, et au moyen desquelles un seul homme peut en nettoyer de trente à cinquante livres pendant le même temps. Dans l'Inde pourtant, l'usage des machines est inconnu. Tout le coton s'épluche à la main, et c'est à cette coutume que l'on attribue généralement la supériorité des fils et des tissus de l'Inde ; cela peut être vrai, mais cet avantage est plus que compensé par le bon marché auquel l'Europe peut donner ses fils et ses étoffes de coton.

Le coton bien épluché et bien sec, est enveloppé dans des toiles de chanvre ou de poil de chèvre, et mis en balles de trois cents à trois cent cinquante livres ; et c'est dans cet état qu'il est versé dans le commerce, où on le divise ordinairement en deux espèces : le *coton des îles* et le *coton du Levant.*

Dans la première classe on range les cotons qui viennent de la Guadeloupe, de Saint-Domingue, de Cayenne, de Maragnan, des Gonaïves, de Sainte-Lucie, de Marie-Galante, de Saint-Eustache, de Berbiel, de Saint-Thomas, de Surinam et d'Isséquébo. Ces cotons sont estimés dans l'ordre suivant : le Maragnan d'abord, le Cayenne, le Surinam, le Saint-Domingue, le Guadeloupe, etc.

Dans la seconde classe, que l'on désigne aussi sous le nom de *coton de Chypre,* il y en a près de trente espèces, qui toutes sont moins estimées que celles qui viennent des îles. Les principales viennent de la Natolie, de Salonique, des Dardanelles, de Gallipoli, etc. Cette dernière est la plus recherchée.

Le prix des cotons varie beaucoup. Les événemens de la guerre, l'abondance ou la rareté des récoltes, la consommation plus ou moins grande qu'on en fait, doivent naturellement en changer la quotité. Voici comment il est fixé sur la cote de Paris, au commencement de l'année 1827 :

Inde....	Bengale..... le kil. 1 fr. 85 c.	
	Surats................ 2	
	Toomels......... 2	10
	Manille.......... 3	10
Levant...	Kirkagah.......... 2	40
	Kiaïc............ 2	40
	Souboujac......... 2	70
Egypte,	Longue soie.......... 2	80
Colonies françaises.	Guadeloupe......'.	
	Martinique....'.'..	
	Cayenne.......... 2	90
	Bourbon..........	
Amérique méridionale.	Caraque..........	
	Démérari........	
	Surinam.......... 2	90
Brésil...	Minas.............	
	Maragnan........ 3	20
	Bahia............	
	Camouchi......... 3	10
	Fernambouc...... 3	40
Amérique septentrionale.	Cuba.............	
	Géorgie C. S...... 2	10
	Louisiane........ 2	50
	Georgie L. S...... 4	50 à 7 f.
	Haïti............ 2	60

Le coton tel qu'il nous parvient, n'est pas apte à recevoir les teintures; il doit, dans le plus grand nombre de cas, être soumis à trois opérations préliminaires, qui sont :

1°. Le décreusage ; cette opération a pour but de dépouiller le coton, au moins en grande partie, de la couleur qu'il porte naturellement, et qui varie du jaune-blanchi au jaune-rougeâtre, et de le ramener à un état de blancheur complet. On y parvient en faisant bouillir le coton, pendant quatre ou cinq heures, dans une eau de soude un peu caustique d'un degré de l'aréomètre; on emploie communément cinq à six cents litres de lessive pour cent livres de coton. On juge que le débouilli est terminé, lorsqu'on voit le coton s'enfoncer de lui-même dans la chaudière. On le retire alors, on le place sur un barre, on le laisse égoutter, on le lave bien en eau courante, on le tord à la cheville et on le fait sécher à l'air. Lorsqu'on veut teindre le coton en petites couleurs, on peut se contenter de le faire bouillir

dans une eau claire et limpide, et faire l'économie de la lessive.

2°. L'engallage ; c'est la combinaison du coton avec le mordant de la galle, mordant composé d'acide gallique et de tannin, et qui lui donne une puissante affinité pour les matières colorantes. On emploie le plus souvent trois ou quatre onces de noix de galle par livre de coton. On fait cuire la noix de galle concassée, dans une chaudière de cuivre, avec environ cent vingt litres d'eau pour cent livres de coton. Aussitôt qu'on reconnoît que la noix de galle peut s'écraser facilement entre les doigts, on cesse de faire bouillir; on laisse un peu refroidir et on passe la liqueur à travers un tamis de crin. Lorsque le bain est encore assez chaud pour pouvoir y tenir à peine la main, on y passe le coton par parties, de manière à le bien imprégner de la décoction. On le relève, on le tord à la main et quelquefois à la cheville, et on porte de suite à l'étendage en plein air. Quelquefois, après avoir passé le coton en galle, on le laisse séjourner une heure ou deux dans la décoction. Dans quelques cas on passe le coton à la même température dans une infusion de sumac, soit seule, soit mêlée à une certaine quantité de décoction de noix de galle. Quelquefois on engalle deux fois, en faisant sécher entre les deux opérations.

3°. L'alunage ; cette opération se fait ordinairement à la suite de l'engallage, et se donne le plus souvent à raison de trois ou quatre onces d'alun par livre de coton. L'alun pulvérisé est dissous dans une quantité d'eau chaude non bouillante, suffisante pour y travailler le coton comme on l'a fait dans l'engallage ; dans quelques circonstances on alune deux fois et on fait aussi sécher entre les deux alunages. Il est toujours très-important de ne donner l'alun qu'à un foible degré de chaleur, 20 à 25° de Réaumur ; à une température plus élevée il seroit à craindre qu'une partie de la décoction de galle n'abandonnât le coton. Souvent à l'alun ordinaire on substitue l'acétate d'alumine ; employé alors à cinq ou six degrés de l'aréomètre. Dans tous les cas, avant de soumettre le coton aluné à la teinture, il faut avoir soin de le laver pour enlever la partie d'alun qui n'est que superposée, et de ne laisser que celle qui est parfaitement et complétement combinée avec lui. La première, en se décomposant dans le bain de teinture, précipiteroit en pure perte une partie du principe colorant.

COTONNERIE. Terrain où croissent les plantes qui fournissent le coton.

COULÉE. On nomme cuve coulée, la cuve à l'indigo et au pastel, dans laquelle la fermentation a été portée trop loin. Voyez BLEU DE CUVE.

COULEUR DE BICHE. Se fait à la suite du bouillon d'écarlate, sans rien ajouter.

COULEUR

COULEUR DE CHAIR. On obtient sur la soie une couleur de chair très-tendre en mettant dans un bain de carthame de troisième coulage, un peu de savon, et avivant ensuite sur le bain qui a donné des couleurs plus foncées.

COULEUR DE FEU. Il suffit de faire bouillir, dans le bain de rougie d'écarlate, un sac de fustet, que l'on retire pour ajouter ensuite au bain de la cochenille et de la dissolution d'étain. On peut obtenir sur soie la même nuance en la faisant cuire comme pour le blanc, lui donnant un pied de rocou, la lisant dans un fort bain de carthame de premier coulage, que l'on a fait virer au rouge-cerise au moyen du jus de citron, et ne la retirant du bain que lorsqu'elle a cessé de monter en couleur. On la retire alors, on la tord à la cheville, on la passe dans un second bain, puis on la fait sécher. On doit continuer la même manœuvre jusqu'à ce que la soie ait acquis la teinte que l'on cherche; enfin on avive en lisant sept ou huit fois dans un bain d'eau chaude, auquel on ajoute environ demi-setier de suc de citron par chaque seau d'eau.

COULEUR D'OR. On l'obtient en faisant bouillir, dans un bain de rougie d'écarlate qui a déjà servi, du fustet, et y ajoutant un peu de cochenille, avec un peu de tartre et de dissolution d'étain.

COULEUR DE ROSE. Cette nuance se fait sur soie avec le carthame, en se servant de bains de troisième coulage. Voyez CARTHAME.

COULEURS COMPOSÉES. C'est le nom qu'on donne à toutes les nuances que l'on obtient par le mélange de deux ou plusieurs principes colorans.

COULEURS MINÉRALES. Jusqu'à présent on a peu emprunté de matières tinctoriales aux nombreux métaux que la nature nous présente; c'est le plus souvent comme mordans qu'on les emploie. Il en est pourtant plusieurs qui pourroient être utilisés dans la teinture des fils et des étoffes, et dont l'application en grand seroit d'un grand avantage. Je traiterai à l'article OXIDES MÉTALLIQUES, de tous ceux qui sont dans ce cas, et je ferai voir quelles immenses ressources la chimie peut encore ici offrir à l'art de la teinture.

COULEURS SIMPLES. On nomme ainsi toutes les nuances que l'on obtient à l'aide d'un principe colorant, quelle que soit d'ailleurs la nature des mordans auxquels on ait recours.

COULEURS VÉGÉTALES EXOTIQUES. Il est bien démontré aujourd'hui que les plantes qui croissent sous les zônes brûlantes contiennent,

toutes choses égales d'ailleurs, plus de parties colorantes que celles qui végètent au Nord ou même dans les climats tempérés; il est démontré de plus qu'une foule de végétaux dont on retire d'excellentes teintures, croissent exclusivement dans les pays chauds. Il faudra toujours que l'Europe aille emprunter aux Antilles, à l'Amérique du Sud, à l'Afrique, etc. des matières tinctoriales pour les besoins de ses manufactures. Ce n'est pas une raison pour rejeter les ressources que nous offrent nos climats; nous devons au contraire nous efforcer d'en rechercher de nouvelles, et il est hors de doute que plus d'une tentative sera couronnée de succès. Jusqu'à présent, rien ne peut remplacer chez nous les bois de Campêche, de Brésil, d'Inde, de Santal, le bois jaune, le carthame, l'orseille, le curcuma, le rocou, etc. (voyez ces mots), que l'Europe tire des pays méridionaux en grande partie du Nouveau-Monde. En vain on a cherché des succédanées pour tout ce que nous empruntons à d'autres climats, tous ces efforts ont été inutiles, l'Europe n'a ni le soleil ardent, ni le sol brûlé, ni les immenses végétaux de la zône torride; elle ne peut donc obtenir les mêmes produits. Nous n'en sommes plus d'ailleurs aux temps où l'on attachoit une si grande importance à ce qu'on appeloit la balance du commerce, et où l'on regardoit comme un signe de prospérité la possibilité de ne rien devoir aux étrangers. Aujourd'hui on ne rougit pas d'aller emprunter des matières premières à d'autres contrées, lorsque ces matières premières, travaillées par l'industrie, doivent en sortir avec une valeur souvent dix fois plus considérable, et augmenter ainsi la masse des produits qu'un peuple met en circulation. Qu'importe, en effet, qu'on achète de la laine en Espagne, du coton dans l'Amérique, des bois de teinture dans l'Inde, si l'on en fabrique des fils et des tissus colorés, qui, après avoir alimenté nos fabriques, sont recherchés par ceux même qui nous ont fourni les matières premières. Il est temps de faire cesser une foule de préjugés par lesquels les arts, le commerce, l'industrie, sont entravés; il est temps surtout de renoncer à cet égoïsme national qui veut se renfermer dans les limites étroites d'un territoire, et refuse obstinément tous les avantages que lui présentent ses voisins. Le monde entier est maintenant la patrie de tous les hommes sages, instruits, à vues grandes et généreuses; les sciences, les arts, le commerce, l'industrie, ne doivent pas plus que la philosophie et la civilisation, s'arrêter à ces limites, à ces frontières qui n'existent qu'un instant, et que le moindre caprice fait changer.

COULEURS VÉGÉTALES INDIGÈNES. Le nombre de plantes de nos climats employées en teinture, soit comme brunitures, soit comme matière colorante, est encore extrêmement petit; à peine en compteroit-on vingt qui sont usitées, et qui toutes encore ne se trouveroient pas dans le commerce. Et pourtant que de ressources les végétaux de nos climats pourroient offrir à l'art de teindre ! Chaque fois qu'on a voulu se livrer à quelques recherches en ce genre, on est arrivé presque sans peine à des résultats du plus haut intérêt ; mais la plupart de ces expériences ont été perdues. En vain on cherchoit à les rendre publiques, partout on leur opposoit l'obstination de la routine, et le plus souvent les teinturiers ne se donnoient pas la peine d'en vérifier l'exactitude. Les recherches nombreuses de Dambourney, publiées par ordre du Gouvernement en 1786 et 1788, sont presqu'inconnues aujourd'hui, et je ne sache pas qu'un seul de ces procédés ait été mis en usage au moins ostensiblement. Il en est pourtant plusieurs qui méritent la plus sérieuse attention, et qui rendroient de grands services en donnant de belles teintures à un prix extrèmement modique. On pourroit dire la même chose des travaux de Siefferts, et de plusieurs autres. Je sais qu'en ce moment un de nos teinturiers les plus instruits s'occupe de recherches très-suivies sur la classe nombreuse de nos lichens, et j'ai déjà vu, chez lui, les résultats les plus curieux surtout pour plusieurs teintes rouges et pourpre du plus admirable effet ; je regrette de ne pouvoir rendre publics ces essais, dont leur auteur est loin de vouloir faire un secret, mais qu'il ne juge pas encore assez complets. J'ai moi même fait quelques recherches sur cette intéressante question. Je vais donner ici un résumé rapide de ces diverses tentatives. On verra par les résultats obtenus, combien la matière est féconde, quels succès attendent ceux qui voudront l'explorer, et ce qu'on doit espérer d'une série d'expériences long-temps continuées et répétées par plusieurs individus. Il ne faut pas se décourager par des échecs répétés, ce n'est qu'après de longues tentatives qu'on parviendra à trouver un principe colorant vraiment utile ; mais chaque découverte en ce genre sera un service signalé rendu aux arts et à l'industrie.

Les recherches que je consigne ici, à peu d'exceptions près, remontent à quarante ans, c'est-à-dire à une époque où l'on ne devoit retirer de la chimie que des secours foibles et incertains. Que ne doit-on pas faire, si l'on prend cette science pour guide, aujourd'hui qu'elle a fait de si immenses progrès! c'est aux hommes qui vivent à la campagne qu'il appartient de se livrer à ce genre de travail. Quelques apprêts bien simples, de la laine, du coton, des vases pour préparer des bains, voilà tout ce qui est nécessaire pour faire de nombreux essais, voilà ce qui peut conduire à des découvertes aussi agréables qu'utiles.

Souvent, comme dans les expériences que je vais rapporter, on trouvera des jaunes, des bruns, des olives, des brunitures ; beaucoup de végétaux donneront des résultats analogues, mais de temps

en temps on rencontrera des roses, des rouges, des bleus, et chaque fois qu'on aura découvert une de ces matières colorantes, on aura réellement rendu à la teinture un important service, surtout si ce principe colorant revient à un bas prix, et s'il est facile à fixer solidement.

Abricotier, *Prunus armeniaca*. Ses jeunes brindilles donnent à la laine une teinte canelle dorée. Le bois des noyaux lui donne un beau musc doré.

Absinthe, *Artemisia absynthium*. Ne donne qu'un jaune-olivâtre-grisâtre assez médiocre.

Acacia faux, *Robinia pseudo-acacia*. Le bain, préparé avec le gros bois, donne à la laine les teintes jaune-ravenelle, musc-doré très-riche ; préparé avec les jeunes pousses, il lui donne des jaunes citrons très-agréables. Le gros bois conservé dix-huit ans, donne encore une belle teinte carmélite à reflets brillans.

Acacia à fleurs roses, *Robinia hispida*. Bain jaune-doré. La laine y prend les teintes nankin, coton de Siam, canelle doré, etc., assez solides et très-brillantes.

Acacia de Sibérie, *Robinia siberica*. Avec les jeunes branches donne un bain terne, où la laine prend, après un temps assez long, une teinte vigogne claire et solide.

Agnus castus, *Vitex*. Donne seulement une bruniture solide.

Agripaume, *Leonurus cardiaca*. Employée verte, donne un bain jaune ou olive doré, et qui prend une teinte fauve lorsqu'on le laisse exposé à l'air. La laine y reçoit une teinte olive-tendre, ou olive-foncé-doré, ou brun-foncé-violant, suivant l'apprêt auquel on l'a soumise.

Aigremoine, *Agrimonia eupatoria*. Fraîche, donne un bain jaune-foncé, où la laine se colore en nankin doré, solide; sèche, un bain fauve, où la laine prend une couleur poil castor clair et doré.

Airelle, *Vaccinium myrtillus*. Donne un bain gris-sale ou musc, dans lequel la laine prend les teintes vigogne mordorée, canelle mordorée.

Alaterne. *Rhamnus alaternus*. Bain jaune-fauve. La laine y prend les teintes solides : jaune-souci, souci-olivâtre, souci-musc-doré, jaune-brillant, souci-mordoré, jaune-jonquille, suivant l'apprêt, l'intensité du bain, sa chaleur, et le séjour de la matière. Le velours de coton y prend un jaune-verdâtre solide ; le fil de coton y prend un jaune-gris, aussi solide que celui de la gaude.

Algalou, *Paliurus aculeatus rhamnus*. Bain jaune, où la laine prend un beau mordoré très-solide.

Alizier, *Cratægus torminalis*. Donne un bain couleur abricot, où la laine prend d'abord une jolie couleur de chair, puis une teinte musc-rougeâtre très-solide.

Alsine, *Stellaria*. Bain d'un beau jaune, bien franc. La laine engallée y prend une teinte jaune-verdâtre. Il reste d'autres essais à faire.

Amaranthe, *Celosia coccinea*. Ses fleurs donnent un bain pourpre magnifique, mais où les matières, quel que soit leur apprêt, ne prennent aucune teinte.

Amelanchier, *Mespilus inermis*. Avec son écorce on donne à la laine une couleur coton de Siam un peu dorée, avec ses brindilles une couleur plus intense et tirant sur le musc.

Amorpha, *Amorpha fruticosa*. Ne donne qu'un vilain vert crapaud.

Angélique sauvage, *Angelica sylvestris*. Donne à la laine une couleur vigogne dorée solide.

Apalachine, *Ceanothus americanus*. Donne à la laine les nuances jaune de gaude, jaune terne, nankin-canelle chaud et solide.

Apocin, gobe-mouche, *Asclepias syriaca*. Donne un bain jaune-clair, et la laine y prend une teinte olive-claire.

Arbre aux anémones, *Calycanthus floridus*. Bain mordoré clair. La laine y prend les nuances jonquille, marron, musc-foncé très-solide.

Arbre aux boutons, *Cephalanthus occidentalis*. Bain jaune-foncé. La laine y prend une couleur noisette assurée.

Arbre de Judée, *Cercis siliquastrum*. La laine y prend une belle couleur nankin très-solide.

Arbre de neige, *Chionanthus virginicus*. Bain olivâtre. La laine y prend un jaune-mat opaque, ou un merd'oie-doré et solide.

Arbre poison, *Rhus toxicodendron*. La laine prend dans le bain un musc-doré bien solide.

Arbre de vie, *Thuya occidentalis*. Bain de couleur brique-jaunâtre. La laine y prend un jaune-jonquille très-solide, et quelques autres nuances également recherchées.

Arbre de vie, *Thuya orientalis*. Bain d'un jaune-foncé. La laine s'y colore en citron-mat, solide.

Argentine, *Potentilla anserina*. Avec les feuilles on teint la laine en mordoré solide; avec la plante entière, en marron-mordoré très-solide.

Aristoloche clématite, *Aristolochia clematitis*. Bain jaune-foncé presque brun, où la laine se colore en citron-verdâtre, jaune-d'ombre, et merd'oie-solide.

Armoise, *Artemisia vulgaris*. Donne à laine la teinte musc-olivâtre, transparente et solide.

Arrête-bœuf, *Ononis arvensis*. Ne donne qu'une teinte vigogne-jaunâtre. L'*Ononis natrix* donne une belle nuance merd'oie très-solide.

Arroche puante, *Chenopodium vulvaria*. Donne un bain jaune, et la laine y prend une belle couleur citron-verdâtre solide.

Arroche violette, *Atriplex hortensis ruberrima*. Donne un beau bain pourpre, mais n'a communiqué à la laine qu'un olive jaune-verdâtre très-solide.

Artichaut, *Cynara scolymus*. Avec le foin de l'artichaut on prépare un bain où la laine se colore en jaune-ravenelle et en vigogne-doré bien solide.

Astragale, *Astragalus galegiformis*. Bain jaune,

où la laine ne prend qu'une vilaine teinte versale.

Aubépine des haies, *Cratægus oxiacantha*. Donne avec le bois vert un bain où la laine prend un jaune-mordoré; avec le bois sec un bain nankin, où elle prend une teinte canelle très-unie.

Aubifoin, Bluet, *Centaurea cyanus*. Beaucoup d'expériences faites ont donné des bains très-beaux, mais où les substances à teindre ne prenoient aucune couleur.

Aune, *Betula alnus*. (*Voyez* ce mot.) Outre les généralités connues sur cet arbre de nos climats, et son emploi dans la préparation des noirs, des expériences concluantes prouvent qu'on peut avec l'aune donner à la laine diversement préparée, les teintes jaune-ravenelle-mat, merd'oie-dorée, gris-foncé, tabac, jaune-rompu, vigogne-fauve, boue de Paris, etc., toutes très-solides.

Auronne, *Artemisia abrotanum*. Donne à la laine une couleur jaune orangée matte.

Azédarach d'Italie, *Melia azedarach*. Donne un bain nankin clair, dans lequel la laine prend une teinte rose glacée de nankin solide.

Bacinet, *Ranunculus bulbosus*. Bain olive-jaunâtre qui communique à la laine une couleur vigogne tendre solide.

Baguenaudier d'Orient, *Colutea orientalis*. Bain jaune-sale qui donne à la laine une bonne couleur de musc.

Baguenaudier commun, *Colutea arborescens*. Donne une couleur vigogne.

Balsamine des jardins, *Impatiens balsamina*. Le bain ressemble à une décoction de safran, et la laine y prend les teintes jaune-foncé-ravenelle, vigogne-claire, coton de Siam, musc-marron, etc.

Bardane, *Arctium lappa*. Ne donne qu'un vilain jaune-verdâtre.

Behen blanc, *Cucubalus behen*. Donne un bain ardoise trouble, où la laine prend une teinte merd'oie-musc, agréable et solide.

Belle-dame, *Atropa belladona*. Ne donne qu'un olive sade et jaunâtre.

Benoite, *Geum urbanum*. Donne un bain noisette, où la laine prend les teintes musc-doré, noisette, etc.

Berle, *Sium latifolium*. Bain olivâtre, qui donne à la laine une foible couleur de vigogne peu agréable.

Bétoine, *Betonica officinalis*. Bain jaune-fauve, donne à la laine un musc-foncé très-beau et solide.

Betterave, *Beta rubra*. Donne un bain rouge très-beau, mais qui ne produit rien.

Bidens tripartita. Donne un bain aurore-olivâtre ou fauve-doré, où la laine prend les teintes jaune-aurore-doré, jaune-aurore, aurore-olive, solides.

Bignonia *catalpa*. Donne à la laine les teintes noisette-rosée et canelle.

Bistorte, *Polygonum bistorta*. Bain mordoré, où la laine prend une véritable couleur poil de castor.

Blé de vache, *Melampyrum nemorosum*. Bain olive, où la laine prend les teintes citron, musc clair et doré, et bien solides.

Bonduc, *Guilandina dioïca*. Bain jaune-olive, qui colore la laine en citron et en jaune-olive.

Bouleau, *Betula alba*. De nombreuses expériences ont été faites sur ce végétal : il en résulte, suivant la manière de préparer le bain, suivant les parties de la plante que l'on emploie, suivant l'apprêt des matières, suivant les additions que l'on fait aux bains, qu'on peut donner à la laine les teintes noisette-douce, noisette-pourprée, nankin-franc, coton de Siam, jaune-terne, olive-sale-mordorée, aurore-vive, etc.

Des essais qui méritent d'être répétés, semblent indiquer que l'écorce du bouleau ajoutée à quelques bains colorans faits avec des bois étrangers, les rend plus vifs, plus brillans, et surtout plus solides : ainsi en ajoutant à la décoction de campêche une certaine quantité d'écorce de bouleau, on obtient des nuances violette transparente, violette-pourprée, prune de monsieur, violet brillant, toutes très-solides ; en ajoutant l'écorce de bouleau au fernambouc, on obtient des nuances rosées, écarlate, amaranthe, grenade, giroflée rouge ; avec le bois de Sainte-Marthe, un rouge-violant, rouge-cramoisi clair, rose-cramoisi ; avec le brésillet, des teintes rouge-rosant, rose-sèche, rouge portant au cramoisi, etc.

Bouleau merisier, *Betula nigra*. Donne à la laine une teinte musc-doré-clair.

Bourache, *Borago officinalis*. Ne donne qu'une nuance jaune-verdâtre-sale.

Bourdaine, *Rhamnus frangula*. Avec sa racine on colore la laine en olive clair ou foncé, avec ses baies non mûres, on la teint en jaune et en aurore ; avec ses baies mûres, on la teint en gris-de-fer-bleuâtre, en prune de monsieur, en mordoré-solide, vert-violet, bleu-terne, prune-violette, vert-foible, violet-bleuâtre, vert-pomme, vert-printemps, brun, vert-ronce, etc., etc. Ces baies ou le noir qu'on en prépare peuvent être employés avec avantage pour faire *transparoître* ou *chatoyer* différentes nuances.

Bourse à pasteur, *Thlaspi, Bursa pastoris*. Ne donne qu'un jaune-sale.

Bromus tectorum. Bien mûr ou de couleur pourpre, donne à la laine diversement apprêtée, les teintes gris-ardoise, jaune-brunâtre, olive joli, gris-foncé, gris-verdâtre.

Brou de noix. Employé frais ou récemment récolté, et non fermenté comme on fait dans la plupart des ateliers, on peut en préparer des bains qui donnent à la laine les teintes marron-foncé, noir-bleuâtre, marron, olive-noirâtre, olive, vigogne-noisette, musc, carmélite.

Bruyère commune, *Erica vulgaris*. Donne à la laine les teintes noisette-foncée, citron-brillant, jaune-maure-chatoyant, etc. Elle ne donne rien de solide ni sur le lin, ni sur le coton.

Bruyère élégante, *Erica cinerea*. Donne un bain mordoré, où la laine se colore en musc-doré solide.

Bryone noire, *Thamus communis*. Bain couleur capucine, où la laine prend les teintes jaune-capucine et chamois.

Cabaret, oreille d'homme, *Azarum europæum*. Bain jaune-olivâtre, où la laine prend une teinte musc clair-olivâtre.

Caille-lait, *Galium verum*. L'écorce de ses racines peut, à dose plus forte, remplacer la garance, et donne les mêmes nuances aussi riches et aussi solides.

Camomille puante, *Anthemis cotula*. Donne à la laine un jaune-citron-verdâtre.

Campanule, *Campanula rotundifolia*. Donne un bain olivâtre, où la laine se colore en vigogne-doré.

Capuciné, *Tropæolum minus*. Donne un bain jaune-olive-pâle, où la laine prend un musc-olivâtre-clair bien assuré.

Carotte sauvage, *Daucus carota*. Ne donne presqu'aucun principe colorant.

Cassis, *Ribes nigrum*. Avec ses feuilles on fait un beau bain rouge-cochenille, où la laine prend seulement un musc-foncé.

Centaurée petite, *Gentiana centaurium*. Colore la laine en jaune-rougeâtre, en couleur de chair tirant au jaune, etc., suivant l'apprêt.

Centaurée scabieuse, *Centaurea scabiosa*. Colore en jaune-clair et en olive solide.

Cerfeuil, *Scandix odorata*. Colore la laine en jaune-citron, citron-soufre, merd'oie-claire, etc., suivant l'apprêt.

Cerises. Ne donnent que peu de principes colorans.

Charme commun, *Carpinus betulus*. Donne à la laine des nuances d'olive et de canelle claire.

Charme à fleurs de Virginie, *Carpinus virginiana florescens*. Donne un bain mordoré, où la laine prend un beau mordoré très-solide.

Champignon hideux, *Boletus viscidus*. Colore la laine en olive-jaunâtre.

Châtaignier, *Fagus castanea*. Donne une nuance musc-foncé solide.

Chêne petit, *Teucrium chamædris*. Fournit un bain olive-foncé, où la laine se colore en jaune-mat et olivâtre solides.

Chêne, *Quercus robur*. Donne seulement une bonne bruniture ; les capsules du fruit donnent une couleur gris-roux très-solide.

Chèvre-feuille des Alpes, *Lonicera alpigena*. Donne un joli jaune-abricot.

Ciguë, *Æthusa cytiapium*. Bain jaune-clair, où la laine prend un citron-terne et un citron-verdâtre, solides.

Citronnier, *Citrus medica*. Fournit sur laine un jaune-verdâtre solide.

Colchique des prés, *Colchicum autumnale*. Fait

prendre à la laine un citron-clair, et un bel olive-jaunâtre-brillant et solide.

Consoude grande, *Symphitum officinale.* Fournit un bain-brun, qui donne à la laine une belle couleur de musc.

Conyse, *Conysa squarrosa.* Colore la laine en citron et en vert-olivâtre.

Coquelicot, *Papaver rhœas.* N'a donné aucun résultat.

Coquelourde, *Anemone pulsatilla.* Ne donne qu'une nuance vigogne-claire solide.

Cornouiller, *Cornus mas.* Divers essais ont donné sur la laine une belle couleur noisette-rosée, jaune-doré riche, noisette-claire et très-solides.

Cornouiller sanguin, *Cornus sanguinea.* Donne l'olive-terne, citron-musc, musc-doré, etc.

Coudrier, *Corylus avellana.* Peut servir de bruniture.

Croisette de Portugal, *Cruciata lusitanica, latifolia, glabra, flore albo.* Cette plante peut très-bien sur laine et sur coton suppléer la garance et donne toutes les nuances jusqu'au rouge exalté. Elle se conserve de plus pendant très-long-temps sans perdre ses propriétés tinctoriales.

Cyprès commun, *Cupressus sempervirens.* Donne les nuances citron-terne et musc-clair.

Cyprier, *Cupressus foliis acaciæ deciduis.* Donne à la laine une belle nuance canelle-dorée solide.

Cytise, *Cytisus.* Toutes les variétés de cet arbre colorent en jaune et peuvent donner une excel-lente bruniture de jaune.

Dierville de Canada, *Diervilla acadiensis.* Bain jaune-jaunâtre, où la laine prend une bonne teinte musc-doré.

Dompte venin, *Asclepias vincetoxicum.* Bain jaune franc. La laine s'y colore en jaune-citron joli, mais peu solide.

Ebénier des Alpes, *Cytisus laburnum.* Donne à la laine une jolie nuance ventre-de-biche solide.

Eglantier, *Rosa canina.* Bain jaune-doré, où la laine prend un beau jaune-fauve.

Epine-vinette, *Berberis.* Colore en jaune peu solide.

Epine noire, ou Prunellier, *Prunus sylvestris.* A donné sur laine des nuances puce, jaune-musc, noisette-canelle-rosée.

Epinards, *Spinacia oleracea.* Donne un citron-verdâtre très-solide.

Erable, *Acer campestre.* Fournit sur la laine des teintes noisette, coton de Siam, rouge-brun, marron-rosé, rouge-canelle.

Estragon, *Artemesia dracunculus.* Ne donne qu'un jaune-terne, et merd'oie-jaunâtre.

Eupatoire, *Eupatorium cannabinum.* Ne donne qu'un jaune et un musc-doré.

Euphorbe, *Euphorbia palustris.* A fourni des teintes jaune-verdâtre, merd'oie solide, citron, bruniture d'aurore.

Euphraise, *Euphrasia officinalis.* Donne un bain couleur de musc, où la laine se colore en vigogne rembruni solide.

Fenouil, *Anethum fœniculum.* Ne donne qu'une teinte jaune et une bruniture de jaune.

Fève de marais, *Vicia faba.* Ses gousses sèches seules ont donné une teinte vert-olivâtre solide, mais qui s'altère à l'air.

Figuier, *Ficus carica.* Donne des nuances vigogne-tendre, merd'oie-dorée.

Filaria, *Phillyrea media.* Ne donne que des jaunes peu solides.

Foin. Employé sec, fournit un bain fauve-doré qui communique à la laine une teinte carmélite solide, et des brunitures qui peuvent être employées avec avantage.

Fougère, *Pteris aquilina.* Donne un jaune-gris-olivâtre très-solide.

Fraisier, *Fragaria vesca.* Ses racines donnent un bain canelle, où la laine se colore en canelle solide.

Framboisier de Canada, *Rubus odoratus.* Donne les nuances jaune-doré et vigogne-noisette.

Frêne, *Fraxinus excelsior.* Donne sur laine les nuances jaune-verdâtre, vert-pomme, vigogne, etc., solides.

Fumeterre, *Fumaria officinalis.* Donne un bain citron, où la laine prend un beau jaune plus assuré que celui de la gaude, et qui passe au vert-franc dans la cuve d'Inde.

Fusain, *Evonymus europæus.* Donne une nuance noisette-tendre assez jolie.

Galeopsis-tetrahit. Donne des nuances musc-clair, grise et jaune-terne.

Galeopsis ladanum. Fournit un jaune-opaque et un merd'oie bien assuré.

Garance. *Voyez* ce mot.

Gaude. *Voyez* ce mot.

Genêt. *Voyez* ce mot.

Genièvre, *Juniperus communis.* Donne à la laine une jolie couleur noisette solide.

Geranium sanguineum. Donne un musc-doré très-solide.

Geranium robertiacum. Fournit un jaune-intense-olivâtre et un musc-clair-doré solide.

Geranium moschatum. Citron-jaune solide et jaune-olivâtre.

Geranium rotundifolium. Ne donne que difficilement une vilaine teinte nankin.

Gesse, *Lathyrus sylvestris.* Nuance de vigogne-dorée-claire solide.

Gesse jaune, *Lathyrus aphaca.* Fournit une belle nuance ronce-d'artois.

Giroflée, *Cheiranthus incanus.* Des expériences tentées sur les fleurs ont donné jusqu'à présent des bains très-beaux, où la laine n'a cependant pris que des nuances fauves ou fragiles. Il manque encore un mordant pour fixer le principe colorant qu'elles paroissent contenir en abondance.

Gleditsia, février, *Gleditsia triacanthes.* Colore la laine en ventre-de-biche et en vigogne-claire solides.

Grateron, *Valentia aparine*. Ses tiges colorent en vigogne-claire, et ses racines en rouge solide ; mais ces dernières sont si petites qu'il est presque impossible d'en tirer parti.

Groseiller rouge, *Ribes rubrum*. Communique à la laine une couleur noisette-foncée, un peu rosée. Avec les fruits on obtient une jolie couleur nankin.

Groseiller épineux, *Uva crispa*. Teint la laine en vigogne-doré. Avec la peau de ses fruits on obtient des teintes lilas-clair et violet, suivant l'apprêt.

Haricot d'Espagne, *Phaseolus purpureus*. Ses fruits peuvent colorer la laine en rose et en couleur de chair solides.

Haricot roux jaspé, *Phaseolus rufus variegatus*. Donne une assez jolie teinte rose.

Haricot à la reine, *Phaseolus coccineus*. Ses fleurs fournissent un bain couleur de gros vin, où la laine prend des teintes nankin-rosé et nankin solide.

Hélianthème, *Cistus helianthemum*. Peut colorer la laine en jaune-clair, vigogne et musc-brun.

Hellébore, *Helleborus fœtidus*. Donne un jaune-abricot-terne solide.

Herbe à coton, *Filago arvensis*. Donne un jaune-opaque ; avec l'espèce *impia* on fait une magnifique bruniture de jaune.

Herbe au chat, *Nepeta cataria*. Donne une belle teinte vigogne-dorée.

Herbe du chantre, *Erysimum officinale*. Donne un jaune-olivâtre.

Herbe Sainte-Barbe, *Erysimum Barbarea*. Donne une teinte olive-jaunâtre.

Herbe à l'epervier, *Hieracium majus*. Donne un très-beau musc-doré.

Hêtre, *Fagus sylvatica*. Son écorce colore en marron et en canelle-mordorée solide ; ses brindilles en beau musc-foncé ; et les capsules de ses fruits ou *faînes*, en jaune-chamois très-solide.

Houblon, *Humulus lupulus*. Donne une teinte canelle-nankin solide.

Houx, *Ilex aquifolium*. Ne donne qu'un olive-terne.

Houx frelon, *Ruscus aculeatus*. Donne une teinte vigogne-claire très-solide.

Jacée noire, *Centaurea nigra*. Teint la laine en citron-mat et en olive-clair.

Jacinthe des bois, *Hyacinthus non scriptus*. N'a encore rien fourni.

Jacobée, *Senecio jacobæa*. Donne un musc-olivâtre bien solide.

Jacobée grande, *Senecio paludosus*. Colore en jaune-citron et en musc-doré solides.

Jasmin jaune, *Jasminum fruticans*. Donne un beau jaune-citron.

Jasmin blanc, *Jasminum officinale*. Peut fournir un citron-terne et une vigogne-dorée.

Jerriotte, *Œnanthe pimpinelloïdes*. Donne une teinte olive-jaunâtre.

If, *Taxus baccata*. Donne des teintes noisette-tendre-dorée, chamois, canelle-mordorée, aurore, etc.

Immortelle jaune, *Gnafalium sylvaticum*. Ne donne que des nuances jaune-mat et merd'oie.

Inula dysenterica. Donne un musc-olivâtre-doré très-solide.

Jonc marin, *Ulex europæa*. Ses fleurs seules donnent un beau jaune-jonquille, souci, jaune, citron, sur laine, sur coton. Ses fleurs se conservent très-long-temps sèches.

Jusquiame, *Hiosciamus niger*. Ne donne qu'un olive-sale solide.

Laitron, *Sonchus oleraceus*. Donne une bonne nuance vigogne-dorée.

Laitue sauvage, *Lactuca scariola*. Donne une belle nuance vigogne-dorée. On obtient à peu près les mêmes résultats avec la laitue cultivée.

Laurier franc, *Laurus nobilis*. Communique à la laine une teinte musc-doré.

Laurier rose, *Nerion oleander*. N'a donné qu'une couleur merd'oie solide.

Laurier cerise, *Prunus lauro-cerasus*. Fournit une bonne couleur mordorée.

Laurier de Portugal, *Prunus lusitanica*. Fait prendre à la laine une teinte franche et solide de canelle-mordorée.

Laurier thym, *Viburnum tinus*. Donne une jolie nuance noisette-foncée-rosée.

Lauréole, *Daphne laureola*. Ne fournit qu'une teinte de vigogne-claire.

Lavande, *Lavandula spica*. On en retire une sorte de carmélite qui peut faire une excellente bruniture.

Lichen du prunier. On en a retiré une nuance de vigogne-claire.

Lichen fongueux du marsault. A donné une teinte citron et un joli nankin-blond.

Lierre, *Hedera helix*. Fournit un joli jaune-chamois. Avec ses baies mûres on peut faire un beau gris-olivâtre.

Lilas, *Syringa vulgaris*. Donne un jaune-brun tout particulier, une teinte noisette-vigogne, et vigogne-dorée.

Linaire, *Antirrhinum linaria*. On en a retiré un musc-olivâtre solide.

Liseron, *Convolvulus arvensis* ou *sepium*. Avec le premier on fait un joli musc-clair ; avec les racines du second on a communiqué à la laine un joli ton rose, couleur de chair animée, et une belle nuance canelle.

Lithospermum arvense minus. Donne à la laine, suivant l'apprêt, un joli citron-verdâtre, un petit gris, ou un nankin clair.

Luzerne, *Medicago sativa*. Donne un bain très-riche, mais qui se désunit: uni à la garance, on en obtient de belles teintes mélangées.

Mahaleb, *Prunus mahaleb*. A donné une jolie couleur de canelle-claire-rosée.

Maronnier d'Inde, *Æsculus hippocastanum*. Peut être employé avec avantage pour faire sur la laine des teintes jaune, mordorée, musc-canelle, marron-clair, etc.

Marrube noir, *Ballota nigra*. Donne des nuances merd'oie et musc-foncé.

Marrube blanc, *Marrubium vulgare*. Donne un joli citron, qui passe à l'olive.

Marsault ou Marceau, *Salix caprea*. Fournit un beau jaune-abricot, un jaune-foncé, un mordoré-clair, un musc-doré, un nankin-noisette, un canelle-claire-rosé.

Mélèze, *Pinus larix*. Donne un canelle-doré et un musc-doré solides.

Mercuriale annuelle, *Mercurialis annua*. Produit un musc-clair très-solide.

Merisier, *Prunus avium*. Donne une belle couleur canelle-dorée.

Millefeuille, *Achillea millefolium*. Ne donne qu'une foible nuance olive.

Millepertuis, *Hypericum perforatum*. Donne un jaune-doré.

Molène, *Verbascum phlomoïdes*. Communique à la laine une jolie teinte vigogne-jaunâtre.

Mouron, *Alsine media*. Donne un joli gris égal.

Muffle de veau, *Antirrhinum majus*. Fait prendre à la laine les teintes jaune verdâtre, et vigogne solide.

Muffle de veau (petit), *Antirrhinum orontium*. Un beau musc-doré.

Murier noir, *Morus nigra*. Un jaune-olivâtre très-solide.

Murier de la Chine, *Morus papyrus*. Un citron-mat.

Myrthe d'eau, *Myrica gale*. Musc-gris et vigogne musquée.

Neflier, *Mespilus germanica*. Donne aux laines diversement apprêtées, des teintes canelle-tendre, canelle rosée, vigogne-dorée, etc.

Nerprun, *Rhamnus catharticus*. Leur donne des teintes jaune-olivâtre, mordorée-tannée, jaune-terne, vigogne-transparente, noisette-olivâtre, etc.

Noyer, *Juglans regia*. Voyez ce mot.

Obier, *Viburnum opulus*. Colore en puce, en prune, en musc, en musc doré, etc.

Œil-de-Christ, *Aster amellus*. Jaune et jaune-ravenelle.

Œil-de-bœuf, *Anthemis tinctoria*. Souci peu solide.

Œillet d'Inde, *Tagetes patula* Jaune citron.

Olivier, *Olea europæa*. Citron-clair peu brillant et jaune-mat.

Oranger, *Citrus aurantium*. Jaune-mat-verdâtre,

nankin clair, etc. Avec l'écorce du fruit mûr on peut faire une couleur orangée-terne.

Orme, *Ulmus campestris*. Donne sur laine un beau mordoré, un noisette, vigogne-canelle, vigogne-dorée.

Orseille. *Voyez* ce mot.

Ortie, *Urtica dioïca*. Nuance paille et gris-brun peu solide.

Ortie grièche, *Urtica urens*. Donne un musc-olivâtre-terne.

Oseille, *Rumex acetosa*. Avec ses racines on fait un bon musc-doré.

Osier jaune, *Salix vitellina*. Donne un beau jaune et un magnifique mordoré.

Osier fleuri, *Epilobium angustifolium*. Un vigogne-doré-uni.

Palétuvier, ou Parétuvier. Son écorce a donné sur laine et sur coton des nuances mordorée-solide, et aurore-canelle très-jolie.

Palma christi, *Ricinus communis*. Ne donne qu'un citron-terne.

Panais, *Pastinaca sativa*. Donne un vigogne-doré.

Paquerette, *Bellis perennis*. Musc-clair-doré peu intense.

Pariétaire, *Parietaria officinalis*. N'a donné qu'une brunâture de jaune.

Passe-rage, *Lepidium latifolium*. Ne donne que des teintes sales.

Pastel. *Voyez* ce mot.

Patience aquatique, *Rumex aquaticus*. Donne un jaune un peu rosant.

Patience, *Rumex patientia*. Musc-foncé solide. Le *rumex sanguineus* donne une jolie couleur de musc.

Pavot noir, *Papaver nigrum*. Donne des nuances noisette-olivâtre, olive, etc.

Pêcher, *Amygdalus persica*. L'écorce des racines teint en canelle-rosée. Avec le bois des noyaux on fait un nankin riche et solide.

Peigne de Vénus, *Scandix pecten Veneris*. Colore en jaune-clair et en citron.

Pensée, *Viola tricolor*. Colore en jaune-verdâtre, olive-tendre, jaune-léger, jaune-verdâtre très-joli, jaune-foncé, jaune-mat.

Persicaire, *Polygonum persicaria*. Donne une jolie nuance olivâtre. La grande espèce, *polygonum orientale*, donne un jaune-doré et un jaune-ravenelle.

Persil, *Athamanta libanotis*. Donne un musc-olivâtre solide.

Pervenche grande, *Vinca major*. Donne un vigogne-doré-solide.

Peuplier, *Populus pyramidalis*. Voyez ce mot.

Phytolacca. Les baies de cette plante donnent naissance à un bain-rouge magnifique, mais où les laines n'ont pris jusqu'à présent que des teintes chamois presque nulles.

Pied-de-veau, *Arum maculatum*. Ses baies colorent en canelle-doré.

Pied-de-lit, *Clinopodium vulgare.* Donne un jaune-doré et un merd'oie tirant au musc.

Pied-d'alouette, *Delphinum ajacis.* Ne donne qu'un citron-verdâtre.

Pimprenelle, *Sanguisorba officinalis.* Colore en musc-brillant et solide.

Pin, *Pinus maritima.* Avec ses feuilles on colore la laine en jaune-citron et en noisette; avec son écorce on obtient un beau jaune-ravenelle transparent et chatoyant; avec ses cônes, une jolie teinte coton de Siam, ou noisette-tendre.

Pin de Genève, *Pinus sylvestris.* Avec son écorce on obtient un jaune-mordoré, et avec son bois une nuance nankin solide.

Plantain, *Plantago lanceolata.* Un gris-noisette uni et solide.

Plaqueminier, *Diospiros lotus.* Jaune et musc solide.

Platane, *Platanus acerifolius.* Donne des nuances jaune-ravenelle, musc-foncé, musc-clair, vigogne-tendre, etc.

Pœone, *Pœonia multiplex.* On fait avec ses fleurs un bain magnifique, où la laine se colore en musc-foncé solide et en gris-ardoise uni.

Poirier, *Pyrus communis.* Donne une jolie couleur canelle fine.

Polypode, *Polypodium vulgare.* Colore la laine en nankin-canelle.

Pomme de terre, *Solanum tuberosum.* Avec ses feuilles et ses tiges fleuries, on peut donner à la laine une jolie teinture citron-clair.

Pommier, *Pyrus malus.* Donne des teintes aurore, jaune-doré, et marron-clair.

Prunier, *Prunus domestica.* Donne des nuances jaune, mordorée, noisette, etc.

Pyramidale, *Campanula pyramidalis.* Un joli musc-clair solide.

Raisins noirs. N'ont donné que des nuances noisettes sans éclat.

Ravenelle, *Cheiri grandiflorus multiplex.* N'a rien donné malgré sa couleur jaune.

Reine des prés, *Spiræa ulmaria.* Donne un citron-brillant, un jaune-mat, un musc-doré, et d'excellentes brunitures.

Reine marguerite, *Aster sinensis.* Donne un jaune-citron, un citron-franc et une belle nuance vigogne-dorée.

Renoncule, *Ranunculus acris.* Ne donne qu'un musc-olivâtre solide.

Renouée, *Polygonum aviculare.* A donné une teinte vigogne solide, et un joli nankin-rose. *Voyez* ce mot.

Rhamnoïdes, *Hippophae rhamnoïdes.* Fournit une jolie nuance noisette-rosée.

Rhus de Virginie, *Rhus Virginianum.* Donne un riche jaune-orangé, un aurore solide et presque capucine.

Romarin, *Rosmarinus officinalis.* Jaune-ravenelle et musc-olivâtre.

Ronce commune, *Rubus fruticosus.* Ombre de jaune, mordoré, etc.

Roseau à balais, *Arundo calamagrostis.* Rien jusqu'à présent.

Rose d'Inde, *Magetes erecta.* Avec ses fleurs un beau souci, avec ses tiges jaune moins souci, avec le tout jaune-doré, jaune-aurore, etc.

Rosier canelle, *Rosa cinnamomea.* Un joli nankin-canelle.

Rosier jaune, *Rosa lutea.* Un bon musc-clair-doré.

Sabine, *Juniperus sabina.* Ne donne qu'un petit musc-clair.

Sainfoin, *Hedysarum onobrychis.* Jaune-terne, vigogne, etc.

Salicaire, *Lythrum salicaria.* Musc-marron solide.

Sapin, *Pinus abies.* Marron-musc agréable.

Sarrasin, *Polygonum fagopyrum.* A donné des teintes musc-tabac-d'Espagne, musc à reflets jaunes, fauve-clair, aurore, jaune-aurore, aventurine, caca-dauphin, etc. *Voyez* ce mot.

Sarrette, *Serratula tinctoria.* Un beau bain jaune-franc et solide.

Sarriette, *Satureja hortensis.* Jaune-citron, jaune-olivâtre, etc.

Sauge, *Salvia officinalis.* Musc-terne, peu agréable.

Saule, *Salix alba.* Jaune-olive, coton de Siam, etc.

Scabieuse, *Scabiosa succisa.* Une teinte soufre.

Sceau de Salomon, *Convallaria polygonatum.* Un citron-mat.

Scrophulaire, *Scrophularia nodosa.* Un musc-franc et solide.

Scorzonnère, *Scorzonera hispanica.* Un vigogne solide.

Seneçon, *Jacobæa vulgaris.* Une nuance ronce d'artois solide.

Soleil, *Helianthus annuus.* Musc-jaunâtre peu agréable.

Solidago, *Sempervivens.* Une bonne bruniture de jaune.

Sorbier, *Sorbus aucuparia.* Une riche nuance nankin-coton de Siam.

Sorgho, *Holchus sorghum nigricans.* L'écorce ou le son de sa graine donne sur laine un rose-clair, rouge, prune de monsieur, rose-foncé, lie de vin, marron-foncé, musc-puce; sur coton, un beau prune de monsieur peu solide, etc.

Souchet, *Cyperus gramineus.* Ne donne qu'une vilaine nuance ventre de crapaud.

Souci, *Othonna cheirifolia.* Citron-verdâtre et noisette-nankin.

Sumac, *Rhus coriaria.* Voyez ce mot.

Sureau, *Sambucus nigra.* Gris-brun-olivâtre, olive-jaunâtre, jaune-ravenelle-opaque, musc, vigogne-canelle, etc.; avec ses baies mûres on fait un gris-bleuâtre inaltérable, bleu-tendre moins solide, gris-violâtre, etc., sur laine; sur le coton,

coton, un joli bleu-violet, un bleu-céleste, un gris de lin, etc., peu solides. *Voyez* ce mot.

Sureau à fruits rouges, *Sambucus racemosa*. Un merd'oie-doré.

Sycomore, *Acer pseudo-platanus*. Vigogne solide.

Sylvie, *Anemone nemorosa*. Citron-clair, jaune-mat, bruniture de jaune.

Syringa, *Philadelphus coronarius*. Canelle-rosée très-solide.

Tabac, *Nicotiana tabacum*. Un beau musc, un vigogne-doré, etc.

Tamaris, *Tamarix gallica*. Ne donne qu'un jaune-terne.

Tanaisie, *Tanacetum vulgare*. Citron-opaque, musc-franc.

Thlaspi arvense. Citron-terne, musc-clair, etc.

Thym, *Thymus vulgaris*. Jaune-ravenelle, olivé, etc.

Tilleul, *Tilia europæa*. Noisette, coton de Siam, vigogne, etc.

Tomate, *Solanum lycopersicum*. Un petit jaune solide.

Tormentille, *Tormentilla erecta*. Jaune-souci, musc-noisette, vigogne, etc.

Trèfle, *Trifolium agrarium*. Voyez ce mot.

Troêne, *Ligustrum vulgare*. Ne donne presque aucun résultat.

Verge-d'or, *Solidago virga aurea*. Jaune-ravenelle, musc-clair.

Véronique, *Veronica*. Avec les différentes variétés de cette plante on fait des teintes jaune-olivâtre, ronce-d'artois, jaune-pâle, blonde, etc.

Verveine, *Verbena officinalis*. Musc-clair solide.

Vigne, *Vitis vinifera*. Musc-franc et solide.

Violette, *Viola odorata*. Ne donne presqu'aucun résultat.

Viorne, *Viburnum lantana*. Vigogne-dorée, musc-foncé, etc.

Yèble, *Sambucus ebulus*. On fait avec ses baies mûres, un musc-foncé solide.

COUPEROSE BLEUE. Deuto-sulfate de cuivre. *Voyez* ACIDES.

COUPEROSE VERTE. Proto-sulfate de fer. *Voyez* ACIDES.

COURROI. Rouleau sur lequel on étend les étoffes qui sortent de la teinture. On dit aussi *courroyer*, pour exprimer cette action, et *courroyeur*, pour indiquer celui qui l'execute.

COUSTON. C'est un chanvre grossier.

CRAMOISI. Pour faire sur laine un cramoisi solide, il faut teindre directement en cette couleur, et non pas la tirer, au moyen du savon, d'une

Diction. de Teinture.

nuance d'écarlate. On prépare l'étoffe en la faisant bouillir, pendant deux heures, dans un mordant composé de trois onces et demie d'alun et d'une once et demie de tartre par chaque livre de laine, et on teint ensuite dans un bain fait avec une once de cochenille par livre de matière à teindre et très-peu de dissolution d'étain. On fait sur laine ce qu'on appelle un *demi-cramoisi*, en remplaçant la moitié de la cochenille par de la garance.

Sur la soie, c'est aussi avec la cochenille qu'on fait le cramoisi fin. Après que la soie a été cuite avec vingt livres de savon seulement pour cent livres de soie, on la fait bien dégorger à la rivière; on lui donne ensuite un fort alunage, dans lequel on la laisse plongée pendant dix à douze heures, après quoi on lave et on donne deux battures à la rivière. Le bain de teinture se prépare ainsi : on remplit d'eau une chaudière longue jusqu'à moitié ou aux deux tiers de sa capacité, et quand l'eau est bouillante on y jette de la noix de galle blanche pilée, depuis quatre gros jusqu'à deux onces par livre de soie; après quelques bouillons, on met dans la chaudière, depuis un huitième jusqu'au cinquième du poids de la soie, de cochenille broyée et tamisée : suivant la nuance que l'on veut obtenir; on ajoute ensuite dans le bain un seizième de tartre, et quand le tartre est dissous, autant d'une dissolution d'étain préparée avec une livre d'acide nitrique à trente degrés, quatre onces de sel ammoniac, six onces d'étain et douze onces d'eau. Les ingrédiens bien mêlés, on remplit la chaudière avec de l'eau froide, de manière que le bain soit dans la proportion de neuf à dix pintes pour chaque livre de soie. On plonge alors les soies disposées d'avance sur des lisoirs, et on les lise jusqu'à ce qu'elles paroissent bien unies. On pousse ensuite le feu, et on fait bouillir le bain pendant deux heures, ayant soin de liser les soies de temps en temps. On retire ensuite le feu, on plonge les soies dans le bain, et on les y tient pendant cinq ou six heures; on lève, on donne deux battures à la rivière et on fait sécher sur des perches. On brunit les cramoisis en les passant dans une dissolution de sulfate de fer, à laquelle on ajoute un peu de décoction de bois de fustet, si l'on veut leur donner un œil de jaune.

Sur le coton, le cramoisi fin se fait aussi avec la cochenille. On commence par préparer un fort bain d'alun, que l'on sature avec une once de soude par livre d'alun, et que l'on fait dissoudre dans une quantité d'eau suffisante pour que le bain marque cinq ou six degrés. Lorsque le bain est tiède, on y passe le coton, et on l'y tient pendant dix ou douze heures. On le relève ensuite, on le tord à la main, et on le lave avec soin à la rivière. Il ne s'agit plus alors que de faire bouillir le coton ainsi préparé pendant quinze à vingt minutes, dans un bain où l'on met de une once et demie à deux onces de cochenille en poudre fine;

I

on retire ensuite, on lave et on fait sécher. On donne plus de fixité à la couleur en trempant le coton, après qu'il a été teint en cramoisi, dans un bain d'eau de chaux. Un bain de décoction de noix de galle avive la couleur; on brunit les cramoisis en les trempant dans une légère dissolution de sulfate de fer.

On appelle *cramoisis faux* ceux que l'on obtient par d'autres matières colorantes que celle qui vient de la cochenille. On peut avec le bain de Brésil, avec la garance, faire sur soie, laine et coton, des cramoisis très-agréables, moins chers, mais qui sont aussi moins solides.

CRÊPER. C'est battre sur une table les étoffes ou les écheveaux après les avoir plongés pendant un certain temps dans un bain quelconque.

CUIVRE. *Voyez* OXIDES MÉTALLIQUES.

CURCUMA, connu dans le commerce sous les noms de *terra-merita*, *terre-mérite*, *safran des Indes*, est la racine d'une plante de la famille des Cannées de Jussieu, monandrie-monogynie de Linnée. Le *curcuma longa* a des feuilles lancéolées, longues de près de dix-huit pouces, glabres, à nervures latérales, obliques ou engaînantes à la base. Du milieu de ces feuilles naît un épi court, gros, sessile, et imbriqué d'écailles qui soutiennent chacune deux fleurs. Sa racine a une saveur âcre, un peu amère; son odeur est pénétrante.

Cette racine, la seule partie de la plante qui soit employée en teinture, est très-riche en matière colorante, et il n'est aucun végétal qui fournisse un jaune-doré ou orangé plus éclatant. Malheureusement ce jaune si brillant n'a aucune solidité, et jusqu'à présent tous les mordans employés n'ont pu lui en donner.

Vogel et Pelletier ont analysé la racine du curcuma et le principe colorant qu'elle renferme. Il résulte de leur travail :

« Que l'eau froide, après avoir séjourné pendant vingt-quatre heures sur la poudre de curcuma, a pris une couleur d'un jaune-brunâtre, et une saveur âcre légèrement amère. Les alcalis la faisoient virer au rouge, et le carbonate de potasse saturé n'altéroit pas sa couleur; chauffée jusqu'à l'ébullition, elle ne s'est pas troublée, ce qui prouve qu'elle ne contenoit pas d'albumine.

» Que la liqueur, évaporée lentement, a donné un extrait d'un rouge-brunâtre qui, traité par l'alcool à 36 degrés, s'est dissous, excepté une substance brune qui est de la gomme.

» Que l'eau bouillante a exercé sur le curcuma une action plus forte que celle de l'eau froide. La décoction alors étoit très-visqueuse.

» Que le curcuma distillé avec cinq ou six fois son poids d'eau, a donné une huile légère, d'une couleur jaune-citron, et d'une odeur très-pénétrante.

» Que l'alcool, aidé surtout par l'action de la chaleur, se charge de matière colorante au point de paroître d'un rouge-brun.

» Que l'extrait alcoolique de curcuma est formé de deux parties bien distinctes, que l'on peut séparer l'une de l'autre par l'éther. En effet, l'éther dissout la partie colorante jaune qui forme la partie la plus considérable de la masse, et laisse une matière colorate brune soluble dans l'eau.

» Que la matière colorante jaune soluble dans l'éther est une substance *sui generis*.

» Que cette matière colorante est d'un brun-rougeâtre quand elle est en masse, et d'un beau jaune quand elle est divisée et étendue dans un dissolvant; elle pèse sous le même volume plus que l'eau distillée. Sa saveur, d'abord nulle, devient, au bout de quelques heures, âcre et comme poivrée. Soumise à l'action d'une chaleur modérée, elle se fond, en laissant échapper de l'huile volatile semblable à celle qu'on obtient par la distillation du curcuma avec l'eau. Si l'on augmente la chaleur, elle se décompose à la manière des substances végétales non azotées. Elle est inaltérable à l'air sec, mais elle se ramollit un peu à l'air humide, sans doute parce qu'elle retient toujours un peu de muriate de chaux. Elle est peu soluble dans l'eau froide, un peu plus dans l'eau bouillante.

» Que les alcalis se combinent très-facilement avec la matière colorante du curcuma, et la rendent très-soluble dans l'eau. La dissolution alcaline est d'une couleur rouge-brunâtre. En saturant les alcalis par des acides foibles, la matière colorante se précipite sans avoir éprouvé d'altération. Les acides étendus d'eau n'ont point d'action sur la matière colorante du curcuma, et n'augmentent pas sa solubilité; il en est de même des acides végétaux, à l'exception de l'acide acétique qui la dissout, mais sans altérer sa couleur; au contraire, tous les acides minéraux concentrés la font passer au rouge.

» Que la matière colorante du curcuma se dissout très-bien dans les huiles fixes et volatiles. En général, elle a beaucoup d'affinité pour les corps gras; mais il est à remarquer que ces corps gras ne peuvent défendre le curcuma de l'action des alcalis.

» Que la matière colorante du curcuma se combine facilement aux substances animales, et s'applique même aux laines sans mordant. Il est à remarquer que les échantillons teints ainsi sans mordant de tartre ou d'alun, sont ceux qui ont résisté le plus long-temps à l'action de l'air. »

On se sert du curcuma en teinture pour faire un jaune-doré très-agréable, pour dorer les jaunes de gaude, pour oranger l'écarlate. (*Voyez* ce mot.) En pharmacie on l'emploie pour colorer quelques 'onguens. Les confiseurs, les parfumeurs l'emploient aux mêmes usages. Dans les laboratoires de chimie, c'est un réactif précieux pour reconnoître la présence des alcalis.

CUVE. C'est le nom qu'on donne aux grands vases dans lesquels on prépare la plupart des bains de teinture, et plus particulièrement ceux qui sont destinés à teindre en bleu. *Voyez* ce mot.

D

DARNAMAS. Coton de Smyrne ; c'est la plus belle espèce, et elle tire son nom de la province où elle est cultivée.

DÉBOUILLIS. Ce mot servoit jadis à désigner une ou plusieurs opérations, au moyen desquelles on parvenoit à découvrir si une couleur étoit solide ou non, et si l'on pouvoit la laisser dans le commerce. Certes il seroit important de pouvoir préserver, dans tous les cas, les acheteurs de toute espèce d'infidélité ; mais comme il est impossible de soumettre les opérations de la teinture, comme celles de la plupart des arts industriels, à cette précision, à cette uniformité qu'on exige avec raison dans la préparation des matières d'or ou d'argent, on a bien fait de renoncer au débouillis, et de laisser aux fabricans une liberté dont leur intérêt même leur défend d'abuser. Mais si le débouillis ne sert plus comme moyen d'inspection générale, il peut être utile aux teinturiers eux-mêmes pour s'assurer de la bonté de leurs opérations, et c'est dans cette vue que je vais donner un extrait des travaux de Hellot et de Dufay sur cette question. Pendant long-temps, et jusqu'aux travaux de ce dernier, on s'étoit contenté de faire bouillir les matières teintes dans de l'alun, du tartre, du savon, du vinaigre, du citron, etc. De là les noms de *débouilli*, *débout*, etc., où l'on jugeoit d'après l'effet de ces bouillons, de la bonté et de la solidité de ces couleurs. On conçoit aisément combien de telles expériences devoient être trompeuses, et combien souvent il devoit arriver qu'on donnoit, par le débouilli, de l'éclat ou de la solidité à une couleur qui n'en avoit pas, et qu'on rendoit solide une couleur qui avant manquoit de fixité.

C'est l'exposition à l'air et au soleil, et le degré de résistance que les couleurs opposent à ces deux agens, qui ont servi de base aux travaux de Dufay, et c'est, suivant lui, le meilleur moyen de constater la solidité d'une couleur, et la seule au surplus qui convienne, puisque, comme le dit très-bien Hellot, les étoffes que nous employons pour nos habillemens ne sont pas destinées à être bouillies avec le tartre, avec l'alun, avec le vinaigre, mais bien à être exposées à l'air et au soleil ; c'est donc là surtout qu'elles doivent pouvoir résister ; cependant, comme cet essai

demande toujours du temps, si l'on veut arriver à un résultat plus prompt, on pourra faire les débouillis suivans, que Dufay a insérés dans son instruction.

Les débouillis se font seulement avec l'alun de Rome, le savon blanc et le tartre rouge. « Les couleurs suivantes seront débouillies dans l'alun de Rome, savoir : le cramoisi de toutes nuances, l'écarlate de Venise, l'écarlate couleur de feu, l'écarlate couleur de cerise et ses autres nuances, les violets et gris de lin de toutes nuances, les pourpres, les langoustes, jujubes, fleur de grenade, les bleus, les gris ardoisés, gris lavandés, gris violens, gris vineux, et toutes les autres nuances semblables. Si le cramoisi est faux teint, il passera au couleur de chair très-pâle, et même deviendra presque blanc ; l'écarlate de graine résiste, mais l'écarlate de Brésil disparoît ; dans le violet on voit disparoître le bleu ou le rouge, ou toute la couleur, suivant les matières tinctoriales employées ; les pourpres fins résistent, les faux disparoissent presqu'en entier ; les langoustes, jujubes, fleur de grenade, procureront un pourpre s'ils sont faits avec la cochenille, ils pâliront beaucoup s'il y entre du fustet ; les bleus bon teint pastel ou indigo ne perdront rien au débouilli, ceux faux teint seront presqu'entièrement effacés ; les gris ardoisés, lavandés, violens, vineux, ne changeront pas s'ils sont bon teint, ils disparoîtront si l'on a employé des couleurs non solides.

On débouillira dans le savon blanc, les jaunes, jonquilles, citrons, orangés et toutes les nuances qui tirent sur le jaune, toutes les nuances du vert, depuis le vert naissant jusqu'au vert perroquet, les rouges de garance, la canelle, la couleur de tabac et autres semblables. Dans ce débouilli on voit s'altérer et même disparoître les jaunes faits avec la graine d'Avignon, le roucou, la terra-merita, le fustet ou le safran, tandis que les jaunes de sarrette, de génestrolle, de bois jaune, de gaude et de fenugrec résistent parfaitement. Les verts bon teint résisteront sans rien perdre ; ceux faux teint s'effaceront ou deviendront bleus, s'ils ont un pied d'indigo ou de pastel. Les rouges garance ne perdent rien, tout ce qu'on y a mis de Brésil disparoît. Les canelle, tabac et autres semblables ne changent pas s'ils sont bon teint ; ils perdent beaucoup si on y a fait entrer le roucou, le fustet ou la fonte de bourre.

Le débouilli avec l'alun ne seroit d'aucune utilité, et pourroit même induire en erreur sur plusieurs des couleurs de cette seconde classe, car il n'endommage pas le fustet ni le roucou, qui cependant ne résistent pas à l'action de l'air, et il emporte une partie de la sarrette et de la génestrolle, qui font cependant de très-bons jaunes et de très bons verts.

On débouillira avec le tartre rouge tous les fauves, ou couleurs faites avec le brou de noix, la racine de noyer, l'écorce d'aune, le sumac, le santal et la suie. Ces deux derniers corps donnent les couleurs les moins solides, et celles aussi qui sont le plus altérées par ce débouilli.

Pour le noir, Dufay conseille de le faire bouillir pendant un quart d'heure à gros bouillons dans une livre d'eau contenant une once d'alun de Rome et autant de tartre rouge pulvérisé. Si le noir devient bleu-noir, il est bon teint; il est faux s'il passe au gris, c'est-à-dire qu'on ne lui a pas donné son pied de bleu, ou qu'on ne lui en a pas donné un assez solide.

Berthollet, tout en blâmant les débouillis comme mesure générale, en conçoit l'utilité soit pour les fabricans, soit même pour les marchands, et il donne le conseil suivant : « Le chlore donne un moyen prompt et facile de déterminer le degré de solidité d'une couleur : ainsi, lorsqu'on veut examiner une couleur, il n'y a qu'à mettre un échantillon de l'étoffe dans le chlore, avec un échantillon d'une couleur pareille et qui ait été teint par un bon procédé; le degré de résistance qu'opposent les couleurs des deux échantillons, devient la mesure de leur solidité; mais comme cette liqueur a une action très-vive sur les parties colorantes, il faut ne l'employer que très-affoiblie. Cette épreuve a encore l'avantage de faire connoître, à peu de chose près, les nuances et les dégradations par lesquelles doit passer l'étoffe lorsqu'elle sera altérée par l'air. Cependant, s'il falloit examiner une couleur d'une manière juridique, on ne pourroit se confier entièrement à l'action du chlore, et on ne pourroit prononcer avec assurance que sur les résultats que présenteroit l'exposition à l'air. Cette épreuve est prompte et commode pour comparer entr'eux les divers procédés employés pour faire la même couleur; mais on risqueroit de se tromper, si l'on vouloit faire la comparaison de diverses couleurs entre elles; on pourroit, par exemple, attribuer aux jaunes et aux fauves une plus grande solidité comparative qu'ils n'en ont réellement à l'air, parce que le chlore, donnant cette teinte aux substances de nature animale, on peut aisément confondre cet effet avec la conservation de ces couleurs.

» On se contente ordinairement, pour éprouver les couleurs sur soie, de les exposer à la chaleur dans l'acide acétique, ou dans le suc de ci-

tron : on les regarde comme solides et comme fines, si elles résistent à cette épreuve; et en effet, lorsqu'on s'est servi simplement des bois ou de l'orseille, la couleur passe au rouge par l'action d'un acide végétal : mais si l'on a fait usage de la dissolution d'étain pour teindre par le moyen de ces substances, la couleur qui a été préparée dans une liqueur acide n'est pas altérée par les acides végétaux, et alors l'on peut regarder comme fine une couleur qui a beaucoup moins coûté pour sa préparation, et qui doit s'altérer plus facilement; de sorte qu'il faut encore s'en tenir, pour la soie, au chlore, et surtout à l'exposition à l'air. »

Pour les étoffes de coton, de lin et de chanvre qui sont destinées à être savonnées et lessivées, on conçoit qu'elles doivent pouvoir résister au savon et aux alcalis.

DÉCANTER. C'est séparer d'un liquide les molécules non dissoutes qu'il retient. Pour cela on laisse reposer la liqueur; quand les molécules qui étoient suspendues dans le liquide occupent le fond du vase, et que la liqueur surnageante est parfaitement limpide, on verse ce liquide par inclinaison, ou bien on le fait sortir au moyen d'un siphon; c'est là ce qu'on appelle *décanter*.

DÉCATIR. Ôter le *cati* ou le lustre d'une étoffe.

DÉCATISSAGE. La plupart des étoffes, et surtout les draps, sont recouverts d'un apprêt destiné à leur donner plus de brillant et d'éclat. Beaucoup de ces apprêts sont faits avec une petite quantité de gomme adragante dissoute dans l'eau et étendue à la surface de l'étoffe. En exposant les étoffes à la pluie, on conçoit que chaque goutte d'eau doit enlever et fondre l'apprêt à l'endroit qu'elle touche, et faire ainsi une tache. Le moyen d'éviter cet inconvénient, c'est d'enlever cet apprêt sur les étoffes confectionnées en vêtemens. On y parvient sans peine en exposant les habits de drap à l'humidité d'une cave, soit mieux encore, comme le font les dégraisseurs, à la vapeur de l'eau dans une étuve. Le décatissage doit également précéder toute opération lorsqu'on veut teindre une étoffe de coton, de lin, de chanvre, qui a reçu un apprêt, et sur laquelle on veut ensuite porter une teinture quelconque.

DECOCTUM. Nom qu'on donne au produit d'une décoction.

DÉCREUSAGE. C'est l'opération ou la série d'opérations au moyen de laquelle on enlève aux fils ou aux tissus de coton, de chanvre, de lin ou de soie, les corps étrangers qui les recouvrent, qui en altèrent plus ou moins la blancheur, corps qui sont le plus souvent insolubles dans l'eau pure et qui s'opposeroient fortement à l'application des teintures.

Pour le coton, le chanvre ou le lin (*voyez* ces mots), on a recours à des moyens analogues, qui consistent à faire d'abord bouillir la matière dans de l'eau pendant deux heures au moins; puis, après les avoir fait égoutter, à les remettre sur le feu dans une lessive composée le plus souvent de trois livres de soude rendue caustique, pour quinze seaux d'eau pour le coton, et de quatre livres pour la même quantité d'eau, lorsqu'on opère sur le chanvre ou le lin, enfin à laver à grande eau et à sécher.

Lorsqu'on opère sur la soie (*voyez* ce mot), les opérations varient suivant que l'on opère sur la soie écrue blanche ou sur la soie écrue jaune; cette dernière contenant un peu plus de corps étrangers, doit être soumise à des opérations un peu plus actives. C'est au moyen du savon qu'on enlève à la soie le principe gommeux et les autres corps étrangers qui pourroient s'opposer à son blanchiment et à sa combinaison avec les divers principes colorans, et la soie ne perd rien de sa solidité. Les procédés varient suivant les pays et presque suivant les ateliers. A Lyon, sur la soie jaune que l'on destine aux couleurs foncées, on emploie une partie de savon sur quatre de soie, et on maintient l'ébullition pendant quatre heures. Pour la soie blanche que l'on réserve pour le blanc ou pour les couleurs claires, on commence par employer trente parties de savon pour cent de soie, et l'on fait bouillir pendant un quart d'heure seulement : c'est le *dégommage*. Ensuite on fait cuire avec la même quantité de savon et pendant quatre heures à la chaleur de l'ébullition: c'est la cuite ou le rebouillage. Roard, auquel on doit tant de recherches précieuses sur les soies, a constaté que cette ébullition prolongée en altéroit le tissu et la solidité, et il pense qu'on arrive constamment au meilleur résultat en se bornant à faire bouillir pendant une heure, avec une quantité de savon qui varie suivant les couleurs que l'on veut obtenir.

DÉCRUSER, DÉCREUSER. *Voyez* DÉCREUSAGE.

DÉGOMMAGE. Dans le décreusage de la soie, c'est une opération préliminaire, qui consiste à tenir les *muteaux* dans une dissolution très-chaude et non bouillante de trente parties de savon sur cent de soie. Quelquefois pourtant on fait bouillir cette dissolution avec la soie pendant quinze minutes environ.

DÉGORGEOIR. Moulin ou mécanique pour laver les étoffes.

DÉGORGER. C'est l'action que l'on exerce sur une étoffe de laine que l'on fait fouler à l'eau claire, pour la dégager de la terre, du savon et de tous les corps étrangers qui lui restent du dégraissage. On dégorge aussi la soie en la battant dans de l'eau claire, pour la débarrasser du savon et de l'alun qui peuvent y être restés. Enfin, on dégorge les pièces d'étoffes nouvellement teintes, en les lavant simplement à la rivière, pour les décharger de ce qu'elles ont de teinture superflue.

DÉGRAISSAGE. L'art du dégraisseur se lie si intimement à celui du teinturier, qu'il est impossible de les séparer dans un ouvrage comme celui-ci. En effet, chaque fois qu'une étoffe teinte a besoin d'être nettoyée, l'artisan qui se charge de ce travail doit connoître de quelle nature est le principe colorant employé, quels sont les corps ou réactifs qui peuvent l'altérer, quels sont ceux au contraire que l'on peut mettre en usage sans inconvéniens. Je vais donc donner ici un résumé succinct des bases sur lesquelles repose l'art de dégraisser et de nettoyer les étoffes, des procédés usités pour atteindre ce but, des opérations chimiques d'après lesquelles on agit.

On appelle *tache* le dépôt sur une étoffe blanche ou colorée d'un corps étranger quelconque qui en altère la blancheur, la teinte ou l'éclat. Dans le langage adopté par les ouvriers, les taches sont *simples* quand elles sont formées par un seul corps; elles sont *composées* quand elles sont formées par plusieurs corps ou substances réunies. Il est bien entendu que par corps simples on n'entend pas ici ceux qui ne sont formés, dans un sens absolu, que d'une seule et même substance, d'un seul et même principe.

Les corps qui forment le plus souvent les taches simples sont l'eau, les huiles, les graisses, les résines, les sucs des fruits, les décoctions et infusions végétales, le vin, le cidre, la bière, le sang, le fer, etc. etc.

L'eau en tombant sur les étoffes lustrées, enlève l'apprêt, dissout la gomme qui en forme la base et donne naissance à des taches. Il est difficile de remédier à cet accident. Il n'y auroit qu'un moyen, ce seroit de soumettre les étoffes à un nouvel apprêt, ce qui est très-dispendieux. Le plus souvent on l'enlève en entier par une opération qu'on nomme *décatissage* (voyez ce mot). Après cette opération qui donne aux étoffes une grande souplesse, on leur rend souvent, à l'aide de la brosse et des presses, un poli et un glacé qui équivalent presqu'à ceux qu'elles avoient primitivement.

La graisse et les huiles font des taches analogues; pour les enlever, il faut présenter aux substances qui les forment, des corps pour lesquels elles aient une plus grande affinité. En général, c'est sur ce principe que roule tout l'art du dégraisseur. Les alcalis caustiques forment avec les corps gras un savon soluble dans l'eau; on peut y recourir dans quelques cas, et par ce moyen enlever en peu de temps des taches très-étendues; mais ces alcalis attaquent, altèrent souvent les couleurs; par conséquent on ne doit les mettre en usage qu'avec une extrême réserve, et seulement quand on a la certitude que la couleur résistera. Voici au surplus les procédés les plus fréquemment usités. Avec le savon ou l'essence de savon, qui n'est autre chose qu'une dissolution de savon blanc dans de l'alcool, on enlève assez bien les taches de graisse, et on n'altère pas les couleurs solides. Il en est de même des terres savonneuses et de celles qui contiennent une certaine quantité de magnésie. Le fiel de bœuf, le jaune d'œuf, dissolvent les corps gras sans altérer les couleurs; il faut avoir la précaution de n'employer le fiel de bœuf que bien récent, lorsqu'il commence à se putréfier; il agit comme un caustique et fait changer quelques nuances. (*Voyez* BILE.) Ces deux corps sont fréquemment employés pour le dégraissage des draps et des étoffes de soie. Il est quelques substances, comme l'*essence de térébenthine* et la plupart des huiles volatiles, qui ont la propriété de dissoudre les huiles grasses, les graisses, les résines, et qui par conséquent jouent un grand rôle dans l'art du dégraissage. Celui qu'on emploie le plus souvent est l'essence de *térébenthine* (*voyez* ce mot), qui n'altère point les couleurs, et qui revient à bien meilleur marché que les éthers, les alcools camphrés, les essences vestimentales de lavande, de citron, de Dupleix, etc., qu'on pourroit également mettre en usage. On enlève assez aisément les taches de suif ou de bougie en les recouvrant d'un papier non collé, et promenant par-dessus soit un fer à repasser médiocrement chaud, soit mieux encore une cuiller d'argent dans laquelle on a mis quelques charbons ardens. Le suif ou la cire fondent et se combinent avec le papier brouillard. Il faut, pour réussir dans cette petite opération, que le corps qui fait tache n'ait pas pénétré trop profondément dans l'étoffe, que le papier soit fréquemment changé, que la chaleur employée ne soit pas trop considérable. Cette dernière condition est indispensable, une trop grande chaleur fondant le suif ou la cire plus vite que le papier ne pourroit les absorber, la feroit pénétrer dans l'intérieur de l'étoffe, et rendroit indispensable par conséquent d'autres moyens indiqués plus haut.

Les taches formées par les corps résineux, tels que la térébenthine, la résine, la poix, la plupart des vernis, sont en général assez tenaces. Cependant l'alcool bien rectifié ayant la propriété de dissoudre ces corps, c'est à lui qu'on aura recours, et dans le plus grand nombre des cas on réussira sans altérer en rien la couleur ou le tissu. C'est à cause de la grande quantité d'alcool qu'elles renferment, que les eaux de Cologne, de la reine de Hongrie (*voyez* ces mots), servent ef-

ficacement à enlever ces taches. Cependant il est des cas où ces taches résistent à toutes les lotions; alors on se trouve bien de les ramollir au moyen d'une douce chaleur, de les combiner avec l'essence de térébenthine, et de les laver ensuite avec l'alcool rectifié.

Les sucs des fruits et en général les sucs colorés des végétaux, peuvent en tombant sur les étoffes, y déposer un principe colorant qui leur est propre et qui fait tache. Ceux qui masquent les couleurs sans les altérer, et qui par conséquent forment des taches simples, comme les *fraises*, les *cerises*, les *groseilles*, la *bière*, le *cidre*, le *poiré*, sont facilement enlevés par un simple savonnage à la main. Pour les taches de *vin*, de *mures*, de *cassis*, de *merises*, de *liqueurs*, de *gaude*, etc., il faut un savonnage et une légère fumigation de gaz acide sulfureux, ou des lotions légères avec le chlore. (*Voyez* ce mot.) A l'article SOUFRAGE, j'indique les différens procédés pour préparer cet acide. En général, le dégraisseur ne doit employer que le gaz quand il agit sur des étoffes dont la couleur est peu solide, et réserver l'acide sulfureux liquide pour celles dont le principe colorant est fortement fixé. Dans le plus grand nombre des cas, il suffit de brûler soit à l'air libre, soit sous un petit cône, un peu de soufre et d'en diriger la vapeur sur la tache humectée et déjà savonnée pour la voir disparaître à l'instant. Le chlore altère toutes les couleurs et ne doit être employé que sur les étoffes blanches. L'acide sulfureux, au contraire, ne change pas le bleu sur soie, pas même le rose, que la seule eau bouillante fait disparoître; il n'altère pas non plus les couleurs produites par les astringens, il ne dégrade pas le jaune sur coton: il suffit dans tous ces cas de l'employer convenablement affoibli.

De tous les corps qui peuvent faire tache sur les étoffes, le fer doit être mis au premier rang, à cause de ses nombreux usages, et de la facilité extrême qu'il a de s'oxider. En effet, on trouve du fer partout; partout où ce fer est en contact avec l'humidité, il s'oxide ou se rouille, et cette rouille a une affinité extrême pour les étoffes, surtout pour celles de lin, de chanvre et de coton. Ces taches si fréquentes sont en général assez difficiles à enlever. Voici, à ce sujet, les conseils que donne Chaptal dans l'ouvrage qu'il a publié sur l'art du dégraisseur: « Le fer déposé sur une étoffe, peut s'y trouver sous des états différens, et sous ce rapport il n'est pas constamment et dans toutes les circonstances soluble dans les mêmes dissolvans; nous devons donc distinguer avec soin l'état du fer dans deux circonstances: 1°. lorsqu'il est à l'état d'oxide noir ou voisin de l'état métallique; 2°. lorsqu'il est à l'état d'oxide rouge ou très chargé d'oxigène.

» Dans le premier cas, il adhère beaucoup moins à l'étoffe, & on peut l'enlever avec l'acide sulfurique ou avec l'acide hydro-chlorique (*voyez* ces mots à l'article Acide), affoibli de douze parties d'eau. Il suffit de tremper l'étoffe tachée dans les acides et de l'y laisser s'humecter convenablement ; on a l'attention de frotter la tache avec les mains, et en repliant et frottant l'étoffe sur elle-même lorsqu'elle résiste à l'action des acides : il faut laver ensuite l'étoffe avec un très-grand soin dans l'eau claire, pour enlever tout l'acide qui a pénétré dans le tissu.

» On peut encore, dans tous les cas, employer la crême de tartre réduite en poudre très-fine, et dont on recouvre la tache avant de l'humecter : on laisse agir cette poudre humide pendant quelque temps, après quoi on frotte avec le plus grand soin. La crême de tartre est préférable aux acides, en ce qu'elle attaque bien moins les étoffes, et surtout en ce qu'elle altère moins les couleurs que les deux autres acides, auxquels il en est peu qui résistent.

» Mais lorsque le fer est très-oxidé et que la couleur de la tache est d'un jaune-rougeâtre plus ou moins intense, alors les acides dont nous avons parlé, surtout les deux premiers, n'agissent pas sensiblement sur lui, et il faut recourir à d'autres agens. L'acide oxalique (voyez ce mot) mérite la préférence sur tous les corps que l'on peut employer ; il a la propriété de dissoudre l'oxide de fer avec une grande facilité, et de ne pas attaquer sensiblement, pendant son action sur l'oxide, les étoffes sur lesquelles on l'applique. On peut remplacer l'acide par quelques-unes de ses combinaisons, telles que celles qu'il forme avec la potasse et qui constitue le sel d'oseille du commerce, mais sa vertu est moins énergique ; néanmoins on s'en sert avec avantage...

» Comme les taches où le fer est peu oxidé se dissolvent plus aisément et dans un plus grand nombre d'acides que celles où ce métal est combiné avec plus d'oxigène, M. Giobert a proposé de faire rétrograder l'oxidation en versant sur les taches d'oxides rouges ou jaunes un peu de graisse fondue qu'on tient pendant quelque temps à l'état liquide, à l'aide d'une légère chaleur : il observe qu'après cette opération préliminaire on peut enlever ces taches avec l'acide sulfurique affoibli. Ici la graisse s'empare d'une partie de l'oxigène combiné avec le fer, le fait passer à un moindre degré d'oxidation, et le rend par conséquent plus soluble dans les acides.

» Le sang forme assez souvent des taches, mais elles sont facilement détruites par un simple savonnage à la main.

» La matière colorante verte de l'absynthe demande un procédé tout particulier ; elle résiste aux savonnages et aux acides, mais on la fait disparoître en la lavant avec une dissolution de sulfure de potasse convenablement étendue. Cette dissolution répandant une odeur infecte, il faut avoir bien soin de laver à plusieurs reprises la place que le sulfure a touchée. »

Tels sont en général les procédés que l'on peut mettre en usage pour enlever les taches simples, mais la plupart de ces procédés exigent des modifications, des précautions particulières, suivant la nature des étoffes et des couleurs qu'on est appelé à réparer. Il est impossible, dans un ouvrage de la nature de celui-ci, d'entrer dans tous ces détails, qui nécessiteroient à eux seuls un volume tout entier.

Les taches composées sont celles que forment les corps composés de plusieurs substances de nature différente et susceptibles de former chacune une tache simple qui nécessiteroit, pour disparoître, l'emploi d'un moyen particulier. Tels sont : la boue, l'encre à écrire, le cambouis, l'onguent mercuriel, la fumée, le café, le chocolat, etc. etc.

La boue, et surtout celle des grandes villes, est un composé de débris végétaux et animaux et de fer très-divisé que les roues des voitures, les fers des chevaux, les clous des souliers y déposent continuellement. Le fer est ici à l'état d'oxide sulfuré noir. Pour enlever les taches qu'elle forme, on commencera par un lavage et un savonnage léger qui emporteront d'abord les detritus végétaux et animaux ; lorsqu'il ne restera plus que le fer, qui ici est peu oxidé, on aura recours à la crême de tartre en poudre très-fine et à un lavage bien complet. Ce procédé réussit presque constamment ; il demande pourtant à être modifié quand on opère sur des étoffes de soie à couleurs tendres et peu solides, ce dont on s'assure en faisant d'abord quelques expériences sur des échantillons séparés.

L'encre à écrire est composée d'une ou de plusieurs substances végétales, d'un gallate et d'un sulfate de fer, qui se rapprochent du reste, quant à leur adhérence aux étoffes, de l'oxide de fer rouge, dont il a déjà été question. Quand la tache d'encre est récente, quelques lavages au savon et l'emploi d'acides légers, tels que le jus de citron, ou l'acide sulfurique étendu d'eau, suffisent pour la faire disparoître. Mais lorsque la tache est ancienne, lorsque l'encre a pénétré jusque dans l'intérieur de l'étoffe, lorsque l'oxide de fer a passé enfin à l'état d'oxide rouge, ou au plus haut degré d'oxidation, alors ces premiers moyens sont tout-à-fait insuffisans, et il faut avoir recours à l'oxide oxalique. On pourroit certainement avoir recours au chlore, qui, sur le papier, par exemple, enlève parfaitement l'encre à écrire, tandis qu'il y ménage l'encre d'imprimerie ; mais ce chlore si précieux dans le blanchiment attaque tous les principes colorans, même l'indigo, et l'on ne peut l'employer que sur des étoffes blanches.

Le cambouis est formé de vieux-oing dont on graisse les essieux de voiture, et de petites particules de fer que le frottement du moyeu des roues contre l'essieu détache continuellement. Le cambouis forme donc des taches composées de graisse

DÉG

et de fer. Ces taches récentes s'enlèvent assez facilement avec le fiel de bœuf ou l'essence de térébenthine qui emporte la graisse, et un acide foible qui enlève le fer, parce qu'alors il est peu oxidé. Si la tache est plus ancienne, si le fer est plus oxidé, après avoir enlevé la graisse on aura recours à la crême de tartre, au sel d'oseille, à l'acide oxalique, etc. Assez ordinairement le cambouis s'enleve en mettant la tache en contact avec le jaune d'œuf cru, qu'on fait bien pénétrer dans l'étoffe; ensuite on savonne et on lave à l'eau pure.

On peut en général rapprocher du cambouis la plupart des peintures que l'on emploie pour nos appartemens. En effet, toutes ou presque toutes sont formées d'un corps gras, d'huile et d'un ou de plusieurs oxides métalliques. La substance graisseuse sera toujours enlevée par les moyens déjà indiqués, et l'eau entraînera souvent avec elle les molécules terreuses ou salines. Cependant si l'eau ne suffisoit pas, on pourra toujours, en recherchant la nature des corps contre lesquels on agit, avoir recours à des opérations chimiques capables de produire des décompositions avantageuses: ainsi la peinture verte composée d'huile, de craie et de sels de cuivre, pourra d'abord être attaquée par les savons et l'essence de térébenthine qui s'empareront de l'huile : puis si les sels de cuivre et les parties de craie ne cédoient point de suite à l'eau, on laveroit avec plus de soin jusqu'à ce qu'on eût enlevé toute la craie, et lorsqu'il ne resteroit plus qu'un sel de cuivre insoluble, il suffiroit de le traiter par le vinaigre (acide acétique), pour en faire de suite un composé facile à dissoudre. On voit, par cet exemple, combien il est nécessaire de connoître la nature des corps qui font tache, et de savoir au besoin recourir aux opérations de la chimie, pour enlever de dessus les étoffes les taches qu'un usage journalier peut y faire tomber.

L'onguent mercuriel, employé pour le traitement de quelques maladies, laisse sur le linge des taches que le plus souvent on ne prend pas la peine d'enlever, et qui donnent aux draps et aux chemises des malades un aspect dégoûtant. Rien n'est plus facile pourtant que d'amener ces objets à un grand degré de blancheur. Il suffit de les lessiver dans une liqueur faite avec cinquante parties d'eau, une de potasse et une et demie de chaux ; la graisse se dissout. Lorsqu'il ne reste plus que l'oxide de mercure, on fait passer le linge dans un fort bain de chlore, à une température de 10 degrés environ; bientôt les taches disparoissent, on lave en eau courante, puis on savonne légèrement, enfin on rince dans un bain d'acide, avec 0,001 d'acide sulfurique, et on obtient un blanc très-beau. Voyez BLANCHIMENT.

La fumée et la liqueur qui coule des poêles donnent naissance à des taches d'autant plus compliquees, qu'elles sont composées de substances vegetales,

de goudron, de fer, d'huile empyreumatique, de quelques sels dissous dans l'acide pyroligneux. L'eau et le savon dissolvent parfaitement les substances végétales, les sels, l'acide pyroligneux et même l'huile empyreumatique presqu'en totalité; un peu d'essence de térébenthine suffit pour dissoudre le goudron et l'huile empyreumatique qui auroit résisté au savon; quant au fer, en supposant qu'il résiste à ces premières opérations, l'acide oxalide l'enlèvera toujours avec facilité. Ceci s'applique plus particulièrement aux taches faites par la liqueur qui coule des poêles; quant aux taches produites par la fumée proprement dite, elles cèdent presque toujours à un savonnage bien fait.

Le café forme souvent, à cause du fréquent usage qu'on en fait, des taches que l'on enleve par un savonnage soigné et chaud, et l'exposition à la vapeur sulfureuse. Quelquefois, lorsque le café est concentré, il faut recourir deux ou trois fois à cette double opération. Mais il ne faut jamais oublier que l'acide sulfureux attaque plusieurs couleurs, et avant d'y recourir, il faut long-temps l'essayer sur un échantillon détaché et que l'on ne craint pas de gâter. Les teintures empruntées aux substances métalliques, telles que ce joli jaune de chrôme, à la mode en ce moment, sont altérées par l'acide sulfureux.

Le chocolat fait aussi des taches qui ont quelqu'analogie avec celles du café, mais qui ne sont ni aussi intenses ni aussi tenaces ; presque toujours on parvient à les enlever par un lavage et un savonnage chaud.

Le café et le chocolat préparés au lait peuvent aussi former des taches, mais qui sont encore plus faciles à enlever, parce que le principe colorant est encore plus étendu.

Maintenant je vais aborder la partie la plus importante et la plus difficile aussi de l'art du dégraisseur; je veux parler des taches qui altèrent les couleurs, et des moyens non-seulement d'enlever ces taches, mais encore de réparer les couleurs altérées ou enlevées. On conçoit sans peine qu'ici le dégraisseur doit être teinturier, et même teinturier chimiste, s'il veut parvenir à exécuter une foule d'opérations aussi difficiles que compliquées.

Acides, bases salifiables, sucs astringens, c'est à ces trois classes que peuvent se rapporter la plupart des corps, qui en faisant tache, altèrent encore la teinture des étoffes et des tissus.

« Les acides, dit Chaptal, rougissent les couleurs noires, fauves, violettes, puces, et généralement toutes les nuances qu'on donne avec l'orseille, les astringens et les préparations de fer.

» Les bleus d'indigo et de Prusse, les noirs faits sans préparation de fer, les violets qui résultent de la combinaison de la garance, ne sont pas susceptibles

susceptibles d'éprouver ces changemens de la part des acides.

» Les acides détruisent les jaunes légers et font passer le vert au bleu sur les étoffes de laine; ils pâlissent les jaunes plus intenses, ils rosent les ponceaux, avivent et éclaircissent les rouges de Fernambouc, ils jaunissent le bleu fourni par le campêche et le sulfate de cuivre, ils avivent l'indigo et le bleu de Prusse.

» L'effet des acides n'est pas le même pour tous, parce que tous n'ont pas la même activité; les acides minéraux détruisent la plupart de ces couleurs; il en est même qui détruisent l'étoffe entièrement, et qui par conséquent rendent toute réparation impossible : les acides végétaux, moins forts en général, ne font que nuancer, changer, altérer les couleurs, sans les détruire. »

» L'urine, surtout celle de certains quadrupèdes, tache en jaune-pâle presque toutes les couleurs; les bleus, les roses, les violets d'orseille, les couleurs obtenues par les astringens et le fer, tout prend, de la part de cette humeur animale, une teinte jaune, pâle et sale. Dans tous ces cas, la couleur est presque détruite; l'urine récente et chaude produit seule ces effets, et on peut, dans cet état, l'assimiler aux acides; mais lorsqu'elle a vieilli, lorsqu'elle a fermenté, elle prend alors un caractère alcalin, et ses effets sont ceux qui appartiennent à cette classe de corps. »

On conçoit combien toutes ces distinctions sont importantes à faire, et quel soin le dégraisseur doit mettre dans les renseignemens qu'il prend sur la nature et les qualités actuelles des corps qui ont fait les taches.

« Les alcalis ou bases salifiables tournent au violet les rouges de Fernambouc, de cochenille, etc.; ils jaunissent les verts sur laine, ils brunissent les jaunes et donnent à quelques-uns une teinte orangée-rougeâtre; ils jaunissent et font passer à l'aurore les couleurs de rocou; ils foncent tous les violets qu'on porte sur la laine et la soie; ils jaunissent le vert qui a l'indigo pour base, de même que les couleurs faites par les astringens.

» La sueur qui se corrompt sur une étoffe produit l'effet des alcalis.

» Les sucs astringens des végétaux et la préparation, l'infusion ou décoction de quelques-uns, forment des taches sur les étoffes qui sont tres-faciles à enlever lorsqu'elles sont tombées sur des tissus sans couleur, parce qu'elles rentrent alors dans la classe des sucs végétaux ordinaires; mais ils altèrent les couleurs lorsqu'ils tombent sur certaines étoffes colorées, et c'est sous ce dernier rapport que nous les considérons ici. Ainsi, par exemple, lorsque la couleur *nankin* est donnée par l'immersion d'une étoffe dans une préparation de fer, les sucs astringens y produisent une teinte d'un violet-verdâtre plus ou moins sale; lorsqu'ils agissent sur des noirs, des violets, des pruneaux, des puces, des bruns, dont la base est l'oxide de fer, ils y portent encore des modifications infinies; et, en général, ces sucs nuancent, modifient et tournent toutes les couleurs dans lesquelles on fait entrer les oxides de fer. »

On comprend qu'ici se présentent deux classes d'opérations entièrement distinctes; savoir, celles qui ont pour but de réparer, de rétablir une couleur qui n'est que voilée, altérée ou changée; celles par lesquelles on rétablit une couleur détruite.

« Ainsi, dit toujours Chaptal, les acides rétablissent les couleurs altérées par les alcalis; mais, parmi les acides connus, ou les préparations acides, il n'en est aucun qui mérite la préférence sur la dissolution d'étain par l'acide nitro-muriatique (*voyez* ÉTAIN), dissolution connue dans les arts sous le nom de *composition pour l'écarlate*. Il faut avoir l'attention de ne pas employer cette composition trop forte, parce que, dans cet état, non-seulement elle pourroit altérer la couleur, mais de plus elle donne une teinte orange à l'écarlate.

» L'impression désagréable que produit la sueur qui imprègne les vêtemens sous les aisselles et ailleurs, disparoît par l'application de ce sel acide : il suffit, par exemple, d'en imprégner l'étoffe pour rétablir instantanément la nuance primitive de l'écarlate.

» L'effet des acides foibles, tels que ceux que fournissent quelques fruits et le vinaigre, peut être combattu avec avantage par les alcalis : l'on se sert de préférence de l'ammoniaque (alcali volatil). Il suffit d'imbiber l'étoffe de cette substance pour rétablir la couleur primitive. Cet alcali a l'avantage sur les alcalis fixes, comme la potasse, la soude, la chaux, de ne pas altérer l'étoffe, et de produire un effet plus prompt. »

On voit d'après ces détails qu'il est impossible d'étendre, mais dont on prévoit aisément toutes les applications, qu'en général il est assez facile de réparer une couleur seulement altérée. Il n'en est pas de même quand il s'agit de rétablir une couleur détruite; ceci suppose une connoissance profonde de l'art de la teinture, puisqu'enfin il faut pouvoir imiter sur toutes sortes d'étoffes tous les genres et toutes les nuances des couleurs. Cette branche si importante et si délicate à la fois de l'art du dégraisseur, est encore aujourd'hui fort peu pratiquée. Presque tous les dégraisseurs se bornent à couvrir la place où la couleur est enlevée, avec des crayons de pastel, sortes de crayons faits avec des couleurs pulvérisées, et dont on trouve toujours à assortir les nuances chez les marchands de couleur pour les peintres. Mais cette réparation ne dure qu'un moment, et le premier coup de brosse suffit ordinairement pour faire disparoître cette poussière colorée, et remettre la tache en évidence.

D'autres, quand il s'agit de drap surtout, font enlever par des tailleurs, soit dans la doublure, soit dans quelque partie peu apparente de l'habit, une pièce de l'étoffe qu'ils font coudre et rentrer à la place de la tache et du morceau de l'étoffe sur lequel elle étoit et qu'ils ont enlevé. Avec un chardon ils font ensuite sortir une partie du poil dont ils recouvrent les coutures, et lorsque cette opération est faite avec soin et propreté, le mal est réparé de la manière la moins apparente; mais ces coutures, en général, ne sont pas d'une grande solidité.

Sans doute il est difficile d'appliquer sur un point déterminé d'une étoffe, une couleur assortie à la teinture qui n'a pas été altérée. Il faut connoître parfaitement avec quoi la couleur a été faite, et surtout quel mordant on a employé pour la fixer. En effet, pour rendre solide la nouvelle couleur que l'on applique, il faut également la fixer. Cependant il est des cas où il est impossible de mettre sur un point seulement quelques mordans qui ne peuvent être placés que sur une étoffe, sur un tissu tout entier; dans ce cas, la réparation devient plus difficile, et en supposant qu'on imite la teinte, la partie que l'on applique isolément n'est jamais aussi solide que le fond.

« Quoique les procédés de teinture, dit toujours Chaptal, pour les étoffes de différente nature, se rapprochent sous plusieurs rapports et se lient à des principes généraux, il n'en est pas moins vrai qu'il y a des différences notables, tant dans les méthodes d'application que dans les principes colorans qui sont employés. Ces différences sont surtout très-remarquables entre les étoffes végétales et les étoffes animales.

» La nature des premières permet de les préparer par les alcalis, d'en aviver les couleurs par des lessives très-fortes, etc., tandis que de pareils agens dissoudroient les tissus des étoffes animales. D'un autre côté les principes colorans qui ont de l'affinité pour la laine ou la soie, n'en ont pas toujours avec le fil ou le coton: la cochenille et le kermès nous en fournissent un exemple. Aussi les couleurs s'altèrent-elles avec plus ou moins de facilité, selon la nature de l'étoffe sur laquelle elles sont portées, ce qui fait varier les moyens de les y rétablir.

» Nous voyons encore de très-grandes différences dans la manière dont les couleurs de même nature se fixent sur les étoffes: tous les bleus sur laine, depuis le plus foncé jusqu'au plus clair, s'obtiennent par le seul indigo qu'on dissout par les alcalis ou les acides, tandis que pour former le bleu *le plus plein* sur la soie, on est obligé de donner à l'étoffe un *pied* d'orseille avant de la passer à la cuve, et un *pied* de cochenille lorsqu'on veut obtenir un *bleu fin*. On donne encore à la soie un beau bleu dit *de roi*, en lisant les soies sur un bain de vert-de-gris et les passant ensuite dans un bain de bois d'Inde; on le rend solide par le moyen de l'orseille qu'on lui donne à chaud et en terminant l'opération par un bleu de cuve.

» Il est aisé de voir, d'après cela, que les bleus doivent être plus altérables sur la soie que sur la laine et les autres étoffes; que les acides qui agissent sensiblement sur toutes les substances qui dans le bleu sur soie, servent de *pied* à l'indigo, doivent porter une impression marquée sur celui-ci et ne pas altérer les autres.

» On peut tirer une autre conséquence de ces faits, c'est que, pour rétablir la couleur bleue dégradée sur la soie, il faut recourir aux matières mêmes qui seules donnent assez de plénitude à l'indigo pour fournir les bleus foncés, tandis qu'il suffit d'une simple dissolution d'indigo pour régénérer le bleu de la laine et du coton. La dissolution d'une partie d'indigo dans quatre parties d'acide sulfurique, étendu d'une quantité convenable d'eau pour lui donner la teinte nécessaire, peut être employée avec succès pour réparer une couleur bleue altérée sur la laine ou le coton.

» Les rouges nous présentent de semblables différences; la cochenille, traitée par les mordans de crème de tartre et de dissolution d'étain, fournit un cramoisi fin à la soie, un superbe écarlate à la laine, et une couleur de chair très-pâle au coton. Si l'on supprime la crème de tartre et qu'on la remplace par l'alun dans le bain de préparation, la laine sortira cramoisie. Une dissolution très-foible d'alcali suffit encore pour tourner l'écarlate au cramoisi.

» Comme le ponceau sur soie résulte de l'application d'un pied de rocou et de rouge de carthame, il pâlit par les alcalis et s'avive par les acides.

» Les nacaras, les roses, les cerises, les couleurs de chair, généralement obtenus par le bain de carthame, se détruisent par les alcalis et reparoissent par les acides.

» La soie alunée, passée dans la décoction du bois de Brésil, prend un cramoisi faux qu'on rose par la dissolution des cendres gravelées. Si, après lui avoir donné un pied de rocou, on l'alune et qu'on la teigne au bain de Brésil, il en résulte un ponceau faux.

» On teint pareillement toutes les étoffes en rouge par le moyen de la garance; mais cette couleur est plus solide sur le coton: le mordant qui l'y fixe est différent de celui qui la retient sur la laine.

» Quelles que soient les nuances que prennent les mêmes principes colorans rouges qu'on porte sur les diverses étoffes, on peut établir quelques procédés invariables pour les rétablir ou les réparer lorsque les nuances sont détruites ou altérées.

» Ainsi, lorsque l'*écarlate* a souffert et est altérée, il suffit, pour la raviver, d'une dissolution d'étain et de cochenille.

» Le bois de Brésil et l'alun font reparoître le *cramoisi*.

» L'orseille qu'on peut foncer par les alcalis, roser par les acides, et nuancer de mille manières en la mêlant avec le Brésil, le campêche et le fustet, fournit toutes les teintes qu'on peut desirér.

» Les mêmes matières tinctoriales servent à donner la couleur jaune à toutes les étoffes : la gaude fournit un jaune franc et solide, aussi la préfère-t-on pour la soie.

» Le bois jaune ne produit qu'une couleur sombre quand on l'emploie sans mordant.

» Le rocou fournit un jaune-rougeâtre; chacune de ces matières tinctoriales reçoit des altérations différentes de la part des mêmes agens ; ce qui exige des réactifs appropriés à chaque sorte de principe colorant, et l'emploi d'une couleur identique lorsque le corps de couleur primitive a disparu.

» Le noir ne nous présente pas une grande différence, ni dans sa composition, ni dans ses effets sur les diverses étoffes : la base en est toujours un principe astringent, un oxide de fer et le campêche, et on peut se borner à cette simple composition pour former des nuances capables de rétablir la couleur dégradée sur une étoffe.

» Quant aux couleurs composées dont les élémens ne sont pas tous d'une égale solidité, et que leur différente nature rend plus ou moins *impressionables* aux divers agens, il s'ensuit que par la dégradation insensible d'une des couleurs composantes, on voit insensiblement prédominer celle qui est la plus fixe. C'est ainsi qu'assez généralement, dans les couleurs vertes, le bleu survit au jaune, surtout lorsque le premier est fait à la cuve. On rétablit aisément la couleur composée en reportant sur l'étoffe le principe colorant qui a disparu.

» Toutes les couleurs auxquelles on a été obligé de donner un *pied* à l'aide d'une matière étrangère, peuvent être considérées comme des couleurs composées. C'est ainsi que l'orseille et la cochenille qu'on porte sur la soie pour produire le bleu *plein* ou le bleu *fin*, le rocou qui fait la base du ponceau, se dégradent aisément, et alors la couleur primitive en est altérée, nuancée, etc.

» Les violets fins en soie s'obtiennent par la cochenille et la soude.

» Les violets faux sont produits par l'orseille et le campêche. Le violet sur coton se donne par deux procédés bien différens : l'un consiste à passer à la cuve d'indigo le coton garancé, l'autre à porter la garance sur l'oxide de fer déposé sur le coton. Il suffit de jeter un coup d'œil sur ces compositions, pour rester convaincu que chaque réactif doit agir différemment sur chacune d'elles, et que, pour les rétablir, il faut imiter la composition primitive.

» Tous les gris-bruns, les puces, les pruneaux, et généralement toutes les nuances sombres qui forment aujourd'hui la presque totalité de nos couleurs d'usage sur les étoffes de laine, sont des mélanges, à diverses proportions, de bleu, de jaune ou de rouge avec le noir : l'urine les tache

en jaune, les acides en rouge ; et il suffit presque toujours d'employer des lessives alcalines pour rétablir la couleur ainsi altérée ; mais lorsqu'elles ne produisent pas l'effet desirable, on y porte de la décoction de noix de galle, ou un peu de dissolution de fer, selon le besoin.

» Il est un genre de couleurs mêlées ou chinées, qu'il est presqu'impossible de rétablir, parce qu'il faudroit refaire le dessin. Mais heureusement que les taches sont moins sensibles sur ces bigarrures que sur des couleurs unies, et l'art peut se dispenser de s'en occuper. »

Telles sont les bases sur lesquelles repose l'art du teinturier dégraisseur, et les principes d'après lesquels il peut rendre à une foule d'étoffes tachées, altérées, dégradées, leur éclat et leur beauté première. Mais il lui faut un atelier, il lui faut quelques appareils, quelques instrumens nécessaires. Ne pouvant pas faire construire, le dégraisseur prend ordinairement une boutique toute faite ; mais il lui faut de toute nécessité une boutique à cheminée. Sous cette cheminée à manteau, large et élevée, il placera une petite chaudière destinée à recevoir les différens bains colorans, et une grande marmite continuellement remplie d'eau que l'on tient sans cesse à une température élevée. Ces deux vases sont placés chacun sur un fourneau que l'on chauffe au bois ou au charbon, suivant les localités.

Quelques brosses de diverses qualités, une table inclinée, des seaux, quelques cuviers ou baquets, des vases pour renfermer les divers réactifs, quelques bouts de cercle attachés par leur milieu à des cordes pour suspendre et faire sécher les étoffes, tels sont les instrumens et ustensiles avec lesquels on peut nettoyer les étoffes, et que l'on rencontre dans tous les ateliers, mais qui ne sauroient suffire pour toutes les opérations, si l'on n'y joint encore une étuve échauffée par la vapeur de l'eau chaude. Cette étuve que l'on peut faire dans une chambre ou dans un cabinet attenant à l'atelier, peut aussi n'être tout simplement qu'une grande caisse en bois de chêne, dont les planches soient solidement assemblées et maintenues par des barres de fer, ou en briques placées de champ et réunies avec du bon ciment. Dans ce cas, le couvercle est mobile et sert à y introduire les objets ; quant à la vapeur, on peut la tirer au moyen d'un couvercle et d'un tuyau de l'une des chaudières placées sous la cheminée ; ou mieux encore d'une *cucurbite d'alambic* avec son chapiteau et son bec, et que l'on construit à côté de l'étuve.

Après les principes généraux qui viennent d'être exposés, il me reste, pour compléter cet article, à indiquer d'une manière aussi brève que possible les données de l'expérience qui servent de règles aux manipulateurs, et auxquelles on ne parviendroit que par un long tâtonnement.

Avant le dégraissage, toute étoffe doit être lavée

autant que possible dans une eau à quinze ou vingt degrés.

L'endroit taché doit être avant tout lavé et savonné jusqu'à ce que l'eau en sorte claire et limpide ; ce n'est que lorsque l'eau et le savon ne peuvent plus rien emporter, qu'on doit avoir recours aux autres moyens.

Chaque fois qu'on a employé un réactif quelconque et qu'il a fait son effet, il faut laver à grande eau, et autant que possible sous un robinet.

On ne doit jamais soumettre à des opérations uniformes des étoffes de différentes couleurs.

L'essence de térébenthine ne doit être appliquée que sur des étoffes bien sèches.

Le savon agit plus efficacement lorsqu'on l'emploie à l'état de dissolution.

Les alcalis sont nécessaires pour les pourpres, les violets, les bleus-clairs. Ils sont nuisibles aux rouges, aux jaunes, aux cramoisis, etc. Voilà pourquoi on emploie le savon mou pour les derniers, tandis que les premiers se nettoient mieux avec le savon dur.

Les alcalis et par conséquent le savon dur obscurcissant les rouges, les jaunes, les cramoisis, les écarlates, etc., et altérant les bleus, les pourpres, les violets, les pensées et leurs nuances, on ne doit les savonner que le moins possible.

Les étoffes légères, les crêpes, mousselines, dentelles, et même la soie, doivent être étendues et fixées sur un châssis pour sécher.

Les soies doivent être lavées dans une eau peu chaude.

Dans le dégraissage de la soie et de la mousseline de couleur, on se trouve très-bien de l'usage de la craie de Meudon, pulvérisée et passée au tamis de soie. On en place sur toutes les taches, on chauffe légèrement et on agite avec une brosse douce.

Lorsqu'on enlève sur la soie une tache au moyen de la térébenthine, au lieu de laver il faut recouvrir promptement la place avec de la cendre passée au tamis de soie ou de l'argile en poudre, autrement il se formeroit autour de la tache une nuance que les ouvriers nomment œrne.

On rend l'apprêt à la soie et aux rubans avec de légères dissolutions de gomme adragante ou de colle de poisson.

Toutes les fois qu'on nettoie des étoffes brodées en couleurs ou composées de plusieurs tissus de nature et de teintes différentes, et qu'il est impossible de séparer, il faut agir avec une extrême célérité, dix minutes au plus pour toutes les opérations, et faire sécher promptement.

En lavant l'écarlate noirci dans une eau dure où l'on a mis du tartre en poudre, on lui rend son premier éclat.

On rend au drap noir tout le brillant du neuf en le faisant bouillir après le dégraissage dans un bain de campêche léger avec une très-petite quantité de couperose verte, couchant le poil et donnant l'apprêt à l'huile d'olive.

On rend aux draps l'apparence de leur premier apprêt en étendant à leur surface, au moyen d'une brosse, une petite quantité d'huile d'olives douces. On conçoit combien il faut être exercé pour ne pas faire de taches.

Quand les draps sont d'une couleur brillante, mais qu'on soupçonne ne pas être solide, il faut, au lieu d'employer le savon en pierre, recourir à une eau savonneuse légère, dans laquelle on se contente de tremper la brosse.

Les teinturiers-dégraisseurs nomment couleurs primitives le *bleu*, le *jaune*, le *rouge*, le *noir* et le *fauve*, parce qu'ils les obtiennent des substances naturelles et sans mélange.

Sur les étoffes de laine il est un moyen simple et assuré d'enlever les taches de graisse, d'huile ou de suif. Le voici : Prenez six charbons allumés de la grosseur d'une noix, placez-les sur un linge blanc mouillé et pressé, étendez l'étoffe tachée sur une serviette blanche ployée en quatre ; prenez les quatre angles du petit linge de manière à former un nouet où sont renfermés les charbons ardens et posez-le sur la tache légèrement et à dix ou douze reprises différentes, la tache disparoît entièrement et passe soit dans la serviette lorsqu'elle est considérable, soit brûlée et vaporisée par la chaleur.

Lorsqu'une tache ou l'opération du dégraissage a fait disparoître entièrement la couleur, on la remet au moyen d'une opération qu'on nomme *pinceautage*, et qui consiste à appliquer, au moyen d'un pinceau dur, la couleur épaisse sur les points indiqués, et à la recouvrir à mesure avec du sable fin pour l'empêcher de s'étendre.

DÉGRAISSEUR. Ouvrier qui enlève les taches de dessus les étoffes. — Instrument dont on se sert pour tordre la laine qu'on retire de l'eau de savon.

DÉLAVÉ, ÉE. Bain colorant, ou couleur dans laquelle on a mis trop d'eau, qui sont trop étendus.

DÉSUINTAGE. On donne ce nom aux opérations par le moyen desquelles on enlève aux laines (*voyez* ce mot) une matière étrangère qui leur est unie, et qu'on nomme *suint*, matière grasse, huileuse, qui se combine avec les alcalis pour donner naissance à un savon soluble dans l'eau. Deux procédés sont le plus souvent mis en usage : le premier consiste à faire tremper les laines que l'on veut désuinter dans de l'eau mêlée avec le quart de son poids d'urine putréfiée, c'est-à-dire d'urine ammoniacale, et à les remuer de temps en temps, en ayant soin d'entretenir l'eau à une température assez élevée pour qu'on puisse à peine y tenir la main. Au bout d'un quart d'heure on les retire de la chaudière, on les fait égoutter et on les porte à la rivière, où elles sont lavées dans de grands paniers, jusqu'à ce que l'eau en sorte limpide, c'est-à-dire, jusqu'à ce qu'elle ait dissous tout le *savon* formé par le suint et l'ammoniaque de l'urine. L'eau restée dans la chaudière sert à de nouvelles opérations.

Le second procédé ne diffère du premier qu'en ce que l'on n'emploie pas d'urine; du reste la dissolution du suint qui en résulte, sert également à des opérations subséquentes. Quelquefois seulement on ajoute un peu de savon au bain.

DIABLOTIN. Troisième cuve ou cuve inférieure dans la préparation de l'indigo; c'est celle

où on laisse la liqueur fermentée déposer lentement ses parties colorantes. *Voyez* INDIGO.

DISBRODER. Action de laver la soie teinte, pour enlever la couleur qui n'est pas adhérente.

DISBRODURE. Eau dans laquelle on a lavé la soie teinte.

DISSOLUTION D'ÉTAIN. *Voyez* ÉTAIN.

DONNER UN PIED. C'est plonger une étoffe ou un fil dans un bain colorant quelconque, destiné à rehausser la couleur que l'on fera prendre ensuite à la matière que l'on teint. Ainsi on donne un *pied* d'orseille pour faire le *bleu plein*, un *pied* de cochenille pour faire le *bleu fin*, un *pied* de rocou pour faire le *ponceau*, etc. etc.

E

EAUX. Quelqu'habile que soit un chimiste, quelque soin qu'il apporte à ses analyses, il y a bien souvent dans les corps dont il cherche à connoître la composition, certaines propriétés dont il lui est impossible de se rendre compte, certains principes particuliers qui échappent à toutes ses investigations. Rien de plus difficile à connoître, en effet, que quelques parties végétales et animales qui peuvent se trouver suspendues dans un liquide, et qui souvent en modifient les propriétés; rien de plus difficile à constater que la proportion exacte des principes constituans qui seuls donnent aux corps leurs qualités chimiques ou physiques. La gomme, le sucre, l'acide oxalique, dont les propriétés sont si différentes, ne sont cependant formés que d'oxigène, d'hydrogène et de carbone, et la proportion de ces principes constituans est la seule qui varie dans leur composition. Qu'on ne s'étonne donc pas si l'on trouve dans les eaux naturelles des différens pays, des différentes localités, tant de nuances diverses que l'expérience démontre, mais que les analyses chimiques ne sauroient expliquer.

L'eau, dont tout le monde connoît les propriétés physiques, est, dans son plus grand état de pureté, composée de :

Oxigène 88,29
Hydrogène 11,71

ou d'un volume de gaz oxigène et deux volumes de gaz hydrogène; et n'est plus, comme le pensoient les Anciens, un corps simple, un des quatre élémens, comme on le disoit depuis Aristote; mais un composé binaire, un véritable oxide d'hydrogène. En supposant que l'eau fût toujours ainsi formée exclusivement de ces deux corps sans aucun mélange étranger, peut-être pourroit-elle encore varier par la proportion de ses principes constituans, et jouir par conséquent de propriétés différentes, suivant que l'oxigène dépasseroit la quantité nécessaire, *et vice versâ*. Un dix millième, un millième même de plus, de moins, sont inappréciables à nos moyens d'analyses, et qui peut dire quels changemens ces différences pourroient apporter dans les qualités d'une eau? Mais jamais, excepté dans les cas bien rares des opérations de laboratoire, l'eau n'est dans cet état parfait de pureté, toujours les eaux de puits, de source, d'étang, de rivière et même de pluie, renferment des corps étrangers faciles à reconnoître, à apprécier, et qui leur donnent des propriétés que le teinturier doit prévoir, modifier ou corriger au besoin.

Le tableau suivant, extrait de la Chimie de Thénard, donnera une idée exacte des corps étrangers que contiennent les différentes eaux de Paris :

NOMS DES EAUX.	Quantité d'eau analysée.	Air contenu dans l'eau.	Acide carbonique contenu dans l'eau.	Résidu obtenu par évaporation.	Sulfate de chaux provenant du résidu.	Carbonate de chaux provenant du résidu.	Sel marin provenant du résidu.	Sels déliquescens provenant du résidu.
	litres.	centilit.	centilit.	gram.	gram.	gram.	gram.	gram.
De Belleville, de Ménil-Montant, au regard de Saint-Maur	15	36,17	29,50	24,735	17,040	3,830	0,347	3,518
Des Prés-Saint-Gervais, fontaine du Chaudron	15	40,78	32,67	17,281	6,655	3,540	0,439	6,647
De la Beuvronne, fontaine du Ponceau à Paris	15	37,94	23,17	10,999	6,728	2,286	0,000	1,885
De la Bièvre, avant son entrée à Paris	15	35,89	19,89	9,814	3,758	2,047	0,169	1,638
De la Beuvronne	15	34,22	32,44	8,180	3,050	3,855	0,000	1,275
D'Arcueil, fontaine du palais de l'Institut	15	36,89	32,83	6,990	2,528	2,536	0,29	1,646
De la Thérouenne	15	34,09	26,50	4,770	0,304	3,925	0,000	0,541
Du canal de l'Ourcq	15	43,93	36,32	3,781	0,257	2,993	0,114	0,417
De la Collinance	15	32,72	12,22	3,390	0,269	2,882	0,144	0,095
De la Gergogne	15	34,72	23,78	3,276	0,221	2,703	0,129	0,223
De l'Ourcq	15	35,39	16,83	2,887	0,202	2,361	0,115	0,208
De la Seine sous Paris	15	36,28	12,54	2,613	0,295	1,940	0,000	0,373
De la Seine au-dessus de la Bièvre	15	36,28	12,54	2,426	0,761	1,494	0,000	0,171

On voit par ce tableau que les eaux contiennent toutes, outre les sels indiqués, une certaine quantité d'acide carbonique et d'air. Ces différens corps peuvent et même doivent être enlevés à l'eau, surtout lorsqu'ils sont trop abondans, à l'exception de l'air qui, dans un grand nombre d'opérations, peut être utile. En supposant qu'une eau en fût privée, on lui rendroit facilement en la battant à l'air avec un balai de bouleau dans un vase large et peu profond.

L'eau, dans l'état où elle se trouve le plus souvent dans nos climats, est un liquide transparent, incolore, inodore, compressible, susceptible de mouiller et de dissoudre un grand nombre de corps.

Ce qui rend l'eau si précieuse et tout-à-fait indispensable en teinture, c'est qu'elle peut dissoudre les parties colorantes, les acides, les sels dont on y fait usage, tenir les molécules de ces divers corps tellement divisées, qu'elles puissent facilement s'appliquer aux étoffes, et s'y combiner ou directement comme dans la teinture en bleu par l'indigo, ou par l'intermède des mordans, comme dans la teinture de coton en rouge des Indes ou d'Andrinople.

La faculté dissolvante de l'eau est presque toujours considérablement augmentée par l'action du calorique. Voilà pourquoi le teinturier opère si rarement à froid, et que toujours ou presque toujours il fait chauffer plus ou moins fortement pour extraire les parties colorantes, pour préparer les mordans et les bains de teinture.

On ne doit jamais perdre de vue que l'eau chaude jouissant à un plus haut degré que l'eau froide de la propriété de dissoudre la plupart des corps, il doit en résulter qu'une décoction ou une dissolution bouillante, par exemple, doit contenir une certaine quantité, soit de principe colorant, soit d'un autre corps soluble, qu'elle devra ensuite abandonner graduellement lorsqu'on la laissera refroidir. Voilà pourquoi les bains colorans laissent toujours un dépôt assez considérable lorsqu'ils sont froids, dépôt qui se redissout lorsqu'on chauffe de nouveau. Voilà pourquoi aussi, lorsqu'on a préparé à chaud un bain qui doit être employé à froid, il ne faut pas le charger du principe colorant si l'on ne veut pas en perdre une quantité notable. En général, lorsqu'une décoction quelconque doit se refroidir avant d'être employée, il ne faut que la saturer, autrement il se forme un dépôt qui ne se redissout jamais qu'en partie et qui forme une perte réelle. Ce phénomène est constant, et quelle qu'en soit la cause, les teinturiers doivent l'avoir présent à la pensée.

Autrement ils s'exposeroient à perdre inutilement des matières qui quelquefois sont d'un grand prix.

Suivant que les eaux contiennent plus ou moins de corps étrangers, elles sont plus ou moins propres aux opérations de la teinture, et si le choix des eaux n'est pas aussi important que quelques auteurs l'ont dit, il n'est pas non plus aussi indifférent que quelques autres l'ont voulu faire croire.

On doit rejeter toutes les eaux vaseuses, limoneuses, telles que celles des mares et des marais, toutes celles qui tiennent en dissolution quelques sels métalliques de fer, de cuivre, par exemple, et dont l'organe du goût seul fera aisément reconnoître la présence. En général on doit, autant que possible, n'employer que des eaux limpides, sans saveur, sans odeur, et qui dissolvent bien le savon.

Les eaux qui n'offrent pas ces caractères sont ce qu'on appelle *dures* ou *crues*; ce sont celles qui contiennent des sels terreux, des sulfates, des carbonates de chaux, de magnésie, etc. Dans ces eaux, le savon ne se dissout pas ou ne se dissout qu'avec peine, et les couleurs prennent une teinte plus foncée, moins agréable que dans les eaux pures.

Si l'on n'avoit que de telles eaux à sa disposition, il ne faudroit pas renoncer à une exploitation utile, mais il faudroit les corriger: on peut recourir au moyen suivant: « On fait dissoudre dans une pinte d'eau une livre et demie de sel de soude ou de bonne potasse du commerce; on ajoute à cette dissolution lorsqu'elle est bouillante, environ une demi-once de savon coupé par petits morceaux, et on agite le mélange jusqu'à ce que le savon soit dissous, ce que l'on reconnoît à la viscosité qu'acquiert cette dissolution.

» La proportion qui vient d'être indiquée, est celle qui convient pour cent kilogrammes ou cent pintes d'eau; ainsi on augmentera ou on diminuera la quantité d'alcali et de savon, suivant le volume d'eau que l'on voudra corriger.

» Aussitôt que l'eau à corriger est bouillante, on y verse la dissolution aussi bouillante d'alcali et de savon. Il se forme alors un *coagulum* qui vient nager à la surface et qu'on peut enlever aisément avec une écumoire. C'est pour obtenir cet effet que l'on ajoute du savon à la dissolution alcaline, parce qu'alors le précipité qui a lieu s'empare de l'huile du savon, ce qui l'oblige à se séparer du liquide bien plus facilement que par tout autre moyen.

» L'eau *dure*, ainsi corrigée, devient doucé, potable, propre à faire cuire les légumes et à dissoudre le savon. »

On emploie quelquefois d'autres moyens pour corriger les eaux: dans quelques endroits, on se contente de les faire bouillir avec du son renfermé dans un sac; ailleurs c'est avec des plantes mucilagineuses qu'on les fait bouillir; ailleurs enfin on y ajoute de l'eau sure ou dans laquelle on a fait aigrir du son, et par ce moyen on décompose les carbonates de chaux et de magnésie, et on chasse l'acide carbonique.

L'eau, comme on sait, peut se présenter sous trois états différens: état solide, état liquide, état gazeux ou vapeur; à l'état solide ou en glace elle ne sert point en teinture, seulement comme alors elle augmente de volume et peut occasionner la rupture des vases de terre ou de verre où elle se formeroit si on avoit négligé de les vider à l'approche des gelées, on aura la précaution ou de vider ces vases ou de les tenir, s'ils sont pleins, dans un endroit un peu chaud.

A l'état liquide, ses usages sont nombreux, variés, importans; elle entre dans presque toutes les opérations de la teinture. C'est dans cet état de pureté, ou lorsqu'on l'a dépouillée de tous corps étrangers par la distillation, qu'elle sert d'unité pour les poids: un décilitre d'eau pèse un gramme.

Lorsqu'on chauffe l'eau sous une pression de vingt-huit pouces, elle bout et passe à l'état de gaz ou de vapeur à une température de 80° de Réaumur et de 100° centigrades. Vaporisée, elle occupe dix-sept cents fois le volume qu'elle avoit à l'état liquide. De là cette force prodigieuse dont on a su si bien tirer parti dans les machines à vapeur; de là aussi la nécessité où sont les teinturiers qui ont besoin de chauffer des bains au degré de l'ébullition et dans des chaudières fermées, comme celles qui servent à l'avivage et au rosage du rouge des Indes, de ménager dans le couvercle de la chaudière une soupape qui puisse donner issue à l'excès de la vapeur.

On a vu qu'une dissolution aqueuse laissoit, dans le plus grand nombre des cas, déposer par le refroidissement une partie des principes qu'elle tient en dissolution. Un autre phénomène non moins important, c'est que lorsqu'elle passe à l'état de vapeurs, elle abandonne tout ce qu'elle tenoit dissous, et si on la condense ensuite, elle est dans un grand état de pureté. C'est sur ce principe qu'est fondée la distillation de l'eau pour la dépouiller des corps étrangers et la purifier. Il résulte de là aussi qu'on doit éviter de faire bouillir trop long temps les décoctions, les bains, etc. Une vaporisation abondante tend à augmenter proportionnellement pour l'eau qui reste dans le vase, la quantité du corps tenu en dissolution, et peut ensuite amener un dépôt tout-à-fait inutile.

EAU DE COLOGNE. Cette eau dont l'usage est si répandu, et qui se trouve presque dans tous les ménages, n'est autre chose qu'une dissolution de principes aromatiques et résineux dans l'alcool ou l'esprit-de-vin rectifié, soit par un simple mélange, soit par une véritable distillation. Cader Gassicourt a publié la recette suivante qui lui a été communiquée à Cologne même:

Huiles essentielles de neroli ,

———————— de cédrat ,

———————— d'orange ,

———————— de citron ,

———————— de bergamotte ,

———————— de romarin ,

} de chaque
12 gouttes.

Semence de petit cardanum , 1 gros.

Alcool à trente-quatre degrés , 1 litre.

Distillez au bain-marie et retirez trois demi-setiers.

Cette eau a été employée plusieurs fois avec avantage dans le dégraissage des étoffes , et surtout pour enlever les taches résineuses , partout enfin où l'alcool pur peut être employé avec succès.

EAU RÉGALE. *Voyez* Acide nitro-muriatique.

EAU-FORTE. *Voyez* Acide nitrique.

EAU DE LA REINE DE HONGRIE. C'est de l'alcool parfumé avec les sommités du romarin pendant la distillation. On la trouve chez tous les distillateurs-parfumeurs ; on doit préférer celle qui marque 34 ou 36 degrés de l'aréomètre. On l'emploie fréquemment dans le dégraissage. Elle peut être aisément et avec économie remplacée par l'alcool concentré.

EAU DE JAVELLE. Ce n'est autre chose qu'une dissolution de chlore dans une eau de potasse ou de soude. On la nomme *eau de Javelle*, parce que pour la première fois elle a été préparée à la manufacture de Javelle près Paris. C'est à Berthollet que l'on en doit la première idée , et c'est lui qui a indiqué les moyens de la préparer. Ce procédé consiste à recevoir le chlore gazeux non plus dans l'eau pure, mais dans une eau chargée d'une certaine quantité de potasse. Pour la préparer en grand , on peut se régler sur les données suivantes :

« Dans un litre d'eau où l'on a fait dissoudre quatre onces de potasse , on recevra toute la quantité de chlore que peuvent fournir les matières suivantes :

Oxide noir de manganèse . . . . 1 once.

Sel marin. 3

Acide sulfurique concentré 2

On étend ordinairement l'acide de son volume d'eau. Cette lessive bien faite doit marquer six ou sept degrés à l'aréomètre de Baumé. »

L'eau de Javelle est employée dans le blanchiment et dans plusieurs opérations du dégraissage ; mais on conçoit sans peine qu'elle doit être bien moins active que le chlore pur, puisque ce corps forme déjà une combinaison qui en neutralise l'action. Cependant on la préfère souvent, parce

qu'elle est plus facile à manier et qu'elle a bien moins d'odeur que le chlore.

On peut préparer des lessives analogues avec les eaux de chaux , de soude , de magnésie , et peut-être pourroit-on leur trouver à chacune des spécialités intéressantes.

ÉCAGNE. Portion d'écheveau qu'on a divisé , soit parce qu'il étoit trop gros , soit parce que le fil en étoit trop fin pour supporter le dévidage.

ÉCANGUER. Enlever la paille ou la tige au chanvre et au lin, au moyen d'un instrument en bois qu'on nomme *écang*.

ÉCARLATE. La belle écarlate sur laine s'obtient au moyen d'un bain de cochenille , dans lequel on ajoute , en doses déterminées , du surtartrate de potasse (crème de tartre , ou tartre purifié du commerce) et de l'hydro-chlorate de deutoxide d'étain. Ces sels doivent être purs , l'étain doit être au *summum* d'oxidation, et il ne faut point employer d'alun. Voici du reste le procédé que l'on met en usage, et qui se divise en deux opérations , le bouillon et la *rougie*.

Bouillon d'écarlate pour cent livres d'étoffe. Dans une chaudière de cuivre étamée , ou de cuivre rouge doublée d'une espèce de panier d'osier à claire-voie, on fait chauffer un poids d'eau égal à dix-sept ou dix-huit fois celui de l'étoffe , jusqu'à ce qu'elle soit un peu plus que tiède , et on y verse alors six livres de tartre purifié ; on agite le bain , et lorsqu'il est devenu un peu plus chaud, on y jette une demi-livre de cochenille en poudre que l'on y mêle bien ; un moment après on y verse cinq livres de dissolution d'étain bien claire ; que l'on y mêle avec soin, et dès que le bain commence à bouillir , on y met le drap , que l'on fait circuler rapidement pendant deux ou trois tours de moulinet ; ensuite on ralentit le mouvement. Après deux heures d'ébullition , on le lève , on l'évente et on le porte à la rivière, où on le lave avec soin.

Rougie d'écarlate. Après avoir vidé et nettoyé la chaudière , on y met une quantité d'eau environ moitié moindre que celle qui a été employée dans l'opération précédente , et lorsqu'elle est près de bouillir , on y met cinq livres et demie de cochenille pulvérisée et tamisée ; on la mêle avec soin , et lorsqu'après avoir cessé de remuer, une croûte qui vient former à la surface du bain , s'entr'ouvre d'elle-même en plusieurs endroits , on verse peu à peu environ quatorze livres de dissolution d'étain. Si , après cela , le bain s'élevoit par-dessus les bords de la chaudière, on le rafraîchiroit doucement en y mettant un peu d'eau froide.

Lorsque la dissolution est bien mêlée, on jette le drap dans le bain, avec la précaution de le tourner rapidement les deux ou trois premiers tours ;

tours; on le fait bouillir pendant une heure, en l'enfonçant dans le bain avec des bâtons, lorsque le bouillon le soulève; on le retire ensuite, on l'évente, on le refroidit, on le lave bien à la rivière et on le fait sécher.

Les proportions de cochenille et d'étain que l'on fait entrer soit dans le bouillon, soit dans la rougie, varient au gré du teinturier. Quelquefois, suivant Hellot, on réussit très-bien en mettant les deux tiers de la composition et un quart de la cochenille au bouillon, et l'autre tiers de la composition et les trois quarts de la cochenille à la rougie. Le même auteur assure qu'on peut aussi avec avantage ajouter du tartre à la rougie, pourvu qu'on n'en mette au plus que la moitié du poids de la cochenille. C'est actuellement la pratique de plusieurs teinturiers qui pensent que, par ce moyen, la couleur est plus solide.

Il y a quelques teinturiers qui ne lèvent pas le drap du bouillon, et qui ne font que le rafraîchir, pour faire la rougie sur le même bain, en y versant l'infusion de cochenille qu'ils ont faite à part, et à laquelle ils ont mêlé la quantité convenable de composition : l'on épargne par-là du temps et du combustible, et l'on peut obtenir ainsi une bonne écarlate.

Il est indispensable, surtout dans la pratique de l'art du teinturier, de se conformer aux caprices de la mode. Comme le goût n'est pas constant même dans la nuance que l'on préfère à l'écarlate, que quelquefois elle est demandée d'un rouge parfait et plus foncé, d'autres fois plus éclatante et inclinant vers le *feu*; dans le premier cas il n'y a qu'à suivre le procédé indiqué ci-dessus; dans le second on peut mettre dans le bouillon quelques copeaux de bois de fustet, ou bien ajouter un peu de curcuma ou de terre-mérite à la cochenille : une pratique éclairée ou bien un coup d'œil exercé peuvent seuls décider de la plus ou moins grande quantité que l'on doit employer de l'une ou de l'autre de ces deux substances. On reconnoît que l'on a fait usage de ces ingrédiens en coupant l'écarlate, dont l'intérieur se trouve alors teint en jaune; car, par le procédé ordinaire, la cochenille ne pénètre pas jusqu'à l'intérieur de l'étoffe et le laisse blanc, ce qu'on appelle *trancher*.

Scheffer conseille pour le bouillon un dixième de dissolution d'étain sur un poids donné de draps, avec une égale quantité d'amidon et autant de tartre. Il fait également ajouter un trente-deuxième d'amidon à la rougie, et il pense que cette substance donne à la teinture plus d'uniformité.

Poerner indique trois procédés, suivant les nuances plus ou moins foncées, plus ou moins orangées qu'il veut donner à l'écarlate. Dans ces procédés, l'auteur fait seulement varier la proportion de la dissolution d'étain, de cochenille et de tartre, et dans l'un d'eux il supprime ce dernier.

Diction. de Teinture.

L'expérience prouve que l'on peut quelquefois teindre de l'écarlate en une seule opération, mais on réussit rarement ainsi à donner une teinte égale.

Lorsque, par hasard, on a obtenu une écarlate un peu trop orangée, on peut aisément affoiblir cette nuance, soit en lavant dans de l'eau pure chaude, soit en ajoutant à cette eau quelques sels à base terreuse.

Voici, suivant Bancroft et Berthollet, la théorie de la teinture écarlate par la cochenille : « Le tartre donne naissance à un tartrate d'étain insoluble qui fait avec la cochenille une couleur jaune. L'écarlate ordinaire est un mélange d'un quart de cette couleur jaune et de trois quarts ou un peu plus de la couleur cramoisie que donne la cochenille avec la dissolution d'étain. » Lorsqu'on supprime le tartre, on n'obtient en effet qu'une couleur cramoisie ou d'un rouge vineux, mais on peut le remplacer et obtenir une belle écarlate, si l'on ajoute à la cochenille et à la dissolution d'étain, un principe colorant jaune, tel que le quercitron, etc.

Berthollet dit, en parlant de la teinture en rouge par la garance, « que lorsqu'on affoiblit l'acide nitrique pur avec trois cinquièmes de son poids d'eau, qu'on y fait oxider des copeaux d'étain jusqu'à ce que la liqueur devienne opale, et qu'on emploie cette dissolution dans le bain de garance, de manière à ce qu'elle marque de 2° à 20°, on obtient une foule de nuances, dont les dernières, surtout celles que l'on fait avec la dissolution de 16° à 20°, approchent beaucoup de l'écarlate. »

Le même auteur ajoute : « En passant le coton garancé dans du savon de laine fait avec de la soude, en y mettant le même soin que dans la liqueur savonneuse préparée pour le rouge (*voyez* ce mot) et en employant des lessives très-foibles dans l'intervalle, lavant ensuite le coton et le traitant par le même procédé que pour teindre la laine en écarlate, il prend une teinte écarlate plus pâle que celle de la laine, mais assez brillante. »

On fait avec la laque une écarlate sur laine qui n'est pas aussi brillante que celle que donne la cochenille, mais elle a l'avantage d'avoir plus de solidité. L'expérience a prouvé aussi qu'en la mêlant avec la cochenille dans certaines proportions, on pouvoit faire une couleur écarlate non moins belle que l'écarlate de cochenille, mais plus solide. *Voyez* LAQUE.

Le procédé pour faire l'écarlate de laque naturelle est le même que celui qu'on emploie pour faire l'écarlate de cochenille; il se divise aussi en deux opérations, le *bouillon* et la *rougie*. Seulement il faut augmenter la quantité de dissolution d'étain d'un quart ou d'un cinquième environ; ne mettre à la rougie la laque dans le bain, que lorsque la cochenille a bouilli avec la dissolution d'étain pendant un temps convenable, et que le bain a été rafraîchi ; ne chauffer ensuite qu'à une température *très-modérée* ; laver enfin le drap chaud immédiatement au sortir de la chaudière, sans quoi on ne pourroit en détacher les parties résineuses.

Les laques artificielles (*voyez* LAC-LAKE, LAC-DYE) peuvent, aussi bien que la laque naturelle, servir à faire une écarlate. Les procédés sont à peu près les mêmes pour l'emploi de ces deux substances qui ont beaucoup d'analogie, mais ces procédés sont assez compliqués. J'emprunterai à Vitalis, qui le premier a traduit et fait connoître les travaux de Bancroft, les détails indispensables pour teindre en écarlate par les laques artificielles.

« La matière colorante de la laque étant combinée par le mode employé dans la préparation du lac-lake et du lac-dye, avec une portion de résine qui fait environ le tiers de son poids, il en résulte que l'on ne peut, même par une longue ébullition, en dissoudre la moindre quantité. En aidant l'action de l'eau par celle d'un alcali, la matière colorante se dissout promptement, il est vrai, mais la résine qui se dissout en même temps, empêche la matière colorante de s'appliquer à l'étoffe, à moins qu'on ne prenne la précaution de neutraliser préalablement l'alcali par un acide. Or, en supposant que cette condition ait été remplie, la résine qui avoit été dissoute à la faveur de l'alcali, reprendra ses propriétés, et se rassemblera en grumeaux qui retiendront une assez grande quantité de matière colorante. Cette matière deviendra en pure perte, si on sépare les molécules résineuses par le filtre ou par le tamis, et si l'on ne s'en débarrasse pas de cette manière, la résine s'attachera aux étoffes plongées dans la chaudière, et gâtera en même temps l'étoffe et la couleur.

» Les alcalis que l'on pourroit employer en pareil cas sont la soude et l'ammoniaque, mais les inconvéniens de ce procédé sont tels, que l'on fera bien d'y renoncer.

» De nombreuses expériences m'ont appris que les acides sont, sinon les seuls agens, du moins les meilleurs agens que l'on puisse employer pour rendre la matière colorante du lac-lake ou du lac-dye soluble dans l'eau et susceptible de s'appliquer aux étoffes ; mais tous les acides ne sont pas également propres à cet usage. L'acide nitrique est celui qui convient le moins, parce qu'il agit tellement sur la couleur, que celle-ci n'offre plus qu'une foible nuance de jaune. Les acides végétaux sont en général d'un prix trop élevé, et leur action seroit d'ailleurs trop foible, à moins qu'ils ne fussent concentrés. Les acides sulfurique et muriatique (hydro-chlorique) n'exposent à aucun de ces inconvéniens ; l'acide sulfurique doit encore être préféré, parce qu'il jouit plus qu'aucun autre de la propriété de diviser la résine et de

l'empêcher de s'attacher à l'étoffe, et de gâter le bain de teinture. »

Le lac-dye et surtout le lac-lake ne contiennent pas toujours la même proportion de principe colorant ; on fera donc bien d'en mêler toujours plusieurs caisses ensemble, afin d'arriver à une moyenne proportionnelle moins sujette à varier. Il faut ensuite les réduire en poudre aussi fine que possible. Voici le moyen que les teinturiers de Londres emploient pour moudre ces matières : « Ils les réduisent d'abord en une poudre grossière, en faisant agir sur eux une meule de pierre verticale qui roule dans une auge de même matière et de forme circulaire. Pour éviter la perte qui a lieu ordinairement dans la pulvérisation des substances sèches, on humecte cette poudre grossière au point de lui donner la consistance, mais non la ténacité d'une pâte légère. On fait alors passer la poudre par deux paires de meules placées horizontalement, pareilles à celles dont on se sert dans les moulins à blé, mais plus petites, et dont une paire est placée directement au-dessus de l'autre ; de sorte que la poudre humectée, après avoir éprouvé l'action de la paire de roues supérieures, tombe entre les meules de la paire de roues inférieures, et en sorte sous la forme d'une poudre très-fine. Cette poudre est ensuite portée par une auge de bois dans des cuves de même matière, où on la laisse déposer, afin d'en retirer l'eau incolore qui la surnage. Cela fait, on met le sédiment dans un vaisseau de plomb de capacité convenable, pour le traiter ensuite par l'acide sulfurique étendu d'eau, soit que l'on veuille obtenir une dissolution claire et limpide de la matière colorante, isolée de toute substance étrangère, résineuse, terreuse ou autres, et susceptible de s'appliquer aux étoffes ; soit que l'on aime mieux s'en servir, sans être obligé d'en séparer la matière résineuse, attendu que l'acide sulfurique empêche la résine de nuire à l'étoffe ou à la couleur : effet qu'il produit mieux que l'acide muriatique.

» Dans le premier cas on prendra trois livres d'acide sulfurique à 66° de l'aréomètre de Baumé, pour quatre livres de lac-lake pesé sec avant la mouture. Cette quantité de lac-lake, après avoir été humectée et moulue, ne contient guère plus de deux fois son poids d'eau ; on verse par-dessus l'acide sulfurique, et on le mêle parfaitement avec cette poudre imbibée d'eau, en remuant et en agitant avec une baguette de verre ou de plomb. Mais si le lac-lake a été pulvérisé sans être humecté, il faudra, avant d'y ajouter l'acide, le délayer avec deux fois son poids d'eau. Le mélange étant fait, on le laissera en repos pendant vingt-quatre heures en été et quarante-huit en hiver : on ajoutera alors cinq pintes d'eau bouillante pour chaque livre de lac-lake (pesé sec), et on mêlera bien les matières en les agitant. Au bout de vingt-quatre heures on soutirera la liqueur, qui sera claire et bien colorée, dans un second vase de plomb. On versera de nouveau sur le résidu cinq pintes d'eau bouillante, et après avoir laissé reposer douze heures, on décantera la liqueur colorée comme la première fois. On continuera à laver de la même manière le résidu, jusqu'à ce que l'eau paroisse ne plus extraire de matière colorante. Lorsqu'on est arrivé à ce point, on mêle un peu de résidu avec moitié de son poids de carbonate de soude dissous dans un peu d'eau, et s'il reste encore de la matière colorante qui n'ait pas été extraite par les opérations précédentes, ce résidu deviendra rouge et se foncera en couleur. Si l'intensité de la couleur annonçoit dans le résidu une quantité notable de matière colorante, on y mêleroit depuis un sixième jusqu'à un quart de la quantité de l'acide sulfurique primitivement employé, et après l'avoir laissé reposer douze heures, on le laveroit à l'eau bouillante, comme il a été dit plus haut.

» On réunira alors toutes les liqueurs colorées dans le même vase et on y ajoutera deux livres de bonne chaux vive, en poudre fine, par chaque cinq livres d'acide sulfurique contenu dans la liqueur, et on agitera le tout de manière à bien mélanger les matières. Cette quantité de chaux suffira pour neutraliser les quatre cinquièmes de l'acide et pour déterminer un précipité qui ne contiendra pas un atome de matière colorante. Le cinquième restant de l'acide qui n'est pas neutralisé, servira à rendre la liqueur qui tient en dissolution la matière colorante, séparée du sulfate de chaux qui s'est précipité, susceptible de mieux pénétrer dans l'étoffe. Je distinguerai par le n°. 1 ce *solutum* de la matière colorante du lac lake isolée de toute matière résineuse, terreuse ou autres.

» Si l'on employoit l'acide hydro-chlorique, on auroit un sel soluble, ce qui compliqueroit l'opération. »

Le solutum n°. 1 peut servir à teindre en écarlate, soit par une seule opération, soit en deux opérations, le *bouillon* et la *rougie*, comme dans la teinture par la cochenille, en ayant recours aux mordans et auxiliaires convenables.

« Pour extraire la couleur du lac-dye, il suffira d'employer les deux tiers de la quantité d'acide sulfurique qui a été prescrite pour le lac lake.

» Quelque peu complique que soit le procédé que l'on vient d'exposer, peut-être les teinturiers trouveront-ils plus simple de ne traiter le lac-lake ou le lac-dye que par l'acide sulfurique, sans prendre la peine de séparer la matière colorante des parties résineuses, terreuses, ou autres substances étrangères ; en effet, nous avons déjà fait remarquer que l'acide sulfurique jouissoit de la propriété de diviser tellement la résine, que ses molécules ne peuvent plus endommager ni l'étoffe ni la couleur. Dans ce cas, la matière colorante se dissoudra dans le bain de teinture.

» Pour cet effet, on se contentera de verser une livre d'acide sulfurique concentré à 66°, sur deux livres de lac-lake (pesé sec), et les deux tiers d'une livre du même acide, pour deux livres de lac-dye (aussi pesé sec). Chacune de ces substances étant humectée et moulue, sera mêlée dans un vase de plomb, avec la proportion d'acide sulfurique qui vient d'être indiquée. Après avoir bien agité les matières, à différentes reprises, on les laissera reposer pendant vingt-quatre heures en été, et pendant trois fois le même temps en hiver. La liqueur pourra sur-le-champ être employée. Combinée avec l'acide sulfurique, elle peut aussi se conserver pendant plusieurs mois. »

Cette préparation que nous désignerons par le n°. 2, ne reviendra pas à plus de vingt centimes la livre, sans compter les frais de mouture.

« Deux ou trois livres de lac-lake et peut être un peu moins de lac-dye, peuvent produire l'effet d'une livre de cochenille ; mais pour donner plus de vivacité à la couleur, il faudra mettre dans la chaudière un sixième ou un huitième de plus de nitro-muriate d'étain, ou autre dissolution de ce métal, qu'on n'en emploie pour la cochenille, parce que l'alumine par laquelle la matière colorante a d'abord été préparée, et dont une partie a été dissoute et retenue par l'acide sulfurique employé, donneroit à la couleur une teinte cramoisie, à moins que l'oxide d'étain ne soit employé en si grande quantité qu'il puisse, par la supériorité de son attraction, détruire celle de l'alumine et l'empêcher de s'unir à l'étoffe et à la matière colorante. »

Il est reconnu que la couleur fournie par la laque résiste mieux aux acides que celle tirée de la cochenille. Elle peut aussi teindre en une seule opération, mais en général la couleur est plus unie et plus belle lorsqu'on en emploie deux.

Voici comment on doit opérer : « Dans une chaudière d'étain fin on versera quantité suffisante d'eau douce et pure, dans laquelle on mettra une livre de tartre, ou, ce qui vaut mieux, de crême de tartre, pour dix livres d'étoffes ; on ajoutera autant, soit d'écorce de quercitron en poudre, contenue dans un sac de toile, soit de bois de fustet, en copeaux, enfermés aussi dans un sac de toile pour donner la teinte de jaune nécessaire à la teinture en écarlate. La liqueur chargée de ces ingrédiens étant portée à l'ébullition, on versera dans la chaudière le nitro-muriate d'étain, ou toute autre dissolution de ce métal, avec la quantité convenable de couleur de lac n°. 1, ou de celle n°. 2. Ces matières ayant été bien mêlées dans le bain, on y plongera l'étoffe qu'on suppose bien propre et un peu humide, et on la fera mouvoir à l'ordinaire sur le moulinet, jusqu'à ce que la couleur ait acquis le corps et la vivacité convenables, ce que l'on obtient ordinairement dans l'espace d'une heure, si l'on a soin de soutenir le bouillon.

" Si la quantité de la liqueur, n°. 1 ou n°. 2, ne suffit pas, on retirera l'étoffe du bain en la roulant sur le moulinet; on ajoutera alors une nouvelle dose de couleur qu'on aura soin de bien mêler à l'eau du bain; on abattra ensuite l'étoffe, et on procédera comme au commencement de l'opération.

" Mais pour éviter cette interruption, il vaudra mieux employer un peu plus de la couleur de lac, que celle qui suffiroit à la rigueur, parce que l'excédant pourra servir ensuite à teindre d'autres étoffes.

" Quand une opération est terminée, et que les pièces d'étoffes ont été enlevées et rincées à l'ordinaire, on remet dans le bain de teinture des quantités convenables de tartre, d'écorce de quercitron ou de fustet, et de liqueur colorante n°. 1 ou 2, comme la première fois, et on y teint d'autres pièces. On peut teindre de la même manière encore une ou deux fois, ou jusqu'à ce que le bain devienne si trouble ou si chargé de matières insolubles de lac-lake ou de lac-dye, qu'il ne puisse plus servir. Cet effet se fait sentir beaucoup plus tôt avec le lac-dye qu'avec le lac-lake. Dans tous les cas, il ne faut jamais jeter un bain avant d'en avoir épuisé sur des étoffes toute la partie colorante.

" Si l'on veut neutraliser une partie de l'acide sulfurique de la liqueur n°. 2 pour empêcher les étoffes de devenir rudes au toucher, on pourra, durant l'opération, ajouter à la liqueur colorante, et peu à chaque fois, une livre et demie ou deux livres au plus, de carbonate de soude par chaque livre d'acide sulfurique employé. Le sulfate de soude qui proviendra de cette addition, bien loin de nuire à la couleur écarlate, ne serviroit au contraire qu'à l'améliorer. Il n'en seroit pas ainsi du muriate de soude ou de tout autre sel neutre dont la formation pourroit avoir lieu, et c'est une raison de plus pour préférer l'acide sulfurique à tous les autres.

" Si, au lieu de teindre en une seule fois, comme on vient de le dire, on vouloit teindre en deux fois, comme cela se pratique avec la cochenille (quoique je sois bien persuadé qu'il n'y a rien à gagner, dit Bancroft), je conseillerois aux teinturiers de commencer par mettre dans l'eau de la chaudière la moitié du tartre, ainsi que de la dissolution d'étain, et de la préparation n°. 1 ou 2, qui est nécessaire; d'ajouter ensuite une quantité suffisante de quercitron ou de fustet, de bien mêler tous ces ingrédiens, d'abattre les pièces dans la chaudière, de les y manœuvrer pendant trois quarts d'heure ou jusqu'à ce que la matière colorante de la liqueur fût à peu près épuisée; on retireroit alors les pièces, et, *sans les rincer*, on les mettroit dans une autre chaudière de même métal qu'on auroit eu soin de remplir d'eau, et dans laquelle on verseroit l'autre moitié des ingrédiens que l'on mêleroit bien; on chaufferoit

ensuite, et on finiroit les pièces sur ce bain suivant la méthode accoutumée.

" Si on diminue d'un quart la préparation n°. 1 ou n°. 2, et que l'on mette, vers la fin de l'opération, un quart d'once de cochenille pour chaque livre d'étoffe à teindre, on obtiendra une couleur égale en beauté et en vivacité à l'écarlate tirée uniquement de la cochenille.

" Lorsque l'on teint une étoffe avec le lac-lake, et que l'on se propose de faire virer sa nuance au rose-vif, au cramoisi ou au pourpre, on ne doit faire usage ni du quercitron, ni du fustet; on ne doit employer aussi que la moitié de la quantité ordinaire de tartre. Après que les étoffes auront été teintes et bien rincées, on les abattra dans un vaisseau convenable rempli d'eau chaude, où l'on aura fait dissoudre un peu de carbonate de soude ou d'eau chargée d'ammoniaque (alcali volatil), que l'on retire du sel ammoniac, ou de l'urine putréfiée. On suivra du reste les procédés usités pour produire les mêmes couleurs avec la cochenille : on les travaillera dans le bain à l'ordinaire. "

Le kermès (*voyez* ce mot) sert à faire une écarlate sur laine, qu'on a nommée *écarlate de graine*, ou *écarlate de Venise*. Voici le procédé qu'on met en usage. On fait d'abord bouillir le drap pendant une demi-heure dans de l'eau avec du son, et ensuite pendant deux heures dans un bain neuf, avec un vingtième d'alun et un quarantième de tartre; quelques teinturiers ajoutent au bain un peu d'eau sûre. Le drap une fois préparé ainsi, on jette dans un bain tiède une demi-livre ou trois quarts de livre de kermès, et, au premier bouillon, on y plonge le drap que l'on ne retire que lorsque la couleur cesse de monter.

Le rouge de kermès est moins éclatant, mais plus solide que celui de la cochenille; dans nos vieilles tapisseries, c'est lui qui forme ce rouge de sang que l'on remarque en quelques endroits.

En employant moitié kermès et moitié garance, on obtient un rouge connu sous le nom d'*écarlate demi-graine*. Cette couleur est très solide, mais elle n'a pas de vivacité et tire sur la couleur de sang.

On fait sur le coton, au moyen du carthame, une écarlate très-agréable et qui n'est pas sans vivacité, par le procédé suivant, indiqué par Vitalis :

1°. Blanchir le coton par le procédé Berthollet;

2°. Lui donner un léger pied de rocou que l'on avive par un petit bain d'alun; tirer à l'eau;

3°. Immersion dans le bain de premier coulage, auquel on ajoute du jus de citron en quantité suffisante;

4°. Immersion dans le bain du second coulage, avec addition de suc de citron;

5°. Immersion semblable dans le bain de troisième coulage.

ÉCATIR. C'est presser le drap légèrement et sans cartons.

ÉCHEVEAUX, ÉCHEVETTES. On donne ce nom à une division de la *pente* qui contient une once ou un peu moins de coton filé.

ÉCOPE. Pelle creuse dont on se sert dans le blanchiment, pour arroser les toiles sur le pré.

ÉCORCES. C'est dans cette partie des végétaux que se trouvent souvent les principes colorans, comme dans le *quercitron*, etc. C'est là qu'on rencontre le principe astringent, comme dans le *chêne*, l'*aune*, le *noyer*, etc. Sous ce double rapport, les écorces jouent un grand rôle dans la teinture. On verra à chacun des mots qui les concernent, leur description particulière et les signes au moyen desquels on peut les reconnoître et les choisir.

EMPASTELER. Donner aux étoffes le bleu de pastel.

ENGALLAGE. Opération par laquelle on combine les matières à teindre avec une certaine portion des principes de la noix de galle. *Voyez* LIN, CHANVRE, LAINE, COTON, etc.

ESGALIVER. C'est tordre souvent et légèrement la soie teinte.

ESPART. C'est le nom que l'on donne à un poteau solide ou à un morceau de bois rond, scellé dans une muraille, dans lequel on enfile les écheveaux que l'on veut ensuite tordre à la cheville.

ESPRIT DE SEL. *Voyez* ACIDE MURIATIQUE.

ESPRIT-DE-VIN. *Voyez* ALCOOL.

ESSENCE DE LAVANDE. C'est une huile essentielle que l'on extrait par la distillation des fleurs de lavande. Elle ressemble beaucoup pour l'odeur à l'huile d'aspic, mais elle est plus suave. On l'emploie pour enlever les taches d'huile. Il est important qu'elle ne soit point mêlée avec une huile grasse, comme cela arrive quelquefois lorsqu'elle est falsifiée.

ESSENCE DE SAVON. On l'obtient aisément en faisant dissoudre lentement et à une douce chaleur dix onces et demie de savon blanc de Marseille et deux onces de potasse dans un litre d'alcool à 30°, filtrant et conservant la liqueur dans des flacons bien bouchés. Employée avec avantage par les dégraisseurs.

ESSENCE DE TÉRÉBENTHINE. On trouve cette substance abondamment dans le commerce, mais elle ne jouit pas toujours, à cause de son ancienneté, de la propriété de se combiner avec les corps gras et huileux. Pour lui rendre les qualités qu'elle a perdues, et la ramener constamment à l'état où elle doit être pour le dégraissage, il suffit de la distiller sur de la chaux vive. On met de la chaux vive dans une cornue, on verse l'essence dessus et on distille au bain de sable, à un feu modéré; après avoir ajusté un récipient au bec de la cornue, l'essence passe dans le récipient. On la recueille et on la conserve dans des flacons bien bouchés et placés dans l'obscurité.

ESSENCE VESTIMENTALE. La liqueur que l'on vend sous ce nom n'est autre chose qu'un mélange d'huile essentielle de térébenthine, d'essence de lavande ou d'essence de citron. On lui donne quelquefois le nom d'*essence de Dupleix*. Elle dissout parfaitement tous les corps huileux, toutes les résines, et n'altère jamais ou presque jamais les couleurs ou les tissus; mais il est important que toutes ces essences soient récentes ou redistillées de nouveau.

ESSENCES. C'est le nom qu'on donnoit autrefois en chimie, et que l'on a conservé dans le commerce, aux huiles essentielles que l'on obtient par la distillation de plusieurs végétaux. On s'en sert pour enlever les taches d'huile grasse et de graisse qui ont pénétré jusque dans l'intérieur d'une étoffe, et qu'elles vont chercher en quelque sorte jusque dans les parties les plus cachées. Il est important que ces essences ne soient point falsifiées ni mélangées, surtout avec les huiles grasses, comme cela arrive souvent. Il est facile de reconnoître cette fraude. Il suffit d'y tremper un papier que l'on chauffe ensuite. Si l'huile est pure, le papier ne porte aucune trace de corps gras; il est taché au contraire si l'huile étoit falsifiée.

ÉTAIN. De tous les métaux dont la teinture à su tirer parti, il n'en est pas de plus utile, de plus indispensablement nécessaire que l'étain, puisque sans lui on ne sauroit faire ce mordant sans lequel les couleurs les plus brillantes perdroient leur solidité et leur éclat, et que les teinturiers nomment *dissolution d'étain*, ou simplement *composition*.

Il y a plusieurs procédés pour préparer cet agent si puissant. Vitalis en décrit six que voici :

N°. I.

Dans une livre d'acide nitrique à 24 degrés de l'aréomètre de Baumé, on fait dissoudre d'abord deux onces de sel ammoniac en poudre, puis successivement, et par petites parties, deux onces d'étain pur et effilé, ou au moins grenaillé. La dissolution étant faite, on laisse reposer quelques heures; on décante le clair, et on y ajoute un quart en poids d'eau pure.

No. 2.

On fait dissoudre deux onces d'étain dans une livre d'eau régale, ou d'acide nitro-hydro-chlorique, composé avec cinq onces d'acide nitrique à 24 degrés, et onze onces d'acide hydro-chlorique à 22 ou 24 degrés.

No. 3.

Faites dissoudre une once d'étain dans une eau régale, composée avec quatre onces d'acide nitrique et deux onces d'acide hydro-chlorique, et à laquelle vous aurez ajouté deux onces d'eau.

No. 4.

Acide hydro-clorique............... 6 onces.
Acide nitrique..................... 8
Eau pure........................... 8
Etain grenaillé.................... 4
Sel de saturne (acétate de plomb)... 1

Mêlez dans un vase de verre ou de grès les acides avec l'eau, jetez-y l'étain par petites portions, observant, comme dans les dissolutions précédentes, d'attendre que les premières soient dissoutes avant d'y en ajouter d'autres. La dissolution d'étain achevée, mettez-y le sel de saturne, remuez bien et prenez le clair. Cette dissolution sert surtout pour les jaunes.

No. 5.

Faites dissoudre du sel d'étain dans l'eau, et ajoutez quantité suffisante d'acide nitrique pour rendre limpide la dissolution aqueuse.

Cette dissolution s'emploie surtout pour les rouges du Brésil.

No. 6.

Acide nitrique.................... 2 livres.
Acide hydro-chlorique............ 3
Etain............................ 14 onces.
Sel de saturne.................... 6

Faites dissoudre l'étain peu à peu dans les acides mélangés, décantez ensuite et employez la dissolution à six degrés.

Cette dissolution convient pour faire les rouges de Brésil, de Sainte-Marthe, de Nicaragua, etc.

Chaque teinturier a du reste sa manière de préparer sa *composition*; et comme ce travail est d'une haute importance, je vais indiquer encore plusieurs recettes que l'on pourra également mettre en usage : seulement lorsqu'on aura, par un procédé, obtenu un résultat dont on sera satisfait, il faudra toujours opérer de la même manière.

No. 7.

Vogler préparoit sa *composition* avec l'eau-forte du commerce, qui n'est qu'un acide nitro hydrochlorique imparfait; il empêchoit seulement la précipitation de l'oxide, en ajoutant à sa dissolution de l'hydro-chlorate de soude ou de l'hydrochlorate d'ammoniaque.

No. 8.

Hallot prenoit trente-deux parties d'acide nitrique qu'il mêloit avec une quantité égale d'eau filtrée; il y dissolvoit peu à peu deux parties d'hydro-chlorate d'ammoniaque bien blanc, une partie de nitrate de potasse, et deux parties d'étain grenaillé.

No. 9.

Scheffer dissolvoit une partie d'étain dans quatre parties d'acide nitro-hydro chlorique.

No. 10.

Macquer dissolvoit trois parties d'étain dans huit parties d'acide nitrique, auquel il mêloit une partie de muriate d'ammoniaque et six parties d'eau.

No. 11.

Guliche saturoit d'étain l'acide nitro-hyro-chlorique qu'il employoit, en l'ajoutant par parties.

No. 12.

Berthollet conseille de prendre de l'acide nitrique pur, à 30 degrés, d'y dissoudre le huitième de son poids d'hydro-chlorate d'ammoniaque, d'y ajouter par petites parties le huitième de son poids d'étain, et d'étendre ensuite cette dissolution du quart de son poids d'eau. Il faut employer un étain pur, dans lequel ne se trouve ni cuivre ni plomb; il faut le réduire en grenaille, en le fondant et le faisant couler dans de l'eau que l'on agite avec de petites baguettes; il faut enfin décanter la dissolution pour la séparer d'un petit dépôt noirâtre.

Les dissolutions qui contiennent une grande proportion d'étain, sont brunes et donnent des couleurs plus foncées et plus ternes; cependant, comme il peut se trouver des cas où elles soient utiles, Berthollet indique le procédé suivant pour en obtenir une qui est effectivement très-chargée.

No. 13.

Il faut décomposer dans une cornue, à une chaleur assez forte, le muriate d'ammoniaque mêlé avec poids égal d'oxide d'étain : on dissout le résidu, on le filtre et on le fait évaporer jusqu'à cristallisation; on a par ce moyen des cristaux d'un sel triple, formé par l'acide hydro-chlorique, l'ammoniaque et l'oxidation; mais pour se servir de ce sel, il faut ajouter à sa dissolution un peu d'acide hydro-chlorique, qui empêche la précipitation de l'oxide d'étain.

De quelque manière qu'on fasse la dissolution d'étain, soit par l'acide nitrique seul, soit par l'acide nitro-hydro-chlorique, il y a constamment, comme l'a très-bien fait observer Berthollet, production d'une quantité notable d'ammoniaque qui neutralise l'action de l'acide nitrique sur les matières animales et en saturant l'excès. Cette production d'ammoniaque explique encore parfaitement cette observation de Bancroft : il voulut substituer dans la teinture de l'écarlate, l'hydrochlorate d'étain, au nitro-hydro-chlorate ; mais il lui en fallut une plus grande proportion, et la laine se trouva fort détériorée. En effet, ici il ne se formoit pas d'ammoniaque, et l'acide hydrochlorique devenant libre, agissoit sur la laine et la brûloit.

La dissolution d'étain, quel que soit d'ailleurs le procédé que l'on a employé pour la préparer, prend assez promptement la consistance d'une gelée. C'est ce que les teinturiers appellent une *composition tournée*. Ce phénomène est dû à l'action de l'étain qui s'oxide de plus en plus, soit aux dépens de l'air atmosphérique, soit aux dépens de l'acide nitrique et à la formation d'ammoniaque qui s'empare de l'acide et fait précipiter l'oxide d'étain : d'où il résulte qu'on ne doit préparer la composition qu'au moment de s'en servir, et qu'il faut la conserver dans un endroit sombre, frais, et dans des flacons bien bouchés. Lorsque l'épaississement ne fait que commencer, on peut le faire disparoître en ajoutant à la dissolution un peu d'hydro-chlorate de soude.

Une observation constante, dit Berthollet, a appris que, lorsque la dissolution d'étain se faisoit avec vivacité et qu'il s'en dégageoit beaucoup de vapeurs, la couleur qu'on obtenoit en l'employant, étoit moins vive et moins agréable, que lorsque la dissolution se faisoit lentement et sans effervescence ; en sorte que, du moins pour les teinturiers sur laine, il est à propos que l'étain soit au moindre degré d'oxidation. Il ne reste pas dans cet état, et il y a apparence qu'il passe à un degré plus avancé d'oxidation dans l'opération même de la teinture : autrement il ne donneroit pas une base blanche à la couleur ; mais, sans doute, cette circonstance est avantageuse : c'est une raison de plus pour préférer les dissolutions récentes et faites avec lenteur, à celles qui sont anciennes, avec quelque soin qu'elles aient été préparées.

Voyez, pour les usages de la composition d'étain, les différentes couleurs, écarlate, rouge, jaune, etc., pour lesquelles elle est indispensable.

ÉTUVE. C'est le nom qu'on donne à une pièce chauffée soit par la vapeur de l'eau, soit par un courant d'air qui a traversé un foyer. Ces étuves, dont il est facile de se figurer la construction (*voyez* ATELIER), sont indispensables dans tous les établissemens de teinture ou de dégraissage. L'étuve à la vapeur sert pour le décatissage ; et c'est un moyen précieux pour humecter les étoffes que l'on veut ensuite porter dans un bain colorant. L'étuve à air chaud sert pour faire sécher rapidement et sans soleil, les couleurs qui ne peuvent rester long-temps humides sans s'altérer. Ces étuves doivent constamment être tenues avec une grande propreté, et on doit veiller surtout à ce que l'air chaud n'arrive chargé ni de fumée, ni de poussière de charbon.

F

FAGOTINES. Petites parties de soie recueillies par différens particuliers. Ces soies n'étant pas destinées pour faire des filages suivis, sont très-inégales, parce qu'elles ont été travaillées par plusieurs mains.

FAUVE. Cette espèce de teinture qu'on nomme encore *couleur de racine*, s'applique quelquefois seule aux étoffes de laine, et le plus souvent entre dans la composition d'autres couleurs. Les substances qui servent le plus fréquemment à faire le fauve, sont : le *brou de noix*, la *racine de noyer*, l'*écorce d'aune*, le *santal*, le *sumac*, la *suie*, etc. (*Voyez* ces mots.) Il n'est pas de couleur plus répandue que celle-ci. Presque tous les végétaux, dit Berthollet, contiennent plus ou moins, surtout dans leur écorce, des parties colorantes propres à donner des nuances de fauve, qui tirent du jaune au brun, au rouge, au vert. Ces parties colorantes présentent des différences plus ou moins grandes entr'elles, relativement à la quantité et à leurs qualités : elles varient encore suivant le climat et selon l'âge du végétal. On peut donc se procurer une grande variété de nuances en modifiant le fauve naturel aux végétaux par le moyen de différens mordans. C'est ce qu'ont exécuté Siefferts et surtout Dambourney. (*Voyez* COULEURS VÉGÉTALES INDIGÈNES.) Aussi, dans le grand nombre d'expériences qu'a faites le dernier, en employant les parties de différens végétaux et en faisant usage de différens mordans, les couleurs qu'il a produites sont pour la plupart entre le jaune et le brun, telles que les carmélites, les suies, les canelles, les marrons.

La décoction de la plupart des végétaux, et surtout de leurs écorces, donne non-seulement une couleur qui ne diffère que par des nuances souvent bien difficiles à apprécier, mais elle présente avec les réactifs des caractères qui s'éloignent bien peu. Toutes ou presque toutes forment avec l'alun un précipité jaune, et une couleur plus claire avec la dissolution d'étain; toutes se comportent comme astringens avec la dissolution de fer; toutes ou presque toutes se foncent et noircissent lorsqu'on les laisse exposées à l'air.

Les fauves sur draps et sur laines, faits avec les substances indiquées plus haut, sont solides et d'un effet agréable; on peut les varier à l'infini, soit en donnant aux décoctions plus ou moins d'intensité, soit en mélangeant les matières qui servent à faire les fauves, soit enfin en leur adjoignant d'autres principes colorans. C'est par ces combinaisons et ces mélanges qu'il est impossible de décrire et que l'usage seul apprend, que les teinturiers peuvent faire ces nuances si nombreuses que la mode adopte et répudie chaque jour. Les fauves enfin ne sont souvent que des brunitures qui servent à donner plus d'éclat ou d'intensité aux autres couleurs.

FAUX-CHOUAN. Graine du myagre oriental, bonne pour la teinture.

FAUX-INDIGO. C'est le galéga des teinturiers, qui croît dans l'Inde.

FENUGREC. *Fænum græcum.* Foin grec, espèce de trigonelle ou de luzerne, dont les semences moulues sont employées en teinture, et donnent un jaune pâle agréable et assez solide. On la cultive en grand en Alsace, en Lorraine, dans le Piémont et la Lombardie. Les mordans qui réussissent le mieux avec cette substance, sont l'alun et l'hydro-chlorate de soude.

FER. *Voyez* NOIR, OXIDES MÉTALLIQUES,....

FER A GAUFFRER. Planche de cuivre qui imprime les caractères sur les étoffes.

FERNAMBOUC. *Voyez* BOIS DE BRÉSIL.

FEUILLE-MORTE. C'est une couleur assez estimée. On peut la faire sur laine avec le fustet seul, et avec la plupart des substances qui donnent les fauves, en y ajoutant un peu de jaune ou de rouge, suivant qu'on veut lui donner plus ou moins de ton, sur soie, lin, chanvre et coton; c'est également par des mélanges qu'on parvient à faire la couleur feuille-morte, qui alors seulement est moins recherchée.

FIEL DE BŒUF. *Voyez* BILE.

FIL ET COTON FILÉ. Il y a bien peu de différence entre les procédés de teinture employés pour colorer le fil et le coton filé, et ceux que j'ai décrits pour teindre d'une manière géné-

rale. Cependant il est quelques particularités sur lesquelles il ne sera pas sans intérêt d'insister. Vitalis, que j'ai déjà eu bien souvent l'occasion de citer, l'avoit reconnu, puisque, outre son grand *Traité de teinture*, il avoit publié à part un ouvrage intitulé *Manuel du teinturier sur fil et sur coton filé.*

De ces spécialités, les plus importantes sont les suivantes:

A. Dans les opérations préparatoires. 1°. Le *décreusage* se fait le plus souvent avec une lessive de potasse, ou mieux, de soude marquant un degré à l'aréomètre de Baumé, et dans laquelle on fait bouillir le fil pendant cinq ou six heures. On reconnoît que l'opération est terminée lorsque le fil s'enfonce de lui-même dans la chaudière. Il faut ensuite le retirer, le refroidir en égouttant au-dessus de la chaudière, le laver en eau courante, le tordre fortement et le faire sécher. L'opération de la torsion est en général fort importante; elle s'exécute au moyen d'un morceau de bois fixé qu'on nomme *espart* et d'un autre mobile qu'on nomme *cheville.* Voyez ces mots.

2°. L'*engallage* se fait le plus communément dans la proportion de trois à quatre onces de noix de galle par livre de coton filé. Quelquefois on emploie le sumac dans une proportion double. L'expérience enfin a démontré que dans beaucoup de circonstances il est aussi avantageux qu'économique d'associer la noix de galle au sumac. On mêle alors l'infusion du dernier à la décoction de noix de galle que l'on a préparée séparément.

3°. L'*alunage* se donne ordinairement à raison de quatre onces par livre de coton. On doit choisir un alun bien pur. On se conduit du reste comme nous l'avons indiqué plus haut. *Voyez* ALUNAGE.

Dans quelques circonstances, on est obligé de donner au coton deux aluns. Dans ce cas, l'expérience a démontré qu'en mettant entre les deux opérations un intervalle de deux ou trois jours, le fil se pénétroit bien mieux du mordant. On peut aussi aluner avec l'acétate d'alumine, qui s'emploie à froid et à quatre degrés de l'aréomètre de Baumé. Quand le fil est sec de son alun, il faut toujours le laver avec soin avant de teindre, pour emporter la portion d'alun qui n'est pas combinée, et qui, en se dissolvant dans le bain de teinture, altéreroit la partie colorante, ou en précipiteroit en pure perte une certaine quantité au fond de la chaudière.

B. Dans les opérations de teinture proprement dite.

1°. *Bleu.* La cuve de bleu au pastel ou au vouède se prépare comme je l'ai indiqué plus haut. (*Voyez* BLEU DE CUVE.) Pour y teindre le fil, on commence par l'abreuver d'eau tiède; on le passe sur des *lisoirs* (*voyez* ce mot) qu'on promène

promène pendant cinq ou six minutes dans la cuve, ayant soin de retourner les pentes de manière que chaque partie plonge à son tour dans le liquide. On tord, on évente pendant quelques instans, afin de laisser bien déverdir. Si l'on desire avoir des nuances plus fortes, on travaille de nouveau le fil successivement sur des cuves dont la force va en augmentant, et si l'on veut une nuance très-foncée, après avoir donné un fort pied de bleu, comme nous l'avons dit, on lave, on fait sécher, et l'on repasse sur une cuve neuve et très-chargée d'indigo. Il faut ensuite tordre, laisser le fil sur la perche pendant une demi-heure, le passer à l'eau et le sécher à l'air, ou mieux encore à l'étuve.

On peut et on doit même, pour obtenir des bleus vifs et clairs, et surtout des bleus qui mêlés au jaune donnent des verts brillans, recourir à la cuve de *bleu à froid.* (*Voyez* ce mot.) Lorsque le fil sort de cette cuve, et après l'avoir tordu à la cheville et éventé pendant quelques minutes, il faut le passer dans une eau aiguisée avec un soixantième d'acide sulfurique. Cette opération a pour but d'enlever la chaux qui est répandue à la surface du fil et qui terniroit le bleu. On lave ensuite en eau courante, on tord et on sèche à l'étuve.

Les bleus remontés se font en donnant un pied de bleu de cuve, et passant ensuite le fil abreuvé d'eau tiède dans plusieurs bains chauds de campêche. Ces bains se préparent avec de deux à six onces de bois par livre de coton, deux onces d'alun et trois ou quatre gros de sulfate de cuivre. On donne à ces bleus plus de fixité en engallant sur le pied de bleu solide; mais on reconnoît toujours ce genre de teinture en plongeant la matière colorée dans l'acide sulfurique foible, qui enlève le campêche et ne laisse plus que le pied de bleu. Vitalis conseille le procédé suivant : Passer le coton piété en bleu et abreuvé, d'abord dans un bain tiède de pyrolignate de fer marquant un demi-degré à l'aréomètre de Baumé, puis dans un bain de campêche avec alun seulement, et réitérer les opérations jusqu'à nuance desirée. Laver et sécher à l'ordinaire.

2°. *Rouge.* A. Par le bois de Brésil on obtient plusieurs nuances qui sont très-recherchées. Les rouges riches et foncés se font ordinairement avec deux onces de noix de galle en sorte et quatre ou cinq onces de bois par livre de coton. La couleur est plus belle par le procédé suivant : Passer le coton débouilli et engallé seulement dans la dissolution nitro-muriatique d'étain, assez étendue d'eau froide pour ne marquer que cinq à six degrés à l'aréomètre. Le coton étant bien imprégne de cette dissolution, le tordre à la main, l'éventer pendant quelques minutes et le teindre comme il a été dit.

Si au lieu de galle on se sert de sumac, on obtient un *rouge-orangé.*

En diminuant la force du mordant, et surtout celle du bain, on aura le *cerise* et le *rose.*

En mettant un peu d'alun dans le bain, on a une couleur *pourprante.*

On obtient le *cramoisi* en versant dans le bain quelques gouttes de potasse.

Le rouge de Brésil fixé par la dissolution d'étain résiste assez bien à l'air et à la lumière, mais peu au savon qui altère sa nuance.

B. Par le carthame, dont les bains doivent toujours être employés frais et à froid, on obtient d'abord des *ponceaux*, puis des *nacarats* et des *cerises*, puis des couleurs de *rose* et de *chair*. Quelques teinturiers, pour diminuer la dépense, ajoutent environ un cinquième de bain d'orseille au bain de carthame, mais cette pratique n'est point économique et nuit à la beauté de la teinture.

Les rouges de carthame résistent peu à l'influence de l'air et de la lumière.

C. Par le rocou on obtient les nuances *aurore*, *orange*, *nankin*, etc. ; il suffit de passer le fil débouilli et abreuvé dans un bain chaud plus ou moins fort de rocou, et que l'on renouvelle suivant la nuance que l'on se propose d'obtenir. Quelquefois on donne plus d'éclat à la couleur en avivant la pente dans une légère dissolution d'étain ou de muriate d'étain.

Souvent on emploie le rocou pour donner un pied au fil que l'on destine à recevoir certaines couleurs. Ainsi on obtient un *jaune-orangé* avec la gaude sur un pied de rocou et une couleur *capucine* avec le Brésil, également sur un pied de rocou.

Les couleurs que l'on tire du rocou sont de petit teint.

D. Par la garance on obtient des rouges très-estimés. Les plus beaux sont ceux que l'on fixe avec le *mordant de rouge* des imprimeurs, c'est-à-dire avec l'acétate d'alumine étendu d'eau pure et tiède, en assez grande quantité pour que la liqueur marque quatre à cinq degrés de l'aréomètre.

En général, le fil doit être aluné deux fois et trempé également dans deux bains de garance. L'opération doit se faire à chaud; puis il faut égoutter, tordre, laver à la rivière, tordre à la cheville et sécher.

On peut aviver la couleur en passant les écheveaux dans une eau de savon qui en contient deux ou trois onces par livre de matière.

Mais si l'on veut obtenir les rouges les plus beaux, les plus solides et les plus estimés, il faut avoir recours à de longues et nombreuses opérations. Comme elles sont extrêmement compliquées, je me contenterai d'indiquer ici l'ordre que l'on suit généralement pour teindre le fil et le coton filé, réservant pour l'article ROUGE DES INDES ou ROUGE D'ANDRINOPLE, la théorie et la description de ces opérations.

Voici les trois méthodes les plus usitées dans les ateliers.

Première marche en gris.

1°. Débouilli.
2°. Bain de fiente.
3°. Bain blanc.
4°. *Idem.*
5°. *Idem.*
6°. Premier sel.
7°. Second sel.
8°. Troisième sel.
9°. Dégraissage.
10°. Engallage.
11°. Alunage.
12°. Lavage d'alun.
13°. Garançage.
14°. Avivage.
15°. Rosage.

Seconde marche en gris.

1°. Décreusage.
2°. Bain de fiente. Fiente douze livres, huile cinq à six livres, soude à deux degrés.
3°. Bain *idem.*
4°. Bain *idem.*
5°. Bain blanc. Soude à deux degrés, huile de cinq à six livres.
6°. Bain *idem.*
7°. Bain *idem.*
8°. Bain *idem.*
9°. Bain *idem.*
10°. Sel, de deux à trois degrés, suivant qu'on a employé cinq à six livres d'huile.
11°. Dégraissage à l'eau tiède.
12°. Galle première, huit livres.
13°. Galle seconde, huit livres.
14°. Alun premier, dix-sept livres.
15°. Alun second, dix-sept livres.
16°. Lavage d'alun.
17°. Teinture. De deux à trois livres de garance, en deux fois, par livre de coton.
18°. Avivage. Eau de soude à un degré fort. Huit livres de savon.
19°. Rosage. Savon, dix-huit livres ; sel d'étain, une livre. Répéter une fois quand on a donné quarante-huit livres d'huile.

Marche en jaune.

1°. Débouilli ou décreusage.
2°. Bain de fiente.
3°. Bain blanc.
4°. Bain *idem.*
5°. Premier sel.
6°. Second sel.
7°. Dégraissage.
8°. Engallage avec quinze livres de galle.

9°. Alunage avec vingt livres d'alun *saturé.*
10°. Lavage d'alun.
11°. Bain blanc.
12°. Bain *idem.*
13°. Premier sel.
14°. Second sel.
15°. Dégraissage.
16°. Engallage avec douze livres de galle.
17°. Alunage avec quinze livres d'alun *saturé.*
18°. Teinture ou garançage. Deux livres et demie de garance de Provence par livre de coton, ou deux tiers de garance de Provence et un tiers de garance de Smyrne.
19°. Avivage.
20°. Rosage.

Le rouge obtenu par ces procédés peut résister à l'action de l'acide nitrique à 18 degrés de l'aréomètre pendant dix minutes, sans éprouver d'altération sensible. Le rouge simple de garance, soumis à la même épreuve, disparoît entièrement dans l'espace de trois minutes.

Lorsque le fil, mal apprêté, ne rapporte du garançage qu'une couleur maigre ou briquetée, il faut lui donner de nouveaux bains d'huile et continuer ensuite l'opération. Lorsqu'on lui a donné trop d'huile, sa surface se parsème après la teinture de petits points blancs qui en altèrent l'éclat. Il suffit alors de le laver dans un bain de savon contenant dix à douze livres de savon pour cent livres de matière, pour faire disparoître cet inconvénient.

Quelque soin que l'on apporte dans la suite des opérations indiquées, jamais on ne parvient à obtenir une couleur égale sur toutes les pentes dont se compose la mise ; aussi est-on obligé, à la fin de l'opération, de trier les pentes et de les assortir par nuances.

On doit enfin, lorsqu'on teint les fils, distinguer ceux qui sont filés pour *chaîne* de ceux qui sont filés pour *trame.* Les premiers étant plus tors, doivent être soumis plus long-temps et avec plus de précaution à l'action du mordant et de la teinture.

Pour obtenir sur les fils des roses et des cerises très-solides, on peut, comme l'indique Vitalis, exécuter avec succès la série d'opérations suivantes.

1°. Débouilli.
2°. Bain de fiente.
3°. Bain d'huile.
4°. *Idem.*
5°. Premier sel.
6°. Second sel.
7°. Dégraissage.
8°. Engallage. Seize livres de galle blanche pour cent de coton.
9°. Alunage, en deux fois, avec trente-six livres d'alun pur et saturé.
10°. Lavage d'alun.
11°. Garançage avec trente livres de garance

de Provence et vingt livres de garance de Smyrne pour vingt-cinq livres de coton.

12°. Premier avivage avec six cents pintes d'eau de soude à un degré et demi, et huit livres de savon; bouillir pendant deux heures.

13°. Second avivage, avec dix-huit à vingt livres d'alun non saturé, et deux livres et demie d'acide sulfurique dans six cents pintes d'eau; bouillir trois quarts d'heure.

14°. Premier rosage, avec une livre et demie de sel d'étain et douze livres de savon.

15°. Second rosage, si toutefois il est nécessaire.

3°. *Jaune.* A. Par le *curcuma* on obtient un jaune-doré fort agréable, mais qui n'est pas solide.

B. Par le *fustet* on obtient un beau jaune-doré brillant, mais peu solide. Vitalis, qui s'est beaucoup occupé de cette matière colorante, résume ainsi ses observations : Avec le sel d'étain, le *fustet* donne des *nankins*, des *chamois*, des *ventre-de-biche*, etc. etc. Avec quelques gouttes de carbonate de potasse, sa décoction devient *ponceau* ou *couleur de chair.* Avec le pyrolignite de fer, on obtient des *pistaches*, un *vert américain*, et de belles nuances *olives*, etc.

C. La *gaude* donne sur le fil un jaune qui résiste assez bien. Il faut recourir au mordant de muriate d'étain, et employer depuis une livre jusqu'à deux livres et demie de gaude par livre de coton.

D. Avec le *bois jaune*, on arrive à un très beau jaune, et qui résiste assez bien si l'on emploie, comme mordant, l'alun, le verdet, le sel d'étain, etc., et si, suivant l'observation de Chaptal, on enlève, au moyen d'un peu de colle-forte, à la décoction de bois jaune, le tannin qu'elle contient. Deux parties de bois suffisent, en général, pour teindre cinq parties de fil.

E. Le *quercitron* pur et convenablement préparé, donne un jaune agréable, mais il est rarement employé.

F. Le *peuplier* donne un jaune plus brillant et plus solide même que celui de la *gaude*. Le procédé le plus usité consiste à engaller avec deux onces de noix de galle blanche par livre, à passer dans le muriate d'étain à 5 degrés de l'aréomètre, et à plonger pendant un quart d'heure dans la décoction de peuplier passée au tamis.

G. Le *fer* ou la *rouille* donne des nuances depuis le nankin le plus foible jusqu'au jaune le plus foncé. Il suffit de passer le fil dans une eau de chaux, puis dans un bain d'eau pure auquel on a ajouté quelques gouttes de vitriol rouge (sulfate de fer calciné). On peut passer successivement des nuances les plus claires aux nuances les plus foncées, en augmentant la proportion du vitriol rouge et en répétant les bains.

Vitalis, qu'il faut toujours citer quand on parle des pratiques de la teinture, est parvenu à imiter complétement le nankin des Indes par le procédé suivant :

1°. Débouilli à l'eau pure.

2°. Bain d'eau de chaux.

3°. Bain de forte décoction de tan.

4°. Avivage (au besoin) dans une dissolution de muriate d'étain, à un degré environ de l'aréomètre, suivant la nuance que l'on veut obtenir.

Six ou huit onces de tan suffisent par livre de coton. On s'est bien trouvé quelquefois de mélanger à la décoction de tan une décoction de bois d'acajou.

4°. *Fauve.* Cette couleur, assez recherchée sur la laine, est très-rarement employée sur le fil et le coton filé. On pourroit la tirer du brou de noix, de la racine de noyer, du sumac, de l'écorce d'aune, de la noix de galle, etc.

5°. *Noir.* Il y a un grand nombre de procédés pour teindre le fil en noir; le meilleur, sans contredit, est celui qui a été indiqué par Bosc et perfectionné par Vitalis; le voici :

1°. Décreusage.

2°. Séchage.

3°. Engallage ; deux à trois onces de noix de galle par livre de matière.

4°. Bain tiède de pyrolignate de fer à cinq ou six degrés de l'aréomètre.

5°. Engallage.

6°. Bain de pyrolignate de fer.

7°. Lavage.

8°. Séchage.

9°. Avivage dans un bain de savon.

10°. Lavage et séchage.

On donne plus de brillant à la couleur en passant le fil dans un bain d'eau tiède, auquel on a ajouté deux gros d'huile d'olive par livre de matiere.

6°. *Couleurs composées.* Ces couleurs s'obtiennent par le mélange des couleurs simples.

Les gris de fer, d'ardoise, d'épine, d'agathe, de perle, de souris, d'Amiens, américain, etc. etc., s'obtiennent en passant alternativement le fil engallé ou non dans une dissolution de pyrolignate de fer et une décoction de bois d'Inde, et y ajoutant, soit un léger bain de garance, soit un léger bain de sumac, soit un léger bain de campêche, soit un léger pied de bleu.

Les verts, jaune naissant, gai, d'herbe, de laurier, molequin, brun, de mer, céladon, perroquet, de choux, bouteille, canard, etc. etc., sont toujours un mélange de bleu et de jaune. On commence par donner un pied de bleu, soit à la cuve, soit au bois d'Inde, et l'on teint ensuite en jaune par la gaude, le bois jaune, le curcuma, etc.

En mélangeant les gris et les jaunes, on obtient les olives.

Le mélange du bleu et du rouge donne les violets, les lilas, les palliacats, les prunes de monsieur, etc.

M 2

sont très-long-temps à germer, soit par le moyen d'éclats que l'on détache des vieux pieds, appartenant à d'autres plantations. Il faut environ trois ans pour que la racine de garance ait acquis le degré de maturité qui lui est convenable. Tel est du moins l'usage établi. Cependant plusieurs essais semblent indiquer que dès la première année, la racine peut être employée avec succès dans la teinture. Si ce fait devient constant, il en résultera un grand avantage pour les cultivateurs, puisqu'ils pourront faire trois récoltes au lieu d'une. On doit, dans tous les cas, entretenir avec soin les garancières, et en arracher toutes les mauvaises herbes qui pourroient nuire au développement de la garance.

La garance se distingue en plusieurs qualités. On appelle *garance grappe* celle qui provient des mères-racines, et *non grappes* celle qui est le produit des tiges qui ont été enfouies dans la terre, où elles se sont transformées en racines, et auxquelles on donne encore le nom de *couchis*. Chacune de ces espèces de garance se subdivise en *robée*, *mi-robée*, *non robée*, *courte* ou *mâle*.

La garance la plus estimée est celle qui nous vient du Levant, de Smyrne, de Chypre; on lui donne le nom de *lizari*. C'est celle que l'on cultive aussi dans nos départemens méridionaux, et notamment aux environs d'Avignon, où elle est tout aussi bonne que celle du Levant. Dans ces divers lieux on prépare ainsi la garance. On sèche les racines à l'air sur un sol pavé ou sur une claie. On les remue avec une fourche et on les bat légèrement pour en séparer l'épiderme et la terre. Ce qui reste sur le sol, composé de terre, d'épiderme et de menues racines, est criblé, et ce qui est retenu sur le crible forme ce qu'on appelle *billon*, garance commune qui n'est propre qu'aux couleurs obscures. Les racines de garance ainsi épluchées, sont broyées, soit sous une meule de pierre, soit sous des couteaux semblables à ceux des moulins à tan. On passe au moyen du van ou du bluteau, après une première mouture, la garance appelée *non robée*, & qui est composée d'un reste de terre, d'épiderme et d'écorce. Après une seconde mouture, ce qu'on sépare est appelé garance *mi-robée*. Enfin, après une troisième mouture, on a la garance *robée* ou la meilleure qualité. La *mi-robée* est cependant préférable, lorsqu'elle provient de racines un peu grosses. Lorsqu'on moud pour son usage, on ne fait qu'une seule qualité, ou si l'on veut avoir une couleur très-brillante, on sépare la plus mauvaise qualité par une première mouture, et l'on emploie le produit de la seconde, connue dans le Midi sous le nom de *grappier*.

Les racines de bonne qualité sont de grosseur médiocre, peu rameuses, et leur cassure est d'un jaune-rougeâtre vif; celles qui sont ridées par suite de dessèchement ne sont point bonnes.

Dans les départemens du Rhin, on a recours à des opérations plus nombreuses. Comme la chaleur de l'atmosphère n'est ni considérable, ni constante, on est forcé de se servir d'une chaleur artificielle. On sèche les racines dans une étuve échauffée au moyen d'un fourneau. Ce fourneau occupe une grande partie du sol; au-dessus sont trois étages à claire-voie, sur lesquels on dispose les racines par couches d'environ dix pouces d'épaisseur. Au bout de vingt-quatre heures celles qui se trouvent sur le premier sol, immédiatement au-dessus du four, sont sèches; on les retire et on les remplace par celles des étages supérieurs. Les racines sèches sont battues au fléau, puis passées à un talard semblable à celui que l'on emploie pour le blé, puis on les passe dans un crible grossier. Ce qui passe est encore battu, talardé et criblé dans un crible plus fin; on répète cinq fois ces opérations en passant successivement à des cribles de plus en plus fins, et mettant chaque fois à part ce qui reste sur le crible; ce qui passe à travers le cinquième crible est rejeté comme sable et poussière; ensuite on vanne avec des vans ordinaires toutes les racines qui sont restées sur les cribles, et des femmes en séparent toutes les substances étrangères. Pour diviser ensuite les racines en différentes qualités, on se sert de tamis faits en laiton, et dont les réseaux ont de six à trois millimètres de grandeur. On rejette ce qui passe à travers le plus fin, et l'on regarde comme de meilleure qualité ce qui a été séparé par le plus gros tamis. Les racines ainsi séparées sont portées dans une étuve; on les étend par couches minces sur des châssis garnis en treillis: on reconnoît que la dessiccation est complète, lorsqu'en en prenant une poignée et la serrant dans la main, les racines se brisent facilement. Lorsqu'on sort la garance de cette étuve, on la porte encore chaude dans une machine où elle est râpée, on sépare par un crible la partie de l'écorce réduite en poudre, et on répète cette opération trois ou quatre fois, puis on passe à un bluteau; ce qui passe par l'étamine est regardé comme garance commune, et ce qui sort par l'extrémité du bluteau est appelé *la fleur*; enfin, ce qui sort du bluteau est broyé dans un moulin à meules verticales, puis passé à travers des tamis de diverses grosseurs; ce qui reste dessus est toujours supérieur à ce qui passe.

Les garances devront être conservées avec un grand soin à l'abri de l'humidité; elles s'en imprègnent facilement, fermentent et perdent une partie de leur principe colorant.

Watt a fait de nombreuses recherches sur la garance de Zélande. Suivant lui, 1°. elle est d'un jaune-orangé-brun et très-avide d'humidité. 2°. Elle donne une infusion orangée-brune. Son principe colorant est peu soluble, il est plus beau dissout à froid. 3°. L'infusion abandonnée à elle-même se recouvre constamment de membranes qui tombent successivement au fond du vase. 4°.

L'extrait est brun-sombre et difficilement soluble. 5°. L'alun précipite l'infusion en rouge-brun-foncé, la liqueur qui surnage est d'un jaune-brun. 6°. Les carbonates alcalins précipitent de cette dernière liqueur une laque d'un rouge de sang. 7°. Un excès d'alcali redissout le précipité. 8°. La soude donne une laque moins belle que la potasse. 9°. La chaux donne une laque encore plus sombre et plus brune. 10°. Si l'on ajoute quelques gouttes d'alcool à l'eau dont on se sert pour faire l'infusion, elle sera plus chargée de principes colorans, et on en précipitera par l'alun une laque d'un brun-foncé; les acides la feront passer au jaune, et son extrait sera aisément soluble. 11°. Si on ajoute quelques gouttes d'acide minéral à l'eau, l'infusion sera jaunâtre; par une longue digestion elle passe au brun-verdâtre, l'addition d'un alcali y rétablit la couleur rouge, et l'extrait est soluble. 12°. Si l'on met du carbonate de magnésie dans l'eau, l'infusion est d'un rouge-clair de sang; elle donne un extrait rouge foncé et soluble: la solution de cet extrait, employée comme encre, jaunit au soleil; l'alun en précipite très-peu d'une assez vilaine laque; les alcalis la rendent plus rouge. 13°. L'infusion faite dans la dissolution d'alun est d'un jaune-orangé; les alcalis en précipitent une laque qui ne vaut pas celle du n°. 6. 14°. L'infusion à l'eau pure précipite en rouge-brunâtre par l'acétate de plomb, en brun-pourpré par le nitrate de mercure, en beau brun-vif par le sulfate de fer, en brun-pourpré par le sulfate de manganèse. 15°. L'infusion à l'eau pure ayant été mêlée toute chaude avec l'infusion de cochenille, il s'en est formé un précipité rouge-brunâtre-pourpré, peu soluble, qui a augmenté par une plus longue digestion.....

Mérimé a tiré de la garance une laque qui peut remplacer la laque carminée, et qui est même plus solide. Voici son procédé: on commence par laver la garance à l'eau froide jusqu'à ce qu'elle ne teigne plus l'eau; ensuite on la met en contact à la température ordinaire, avec une dissolution d'alun pendant vingt-quatre heures. Cette dissolution prend une teinte rouge-foncée. Alors on en précipite la laque par une dissolution foible de sous-carbonate de potasse ou de soude. Les premières portions que l'on obtient sont en général plus belles que les dernières, de sorte qu'il est bon de fractionner les produits. Il faut se garder de mettre un excès de carbonate; car la laque deviendroit légèrement violette. Du reste, après l'avoir lavée à grande eau, on la recueille sur un filtre, et on la dessèche à une douce chaleur.

Cette laque pourroit être employée avec succès dans la teinture, en suivant les procédés analogues à ceux employés pour la teinture en écarlate par la laque artificielle. Quelques essais que j'ai faits m'ont donné sur laine des écarlates très-brillantes et très-solides; et sur soie, lin et coton,

des rouges presqu'aussi beaux que le rouge d'Andrinople. *Voyez* ce mot.

Les différentes espèces de garance du commerce ne s'emploient pas indifféremment dans l'art de la teinture. Les garances de Hollande et d'Alsace servent ordinairement à la teinture des laines, tandis qu'on réserve celles de Smyrne, de Chypre et de Provence pour teindre le coton. Ces dernières même demandent quelquefois à être mélangées entr'elles pour produire certaines nuances, telles que le rouge, le cerise, le rose, etc.

Si on n'employoit que la laque de garance comme l'ont fait jusqu'à présent les frères Gouin, dont le procédé est secret, on pourroit indifféremment employer la garance de tous les pays.

Toutes les garances ont une saveur sucrée et une odeur forte, mais qui n'est point désagréable; la couleur varie suivant les espèces.

Il paroît évident que la garance contient deux principes colorans: l'un *fauve*, très-soluble dans l'eau, et l'autre *rouge*, beaucoup moins soluble. Quelques procédés ont été imaginés dans l'intention de ne fixer sur les étoffes que le principe colorant rouge, et de se procurer ainsi des couleurs plus vives. Roard de Clichy dit « qu'en traitant la garance d'abord par l'eau chargée de sous-carbonate de soude pour en séparer la partie colorante jaune, et ensuite par une dissolution d'hydrochlorate d'étain et de crême de tartre, on obtient un bain qui donne un très-beau rouge non-seulement à la laine, mais encore à la soie, l'une et l'autre préalablement alunées. »

J'ai fait quelques essais d'où il m'a semblé qu'on pouvoit tirer ces conséquences: c'est que le principe fauve donne au principe jaune une plus grande solubilité et ne nuit que très-peu à la teinture des laines et des cotons; qu'il peut être avantageux de le retirer lorsqu'on opère sur les soies; que la laque de garance est la meilleure forme sous laquelle on puisse employer ce principe colorant. *Voyez*, pour l'emploi de la garance, les mots ROUGE, ROUGE D'ANDRINOPLE, ROSE, etc. etc.

GARANCEUR. Ouvrier qui emploie et applique la garance.

GARANCIÈRE. Champ semé de garance. — Lieu où croît la garance sauvage. — Local où l'on teint en garance.

GARUNILLE. Substance qui peut être employée à teindre en jaune, mais qui est rarement usitée.

GAUDAGE. C'est l'application du principe colorant de la *gaude* sur une étoffe ou un tissu quelconque. Le gaudage varie suivant la teinte que l'on veut obtenir et la matière sur laquelle on opère.

GAUDE, *Reseda luteola*. Cette plante, fort commune aux environs de Paris, dans la plupart de nos départemens, et dans une grande partie du reste de l'Europe, se nomme aussi quelquefois *vaude*. Ses feuilles sont longues, étroites et d'un vert gai; du milieu de ses feuilles la tige s'élève d'environ deux pieds et demi; elle est souvent rameuse, garnie de feuilles étroites comme celles d'en bas, et moins longues à mesure qu'elles approchent des fleurs, qui sont disposées en épis longs. Toute la plante, excepté la racine, sert à teindre en jaune.

Dans le commerce on connoît deux espèces de gaudes, la gaude bâtarde ou sauvage, c'est-à-dire qui croît naturellement dans la campagne, et la gaude cultivée, dont les tiges sont moins hautes et moins grosses. C'est cette dernière qui contient plus de principe colorant; on la préfère à l'autre, et elle est d'autant plus estimée que ses tiges sont plus fines.

Lorsque la gaude est mûre, on l'arrache, on la fait sécher et on la met en bottes; c'est ainsi qu'elle est employée dans les ateliers.

Quand on veut avoir une bonne décoction de gaude, on doit faire bouillir la plante dans l'eau pendant trois quarts d'heure, ou mieux jusqu'à ce qu'elle se précipite d'elle-même au fond du vase. Alors on la retire avec un râteau. La quantité de gaude varie suivant la nuance que l'on veut obtenir. La décoction de gaude bien chargée a une couleur jaune, tirant sur le brun; si on l'étend de beaucoup d'eau, la couleur jaune devient plus claire et tire un peu sur le vert.

La décoction de gaude se fonce par les alcalis et devient plus pâle par les acides. L'alun y forme un précipité jaunâtre; la liqueur qui surnage retient une belle couleur citron. Si l'on verse une solution d'alcali sur cette liqueur, il se fait un précipité d'un jaune blanchâtre, soluble dans les alcalis, mais la liqueur reste toujours colorée.

Les hydro-chlorates de soude et d'ammoniaque troublent la liqueur et rendent d'abord la couleur un peu plus foncée; peu à peu il se forme un précipité d'un jaune foncé, et la liqueur qui surnage conserve une couleur jaune-pâle, tirant un peu sur le vert.

La dissolution d'étain produit un précipité abondant d'un jaune-clair; la liqueur reste long-temps trouble, mais peu colorée.

Le sulfate de fer produit un précipité abondant d'un gris-noir; la liqueur qui surnage conserve une couleur brunâtre.

Le sulfate de cuivre forme un précipité vert-brunâtre; la liqueur qui surnage retient une couleur vert-pâle.

La gaude fournit à la teinture des laines, des soies, des cotons et du lin, un jaune que l'on rend solide, et dont il est facile de varier les nuances à l'aide des réactifs dont je viens d'indiquer l'effet,

et par le mélange avec d'autres matières colorantes. *Voyez* JAUNE et ses nuances.

GAUDER. Teindre une étoffe avec la gaude.

GAZ. C'est le nom qu'on donne en chimie aux corps qui sont constamment et dans leur plus grand état de pureté, sous la forme aérienne, c'est-à-dire miscibles à l'air en toutes proportions, sans en altérer ou très-peu la transparence, et qui restent sous cette forme à toutes les températures connues. Les gaz proprement dits sont en grand nombre; mais la teinture n'en emploie guère que trois, le chlore, l'ammoniaque et l'acide sulfureux : encore les deux premiers sont-ils toujours dissous dans une certaine quantité d'eau; le troisième seul est employé sous sa forme gazeuse dans le soufrage des étoffes.

GENEQUIN. Sorte de coton filé peu estimé dans le commerce.

GENÊT DES TEINTURIERS, GENESTROLE, *Genista tinctoria*, est un arbrisseau qui croît abondamment sur les collines, au bord des forêts de l'Europe tempérée. Son nom lui vient de ses fleurs qui donnent une teinture jaune; aussi la nomme-t-on vulgairement *herbe à jaunir*. Cette couleur jaune ne peut être comparée pour la beauté, à celle de la gaude ou de la sarrette; mais au moyen de quelques mordans, elle acquiert une solidité qui peut la faire rechercher. Parmi ces mordans, ceux qui peuvent être employés avec le plus d'avantage, soit pour la préparation du drap, soit pour le bain, sont le tartre, l'alun et le sulfate de chaux.

GILBE. Nom vulgaire du genêt des teinturiers,

GINGE. Chanvre gigantesque qui croît au Japon.

GOMME. C'est une substance solide, incristallisable, incolore, insipide ou du moins très-fade, sans odeur, inaltérable à l'air, soluble dans l'eau, susceptible de former avec celle-ci une sorte de gelée que l'on nomme ordinairement *mucilage*, insoluble dans l'alcool.

La gomme est très-abondante dans la nature; elle découle le plus souvent de quelques arbres; on peut l'extraire de plusieurs graines et de plusieurs racines. On nomme *gomme arabique* celle que l'on récolte sur plusieurs *mimosa* qui croissent sur les bords du Nil et dans l'Arabie. Celle qui découle du *nebueb* et de l'*uerek* dans les immenses forêts qui bordent le fleuve Sénégal, se nomme *gomme du Sénégal*. Celle que l'on recueille sur les *astragalus*, et particulièrement sur l'*astragalus tragacantha* dans l'île de Crète, s'appelle *gomme adragante*; celle qui découle de nos arbres

à

à noyau, et particulièrement de notre *prunier*, est connue sous le nom de *gomme du pays*. Enfin, on désigne les autres par le nom de la racine ou de la graine dont on les extrait. La gomme arabique que l'on emploie le plus souvent, est formée, suivant Gay-Lussac et Thénard,

de carbone.............. 42,25 en poids.
Oxigène................. 50,84
Hydrogène.............. 6,93
                  100,00

Ou de carbone.......... 42,23
Oxigène & hydrogène dans
les proportions nécessaires pour
faire l'eau................ 57,77

La gomme est employée comme apprêt pour donner du lustre aux étoffes. On s'en sert pour épaissir plusieurs couleurs d'application. On l'ajoute à l'encre et à quelques teintures, auxquelles elle donne plus de brillant.

GRAINE D'AVIGNON. C'est le nom qu'on donne à la graine du *rhamnus infectorius*, épine-cormier. On doit recueillir ces baies avant leur entière maturité; elles donnent un assez beau jaune, mais qui n'a que bien peu de solidité: on peut l'employer à raison de quatre parties pour une de laine, sur du drap préparé au bouillon, avec quatre parties d'alun, deux de tartre pour seize de laine. Le jaune que l'on obtient ainsi est beau. Comme la graine d'Avignon est riche en couleur, on la substitue souvent à la gaude pour l'impression des toiles, quoique pourtant elle lui soit inférieure en qualité.

GRAPPE DE HOLLANDE. Poudre de garance recherchée dans le commerce.

GRAPPER. Réduire en poudre la garance de Zélande.

GRENADE. On donne ce nom à deux sortes de couleurs qui sont pourtant très-différentes; l'une est d'un rouge brillant, semblable à la fleur du grenadier; l'autre est d'un brun-rougeâtre, analogue à la couleur de l'écorce de la grenade. La première de ces couleurs peut se faire avec la cochenille, les laques, le kermès, et a beaucoup d'analogie avec l'écarlate; une légère addition de fustet, de gaude, etc., suffira pour en faire varier la teinte, et on l'avivera avec un peu de savon. Quant à l'écorce de grenade, c'est un mélange de rouge et de brun: on voit combien de substances peuvent servir à faire cette couleur.

GRILLE. Laine d'Espagne de la première qualité.

GRIS. Les gris ne sont que des nuances de noir, depuis le plus clair jusqu'au plus foncé; j'aurois

donc pu n'en parler qu'au mot Noir; mais comme les gris sont très-fréquemment recherchés, et que quelques-uns sont constamment de mode, j'ai cru devoir leur consacrer un article particulier, dans lequel je vais rassembler les meilleurs procédés pour les obtenir.

Tous ces procédés peuvent se rapporter à la méthode générale suivante: On prépare un bain de galle en faisant bouillir dans l'eau nécessaire une quantité déterminée de noix de galle concassée et enfermée dans un sac. On retire ensuite la noix de galle, puis on fait bouillir l'étoffe à teindre dans ce bain pendant une heure environ, et en l'agitant fréquemment. On retire l'étoffe, puis on ajoute au bain un peu de sulfate, ou mieux un peu de pyrolignate de fer, et on y passe l'étoffe, qui doit avoir la nuance la plus claire. C'est en ajoutant successivement de nouvelles quantités de dissolution de fer, que l'on passe graduellement aux teintes les plus foncées.

Ce procédé, qui a été indiqué par Hellot et perfectionné par Vitalis, peut être simplifié, suivant Berthollet, qui conseille de préparer séparément la décoction de noix de galle et la dissolution de fer; puis de les réunir en quantité déterminée dans le même bain, où l'on ne plonge alors l'étoffe qu'une seule fois.

C'est par cette méthode que l'on obtient les *gris simples* sur les étoffes de laine. Il est difficile, ou plutôt impossible, de déterminer la dose des matières colorantes; c'est à l'œil exercé du teinturier à en juger. Si le bain est fortement coloré, la laine doit y séjourner peu de temps. Lorsque l'étoffe en sort trop claire, on la plonge de nouveau dans un deuxième bain. Si au contraire elle sortoit trop fondée, on pourroit lui enlever une partie de sa teinture en la faisant passer dans un bain de galle neuf, ou encore dans un bain d'alun ou de savon. Mais il faut, autant que possible, arriver du premier coup à la nuance que l'on cherche, les opérations réitérées étant à la fois incertaines et coûteuses.

Lorsqu'on veut obtenir des gris variés et à reflets, on est obligé de recourir à d'autres matières colorantes. Ainsi, pour faire les gris de *Maure*, de fer, d'ardoise, on donne d'abord un pied de bleu, et l'on opère comme il a été dit ci-dessus.

Pour le *gris de souris*, on ménage la galle et la dissolution de fer, à laquelle on ajoute deux ou trois gros d'alun par livre de matière.

Pour le *gris de perle*, on passe d'abord l'étoffe dans un bain de sumac et de campêche, puis dans la dissolution de fer, puis enfin dans un bain très-foible de gaude et d'alun.

Pour obtenir le *gris d'agathe* ou de *noisette*, il faut teindre sur blanc et ajouter à la noix de galle du bois jaune et du bois d'Inde.

Le *gris d'Amiens* se fait en passant l'étoffe lé-

N

gèrement engallée dans un bain de bois d'Inde, avec un peu de verdet (acétate de cuivre).

Pour le *gris américain* ou jaunâtre, il faut d'abord un bain de bois jaune, puis un bain foible de noix de galle avec un peu d'alun, puis, après avoir relevé l'étoffe, le même bain dans lequel on aura ajouté un peu de couperose dissoute dans une décoction de bois d'Inde.

Le *gris vineux* s'obtient par le procédé général, que l'on termine par un bain d'orseille. La rougie qui a servi à l'écarlate peut être utilisée pour faire ce gris ; il suffit de la rafraîchir et d'y ajouter un peu de noix de galle, ensuite un peu de couperose.

Le *gris blanchet*, qui est très-pâle, se fait en ménageant beaucoup la noix de galle et ne laissant séjourner l'étoffe que peu de temps dans le bain.

De quelque manière qu'on ait teint en gris, on doit toujours, et de suite, laver à grande eau, et même dégorger les plus foncés avec le savon. Il faut aussi éviter de faire bouillir les bains colorans et les employer plutôt tièdes que chauds.

Sur les étoffes de soie, tous les gris, excepté celui de *Maure*, s'appliquent sans alunage. Le bain colorant se fait avec le fustet, le bois d'Inde, l'orseille et la couperose (sulfate de fer). On varie la dose de ces substances suivant la nuance que l'on veut obtenir. En mettant plus d'orseille, on a des gris qui tirent sur le rougeâtre ; avec plus de fustet, on fait des gris qui inclinent au roux et au verdâtre. Enfin, avec plus de bois d'Inde, on a des gris plus foncés.

Pour les *gris de fer* et *d'ardoise*, on ne se sert que de bois d'Inde et de dissolution de fer.

Le *gris de Maure* doit être précédé de l'alunage, après quoi l'on passe les soies à la rivière ; puis on leur donne un bain de gaude. Lorsque ce bain est à peu près épuisé, on en jette une partie, que l'on remplace par du jus de bois d'Inde. Lorsque la soie en est imprégnée, on y ajoute la dissolution de fer en quantité suffisante, et quand on est parvenu à la nuance qu'on desire, on lave, on tord et on fait sécher.

Pour faire le *gris noisette*, on prépare un bain un peu chaud avec de la décoction de fustet, d'orseille et une petite quantité de bois d'Inde. On y plonge la soie, puis on la lave ; on ajoute au bain de la couperose, on y plonge la soie de nouveau, et lorsqu'on est arrivé à la teinte desirée, on lave, on tord et on fait sécher.

En général, les soies destinées à être teintes en gris, doivent être bien dégorgées du savon de cuite et bien tordues à la cheville. Le bois d'Inde et la couperose ne doivent être employés qu'avec ménagement, parce qu'ils portent trop au noir. On peut dans quelques cas, et avec avantage, remplacer le bois d'Inde par le sumac et le bois d'aune. La couperose durcit la soie ; le pyro-

lignate de fer n'a pas le même inconvénient, mais il faut avoir le soin de l'écumer. Enfin, lorsqu'un gris est trop monté, on peut l'éteindre, soit en battant les soies à la rivière, soit en les passant d'abord dans une dissolution de tartre, puis dans l'eau chaude.

Sur les étoffes de lin ou de coton que l'on destine à être teintes en gris, il faut toujours un engallage proportionné à l'intensité de la teinte que l'on veut obtenir. On peut, pour les teintes claires, employer des bains de galle qui ont déjà servi. Le procédé général que j'ai décrit ci-dessus s'applique également à la teinture des étoffes de lin et de coton. On donne un pied de bleu aux gris *de Maure*, *de fer* et *d'ardoise* seulement. Plusieurs procédés ont été successivement conseillés. Le Pileur d'Apligny indique le suivant :

1°. Engaller, passer sur un bain très-foible de la tenne au noir, et garancer.

2°. Passer sur une dissolution très-chaude de tartre, tordre légèrement et faire sécher. Teindre ensuite dans une décoction de bois d'Inde. La teinture paroît noire, mais en passant et maniant l'étoffe avec soin sur une dissolution chaude de savon, le superflu de la teinture se détache, et il reste un gris-ardoisé agréable et solide.

Berthollet conseille de prendre une dissolution très-étendue d'acétate de fer, et une décoction aussi très-étendue de sumac. On passe successivement l'étoffe d'une liqueur dans l'autre, jusqu'à ce que l'on soit parvenu à la nuance que l'on desire. On finit par passer dans une eau légèrement acidulée par l'acide sulfurique, autrement le sumac donne une couleur rousse. En général, pour teindre uni de cette manière, il faut faire monter les couleurs lentement, en commençant par des bains très-foibles, passer à plusieurs reprises dans chacun d'eux, et augmenter graduellement leur force lorsqu'on veut avoir des nuances foncées. En finissant par la dissolution de fer, le coton n'a pas la teinte rousse qu'il prend lorsqu'on termine par le sumac, et l'on peut se dispenser de recourir aux bains acidulés. On obtient de la noix de galle, par le même procédé, des gris moins vifs, et l'écorce d'aune en donne d'agréables qui tirent sur le *noisette*.

A Rouen, on emploie la méthode suivante pour teindre en gris les velours de coton.

« On fait un engallage avec une quantité égale » de noix de galle et de bois d'Inde ; on passe en- » suite en un bain d'eau froide, et de là dans » un autre baquet d'eau où l'on a dissous du » sulfate de fer, dont le poids égale la moitié de » l'un des ingrédiens précédens. Après avoir tra- » vaillé le coton environ un quart d'heure dans » ce bain, on le dégorge en eau froide et on l'a- » vive. Pour cela on se sert d'un bain d'eau tiède, » à laquelle on ajoute un quatre-vingtième de dé- » coction de gaude et un peu de dissolution d'é-

» lun. On laisse le coton environ vingt minutes
» dans ce bain, après cela on le lave à l'eau froide
» et on le fait sécher. En modifiant les doses des
» ingrédiens, on obtient par-là depuis le gris de
» perle jusqu'au gris le plus foncé. »

On donne, en général, un peu plus de solidité aux gris sur lin et sur coton, en terminant par un léger bain de garance.

GUÉDON. Ouvrier qui surveille et conduit la cuve au pastel.

GUESDE. C'est, dans les grands établissemens de teinture, une pièce bien close, construite avec soin, susceptible de conserver long-temps la chaleur, et dans laquelle sont placées la ou les cuves au pastel.

H

HENNÉ. *Cyprus*. Le henné est un arbrisseau qui a le port du troëne, et dont les fleurs, petites et blanches, sont nombreuses et répandent au loin une odeur très-agréable. Les Arabes et les Maures font de ses feuilles une pâte dont ils se servent pour teindre en jaune leurs ongles, ainsi que le dos, la crinière, et quelquefois une partie des jambes de leurs chevaux. Cette feuille est un objet de commerce fort avantageux à l'Egypte.

On trouve dans Berthollet les détails suivans : Dans l'Orient on fait un grand usage, pour les étoffes ordinaires, des feuilles d'un arbrisseau que l'on appelle *hhenne*, et qui est de la famille des salicaires. Il étoit connu des Anciens sous le nom de *cyprus*, et on en faisoit usage pour teindre les enveloppes des momies, où l'on en reconnoît encore la couleur.

On broie les feuilles de cet arbrisseau, qui est encore cultivé en Egypte, après les avoir fait sécher rapidement. On en fait ensuite une pâte, dont on se sert pour teindre en fauve-rougeâtre les ongles et la paume des mains.

HERBE A JAUNIR. *Voyez* GENÊT DES TEIN-TURIERS.

HUILE DE VITRIOL. C'est le nom qu'on donnoit autrefois à l'acide sulfurique. *Voyez* ce mot.

HUILES. Je n'entrerai pas dans de grands détails sur ces substances, dont on trouvera une histoire complète dans ce volume de l'Encyclopédie ; cependant, comme les huiles jouent un rôle important et dans l'art du teinturier et dans l'art du dégraisseur, je vais successivement indiquer celles dont on fait le plus fréquemment usage.

Toutes les huiles sont plus ou moins liquides, insolubles dans l'eau, combustibles, et répandent une flamme vive pendant leur combustion ; mais comme il en est qui sont visqueuses, fades et presque insipides, tandis que d'autres sont à peu près sans viscosité, caustiques et très-volatiles,

on en distingue deux classes : les premières sont appelées *huiles grasses, douces* ou *fixes* ; les secondes, *huiles volatiles, huiles essentielles* ou *essences*.

Les huiles grasses ont aussi été nommées quelquefois *huiles par expression*, parce qu'on les retire, au moyen de la presse, des graines ou des fruits qui les contiennent.

L'huile d'olive, la seule dont on fasse aujourd'hui usage en teinture pour préparer les bains blancs, est contenue dans le péricarpe des fruits de l'*olea europaea*, arbre qui croît surtout en Provence, en Italie et en Espagne. Elle est colorée en jaune ou jaune-verdâtre, légèrement odorante, solide en partie à quelques degrés au-dessus de zéro. On en connoît plusieurs variétés : ·

1°. L'huile vierge qu'on obtient en exprimant à froid les olives les plus mûres et non fermentées.

2°. L'huile commune qui est extraite en délayant dans l'eau bouillante la pulpe des olives dont on a séparé l'huile vierge.

3°. L'huile des olives fermentées, qu'on prépare comme les précédentes, si ce n'est qu'on entasse les olives et qu'on les laisse fermenter avant de les soumettre à la presse.

La première et la seconde peuvent être employées en teinture ; la troisième, qui ne convient pas, est réservée pour les savons.

Suivant Gay Lussac et Thénard, l'huile d'olive est composée ainsi qu'il suit :

De carbone....................	77,21
Oxigène......................	9,43
Hydrogène...................	13,36
	100,00

ou de carbone................	77,21
Oxigène et hydrogène dans les proportions nécessaires pour faire l'eau.......	10,71
Hydrogène en excès.............	12,08
	100,00

Comme il est très-important de n'employer en teinture que de l'huile d'olive parfaitement pure,

et que dans le commerce les falsifications sont fréquentes, voici, d'après Vitalis, un moyen assuré de reconnoître les fraudes. « Prenez trente-
» six à quarante parties en poids de lessive de
» bonne soude à un degré un quart, un degré et
» demi, un degré trois quarts de l'aréomètre, et
» versez cette lessive sur une partie de l'huile à
» essayer. L'huile, en se combinant à la soude,
» forme à l'instant un bain savonneux d'un très-
» beau blanc et bien mousseux. Transvasez ce
» bain à diverses reprises pour que la combinai-
» son s'opère complétement. Laissez ensuite re-
» poser le bain, et si, dans l'espace de cinq ou
» six heures, le bain reste bien homogène et sans
» flocons, et que l'huile ne se sépare pas de la
» potasse pour monter à la surface, on en con-
» clura que l'huile a les qualités convenables.
» Dans le cas contraire, il sera certain que l'huile
» d'olive étoit mêlée d'une certaine proportion
» d'autres huiles grasses qui ne se combinent pas
» aussi facilement avec la lessive. »

L'huile de lin, contenue dans les semences du *linum usitatissimum*, entre dans la composition du *lut gras*. Voyez ce mot.

Les huiles *essentielles* sont extraites par la distil-lation des végétaux aromatiques qui les contiennent. Celles d'anis, *anisum pimpinella*, de berga-motte, *citrus bergamium*, de citron, *citrus medica*, de cannelle, *laurus cinnamomum*, de girofle, *caryophyllus aromaticus*, de jasmin, *jasminum officinale*, de lavande, *lavendula spica*, de fleur d'o-range ou néroli, *citrus aurantium*, de romarin, *rosmarinus officinalis*, de rose, *rosa sempervirens*, de térébenthine, *pinus maritima*, sont pour la plupart employées avec succès pour enlever certaines taches sur les étoffes. *Voyez* DÉGRAISSAGE.

HYDROGÈNE. C'est un corps simple, élastique, transparent, sans couleur, d'une odeur fétide, qui pèse douze à quinze fois moins que l'air atmosphérique, et que l'on a nommé ainsi parce que l'eau naît de sa combinaison avec l'oxigène.

Pur, ce corps n'est d'aucun usage en teinture, et si je l'indique ici, c'est parce qu'il entre dans la composition d'un grand nombre de principes colorans, qu'il joue un rôle important dans plusieurs combinaisons, et qu'il est possible de le faire concourir à plusieurs opérations.

HYGROMÈTRE. *Voyez* INSTRUMENS.

I

IBIRATONGA. Arbre qui donne le bois du Brésil : on dit aussi *Ibirap-itanga* et non *Ibira-pitanga*, comme on le trouve dans quelques diction-naires.

ICHTHYOCOLLE. *Colle de poisson.* C'est une gélatine séchée, qui le plus souvent provient de la vessie natatoire de l'esturgeon, mais que l'on peut extraire aussi de toutes les membranes des poissons cartilagineux, surtout des *raies*. La bonne ichthyocolle peut absorber vingt-quatre fois son poids d'eau. On voit donc avec quel avantage on pourroit l'employer pour épaissir les couleurs d'application. Elle peut également servir à donner plusieurs apprêts.

IMMA. Espèce d'ocre rouge qui sert en Perse pour la peinture et la teinture.

IMMERSION. C'est l'action de plonger un écheveau ou une étoffe dans un bain de nettoyage ou de teinture.

L'immersion se fait de plusieurs manières; pour les écheveaux, par exemple, on peut simplement les plonger dans le bain et les y laisser séjourner jusqu'au moment où l'on juge l'opération ter-minée, ou bien on les soutient par un lisoir de manière à ce qu'une partie seulement pénètre dans le bain; et, en leur faisant subir un mouve-ment de rotation, on fait successivement plonger toutes les parties dans la matière colorante. Quant aux étoffes, comme il est nécessaire de les dé-ployer pour que tous les points puissent bien se mettre en contact avec le liquide dans lequel on opère, presque toujours maintenant on les place sur un moulinet qu'une manivelle met en jeu, et sur lequel elles se roulent et se déroulent tour à tour. Ces moulinets sont employés également avec avantage pour faire passer les étoffes teintes à la rivière; et pour rendre plus rapide l'immer-sion des toiles dans les bains qui, comme les *bains surs*, contiennent une matière capable d'al-térer et même de détruire le tissu.

IMPRESSION DES TOILES. L'art d'imprimer les toiles est fondé sur les mêmes principes que l'art de la teinture : il faut de même extraire et rendre solubles les différentes matières colorantes et les faire adhérer aux étoffes au moyen de corps intermédiaires ou de mordans. L'art d'imprimer les toiles paroît fort ancien, et tout semble indi-quer qu'il a passé de l'Egypte dans l'Inde, d'où il a été apporté en Europe.

On peut imprimer sur toutes les étoffes de

lin, de chanvre, de soie et de coton, mais c'est surtout sur les toiles de coton nommées *calicots*, que ce procédé est mis en usage. Les toiles doivent être convenablement préparées ; on les soumet ordinairement à cinq opérations.

1°. Le *dégraissage* (voyez ce mot), qui a pour but de leur enlever toute la graisse qu'elles contiennent, et se pratique au moyen d'une lessive de potasse un peu caustique.

2°. Le *roussis* (voyez ce mot), au moyen duquel on enlève tout le duvet qui se trouve à leur surface, ce qu'on obtient en les faisant passer rapidement au-dessus d'un cylindre métallique que l'on tient constamment au rouge incandescent.

3°. Le *blanchiment* (voyez ce mot), qui a pour but de leur enlever toutes les matières colorantes qui peuvent en ternir l'éclat, et dont les solutions alcalines et le chlore sont les principaux agens.

4°. Le *passage au sur* (voyez ce mot). C'est l'immersion des toiles dans un bain d'eau aiguisée par un soixantième en poids d'acide sulfurique : cette opération est destinée à enlever aux étoffes le fer que les lessives et le chlore auroient laissé.

5°. Le *calandrage* (voyez ce mot), espèce de repassage entre des cylindres, qui écrase le grain de l'étoffe et la rend plus lisse et plus unie.

L'atelier dans lequel on fait l'impression des toiles doit être clair et tenu avec une grande propreté. Il doit être garni de tables solides, en bois dur, ou mieux encore en marbre ou en pierre : chaque table doit être recouverte de deux tapis en drap ou en serge bien tendus et faciles à enlever pour être nettoyés. A côté de l'ouvrier se trouve le baquet, vaisseau de forme circulaire dont les bords ont seulement six pouces de hauteur, destiné à contenir la fausse couleur qui est une dissolution épaisse de gomme, ou mieux une décoction de farine de graine de lin amenée à consistance de bouillie. Près de l'ouvrier doivent être des tablettes sur lesquelles sont placés les tamis, rouleaux, cylindres gravés, planches, etc.

Les tables doivent être assez espacées pour que l'ouvrier et le tireur puissent facilement circuler autour.

§. 1er. Les mordans que l'on emploie pour l'impression des toiles sont à peu près les mêmes que ceux qui servent à teindre : seulement on préfère ceux dont l'acide adhère foiblement à sa base, tels que l'acétate d'alumine, l'acétate de fer, les diverses solutions d'étain, etc. ; et comme il faut que ces mordans soient portés sur l'étoffe au moyen d'une planche gravée, on est obligé de leur donner de la consistance. La gomme arabique, la gomme adragante, l'amidon rendu soluble par la torréfaction, sont les corps que l'on emploie le plus fréquemment pour épaissir les mordans.

Bouillon-Lagrange a le premier fait connoître le changement qui s'opère dans l'amidon lors-qu'on l'a soumis à l'action du feu. Il suffit de le prendre en poudre et de le torréfier dans une poêle à une douce chaleur, en le remuant constamment jusqu'à ce qu'il ait pris une couleur gris-cendré pour le rendre entièrement soluble dans l'eau froide.

Pour faciliter l'application des mordans, on est dans l'habitude de donner une teinte à ceux qui, comme l'acétate d'alumine, etc., ne portent point avec eux de couleur. C'est presque toujours avec le bois de Brésil que les mordans sont colorés.

A. *Mordans pour rouge.* Dans une cuve capable de contenir deux cents pots, on verse d'abord cent vingt pots d'eau bouillante, cent cinquante livres d'alun très-pur réduit en poudre, et une décoction concentrée faite avec trois livres de bois de Fernambouc moulu : on agite jusqu'à ce que l'alun soit fondu ; on ajoute alors cinquante livres de sel de saturne (acétate de plomb) réduit en poudre. On agite, et quand la liqueur commence à s'éclaircir, on ajoute par petites portions six livres de potasse ou de soude du commerce et six livres de craie.

On épaissit pour le fort rouge ou le *premier rouge* avec l'amidon ; pour le *second rouge*, on épaissit trois pintes du mordant avec deux livres et demie de gomme dissoute dans une pinte d'eau froide. Pour le *troisième rouge* on mêle un pot de mordant avec cinq livres de gomme dissoute dans trois pots d'eau froide.

Ce mordant sert aussi pour les jaunes de gaude, de bois jaune et de quercitron.

B. *Mordans pour noir.*

1°. Douze pintes de liqueur de ferraille ou de tonne au noir.

Quatre onces de couperose verte.

Quatre livres d'amidon.

2°. Huit livres de liqueur de ferraille.

Deux livres et demie de farine superfine de froment.

Le pyrolignate de fer convient mieux que la liqueur de ferraille et la remplace avec avantage au même degré de l'aréomètre de Baumé.

C. *Mordans pour violet. Premier violet.*

Seize pintes de liqueur de ferraille.

Huit pintes d'eau.

Quatre onces de vitriol de Chypre.

On épaissit avec la gomme, une livre par pinte.

Deuxième violet. Trois parties du premier mordant avec une partie d'eau.

Troisième violet. Deux parties du premier mordant avec trois parties d'eau.

D. On peut se procurer des mordans pour une fonte de couleurs en mélangeant ceux qui viennent d'être indiqués.

Couleur café.

Dix pintes de liqueur de ferraille.

Deux pintes de mordant de premier rouge.

Quatre pintes d'eau.
Amidon.

Couleur de puce, ou carmélite.

Trois pintes de mordant de premier rouge.
Une pinte de liqueur de ferraille.

Brun-foncé.

Deux pintes de mordant de rouge.
Une demi-pinte de liqueur de ferraille.

Couleur marron.

Deux pintes de mordant de violet.
Une pinte de mordant de rouge.
Huit onces de couperose verte.

Mordoré.

Huit pintes de mordant pour violet.
Douze pintes de mordant pour rouge.

Lilas foncé.

Une pinte de mordant de violet.
Une pinte de mordant de deuxieme rouge.

Lilas clair.

Une pinte de mordant pour violet.
Trois pintes de mordant deuxième rouge.

Musc.

Une pinte de mordant pour rouge.
Trois pintes de mordant pour noir.

Incarnat.

Dix pintes de mordant de rouge.
Une pinte de mordant de noir.

Olive.

Gaudage sur mordant de premier, deuxième
ou troisième violet.

Réséda.

Gaudage sur mordant de puce.

§. II. Les couleurs dont on se sert pour l'impression des toiles, doivent aussi être epaissies à la gomme ou à l'amidon.

1°. *Bleu d'application.*

A. Dans soixante pintes d'eau, on fait bouillir quinze livres de potasse caustique, six livres d'orpiment, et on ajoute en retirant du feu six a huit livres d'indigo bien broyé au moulin; on epaissit avec une livre de gomme par pot. Ce bleu doit être conservé à l'abri du contact de l'air.

B. On met quatre onces de beau bleu de Prusse en poudre et tamisé, et on le dissout lentement dans une quantité convenable d'acide hydrochlorique; on épaissit avec quatre ou huit pots d'eau gommée.

2°. *Rouge d'application.*

On mêle un pot de vieux jus de Brésil con-

centré avec suffisante quantité de mordant de rouge; on épaissit avec huit onces d'amidon.

A défaut de Brésil, on peut employer le *Sapan*, le *Sainte-Marthe*, le *Nicaragua*.

3°. *Jaune d'application.*

A. Quatre pots de jus concentré de graine d'Avignon.
Une livre et demie d'alun.
Gomme pour le jaune-clair.
Amidon pour le jaune-foncé.

B. Deux pots de jus concentré de quercitron épaissi avec trois livres de gomme : on y ajoute quantité suffisante de dissolution d'étain. Ce jaune sur un fond bleu fait un très-joli vert; en y ajoutant un peu de rocou, on obtient des jaunes orangés.

C. Avec la dissolution de fer dans le vinaigre ou le bain de tonne au noir épaissi avec de la gomme pour les couleurs claires et l'amidon pour les couleurs foncées, on fait un jaune d'application aussi agréable que solide, et qui sur un fond bleu donne un beau vert-foncé.

4°. *Vert d'application.* Il se fait avec un mélange de jaune et de bleu.

5°. *Aurore d'application.* Bain de rocou, dissolution d'alun et gomme.

6°. *Noir d'application.*

A. Douze pintes de tonne au noir à quatre degrés de l'aréomètre.
Quatre onces de vitriol de Chypre.
Qantité suffisante de décoction de noix de galle.
Amidon pour épaissir.

B. Dans vingt-quatre pintes d'eau, on fait cuire deux livres de bois d'Inde, deux livres de sumac, huit onces de noix de galle; on réduit à moitié, on ajoute une pinte de tonne au noir : on réduit à six pintes; on fait dissoudre deux onces de vitriol de Chypre, et une once de sel ammoniac; on épaissit l'amidon et on passe au tamis.

7°. *Violet d'application.*

Dix pintes de jus concentré de bois d'Inde.
Dix onces d'alun.
Amidon pour le violet-foncé.
Gomme pour le violet-clair.
Cette couleur doit être préparée seulement au moment du besoin.

§. III. L'application des mordans exige de grandes précautions et nécessite l'emploi du baquet et de deux châssis, dont le premier se nomme *étui* et le second porte le nom de *tamis*. Parmi ces précautions, les plus indispensables sont de n'employer que des planches parfaitement planes et d'examiner si les picots de rapport (*voyez* ce mot) forment bien un carré parfait. Le baquet est rempli à moitié de la fausse couleur : on y place ensuite l'étui qui est construit de manière à entrer facilement, et dont le fond est garni d'une toile cirée fortement collée; dans l'étui on place le tamis qui doit y entrer aussi avec facilité; il faut autant de tamis differens, qu'on a de mordans à employer. Avec une brosse on *garnit* des deux côtés le fond du tamis qui est en drap, c'est à-dire qu'on l'imbibe bien du mordant. C'est le *tireur* qui est chargé de ce soin.

L'ouvrier prend alors d'une main la planche gravée et l'appuie légèrement sur la surface du tamis, afin que les traits du dessin se chargent du mordant; il l'applique sur la toile et la frappe d'un ou de plusieurs coups de maillet. Cette operation se continue jusqu'à ce que toute la pièce de toile soit imprimée du mordant. Lorsque l'étoffe doit avoir plusieurs couleurs, il faut appliquer aussi plusieurs mordans, ce qui se fait au moyen de planches ou de *rentrure* (*voyez* ce mot), dont le dessin est calculé de manière à ne porter ces nouveaux mordans que sur les endroits de la toile qui ont été *réservés* : c'est dans ce cas que les picots de rapport jouent un grand rôle.

Quand on imprime des toiles qui doivent être sablées de points noirs ou de points blancs, on y porte le mordant avec une planche garnie d'autant de pointes de laiton qu'il doit y avoir de points; ces tiges métalliques doivent être assez solides pour ne pas se courber par la pression, et assez unies pour ne pas déchirer l'étoffe.

Pour les étoffes qui, comme les mouchoirs, doivent être imprimées des deux côtés, on porte la planche alternativement sur l'une et l'autre surface, et avec assez de précision pour que les dessins se correspondent parfaitement.

Chaque fois qu'une planche a servi, elle doit être lavée à l'eau claire et séchée convenablement.

Depuis une dixaine d'années on a remplacé dans un grand nombre de manufactures les planches par des cylindres, au moyen desquels on porte sur les étoffes, les réserves, les mordans, les mordans sur rongeant et les couleurs d'application. Ces cylindres que l'on nomme aussi *rouleaux* sont en cuivre jaune ou laiton de quarante-deux pouces de longueur environ sur quatre à cinq pouces de diamètre, et c'est sur leur surface que le dessin est gravé : ils sont montés de manière à ce que tous les points de leur circonférence passent successivement dans une sorte de boîte qui renferme la matière que l'on veut étendre, et sont affleurés ensuite par une lame métallique que l'on nomme *docteur*, et qui enlève ce qui pourroit nuire à la netteté du dessin.

Cette manière d'imprimer que l'on a beaucoup étendue depuis quelques années, a le double avantage, et d'être plus correcte et d'apporter une grande économie de temps, puisque quelques minutes suffisent pour exécuter, au moyen du cylindre, un travail qui demandoit de trois à six heures à un homme et à un enfant, lorsqu'on se servoit de planches gravées.

Lorsque le dessin d'un cylindre est usé ou passé de mode, on peut le remettre au tour et le graver de nouveau.

Quand les toiles ont reçu tous leurs mordans, on les étend au moins pendant vingt-quatre heures dans une étuve dont la température est entretenue constamment à 25 ou 30° de Réaumur : s'il entre du fer dans la composition des mordans, il est bon, pour donner plus d'intensité à la couleur, d'exposer ensuite pendant plusieurs jours les toiles à l'air atmosphérique.

Lorsque les étoffes sont bien sèches, il faut les laver en eau courante en les passant au cylindre cannelé; presque toujours, outre cette précaution, pour enlever toute la partie des mordans qui n'est pas combinée avec le tissu, on passe en outre les étoffes au *fumage*, c'est-à-dire dans un bain de bouse de vache que l'on tient à une température voisine de l'ébullition : on rince de nouveau en eau courante et l'on fait bien égoutter.

Pour faire comprendre ce qui me reste à dire, j'emprunterai à Vitalis quelques exemples d'impression, et j'en citerai successivement de plusieurs espèces, suivant que l'étoffe doit recevoir une, deux ou plusieurs couleurs; ce qu'on désigne dans les fabriques par les noms d'*indienne à une, deux, trois, quatre mains*, etc., parce que l'étoffe passe par la main de l'ouvrier, une, deux, trois, quatre fois, etc.

A. Indienne à une main, violet sur fond blanc.

1°. Impression du mordant de violet.

2°. Bousage.

3°. Garançage.

4°. Sonage.

B. Indienne à deux mains; rouge et bleu sur fond blanc.

1°. Impression du mordant de rouge.

2°. Garançage.

3°. Impression par *rentrure* du bleu d'application.

C. Indienne à trois mains : premier olive, deuxième olive et jaune sur fond blanc.

1°. Impression du mordant de premier olive.

2°. Impression du mordant de deuxième olive.

3°. Impression du mordant de jaune.

4°. Gaudage.

D. Indienne à quatre mains : noir, rouge, violet et jaune sur blanc.

1°. Impression du mordant de noir.

2°. Impression du mordant de rouge.

3°. Garançage.

4°. Impression du jaune d'application.

On peut remplacer le jaune d'application par le mordant de jaune et le gaudage.

E. Indienne à cinq mains : noir, rouge, violet, jaune et bleu.

1°. Impression du mordant de noir.

2°. Impression du mordant de rouge.

3°. Impression du mordant de violet.

4°. Garançage.

5°. Rentrage du bleu.

6°. Rentrage du jaune.

F. Indienne à six mains : premier olive, deuxième olive, noir, premier rouge, deuxième rouge et jaune sur blanc.

1°. Impression du mordant de noir.
2°. Impression du mordant de premier rouge.
3°. Impression du mordant de deuxième rouge.
4°. Garançage.
5°. Impression du mordant de premier olive.
6°. Impression du mordant de deuxième olive.
7°. Impression du mordant de jaune.
8°. Gaudage.

Le garançage dont je viens de faire plusieurs fois mention est une des opérations les plus importantes dans l'impression des étoffes, puisque c'est d'elle que dépend la beauté et la solidité des couleurs.

On emploie une livre et demie de bonne garance de Hollande par pièce à fond blanc et trois livres par pièce à fond rouge et noir, pour préparer le bain : on y passe les étoffes à une chaleur douce et jusqu'à l'ébullition, ce qui ne doit arriver qu'au bout de sept quarts d'heure, en les roulant sur un moulinet et les tenant plongées avec des bâtons ; on les laisse égoutter et on les porte aux *piquets* dans la rivière.

Un seul garançage suffit pour les fonds blancs : il en faut deux pour les fonds de couleur.

Après le garançage et le gaudage, il faut enlever aux fonds blancs les taches rouges ou jaunes dont ils se sont couverts dans les bains : pour cela, après avoir lavé et battu les étoffes, on les expose pendant quatre ou cinq jours sur le pré, le beau côté en dessous, et en les arrosant de temps en temps : puis on leur donne un bain de bouse et on les fait bouillir dans le son. Widemer et Berthollet ont conseillé de joindre à ces moyens l'emploi de la lessive de javelle, mais le procédé indiqué ci-dessus est celui qu'on suit le plus généralement dans les manufactures.

Ce n'est qu'après bien nettoyé les fonds après le garançage, que l'on peut passer au rentrage du jaune, du bleu, etc.

§. IV. On appelle impression *au petit teint*, celle qui se fait directement avec des couleurs d'application : on ne l'emploie guère que pour les mousselines, les étoffes d'ameublement et les toiles dont la première impression a été manquée.

Les rouges se font avec le Brésil, le Fernambouc, le Sainte-Marthe, etc.

Les bleus avec le bois d'Inde, le bleu de Prusse, etc.

Les jaunes avec la graine de Perse, la graine d'Avignon, la terre-mérite, le rocou, etc.

Ces couleurs sont épaissies avec la gomme ou l'amidon et appliquées à la planche ou au cylindre.

§. V. L'impression des toiles *par la réserve*, consiste à plonger les pièces tout entières dans un bain colorant, après avoir garni les parties de l'étoffe qui doivent rester blanches, ou avoir une

autre teinte d'une substance particulière qui empêche la couleur du bain d'y adhérer.

La *réserve* se fait de plusieurs manières :

1°. En faisant dissoudre dans une pinte d'eau, six onces de sulfate de cuivre, trois onces de vert-de-gris, deux onces d'alun, et quatre onces de gomme arabique.

2°. En faisant dissoudre dans un *pot* d'eau, quatre onces de vitriol de Chypre, six onces de vert-de-gris et une livre de gomme arabique.

3°. On fait dissoudre dans seize pots d'eau vingt livres de sulfate de cuivre, douze livres d'acétate de cuivre, seize livres de gomme, et cinq livres d'alun.

4°. On dissout dans quatre pots d'eau, seize livres de sulfate de cuivre, vingt-quatre livres d'acétate de cuivre, quatre livres d'alun et quinze livres et demie de gomme.

Lorsque les matières sont fondues, on passe au tamis fin, on laisse reposer et on décante. Le bain de réserve s'épaissit avec une livre de terre de pipe délayée d'abord dans trois ou quatre onces d'eau.

Sur la soie, la *réserve* se fait avec un mélange de suif et de résine.

La *réserve* s'applique sur l'étoffe de la même manière que les mordans et les couleurs d'application : seulement on doit exercer une pression moins forte sur la planche ou sur le cylindre. Vingt-quatre heures après l'impression de la *réserve*, on peut passer les toiles dans le bain colorant.

Après la teinture, les pièces doivent être bien égouttées et séchées, puis passées dans un bain d'eau légèrement acidulée par l'acide sulfurique, et enfin lavées à la rivière et exposées quelques jours sur le pré.

Il y a un grand nombre de toiles imprimées en *réserve*. Voici les principales, avec la série d'opérations qu'elles nécessitent :

A. Bleu de ciel sur bleu-foncé.
1°. Teindre la toile en bleu de ciel.
2°. Appliquer la réserve.
3°. Passer la toile sur une forte cuve de bleu.
4°. Aviver, laver et sécher.
B. Bleu de ciel, bleu-foncé et blanc.
1°. Appliquer la réserve.
2°. Teindre en bleu de ciel.
3°. Appliquer de nouveau la réserve.
4°. Passer en forte cuve de bleu.
5°. Aviver, laver et sécher.
c. Bleu-foncé, bleu de ciel, vert, jaune et blanc.
1°. Appliquer la réserve.
2°. Passer dans une cuve foible de bleu (trois trempes).
3°. Aviver, laver, sécher.
4°. Appliquer de nouveau la réserve.
5°. Passer dans une cuve de bleu plus forte.
6°. Sécher.

7°. Aviver,

7°. Aviver, laver sécher.

8°. Imprimer le mordant de rouge.

9°. Gauder ou quercitronner.

C'est le mordant qui donne le jaune et le vert.

D. Bleu de ciel, rouge et blanc.

1°. Appliquer la réserve.

2°. Appliquer le mordant de rouge épaissi à la terre de pipe.

3°. Sécher.

4°. Passer en cuve de bleu foible.

5°. Laver à la rivière.

6°. Garançage.

7°. Laver et mettre au pré.

§. VI. On fait des *bleus faïence* ou *bleus anglais*, en imprimant sans *réserve* deux bleus, sur un fond blanc.

Les bleus pour cette impression se font avec l'indigo de première qualité et trois cinquièmes de sulfate de fer bien pur dans lequel il n'y a pas un atome de cuivre. Ces deux substances sont broyées ensemble et épaissies avec poids égal d'eau gommée pour le premier bleu, et cinq fois le poids d'eau gommée pour le second bleu. Le bleu-foncé s'imprime le premier; on le fait sécher, puis on imprime le bleu-clair; on les laisse reposer pendant cinq jours, et on les passe dans les quatre cuves suivantes:

1°. Cuve à la chaux: elle est faite avec quarante-cinq livres de chaux vive pour cent cinquante pots d'eau.

2°. Cuve à la couperose. C'est une dissolution de quatre-vingt-dix livres de sulfate de fer dans cinquante pots d'eau.

3°. Cuve à la potasse. On la fait avec cent cinquante pots d'eau, quatre-vingt-dix livres de chaux vive et quinze ou vingt livres de potasse ou de soude.

4°. Cuve d'huile de vitriol. C'est un mélange de cent cinquante pots d'eau et cinq litres d'acide sulfurique.

Les immersions doivent exécutées dans l'ordre suivant: on fait tremper dans les cuves :

1°. A la chaux...... 5 min. égoutter 4 min.

2°. A la couperose.. 30   2

3°. A la chaux...... 20   2

4°. A la couperose.. 30   2

5°. A la chaux...... 20   2

6°. A la couperose.. 30   2

7°. A la potasse..... 60   4

8°. A l'huile de vitriol 15   1

Après les immersions, les toiles doivent être lavées et rincées à la rivière jusqu'à ce qu'elles ne rendent plus de bleu.

§. VII. L'impression par les *rongeans* se fait de deux manières, soit en rongeant sur le mordant, soit en rongeant sur la couleur. Les rongeans qui agissent dans le premier cas se nomment *rongeans blancs*: ceux que l'on emploie dans le second cas se nomment *rongeans jaunes*. Les corps que l'on emploie comme rongeans, sont: les acides sulfu-

rique, nitrique, hydro-chlorique, hydro-chloro-nitrique, citrique, tartarique, oxalique, etc., la dissolution d'étain, le chlorate de potasse, le sur-arseniate de potasse, etc. etc. Les rongeans s'épaississent avec la gomme arabique, la gomme adragante, ou l'amidon.

A. Rongeans sur mordans.

A. Noir sur blanc.

1°. Appliquer le mordant de noir.

2°. Sécher.

3°. Imprimer le rongeant blanc.

4°. Sécher et laver.

5°. Garançage.

6°. Laver et mettre au pré.

B. Blanc sur rouge.

1°. Mordant de rouge.

2°. Séchage.

3°. Rongeant blanc.

4°. Séchage et lavage.

5°. Garançage.

6°. Lavage et exposition au pré.

c. Blanc sur olive.

1°. Mordant d'olive.

2°. Rongeant blanc.

3°. Gaudage ou quercitronnage.

On opère du reste comme il est indiqué ci-dessus.

B. Rongeans sur couleur.

A. Cramoisi sur noir.

1°. Teindre dans un bain de campêche et de fer.

2°. Sécher.

3°. Rongeant (dissolution d'étain épaissie).

4°. Laver et sécher.

B. Aurore sur olive.

1°. Bain de sumac et de fer.

2°. Lavage dans une lessive de fustet.

3°. Rongeant d'étain.

c. Jaune sur olive.

1°. Teinture olive.

2°. Rongeant d'étain seul ou coloré avec la graine de Perse ou le bois de Brésil, suivant qu'on veut obtenir un jaune plus fort, ou un jaune-orangé.

C. Rongeans sur mordans et sur couleurs réunies.

A. Olive, jaune et blanc.

1°. Mordant d'olive.

2°. Rongeant blanc.

3°. Séchage et lavage.

4°. Gaudage.

5°. Rongeant jaune.

B. Rouge vif et rouge terne, blanc, jaune et noir sur olive.

1°. Mordant de rouge.

2°. Garançage.

3°. Mordant d'olive.

4°. Rongeant blanc.

5°. Gaudage.

6°. Rongeant jaune.

Diction. de Teinture.   O

7°. Noir d'application.

8°. Lavage et séchage.

Les couleurs obtenues par les rongeans sont belles, mais moins solides que celles que l'on obtient au moyen du garançage.

En combinant les différentes méthodes que je viens successivement d'indiquer, on conçoit combien de nuances diverses et de combinaisons de couleurs on peut facilement obtenir : ainsi pour faire des dessins blancs sur calicot teint en rouge des Indes, ce qu'on appelle *mérinos* (*voyez* ce mot), il suffit de ronger par places le rouge avec un acide. Pour faire les lapis (*voyez* ce mot), étoffes à fond bleu dans lesquelles se trouvent une foule de couleurs, telles que le blanc, le noir, le rouge, le vert, le jaune, l'olive, etc., on emploie tour à tour les mordans, les rongeans, la réserve, le garançage et les immersions dans les bains colorés.

Du reste, en réfléchissant à chacun des procédés que j'ai indiqués, et en se rappelant surtout les diverses propriétés chimiques des agens que l'on met en jeu, on se rendra compte sans peine de ce qui se passe dans chaque opération, et l'on parviendra à trouver, par analogie, de nouvelles méthodes pour appliquer sur les étoffes des couleurs tout à la fois solides et variées.

INDIGO. Substance colorante contenue dans certains végétaux, et notamment dans l'INDIGOTIER, *indigofera*, dont quatre espèces, l'INDIGOTIER FRANC, *indigofera anil*, l'INDIGOTIER DES TEINTURIERS, *indigofera tinctoria* ou *indica*, l'INDIGOTIER A FEUILLES ARGENTÉES, *indigofera argentea*, l'INDIGOTIER DE LA CAROLINE, *indigofera Caroliniana*, sont plus particulièrement cultivées dans nos colonies.

L'indigotier, genre de la famille des Légumineuses et de la diadelphie décandrie, est une plante herbacée et vivace, ou un petit arbuste qui croît dans toutes les parties chaudes du Globe. Ses feuilles sont alternes et pinnées; ses fleurs sont généralement petites et forment des épis ou grappes axillaires. Chaque fleur se compose d'un calice persistant et à cinq divisions; sa corole est papillonacée; l'ovaire est alongé et comprimé; la gousse est alongée, étroite, terminée en pointe et renfermant des graines brunâtres.

La culture de l'indigotier a été étudiée avec soin dans nos colonies, et surtout à Haïti, où on l'a beaucoup perfectionnée. Elle convient surtout aux petits propriétaires, en ce qu'elle exige peu d'avances et qu'elle offre un bénéfice prompt et assuré. Les meilleurs terrains sont ceux qu'on appelle *vierges* et qui proviennent du défrichement des bois. En général, autant que cela est possible, on doit préférer ceux qui sont dans le voisinage des ruisseaux, tant pour la culture de la plante que pour la préparation du principe colorant. En effet, la feuille de l'indigotier étant la partie dont on extrait la fécule, a-besoin, pour prendre le plus d'accroissement possible, d'arrosemens abondans et répétés, et l'eau n'est pas moins nécessaire pour l'extraction de l'indigo. Lorsque le terrain a été complétement débarrassé d'herbes, on le laboure profondément, puis on sème de la manière suivante : Des ouvriers, marchant à reculons, font avec la houe, à un pied de distance, des trous de quatre pouces de profondeur, dans chacun desquels des femmes ou des enfans déposent dix à douze graines d'indigotier; ces trous sont ensuite recouverts avec un râteau de bois. Les semailles peuvent se faire depuis le mois de novembre jusqu'au mois de mai, et l'on doit choisir de préférence le moment où la terre est bien humectée par les pluies fines que les Haïtiens appellent *nords*. Les grandes pluies ainsi que la sécheresse peuvent détruire les semailles et obliger le planteur à les recommencer. Lorsque le moment a été bien choisi, les graines germent au bout de trois ou quatre jours, et en peu de temps le terrain est recouvert d'une agréable verdure. Alors il faut très-fréquemment sarcler, jusqu'au moment où l'indigotier a pris assez d'accroissement pour ne plus pouvoir être étouffé par les mauvaises herbes : si le temps est sec, il faut l'arroser fréquemment. L'arrosage au moyen d'irrigations est le plus convenable, mais il faut avoir grand soin que l'eau ne séjourne pas au pied de l'indigotier, car alors elle pourriroit les fleurs inférieures et entraîneroit une perte notable. Lorsque la plante a acquis tout son développement, ce que l'on reconnoît au moment où les fleurs commencent à paroître, il faut couper l'indigotier. Quelquefois, lorsque l'année est favorable, la plante repousse, et deux mois après on peut faire une seconde coupe : c'est surtout l'indigotier franc ou anil qui présente cet avantage. La plante coupée ne doit pas séjourner sur la terre, mais être transportée de suite à l'usine où se fait la préparation de l'indigo.

L'usine nécessaire est peu considérable; elle se compose le plus souvent de deux hangars, l'un pour la préparation, l'autre pour le desséchement de l'indigo. Dans le premier on dispose près l'une de l'autre trois cuves de telle manière, qu'au moyen de robinets l'eau de la première puisse passer dans la seconde, et de celle-ci dans la troisième. La première cuve ou cuve supérieure se nomme *trempoire* ou *pourriture*. Elle a presque toujours une forme carrée, et une largeur de neuf à dix pieds sur environ trois pieds de profondeur. La seconde cuve se nomme *batterie*; elle est toujours plus longue que large, et son fond est placé à trois pieds environ au-dessous de celui de la première cuve. Enfin, la troisième se nomme *reposoir*; son fond n'est qu'à six pouces au-dessous de celui de la *batterie*. Entre la seconde et la troisième cuve, on pratique une cavité ovale, à fond rétréci, placée un peu au-dessus du niveau de la *batterie*, et qu'on nomme *bassinet* ou *diablotin*.

A mesure que l'on coupe l'indigo, on l'apporte et on le jette dans le *trempoire* : on le recouvre de planches que l'on charge de pierres, et l'on y verse de l'eau de manière à ce qu'il y en ait au moins quatre pouces par-dessus la plante. Il faut avoir la précaution d'élever, au moyen de pieux et de planches, de nouvelles parois autour de la cuve, afin de contenir la masse d'herbes lorsqu'elle se soulevera par la fermentation. Cette fermentation est toujours prompte et tumultueuse. D'abord de grosses bulles d'air s'élèvent du fond de la cuve et viennent crever à sa surface. Bientôt le liquide prend une belle couleur verte qui acquiert de plus en plus d'intensité, et la fermentation est à son plus haut point lorsque la surface du liquide présente un reflet cuivré très-brillant, que remplace bientôt une couche épaisse de matière violette mêlée d'écume. On examine alors la liqueur en en puisant dans plusieurs points de la cuve, avec une tasse d'argent, de petites quantités que l'on agite fortement. Si la fécule se dépose au fond de la tasse en formant des grains bien liés, la première opération est terminée, et il faut faire passer la liqueur dans la *batterie*. L'eau de fermentation doit avoir alors une couleur dorée analogue à celle de l'eau-de-vie de Cognac. Le moment où l'on doit passer de la première à la seconde opération est on ne peut pas plus important à saisir : en effet, si la fermentation n'est pas complète, une partie de la fécule colorante restera dans les feuilles que l'on va jeter; si au contraire elle est trop avancée, une partie de la fécule sera détruite et l'indigo perdra beaucoup de sa valeur. Dans ce dernier cas, l'eau du *trempoire* exhale une odeur extrêmement acide. Il faut alors se hâter de faire passer l'eau de fermentation dans la seconde cuve et y ajouter un peu de chaux pour absorber l'acide carbonique qui est en excès. Il est impossible de déterminer le temps nécessaire pour la fermentation; en général, dix à douze heures suffisent quand le temps est chaud et pluvieux; il en faut un peu plus quand il est sec et froid.

Aussitôt que le liquide est arrivé dans la seconde cuve ou *batterie*, on l'agite fortement, soit au moyen de petites caisses carrées sans fond et sans couvercle, que l'on nomme *busquets*, et que des ouvriers mettent en mouvement, soit mieux encore au moyen de larges traverses de bois fixées dans un arbre vertical, portant à sa partie supérieure une lanterne qui engrène dans une roue mise en mouvement par un cheval. Ce mouvement, qui doit avoir lieu d'une manière très-uniforme, a pour but de prévenir la fermentation putride et de déterminer la combinaison de la fécule avec l'oxigène de l'air. La matière colorante se précipite alors en flocons purpurins, d'abord légers, mais qui se condensent ensuite de plus en

plus. La couleur pourpre que prend la fécule est l'indice le plus certain du succès de l'opération.

Quand le battage est achevé, on laisse reposer la liqueur pendant quelques heures, afin de laisser tout le principe colorant se précipiter; puis, au moyen de robinets placés les uns au-dessus des autres et adaptés à la *batterie*, on laisse l'eau qui surnage s'écouler lentement et se perdre en passant par le *diablotin* et le *reposoir*, où elle va former de nouveaux dépôts. L'eau évacuée, on trouve au fond de la *batterie* une pâte liquide d'un bleu-noirâtre, que l'on prive autant que possible de l'eau qu'elle contient, en entr'ouvrant avec précaution le robinet inférieur, puis on la fait passer dans le *diablotin* que l'on a bien vidé. Là, on la prend avec des moitiés de calebasses, pour la mettre dans des sacs de toile que l'on suspend en l'air afin de la laisser encore égoutter. Lorsque l'eau ne s'en échappe plus, on verse cette pâte, qui est encore molle, dans des caisses plates d'environ trois pieds de longueur sur dix-huit pouces de largeur et deux pouces seulement de profondeur, et ces caisses sont portées sous le second hangar que l'on nomme *sécherie*. Là cette pâte se sèche et se fend en plusieurs morceaux ; on unit sa surface avec une espèce de truelle, et on la coupe en petits morceaux carrés, que l'on laisse exposés au soleil jusqu'à ce que d'eux mêmes ils se détachent de la caisse. Enfin, ces morceaux sont entassés dans de grandes barriques où on les laisse séjourner pendant quinze ou vingt jours. Là l'indigo s'échauffe, subit une sorte de fermentation intestine et se couvre d'une efflorescence blanchâtre. On le sèche de nouveau, et c'est dans cet état qu'il est livré au commerce.

On a cherché à cultiver l'indigo en France auprès de Perpignan et de Toulon; on l'a également cultivé en Toscane; la plante a bien réussi, mais néanmoins on a été forcé de renoncer à ce genre de culture, dont les frais n'étoient pas compensés, et que l'on a remplacé avec avantage par la culture du pastel.

L'indigo a été apporté de l'Inde en Europe vers le milieu du seizième siècle. On le fabrique à la Chine, au Japon, dans les Grandes-Indes, en Egypte, dans toutes les Antilles. Il est d'autant meilleur que sa préparation a été faite avec plus de soin. Le plus recherché est celui qui nous vient de la Nouvelle-Espagne; on le nomme le *Guatimala*, dont la première qualité est désignée sous le nom d'*indigo flore*. Il est d'un bleu vif, n'a point d'écorce; l'intérieur et l'extérieur offrent la même couleur; il est spécifiquement plus léger que l'eau et nous parvient en petits fragmens. On trouve dans le commerce deux autres espèces de *Guatimala*, un peu moins estimées que le *flore*, que l'on nomme le *sobré* et le *corsé*.

Après l'indigo *flore*, le plus estimé est celui d'Haïti, qui présente plusieurs variétés. Le *bleu* ne diffère de l'indigo *flore* qu'en ce que sa couleur tire un peu sur le brun ou le marron. Sa pierre est plus grosse, recouverte d'une écorce d'un bleu plus ardoisé que l'intérieur; sa texture est aussi plus compacte; il est cependant encore spécifiquement plus léger que l'eau.

Le *cuivré* présente dans sa cassure la couleur rougeâtre du cuivre, son écorce est d'un bleu-ardoisé; il est plus compacte que le précédent et spécifiquement plus pesant que l'eau.

Le *violet* et le *gorge-de-pigeon* tiennent le milieu entre le *bleu* et le *cuivré*. Le *violet* a un peu plus de consistance que le *bleu*; le *gorge-de-pigeon* offre dans sa cassure une nuance de violet-purpurin.

L'*ardoisé* et le *terne piqueté de blanc* sont regardés à Haïti comme les indigos de qualité inférieure.

En troisième ligne vient l'*indigo de la Caroline*, qui intérieurement et extérieurement présente une couleur bleue très-ardoisée.

Enfin, on tire des Indes et de l'Afrique des indigos connus sous les noms de *Java*, *Sarquesse*, *Jamaïque*, *Bengale*, *Guadeloupe*, etc. etc.

Dans le commerce il est très-ordinaire de rencontrer des indigos falsifiés, souvent ils sont mêlés d'argile, de chaux, d'ardoise pilée, etc. On reconnoît cette fraude en les faisant brûler sur une pelle chauffée; l'indigo brûle en ne laissant qu'une cendre légère, et les substances terreuses sont mises à nu. Quelquefois on y mêle des matières combustibles, comme la suie, les bitumes, etc.; mais l'odeur et la fumée que ces matières exhalent en brûlant, en décèlent à l'instant même la présence. Le *pierrage* ou *robage* est un autre genre de fraude que l'on met souvent en usage. Il consiste à envelopper un indigo commun d'une couche mince d'un autre indigo de qualité supérieure. En cassant les morceaux, l'artifice est facilement reconnu.

L'indigo a été plusieurs fois analysé. D'après les travaux de Bergman, cent parties de bon indigo contiennent:

Parties mucilagineuses qu'on peut séparer par l'eau................................ 12
Parties résineuses solubles dans l'alcool... 6
Parties terreuses qui sont dissoutes par l'acide acétique, lequel n'attaque pas le fer, qui est ici dans l'état d'oxide................ 22
Oxide de fer qui est dissous par l'acide muriatique................................ 13
Restent quarante-sept parties qui sont des molécules colorantes presque pures, et qui distillées seules ont donné:
Acide carbonique...................... 2
Liqueur alcaline...................... 8
Huile empyreumatique.................. 9
Charbon............................... 23

Le charbon brûlé à l'air libre a donné quatre parties de terre, dont environ la moitié étoit du fer oxidé, et le reste une poudre silicée très-subtile.

Chevreul a publié l'analyse suivante:

En dissolution dans l'eau.	Matière verte unie à l'ammoniaque. / Un peu d'indigo désoxidé.... / Extractif / Gomme.	12
En dissolution dans l'alcool.	Matière verte. / Résine rouge. / Un peu d'indigo.	30
En dissolution dans l'acide hydro-chlorique.	Résine rouge. / Carbonate de chaux... / Oxide rouge de fer... / Alumine.	6 / 2 / 2
Un résidu formé de	Silice. / Indigo pur.	3 / 45
		100

Il résulte de ces analyses que l'indigo de la plus belle qualité ne contient que quarante-cinq pour cent de parties colorantes. Ce principe que Chevreul est parvenu à isoler, et auquel il a donné le nom d'*indigotine*, est solide, d'une couleur pourpre, sans saveur, sans odeur, cristallise en aiguilles, et ainsi cristallisé offre l'aspect métallique.

Chauffée dans des vaisseaux fermés, l'*indigotine* se partage en deux parties, l'une qui se volatilise sous la forme d'une vapeur pourpre et se condense dans le col de la cornue, l'autre qui se décompose et fournit beaucoup d'ammoniaque.

Chauffée à l'air libre, au-dessous du rouge, l'*indigotine* se volatilise en grande partie au-dessus du rouge, elle absorbe rapidement l'oxigène de l'air avec dégagement de calorique et de lumière, se décompose et laisse un charbon volumineux.

L'*indigotine* n'est point altérée par l'air et ne se dissout pas dans l'eau; l'alcool bouillant la dissout sensiblement et se colore en bleu, mais par le refroidissement il s'en précipite une grande partie.

Réduite en poudre et traitée avec huit ou dix parties d'acide sulfurique concentré, l'*indigotine* se dissout surtout à l'aide d'une douce chaleur.

L'acide nitrique, même étendu d'eau, la décompose et la transforme en matière résineuse et en deux substances, l'une amère et l'autre détonante.

L'acide hydro-chlorique ne la décompose en partie qu'à l'aide de la chaleur.

Le chlore la jaunit en très-peu de temps.

Le sulfate de protoxide de fer, un mélange de potasse et de protoxide d'étain, un mélange de potasse et de sulfure d'arsenic, et généralement tous les corps qui sont avides d'oxigène, s'emparent rapidement de celui que contient l'*indigotine*, et la font passer à l'état d'*indigotine jaune*: alors elle devient soluble dans l'eau ; mais si on la laisse exposée à l'air, elle y reprend de l'oxigène, recouvre sa couleur bleue, cesse d'être soluble et se précipite au fond du vase. C'est sur ce principe qu'est fondé l'art de la teinture sur indigo. *Voyez* BLEU.

On peut aisément se procurer l'*indigotine* par le procédé suivant : « Mêlez cinq décigrammes » (1 once et demie) d'indigo dans un petit » creuset d'argent que vous fermerez de son » couvercle, et que vous placerez sur des char-» bons incandescens : l'*indigotine* se sublimera » et s'attachera en cristaux aiguillés à la partie » moyenne du creuset. »

Les beaux indigos de Guatimala sont les seuls qui puissent donner des bleus vifs et clairs : on emploie les autres, et particulièrement ceux d'Haïti, pour faire les bleus foncés.

Avant de terminer cet article, je ne dois pas passer sous silence le procédé que Berthollet a indiqué pour comparer entr'elles les différentes espèces d'indigo. « On prend, dit-il, de » chacune un poids égal ; on les pulvérise avec » soin, on les met dans des matras séparés avec » huit fois leur poids d'acide sulfurique con-» centré ; on tient les matras pendant quelques » heures à une chaleur de 30 à 40 degrés. On étend » ensuite chaque dissolution d'une même quan-» tité d'eau ; on recueille les résidus que l'on » trouve sur les filtres, on les broie dans un » mortier de verre, en y ajoutant encore un peu » d'acide sulfurique ; on met de nouveau en di-» gestion ; on étend d'une égale quantité d'eau ces » dernières dissolutions : on les filtre et on » ajoute chaque liqueur à celle qui y correspond. » Enfin, on verse sur chaque dissolution la quan-» tité de chlore nécessaire pour les ramener à une » même nuance de jaune ; les qualités des différentes » espèces d'indigo sont proportionelles à la quan-» tité de chlore qu'il a fallu pour en détruire la » couleur. »

INDIGOTIER. Nom que l'on donne à l'individu qui cultive ou prépare l'indigo.

INDIGOTINE. Principe colorant de l'indigo.

INFUSION. C'est l'action de mettre et de laisser séjourner une matière quelconque dans un liquide, ordinairement dans l'eau. Il y a l'infusion froide et l'infusion chaude, suivant que l'on emploie de l'eau chauffée ou de l'eau à la température ordinaire. On nomme aussi *infusion*, le résultat de l'opération ou le liquide dans lequel on a fait infuser, mais cette expression est impropre, et le mot *infusum* est le seul que l'on doive adopter dans ce cas. L'infusion agit avec moins de force que la décoction, puisque le liquide que l'on verse chaud ne se maintient que peu de temps à

ce degré de température, et se refroidit promptement.

INRAMO. Coton non filé qui vient du Levant par la voie du Caire.

INSECTES. Tout dans la nature paie un tribut à la science ou plutôt au génie de l'homme, qui sait tout faire tourner à son avantage. La teinture elle-même doit beaucoup à la famille des insectes, puisque la *cochenille*, le *hermès*, le *ver à soie*, etc. (*voyez* ces mots), appartiennent à cette classe nombreuse et encore trop peu connue. Il est hors de doute que d'autres insectes pourroient également être mis à contribution, soit pour donner des principes colorans, soit pour augmenter le nombre de nos tissus.

INSTRUMENS. Il est important dans toutes les opérations chimiques, et la plupart de celles de la teinture doivent être considérées comme telles, de ne pas s'en rapporter à des calculs approximatifs, et de parvenir à des résultats constans et positifs : les plus habiles chefs d'atelier croient pouvoir s'en tenir à leur longue habitude, et juger par la main de la température des bains, par l'odorat du degré d'intensité des matières colorées, par la vue du degré de concentration d'une décoction de teinture. Tous ces moyens qui peuvent être suffisans dans les circonstances ordinaires, peuvent induire en erreur dans des opérations délicates, puisque le degré de sensibilité de nos organes peut être modifié par une foule de causes extérieures, puisque l'homme qui portera un jugement sain lorsqu'il est secondé par un jour pur et des organes en santé, devra se tromper s'il agit avec des mains engourdies par le froid, un odorat voilé par un rhume, des yeux obscurcis par le brouillard ou la fumée. Voilà pourquoi je regarde comme très-essentiel d'avoir dans tous les ateliers de teinture plusieurs instrumens que la physique a inventés et construits, et dont les résultats ne peuvent jamais être sujets à erreur.

Ces instrumens les plus indispensables sont :

A. *Aréomètre*, de αραιος, léger, et de μετρον, mesure. C'est le nom qu'on donne à un instrument propre à mesurer la densité ou la pesanteur spécifique des liquides : c'est pour cela qu'on l'appelle *pèse-liqueur*. On en fait de beaucoup d'espèces, mais il suffira de faire connoître ceux de Baumé, qui sont à la fois les plus exacts et les plus usités.

La forme de l'instrument est toujours la même : c'est un tube semblable à celui d'un thermomètre, renflé en boule à sa partie inférieure et présentant de plus un second renflement plus petit, placé au-dessous du premier et contenant le mercure qui sert de lest à l'instrument. Quant à la manière de graduer l'aréomètre, elle varie suivant qu'on a à peser un liquide spécifiquement plus lourd ou plus léger que l'eau distillée.

Dans le premier cas, c'est-à-dire quand il s'agit de peser des liquides plus lourds que l'eau distillée, on plonge l'instrument dans de l'eau distillée et l'on marque le zéro à l'endroit qui répond au niveau de l'eau : on le plonge ensuite dans une solution de muriate de soude préparée avec soin et qui contient 0,15 de sel et 0,85 d'eau en poids ; on fait une nouvelle marque à l'endroit qui correspond au niveau du liquide : on y grave le n°. 15, et l'intervalle qui sépare cette marque de la première, est divisé en quinze parties égales ou degrés. On peut continuer d'après le même principe la graduation de l'instrument jusqu'à l'extrémité de la tige.

Dans le second cas, c'est-à-dire lorsqu'il s'agit de peser des liquides plus légers que l'eau distillée, on gradue en sens inverse : ainsi on commence par plonger l'instrument dans une solution de muriate de soude qui contient 0,10 de sel et 0,90 d'eau : l'instrument est lesté de manière à s'y enfoncer le moins possible, et l'endroit qui répond au niveau du liquide, indique le point du départ ou le zéro. En le plongeant ensuite dans de l'eau distillée, l'endroit qui répond au niveau de l'eau porte le chiffre 10, et l'intervalle qui sépare cette marque de la première est divisé en dix parties égales ou degrés. On continue ensuite la même graduation jusqu'à l'extrémité de la tige.

Ces deux instrumens, construits d'après un même principe, sont comparables entr'eux. On conçoit que l'évaluation des liquides autres que l'eau distillée et la solution saline est tout-à-fait arbitraire ; mais comme l'aréomètre de Baumé est généralement adopté, cet inconvénient n'en est plus un, puisque partout la graduation de l'échelle est la même.

Il est facile de comprendre, que la pression atmosphérique et la température exercent une influence marquée sur la densité des liquides. On fera donc bien, chaque fois que l'on voudra parvenir à une estimation rigoureuse, de tenir compte des indications du baromètre et du thermomètre.

B. *Baromètre*, de βαρος, pesanteur, et μετρον, mesure. C'est l'instrument qui a été inventé pour mesurer la pesanteur ou la pression de l'atmosphère. D'après des calculs certains, le poids d'une colonne d'air qui, du niveau de la mer s'élève aux plus hautes régions de l'atmosphère, équivaut à celui d'une colonne d'eau de trente-deux pieds, et d'une colonne de mercure de vingt-huit pouces. C'est sur ce principe qu'a été construit le baromètre. On prend un tube d'un diamètre égal, long de trente pouces environ, fermé à l'une de ses extrémités ; on le remplit de mercure,

on le ferme hermétiquement avec le doigt, on le renverse, puis on introduit l'ouverture toujours fermée par le doigt dans une cuvette de mercure. A l'instant où l'on retire le doigt, l'air ne pouvant plus rentrer dans le tube, la colonne de mercure se mettra en équilibre avec la pression atmosphérique et aura vingt-huit pouces environ de hauteur. Ces vingt-huit pouces pris du niveau de la cuvette marquent le zéro : le reste de l'échelle ascendante ou descendante est gradué en pouces et en lignes.

Le baromètre ainsi construit suffira toujours, surtout si la cuvette est grande et large, pour toutes les appréciations dont on a besoin dans les ateliers de teinture : il ne seroit pas assez exact pour des opérations de physique et de géographie. En effet, le mercure qui monte dans le tube lorsque la pression de l'atmosphère augmente ; celui qui descend dans la cuvette, lorsque cette pression diminue, font varier le niveau du mercure de la cuvette et doivent modifier d'une manière sensible l'échelle d'appréciation. On remédie à cet inconvénient en adaptant au baromètre une échelle mobile que l'on place toujours au niveau du mercure de la cuvette au moment où l'on veut consulter l'instrument.

Le baromètre sert à mesurer le degré de pression de l'atmosphère, à évaluer avec assez d'exactitude les hauteurs, mais ce n'est que d'une manière extrêmement incertaine qu'on peut y lire les indications de sécheresse ou d'humidité.

C. *Balance hydrostatique.* Cette balance qui ne diffère des autres qu'en ce qu'elle n'a qu'un plateau destiné à recevoir les poids, et l'autre extrémité du fléau porte un crin pour suspendre les corps que l'on veut peser, sert à évaluer la pesanteur spécifique des corps solides. En effet, en pesant un corps quelconque d'abord dans l'air, ensuite plongé dans l'eau, la différence qui existe entre les poids, indique d'une manière certaine son degré de densité. Cet instrument peut être employé avec avantage pour apprécier plusieurs matières colorantes, et notamment les bois de teinture qui sont en général d'autant meilleurs qu'ils sont plus compactes et plus pesans.

D. *Hygromètre*, de ὑγρος, humide, et μετρον, mesure. Cet instrument destiné à mesurer la quantité d'humidité répandue dans l'atmosphère, est fondé sur la propriété qu'ont certains corps d'être modifiés d'une manière sensible par la vapeur d'eau soutenue dans l'air ; les cheveux, par exemple, s'alongent lorsqu'ils sont humides et se raccourcissent par le dessèchement : c'est aussi au moyen d'un cheveu dépouillé de sa partie graisseuse, au moyen d'une légère dissolution de sulfate de soude, que Saussure a construit son hygromètre. Une des extrémités du cheveu est attachée à un point fixe, et l'autre à la circonférence d'un petit cylindre mobile qui porte à l'une de ses extrémités une aiguille légère. Le cheveu est tendu par un contre-poids de deux à trois grains, suspendu à une soie fine qui est roulée en sens contraire autour du même cylindre. A mesure que le cheveu s'alonge ou se raccourcit, il faut tourner le cylindre dans un sens ou dans l'autre, et par conséquent la petite aiguille dont les mouvemens se mesurent sur la circonférence d'un cercle gradué autour duquel elle fait sa révolution comme sur les cadrans ordinaires. Saussure a pris deux termes fixes, le terme de l'extrême humidité ou 100 degrés, en plaçant l'instrument sous un récipient dont les parois étoient frottées d'eau, et le terme de l'extrême sécheresse ou zéro, en plaçant l'instrument dans un récipient chaud, sec, et dans lequel il avoit mis une certaine quantité d'un sel déliquescent.

Deluc, physicien anglais, a inventé un hygromètre qui jouit également d'une grande sensibilité, et dont la pièce principale est une bandelette très-mince de baleine tendue par un ressort; d'autres ont employé la corde à boyau, le crin, la plume, etc. etc. Du reste, tous ces instrumens sont fondés sur la propriété qu'ont certains corps de changer de longueur, de diamètre, de forme ou de direction par la sécheresse ou l'humidité.

C'est surtout dans les étuves, dans les sécheries, que les teinturiers doivent avoir constamment des hygromètres très-sensibles.

E. *Pyromètre*, de πυρ, feu, et μετρον, mesure. C'est l'instrument qui sert à mesurer les degrés de température tellement élevés, que le thermomètre ordinaire ne sauroit y atteindre. Il est fondé sur la propriété qu'ont certains corps de se dilater ou d'augmenter de volume, lorsque le calorique s'accumule dans leur intérieur, et qu'on en voit certains autres de diminuer de volume dans le même cas. Muschenbroek, le premier qui ait construit un pyromètre, le fit avec une tige de fer : Guyton-Morveau en fit un avec le platine : Wedgwood en a construit un dont on se sert encore aujourd'hui, et dont la pièce principale est un cylindre d'argile qui se contracte par l'accumulation de la chaleur, et reprend son volume primitif en se refroidissant. Ce cylindre d'argile est placé dans un petit appareil en cuivre ou en laiton qui porte l'échelle de graduation; cet appareil est simplement un cylindre dont la capacité diminue de l'orifice jusqu'au fond; elle a ordinairement un demi-pouce à l'extrémité la plus large, et trois dixièmes de pouce à son fond. On conçoit que plus le calorique a fait contracter l'argile, et plus elle doit pénétrer avant dans ce cylindre. Sa longueur est de vingt-deux pouces, et est divisée en deux cent quarante parties égales; chacune de ces parties répond à 72 deg. centigrades. Le zéro se trouve à l'endroit où l'argile cuite peut être placée dans son état naturel, et équivaut, à ce que l'on croit, à 598 degrés du thermomètre centigrade. L'argent fin

se fond à 20 degrés du pyromètre, le laiton à 21, le cuivre à 27, l'or à 32, le fer à 130, le cobalt *idem*, le manganèse à 160, le nickel de même. D'après le même pyromètre, la chaleur nécessaire pour unir ensemble deux barres de fer est de 95 degrés. Le degré extrême de chaleur d'une forge est de 125; la plus grande chaleur d'un fourneau à vent de huit pouces de diamètre est de 160. La meilleure porcelaine de la Chine s'amollit à 156; la porcelaine inférieure à 105; la poterie de grès cuit à 102. Enfin, c'est à 6 degrés qu'on doit fixer les couleurs sur l'émail.

F. *Thermomètre*, de θερμον, chaud, et μετρον, mesure. Cet instrument est fondé sur la propriété qu'ont les liquides d'augmenter de volume lorsqu'on les échauffe, et de diminuer lorsqu'on les refroidit : si maintenant on place ce liquide dans des circonstances telles qu'il puisse être soumis à l'action de la chaleur ou à celle du froid, en même temps qu'on le soustraira à l'influence de la pression atmosphérique, on concevra sans peine que ses changemens de volume devront être uniformes et constans dans des circonférences données : c'est ce que l'on obtient constamment lorsqu'on met un liquide quelconque dans un tube de verre parfaitement purgé d'air, fermé à ses deux extrémités, et dont l'inférieure est renflée en boule. Pour obtenir cette absence totale d'air, on fait chauffer la boule qui termine le thermomètre, afin de mettre en ébullition le mercure ou la liqueur contenue dans le tube. La vapeur chasse l'air qui peut s'y trouver. On forme alors à la lampe d'émailleur l'extrémité supérieure du thermomètre, et en laissant refroidir lentement la liqueur, elle reprend naturellement son niveau.

L'échelle de graduation du thermomètre a varié suivant les différens auteurs. Amontons divisoit le sien en 73 degrés, dont le premier répondoit à la température moyenne du printemps, et le dernier à celle de l'eau bouillante.

Newton divisoit le sien en 34 degrés : le degré inférieur ou le zéro répondoit à la glace fondante; le 34e. à la température de l'eau bouillante.

Farenheit partageoit son thermomètre en 212 degrés; le zéro ou le degré inférieur est marqué par le froid artificiel qu'on obtient au moyen d'un mélange de glace pilée et de sel ammoniac : le 32e. répond au zéro actuel ou à la glace fondante, et le 212e. à la température de l'eau bouillante, de sorte que ce thermomètre est divisé en 180 degrés depuis la glace fondante jusqu'à l'eau bouillante.

Réaumur, ou plutôt Deluc, divise son thermomètre en 80 degrés dont les limites sont également la glace fondante pour le zéro, et l'eau bouillante pour le 80e. degré.

Le thermomètre centigrade est divisé en 100 degrés égaux, depuis la température de la glace fondante, qui est le zéro, jusqu'à celle de l'eau bouillante, indiquée par le 100°. degré.

Il résulte de la comparaison de ces diverses manières de graduer les thermomètres, qu'un degré de Réaumur répond à 1,25 centigrade, à 2,25 de Farenheit.

IPSOLA. Laine que l'on tire de Constantinople.

IRIDIUM. *Voyez* OXIDES MÉTALLIQUES.

ISATIS. *Voyez* PASTEL.

J

JANNEQUIN. Coton filé du Levant d'une médiocre qualité.

JARRÉ, ÉE. Se dit des laines où l'on trouve des poils longs, durs et blancs.

JAUNE. Les substances que l'on emploie pour teindre en jaune, sont : la gaude, le bois jaune, le quercitron, le rocou, le curcuma, le fustet, le chromate de plomb, l'oxide de fer, etc.

A. Jaune de gaude.

1°. Pour teindre la laine, il faut d'abord lui donner un bouillon avec un quart d'alun et un huitième de tartre : ensuite on gaude dans un bain préparé avec trois ou quatre parties de gaude par livre de matière. En ajoutant au bain du muriate de soude ou du sulfate de chaux, le jaune est plus foncé; avec le tartre il est plus pâle. Si, au sortir du gaudage, on donne un léger bain de garance, on obtient un *jaune doré* : on aura au contraire un *jaune tanné*, si l'on donne, après le gaudage, un léger bain de suie ou de brou de noix.

2°. Pour teindre la soie, il faut avant tout lui donner un bouillon de savon, l'aluner et la laver d'alun, puis la plonger et la liser successivement dans deux bains de gaude assez refroidis pour qu'on puisse y tenir la main, et préparés avec deux parties de gaude pour une partie de soie : on la passe ensuite dans un bain plus ou moins alcalin, suivant la nuance que l'on veut obtenir. On fait des *jaunes dorés* en ajoutant à la dissolution alcaline un peu de bain de rocou : pour les *jaunes clairs, citron pâle, sérin*, etc., on fait cuire la soie comme pour le bleu; si l'on veut un *jaune-verdâtre*, on ajoute un peu de bleu de cuve au bain colorant. Schæffer dit qu'en faisant macérer la soie pendant vingt-quatre heures, dans une dissolution d'étain préparée avec quatre parties d'acide nitrique, une de muriate de soude, une d'étain et saturée par le tartre, et la faisant bouillir une demi-heure avec une égale portion de fleurs de gaude, on arrive à une couleur *paille* belle et solide.

3°. Sur le coton on fait un *jaune-foncé* en cuisant deux parties et demie de gaude pour une de coton, ajoutant au bain un peu de vert-de-gris, y passant le coton, le retirant, le plongeant dans un nouveau bain qui contient un peu de lessive, le retirant, le tordant et le faisant sécher.

On fait le *jaune-clair* par le même procédé, en ne mettant qu'une partie et un quart de gaude par livre de coton et avivant au savon.

Le *jaune-citron* se fait avec une partie seulement de gaude et très-peu de vert-de-gris.

Le *jaune-doré* s'obtient par un alunage d'acétate d'alumine, de forts bains de gaude dans lesquels on a mis d'abord de la lessive de soude, puis de l'acétate de cuivre.

B. Jaune de bois jaune.

On n'emploie guère cette substance que pour les laines et les lainages qui, sans le secours d'aucun mordant, y prennent un *jaune-brunâtre* solide. On obtient un jaune-clair en alunant et ajoutant au bain un peu de dissolution d'étain : on a un jaune plus foncé en mettant dans le bain un peu de lessive ; le bois jaune se comporte du reste comme la gaude par rapport aux mordans, excepté qu'il donne des jaunes moins vifs et plus orangés.

Chaptal a indiqué un moyen facile d'obtenir du bois jaune une couleur plus vive. Il suffit, dit-il, de faire bouillir dans le bain de bois jaune, des rognures de peau, de la colle forte, etc., et d'y travailler immédiatement les étoffes pour les voir y prendre la plus belle et la plus intense des couleurs.

C. Jaune de quercitron.

1°. On obtient un assez beau jaune sur laine en donnant d'abord un bouillon avec un quart ou un sixième d'alun, teignant dans un bain bouillant de quercitron, levant l'étoffe, ajoutant au bain un peu de craie, y rabattant la laine, égouttant et séchant.

Bancroft dit qu'en employant autant de dissolution d'étain que de quercitron, on a un jaune plus vif; avec deux tiers de dissolution d'étain et moitié d'alun par rapport au quercitron, on a un jaune d'or brillant, et qu'on arrive à une couleur citrine tirant sur le vert en ajoutant un peu de tartre aux substances précédemment indiquées.

2°. Le quercitron s'applique aussi bien à la soie : il suffit d'aluner, de teindre à 35 degrés dans un bain préparé avec un sixième ou un douzième

de

de quercitron , et d'aviver avec la craie ou la potasse pour obtenir une foule de nuances de jaune. Le quercitron cependant ne sauroit ici remplacer la gaude. Il n'en est pas de même dans l'impression des toiles, où l'on doit, autant que possible, remplacer le gaudage par le bain de quercitron , attendu que ce dernier n'attaque presque pas les parties qui doivent rester blanches.

D. Jaune de rocou.

Le rocou n'est presque jamais employé que pour la soie, le lin et le coton.

La soie doit d'abord être cuite avec 20 pour 100 de savon , et c'est quand elle est bien dégorgée qu'on la plonge dans un bain non bouillant, dans lequel il entre plus ou moins de rocou , suivant les nuances que l'on cherche à obtenir : on lave , on donne deux battures à la rivière et on sèche à l'ombre. En passant après la teinture les soies dans du jus de citron , du vinaigre, de la dissolution d'alun , on aura des jaunes qui tireront sur l'orangé.

Les mêmes procédés peuvent être mis en usage pour le coton , le lin , etc.

E. Jaune de curcuma.

Il suffit de faire bouillir certaine quantité de racines de curcuma réduites en poudre dans l'eau, de passer ce bain au tamis, et d'y plonger une ou deux fois la laine, la soie ou le coton , pour obtenir un jaune-doré fort agréable. Cette couleur est peu solide , et vire au rouge par les alcalis, le savon et même la salive.

F. Jaune de fustet.

La couleur du fustet est jolie, mais jusqu'à présent on n'a pu encore la fixer d'une manière solide. Aussi, à l'exception des olives sur fil et coton filé, ne l'emploie-t-on guère que pour nuancer d'autres couleurs.

G. Jaune de chromate de plomb.

Cette substance, dont l'application récente a été découverte par Vitalis, donne des jaunes à la fois beaux et solides sur les laines, la soie , le lin , le chanvre, le coton et les toiles d'impression. Voici de quelle manière il faut opérer.

1°. Mordant d'acétate de plomb à chaud.

2°. Bain chaud de chromate neutre de potasse.

3°. Exprimer, sécher, laver.

4°. Répéter successivement ces opérations si l'on veut faire monter la nuance.

H. Jaune de fer.

L'oxide de fer ou la rouille est employé avec avantage pour faire quelques jaunes sur coton , et surtout pour donner cette nuance que l'on connoît sous le nom de nankin (voyez ce mot). Il suffit dans le plus grand nombre des cas de plonger le coton abreuvé à l'eau chaude dans un bain limpide de sulfate de fer , d'exprimer , de tordre et de plonger dans un bain froid de lessive de potasse à 3 degrés de l'aréomètre, de tordre de nouveau, de laver et de sécher à l'air, pour ob-

tenir toutes les nuances de *jaune rouille*, en répétant plusieurs fois les mêmes opérations pour les nuances les plus foncées. Parmi les nuances que l'on obtient par ce procédé, les plus recherchées sont le *beurre frais* , *ventre de biche* , le *revers de bottes*, et surtout le *nankin*.

Braconnot a proposé pour teindre en jaune la laine, la soie , le fil, le coton, etc. , le procédé suivant : « On dissout l'orpiment dans l'ammonia-
» que liquide et concentré , on étend d'eau la so-
» lution qui est sans couleur , et on y plonge la
» matière à teindre : on la retire et on l'expose à
» l'air ; l'ammoniaque alors se dégage et il se déve-
» loppe une couleur jaune qui peut varier depuis
» le jaune-doré le plus clair jusqu'au jaune souci.
» Cette couleur qui se soutient assez bien à l'air ,
» ne résiste pas au savon. »

On a annoncé dans quelques journaux la méthode suivante pour teindre la soie en jaune solide : il suffit de faire tremper plus ou moins longtemps la soie dans une liqueur composée de deux parties d'acide nitrique à 24 degrés et de 128 parties d'alcool à 24 degrés. Cette teinture supporte le savonnage.

On peut faire encore des jaunes avec l'œillet d'Inde, le peuplier, la verge-d'or du Canada, la graine d'Avignon , etc. etc.

JAUNE DE CARTHAME. A l'article CAR-
THAME j'ai fait mention d'une partie jaune que l'on sépare dans la préparation de cette substance, et dont jusqu'à présent on n'a pas su tirer parti ; cependant les expériences de Poerner semblent indiquer qu'elle pourroit être utile ; en effet, la laine non préparée y prend une couleur jaune peu solide , et la laine préparée à l'alun et au tartre y prend un jaune qui résiste mieux. Beck-
mann, qui s'est aussi occupé de cette matière, assure qu'à poids égal le carthame contient plus de principe colorant jaune que le bois jaune lui-même.

JAUNE DE MONTAGNE. Sorte d'ocre ou d'argile de couleur jaune.

JAUNE-PAILLE. Cette nuance peut se faire sur coton légèrement aluné , que l'on travaille d'abord dans un bain d'acétate de fer à 1 deg. , puis dans un bain de potasse aussi à 1 degré , puis enfin dans un bain très-léger et chaud de sulfate de cuivre.

JETTICE. Il se dit de la laine jarrée ou de rebut.

JONQUILLE. C'est une nuance de jaune brillante et recherchée. Les plus belles se font sur laine, soie ou coton, avec la gaude et une très-petite quantité de rocou.

JOSSELASSAR. Coton filé qui vient de Smyrne.

JUS. C'est le nom qu'on donne dans les ateliers aux décoctions de bois colorant. On dit *jus de Brésil*, *jus de bois jaune*, etc., pour indiquer la décoction de ces bois que l'on conserve pour l'usage. Les jus de bois de Brésil, de bois d'Inde, de bois jaune, sont d'autant meilleurs qu'on les a conservés plus long-temps.

K

KAA ou **KAHA.** Espèce de curcuma qui se trouve dans l'île de Ceylan.

KALAN. Sorte de coquille, l'une de celles qui fournissoient la pourpre aux Anciens.

KERMÈS. Insecte très-voisin de la famille des Cochenilles et que l'on récolte dans le Languedoc, en Provence, dans le midi de l'Espagne, sur les pentes de la Sierra Morena. C'est sur le pêcher, le petit chêne, l'orme, que l'on trouve les espèces de kermès employées en teinture. De même que la cochenille, la femelle vit sur les végétaux, y pond ses œufs et meurt ensuite après avoir gonflé son corps outre mesure; alors ces insectes ressemblent à de petites boules, dont la grosseur varie depuis celle d'un grain de poivre jusqu'à celle d'un petit pois. De toutes les espèces, la plus employée est celle que l'on récolte sur le petit chêne et que l'on nomme *kermès ilicis, coccus ilicis.* Arrivé à sa maturité, ce kermès a une couleur rouge-brun. Il adhère à l'écorce et est entouré d'un duvet cotonneux blanc. On l'enlève avec les ongles ou avec une spatule; on le fait mourir à la vapeur du vinaigre et on le sèche à l'ombre sur des toiles. Chaptal a publié le procédé que l'on suit en Languedoc pour la récolte du kermès. Suivant lui, la récolte commence vers le milieu de mai, époque où l'insecte a acquis son plus grand volume, et se continue jusqu'à la fin de juin, si le temps n'est pas trop chaud ou trop pluvieux. C'est avant le jour et à la lueur d'une lanterne que les femmes enlèvent le kermès qu'elles placent dans un pot de terre vernissée. Ce sont les acheteurs qui, pour empêcher les œufs d'éclore, plongent l'insecte dans du vinaigre ou l'exposent à la vapeur de cet acide.

Lorsqu'on écrase l'insecte vivant, il donne une couleur rouge; il a une odeur assez agréable et une saveur âpre, piquante et un peu amère. Quand il est sec, il donne à l'alcool et à l'eau la même couleur, la même odeur et la même saveur.

Le kermès du commerce est d'un rouge-brun foncé.

La décoction du kermès est d'un rouge moins éclatant que celle de la cochenille. Suivant Hellot, on la rend plus brillante en mettant dans la chaudière une certaine quantité de laine de rebut, qui se charge d'un principe noir, espèce de fécule qui fonce la couleur. En ajoutant à la dissolution du tartre, et autant de composition d'étain que pour l'écarlate de cochenille, on a un cannelle très-vif. Avec le sulfate de potasse, on fait un gris d'agathe solide; avec le sulfate de fer et le tartre, un beau gris; avec le tartre et le sulfate de cuivre, ou avec le nitrate de cuivre, une belle couleur olive; avec le bismuth, un beau violet; enfin, tous les acides font passer cette dissolution à une nuance cannelle; et tous les alcalis la rosent et la ternissent.

Le kermès est surtout employé dans la teinture des laines, et il est à regretter qu'on en fasse maintenant si rarement usage, puisqu'il donne constamment une couleur très-solide.

C'est avec le kermès qu'on fait l'*écarlate de graine,* l'*écarlate demi-graine,* et le *rouge lévantin* pour les bonnets feutrés. *Voyez* ce mot.

KERMÈS POLONAIS. C'est le *coccus polonicus.* On le trouve sur les racines d'un polygonum, *sclerantus perennis.* On le récolte vers la fin de juin dans quelques provinces de la Pologne, où il est acheté par des marchands turcs ou arméniens qui s'en servent pour teindre la laine, la soie et les crins de chevaux. Les femmes turques l'emploient aussi pour colorer leurs ongles.

KISTEL. Laine d'Allemagne.

KOUAN. Sorte de plante qui donne ou produit le carmin.

L

LABARIA. Nom qu'Adanson a donné à une très-belle espèce de pourpre, qui est le *purpurea coronata* de Lamarck.

LABORATOIRE. En parlant de l'atelier, j'ai indiqué comme chose indispensable, une pièce séparée dans laquelle le chef de l'établissement pût se livrer à des recherches sur les matières colorantes et sur les procédés de teinture. Cette pièce, véritable *laboratoire*, n'a pas besoin d'avoir une grande étendue, mais il est nécessaire qu'elle soit claire et que l'air puisse s'y renouveler facilement.

Le laboratoire doit être muni d'une cheminée dont le manteau est en hotte et placé assez haut pour qu'on puisse passer dessous facilement. Sous ce manteau on construit un fourneau à plusieurs trous carrés semblables à ceux de nos cuisines : à l'un des coins on peut adapter un foyer et un soufflet pour établir un feu de forge : au-dessus du fourneau on placera une barre de fer scellée dans le mur, destinée à porter les pincettes, les pinces, etc. etc. À l'une des extrémités de la pièce doit se trouver une grande fontaine toujours remplie d'eau, et dans d'autres points des armoires vitrées où l'on range les bocaux qui renferment les échantillons et les réactifs : au milieu du laboratoire se trouvera une table de bois à tiroirs dans lesquels on serre le papier, le fil, les filtres, les ciseaux, etc. etc. Dans l'endroit le plus éclairé se place la cuve à eau, nommée aussi *hydro-pneumatique*, et à côté de celle-ci, si l'on veut se livrer à des analyses délicates, la cuve à mercure ou *hydrargiro-pneumatique*. Enfin, près de la table on mettra sur des billots, des mortiers de différens calibres.

Outre ces objets, un laboratoire doit encore être muni des instrumens suivans :
1°. En verre : flacons à l'émeri, flacons ordinaires, flacons à plusieurs tubulures, fioles, bocaux, ballons, alonges, capsules, entonnoirs, tubes pleins, tubes creux, verres à patte, cornues, cloches, éprouvettes, siphons, etc.
2°. En grès ou en terre : cornues, terrines, creusets, coupelles, fourneaux à réverbère, etc.
3°. En fer : pinces à creusets, spatules, pinces, cuillers, limes, grilles, etc.
4°. En cuivre : alambics à bain-marie, bassines, casseroles, balances, poids, mortiers, etc.
5°. En marbre : quelques mortiers, une plaque avec sa molette, etc.
6°. En bois : une presse, des tamis, des soufflets, des spatules, etc.

Parmi les réactifs, les plus indispensables sont : la teinture de tournesol, la teinture et le papier de curcuma, la teinture de noix de galle, l'eau de chaux, la potasse, la soude, l'ammoniaque, les acides sulfurique, nitrique, hydro-chlorique, oxalique, acétique, citrique, etc., le sulfate acide d'alumine, le nitrate d'argent, les sulfates de fer et de cuivre, l'acétate de plomb, le prussiate de chaux, etc., l'iode, le chlore, l'alcool, le phosphore, le tannin, etc. etc.

Enfin c'est dans le laboratoire que l'on placera les instrumens de physique nécessaires, tels que le baromètre, les thermomètres, le pyromètre, les aréomètres, etc. etc.

LAC-LAKE, LAC-DYE. Ces laques artificielles dont l'apparition en Europe ne remonte guère qu'à quinze ans, ont été préparées dans l'Inde, avec l'intention de n'exporter que le principe colorant. Le docteur Bancroft a publié à ce sujet un Mémoire où sont puisés les détails suivans.

Vers l'année 1793, la compagnie anglaise des Indes orientales envoya à Bancroft, sous le nom de *cochenille des Indes orientales*, une poudre rouge préparée par Stéphens, chirurgien du comptoir de Keerpuy, et qui n'étoit autre chose que la matière colorante du *coccus lacca* dissoute d'abord et précipitée ensuite au moyen de l'alun : cette matière connue sous le nom de *lac-lake*, et qui nous vient en forme de petits pains carrés et aplatis, assez semblables à ceux de l'indigo, est devenue l'objet d'un commerce considérable. Voici comment on la prépare : Après avoir réduit en poudre la laque en bâtons, on y fait successivement plusieurs affusions d'eau bouillante contenant en dissolution une grande quantité de soude : cette eau se charge à la fois et du principe colorant et d'une certaine quantité de résine, et ces deux substances sont ensuite précipitées intimement combinées par le moyen de l'alun; le lac-lake est donc une combinaison de la matière colorante et de résine; de plus on y ajoute, dit-on, une certaine quantité de l'écorce broyée du *lodu* : et du sable ou des matières terreuses pour en augmenter frauduleusement le poids.

Quant au lac-dye, on en doit la composition à Turnbull, chirurgien de la compagnie des Indes. Cette laque diffère peu de la précédente : seulement elle contient une plus grande portion de principes colorans et peut être, sinon dissoute, au moins considérablement amollie par l'eau bouillante, ce qui la rend plus facilement attaquable par les mordans.

LAINE. *Lana, lanugo.* C'est le poil qui recouvre le mouton, le vigogne du Pérou, une espèce de chèvre de Cachemire, et d'autres animaux.

P 2

Cette substance dont les arts ont su tirer un si grand parti, peut être perfectionnée par l'éducation des bestiaux. On sait tout ce que les laines de France ont gagné depuis l'introduction des mérinos d'Espagne, et ce n'est pas sans intérêt qu'on a vu depuis quelques années, par les soins de M. Hennet, s'introduire dans nôtre patrie ces petits moutons de race anglaise dont la laine longue et fine sert à faire des tissus si beaux, et qui prennent si bien la teinture.

La laine, au moment où on l'enlève de dessus l'animal, est souvent sale et toujours enduite d'une matière grasse qu'on nomme *suint* (*voyez* ce mot), qui sert à la préserver des teignes.

Lorsqu'on veut enlever à la laine les corps qui la couvrent, on la soumet à diverses opérations. Par un lavage, on la débarrasse des ordures qui se sont attachées à sa surface; par le *désuintage* (*voyez* ce mot) on lui enlève sa matière grasse ou son *suint*.

On a cherché long-temps à expliquer ce qui se passoit dans l'opération du *feutrage* et dans celle du *foulage*. L'examen attentif de la laine au microscope ne laisse rien apercevoir; mais, dit Monge, quoique l'œil, même armé, ne voie rien à l'extérieur des poils, leurs surfaces ne sont cependant pas lisses, et tout porte à croire qu'elles sont formées de lamelles qui se recouvrent les unes les autres de la racine à la pointe ou peut-être encore de zônes superposées, comme on le remarque dans les cornes. Ce qu'il y a de certain, c'est que, si d'une main on prend un cheveu par la racine et qu'on le fasse glisser entre les deux doigts de l'autre main, jusqu'à la pointe, on n'entend aucun bruit et l'on n'éprouve aucun frottement, aucune résistance. Si on le fait marcher ensuite dans le sens contraire, c'est-à-dire de la pointe vers la racine, on éprouve une résistance marquée et il se manifeste un bruit que l'oreille peut percevoir. De cette observation et de plusieurs autres consignées dans le même Mémoire, Monge a conclu que les poils n'étoient pas des cylindres à surfaces unies, et que leur conformation extérieure, lamelleuse ou raboteuse, étoit la principale cause de leur disposition au feutrage; et surtout au foulage, auquel les laines sont plus particulièrement soumises.

On teint la laine en toison, en fil et en tissus. On teint en toison lorsqu'on veut faire des draps mélangés; dans ce cas il faut avoir soin de foncer un peu les bains de teinture, parce que les brins de laine ainsi isolés absorbent une plus grande quantité de principes colorans. La laine filée en prend un peu moins; la laine tissue en prend moins encore. Quoiqu'il soit difficile de déterminer ces proportions, on a remarqué que la laine en toison demande environ un quart de plus de parties colorantes que le même poids de drap, et que la laine filée en consomme à peu près un cinquième de plus que le même poids de laine tissue.

De toutes les matières, celles qui appartiennent au règne animal prennent le mieux la teinture, et parmi celles-ci la laine peut sous ce rapport tenir le premier rang. Cependant elle a besoin de subir quelques préparations pour mieux se combiner avec les couleurs. Le plus souvent il faut lui donner un *bouillon* avec le tartre et l'alun, ou, tout au moins, l'abreuver, c'est-à-dire l'humecter d'eau tiède, afin que la couleur puisse pénétrer partout.

Les teintures sur laine doivent toujours se faire à l'aide de la chaleur.

Lorsque les étoffes de laine doivent rester blanches, on leur donne plus d'éclat et de brillant en les soumettant au soufrage. *Voyez* ce mot.

LAIT DES VÉGÉTAUX. On donne ce nom à un suc épais, blanc, visqueux, qui découle de plusieurs plantes, comme les euphorbes, les chicorées, les pavots, etc. Ces sucs traités par divers réactifs changent quelquefois de couleur et prennent des nuances dont il seroit sans doute possible de tirer parti en teinture. Ils jouissent en outre, pour la plupart, d'une propriété âcre et astringente, qui doit contribuer à leur donner de l'adhérence.

LAKMUS. Bleu qui provient du mélange des fruits de myrtille avec de la chaux vive, du-vert-de-gris et du sel ammoniac.

LAMPOURDE. *Xanthium strumarium*, vulgairement *petit glouteron*, plante herbacée d'un pied de hauteur, de la famille des Urticées, et qui croît naturellement en Europe, le long des haies et sur le bord des chemins. Son nom lui vient du grec ξανθός, *blond*, parce que les Anciens se servoient de cette plante pour teindre les cheveux en jaune ou en blond. Il est donc probable que ce principe colorant pourroit être appliqué sur la laine et sur la soie.

LAPIS. On donne ce nom à des toiles qui, après avoir été imprimées de réserve rongeante et de divers mordans, passent successivement en cuve de bleu et en bain de garance. Si l'on veut du jaune ou du vert, après le garançage on donne un mordant de jaune et on teint en gaude ou en quercitron. Du reste, un exemple fera mieux connoitre ce genre de teinture. Supposons que l'on veuille un dessin où il entre du blanc, du rouge, du noir, du bleu, du vert et du jaune, voici la série des opérations auxquelles il faudra avoir recours:

1°. Réserve rongeante.

2°. Mordant de rouge.

3°. Mordant de noir.

4°. Séchage pendant quarante-huit heures au moins.

5°. Immersion en forte cuve de bleu.

6°. Laisser déverdir pendant cinq minutes.

7°. Lavage à la rivière.

8°. Bain de bouse.

9°. Sonnage.

10°. Garançage.

11°. Battage et séchage.

12°. Mordant de rouge.

13°. Nettoyage des pièces.

14°. Bain de quercitron.

15°. Lavage et séchage.

Ce genre d'impression avoit reçu le nom de *lapis*, parce qu'on imprimoit ordinairement sur un fond bleu de lapis ou lapis lazuli. Aujourd'hui on a beaucoup augmenté la variété des dessins, en imprimant tour à tour sur des fonds verts, puces, rouges, bleus, etc.

LAQUE. *Lacca.* C'est une substance résineuse, fragile, transparente, d'un rouge brun, inodore, d'une saveur amère et un peu astringente. Elle découle de plusieurs arbres originaires de l'Inde, par suite de la piqûre d'un petit insecte nommé *coccus lacca.* Ce suc forme ensuite à la surface du végétal, des espèces d'alvéoles ou cellules dans lesquelles le *coccus* dépose ses œufs. C'est dans la partie montagneuse de l'Indostan, sur les rives du Gange, à Madras et sur les côtes de Coromandel que se trouvent les arbres sur lesquels vit le *coccus lacca.* On en connoît quatre principaux, qui sont : 1°. le figuier admirable des pagodes, *ficus religiosa*; 2°. le figuier d'Inde, *ficus indica*; 3°. le *plaso* ou *praso*; 4°. le pommier d'Inde, *ramnus jujuba.* Enfin, quelques auteurs assurent qu'on l'a trouvé aussi sur le *croton luxiferum.*

Suivant Keer, la plus grande analogie existe entre le *coccus* de la laque et celui du kermès. Seulement la femelle, au lieu de s'attacher avec une matière cotonneuse et gluante, se fixe au moyen d'une matière résineuse.

En faisant aux figuiers ou au plaso de légères incisions, on voit à l'instant même découler un suc résineux qui se durcit à l'air, prend l'aspect et acquiert la propriété de la cellule du coccus. Cette matière résineuse est tellement abondante, qu'on pourroit, sans crainte d'en manquer, en faire dans les arts une consommation dix fois plus grande.

Les Anglais, auxquels appartient presqu'exclusivement le commerce de la laque, en distinguent quatre sortes :

1°. La laque *en bâtons* (stick-lac). C'est la plus riche en principes colorans; on la trouve ordinairement autour des petites branches.

2°. La laque *en grains* (seed-lac). Ce sont des fragmens de cellules qui se détachent des bâtons.

3°. La laque *en pains* (lump-lac). C'est la laque en grains trop petits que l'on a fait fondre et que l'on a ensuite réunie en masse.

4°. La laque *en écailles* (scheel-lac). C'est la laque en grains fondue, filtrée, et dont on a fait des lames minces et transparentes.

Suivant Hatchett, la laque en bâtons contient :

Résine	68
Matière colorante	10
Cire	6
Gluten	5,5
Corps étrangers	6,5
Perte	4
	100

La laque en grains est formée de :

Résine	88,5
Matière colorante	2,5
Cire	4,5
Gluten	2
Perte	2,5
	100

Enfin, la laque en écailles renferme :

Résine	90,9
Matière colorante	0,5
Cire	4
Gluten	2,8
Perte	1,8
	100

La laque est insoluble dans l'eau, mais très-soluble dans l'alcool; elle donne alors une teinture d'un fort rouge. La laque sert dans l'Inde à teindre les toiles; c'est avec elle que dans le Levant on colore le maroquin rouge. En Europe elle est la base de la cire à cacheter; elle y sert aussi à donner aux laines une couleur écarlate (*voyez* ce mot) moins brillante il est vrai, mais plus solide que celle de la cochenille. Son emploi dans les arts remonte pour les Européens à l'époque où les Portugais pénétrèrent dans les Indes après avoir doublé le Cap de Bonne-Espérance.

Pour les usages de la teinture, la laque en grains est la seule employée.

LAVAGE. C'est l'action de laver les étoffes ou les écheveaux dans des vases fermés ou à la rivière. Le lavage varie suivant les matières sur lesquelles on agit. Les laines en toison ou en fil, par exemple, se placent dans un panier à claire voie que l'on plonge dans l'eau et dans lequel on foule la matière avec les pieds ou une masse de bois jusqu'au moment où l'eau sort limpide. Les écheveaux de fil ou de soie se lavent en eau courante et à la main; les pièces d'étoffe se mettent ordinairement aux piquets (*voyez* ce mot). Dans quelques cas on joint au lavage le battage, soit avec des battoirs en bois, soit mieux encore en passant plusieurs fois les matières entre des cylindres cannelés qui tournent en sens contraire et, par une pression répétée font sortir de l'étoffe toutes les parties de matières colorantes qui ne sont pas intimement combinées. C'est ce qu'on appelle le *lavage à la mécanique*.

LAVANDE, *lavendula*, de la famille des Labiées. La variété connue sous le nom de *lavande aspic*, donne une huile essentielle que l'on emploie avec avantage pour dégraisser les étoffes.

LAVÉE. On appelle *lavée de laine*, un tas de laine tirée de l'eau.

LÉGIS. Belle soie de Perse.

LÉONESSE. Se dit des belles laines d'Espagne que l'on tire de Léon.

LESSIVE. Dans le blanchiment (*voyez* ce mot) j'ai parlé longuement des différens procédés au moyen desquels on peut soumettre les pièces de toile à l'action des solutions alcalines, et l'on a vu que l'appareil de Vidmer, perfectionné, est celui qui convient le mieux. Dans les ateliers de teinture, on donne aussi le nom de *lessive* aux dissolutions de potasse ou de soude dans lesquelles on plonge les étoffes soit avant, soit après la teinture. C'est ordinairement avec l'aréomètre de Baumé que l'on juge de la force de ces lessives, et par lessives à 1, 2, 3 ou 4 degrés, on doit entendre une solution de soude ou de potasse qui marque 1, 2, 3 ou 4 degrés à cet aréomètre.

On donne aussi quelquefois à l'eau de javelle (*voyez* ce mot) le nom de *lessive de javelle*.

LEVAIN, LEVURE. Le *levain* est une portion de pâte qui a subi un certain degré de fermentation; la *levure* est une pâte azotée ferme et cassante d'un blanc grisâtre, d'une odeur aigrelette, que l'on obtient en lavant l'écume qui s'élève à la surface de la bière pendant sa fermentation. Ces deux substances ont la propriété de hâter la fermentation dans les corps auxquels on les mélange. Lorsqu'on veut passer les étoffes au sur, on acidifie les bains de son ou de petit-lait avec la levure ou le levain : on peut également les ajouter dans la plupart des solutions qui doivent fermenter.

LICHENO FRANÇAIS. Pâte tinctoriale de couleur bleue.

LICHENS. Ce genre de végétaux dont l'orseille et la parelle d'Auvergne sont quant à présent les seules connues des teinturiers français, est appelé à jouer un grand rôle dans l'art de la teinture. Déjà en France plusieurs hommes instruits s'occupent à en extraire et à en fixer les principes colorans. M. Beauvisage, teinturier distingué, travaille depuis long-temps à des recherches sur ce sujet : j'ai vu dans son laboratoire des échantillons de teinture rouge qui semblent annoncer les résultats

les plus satisfaisans. Du reste, l'emploi des lichens et surtout des lichens crustacés, comme principes colorans, n'est pas nouveau. Depuis long-temps les paysans de la Suède savent en extraire par la fermentation dans l'urine, plusieurs couleurs, telles que le violet, le rouge, le bleu, le jaune et leurs nuances.

Westring indique comme le meilleur moyen d'extraire les parties colorantes du lichen, de le traiter avec un dixième de chaux vive non éteinte et un vingtième de muriate d'ammoniaque; selon lui les lichens lépreux donnent les couleurs les plus variées; les ombiliqués fournissent les couleurs les plus brillantes, et les imbriqués sont ceux que l'on exploite avec le moins de succès. Plus de trente espèces ont été expérimentées par lui, et il a obtenu sur laine et sur soie, au moyen du sulfate de fer, de la dissolution d'étain, etc., des couleurs à la fois brillantes et solides.

Le lord Dundonald est parvenu, par une décoction prolongée, à extraire du lichen d'Écosse un mucilage qui peut remplacer avec économie les gommes pour épaissir les couleurs d'application.

LIE. Nom que l'on donne aux parties épaisses qui, après l'éclaircissement du vin, se précipitent au fond du tonneau; c'est de là que l'on extrait le plus souvent l'acide tartarique. C'est encore avec la lie que, dans le midi de la France, on prépare le *verdet*. Voyez ce mot.

LIÉGE. C'est l'écorce du *quercus suber*. Le liége, dont les usages domestiques sont si variés, est employé pour faire une poudre noire connue sous le nom de *noir d'Espagne*. Chevreul, en analysant le liége, y a découvert un principe colorant jaune, qui pourroit être d'autant mieux employé en teinture, qu'il est combiné avec une matière astringente et une certaine quantité d'acide gallique.

LIERRE. *Hedera*. La décoction des feuilles de cette plante, si commune dans nos climats, étoit, dit-on, employée autrefois pour teinure les cheveux en noir.

LILAS. C'est une nuance agréable et recherchée. On l'obtient en mélangeant le rouge et le bleu. Le lilas *grand teint* se fait avec l'indigo et la garance, ou le mordant de violet et le garançage. En général, le lilas n'étant qu'un violet clair, on l'obtiendra toujours en diminuant la quantité des ingrédiens qui entrent dans la composition de cette couleur.

LIMON. C'est le fruit du *citrus limonium*, le plus commun et le plus fertile des citronniers qui croissent dans les parties méridionales de l'Europe. C'est par conséquent du limon que l'on retire pour les arts la plus grande partie de l'acide citrique. *Voyez* ce mot.

LIN. *Linum usitatissimum.* Plante annuelle, originaire du plateau de la haute Asie, mais cultivée depuis très-long-temps dans les diverses contrées de l'Europe, où elle est devenue indigène. Sa racine est grêle et pivotante ; sa tige est simple, cylindrique, d'une hauteur de un, deux ou trois pieds, glabre et rameuse seulement vers son sommet. Ses feuilles sont éparses, sessiles, lancéolées, marquées de trois nervures longitudinales et d'un vert glauque. Ses fleurs, d'un bleu tendre, sont terminales. Son fruit est une capsule globuleuse, renfermant des graines ovoïdes, comprimées, lisses et luisantes.

Le lin, d'un grand intérêt pour les arts, est l'objet d'une culture très-soignée et qui varie suivant qu'on veut obtenir, soit les graines pour en extraire une huile très-usitée, soit les fibres de la tige avec lesquelles on fait les fils les plus fins et les dentelles les plus précieuses. Dans le premier cas, on conçoit que le cultivateur doit choisir les variétés qui produisent le plus grand nombre de capsules, tandis que dans le second il doit donner la préférence à celles dont les tiges sont le plus élevées.

Parmi les variétés que l'on cultive le plus communément, on peut citer :

1°. Le *lin froid* ou *grand lin.* C'est celui dont les tiges acquièrent la plus grande hauteur. Il est très-répandu en Flandre, en Belgique, et même dans les environs de Lille. Cette variété, la plus précieuse de toutes, donne quelquefois des récoltes qui se vendent jusqu'à 6 et 7000 francs l'hectare.

2°. Le *lin chaud* ou *têtard.* Il est beaucoup moins élevé que le précédent ; il se couvre d'un grand nombre de capsules et est cultivé pour sa graine.

3°. Le *lin moyen.* C'est celui qu'on rencontre le plus communément dans les contrées méridionales. Il est moins élevé que le grand lin et donne moins de capsules que le têtard.

La culture du lin demande de grandes précautions. Il faut, en général, choisir un terrain substantiel, fertile, frais, mais non humide. Ce terrain doit être fumé après chaque récolte, et il faut le labourer souvent. On sème le lin à deux époques de l'année, c'est-à-dire avant et après l'hiver. C'est cette différence dans l'époque des semailles qui constitue le *lin d'hiver* et le *lin d'été.* En général, on sème avant l'hiver dans un pays chaud et dans un terrain sec et sablonneux, afin de profiter des pluies de l'automne. On sème au printemps au contraire dans les pays froids et les terrains substantiels. Il est important de renouveler fréquemment la semence. Presque toujours les cultivateurs tirent du Nord celles qu'ils emploient. Le lin se sème à la volée comme le blé ; il en faut environ vingt-cinq livres pour dix mille pieds carrés. On le recouvre à la herse, et

lorsque le jeune plant commence à pousser, il faut le sarcler fréquemment. Dans les pays secs, ou par les temps de sécheresse, le lin doit être arrosé au moyen d'irrigations. Enfin, lorsque le lin est mûr, c'est-à-dire lorsque les feuilles et les tiges se dessèchent, et que les capsules commencent à s'ouvrir, on l'arrache à la main, on le met en petites bottes qu'on laisse debout sur le terrain pendant quelques jours. Ensuite on le bat sur de grands draps pour en séparer la graine, que l'on vanne et que l'on garde dans un endroit sec. Quant aux tiges, elles doivent être rouies, préparées, séchées et peignées comme celles du chanvre. *Voyez* ce mot.

La filasse du lin se prépare et se blanchit comme celle du chanvre. L'art de la filature a été poussé si loin, qu'aujourd'hui on peut faire quatre mille aunes de fil avec une seule once de cette filasse.

Les fils de lin et de chanvre sont de toutes les substances les plus difficiles à teindre. C'est surtout pour celles-là qu'on est obligé de recourir à l'animalisation artificielle au moyen des bains bis ou de bouse. *Voyez* FIL ET COTON FILÉ.

LISER. C'est faire tourner sur les bâtons nommés *lisoirs,* les mateaux de soie et les écheveaux de laine ou de coton, de manière à ce que leurs différentes parties pénètrent tour à tour dans le bain colorant.

LISOIR. C'est le nom que dans les ateliers de teinture on donne à des bâtons arrondis, lisses, et sur lesquels on place les écheveaux que l'on veut teindre.

LITAGE. Dans la teinture des draps, on nomme ainsi la corde qui forme le cordon de la lisière, en empêchant la teinture de prendre dans l'endroit que cette corde couvre.

LITHARGE. *Voyez* OXIDES MÉTALLIQUES.

LIZARI. Espèce de garance que l'on récolte dans le Levant.

LOCQUETS. On donne ce nom en Normandie à la laine que l'on coupe sous les cuisses de l'animal.

LUMIÈRE. Les physiciens regardent la lumière comme un fluide impondérable, élastique, composé de molécules très-fines, rapides et lancées des corps lumineux avec une vitesse de 80,000 lieues par seconde. Suivant la même théorie, la lumière peut être absorbée, réfléchie, ou absorbée en partie par les corps sur lesquels elle tombe. Lorsqu'elle est réfléchie en totalité, les corps paroissent blancs ; lorsqu'elle est absorbée aussi en totalité, les corps paroissent noirs. Ils paroissent jaunes, verts, rouges, etc., suivant que les rayons jaunes, verts, rouges de la lumière sont réfléchis pendant que les autres sont absorbés.

La lumière exerce sur les principes colorans une action très-marquée. Fourcroy, Sénebier, Bertholet, Bancroft et plusieurs autres, se sont tour à tour occupés de cette question, et ont imprimé sur ce sujet différens Mémoires qu'il est important de consulter.

Il résulte d'un grand nombre d'expériences, que toutes les couleurs sont altérées et flétries par l'action de la lumière, surtout de la lumière solaire. Les couleurs dites de *petit teint*, comme celles du Brésil, du campêche, du safranum, de la gaude, etc., sont détruites assez rapidement. On sait combien il faut peu de temps pour décolorer des rideaux de soie, de laine ou de coton qui sont placés aux croisées d'un appartement exposé au midi.

Les couleurs *grand teint*, comme le bleu d'indigo, le rouge des Indes, sont altérées aussi : seulement l'action de la lumière est plus lente.

Gay-Lussac et Thénard pensent que l'action de la lumière sur les couleurs est analogue à celle d'une chaleur de 150 à 200 degrés centigrades.

Il résulte de là que dans les opérations de teinture, on doit éviter, surtout au moment du séchage, l'action directe de la lumière solaire, et que par conséquent on doit établir de préférence les étuves et les sécheries dans des endroits obscurs et ouverts seulement du côté du nord : de même lorsqu'on conserve les étoffes teintes en magasin, on se trouvera bien de les envelopper de papier et de toile, et de les enfermer dans un lieu obscur.

LUT. On donne ce nom à une matière ou à un mélange tenace, ductile, et que l'on étend en couches à la surface des cornues, à la jonction des pièces d'un appareil, etc., soit pour empêcher l'action trop directe de la chaleur, soit pour s'opposer à l'évaporation des matières gazeuses.

Plusieurs espèces de luts sont employés dans les laboratoires ; les plus usités sont :

1°. Le lut de lin. On le fait en mélangeant dans un mortier, jusqu'à homogénéité parfaite, de la farine de graine de lin et de l'empois : on l'applique autour des bouchons en couches minces que l'on recouvre ensuite de quelques bandes de papier enduites de colle.

2°. Le lut gras. C'est un mélange d'argile cuite en poudre et d'huile de lin épaissie à la litharge. Ce lut se recouvre ordinairement d'une toile imbibée de blancs d'œufs et de chaux : il résiste assez bien à l'action des corps corrosifs, mais il s'amollit à la chaleur.

3°. Le lut d'œufs. C'est un mélange de blancs d'œufs et de chaux : il faut l'appliquer immédiatement, parce qu'il se durcit très-vite.

4°. Le lut de terre. C'est tout simplement un mélange d'argile et de sable tamisé, détrempé avec de l'eau. Ce lut s'applique en couches plus ou moins épaisses à la surface des cornues et des tubes que l'on veut préserver de l'action immédiate du feu.

LYCOPODE. *Lycopodium clavatum.* Ce petit végétal qui croît dans toutes le parties de l'Europe, et surtout dans les parties septentrionales, renferme dans ses capsules une poudre jaunâtre dont les arts ont su tirer parti. Westring assure que la laine bouillie avec le lycopode, prend ensuite dans un bain de Brésil une couleur bleue assez solide.

M

MAIN. On dit d'une indienne qu'elle est à *une, deux, trois, quatre, cinq* et *six mains*, quand elle a passé plusieurs fois par la main de l'imprimeur pour y recevoir une, deux, trois, quatre, cinq ou six couleurs différentes.

MANGANÈSE. *Voyez* Oxides métalliques.

MANGOUSTAN. *Garcinia mangostana.* C'est un arbre originaire des Moluques, qui s'élève à dix-huit ou vingt pieds, assez semblable au citronnier, à fleurs jaunes ou aurores, à baies de la grosseur d'une petite orange, qui renferment une pulpe blanche et d'une saveur exquise. C'est le fruit le plus estimé de l'Inde. C'est l'écorce du mangoustan qui contient une assez grande proportion de tannin, que les Chinois font entrer dans leur teinture en noir.

MANIETTE. Morceau de feutre dont on se sert pour frotter les bords du châssis ou la garniture dans une imprimerie en toile.

MANNE. C'est un suc sucré, purgatif, qui découle de certains végétaux, et particulièrement des frênes. C'est en Italie et surtout en Sicile que se récolte la manne la plus estimée. Dans ces deux pays, il est très-commun d'employer la manne pour enduire les étoffes de laine et leur donner plus de consistance et de brillant.

MANOUSSE.

MANOUSSE. On donne ce nom au lin qui vient du Levant.

MAROUCHIN. Mauvais pastel.

MARRUBE NOIR. *Ballota nigra.* Plante commune sur le bord des chemins et au pied des haies : elle contient un principe astringent que l'on pourroit utiliser dans les teintures noires.

MATASSE. Soie en pelotes et non filée : il se dit aussi du coton.

MATEAU. Dans les ateliers on nomme *mateau* ou *tors* la réunion d'un certain nombre d'écheveaux de coton. Le mateau pèse une livre ; il est divisé en quatre *pentes*, qui pèsent chacune quatre onces. La pente est composée elle-même de plusieurs écheveaux ou échevettes, suivant le numéro du coton.

MATIÈRE COLORANTE. On donne ce nom à des parties composantes des animaux, des végétaux et des minéraux qui ont la propriété de teindre les substances qui les contiennent ou celles avec lesquelles on les met en contact par suite du travail de la nature ou par le secours de l'art. Ainsi on dit la *matière colorante* du sang pour indiquer la substance rouge à laquelle le sang doit sa couleur; la *matière colorante* du carthame, pour indiquer le principe rouge qu'on en extrait pour l'appliquer ensuite sur les étoffes.

MATTELIN. Laine du Levant.

MAUVE. *Malva.* On peut extraire des fleurs de la mauve sauvage une assez belle teinture bleue que l'on n'a pas encore essayé de fixer sur les étoffes, mais qui, dans les laboratoires, remplace très-bien la teinture de tournesol pour reconnoître la présence des acides.

MÉLANGE DES COULEURS. Les matières colorantes simples peuvent donner des teintes plus ou moins foncées, suivant que les décoctions ou les dissolutions sont plus ou moins concentrées. Mais ces teintes foncées ou claires se rapportent toutes à un petit nombre de couleurs que l'on pourroit en quelque sorte appeler primitives, et qui sont, le bleu, le rouge, le jaune et le noir.

Pour obtenir d'autres couleurs et d'autres teintes, il suffit de combiner deux à deux ou trois à trois ces couleurs primitives. C'est de ces mélanges que résulte un grand nombre de couleurs que l'on nomme *composées*, et dont il est extrêmement facile de varier les teintes à l'infini, puisque l'on peut non-seulement donner plus ou moins de concentration au bain colorant, mais encore

employer les matières tinctoriales dans des proportions diverses.

Ainsi du mélange du bleu et du rouge, soit que l'on emploie l'indigo ou le campêche, la garance ou la cochenille, etc., on obtiendra le pourpre, le violet, le lilas, la pensée, l'amaranthe, le prune de Monsieur, le palliacat, le gorge-de-pigeon, le mauve, le fleur de pêcher, le mordoré, le giroflée, le pruneau, etc. etc.

Du mélange du bleu et du jaune, que l'on emploie la gaude, le bois jaune ou le peuplier, l'indigo ou le bleu de Prusse, on aura, suivant la proportion des principes colorans, le vert gai, le vert naissant, le vert d'herbe, le vert printemps, le vert laurier, le vert molequin, le vert de mer, le vert céladon, le vert perroquet, le vert pomme, le vert de choux, le vert pistache, le vert bouteille, le vert canard, etc. etc.

En mélangeant le gris ou le noir-clair avec le jaune, on obtiendra les olives.

Du mélange du rouge et du jaune, résulteront les couleurs de biche, de feu, de grenade, capuciné, langouste, orange, jonquille, d'or, cassis, chamois, café au lait, chocolat au lait, mordoré, canelle, tabac, châtaigne, musc, carmelite, aurore, souci, brique, etc. etc.

En mélangeant le noir avec les autres couleurs, on les rend en général plus foncées : le rouge et le noir, par exemple, donnent le cannelle, le mordoré, le violet pruneau, etc.

Le noir et le bleu donnent la couleur de Roi, etc.

On voit d'après l'aperçu, que je viens de donner, à combien de nuances il est possible de parvenir par des essais multipliés, en mélangeant les couleurs l'une avec l'autre et ayant soin de varier les proportions de ces mélanges. C'est ici que l'habileté et l'expérience du teinturier peuvent l'amener à des résultats que la théorie ne peut qu'indiquer, et qu'il appartient à la pratique de réaliser.

MÉLÈZE. *Pinus laryx.* Arbre qui croît dans presque tous les climats et principalement dans les parties froides et tempérées. Son écorce qui renferme une assez grande proportion de tannin est employée au tannage des cuirs et pourroit entrer également dans quelques opérations de la teinture, et surtout dans la teinture en noir.

MÉNISPERME. *Cocculus fibraurea.* Cette plante dont plusieurs analogues se trouvent dans nos climats, est employée en teinture dans la Cochinchine. Ses tiges donnent par la décoction une belle couleur jaune solide.

MERCURE. *Voyez* OXIDES MÉTALLIQUES.

MÉRINOS. Dans les ateliers de teinture, on donne le nom de *mérinos* à des toiles de coton teintes en rouge des Indes, et sur lesquelles on

Q

fait des dessins en blanc. Voici le procédé que l'on met en usage :

On prépare un rongeant acide avec une partie d'acide sulfurique, six parties d'eau, qu'on épaissit avec une livre et demie de gomme arabique par pot : on prépare en outre une dissolution de chlorate de chaux marquant 18 degrés à l'aréomètre ; puis sur la toile rouge, à la planche ou au cylindre, on applique le rongeant et immédiatement après on passe dans la dissolution de chlorate de chaux. Toutes les parties touchées par le rongeant se décolorent, et on obtient un dessin blanc sur beau fond rouge.

Dans cette double opération, ce n'est pas l'acide sulfurique, mais bien l'acide chlorique qui détruit le rouge : en effet, il y a une décomposition ; l'acide sulfurique s'empare de la chaux, et forme ainsi un sel inactif, mais l'acide chlorique est mis en liberté et décolore toutes les parties de l'étoffe sur lesquelles il se trouve.

Le chlorate de chaux se prépare ainsi : on fait passer dans huit livres de chaux éteinte tout le chlore gazeux qui peut se dégager d'un mélange de quatre livres d'oxide de manganèse, de onze livres d'hydro-chlorate de soude, et de neuf livres d'acide sulfurique étendu de son volume d'eau. On obtient ainsi un chlorure de chaux qui se transforme en chlorate aussitôt qu'on le dissout dans l'eau.

MERISIER. *Cerasus avium.* Cet arbre très-commun, et d'une culture facile, peut être utilisé pour la teinture ; on extrait de son écorce comme de celle de la plupart des cerisiers, une matière colorante jaune assez facile à fixer. De ses fruits ou *merises*, on extrait un jus ou suc d'un rouge bleuâtre, avec lequel j'ai obtenu sur laine et sur coton quelques teintes peu solides, mais assez agréables.

MILIORATI. Espèce de soie qu'on tire d'Italie.

MINIUM. Oxide de plomb. *Voyez* OXIDES MÉTALLIQUES.

MISE. C'est la quantité de fil ou de coton filé que l'on teint dans une même série d'opérations. Cette quantité est ordinairement de cent vingt-cinq livres.

MOCHE. On appelle *soie en moche*, la soie telle qu'elle nous arrive des pays étrangers, sans être ni apprêtée, ni teinte.

MOLINE. Sorte de laine d'Espagne.

MOLYBDÈNE. *Voyez* OXIDES MÉTALLIQUES.

MORDANT DE ROUGE DES IMPRIMEURS. *Voyez* ACÉTATE D'ALUMINE.

MORDANS. C'est à Berthollet que l'on doit la première et la meilleure théorie des mordans : c'est aussi à l'excellent ouvrage qu'il a publié sur la teinture, que j'emprunterai les détails suivans.

Par *mordant* on doit entendre une substance qui sert d'intermédiaire entre la matière à teindre et le principe colorant, et qui, ou facilite la combinaison, ou modifie en même temps la nuance. On donne en général le nom d'*altérans* à ceux qui sont dans le second cas. On conçoit quelle attention méritent les mordans, puisque par eux les couleurs acquièrent et plus d'éclat et plus de solidité.

Un mordant n'est pas toujours un corps simple. C'est assez souvent un mélange de différens corps qui fréquemment se modifient au moment de la combinaison et n'agissent alors que par des composés nouveaux.

Dans quelques cas le mordant se mêle à la couleur ; d'autres fois, on l'applique sur l'étoffe avant de la soumettre à la teinture : quelquefois enfin on a recours successivement à ces deux moyens.

Il y a des substances colorantes sur lesquelles les acides et les alcalis ne paroissent avoir qu'une foible action, mais qui peuvent se dissoudre dans l'eau et se combiner immédiatement avec les étoffes. Ces substances portent en quelque sorte leur mordant avec elles : telles sont plusieurs couleurs fauves extraites des bois, des racines, du brou de noix, etc. Il y en a qui ne se dissolvent que dans les alcalis : tel est le carthame, dont la partie colorante quitte les alcalis et se fixe sur les étoffes lorsqu'on sature ceux-ci par un acide : tel est le rocou qui se dissout aussi dans un alcali et le quitte ensuite spontanément pour se combiner avec l'étoffe : tel est encore l'indigo que les alcalis dissolvent et jaunissent, et qui se combine aussi avec les étoffes en reprenant alors sa couleur bleue. Ces différentes matières colorantes n'exigent pas l'emploi des mordans, mais le plus grand nombre des teintures a besoin de rencontrer sur l'étoffe un mordant qui lui serve de base et d'intermédiaire pour y acquérir de l'éclat et de la solidité.

Les mordans doivent donc dans ce cas fournir une base qui adhère à la fois aux étoffes et aux parties colorantes. Il n'en est pas de même des altérans qui, chargés seulement de modifier la couleur, n'ont pas besoin de contracter, ni de déterminer une telle adhérence.

En général les acides qui peuvent dissoudre plusieurs principes colorans, qui peuvent en modifier d'autres, ne jouissant pas de la propriété de se combiner aux étoffes et ne sont guère employés que comme altérans. Il n'en est pas de même des alcalis et des terres que l'on comprend aujourd'hui sous le nom générique d'*oxides métalliques*. C'est dans cette classe que l'on trouve les véritables mordans, et l'on choisit de préférence celles de ces substances qui donnent naissance à des composés peu ou point solubles. La potasse, la soude, l'ammoniaque, ne donnant que des combinaisons très-solubles, ne sont guère employés que comme altérans. La chaux, la baryte, la strontiane, la magnésie, sont plus propres à servir de mordans ; en effet, elles forment avec les substances colorantes des combinaisons qui se précipitent de la dissolution, mais presque tous ces précipités sont altérés, modifiés, et n'ont presqu'aucune affinité pour les étoffes. La magnésie a été plus spécialement essayée, mais quoiqu'elle ait précipité la dissolution de fernambouc en violet, celle de garance en rouge, ces couleurs n'ont contracté aucune adhérence sur la soie, la laine ou le coton.

L'alumine, au contraire, possède à un haut point toutes les propriétés convenables à un mordant. Insoluble par elle-même, elle a beaucoup d'affinité pour les matières colorantes dont elle n'altère pas la nuance, et elle se sépare avec facilité des acides qui la tiennent en dissolution. Ainsi l'alumine versée dans une dissolution de fernambouc décolore à l'instant la liqueur et entraîne au fond du vase toute la matière colorante. Son affinité pour les étoffes est également constatée, puisque dans toutes les dissolutions, l'alumine entraîne toutes les matières végétales et animales. Enfin elle peut se combiner tout à la fois avec la matière colorante et avec la matière végétale et animale, et donner ainsi naissance à un composé triple qui représente l'étoffe, l'alumine ou le mordant et le principe colorant.

D'après les expériences de Bancroft, il résulteroit que l'alumine, si souvent employée comme mordant, puisqu'elle fait la base de l'alun, auroit une affinité plus grande encore pour l'étoffe que pour la matière colorante. Ainsi ce chimiste, ayant imprégné d'acétate d'alumine une portion d'une toile de coton pendant que le reste n'avoit pas de mordant, la teignit ensuite toute entière avec du safran ; puis, ayant exposé cette toile sur un pré, il vit bientôt disparoître la couleur de dessus la partie qui n'avoit pas reçu du mordant ; quelque temps après aussi, elle disparut de dessus la portion qui avoit été aluminée. La pièce entière fut teinte de nouveau au safran, sans appliquer une nouvelle quantité d'acétate d'alumine ; une nouvelle exposition sur le pré amena le même résultat, une troisième teinture fut faite, et pour la troisième fois le même phénomène eut lieu, c'est-à-dire que sur la portion qui avoit été aluminée d'abord, la couleur du safran étoit plus intense et résistoit plus long-temps. D'où il résulte, que, malgré les trois expositions sur le pré, la combinaison de l'alumine avec l'étoffe avoit résisté.

Les oxides métalliques proprement dits jouissent tous, plus ou moins, de la propriété de se combiner avec les substances animales ; d'où il suit que ces oxides, surtout ceux qui ont en même temps de l'affinité pour les matières colorantes, peuvent être employés comme mordans. On conçoit qu'on doit rechercher de préférence ceux qui peuvent être plus facilement précipités de leur solution. De tous ces oxides, celui d'étain jouit au plus haut degré de la propriété de se combiner avec la laine et la soie, et surtout avec la première : l'adhésion même est tellement forte, qu'après l'application du mordant, on peut laver sans craindre de détruire la combinaison. L'oxide de zinc partage avec celui d'étain l'avantage de ne pas porter en lui de principe colorant, mais il a beaucoup moins d'affinité avec les étoffes et les teintures, et il adhère aussi plus fortement aux acides.

Quant aux matières végétales, les oxides métalliques ont en général moins d'affinité pour elles que pour les matières animales : il faut en excepter pourtant les oxides de fer, de cuivre et de manganèse, qui adhèrent fortement au lin et au coton, et peuvent être sur ces substances être employés comme mordant.

Il résulte évidemment de ce qui vient d'être dit :

1°. Que les acides et les alcalis (*voyez* à l'article TEINTURE le tableau comparatif des anciens termes de chimie avec les nouveaux) ne sont pas propres à servir de mordans, quoique ceux qui sont peu solubles puissent cependant fournir des précipités.

2°. Que toutes les substances terreuses, l'alumine, à cause de son affinité pour les substances colorantes et pour les étoffes, à cause de son peu d'adhérence aux acides, jouit au plus haut degré de toutes les propriétés nécessaires à un mordant.

3°. Que parmi les oxides métalliques, l'étain donne le meilleur mordant, et que quelques-uns de ces oxides, comme le fer, portant avec eux une couleur qui leur est propre, peuvent agir à la fois comme mordans et comme altérans.

L'action des mordans et celle des altérans doit naturellement être modifiée et par la nature et par la couleur de l'oxide, et aussi par la présence de l'acide dont cet oxide vient d'être séparé ; d'où il résulte que l'on peut aisément multiplier les nuances d'un même principe colorant en variant la nature des mordans ou seulement le mode de leur emploi. Ainsi les résultats seront différens, si l'on applique le mordant sur l'étoffe ou si on le mêle au bain de teinture ; si on opère à chaud ou à froid, si on agit avec ou sans le contact de l'air ; si on précipite l'oxide d'un acide fort ou foible.

On préfère pour l'impression des toiles les mordans très-solubles, et dont l'acide peu énergique peut facilement être détaché de sa base. L'acétate d'alumine et l'acétate de fer jouissent de ces propriétés, et suffisent pour produire avec diverses substances colorantes la plupart des nuances variées qu'on observe sur les toiles peintes.

L'acétate d'alumine se fait par une double décomposition, c'est-à-dire qu'on mêle dans huit parties d'eau en poids trois parties d'alun, une d'acétate de plomb, et un peu après un huitième de partie de potasse et autant de craie. Dans cette opération, il se forme un sulfate de plomb qui se précipite et un acétate d'alumine qui reste en dissolution. La craie et la potasse servent à décomposer l'excès de sulfate d'alumine. L'acétate de fer se fait en combinant directement le fer rouillé avec l'acide acétique.

Roard et Thénard ont examiné avec soin la plupart des mordans employés dans les ateliers, et ils ont conclu de leurs expériences :

1°. Que dans l'alunage, ce n'est point l'alumine seule qui se combine avec les étoffes, mais bien l'alun tout entier, et qu'il faut éviter que ces matières contiennent de la chaux, parce que cet oxide décompose une partie de l'alun.

2°. Que tous les oxides alcalins et terreux décomposent l'alun.

3°. Que l'acétate d'alumine se combine aussi en entier avec la laine, la soie, le coton, le lin ou le chanvre ; mais que l'acide étant retenu par une foible affinité se dégage en partie ou est enlevé par l'eau, tandis que l'alumine reste seule sur l'étoffe.

4°. Que le tartre ne décompose pas l'alun, mais le rend seulement plus soluble ; que le tartre au contraire est décomposé, et que l'acide tartarique seul se combine avec l'étoffe.

5°. Que les acides les plus énergiques, comme le tartrate acide de potasse, se combinent avec les laines et leur communiquent une grande affinité pour les principes colorans.

6°. Que l'alun et le tartre ne peuvent pas être employés indifféremment, ni dans les mêmes proportions pour toutes les couleurs ; que l'alunage ne doit durer que deux heures, et qu'il n'est pas nécessaire de laisser ensuite les étoffes dans un lieu humide.

7°. Que les écarlates ne sont point des composés d'oxide d'étain et de cochenille, mais bien de cochenille, d'acide tartarique, d'acide muriatique et de per-oxide d'étain.

Outre les mordans que l'art de la teinture emprunte à la chimie, elle en possède d'autres qui sont tout formés dans la nature : tels sont quelques huiles grasses, la noix de galle, le sumac, etc. etc.

En général, un alunage de tartre et d'alun suffit pour donner aux étoffes de laine la propriété de se combiner avec presque tous les principes colorans.

Un engallage et un alunage suffisent le plus souvent pour le lin et le coton.

La plupart des mordans doivent s'appliquer à chaud ; il en est peu qui doivent l'être à la température ordinaire.

Lorsque plusieurs mordans doivent être appliqués sur une étoffe, l'ordre dans lequel on les donne n'est pas indifférent.

Enfin, avant de teindre, les étoffes qui ont reçu les mordans doivent presque toujours être séchées, parce qu'autrement le liquide qui entre dans la dissolution de teinture diminueroit l'affinité du mordant pour l'étoffe.

MORDORÉ. C'est une nuance brillante qui résulte du mélange du rouge et du jaune. Sur laine, après un bouillon d'alun et de tartre, on passe d'abord dans un bain de garance et on finit par un gaudage. Sur soie, après la cuite ordinaire, on lise dans un bain où l'on a mélangé en proportion convenable une certaine quantité de décoction de bois d'Inde et de décoction de fustet. Sur coton, les mordorés se font comme sur la laine.

MORTAIN. Laine de basse qualité.

MORTIER. C'est le vase dans lequel on soumet les substances à la trituration. Les mortiers sont en fer, en cuivre, en marbre, en porcelaine, en verre, en bois, etc. Les substances acides doivent être pilées dans des mortiers de verre ou de porcelaine. Toutes les fois que pour un mélange de teinture on craindra la présence du fer ou du cuivre, on devra également préférer les mortiers de terre ou de bois.

MUCILAGE. C'est une solution de gomme ou d'une autre substance mucilagineuse dans de l'eau. Les mucilages de gomme, d'amidon, sont employés pour épaissir les couleurs d'application. On pourroit les remplacer par des mucilages de guimauve, de mauve, de lichen et d'une foule de céréales.

MULLE. Mauvaise qualité de garance.

MURIER. *Morus.* Cet arbre est important par l'avantage que les arts ont su en tirer. On sait que c'est la feuille du murier blanc, *morus alba*, qui sert de nourriture au vers à soie ; son écorce et celle du murier noir, *morus nigra*, qui tous les deux croissent dans nos climats, donnent une teinture jaune tout-à-fait analogue à celle que les habitans de l'Amérique savent tirer des *morus tinctoria* et *ʒanthoxylum.*

MUSC. C'est une nuance d'un jaune-verdâtre plus ou moins foncé. Beaucoup de substances végétales donnent directement cette couleur. (*Voy.*

COULEURS VÉGÉTALES INDIGÈNES.) On peut la faire avec le jaune et une bruniture.

MYROBOLAN.

MYROBOLAN. On donne ce nom aux fruits de plusieurs espèces d'arbres. Celui que dans le commerce on désigne par le nom de *myrobolan emblic*, vient du *phyllanthus emblica*. Les Indiens s'en servent pour tanner les cuirs.

Le *myrobolan schebule* est le fruit du *myrobolanus schebula*. On s'en sert dans les Indes orientales pour préparer les toiles que l'on destine à la teinture. Ce fruit y remplace absolument la noix de galle.

Le *myrobolan citrin* (*myrobolanus citrina*) est employé au Bengale comme mordant pour fixer les couleurs sur ces belles indiennes qui nous viennent de ce pays.

La décoction de tous les *myrobolans* noircit avec le sulfate de fer : ce qui y démontre la présence de l'acide gallique.

MYRTE.

MYRTE. *Myrthus.* Dans nos climats ce n'est qu'un arbrisseau, mais dans les pays plus chauds le myrte est un arbre et même un arbre assez important. A Naples, en Calabre, et même, dans le midi de la France, les feuilles du myrte sont, à cause de leur stypticité, employées à la préparation des cuirs. En Allemagne on fait avec ses baies une couleur ardoisée assez solide, mais sans éclat.

N

NACARAT.

NACARAT. C'est une nuance de rouge que l'on obtient en lisant les écheveaux de fil, de coton ou de soie dans un bain de carthame. On prend ordinairement celui qui a servi à faire le ponceau, parce qu'il a déjà perdu une partie de sa force et que l'on parvient ainsi à épuiser la matière colorante. Après ce bain on retire les écheveaux; on les tord d'abord à la main, puis à la cheville, et on les passe dans un second bain. On fait ensuite sécher. La même opération se renouvelle jusqu'à ce qu'on soit parvenu à obtenir la nuance *nacarat*. On avive enfin la couleur en lisant sept ou huit fois dans un bain d'eau chaude aiguisé d'un demi-setier de suc de citron par chaque seau d'eau.

Chaptal est parvenu à teindre solidement le coton en nacarat par le procédé suivant :

On donne au coton les apprêts du rouge des Indes ; on engalle, on passe ensuite dans un bain de nitrate de fer, préparé avec ce métal et de l'acide nitrique du commerce, étendu de moitié d'eau ; on engalle de nouveau, on alune, on garance, et on avive sur une eau de savon très-chaude.

NANKIN.

NANKIN. C'est la rouille ou le fer oxidé qui forme la base de cette couleur, à la fois si répandue et si recherchée. Vitalis avoit d'abord conseillé le procédé suivant :

1°. Débouilli à l'eau pure.
2°. Bain d'eau de chaux.
3°. Bain de forte décoction de tan.
4°. Avivage dans une dissolution de muriate d'étain à 1 degré de l'aréomètre, qui varie suivant la nuance qu'on veut obtenir.

Six ou huit onces de tan suffisent par livre de coton.

Depuis il a indiqué cette autre méthode, qui réussit encore mieux.

1°. Donner un demi-blanc au coton.
2°. Bain de tan : huit à dix onces par livre de coton. Le tan doit être enfermé dans un sac.
3°. Laisser refroidir.
4°. Laver avec soin.
5°. Aviver avec un léger bain de savon.

On peut ajouter au bain de tan un centième de garance, pour donner au nankin ce petit œil rougeâtre qui caractérise celui qui nous vient des Indes.

On voit combien ces deux procédés, et surtout le second, sont simples et économiques. Chaque fois qu'on les a mis en usage, on a obtenu les résultats les plus satisfaisans, et cependant la plupart des teinturiers emploient encore l'ancienne méthode et se servent de fer pour obtenir la couleur nankin. *Voyez* JAUNE DE ROUILLE.

NATRUM,

NATRUM, NATRON ou NATER. C'est un sous-carbonate de soude que l'on trouve tout formé dans la nature, et notamment en Egypte, en Hongrie, en Sibérie, dans l'Inde, dans le royaume de Naples, etc. Suivant Klaproth, 500 parties de natrum contiennent :

Carbonate sec de soude	163
Sulfate sec de soude	104
Muriate sec de soude	75
Eau	158
	500

Le même chimiste a trouvé que cent parties du natrum de Tripoli contenoient :

Eau de cristallisation	23
Acide carbonique	38
Soude	37
Sulfate de soude	2
	100

Pendant long-temps la France tiroit une grande partie de la soude qu'elle employe dans les arts, de l'étranger, et particulièrement du natrum de l'Egypte ; mais aujourd'hui que la chimie a montré comment on pouvoit l'extraire du sel marin (hydro-chlorate de soude), c'est là. que l'industrie va puiser presque toute la soude dont elle a besoin. *Voyez* SOUDE.

NICARAGUA. Bois que l'on tire du Mexique et qui remplace avec économie le bois de Brésil.

NICKEL. *Voyez* OXIDES MÉTALLIQUES.

NOIR. Il n'existe que très-peu de matières qui par elles-mêmes puissent donner du noir. La noix d'acajou, le toxicodendron, le fruit du prunellier, celui du pommier d'Inde, etc. etc., peuvent, à la vérité, donner une semblable couleur, mais ces matières sont rares, chères, et il a fallu trouver à les remplacer. Le hasard, auquel d'ailleurs on doit un si grand nombre de découvertes utiles, a fait rencontrer ce noir dans une combinaison de l'oxide de fer avec l'acide gallique et le tannin, que l'on extrait de la noix de galle, du sumac, etc.

Le fer a été pendant long-temps employé à l'état de sulfate : c'est la couperose du commerce. Depuis les travaux de Vitalis, ce sel est remplacé par le pyrolignate de fer. La Société d'encouragement s'exprime ainsi au sujet de cette découverte : « M. Vitalis a le mérite d'avoir rendu l'usage du » pyrolignate de fer plus abondant en l'appliquant » à la teinture en noir du fil et du coton filé. » Cette pratique est suivie aujourd'hui dans les » ateliers de Rouen, où l'on donne aux étoffes » de coton noires, qui servent pour vêtement » de deuil, et pour lesquelles nous étions autrefois tributaires des Hollandais, une teinture solide et économique, au moyen du pyrolignate » de fer. Cette couleur se conserve très long-» temps et ne rougit pas comme les noirs ordinaires. »

Il est important, comme Berthollet l'a fait observer, de calculer la proportion du sel ferrugineux sur celle de l'acide gallique et du tannin contenue dans la noix de galle, le sumac, etc., de manière à ce que toute la quantité de l'oxide de fer soit précipitée par l'acide gallique et le tannin, et de manière aussi à ce que toute la quantité d'acide gallique et de tannin soit combinée avec l'oxide de fer. Cependant, comme il est à peu près impossible d'arriver à ce degré de précision, en quelque sorte mathématique, il faut, en cherchant à en approcher le plus possible, s'exposer de préférence à faire dominer l'oxide de fer. L'expérience montre, en effet, que dans ce cas on obtient un beau noir, tandis qu'on n'a plus qu'un gris lorsque la noix de galle est en excès.

La pratique a démontré depuis long-temps que la décomposition des sels ferrugineux par l'acide gallique et le tannin n'a lieu que lorsque le fer est arrivé à un haut degré d'oxidation, et que si l'on emploie un sel de fer où ce métal soit peu oxidé, une partie seulement du sel est décomposée entièrement, tandis que l'autre est ramenée à un moindre degré d'oxidation. D'où il résulte évidemment que l'on doit préférer les sels ferrugineux où le fer est fortement oxidé, et que lorsqu'on n'a pas le choix, on peut suppléer par la quantité de sel au défaut d'oxidation.

On doit remarquer que le noir, dépendant d'un certain degré d'oxidation du fer, dans la teinture en noir, le contact de l'air peut concourir au succès de l'opération. De là aussi l'habitude consacrée dans les ateliers de partager l'opération en différens temps, et de séparer les immersions par une exposition à l'air de l'étoffe humide : c'est ce qu'on appelle *éventer*. L'étoffe qui en sortant du bain ne présente jamais qu'une couleur brune, se fonce et devient noire lorsqu'on l'expose à l'air.

Dans presque tous les ateliers, on croit que pour rendre les noirs plus solides, plus riches, plus brillans, il faut faire entrer dans leur composition quelques autres couleurs foncées. C'est pour cela que dans un grand nombre de cas, on donne aux draps fins un pied de bleu, tandis que pour les étoffes communes on se contente d'un *racinage*. C'est ainsi que l'on a recours quelquefois au bain de campêche, à l'addition de l'oxide de cuivre, au garançage, au gaudage, etc.

Vitalis, dans plusieurs Mémoires, a montré qu'à l'aide du pyrolignate de fer, on pouvoit, sans recourir au pied de bleu, faire sur laine, soie, velours et toiles imprimées, des noirs aussi solides que brillans.

A. Noir sur laine.

Presque toujours on commence par donner aux draps un pied de bleu *pers* : on lave et on dégage au foulon. Par ce moyen, on débarrasse le drap de la chaux qu'il a pu prendre dans la cuve, et on empêche le noir de déteindre.

Ensuite on fait bouillir dans une suffisante quantité d'eau dix livres de campêche et autant de noix de galle. Lorsque ce bain est préparé, on en prend un tiers que l'on met dans une autre chaudière, et auquel on ajoute deux livres de vert-de-gris. On le tient bien chaud, mais sans bouillir, et on y passe l'étoffe pendant deux heures.

On relève le drap ; on ajoute un second tiers du bain dans la chaudière, avec huit livres de vieille couperose du commerce. Dès que le sel est dissous, on passe pendant une heure l'étoffe dans ce nouveau bain, on relève et on évente.

Dans le troisième tiers que l'on met dans la chaudière, on ajoute quinze ou vingt livres de sumac, et après un bouillon, deux livres de couperose ; on rafraîchit le bain, on y passe l'étoffe pendant une heure, on lève et on évente. On remet l'étoffe en chaudière encore pendant une heure, on relève, on lave à la rivière, on dégorge au foulon jusqu'à ce que l'eau sorte claire, et l'on termine par un bain frais de gaude. Cette dernière opération a pour but de donner de la douceur à l'étoffe.

Malgré cette précaution, le drap teint en noir par ce procédé est toujours rude au toucher. Ce n'est qu'en remplaçant le sulfate de fer par le pyrolignate et en employant celui-ci dans la proportion d'un douzième par rapport à la quantité d'eau, que l'on parviendra à conserver à l'étoffe toute sa douceur et sa souplesse.

Lorsqu'on veut faire un noir plus économique, on peut recourir au procédé suivant : après le pied de bleu *pers*, on fait bouillir le drap pendant deux heures dans un bain de noix de galle et de bois d'Inde, on relève, on jette dans le bain la couperose et le pyrolignate, on rabat le drap et on le passe pendant deux heures sans le faire bouillir, on évente, on lave et l'on dégorge au foulon.

On obtient un noir encore plus économique en suivant le même procédé, mais en remplaçant le pied de bleu *pers* par le racinage.

Lewis assure qu'en Angleterre, le procédé suivant est le plus communément mis en usage : « Pour cinquante kilog. d'étoffe de laine teinte en » bleu-foncé, on emploie 2,5 kilogramme de » sulfate de fer, autant de noix de galle et quinze » kilog. de campêche. On commence par engaller » le drap, puis on le passe dans la décoction de » campêche à laquelle on a ajouté le sel de fer. » Quand le drap est complètement teint, on le » lave à la rivière et on le passe au foulon jusqu'à » ce que l'eau en sorte claire et sans couleur : » quelquefois pour les draps fins on foule avec » l'eau de savon, d'autres fois on donne après le » foulage un léger bain de gaude. »

Dans les Mémoires de Stockholm pour l'année 1753, on a indiqué un nouveau procédé qui consiste à substituer l'*uva ursi* à la noix de galle. Voici le procédé : on fait bouillir pendant deux heures cinquante kilog. de laine avec huit kilog. de sulfate de fer, et autant de tartre. On rince le drap le jour suivant ; on fait bouillir ensuite dans l'eau pendant deux heures soixante-quinze kilog. d'*uva ursi*. Après avoir ôté cette substance, on ajoute au bain un peu de garance, et en même temps on y trempe le drap pendant une heure et demie environ, et l'on finit par un lavage en eau courante. Lewis qui a examiné ce procédé, assure qu'il donne sur drap bleu un noir assez intense, mais qu'il ne fait prendre au drap blanc qu'un brun-foncé : il pense de plus que la garance et le tartre sont tout-à-fait inutiles.

B. Noir sur soie.

Macquer a reconnu combien ce genre de teinture présentoit de difficulté : cette teinture, dit-

il, altère et énerve beaucoup les étoffes de soie, en sorte que celles qui sont teintes en noir, sont en général, toutes choses égales d'ailleurs, usées beaucoup plutôt que celles auxquelles on a donné d'autres couleurs. C'est à l'acide sulfurique qui entre dans la composition de la couperose (sulfate de fer) que ce savant chimiste attribue ce grave inconvénient ; il pense qu'on l'éviteroit si, au lieu d'employer le sulfate de fer, on avoit recours à un autre sel ferrugineux dont l'acide seroit moins violent que l'acide sulfurique : Il conseille de préférence les acides végétaux. On voit de suite que le moyen desiré par Macquer a été trouvé par Bosc et Vitalis, et que le pyrolignate de fer est le sel qui convient.

Du reste, le procédé que Macquer employoit avoit encore d'autres inconvéniens : l'acide arsenieux, le sublimé corrosif, le réalgar, l'orpiment, etc. etc., qui entroient dans la composition de son bain noir, devoient aussi altérer la soie ; il lui falloit en outre un si grand nombre de manipulations, que sa teinture devenoit extrêmement coûteuse, et qu'on y a totalement renoncé aujourd'hui.

Le procédé proposé en 1776 par Anglès, seroit plus convenable ; le voici : on donne d'abord à la soie un bon fond de fauve par le brou de noix, puis un pied de bleu par le campêche et le vert-de-gris. Ensuite on prépare un bain de noix de galle, de sumac, dans lequel on ajoute parties égales de couperose et de gomme arabique, et à une température de 40 degrés Réaumur, on y plonge pendant deux heures la soie teinte en fauve et piétée de bleu : on évente et on sèche. On ajoute de la couperose au bain, on répète l'immersion pendant deux heures et au même degré de chaleur, on évente, on sèche et on donne deux battures. Enfin on donne une troisième immersion qui dure de quatre à cinq heures, on évente, on sèche, on donne deux battures et on adoucit avec un bain de gaude. Les proportions les plus usitées pour ce genre de teinture sont pour cent litres d'eau, un kilog. de noix de galle, 1,5 kilog. de sumac, 1,5 kilog. de sulfate de fer, 1,5 kilog. de gomme arabique. Avant les deux dernières immersions, on ajoute chaque fois 0,25 kilog. de sulfate de fer et 0,25 kilog. de gomme arabique. La gomme arabique, dans ce procédé, s'oppose à la précipitation trop rapide de l'oxide de fer et neutralise au moins en partie l'action corrosive de l'acide sulfurique; mais aussi elle augmente beaucoup la cherté de cette teinture. Vitalis est parvenu à éviter tous ces inconvéniens en suivant la méthode que je vais indiquer.

Après avoir donné à la soie une cuite avec vingt livres de savon et l'avoir bien lavée, dégorgée et séchée, il passe les mateaux dans une décoction de galle en sorte qui en contient deux onces par livre de matière. L'engallage doit être médiocrement chaud et constamment entretenu à la même température : les mateaux y sont d'abord lisés et foulés légèrement, puis abattus pendant quinze ou dix-huit heures, et enfin lavés et séchés. Quand l'engallage est bien sec, on met la soie dans un bain tiede de pyrolignate de fer qui marque 5 degrés de l'aréomètre de Baumé. On lise, puis on abat pendant cinq ou six heures, en ayant soin de relever et d'éventer de temps en temps. Au sortir du bain de pyrolignate, on exprime, on tord à la cheville et l'on sèche à l'air ou sous un hangard, suivant le temps.

Quand la soie est sèche, on donne une ou deux battures, puis on procède à un nouvel engallage qui se fait avec le reste du premier, auquel on a ajouté une once et demie de galle par livre de soie. On relève, on tord et on sèche. Alors on donne un bain neuf et tiède de pyrolignate à 4 degrés de l'aréomètre, comme le précédent : on relève, on exprime et on fait sécher. On donne une ou deux battures, on engalle une troisième fois, en se servant d'un bain neuf préparé avec une once et demie de galle par livre de soie. On donne ensuite un troisième bain de pyrolignate à 3 degrés, on sèche et on lave. Enfin si l'on veut avoir un noir pesant, on peut donner un quatrième engallage neuf avec une once de galle par livre de soie, et un quatrième bain de pyrolignate à 3 degrés. Il faut ensuite laver et sécher avec soin.

Vitalis adoucit avec un léger bain de savon tiède. Du reste, il ne s'oppose point à l'emploi de la gomme que l'on peut faire dissoudre dans le bain ferrugineux, mais qu'il ne regarde pas comme indispensable pour obtenir un beau noir.

C. *Noir sur coton et lin.*

Plusieurs procédés ont été mis successivement en usage pour obtenir sur lin et sur coton des noirs solides et brillans. Vitalis, dans ses recherches sur le pyrolignate de fer, a encore ici trouvé le moyen d'en faire une application aussi utile qu'économique.

Le Pileur d'Apligny décrit ainsi le procédé adopté à Rouen pour teindre en noir les fils de lin et de coton. On teint d'abord ces fils en bleu de ciel sur la cuve, on les tord et on les fait sécher; on engalle à raison d'une partie de noix de galle sur quatre de fil, on laisse vingt-quatre heures dans l'engallage, on tord et l'on fait sécher. On verse ensuite dans un baquet environ dix litres de liqueur de la tonne au noir par kilog. de fil; les écheveaux y sont passés et travaillés à la main pendant un quart d'heure environ, on tord et on évente : on répète deux fois encore la même opération en ajoutant chaque fois une nouvelle dose de la liqueur de la tonne, on tord, on lave à la rivière et l'on fait sécher. On prépare ensuite un bain avec un poids d'écorce d'aune égal à celui du fil, moitié autant de sumac, de l'eau et moitié environ du bain qui a servi à l'engallage.

Lorsque ce bain, après avoir bouilli pendant deux heures au moins, a été tamisé et est refroidi, on y travaille le fil partie par partie, en ayant soin de l'éventer de temps en temps; on l'y laisse séjourner ensuite pendant vingt-quatre heures, on lave, on tord et on fait sécher. Pour donner au fil plus de douceur, on est dans l'usage de le tremper et de le travailler ensuite dans un restant de bain de gaude qui a déjà servi, et auquel on ajoute un peu de bois d'Inde, on relève, on tord, on passe de suite dans un baquet d'eau tiède qui contient un poids d'huile d'olive égal au seizième de celui de fil; enfin, on tord avec soin et on fait sécher.

Le même auteur conseille cet autre procédé :

1°. Décreusage à l'ordinaire.
2°. Engallage.
3°. Alunage.
4°. Gaudage.
5°. Bain de bois d'Inde dans lequel on ajoute un quart du poids du fil de sulfate de cuivre.
6°. Lavage à la rivière et tordage léger.
7°. Garançage avec une partie de garance pour deux de fil.
8°. Bain de savon bouillant.

Wilson a donné les détails suivans sur le procédé adopté à Manchester : on commence par un engallage avec la galle ou le sumac, on teint dans une dissolution de fer par un acide végétal, et on finit par un bain de jus de campêche avec un peu de vert-de-gris. Il faut répéter plusieurs fois cette série d'opérations, avec la précaution entre chacune de laver et de sécher.

Scheffer indique comme appartenant à Bouni le procédé suivant.

1°. Pied de bleu à chaud.
2°. Laver et rincer.
3°. Bain d'alun neutralisé. Dix livres d'alun, dix onces de potasse pour soixante-dix pintes d'eau.
4°. Exprimer à la main et sécher à l'ombre.
5°. Faire tremper deux heures en eau courante.
6°. Rincer et égoutter.
7°. Bain de bois d'Inde : vingt-cinq livres de bois d'Inde réduit en copeaux pour cinquante pintes d'eau, décanter et tamiser, ajouter deux gros de vert-de-gris par livre de matière. On fait bouillir le fil une demi-heure dans ce bain.
8°. Laver et faire sécher.
9°. Bain de galle chaud : huit livres de galle pour cinquante pintes d'eau. Ce bain doit être tamisé. On y laisse tremper le fil pendant une heure.
10°. Tordre, étendre sur des perches, éventer.
11°. Répéter le bain de galle.
12°. Bain de fer : liqueur de ferraille, liqueur de tonne au noir, acétate, ou mieux encore pyrolignate de fer.

13°. Egoutter

13°. Égoutter et sécher.

14°. Laver en eau courante jusqu'à ce que l'eau sorte claire.

Hermstadt conseille, d'après Vogler, d'employer pour mordant la dissolution de nitrate de plomb, de passer l'étoffe dans une dissolution de colle forte et de teindre dans un bain composé de noix de galle, de campêche et de sulfate ou d'acétate de fer.

Enfin voici le procédé de Vitalis :

« On commence par engaller le coton avec un
» huitième de bonne galle noire ou tout au moins
» de galle en sorte. L'engallage fait avec la noix
» de galle, le sumac et le bois d'Inde, réussit
» encore mieux et diminue même la dépense,
» parce qu'alors il faut moins de noix de galle.
» On passe avec soin le coton dans la décoction,
» à un degré de chaleur tel qu'on puisse à peine
» tenir la main, et dans laquelle on peut même la
» laisser tremper quelques heures. On relève
» ensuite le coton, on le tord légèrement et on
» le fait sécher en plein air si le ciel est serein,
» et sous des hangars si le ciel est humide ou
» pluvieux.

» Le coton étant bien sec, on le plonge dans
» un bain d'eau tiède où l'on a versé environ un
» dixième en poids de pyrolignate de fer du com-
» merce et que l'on mêle bien au liquide ; on y
» travaille le coton pendant une demi-
» heure, pendant laquelle on le relève et on le
» rabat à diverses reprises, en éventant chaque
» fois pendant quelques minutes ; après quoi on
» relève et on évente pendant dix ou douze
» minutes

» On engalle de nouveau ; puis on donne,
» sans sécher, un second bain de pyrolignate de
» fer comme la première fois, si ce n'est que
» l'engallage et le bain de teinture sont un peu
» plus foibles. On répète encore une fois ces
» deux opérations à la suite l'une de l'autre et
» sans sécher. On relève alors le coton, on
» évente pendant un quart d'heure, puis on lave
» et on met à sécher.

» Après que le coton a été teint en noir, on
» le rend plus doux et on donne plus de brillant
» à la couleur en passant le coton à froid dans un
» bain blanc semblable à celui qui est employé
» pour le rouge des Indes, et que l'on prépare en
» versant trente-six ou quarante parties en poids
» d'eau de soude à 1 degré sur une partie d'huile
» d'olive grasse ou *tournante*; ce qui revient à
» peine à une once d'huile par livre de coton. On
» tord ensuite le coton et on le fait sécher ; on lave
» enfin avec soin à la rivière, et le coton est alors
» d'un noir aussi solide et aussi parfait qu'on
» peut le desirer.

L'application de l'huile a pour but de relever le noir. On la fait également sur les étoffes, et notamment sur les velours de coton ; l'huile s'é-

tend alors au moyen d'une brosse, et cette application exige une main très-exercée.

NOIR PESANT, NOIR LÉGER. Autrefois les étoffes de soie se vendoient à Lyon à la mesure, tandis qu'à Tours elles se vendoient au poids. Dans la première de ces villes on cherchoit à économiser sur les ingrédiens de teinture, tandis que dans la seconde on les accumuloit, afin d'augmenter la pesanteur de l'étoffe. De là les dénominations de *noir léger* et de *noir pesant*, inutiles aujourd'hui depuis que les étoffes se vendent de la même manière.

NOIRCISSEUR. Ouvrier en teinture qui fait l'achèvement des noirs.

NOISETTE. C'est une nuance que l'on obtient en donnant d'abord à l'étoffe un pied de jaune de rouille, et la passant ensuite dans une décoction de noix de galle.

NOIX D'ACAJOU. C'est le fruit de l'acajou à pommes. Cette noix ou graine a la forme d'un rein; son écorce est épaisse, ligneuse, spongieuse et dure : elle contient un suc huileux, âcre et corrosif, qui en exsude par un grand nombre de petits trous. On s'en sert pour marquer le linge d'une couleur de fer qui est indélébile. Quant à l'enveloppe elle même, on en fait usage dans les teintures en noir.

NOIX DE CYPRÈS. C'est à tort qu'on a donné ce nom au fruit du cyprès, *cupressus sempervirens*, puisque ce fruit est formé par la réunion d'écailles implantées comme des têtes de clous sur une tige commune. Quoi qu'il en soit, ses propriétés astringentes, et surtout le bas prix auquel on pourroit se le procurer, pourroient le faire employer avec avantage dans plusieurs opérations de la teinture.

NOIX DE GALLE. On donne ce nom à des excroissances produites par la piqûre d'un insecte nommé *cynips*, sur les feuilles du chêne, et dans lesquelles cet insecte dépose ses œufs. Ces excroissances, qui servent d'asile à la larve jusqu'au moment de sa métamorphose, semblent croître, se développer, atteindre leur maturité, et se dessécher à la manière des fruits. Sous ce dernier état elles sont tuberculeuses, de consistance ligneuse, grises ou noirâtres, de la grosseur d'une forte balle de plomb, creuses, et souvent percées d'un petit trou par lequel l'insecte s'est échappé après son entier développement.

On distingue dans le commerce trois espèces de galle, la noire, la blanche et la galle en sorte. Cette dernière n'est qu'un mélange, à parties à peu près égales, des deux premières espèces.

Les galles blanches sont les moins estimées ;

elles sont creuses : ce sont celles dont l'insecte s'est échappé.

Les galles qui nous viennent d'Alep, de Kara-Hissar, de Magnésie, etc., sont les plus renommées ; elles sont inodores, et leur saveur est à la fois acerbe et styptique.

Suivant Davy, cinq cents parties de galle d'A-lep ne donnent que cent quatre-vingt-cinq parties de matière soluble, composée de :

Tannin............................... 130
Acide gallique uni à un peu d'extractif... 31
Mucilage et matière rendue insoluble par
l'évaporation....................... 12
Carbonate de chaux et substance saline.. 12
                                        185

La partie ligneuse incinérée contenoit beaucoup de carbonate de chaux.

La galle joue un grand rôle dans la teinture. C'est au tannin et à l'acide gallique qu'elle contient, qu'elle doit ses propriétés astringentes. Aucune autre substance ne contient de tannin et d'acide gallique dans une aussi grande proportion ; aussi, quand on veut la remplacer par d'autres corps, tels que le tan, le sumac, l'écorce d'aune, etc., est-on obligé de les employer à bien plus forte dose.

Les chênes de nos climats portent aussi des excroissances qui sont de véritables galles, mais elles n'y acquièrent pas le degré de maturité nécessaire pour être employées dans la teinture.

Ici, comme dans beaucoup d'autres branches de l'art du teinturier, on verra combien il seroit important de recourir aux procédés de la chimie. En effet si, comme tout semble l'indiquer, la noix de galle ne doit ses propriétés astringentes qu'à la présence du tannin et de l'acide gallique,

ne pourroit-on pas employer directement, et dans des proportions calculées, ces agens si précieux, et ne pourroit-on pas aussi les extraire, pour l'usage, des végétaux indigènes qui les contiennent en diverses quantités ? Si l'on employoit le tannin et l'acide gallique purs, isolés de toute espèce de combinaisons étrangères, peu importeroit alors qu'on les tirât d'un pays plutôt que d'un autre, et lorsque chaque province auroit à sa disposition des sources où elle pourroit aller puiser ces agens indispensables, on ne verroit plus, à la nouvelle d'une guerre ou d'un blocus, certaines teintures doubler et même quintupler de valeur.

NOPAL. Espèce de cactier (*cactus cochenillifer*) sur lequel on élève et on récolte la cochenille. *Voyez* ce mot.

NOTI. Nom qu'on donne à l'indigo de la première pousse.

NOURRIR. Nourrir une cuve à la couperose, c'est chaque fois qu'on y a teint, y ajouter une quantité déterminée de couperose. *Voyez* BLEU.

NOYER. Ce bel arbre, originaire de la Perse, fut cultivé dans l'Orient dès la plus haute antiquité. Il est devenu très-commun dans nos climats, et c'est l'enveloppe extérieure de son fruit qui fournit à la teinture le *brou de noix*. (*Voyez* ce mot.) D'autres parties du même arbre ont été également utilisées. Son écorce pilée, et surtout sa racine, sont employées comme mordant et comme matière colorante. L'écorce de noyer fournit aussi un assez beau *fauve*, avec lequel on peut donner des pieds. Sa racine remplace quelquefois la galle. *Voyez* RACINAGE.

O

OCRE. On donne ce nom à des mélanges d'argile et d'oxide de fer qui, suivant la quantité de métal qu'ils contiennent, sont colorés en rouge, en jaune ou en brun. Jusqu'à présent les ocres ne sont guère employés qu'en peinture ; cependant les ocres rouges, c'est-à-dire ceux qui sont le plus chargés de fer, et qui le contiennent au plus haut point d'oxidation, pourroient être employés avec quelque succès pour faire des noirs, des jaunes ou des gris. *Voyez* ces mots.

OCROLITE. C'est une nouvelle terre qui a beaucoup d'analogie avec l'ocre.

ŒIL DE BŒUF. *Buphthalmum vulgare*, *An-*

themis tinctoria. C'est la camomille jaune, ou la camomille des teinturiers. Sa racine est vivace, presque ligneuse, et supporte une ou plusieurs tiges rameuses, un peu cotonneuses, rougeâtres, hautes d'un pied et demi environ, et supportant des feuilles deux fois pinnatifides, à folioles dentées, pubescentes et blanchâtres en dessous. Ses fleurs sont jaunes, assez grandes et terminales. Cette plante croît spontanément dans le midi de la France et de l'Europe.

Ses fleurs renferment un principe colorant jaune, qui s'enlève assez bien par la décoction, et s'applique solidement sur la laine. On pourroit en tirer également parti pour teindre en jaune la soie, le lin et le coton.

ŒILLET D'INDE. *Tagetes patula*, de la famille des Radiées. Cette plante, qui s'est si bien acclimatée chez nous, paroît devoir fournir à la teinture un principe colorant économique. Berthollet dit que les fleurs de l'œillet d'Inde, séparées de leur calice et préparées en décoction, ont donné :

1°. Sur le drap sans préparation, une couleur jaune foncée ;

2°. Sur le drap préparé au sulfate de fer, une teinte verdâtre qui s'est foncée par l'ébullition ;

3°. Sur le drap aluné, un jaune très-vif qui tiroit un peu sur le vert.

ŒNANTHE. *Œnanthe crocata*. Cette plante, connue sous le nom de *pensacre* en Bretagne, porte des fleurs blanches et croît au bord des eaux et dans les marais. En exprimant ses feuilles, il en sort un suc lactescent, qui bientôt, à l'air, prend une couleur safranée. De là son nom de *crocata*, de *crocus*, safran. Ce suc a été employé dans la teinture pour faire un jaune assez solide ; mais comme on possède beaucoup d'autres substances qui donnent la même couleur, on fera bien de renoncer au suc de l'œnanthe safranée, dont les qualités extrêmement vénéneuses rendent l'emploi très-dangereux.

OIGNON. *Allium cepa*. Avec les tuniques ou pelures rouges qui enveloppent le bulbe de l'oignon, les femmes de l'île de Scio teignent leurs soies en une couleur jaune-orangé vif, en les faisant tremper dans l'eau pendant quatre ou cinq jours, et bouillir avec de l'alun. Elles obtiennent de même un beau rouge en ajoutant à cette décoction un peu de cochenille ou de kermès.

OLIVE. Cette nuance est le résultat d'un mélange du gris avec le jaune. On en connoît deux variétés : l'*olive verte* et l'*olive rousse* ou *pourrie*.

a. Olive sur laine.

Pour avoir l'olive verte, il faut :

1°. Donner un pied de gris-bleuâtre ;

2°. Faire dégorger à la rivière ;

3°. Donner un bain de gaude, avec addition d'un peu de vert-de-gris.

Pour l'olive rousse ou pourrie :

1°. Pied de gris-bleuâtre ;

2°. Lavage à la rivière ;

3°. Bain de fustet, de racine de noyer ou de brou de noix, suivant la nuance.

Les olives sur laine sont peu recherchées.

b. Olive sur soie.

Pour faire l'olive verte, il faut, après la cuite ordinaire :

1°. Alunage fort ;

2°. Lavage à la rivière ;

3°. Bain de gaude très-fort ;

4°. Bain de gaude et de campêche ;

5°. Bain de gaude, de campêche et de potasse ;

6°. Lavage et séchage sur des perches.

Pour l'olive rousse :

1°. Alunage fort ;

2°. Lavage à la rivière ;

3°. Bain de gaude très-fort ;

4°. Bain de gaude, de fustet et de campêche ;

5°. Lavage et séchage.

c. Olive sur coton :

1°. Engallage ;

2°. Bain de pyrolignate de fer ;

3°. Lavage ;

4°. Bain de gaude et de vert-de-gris.

En ajoutant de l'alun ou du sel d'étain, on éclaircit la nuance : on la fonce en ajoutant à la gaude du campêche ou du fustet.

Pour certaines nuances d'olive, on associe quelquefois le bleu au jaune et au rouge.

OPUNTIE. *Opuntia*. C'est sur un arbre de ce genre, le *cactus cochenillifer*, que l'on élève et récolte la cochenille au Mexique.

OR. *Voyez* OXIDES MÉTALLIQUES.

ORANGÉ. Cette nuance assez recherchée peut se faire sur laine, soie, coton et lin, directement avec les matières colorantes jaunes que l'on emploie à forte dose ; le rocou, le curcuma, le quercitron, la gaude, donnent des orangés, mais le plus souvent cette nuance est le résultat d'un mélange de rouge et de jaune ; dans le plus grand nombre des cas, un bain de fustet, de tartre et de dissolution d'étain, auquel on ajoute un peu de cochenille, peut suffire pour faire toutes les nuances orangées. On peut utiliser ici le bain de cochenille qui a servi à faire l'écarlate (*voyez* ROUGE) : l'orangé sur coton s'obtient avec un bain de Brésil et un gaudage.

ORANGER. *Citrus aurantium*. Les feuilles de ce bel arbre, mises en infusion, donnent un jaune *fauve* assez solide. Son fruit contient de l'acide citrique, mais en moins grande quantité que celui du citronnier. Il seroit cependant utile et avantageux de tirer parti de cette manière des fruits parvenus à une trop grande maturité.

ORCANETTE. On a confondu sous ce nom plusieurs plantes de la famille des Borraginées, dont les racines peuvent fournir un principe colorant rouge. La plante la plus employée est l'*anchusa tinctoria*. Elle est tomenteuse ; ses feuilles sont obtuses et lancéolées, et ses étamines plus courtes que la corolle. C'est de l'Orient que l'on envoie ses racines, qui sont ordinairement mêlées avec celles de l'*echium rubrum*, du *lithospermum tinctorium*, de l'*onesma echioïdes*.

Le principe colorant est placé dans la partie corticale de la racine des différentes espèces d'orcanette. Ce principe colorant se dissout dans l'eau, dans l'alcool, et surtout dans l'huile et les corps gras. Suivant Pelletier, cette matière colorante a beaucoup d'analogie avec les résines : elle s'en distingue seulement, 1°. en ce que, traitée par l'acide nitrique, elle fournit de l'acide oxalique et un peu de matière amère; 2°. que les alcalis se combinent énergiquement avec elle, et changent sa couleur en un beau bleu; 3°. que l'eau distillée la précipite de sa dissolution concentrée dans l'alcool.

Le principe colorant de l'orcanette, à cause du peu de solidité qu'on lui a donné jusqu'à présent, est rarement employé en teinture. Les confiseurs et les distillateurs s'en servent avec avantage pour colorer plusieurs de leurs produits. Les femmes de l'antiquité, surtout en Grèce, employoient l'orcanette pour se farder les lèvres et les joues.

ORCHIS. *Orchis.* Cette famille qui renferme un grand nombre de plantes dont les fleurs élégantes font l'ornement de nos parterres, et dont plusieurs espèces croissent spontanément dans nos climats, mérite quelque attention, parce qu'on peut toujours, au moyen de la râpe et de quelques lavages, extraire de ses racines une fécule amylacée et mucilagineuse, qui, outre qu'elle peut servir comme aliment, pourroit encore remplacer l'amidon et la gomme dans l'épaississement des couleurs d'application.

ORELLANA. Sorte de teinture que les Brésiliens font avec la plante *urucu*, qui est le roucou.

ORME. *Ulmus campestris.* L'écorce de cet arbre, si commun dans nos climats, renferme une certaine quantité de tannin et d'acide gallique, et pourroit par conséquent être employée, soit au tannage des cuirs, soit en teinture, comme astringent ou mordant. Sa décoction rend en effet une belle couleur noire, lorsqu'on y ajoute du nitrate ou du pyrolignate de fer.

ORPIMENT. C'est un corps solide, jaune d'or, souvent éclatant, insipide, inodore, vénéneux, pesant 3,45, fusible et devenant orangé par le refroidissement, etc. Ce corps se trouve tout formé dans la nature; on peut le faire de toutes pièces. Dans tous les cas, c'est un composé de soufre et d'arsenic dans les proportions suivantes :

Arsenic.......................... 100
Soufre........................... 61,29

L'orpiment naturel ou artificiel est employé en teinture, soit pour monter quelques tonnes au noir, soit, conjointement avec la potasse, pour désoxigéner et dissoudre l'indigo.

L'emploi de l'orpiment exige de grandes précautions, et les chefs d'établissement devront non-seulement surveiller les opérations où l'on fait entrer cette substance, mais encore la tenir soigneusement enfermée, et ne la laisser toucher que par des personnes dont ils seront bien sûrs.

L'orpiment peut être employé pour teindre en jaune la laine, la soie, le coton et le lin. Braconneau a conseillé le procédé suivant. On dissout l'orpiment dans l'ammoniaque liquide et concentré; on étend la solution qui est sans couleur, d'une certaine quantité d'eau, puis on y plonge la substance à teindre. Dès que celle-ci est bien imbibée, on la retire et on l'expose à l'air. L'ammoniaque se dégage, et il reste un jaune dont on peut varier la nuance depuis le jaune-doré le plus clair jusqu'au jaune-souci. Cette couleur est peu solide.

ORSEILLE. *Roccella tinctoria.* C'est un lichen qui croît en France et dans le midi de l'Europe, sur les rochers qui bordent l'Océan. Ses tiges sont presque cylindriques, coriaces, de couleur cendrée, ramifiées en arbrisseau, d'un ou deux pouces de longueur, et couvertes çà et là de petits paquets pulvérulens, que l'on regarde comme les organes de la reproduction.

Par la decoction, on extrait de l'orseille un principe colorant rouge ou violet, qui s'applique assez bien sur les étoffes, mais qui a peu de solidité. *Voyez* ROUGE.

ORTIE. *Urtica dioïca.* Cette plante si commune dans nos climats, est beaucoup trop négligée. Ses tiges, préparées à la manière du chanvre et du lin, donnent une filasse assez fine et solide, qui se blanchit bien, et dont on pourroit faire des étoffes utiles, qui se teindroient alors comme celles qu'on obtient du chanvre et du lin.

OSEILLE. *Rumex acetosa.* Cette plante qui, pour ses usages domestiques, est cultivée en si grande abondance dans la plupart des contrées de l'Europe, renferme dans ses tiges et dans ses feuilles un principe acerbe, véritable acide, que l'on peut extraire aisément par l'opération suivante :

Après avoir pilé l'oseille et avoir filtré le jus, on y jette une certaine quantité de craie : il se forme un sel de chaux insoluble, qu'on sépare de l'eau de végétation par le filtrage. Traitant ensuite ce sel par l'acide sulfurique étendu d'eau, on obtient un sulfate de chaux qui se précipite, et l'acide reste dans la liqueur. En évaporant il se cristallise, et ses cristaux peuvent remplacer le sel d'oseille dans le dégraissage, les acides oxalique et citrique dans la teinture.

OSMIUM. *Voyez* OXIDES MÉTALLIQUES.

OUNITE. Racine d'un arbrisseau de Madagascar qui sert pour teindre en rouge.

OUPO-CY-TSÉ. Espèce de galle qui remplace dans ses usages la noix de galle proprement dite.

OUVAVE. Roseau qui teint en rouge.

OUVRIR. Lorsqu'une cuve de bleu a été préparée et qu'elle est prête, on dit qu'on l'*ouvre* quand on y teint pour la première fois.

OXIDES MÉTALLIQUES. C'est la combinaison d'un métal avec l'oxigène. La plupart des métaux peuvent se combiner en plusieurs proportions avec l'oxigène, et donner ainsi naissance à plusieurs oxides métalliques. Dans le langage chimique, la dénomination d'*oxide* est précédée des mots *proto*, *deuto*, *trito*, *tetro*, etc., pour indiquer que le métal est au premier, second, troisième, quatrième, etc., degré d'oxidation. *Per-oxide* signifie toujours un oxide au summum d'oxidation, c'est-à-dire un métal combiné avec la plus grande quantité possible d'oxigène.

Tous les oxides métalliques ont la propriété de se combiner avec les acides et de donner naissance à des composés nouveaux, ou sels qui, pour la plupart, ont des propriétés tout-à-fait différentes de celles de leurs principes constituans. C'est ainsi que l'oxide de fer, se combinant avec l'acide sulfurique, forme un sulfate de fer qui a des propriétés tout-à-fait différentes de celles de l'oxide de fer et de celles de l'acide sulfurique.

Les oxides métalliques ne jouissent pas tous au même degré de la propriété de se combiner avec tel ou tel acide. L'oxide de fer, par exemple, a bien plus d'affinité pour l'acide sulfurique que pour l'acide acétique; l'oxide de potassium a plus d'affinité pour l'acide sulfurique que l'oxide de calcium. De là la possibilité de créer de nouveaux produits; de là aussi celle de séparer de leurs acides la plupart des oxides métalliques. C'est ce qu'on appelle en chimie *la loi des doubles décompositions*, loi immense, dont les résultats sont aussi utiles que fréquens. Que l'on mêle, par exemple, une solution de carbonate de soude avec une solution d'hydro-chlorate de chaux, à l'instant même, en vertu de cette loi, on va obtenir deux sels ou composés différens. La soude, qui a bien plus d'affinité que la chaux pour l'acide hydro-chlorique, ira s'emparer de cet acide, et donner naissance à un hydro-chlorate de soude, tandis que la chaux devenue libre, et l'acide carbonique également mis en liberté, se réuniront et formeront un carbonate de chaux. Les deux sels que l'on a employés d'abord étoient également solubles; mais des deux que l'on vient d'obtenir par la loi de la double décomposition, un seul est soluble, c'est l'hydro-chlorate de soude, tandis que l'autre, le carbonate de chaux, est insoluble. Aussi peut-on dès ce moment les séparer. Que l'on passe la liqueur à travers un filtre, l'hydro-chlo-

rate de soude passera dans la dissolution, et le carbonate de chaux restera sur le papier.

On peut décomposer un sel, sans avoir recours à un autre sel : si l'on verse, par exemple, sur du carbonate de chaux, de l'acide sulfurique, à l'instant même cet acide, qui a beaucoup plus d'affinité que l'acide carbonique pour l'oxide de calcium, s'emparera de ce principe, tandis que l'acide carbonique, mis en liberté, se dégagera sous forme de gaz, et on aura obtenu un sulfate de chaux. Si, au contraire, on verse sur un hydro-chlorate de chaux une solution de soude, comme la soude a plus d'affinité pour l'acide, hydro-chlorique que n'en a la chaux, la soude s'empare de l'acide hydro-chlorique, donne naissance à un hydro-chlorate de soude, et la chaux, qui est insoluble, se précipite au fond du vase.

C'est sur cette loi des affinités que sont fondés la plupart des procédés chimiques; c'est sur cette loi aussi que doivent reposer les opérations de la teinture qui ont pour but de fixer sur les étoffes un des oxides métalliques.

Il ne faut pas oublier, lorsqu'on cherche à mettre à profit la théorie des doubles décompositions pour obtenir de nouveaux procédés, de voir si un de ceux auxquels on donnera naissance sera insoluble, parce qu'alors la séparation en est bien plus facile à opérer. Il ne faut pas négliger non plus d'examiner si l'acide auquel on enlève la base ou l'oxide métallique sera totalement neutralisé par la nouvelle base qu'on lui présente, parce que, s'il en étoit autrement, une partie de cet acide, mis en liberté, pourroit exercer sur les opérations subséquentes une influence fâcheuse et inattendue.

On n'a donné long-temps le nom d'*oxides métalliques* qu'à des métaux proprement dits, combinés avec l'oxigène. On nommoit *alcalis* et *terres* d'autres corps dont la nature intime étoit inconnue, mais qui jouissoient, comme les oxides, de la propriété de donner naissance à des sels en se combinant avec des acides. On connoissoit six alcalis : c'étoit la potasse, la soude, la chaux, l'ammoniaque, la baryte et la strontiane; les terres étoient également au nombre de six : la silice, la zircone, l'alumine, l'yttria, la glucine et la magnésie. Mais depuis lors, raisonnant par analogie, on a soupçonné que les alcalis et les terres, jouissant de toutes les propriétés communes aux oxides métalliques, pouvoient bien n'être autre chose que des métaux combinés avec l'oxigène, et que jusqu'alors on n'avoit pu décomposer. On les a soumis à l'action de nouveaux réactifs. Davy les a exposés à l'influence d'un courant galvanique, et il a vu ses soupçons confirmés par l'apparition de nouveaux métaux auxquels il a donné le nom de *calcium*, de *potassium*, de *sodium*, etc. Dès ce moment, quoique tous les alcalis et toutes les terres n'aient pas été décomposés, on les a considérés comme des oxides métalliques, et maintenant, pour tous les chimistes du monde, il n'existe plus, à proprement parler, de terre ni d'alcalis.

Comme l'ammoniaque pouvoit se combiner également avec les acides, on l'avoit considéré, ainsi que les autres alcalis, comme un oxide métallique, et le métal qui lui servoit de base avoit reçu le nom d'*ammonium*. Depuis, l'ammoniaque a été décomposé : on l'a trouvé formé d'hydrogène et d'azote, et l'ammonium a cessé d'exister.

Voici maintenant une description rapide des oxides métalliques qui sont ou qui pourroient être employés avec avantage dans la teinture.

A. *Aluminium.*

Ce métal n'a point encore été séparé de l'oxigène avec lequel on le suppose combiné. On n'en connoît par conséquent qu'un seul oxide, c'est l'alumine.

Margraf est le premier qui ait reconnu l'alumine en 1754. Ce corps, à l'état de pureté, est blanc, doux au toucher, happant à la langue, insoluble dans l'eau, pesant spécifiquement 2,00. On le trouve combiné avec l'acide sulfurique dans l'alun, avec la silice dans les argiles, etc. On présume que l'alumine est composée de :

Aluminium......................... 100
Oxigène........................... 87,7

L'alumine est employée et pour faire l'alun, dont les usages sont si multipliés en teinture, et pour faire l'acétate d'alumine, qui donne un mordant précieux pour l'impression des toiles.

B. *Argent.*

Ce métal est connu de tout le monde. Il ne se combine que dans une seule proportion avec l'oxigène, et ne donne par conséquent naissance qu'à un seul oxide. Cet oxide est d'une couleur olive-foncée, insipide, inodore, insoluble dans l'eau, et se décompose à une température peu élevée. On l'obtient en décomposant le nitrate d'argent par la potasse ou la soude. Il est formé de :

Argent............................ 100
Oxigène........................... 7,6

Cet oxide est encore inusité, mais on pourra peut-être tirer parti de sa couleur.

C. *Arsenic.*

Ce métal a été découvert en 1733 par Brandt. Il est solide, gris-d'acier, fragile ; sa cassure récente est brillante, mais elle se ternit promptement ; frotté entre les mains, il leur communique une odeur sensible, n'a pas de saveur ; il pèse 8,308. C'est un poison dont on ne sauroit trop se défier. Il se combine en trois proportions avec l'oxigène, et donne naissance à deux oxides et un acide.

1°. *Protoxide.* Il est formé de :

Arsenic........................... 100
Oxigène........................... 8,07

Il est noir, vénéneux, passe promptement et à

l'aide de la chaleur à l'état de deutoxide, s'obtient en exposant l'arsenic pulvérisé au contact de l'air. Encore inusité.

2°. *Deutoxide.* Il est formé de :

Arsenic........................... 100
Oxigène........................... 32,28

Il est blanc, âcre, nauséabond. C'est un poison violent. Il se vaporise sous forme de fumée blanche, qui répand une odeur alliacée lorsqu'on le jette sur des charbons ardens, Il est soluble dans l'eau. On le rencontre fréquemment dans la nature, tantôt en poudre blanche, tantôt en cristaux blancs et transparens.

3°. *Acide arsenique.* Il est solide, blanc, très-caustique. C'est un poison extrêmement actif. Il est incristallisable, beaucoup plus pesant que l'eau. Il est composé, suivant Berzelius, de :

Arsenic........................... 100
Oxigène........................... 51,428

Et suivant Thénard, de :

Arsenic........................... 100
Oxigène........................... 52,96

L'acide arsenique pur est sans usage. Sa combinaison avec l'oxide de cobalt sert à faire du bleu. Il en est quelques autres dont on pourroit également tirer parti.

Le deutoxide, malgré les dangers qui accompagnent son emploi, a été utilisé dans les arts. Il sert à faire le vert de Schéele. Mêlé aux matières qui forment la base du verre et la poterie, il leur donne plus de fusibilité. En teinture, on le fait entrer dans la composition de quelques tonnes au noir : c'est la base de l'orpiment.

D. *Bismuth.*

Sa découverte remonte au moins à l'année 1520. C'est un métal solide, blanc-jaunâtre, très-cassant, facilement pulvérisable et d'une structure lamelleuse. Il cristallise en cubes ; il pèse 9,822. Il ne se combine avec l'oxigène que dans une seule proportion.

Son oxide est formé de :

Bismuth........................... 100
Oxigène........................... 11,275

Il est jaunâtre, fusible, etc. On l'obtient en chauffant le bismuth au contact de l'air. Jusqu'à présent le bismuth ne sert guère qu'à faire le blanc de fard ; ses usages pourroient cependant être étendus. Déjà Dambourney, dans ses expériences sur les principes colorans des végétaux indigènes, l'a employé avec succès comme mordant, pour fixer et exalter le rouge tiré des rubiacées, et il est hors de doute qu'on lui pourra trouver de nouvelles applications.

E. *Calcium.*

On n'a encore pu obtenir ce métal qu'en quantité extrêmement petite, et par le moyen de la pile galvanique. On sait seulement qu'il est plus pesant que l'eau, et qu'il est solide à la température ordinaire.

Son oxide, extrêmement répandu dans la nature, y est connu sous le nom de *chaux*. Il est blanc, caustique, cristallisable en prismes rhomboïdaux, pèse 2,3, inaltérable au feu, composé de :

Calcium 100
Oxigène 39,86

Cet oxide, combiné avec l'acide carbonique, forme la craie, le marbre, la pierre à chaux; avec l'acide sulfurique, la pierre à plâtre; avec l'acide phosphorique, la base solide des os.

C'est du carbonate de chaux naturel que l'on retire la chaux dont les arts font une si grande consommation. Il suffit de chauffer fortement ce sel pour que l'acide carbonique se vaporise et que la chaux reste à peu près pure. Celle que l'on obtient par ce moyen l'est d'autant plus, que la matière dont on l'a extraite étoit plus dense.

Les usages de la chaux sont très-nombreux. Outre son emploi dans les constructions, on s'en sert pour enlever l'acide carbonique à la potasse et à la soude, et les rendre propres à former des savons, pour augmenter la causticité de quelques lessives, pour extraire l'ammoniaque, pour chauler le blé, pour engraisser les terres. En teinture, elle entre dans la composition de plusieurs cuves de bleu. On l'ajoute à quelques bains, afin de neutraliser des portions d'acides qui, mis en liberté par la loi des doubles décompositions, pourroient altérer les couleurs ou les étoffes, etc.

F. *Chrôme*.

Le chrôme a été découvert par Vauquelin en 1797. C'est un métal solide, fragile, d'un blanc-grisâtre, poreux, cristallisé en aiguilles croisées. On ignore sa pesanteur spécifique. Il se combine en deux proportions avec l'oxigène, et donne naissance à un oxide et à un acide.

L'oxide de chrôme est vert, infusible, indécomposable par le feu de forge, réductible par la pile, insoluble dans l'eau, etc. On l'obtient par la calcination du chromate de mercure : il n'a pas encore été analysé.

L'acide chrômique pur est solide et d'un rouge-purpurin; sa saveur est âcre, styptique, cristallise en prisme de couleur rubis. On ignore sa composition et sa pesanteur spécifique : comme tous les acides, il se combine avec les oxides métalliques, et donne naissance à des sels. La plupart de ces sels sont diversement colorés; on en connoît sept solubles : ce sont les chromates de potasse, de soude, de strontiane, de chaux, de magnésie, de protoxide de nickel et de cobalt.

Presque tous ces chromates s'obtiennent par la voie des doubles décompositions, en opérant sur le chromate de potasse. Celui-ci se prépare en chauffant avec le contact de l'air, et jusqu'au rouge, le chrôme avec de la potasse, ou mieux encore avec du nitrate de potasse. Ce chromate pur cristallise en prismes rhomboïdaux jaunes, très-solubles dans l'eau.

Pour préparer le chromate de plomb, qui est insoluble et que l'on emploie aujourd'hui avec tant de succès en teinture, on se sert aussi de chromate de potasse. On distingue deux chromates de plomb, le chromate *neutre*, qui est d'un jaune très-riche et très-brillant, et que l'on obtient en versant une solution de chromate neutre de potasse dans une solution d'acétate de plomb du commerce, et le sous-chromate, qui est d'un jaune-orangé, et que l'on fait en versant du sous-chromate de potasse dans une solution d'acétate de plomb.

Dans ces deux opérations il se forme un acétate de potasse qui est soluble, et un chromate neutre ou un sous-chromate de plomb, qui est insoluble et se précipite. C'est là-dessus qu'est fondé l'art de teindre en jaune (*voyez* ce mot) par le chromate de plomb.

Comme le jaune de chrôme prend également bien sur soie, laine, lin, coton, étoffes, etc., et qu'il donne une couleur aussi agréable que solide, comme tous les chromates sont diversement colorés, et qu'il y en a un grand nombre d'insolubles, il est probable que ce métal deviendra avant peu la base de plusieurs principes colorans.

Outre son emploi dans la teinture, le chromate de plomb sert encore dans la peinture sur porcelaine, et à faire des fonds jaunes sur les voitures.

G. *Cobalt*.

Découvert par Brandt en 1730, le cobalt est un métal solide, dur, cassant, d'un grain fin et serré, moins blanc que l'étain, magnétique; il pèse 8,5384. Il fond à 130 degrés du pyromètre de Wedgwood, et se combine en deux proportions avec l'oxigène.

Le protoxide est gris, difficile à fondre, etc. On l'obtient en décomposant l'hydro-chlorate de protoxide de cobalt par la potasse ou la soude. A l'état d'hydrate, ou combiné avec l'eau, cet oxide a une couleur bleue. Il n'a pas encore été analysé.

Le peroxide est noir, se décompose en partie à une haute température. On le fait en chauffant le protoxide en contact avec l'air. Il n'a point encore été analysé.

Le cobalt pur est encore sans usage, mais ses oxides et sa combinaison avec l'acide arsenique servent à colorer en bleu les porcelaines, les verres, à faire le bleu d'azur que l'on emploie dans le blanchiment, et le bleu de cobalt, dont la peinture a su tirer un si grand parti. Il est hors de doute qu'on parviendra à fixer sur les étoffes la couleur bleue du cobalt, comme on y a déjà fixé le jaune de chrôme.

H. *Cuivre*.

Ce métal est connu de toute antiquité; il est solide, rouge-jaunâtre, très-brillant, sonore, odorant quand on le frotte, ductile, tenace; il pèse 8,895; il fond à 27 degrés du pyromètre de Wedgwood. Il se combine en deux proportions avec l'oxigène.

1°. Le protoxide est jaune-orangé à l'état d'hydrate, fusible au-dessus de la chaleur rouge, etc. On l'obtient en décomposant l'hydro-chlorate acide de protoxide de cuivre par la potasse ou la soude. Il est formé de :

Cuivre...................... 100
Oxigène..................... 12,5

2°. Le deutoxide est brun-noir, etc. Il est composé de :

Cuivre...................... 100
Oxigène..................... 25

On le fait en décomposant le deuto-sulfate de cuivre par la potasse ou la soude.

Ces oxides purs sont sans usages; mais combinés avec des acides, et surtout avec l'acide sulfurique et l'acide acétique, ils donnent naissance à des sels qui, comme la couperose bleue, le verdet, etc., trouvent de fréquentes applications dans les opérations de la teinture.

I. *Etain.*

La découverte de ce métal remonte à la plus haute antiquité. Il est solide, presqu'aussi blanc que l'argent, malléable, dur; lorsqu'on le fait plier en différens sens, il fait entendre un craquement que l'on a nommé *cri de l'étain*; il pèse 7,291; ses usages sont nombreux et connus. Il se combine en plusieurs proportions avec l'oxigène.

1°. Le protoxide, gris-noir, indécomposable par le feu, brûlant comme l'amadou quand on le met en contact avec l'air, à une température un peu élevée. On l'obtient en versant de l'ammoniaque dans de l'hydro-chlorate de protoxide d'étain; il est formé de :

Etain....................... 100
Oxigène..................... 13,6

Il est encore sans usage.

2°. Deutoxide, blanc, fusible, indécomposable par la chaleur, insoluble dans l'eau, pèse 6,9, est très-commun dans la nature. On peut l'obtenir en calcinant l'étain en contact avec l'air, ou en traitant l'étain en grenaille avec l'acide nitrique. Il est formé de :

Etain....................... 100
Oxigène..................... 27,2

Ce deutoxide est aussi sans usage; mais en combinaison avec des acides, ou à l'état de sel, l'étain est un des mordans les plus précieux pour la teinture. *Voyez* ETAIN, MORDANT, etc.

J. *Fer.*

Sa découverte remonte aux temps les plus reculés. C'est un métal solide, dur, odorant quand on le frotte, très-ductile; il pèse 7,788; il est

très-résistant, et un fil de fer du diamètre de deux millimètres ne se rompt que par un poids de 242 kil. 659. Il n'entre en fusion qu'à 130 degrés du pyromètre de Wedgwood.

Le fer peut se combiner en plusieurs proportions avec l'oxigène.

1°. Protoxide, blanc à l'état d'hydrate, non vénéneux, indécomposable par le feu, insoluble dans l'eau, s'obtient en décomposant le protosulfate de fer par la potasse ou soude, est formé de :

Fer........................ 100
Oxigène..................... 28,3

2°. Deutoxide, noir, non vénéneux, fusible, indécomposable à une haute température, insoluble dans l'eau, abondant dans la nature, où on le trouve quelquefois cristallisé en octaèdres ou en dodécaèdres. On peut l'obtenir en calcinant dans une cornue de grès le mélange intime d'une partie de fer et de 2,24 de tritoxide de fer. Il est formé de :

Fer........................ 100
Oxigène..................... 37,08

3°. Tritoxide, rouge-violet, plus fusible que le fer, indécomposable par la chaleur, insoluble dans l'eau, existe dans la nature. On peut l'obtenir en calcinant du fer en contact avec l'air. Il est formé de :

Fer........................ 100
Oxigène..................... 42,31

Des oxides de fer purs, les deux premiers sont sans usage; le troisième rend de grands services dans les arts : c'est lui qui forme le colcothar qui sert à polir les métaux; c'est lui qui colore les ocres rouges que l'on emploie si souvent en peinture, etc., etc. Mais en combinaison avec les acides, c'est-à-dire à l'état de sels, les oxides de fer entrent dans la composition des noirs, des gris, des nankins, des jaunes de rouille, etc. On peut voir à ces différens mots combien on a su tirer parti, en teinture, des sulfates, nitrates, acétates et pyrolignates de fer.

K. *Iridium.*

Ce métal a été découvert par Descostils en 1803. Il est solide, presqu'aussi blanc que le platine, sans odeur, sans saveur, etc. On ne le trouve que dans la mine de platine, d'où on l'extrait par des combinaisons compliquées. Jusqu'à présent on n'a pu obtenir purs les oxides d'iridium : on soupçonne cependant qu'il y en a plusieurs; on ne les connoît qu'en combinaison avec les acides, et notamment avec l'acide hydro-chlorique, encore cet hydro-chlorate contient-il toujours une certaine quantité de potasse ou d'ammoniaque. Ce sel double, encore inusité, pourroit peut-être, si l'iridium devenoit plus commun, être employé avec succès en teinture. En effet, il résulte des expériences de Vauquelin, que :

1°. La

1°. La dissolution d'hydro-chlorate d'iridium et de potasse est bleue, et qu'elle passe successivement au vert, au violet, au pourpre et au rouge, soit qu'on y ajoute une petite quantité d'eau régale, soit qu'on la fasse bouillir avec le contact de l'air ;

2°. Elle précipite en flocons bleus par la potasse ou l'ammoniaque ;

3°. Elle précipite en flocons plus bleus encore par la dissolution d'alun ;

4°. Elle précipite en bleu-clair par l'eau de chaux ;

5°. La dissolution d'hydro-chlorate d'iridium et de potasse, rendue rouge, laisse précipiter à l'ammoniaque des petits cristaux de couleur pourpre si intense, qu'ils semblent aussi noirs que de la poussière de charbon ; ces cristaux ne sont autre chose qu'un hydro-chlorate d'iridium et d'ammoniaque presqu'insoluble dans l'eau ;

6°. Enfin, lorsqu'on laisse évaporer lentement cette dissolution rouge, elle se prend en une masse composée de petits octaèdres de la même couleur que les cristaux précédens.

L. *Manganèse.*

Il a été découvert par Schéele en 1774. Il est solide, très-cassant, très-dur, grenu, d'un gris-blanc, pèse 6,85, et se combine en plusieurs proportions avec l'oxigène.

1°. Protoxide, blanc à l'état d'hydrate, blanc-verdâtre quand il est sec, indécomposable par le feu, insoluble dans l'eau. On l'obtient en décomposant le proto-sulfate de manganèse par la potasse. Il est formé de :

Manganèse.................... 100
Oxigène.................... 28,1077

2°. Deutoxide, brun-marron, indécomposable par le feu, insoluble dans l'eau, etc. On l'obtient en calcinant fortement le peroxide dans un creuset. Il est formé de :

Manganèse.................... 100
Oxigène.................... 42,16

3°. Peroxide, brun-noirâtre, ou, comme on le rencontre dans la nature, sous forme d'aiguilles brillantes. Il est composé de :

Manganèse.................... 100
Oxigène.................... 56,215

C'est le peroxide naturel que l'on emploie en teinture et dans les arts, pour la préparation du chlore. *Voyez* Chlore, Blanchiment, etc.

M. *Mercure.*

Sa découverte remonte à la plus haute antiquité. Il est liquide, très-brillant, pèse 13,568. Il bout à 350 degrés. Il se solidifie et cristallise en octaèdres à 40 degrés au-dessous de zéro. Il se combine en deux proportions avec l'oxigène.

1°. Protoxide : il n'existe pas isolé, mais seu-

lement en combinaison avec les acides. Il est formé de :

Mercure.................... 100
Oxigène.................... 4

2°. Deutoxide, jaune quand il est très-divisé, rouge quand il l'est peu, réductible au rouge-brun ; se fait en exposant le deuto-nitrate de mercure à une chaleur voisine du rouge-brun. Il est formé de :

Mercure.................... 100
Oxigène.................... 8

Ces oxides ne sont pas employés en teinture. Peut-être pourroit-on tirer parti de la couleur rouge du deutoxide. Du reste, l'emploi de cette substance ne seroit pas sans danger, et exigeroit de grandes précautions.

N. *Molybdène.*

Ce métal n'a encore été obtenu qu'en petits grains agglutinés. Il est solide, fixe et cassant, et pèse 7,400. Sa découverte ne remonte pas au-delà de 1778. On ne le trouve dans la nature que combiné avec le soufre ou avec l'oxigène et le plomb. Il se combine en deux proportions avec l'oxigène.

1°. Oxide, bleu, difficile à fondre, insoluble dans l'eau ; s'obtient en plongeant une lame de zinc dans une solution aqueuse d'acide molybdique, n'a point été analysé, est encore sans usage ;

2°. Acide molybdique, solide, blanc-gris, peu sapide, pèse 3,46. On en trouve peu dans la nature, où il est toujours uni avec l'oxide de plomb ; on l'obtient dans les laboratoires en traitant le sulfure de molybdène avec l'acide nitrique à l'aide de la chaleur.

Parmi les sels auxquels l'acide molybdique peut donner naissance en se combinant avec les oxides métalliques, ceux de potasse, de soude, d'ammoniaque, sont très-solubles ; ceux de strontiane, de chaux et d'alumine le sont peu ; les autres ne le sont pas du tout : le seul qu'on trouve dans la nature est le molybdate de plomb. Il est d'un jaune-pâle, et pèse 5,486. Peut-être pourroit-on en tirer parti dans la teinture.

O. *Nickel.*

Sa découverte ne remonte qu'à 1775. Il est solide, un peu moins blanc que l'argent, très-ductile ; il pèse 8,666 lorsqu'il a été forgé, et 8,279 lorsqu'il n'a été que fondu ; il est très-magnétique et très-difficile à fondre. Dans la nature il est toujours combiné avec l'oxigène et uni avec le cobalt, le fer, le bismuth, l'arsenic, etc. Il se combine en deux proportions avec l'oxigène.

1°. Protoxide, brun, difficile à fondre, existe dans la nature en poussière verte. Il est vert à l'état d'hydrate. On l'obtient en décomposant le proto-nitrate de nickel par la potasse. Il n'a point été analysé.

2°. Deutoxide, noir. On l'obtient en traitant le

S

protoxide à l'état d'hydrate par une solution de chlore dans l'eau. Il n'a point encore été analysé.

L'hydro-chlorate de nickel est vert, en dissolution dans l'eau.

P. *Or.*

La découverte de l'or remonte à la plus haute antiquité. Suivant Berzelius, il peut se combiner en deux proportions avec l'oxigène.

Le protoxide est formé de :

Or............................... 100
Oxigène........................ 4,025

Le deutoxide, brun, insoluble dans l'eau, etc., est formé de :

Or............................... 100
Oxigène........................ 12,077

C'est le deutoxide qui, combiné avec l'acide hydro-chlorique, donne naissance à l'hydro-chlorate d'or, d'où l'on extrait ensuite le précipité connu sous le nom de *pourpre de Cassius.* Voyez ce mot.

Q. *Osmium.*

Il n'a été découvert qu'en 1803. Il est solide, noir ou bleuâtre. Comme on ne l'a encore obtenu qu'en poudre, on ne connoît pas ses propriétés physiques. Il est très-rare ; on ne le trouve que dans la mine de platine, et uni à l'iridium.

Son oxide a une odeur analogue au chlore. Il est blanc, très-caustique, très-fusible, très-volatil, etc.; peu connu et point usité.

R. *Palladium.*

Il n'a été découvert qu'en 1803. Il est solide, blanc, dur, très-malléable; il pèse de 11,3 à 11,8; il est rare, et on ne le trouve que dans la mine de platine.

Son oxide, rouge-brun à l'état d'hydrate, est noir et brillant lorsqu'il est desséché. On l'obtient en versant un excès de potasse caustique dans la dissolution d'hydro-chlorate de palladium, et en faisant chauffer. Il est formé de :

Palladium....................... 100
Oxigène........................ 14,209

Peut-être, à cause de sa couleur, pourroit-il être employé en teinture.

S. *Platine.*

Ce métal n'a été connu que vers le milieu du dernier siècle. Il est solide, presqu'aussi dur que l'argent, très-brillant, très-ductile, très-malléable, très-tenace, rayable avec l'ongle. Sans être forgé, il pèse 20,98. Il ne se fond qu'à un feu de forge alimenté par l'oxigène. Les usages du platine sont nombreux et importans.

Son oxide, que l'on obtient en traitant le métal par l'eau régale, est noir, insipide, facilement réductible. Il est formé de :

Platine.......................... 100
Oxigène........................ 16,38

Il est encore sans usage.

T. *Plomb.*

Le plomb est connu de toute antiquité ; il est solide, blanc-bleuâtre, brillant, odorant par le frottement, très-malléable. Il pèse 11,352, et fond à 260 degrés de chaleur. Ses usages à l'état métallique sont nombreux et importans. Il se combine en plusieurs proportions avec l'oxigène.

1°. Protoxide ; c'est l'oxide jaune et la litharge, lorsqu'on l'a laissé cristalliser par le refroidissement. Il est jaune, fusible un peu au-dessous du rouge-brun ; il n'existe dans la nature que combiné avec les acides ; s'obtient par la calcination du plomb en contact avec l'air. Il est formé de :

Plomb.......................... 100
Oxigène........................ 7,737

2°. Deutoxide ; c'est l'oxide rouge, ou le *minium.* Il est d'un rouge-jaunâtre, n'existe point dans la nature. Il s'obtient en calcinant le plomb avec le contact de l'air, et en continuant cette opération beaucoup plus long-temps que pour le protoxide. Il est formé de :

Plomb.......................... 100
Oxigène........................ 11,605

3°. Tritoxide, oxide puce. Il est d'une belle couleur puce, n'existe pas dans la nature, se prépare en traitant le deutoxide par l'acide nitrique ; est formé de :

Plomb.......................... 100
Oxigène........................ 15,474

Le tritoxide est sans usage ; les deux autres sont fréquemment employés. C'est avec la litharge qu'on fait le blanc de plomb : unie à l'oxide d'antimoine, elle forme le jaune de Naples ; combinée avec l'acide acétique, elle donne naissance à l'acétate de plomb, mordant si précieux dans l'impression des toiles ; unie aux huiles, elle sert de base à plusieurs luts et emplâtres. Le deutoxide est employé en peinture ; il forme la base de la plupart des vernis des poteries ; c'est lui enfin qui donne la transparence et l'éclat à tous les cristaux artificiels. Le chromate de plomb produit un beau jaune en teinture, et il est certain que plusieurs autres combinaisons de ce métal pourroient être employées avantageusement en teinture.

U. *Potassium.*

Découvert seulement en 1807, ce métal est solide, très-brillant, mais il se ternit rapidement; il est aussi ductile et plus mou que la cire; il pèse 0,865 ; il entre en fusion à 58 degrés, et se volatilise promptement. Il n'existe point pur dans la nature. On l'obtient en traitant l'hydrate de potasse par la pile galvanique, ou par le fer à l'aide de la chaleur. A l'état métallique il est sans usage. Il peut se combiner en plusieurs proportions avec l'oxigène.

1°. Protoxide, gris-bleuâtre, très-caustique,

plus pesant que le métal, très-fusible, etc. ;
n'existe point dans la nature. On le fait en calcinant ensemble une partie de tritoxide de potassium
avec cinq parties de ce métal. Il est formé de :

Potassium 100
Oxigène.......................... 10

Il est sans usage.

2°. Deutoxide, blanc, très-caustique, plus
pesant que le métal, fusible au-dessus de la
chaleur rouge, très-soluble dans l'eau, etc. ;
n'existe dans la nature que combiné avec des
acides ; est formé de :

Potassium....................... 100
Oxigène.......................... 19,945

On l'obtient pur par le même procédé que le
protoxide. La potasse du commerce n'est autre
chose que le deutoxide de potassium combiné
avec une petite proportion d'acide carbonique, et
mélangé avec d'autres sels. On sait combien ses
usages sont nombreux dans les arts, pour la fabrication des savons, le blanchiment des étoffes, etc.
Voyez POTASSE.

3°. Peroxide, jaune-verdâtre, caustique, fusible au-dessus du rouge-brun, décomposable par
l'eau, etc. ; n'existe pas dans la nature, se fait en
traitant sur le mercure le potassium par un excès
d'oxigène ; est formé de :

Potassium....................... 100
Oxigène.......................... 59,835

Il est encore sans usage.

V. *Rhodium.*

Ce métal ne se trouve que dans la mine de platine. Il est solide, blanc-gris, cassant, pèse
11,000. Il est sans usage.

Son oxide qu'on n'a pas encore pu obtenir pur,
mais que l'on suppose être insipide, décomposable à une foible température, etc., se combine
avec les hydro-chlorates de potasse, de soude et
d'ammoniaque, et donne naissance à des sels
rouges qui pourroient peut-être être employés
en teinture.

X. *Sodium.*

Ce métal n'a été découvert qu'en 1807. Il est
solide, inodore, mou et ductile comme la cire,
d'une couleur analogue à celle du plomb ; il pèse
0,972 ; il fond à 90 degrés ; il est volatil ; n'existe
pas pur dans la nature. On l'obtient par les mêmes
procédés que le potassium.

On connoît trois oxides de sodium. L'histoire
du protoxide et du tritoxide de sodium est la
même que celle du protoxide et du tritoxide de
potassium. Le premier est blanc-gris ; le second
est jaune-verdâtre ; ce dernier est formé de :

Sodium......................... 100
Oxigène......................... 67,990

Le deutoxide est blanc, caustique, plus pesant
que le métal. Il est formé de :

Sodium......................... 100
Oxigène......................... 33,995

On ne le trouve pas pur dans la nature. Combiné avec quelques acides, mélangé avec quelques
corps étrangers, les arts et l'industrie en consomment des masses très-considérables. On le nomme
alors *soude*. (*Voyez* ce mot.) Il sert à faire des
savons solides, le verre, etc., etc.

Y. *Tellure.*

Ce métal a été découvert en 1782. Il est solide,
brillant, très-cassant, facile à réduire en poudre,
moins blanc que l'étain, lamelleux ; il pèse 6,115.
On ne le trouve que mêlé, ou combiné avec
quelques métaux. Il est rare et encore sans usage.

Son oxide est blanc, fusible au-dessous de la
chaleur rouge, n'existe pas dans la nature ; se fait
en décomposant le nitrate de tellure par la potasse ;
est composé de :

Tellure........................ 100
Oxigène........................ 27,83

Il est encore sans usage.

Z. *Tungstène.*

Ce métal a été découvert en 1781 par Schéele.
Il est solide, très-dur, cassant, brillant, de couleur analogue à celle du fer, difficile à fondre, et
pèse 17,6. Il est sans usage. Il se combine en plusieurs proportions avec l'oxigène.

1°. Un oxide peu connu et encore sans usage ;

2°. Un acide appelé *acide tungstique*, solide,
jaune, inodore, insipide, plus pesant que l'eau, etc.
On l'extrait d'un minéral connu sous le nom de
wolfram, qui est un composé d'acide tungstique,
d'oxide de fer et d'un peu d'oxide de manganèse. Il est formé de :

Tungstène....................... 100
Oxigène......................... 25

L'acide tungstique donne naissance à quelques
sels colorés. Le *tungstate de chaux* est d'un blanc-
jaunâtre ; le *tungstate double* de fer et de manganèse est noir, etc., etc.

Peut-être pourra-t-on utiliser ces sels en teinture.

&. *Zinc.*

La découverte de ce métal remonte au seizième
siècle. Il est solide, blanc-bleuâtre, lamelleux,
très-ductile, fusible et volatil au-dessous de la
chaleur rouge ; il pèse 7,1. Ses usages maintenant
sont nombreux et importans.

Son oxide, que l'on trouve très-communément
dans la nature, où il est connu sous le nom de
calamine, et que l'on peut faire en exposant ce
métal dans un creuset, à l'action d'une chaleur
rouge, est blanc, facile à fondre, insoluble dans
l'eau, etc., et formé de :

Zinc........................... 100
Oxigène........................ 24,4

Il est employé quelquefois en médecine. Les arts n'en ont tiré encore aucun parti.

Plusieurs oxides métalliques sont incolores; d'autres sont colorés. Cette couleur varie ordinairement, suivant qu'on examine l'oxide sec ou à l'état d hydrate. Ainsi,

OXIDES MÉTALLIQUES.	SECS.	A L'ÉTAT D'HYDRATE.
Deutoxide de baryum....................	Gris-verdâtre........	
Protoxide de sodium....................	Blanc-gris..........	
Tritoxide id...........................	Jaune-verdâtre......	
Protoxide de potassium.................	Gris-bleuâtre.......	
Tritoxide id...........................	Jaune-verdâtre......	
Deutoxide de manganèse.................	Brun-marron........	Blanc.
Tritoxide id...........................	Brun-noirâtre.......	
Deutoxide de fer.......................	Noir...............	Vert-bouteille.
Tritoxide id...........................	Rouge-violet.......	Jaune-rougeâtre.
Protoxide d'étain......................	Gris-noirâtre.......	Blanc.
Deutoxide id..........................	Idem............	Idem.
Protoxide d'arsenic....................	Noir...............	
Oxide de molybdène....................	Bleu..............	
Oxide de chrôme.......................	Vert..............	Vert.
Acide chromique.......................	Rouge............	
Acide tungstique......................	Jaune............	
Tritoxide d'antimoine..................	Jaunâtre..........	Blanc.
Protoxide d'urane.....................	Gris-noir.........	
Deutoxide id..........................	Jaune-citron.......	Jaune-pâle.
Deutoxide de cerium...................	Brun-rouge........	
Protoxide de cobalt...................	Gris.............	Bleu-violet.
Deutoxide id.........................	Noir.............	Noir.
Oxide de bismuth.....................	Jaunâtre..........	Blanc.
Protoxide de cuivre...................	Rouge............	Jaune-orangé.
Deutoxide id.........................	Brun-noir.........	Bleu.
Protoxide de nickel...................	Brun.............	Vert-pomme.
Deutoxide id.........................	Noir.............	Noir.
Protoxide de plomb...................	Jaune............	Blanc.
Deutoxide id.........................	Rouge-jaunâtre.....	
Tritoxide id.........................	Puce.............	
Deutoxide de mercure.................	Rouge-jaunâtre.....	Jaune.
Oxide d'argent.......................	Olive-foncé.......	Brun-foncé.
Oxide de palladium...................	....	Orangé.
Deutoxide de platine.................	Olive-foncé.......	
Deutoxide d'or.......................	Brun.............	Brun.

Le mélange naturel ou artificiel des oxides métalliques donne naissance à des corps nouveaux, dont les arts ont su tirer un grand parti. La plupart des pierres à construire, le grès, la calamine, les ocres, l'émeri, la pierre-ponce, le talc, le lazulite outre-mer, l'argile, les terres à porcelaine, etc., sont des mélanges ou des combinaisons d'oxides métalliques entr'eux, et que l'on rencontre tout formés dans la nature. C'est en combinant deux ou plusieurs oxides entr'eux qu'on fait le verre, les verres colorés, la plupart des pierres fausses, les émaux, les poteries, les mortiers, les cimens, les cendres bleues, l'azur, le vert de Schéele, le jaune de Naples, etc., et il est hors de doute que plus tard, en multipliant et variant ces combinaisons, on parviendra à trouver d'autres couleurs dont il sera peut-être possible de tirer parti pour la teinture.

P

PALIURE. *Rhamnus paliurus*. Cet arbrisseau, dont on fait des haies dans le midi de la France, contient dans ses feuilles, et dans ses racines plus particulièrement, un principe astringent qui pourroit le rendre utile en teinture, surtout dans la préparation des *fauves*, des *gris* et des *noirs*.

PALLADIUM. *Voyez* OXIDES MÉTALLIQUES.

PALLIACAT. C'est une nuance de rouge assez recherchée. On peut l'obtenir par plusieurs procédés, suivant le degré de solidité qu'on veut donner à la couleur. Ainsi, on aura un palliacat petit teint avec :

1°. Engallage ;
2°. Mordant avec la dissolution d'hydro-chloro-nitrate d'étain ;
3°. Bain chaud avec deux parties de brésil et une de campêche.

On obtiendra un palliacat bon teint avec :

1°. Engallage (4 onces par livre) ;
2°. Mordant. Pyrolignate de fer à trois quarts de degré, ou mélange de 12 livres de vitriol vert et de 6 livres d'alun ;
3°. Garançage ;
4°. Léger avivage au savon.

On fait un palliacat grand teint avec :

1°. Débouilli ;
2°. Bain de fiente ;
3°. Deux bains blancs ;
4°. Deux sels (on peut les supprimer) ;
5°. Degraissage ;
6°. Engallage ;
7°. Mordant de pyrolignate de fer ou de vitriol vert et d'alun ;
8°. Garançage ;
9°. Avivage.

On fait un palliacat *rougeâtre* en employant un mordant fait pour 100 livres de coton, avec :

Alun....................... 6 livres.
Vitriol vert.................. 3
Vitriol bleu.................. 1

On aura un palliacat *giroflée* avec cet autre mordant :

Alun....................... 8 livres.
Vitriol vert................. 25
Acétate de plomb............. 4

Enfin, si l'on veut avoir un palliacat très-clair, ou une couleur *hortensia*, il faudra recourir aux opérations suivantes :

1°. Débouilli ;
2°. Bain de fiente ;
3°. Bain blanc ;

4°. Bain blanc ;
5°. Sel à 3 degrés ;
6°. Engallage très-foible (une once par livre) ;
7°. Mordant ;
8°. Lavage du mordant ;
9°. Garançage ;
10°. Avivage, 25 livres de savon ;
11°. Rosage, 25 livres de savon et 1 livre de sel d'étain.

Quand on opère sur 100 livres de coton, 30 livres d'huile suffisent pour les bains blancs, et le mordant se prépare avec : 18 livres 12 onces d'alun, 2 livres 4 onces de vitriol vert, et 150 pintes d'eau.

On voit que ces palliacats grand teint sont destinés à être appliqués sur coton, et que la marche que l'on suit est une imitation de celle du rouge des Indes ou d'Andrinople. *Voyez* ce mot.

PALLIER. C'est remuer un bain et le mêler avec un *râble*. On pallie pour hâter la fermentation. On pallie aussi pour faciliter le mélange de plusieurs principes colorans.

PALMIER. *Palma*. Un grand nombre de plantes de cette famille fournissent une fécule que l'on emploie comme aliment, et qui pourroit servir également à épaissir les couleurs d'application.

PANKE. Plante du Chili qui sert à teindre et à tanner les cuirs.

PANTINE. Nombre d'écheveaux de fil ou de soie liés ensemble.

PARON. C'est une substance grasse dont les tisserands enduisent la trame, pour faciliter le mouvement de la navette, et dont il est important de débarrasser les étoffes qu'on veut soumettre à la teinture. C'est par la lessive que l'on atteint ce but. En effet, la potasse ou la soude, en se combinant avec le *paron*, donne naissance à un véritable savon soluble, que l'on emporte par des lavages successifs.

PASSAGE AU SUR. C'est l'action de passer les étoffes dans un bain acide, pour en détacher les parties ferrugineuses qui ont résisté aux autres opérations du blanchiment. Les bains surs se préparent soit avec de l'eau, à laquelle on ajoute un 60e en poids d'acide sulfurique, soit avec du petit-lait qu'on a laissé fermenter jusqu'à l'aigre, soit avec l'eau sure des amidonniers, etc. Lorsque les étoffes sortent du bain sur, et surtout du bain préparé avec un acide minéral, il est extrêmement important de les porter immédiatement à la rivière et de les y laver à grande eau, soit au moulinet, soit au cylindre cannelé, jusqu'à ce que, après les avoir exprimées et sucées, l'organe du goût n'y retrouve plus aucune saveur acide. Sans cette précaution, l'acide se concentrant sur l'étoffe par l'évaporation de l'eau, la brûleroit, et bientôt elle se réduiroit en lambeaux.

PASSE. Quand on est obligé de passer plusieurs fois une étoffe dans un même bain, on donne le nom de *passe* à chaque opération partielle.

PASTEL. *Isatis tinctoria*. C'est une plante de la famille des Crucifères, qui croît naturellement en France et dans plusieurs parties de l'Europe. On la rencontre particulièrement sur les coteaux exposés au soleil et dans les terrains pierreux et calcaires. Sa racine est vivace et presque ligneuse. Sa tige est droite, haute de deux à trois pieds; ses feuilles sont sessiles, sagittées et glauques; ses fleurs sont petites, nombreuses, disposées en panicules à l'extrémité des rameaux; son fruit est une silicule qui ne renferme qu'une seule graine.

Les feuilles du pastel ont une saveur âcre et piquante assez analogue à celle du cresson; aussi passent-elles pour avoir quelques propriétés médicinales; elles sont broutées avec plaisir par les vaches et les moutons, ce qui a engagé quelques agronomes à recommander la culture du pastel comme celle d'un fourrage qui peut être avantageux.

Comme plante tinctoriale, le pastel a été considéré comme un moyen assuré de remplacer l'indigo, que le blocus continental empêchoit d'arriver.

Pour extraire la fécule colorante du pastel, voici le procédé que Thénard et Chaptal ont recommandé, et sur lequel ils ont publié une instruction sommaire. On coupe les feuilles lorsqu'elles sont vertes; immédiatement après, on les met dans des paniers d'osier, et on les lave pour les débarrasser de la poussière et de la terre qui pourroient y être attachées; on les jette ensuite dans un cuvier, dans lequel il est important qu'elles ne soient ni trop à l'aise, ni trop entassées; puis on les couvre avec des planches pour les empêcher de remonter. Le cuvier doit être assez grand pour en contenir de 2 à 400 livres; on jette ensuite dans ce cuvier assez d'eau pure pour que les feuilles en soient totalement couvertes, et que cette eau s'élève de deux ou trois pouces au-dessus. En été, on peut se servir d'eau froide; en hiver, il est mieux d'employer de l'eau tiède, pour hâter la fermentation qui se développe ordinairement six heures après l'immersion. Alors l'eau se colore en jaune. Il monte à sa surface des bulles d'abord blanches, puis cuivreuses, puis bleuâtres; l'eau elle-même prend une teinte jaune-verdâtre. On connoît que la fermentation est terminée quand, versant dans une certaine quantité de la liqueur, goutte à goutte, de l'eau de chaux, il se forme un précipité floconneux d'un beau vert. Alors on ouvre un robinet placé au fond de la cuve, et on fait passer la liqueur dans une autre cuve plus grande, recouverte d'une étamine, afin de retenir tous les corps étrangers qui pourroient passer par le robinet. On verse ensuite de l'eau de chaux peu à peu dans cette liqueur, et bientôt après, par le repos, il s'y forme un précipité floconneux abondant. On décante, et lorsque le dépôt reste presque seul, on y verse de l'acide hydro-chlorique ou sulfurique à 2 degrés seulement de l'aréomètre de Baumé. Le bleu se développe aussitôt. On agite pour faciliter l'action de l'acide, on lave à grande eau, on agite de nouveau, on laisse reposer encore et l'on décante. L'acide a l'avantage de faire bleuir plus promptement, d'enlever l'excès de chaux, et de faciliter la séparation du principe jaune.

Pour dessécher l'indigo extrait du pastel, on porte le dépôt dans des filtres coniques de toile, revêtus intérieurement de papier brouillard: dès qu'il a acquis la consistance de pâte molle, on le retire avec des couteaux de bois, on le place dans des petites caisses en bois blanc, et on le porte dans des séchoirs sombres, tranquilles, et constamment entretenus à une température de 25 à 30 degrés. Quand l'indigo a pris la consistance d'une pâte ferme, on le comprime avec les couteaux de bois, et on le sépare en petits pains dont on a livré au commerce. Vingt-cinq ou trente jours suffisent pour terminer ces opérations, qui mettent l'indigo du pastel en état de remplacer l'indigo de l'Inde.

Mais, comme aujourd'hui l'abondance de l'indigo étranger, et sa supériorité sur l'indigo indigène, le font préférer à ce dernier, on n'emploie plus le pastel que sous deux états, en coques, ou desséché. Les coques sont des pelottes alongées par leurs extrémités opposées, et faites avec la pâte extraite du pastel par la fermentation; les coques du pastel, ou mieux encore, comme on l'a vu plus haut, les tiges et les feuilles de pastel desséchées, sont employées en certaines proportions, et mêlées à l'indigo de l'Inde pour monter la cuve au pastel. *Voyez* ce mot.

Les anciens Bretons se servoient du pastel pour se teindre le corps en bleu, et dès le moyen âge le principe colorant de cette plante étoit connu et employé dans un assez grand nombre de manufactures. La Normandie, la Provence, le Languedoc en France; la Marche d'Ancône en Italie, la Thuringe en Allemagne, étoient les provinces où la culture et l'exploitation du pastel avoient atteint le plus haut degré de perfection. Lorsque, vers le milieu du seizième siècle, l'indigo de l'Inde fut importé en Europe, on négligea le pastel, et on ne l'employa long-temps que pour faire des teintures communes. Pendant le temps que dura le blocus continental, la culture du pastel et l'extraction de son indigo furent de nouveau reprises et perfectionnées ; mais on y attache maintenant beaucoup moins d'importance depuis que la paix et la liberté des mers ont rendu à l'industrie et aux arts les produits étrangers dont ils avoient été si long-temps privés.

PÊCHER. *Amygdalus persica.* L'écorce du pêcher et ses brindilles peuvent donner une teinte fauve ou jaunâtre, que l'on peut également tirer d'une foule de végétaux moins utiles que celui-ci.

PELOTAGE. Troisième laine de vigogne qu'on apporte d'Espagne roulée en pelottes.

PENSÉE. C'est une nuance de violet-pourpré qui résulte du mélange du rouge et du bleu. En employant le bleu de Saxe et le rouge de cochenille ou de garance, on aura des *pensées* tout-à-fait agréables.

PENTE. C'est le quart du mateau. *Voy.* ce mot.

PERS. Dénomination par laquelle on désigne la nuance de bleu la plus foncée. Le bleu *pers* se fait toujours avec l'indigo.

PERSICAIRE. *Polygonum hydropiper.* Cette plante, commune au bord des eaux et dans les fossés humides, a une saveur âcre et presque brûlante. Sa décoction précipite en noir par le pyrolignate de fer, ce qui décèle la présence d'un principe astringent. Dans quelques pays on l'emploie pour teindre les laines en jaune.

PERVENCHE. *Vinka.* Cette plante commune, et que l'on cultive quelquefois pour l'ornement des jardins, contient une assez grande proportion de principe astringent. Sa décoction précipite en noir par le pyrolignate de fer. On pourroit l'utiliser en teinture.

PEUPLIER D'ITALIE. *Populus pyramidalis.* C'est à Dambourney que l'on doit la découverte de ce principe colorant. Lorsqu'il faisoit des recherches sur les végétaux indigènes, afin d'y découvrir des couleurs pour la teinture, ses essais se portèrent sur le peuplier : il commença par employer l'écorce fraîche. Une once et demie de cette substance, récoltée au mois de février, et cuite lentement dans une livre et demie d'eau, lui donna sur la laine apprêtée avec le mordant de bismuth, un très-beau *jaune-doré* presque *aurore*, et de la plus grande solidité, puisqu'il résista à une immersion de six heures dans le fort vinaigre.

Deux onces de brindilles en jeunes feuilles, récoltées en avril, ont donné, sur la laine préparée de le même manière, un jaune plus *jonquille* et tout aussi solide.

En ajoutant à ce bain des quantités variables, mais toujours petites, de garance, Dambourney a obtenu un bel *aurore-canelle*, une suite de *marrons-rougeâtres*, etc.

De la laine piétée en bleu, puis préparée au mordant de bismuth, prend dans le bain de brindilles un joli *vert-tendre* un peu *olivâtre.*

En mélangeant les brindilles de peuplier et les baies de bourdaine, on obtient une nuance de *ronce-d'Artois* bien chatoyante ; ou une couleur de *ravenelle-maure* transparente et solide, etc.

Les brindilles de peuplier, employées sèches et conservées depuis long-temps, donnent en teinture des résultats tout aussi satisfaisans que les brindilles fraîches. Ces brindilles peuvent se conserver, sans rien perdre de leur propriété colorante, pendant deux ans et plus. On peut les employer sans les moudre et sans les hacher, d'où il résulte de grands avantages de temps et d'économie. Toutes ces considérations avoient fait penser à Dambourney que le peuplier pouvoit devenir un des ingrédiens les plus utiles pour la teinture ; son attente n'a point été trompée. Vitalis a perfectionné les procédés de Dambourney, et les conseils qu'il a publiés à ce sujet peuvent se résumer ainsi : Engallage avec 2 onces de noix de galle blanche par livre de coton ; mordant d'étain, soit avec l'acide muriatique, soit avec l'acide nitro-muriatique à 5 degrés de l'aréomètre de Baumé. Avec l'un ou l'autre de ces mordans, on obtient constamment un très-beau jaune ; en tenant le coton plongé pendant un quart d'heure dans un bain de brindilles de peuplier. En répétant les bains on fonce la nuance. On obtient un jaune-doré clair avec un alunage d'alun très-pur et le mordant de sel d'étain. Ici, comme pour les autres matières colorantes, les nuances varieront suivant les mordans qu'on emploiera.

Le jaune de peuplier est beaucoup plus éclatant que celui de la gaude, et il résiste tout aussi bien que ce dernier à l'air, à la lumière et au savon.

PHYLLANTION. Herbe qui sert pour la teinture en pourpre.

PHYTOLACQUE. *Phytolacca.* C'est une plante vivace, originaire de l'Amérique septentrionale, et aujourd'hui naturalisée dans le midi de la France. Elle porte un fruit ou baie pourpre, dont le suc est employé dans quelques pays pour colorer les vins. Il a été utilisé pour l'enluminure. Il pourroit également être employé en teinture, mais il demande à être fixé par des mordans énergiques.

PICOTS. Ce sont des pointes de laiton implantées dans la planche du côté de la gravure, qui débordent un peu sa surface et forment un carré parfait. Ces pointes servent à indiquer l'endroit où l'on doit appliquer la planche la seconde fois pour suivre le dessin. C'est pourquoi on leur donne le nom de *picots de rapport*.

PIÈCE. On donne ce nom à la quantité d'étoffe que l'on soumet à la fois à la teinture.

La longueur de la pièce de percaline est de 25 aunes (28 m. 37); celle des indiennes de Rouen ou de Jouy et des calicots blancs varie de 25 à 28 aunes, ou de 28 m. 37 à 31 m. 78. La pièce de toile de lin est de 18 aunes ou 20 m. 43.

PIERRAGE. Espèce de fraude que l'on emploie dans le commerce pour falsifier l'indigo. *Voyez* ce mot.

PIGAMON. *Thalictrum flavum.* C'est la rhubarbe des prés, etc., qui croît dans les lieux humides et marécageux. On extrait de ses racines, et même de ses feuilles, un suc jaunâtre qui prend assez bien sur les étoffes de laine, et leur communique une couleur jaune terne solide.

PILETTE. C'est un instrument qui sert à piler la laine dans l'opération du désuintage.

PILONNAGE. Action de remuer la laine dans la chaudière avec la *pilette.*

PIN. *Pinus.* C'est de cette famille de plantes, dont la culture est très-lucrative, que l'on extrait cette huile essentielle connue sous le nom de *térébenthine*, dont on a tiré un si grand parti dans le dégraissage des étoffes.

PINÇOTTEUSE. On donne ce nom à l'ouvrière qui, dans les manufactures de toiles peintes, fait au pinceau des dessins si petits, qu'il seroit très-difficile de les exécuter à la planche.

PIQUETS. On donne ce nom à des pieux enfoncés au fond d'une eau courante, et auxquels on attache les pièces d'étoffes et les écheveaux que l'on veut faire tremper.

PLANTAIN. *Plantago.* Celui qui croît sur les bords de la Méditerranée, connu sous le nom de *plantago arenaria*, fournit une graine dont on fait un commerce assez considérable, et dont on se sert dans le Nord pour blanchir les dentelles, les mousselines, etc., etc.

PLATINE. *Voyez* OXIDES MÉTALLIQUES.

PLOMB (Chromate de). *Voyez* OXIDES MÉTALLIQUES.

POCHE. Dans les ateliers on nomme *poches*, des sacs de toile qui peuvent contenir de 25 à 30 livres de soie, et dans lesquels on enferme cette matière pour la faire bouillir et la décreuser.

POIS-CHICHE. *Cicer.* Cette plante originaire du Levant, et qui s'est si bien naturalisée chez nous, présente de grands avantages comme substance alimentaire. Il est probable que les arts, et surtout la teinture, pourront en tirer un nouveau parti. A l'époque de la floraison il transsude de cette plante un liquide âcre, acide, corrosif, qui se ramasse en gouttes sur ses feuilles, et qui, suivant les expériences de Deyeux, n'est autre chose que de l'acide oxalique pur. *Voyez* ce mot.

POLYCHROÏTE. C'est le principe colorant des stigmates du safran, *crocus sativus*. Ce principe, séparé pour la première fois par Bouillon-Lagrange et Vogel, est sous forme d'écailles, d'un jaune-rouge, altérable par la lumière, susceptible d'attirer l'humidité de l'air, soluble dans l'eau et dans l'alcool, peu soluble dans l'éther, insoluble dans les huiles, etc.

POMMIER D'INDE. *Pomifera indica tinctoria*, ou *Genipa americana*. C'est un arbre qui croît au Brésil, et dont les baies et les feuilles sont employées à teindre en un bleu presque noir, et qui résiste assez bien aux savons.

PONCEAU. C'est une nuance de rouge; on l'obtient du bois de Brésil sur la soie en donnant:

1°. Un fort pied de rocou;
2°. Un lavage;
3°. Un alunage;
4°. Un bain de jus de Brésil auquel on ajoute un peu d'eau de savon.

On fait sur soie, coton et lin, de très-belles couleurs *ponceau* avec le carthame. Voici le procédé pour la soie:

1°. Cuire comme pour le blanc;
2°. Donner un pied de rocou;
3°. Liser dans un fort bain de carthame de premier coulage, viré au rouge-cerise par le jus de citron;
4°. Retirer la soie quand elle cesse de monter en couleur;
5°. Tordre à la main, puis à la cheville;
6°. Passer dans un second bain;
7°. Faire sécher;
8°. Répéter les immersions jusqu'à ce que la couleur soit assez montée;
9°. Aviver en lisant sept à huit fois dans l'eau chaude, à laquelle on ajoute un demi-sétier de suc de citron par chaque seau d'eau;
10°. Laver et sécher à l'ombre.

Le même procédé peut être employé sur laine et coton, pourvu que ces substances aient été d'abord parfaitement blanchies.

POT. Mesure qui équivaut à deux litres.

POTASSE. La potasse a été désignée sous le nom d'*alcali végétal*, parce qu'on la retire de quelques

ques

ques végétaux par l'incinération. Cette substance est identique : c'est, comme les chimistes l'ont reconnu, un oxide métallique, l'oxide de *potassium*; mais, telle que le commerce nous la fournit, elle est loin d'être pure, et elle a d'autant moins de valeur pour les arts qu'elle est mêlée avec une plus grande quantité de substances étrangères.

Le corps avec lequel la potasse est le plus intimement combinée est l'acide carbonique; aussi, en séparer cet acide, c'est ramener la potasse à un degré de pureté déjà assez considérable. On obtiendra ce résultat, en grande partie du moins, en dissolvant la potasse dans l'eau, et ajoutant à cette dissolution une certaine quantité d'eau de chaux; la chaux, qui a plus d'affinité que la potasse pour l'acide carbonique, s'en empare, et forme alors un carbonate de chaux insoluble, qui se précipite au fond du vase. La potasse reste en dissolution dans l'eau, et il suffit d'une évaporation pour l'en séparer. A cet état, la potasse porte dans les arts le nom de *potasse pure* ou *caustique*.

La solution aqueuse de potasse ne contient pas seulement de la potasse, mais encore des sels solubles. En dissolvant la potasse dans la moindre quantité d'eau possible et laissant reposer, les sels les moins solubles se précipitent les premiers; si alors on décante, on obtiendra ensuite une potasse encore plus pure que par le premier moyen. Ce procédé est mis en usage pour la confection de la potasse qui entre dans la composition des beaux verres.

Si l'on vouloit obtenir une potasse tout-à-fait pure, ce qui du reste n'est utile que lorsqu'on veut employer cette substance comme réactif chimique, il faudroit traiter la potasse caustique par l'alcool, laisser déposer, décanter et faire volatiliser l'alcool.

Comme les arts consomment une grande quantité de potasse, on se livre dans beaucoup de pays à la fabrication de cette substance. C'est ainsi qu'on trouve dans le commerce des potasses de *Russie*, d'*Amérique*, de *Trieste*, de *Hongrie*, de *Trèves*, des *Vosges*, la potasse *perlasse*, ainsi nommée des deux mots anglais *pearl-ashes, cendre perlée*, et enfin les *cendres perlées*, qui sont la potasse extraite par la combustion des lies de vin et du tartre.

Toutes ces potasses sont loin d'être pures; elles contiennent, outre l'acide carbonique uni à la potasse proprement dite, des quantités plus ou moins grandes de sulfate et d'hydro-chlorate de potasse, de chlorure de sodium, de sable, d'alumine, de silice, de sulfure de potasse, d'oxide de fer ou de manganèse, de charbon, etc. Vauquelin, qui a analysé la plupart des potasses du commerce, les a trouvées composées de la manière suivante :

1,152 parties de potasse de Russie contiennent :

Potasse réelle...................... 772
Sulfate de potasse.................. 65

Diction. de Teinture.

Chlorure de potasse................. 5
Résidu insoluble................... 56
Acide carbonique et eau............ 254

La même quantité de potasse d'Amérique a donné :

Potasse réelle...................... 857
Sulfate de potasse.................. 154
Chlorure de potasse................. 20
Résidu insoluble.................... 2
Acide carbonique et eau............ 119

La potasse perlasse a produit :

Potasse réelle...................... 754
Sulfate de potasse.................. 80
Chlorure de potasse................. 4
Résidu insoluble.................... 6
Acide carbonique et eau............ 308

Dans la potasse de Trèves, les résultats ont été :

Potasse réelle...................... 720
Sulfate de potasse.................. 165
Chlorure de potasse................. 44
Résidu insoluble.................... 24
Acide carbonique et eau............ 199

La potasse de Dantzick contient :

Potasse réelle...................... 603
Sulfate de potasse.................. 152
Chlorure de potasse................. 14
Résidu insoluble.................... 79
Acide carbonique et eau............ 304

Enfin, la potasse des Vosges se compose ainsi qu'il suit :

Potasse réelle...................... 444
Sulfate de potasse.................. 148
Chlorure de potasse................. 510
Résidu insoluble.................... 34
Acide carbonique et eau............ 16

D'après ce tableau, on conçoit combien il est important, non-seulement de connoître à l'avance la quantité de potasse réelle que renferme chacune des espèces de potasses du commerce, mais encore de pouvoir, au moment où on les achète, ou lorsqu'on veut les employer, les analyser avec exactitude, afin d'en varier la dose dans les préparations de teinture, ou de les purifier dans le cas où elles contiendroient quelques substances qui pourroient nuire au succès de l'opération.

Pour atteindre ce but, Descroizilles aîné a inventé un instrument auquel il a donné le nom d'*alcali-mètre*, et que l'on trouve maintenant chez la plupart des opticiens. C'est un tube de verre de 8 à 9 pouces de longueur, de 7 à 8 lignes de diamètre, fermé par son extrémité inférieure qui repose sur une espèce de piédestal, ouvert et muni d'un rebord saillant à sa partie supérieure; il doit pouvoir contenir de 70 à 80 grammes d'eau. Il porte dans sa longueur une échelle graduée en cent parties égales, dont chacune offre exactement le volume d'un demi-gramme d'eau, c'est-à-dire le demi-millième d'un litre.

Avant d'employer l'instrument, il faut préparer une liqueur d'essai qui se fait de la manière suivante : Dans une bouteille à vin neuve, on pèse exactement 8 hectogrammes d'eau de pluie ou de rivière bien limpide, et au moyen d'une lime on fait au col de la bouteille un trait horizontal au niveau de l'eau. D'un autre côté, dans une fiole bien sèche, on pèse aussi 80 grammes d'acide sulfurique à 66 degrés de l'aréomètre de Baumé. Dans un troisième vase, on fait avec précaution, et peu à peu, le mélange d'acide et d'eau de manière à ce que ce mélange atteigne exactement, quand il est refroidi, la ligne horizontale gravée sur le col de la bouteille, et que tout l'acide soit employé. Par ce moyen, on aura un mélange qui contiendra rigoureusement un demi-gramme d'acide sur un volume de cinq millilitres. Maintenant on opérera de la manière suivante :

Pesez exactement dix grammes de potasse ; mettez-la dans un verre et versez-y environ les quatre-cinquièmes ou les trois quarts d'un demi-décilitre d'eau. Agitez à trois ou quatre reprises avec une petite baguette de verre ou de bois, dans l'espace d'une heure au moins, et pendant une demi-minute chaque fois ; la dissolution étant terminée, versez-la dans le demi-décilitre que vous achèverez de remplir avec de l'eau; remettez ensuite la liqueur dans le verre, dans lequel vous verserez encore un demi-décilitre d'eau pure. Agitez trois à quatre fois dans l'espace d'une demi-heure, et laissez reposer pour faciliter la formation d'un dépôt léger qui se fera au fond du verre.

Le dépôt étant bien formé, décantez avec précaution la liqueur et remplissez-en exactement le demi-décilitre, puis videz la liqueur dans un verre de capacité suffisante.

Mettez ensuite sur une assiette douze ou quinze gouttes de sirop de violette, et d'un autre côté versez dans l'alcali-mètre de la liqueur d'épreuve jusqu'à la ligne marquée 0.

Faites alors tomber dans le verre qui contient la moitié de la dissolution de la potasse à essayer, quelques gouttes de la liqueur alcali-métrique, il se manifestera à l'instant une effervescence due au dégagement de l'acide carbonique, qui se sépare du sous-carbonate de potasse, et vous faciliterez ce dégagement en agitant le mélange des deux liqueurs avec un petit tube de verre ou de bois. Lorsqu'après avoir réitéré plusieurs fois le versement de la liqueur d'épreuve, vous serez parvenu à la ligne marquée 40, passez le petit tube qui a servi à agiter le mélange par l'extrémité et qui en est mouillé sur une des gouttes du sirop. Cette goutte deviendra verte si la potasse soumise à l'essai n'est pas de qualité inférieure : si au contraire la couleur violette n'est pas altérée, l'essai sera terminé ; mais si la goutte de sirop prenoit la couleur rouge, ce seroit une preuve qu'on auroit employé une trop grande quantité de liqueur acide ou d'épreuve, et il faudroit recommencer l'opération. Ce dernier cas arrive rarement, et le plus ordinairement on doit ajouter une nouvelle quantité de liqueur d'épreuve : seulement il ne faut en verser que très-peu à la fois, et essayer chaque fois par une nouvelle goutte de sirop, jusqu'à ce que la couleur de la dernière commence à virer, ou à tourner simplement au rouge. On examinera alors à quelle ligne s'arrête la liqueur d'épreuve dans l'alcali-mètre, et on comptera un degré de moins pour compenser l'excès de liqueur acide qui a rougi, quoique foiblement, le sirop. Si donc, le niveau de la liqueur se trouve répondre au 56e. degré, on n'en comptera que 55 : c'est le nombre moyen des degrés que donnent les potasses du commerce, et ce nombre de degrés indique qu'elles exigent, pour leur saturation parfaite, une quantité d'acide sulfurique concentré, exprimée par les cinquante-cinq centièmes de leur poids.

En effet, on a mis en dissolution 10 grammes ou 100 décigrammes de potasse, et comme on n'a opéré que sur la moitié de cette dissolution, il n'a été réellement employé que 100 demi-décigrammes ou 100 demi-dixièmes de gramme.

D'un autre côté, on a mis dans l'alcali-mètre 100 demi-millilitres ou 100 demi-millièmes de litre d'une liqueur d'épreuve composée d'acide sulfurique et d'eau, dans des proportions telles que l'acide y entre au poids de 5 centigrammes ou 100 demi-dixièmes de gramme par demi-millilitre.

Les cent degrés de la liqueur d'épreuve contenoient donc 100 demi-dixièmes de gramme d'acide effectif, et parce qu'il a fallu 55 demi-millilitres de cette liqueur pour saturer la potasse soumise à l'essai, il s'ensuit que l'alcali a absorbé une quantité d'acide sulfurique égale à cinquante-cinq centièmes de son poids.

On peut conclure de ce qui vient d'être expliqué, qu'une potasse sera d'autant plus riche en alcali qu'elle aura exigé une plus grande quantité de liqueur d'épreuve pour sa saturation.

En procédant ainsi, Descroizilles a trouvé que.

La perlasse d'Amérique, première sorte, contient . . . . 60 à 63 centièmes.

La potasse caustique d'Amérique en masses rougeâtres, première sorte . . . . 60 à 63

La perlasse d'Amérique, deuxième sorte . . . . 50 à 55

La potasse caustique d'Amérique en masses grisâtres, deuxième sorte . . . . 50 à 55

La potasse blanche de Russie. . . . . 52 à 58

La potasse blanche de Dantzick. . . . . 45 à 52

La potasse bleue de Dant-
zick.................... 45 à 52 centièmes.

D'après les mêmes essais, et suivant Darcet :

Les cendres de bois neuf
contiennent................ 8 et un 5ᵉ. du 100ᵉ.
Les cendres de bois flotté. 4 et un 5ᵉ. id.

Lorsqu'on veut préparer une lessive caustique, il faut débarrasser la potasse de l'acide carbonique qu'elle contient. J'ai dit que la chaux étoit le meilleur moyen d'enlever ce gaz. Descroizilles indique les proportions suivantes :

Chaux vive....................... 4
Potasse blanche de Russie ou perlasse d'A-
mérique............................ 10
Eau pure............................ 70

On éteint la chaux avec une partie de l'eau ; on dissout la potasse dans le reste ; on mêle, on fait bouillir pendant deux ou trois minutes ; on ajoute assez d'eau pour remplacer celle qui s'est en allée par l'évaporation ; on mélange bien, on laisse reposer, on tire à clair et on conserve pour l'usage dans un vase bien bouché. Sans cette précaution, la potasse reprendroit dans l'atmosphère l'acide carbonique dont elle est dépouillée, et perdroit toute sa causticité. Cette lessive caustique, convenablement préparée, ne doit plus se troubler par l'eau de chaux.

Les usages de la potasse sont nombreux ; les arts l'emploient pour faire le savon mou, le verre, le salpêtre, l'alun, le bleu de Prusse, etc., etc. En teinture, la potasse entre dans une foule d'opérations ; elle est surtout employée dans le blanchiment (voyez ce mot). Cependant, comme la plus grande partie de la potasse du commerce est tirée des pays étrangers, que l'arrivage en est incertain, surtout en temps de guerre, qu'elle est toujours d'un prix assez considérable, on a cherché, et on est parvenu dans un grand nombre de circonstances, à la remplacer par la soude. Voyez ce mot.

POURPRE. Le procédé est le même que pour le rouge de brésil, si ce n'est qu'on mêle au bain de brésil un peu de dissolution d'alun (voyez ROUGE) pour la pourpre des Anciens ou pourpre de Tyr. Voyez TEINTURE (Histoire de la).

Le pourpre résulte souvent d'un mélange de bleu et de rouge. En donnant un pied de bleu clair, un bouillon avec un quart d'alun et deux cinquièmes de tartre, et un bain préparé avec un peu de tartre et un tiers de moins de cochenille que pour l'écarlate, on aura une couleur pourpre aussi brillante que solide.

Sur la soie on fait une belle couleur pourpre en teignant d'abord avec la cochenille, puis en passant l'étoffe dans un bain d'eau froide auquel on a ajouté une petite quantité de bleu de cuve.

POURPRE DE CASSIUS. Lorsqu'on dissout de l'or en lames très-minces dans un mélange d'acide nitrique et d'acide hydro-chlorique, on obtient au bout d'un certain temps une dissolution d'hydro-chlorate d'or, ou un composé d'or oxidé et d'acide hydro-chlorique en dissolution dans l'eau. Cette dissolution, traitée par différens réactifs, donne naissance à des précipités qui varient, et dont plusieurs ont trouvé des applications dans les arts. En versant dans cette dissolution du proto-sulfate de fer, on obtient un précipité brun qui, par le frottement, prend tout l'éclat de l'or, et qui n'est en effet que de l'or extrêmement divisé. Si l'on y verse de l'hydro-chlorate de protoxide d'étain très-concentré, l'or se précipite sous forme métallique. Si la dissolution, au contraire, est étendue d'eau, on aura un précipité pourpre, ou pourpre-rosé si l'hydro-chlorate d'or est en excès, pourpre-violet au contraire si c'est l'hydro-chlorate d'étain qui domine.

Ces précipités servent à faire sur porcelaine tous les roses, tous les violets et toute la dorure.

Il est probable que l'on pourroit appliquer sur les étoffes, au moyen de quelques mordans, les précipités de l'hydro-chlorate d'or, et obtenir ainsi des étoffes dorées qui conserveroient toute leur souplesse.

Dambourney a employé le précipité pourpre de Cassius comme mordant. De la laine ainsi préparée a contracté dans le bain de garance un beau rouge qui jouoit l'écarlate ; dans le bain de Fernambouc, un beau pourpre foncé qui résiste au vinaigre et au savon de feutrage ; dans un bain de peuplier d'Italie, un très beau jaune-doré qui résiste également au vinaigre le plus fort et au savon. Il est fâcheux qu'un tel apprêt soit trop cher pour pouvoir être employé en grand.

POURRITURE. Nom que l'on donne à la cuve où l'on fait tremper et fermenter l'indigo. Voyez ce mot.

POUSSE. Dans les ateliers, on donne ce nom aux cristaux de soude calcinés et réduits en poudre.

PRÉ. Dans les manufactures de toiles peintes, c'est une étendue de terrain, couverte de gazon fin, propre, dépouillée de mauvaises herbes, et sur laquelle on étend les pièces d'étoffe pour les blanchir. Comme il est important, surtout quand le temps est sec, de les arroser fréquemment, il est essentiel d'avoir dans le pré, soit un puits pour en tirer l'eau, soit mieux encore un ruisseau d'eau courante. L'arrosage se fait lorsque l'eau est tout-à-fait dans le voisinage des pièces, avec des pelles creuses ; mais on devra toujours préférer à ce moyen un arrosage avec des arrosoirs terminés par des pommes, ou plutôt encore avec une pompe aspirante et foulante qui, lançant l'eau en gerbes à une certaine hauteur, la laisse retomber en pluie fine ou en rosée.

T 2

On conçoit combien il est essentiel que le pré soit tenu avec la plus grande propreté, surtout lorsqu'il s'agit de blanchir quelques portions de toiles imprimées. C'est pourquoi on fera bien de ne laisser marcher que dans des sentiers tracés exprès, et de mettre le pré sous la surveillance spéciale d'un ouvrier intelligent.

PRÉCIPITÉ. En chimie et dans tous les arts qui mettent en pratique les principes de la chimie, on donne le nom de *précipité* à tout corps qui, après avoir été tenu en suspension ou en dissolution dans un liquide, cesse, par une circonstance quelconque, de pouvoir s'y maintenir ou s'y dissoudre, et se précipite au fond du vase. Dans la préparation de l'indigo, par exemple, la fécule colorante reste d'abord en suspension dans l'eau de la cuve, et ce n'est qu'après un temps plus ou moins long qu'elle tombe au fond du vase, où l'on va la prendre après avoir fait écouler le liquide qui la recouvre. Les résines sont solubles dans l'alcool; le benjoin dissous dans ce liquide n'en trouble point la transparence, mais qu'on y ajoute un peu d'eau, à l'instant même il s'y formera un *précipité* blanc; c'est la résine de benjoin qui tombe au fond du vase, parce que l'alcool l'a abandonnée pour aller se combiner avec l'eau, pour laquelle il a beaucoup plus d'affinité. Que l'on mêle deux sels solubles, tous deux en dissolution bien limpide, et fréquemment il y aura un *précipité*, si par le fait d'une double décomposition, il s'en forme un insoluble. Ainsi, la dissolution de sulfate de soude est limpide, celle d'hydro-chlorate de baryte l'est aussi; mais à l'instant du contact il y a décomposition : l'hydro-chlorate de soude formé reste dans le liquide, mais le sulfate de baryte insoluble se précipite.

Il est très-important d'étudier la théorie des *précipités*, parce qu'en teinture surtout on trouve fréquemment à en faire d'utiles applications. *Voy.* TEINTURE.

PRUNEAU. C'est une nuance qui résulte du mélange du rouge et du noir. Ordinairement, après avoir donné une teinte rougeâtre, on se contente de passer dans un bain noir préparé avec de la dissolution de fer et de la décoction de noix de galle, de sumac, d'écorce d'aune, etc.

PRUNE DE MONSIEUR. C'est un rouge-bleuâtre. On le fait ordinairement avec un engallage, le mordant d'hydro-chloro-nitrate d'étain, et un bain fait avec parties égales de brésil et de campêche. On peut le faire aussi avec un bain de bois d'Inde et de Fernambouc, et une certaine quantité de dissolution d'étain.

PRUNELLIER, PRUNIER ÉPINEUX, ÉPINE NOIRE. *Prunus spinosa*, *Prunella.*
L'écorce de cet arbrisseau très-rameux est astringente; elle contient beaucoup de tannin; aussi a-t-on pu l'employer avec avantage pour la préparation des cuirs, et pourroit-on l'employer également pour donner une bruniture et pour teindre en noir.

La décoction de l'écorce de prunellier dans une lessive alcaline, donne une teinture rouge que l'on emploie dans quelques pays. Avec son suc extrait au moment de la végétation et du sulfate de fer, on fait une encre très-noire.

Berthollet dit « que le jus de prunelle donne » une teinte pâle tirant sur le brun, qui, lavée » plusieurs fois avec le savon et humectée en- » suite d'une dissolution d'alcali, devient d'un » brun plus foncé. En faisant cuire les prunelles, » leur suc devient rouge, et la teinture rouge » qu'il donne au linge se change, quand on le lave » avec le savon, en une couleur bleuâtre qui peu » de durée. »

Dans quelques provinces on se sert du jus de prunelle pour colorer les mauvais vins. Ce moyen, qui ne les rend pas meilleurs, a du moins l'avantage d'être à peu près innocent.

PSEUDO-STRUTHIUM. Nom qu'on a donné à la gaude. *Voyez* ce mot.

PUCE. C'est un rouge-brunâtre. On le fait avec un alunage, un bain de pyrolignate de fer et un garançage. En donnant plus ou moins d'intensité au bain de garance, on obtiendra une couleur qui se rapprochera plus ou moins du rouge.

PURELLE ou PARELLE D'AUVERGNE. Nom que l'on donne à l'orseille que l'on récolte dans ce pays.

PYROLIGNATE DE FER. C'est un sel qui résulte de la combinaison du fer avec l'acide pyrolignique. Cet acide a été nommé ainsi parce qu'on l'extrait du bois à l'aide du feu ou par la distillation (*voyez* ACIDE ACÉTIQUE). L'acide pyrolignique a remplacé avec avantage l'acide sulfurique dans la préparation de la liqueur noire. En effet, il n'a pas comme ce dernier, lorsque quelques-unes de ses parties viennent à être mises à nu, l'inconvénient d'altérer et même de brûler les étoffes. De plus, il conserve aux matières teintes toute la souplesse et le moelleux qu'elles avoient avant la teinture, ce que ne font pas la plupart des autres acides, et surtout les acides minéraux, qui les rendent dures et presque cassantes.

Le pyrolignate de fer se prépare en faisant digérer pendant huit à dix heures, dans une chaudière de fonte médiocrement chauffée, l'acide pyrolignique sur du fer bien rouillé. Lorsque la dissolution a pris une teinte noire bien foncée, on la tire à clair et on la conserve pour l'usage dans des bouteilles de verre ou de grès, ou même dans des tonneaux. *Voyez* NOIR, GRIS, etc.

PYROMÈTRE. *Voyez* INSTRUMENS.

Q

QUERCITRON. C'est à Bancroft que l'on doit la découverte de cette substance tinctoriale. Le quercitron est l'écorce du *quercus nigra*. Il faut avoir grand soin de séparer l'épiderme de l'écorce, parce que cette épiderme donne une couleur brunâtre. L'écorce, avant d'être employée, doit être pulvérisée au moulin. La poudre de quercitron donne autant de matière colorante que huit ou dix parties de gaude et que quatre parties de bois jaune. Elle a de plus l'avantage d'être d'un prix peu élevé.

L'eau enlève facilement au quercitron son principe colorant ; cette décoction se rembrunit par une longue ébullition. Elle est toujours d'un jaune un peu brunâtre. Les alcalis la rendent plus foncée, les acides la rendent plus claire. La dissolution d'alun y détermine un précipité jaune foncé. Par les dissolutions d'étain, le précipité est plus abondant et d'un jaune vif ; avec le sulfate de fer on obtient un précipité olive foncé, et la couleur qui surnage est claire et d'un léger vert-olive.

Le quercitron sert à teindre en jaune la laine, le coton, la soie, etc. Pour la soie on préfère la gaude ; mais, dans l'impression des toiles, le quercitron a une supériorité marquée, parce qu'il ne colore presque pas les fonds blancs si l'on a la précaution de n'employer sa décoction qu'à une température peu élevée.

Ce qui nuit un peu à la beauté du jaune de quercitron, c'est qu'il est constamment mélangé avec une certaine quantité du principe fauve que renferme l'épiderme. On parvient à l'en débarrasser en recourant au procédé que Chaptal a indiqué pour le bois jaune. *Voyez* ce mot.

QUISQUILIE. Arbrisseau qui porte la graine de l'écarlate.

R

RABAT. Dans les ateliers de teinture, on donne ce nom à une légère façon donnée à des étoffes de peu de valeur. On nomme également *rabat* l'opération que l'on fait subir à une étoffe pour diminuer la vivacité de ses couleurs.

RABLE. C'est l'instrument dont on se sert dans les ateliers pour *pallier* ou remuer les cuves ou les bains.

RACINAGE. Dans la teinture en noir des draps, le racinage est l'action de plonger l'étoffe dans un bain, soit de brou de noix, soit de racine de noyer, où elle prend une teinte qui remplace le pied de bleu *pers*.

RACINES. Plusieurs végétaux, indépendamment du principe colorant que donnent leur écorce ou leurs brindilles, en contiennent également un dans leurs racines. Ainsi quand la garance produit le beau rouge des Indes, ce sont les racines qui renferment le principe colorant ; ainsi dans le noyer, dont l'écorce peut servir à faire des fauves et des brunitures, les racines sont plus riches en couleur et plus astringentes. Il est donc essentiel, lorsqu'on fait des essais nouveaux, de ne pas s'en tenir à l'écorce ou au bois du végétal, mais d'expérimenter aussi ses racines.

RAFRAICHIR. Rafraîchir un bain, c'est, au moment où l'on va y plonger l'étoffe, y ajouter un peu d'eau froide pour en baisser la température. C'est quelquefois aussi y ajouter un peu des ingrédiens qui entrent dans sa composition, afin d'en augmenter l'action et d'en prolonger l'effet.

RAMENDER. Dans les ateliers de teinture, on dit *ramender* une étoffe, pour dire la remettre à la teinture lorsqu'elle a été jugée défectueuse.

RAMROURRAGE. C'est l'apprêt que l'on donne aux laines de diverses couleurs mêlées ensemble, qui servent à fabriquer des draps mélangés.

REBOUILLAGE ou *Cuite*. Dans le décreusage de la soie destinée au blanc ou aux couleurs claires, on pratique ordinairement deux opérations, l'une que l'on nomme *dégommage*, et qui consiste à faire bouillir la soie pendant un quart d'heure avec trente pour cent de savon ; l'autre, qui est le *rebouillage*, et qui consiste à la faire bouillir de nouveau avec la même quantité de savon, mais pendant quatre heures. Cette seconde opération nuit constamment à la solidité de la soie, et Roard a constaté qu'il y avoit avantage à se borner à une seule cuite d'une heure avec une quantité d'eau équivalant à quinze fois le poids de la soie, et une proportion de savon qui varie suivant la nuance que l'on veut donner. Seulement il conseille de plonger les soies dans le bain une demi-heure avant qu'il ne bouille, et de les retourner souvent.

REBUTÉE. On dit qu'une cuve est *rebutée* lorsqu'elle contient trop de chaux et que la fermentation s'y arrête. Cette maladie se guérit ordinairement en y plaçant un sac rempli de son, qui ranime la fermentation. *Voyez* BLEU DE CUVE.

RÉCHAUD. Donner un *réchaud* à un bain, c'est le réchauffer. Dans la conduite des cuves de bleu, le *réchaud* se fait en transvasant dans la chaudière les deux tiers du bain environ, les portant à 75 degrés, et les faisant alors repasser dans la cuve.

RECRUTER. Recruter un bain, c'est, après s'en être servi, y ajouter une certaine quantité des matières qui entrent dans sa composition.

REDOUL. Le *redoul*, *coriaria*, est un genre de plantes qui renferme des arbrisseaux à tiges quadrangulaires, et dont on distingue trois espèces :
Le redoul *à feuilles de myrte*, qui a les feuilles ovales, oblongues. Il croît abondamment dans les parties méridionales de l'Europe. Ses feuilles réduites en poudre, sont très-employées dans la teinture des étoffes et dans le tannage des cuirs. Elles sont de beaucoup préférées au sumac avec lequel on les confond souvent, et on en fait par cette raison un commerce de quelqu'importance dans le midi de la France ; elles servent dans le Levant à teindre les maroquins en noir.
Le redoul *à feuilles de fragon*, qui a les feuilles en cœur, ovales. Il se trouve dans le Pérou, où on le connoît sous le nom de *deu*, et où on l'emploie à teindre en noir.
Le redoul *sarmenteux*, qui a les feuilles semblables à celles du précédent, mais dont les tiges sont couchées. Il se trouve en Egypte et en Arabie, où on l'emploie aux mêmes usages que celui d'Europe.

REJETS. Dans la teinture en bleu de cuve, on dit donner à une étoffe un ou deux *rejets*, quand, après la première immersion, on la plonge une ou deux fois dans le bain colorant, afin de foncer la nuance.

RENOUÉE. *Polygonum aviculare*. Dambourney a fait plusieurs expériences sur cette plante. Il résulte de ses travaux que la laine préparée avec le mordant d'étain a pris dans un bain de renouée, après un long bouillon, une teinte jolie et solide de nankin très-rosé.
On lit dans la *Flore du Japon* de Rhumberg, le passage suivant : Les *Polygonum sinense, barbatum*

et aviculare, teignent en bleu comme l'indigo ; leurs feuilles séchées et pilées, sont moulées en gâteau, conservées sous cette forme, et vendues pour teindre la soie et le coton.
D'après ces renseignemens, Dambourney a essayé de monter avec la renouée des cuves en bleu comme celles du pastel, mais ses essais ont été infructueux ; la plante n'a point fermenté, et la masse corrompue a exhalé une odeur insupportable.

RENTRAGE. Dans l'impression des toiles, c'est l'action d'imprimer avec les rentrures.

RENTRURES. On donne ce nom à des planches gravées qui servent à porter quelques mordans pour l'impression des toiles, et dont les dessins ou les parties saillantes rentrent dans le carré déjà couvert d'un autre mordant.

REPOSOIR. C'est le nom qu'on donne à la troisième cuve dans la préparation de l'indigo. *Voyez* ce mot.

RÉSERVE. Dans l'impression des toiles (*voyez* ce mot), on donne ce nom à une préparation que l'on applique sur quelques parties de l'étoffe, pour les préserver de l'action du bain colorant et les faire rester blanches, pour leur donner plus tard une autre teinte que celle que la pièce a prise dans le bain. La réserve se fait le plus souvent avec un mélange de sulfate de cuivre, de vert de gris, d'alun et de gomme arabique, que l'on épaissit avec la terre de pipe bien tamisée.
La réserve s'imprime comme les mordans ou les couleurs d'application, seulement la planche ou le cylindre doit être pressé plus légèrement.
Dans quelques circonstances, et surtout dans l'impression des tapis, afin de réserver sur l'étoffe des parties tout-à-fait blanches, on emploie une réserve particulière, que l'on a nommée *réserve rongeante*, et qui se fait ainsi : On fait fondre ensemble de l'axonge de porc et de l'arcanson ; quand le mélange est refroidi, on le délaie avec de l'essence de térébenthine, et on y ajoute du surarséniate de potasse et un peu de sublimé corrosif en poudre ; on mélange avec soin, on broie à la molette, et on imprime comme pour les mordans et les couleurs d'application. Avec cette réserve on peut passer une étoffe dans une forte cuve de bleu, dans un bain de garance, dans un bain de gaude, donner plusieurs lavages entre chacune de ces immersions, et cependant réserver sur l'étoffe des places ou des dessins qui reprennent sur le pré un blanc parfait.

REVIQUER. Passer à la foule, ou simplement à la rivière, les étoffes teintes pour les dégorger.

REVIQUEUR. On donne ce nom dans les fouleries à l'ouvrier chargé de reviquer les étoffes teintes.

RHODIUM. *Voyez* OXIDES MÉTALLIQUES.

ROBAGE. Nom qu'on donne à une falsification de l'indigo. *Voyez* ce mot.

ROCHETTE. Espèce de soude que l'on tire du Levant.

ROCOU ou ROUCOU. C'est une pâte sèche, assez dure, brunâtre au dehors et rouge dans l'intérieur. On la trouve dans le commerce, en pains qui sont enveloppés avec de larges feuilles de roseaux. Ces pains arrivent dans des tonneaux.

Le rocou est une pulpe colorante qui entoure les graines du *rocouyer*, *bixa orellana*. Cet arbre croît dans les régions chaudes de l'Amérique et de l'Inde, et notamment à Cayenne. Voici de quelle manière on recueille ce principe colorant.

Lorsque les fruits ou siliques sont mûrs, on en retire les graines, on les pile et on les transporte dans une cuve qu'on appelle *trempoire* : là on les délaie avec une quantité d'eau suffisante pour qu'elles en soient entièrement recouvertes ; on abandonne ensuite la matière à elle-même pendant plusieurs semaines et même pendant plusieurs mois, puis on l'exprime dans des tamis placés au-dessus de la trempoire, pour que l'eau qui tient la couleur en suspension puisse y retomber. Le résidu est conservé sous des feuilles de bananier, jusqu'à ce qu'il s'échauffe par la fermentation ; alors on le trempe de nouveau, on le repasse au tamis, et l'on continue successivement les mêmes opérations jusqu'à ce qu'il ne contienne plus de principe colorant.

L'eau chargée de couleur est évaporée lentement ; l'extrait qui reste au fond du vase est loin d'être pur la première fois : il faut le délayer de nouveau et le repasser au tamis, afin d'en séparer les débris de graines qui peuvent y être restés. On laisse évaporer de nouveau, on décante, puis l'extrait mou est placé dans des chaudières où on le fait bouillir jusqu'à ce qu'il y prenne la consistance de pâte ferme. C'est alors qu'on le moule en pains et qu'on achève de le faire sécher à l'ombre.

On voit combien ce procédé est long et compliqué. Il n'est pas non plus sans danger, à cause des miasmes qui se dégagent pendant la putréfaction des graines. Aussi Leblond, qui a étudié la préparation du rocou, a-t-il proposé un autre moyen beaucoup plus simple. Selon lui, il suffit de laver les graines jusqu'à ce qu'elles soient entièrement dépouillées de la couleur qui est toute à leur surface, de précipiter la matière colorante par le vinaigre ou le jus de citron, et de faire sécher l'extrait dans des sacs pour obtenir un rocou d'excellente qualité. Ce procédé, exécuté

par Vauquelin sur des graines rapportées par Leblond, a parfaitement réussi, et le rocou ainsi préparé contenoit quatre fois plus de principe colorant que celui du commerce, étoit plus facile à employer, exigeoit moins de dissolvans, moins d'embarras dans la chaudière, et fournissoit une couleur plus pure.

La décoction aqueuse de rocou a une odeur particulière et une saveur désagréable ; elle est d'un rouge-jaunâtre et toujours un peu trouble. Une dissolution alcaline la rend jaune-orangée plus claire et plus agréable. Il s'en sépare une petite quantité de substance blanchâtre qui reste suspendue dans la liqueur. Le rocou se dissout mieux dans l'eau qui contient un peu d'alcali, et la liqueur prend alors une couleur orangée. Cette liqueur donne par les acides un précipité de couleur orangée, soluble dans l'alcali, et qui devient orangé foncé. La liqueur qui surnage n'a plus qu'une couleur jaune-pâle.

La décoction de rocou n'est point changée par le chlorure de soude et l'hydro-chlorate d'ammoniaque.

La dissolution d'alun donne naissance à un précipité abondant de couleur orangée foncée. La couleur qui surnage a une assez jolie nuance de citron verdâtre.

Le sulfate de fer forme un précipité d'un brun-orangé. La liqueur est d'un jaune très-pâle.

Le sulfate de cuivre donne un précipité d'un brun-jaunâtre plus clair que le précédent. La liqueur reste jaune-verdâtre.

La dissolution d'étain produit un précipité jaune-citron qui se dépose lentement.

Pour la teinture, la décoction de rocou se prépare de la manière suivante : On coupe le rocou en morceaux, on le fait bouillir pendant un quart d'heure avec les trois quarts de son poids, et même son poids entier de bonne potasse du commerce ; cette décoction peut se conserver long-temps sans s'altérer.

La couleur du rocou est peu solide, et on ne l'emploie guère que pour teindre les soies. *Voyez* JAUNE.

Comme le rocou est très-soluble dans l'alcool, on s'en sert pour colorer plusieurs vernis.

Le meilleur rocou est celui que l'on tire de Cayenne. On doit choisir dans le commerce celui qui est d'une couleur de feu, plus vif en dedans qu'en dehors et doux au toucher. Le rocou qui a été séché au soleil est noir et contient moins de principe colorant ; le rocou d'un rouge pâle est constamment altéré ; c'est celui qu'on a fait mal sécher et qui a moisi. On reconnoît que le rocou est falsifié quand il ne se dissout pas totalement dans l'eau.

RONGEANS. Dans l'impression des toiles, on donne ce nom à certains corps dont on se sert, soit pour enlever quelques portions des mordans appliqués sur l'étoffe, soit pour modifier, changer ou virer les couleurs déjà appliquées.

Les premiers se nomment *rongeans blancs*, parce qu'en détruisant la partie des mordans sur laquelle on les applique, ils empêchent cette partie de se combiner avec la couleur, et la font rester blanche.

Les seconds ont reçu le nom de *mordans jaunes*, parce qu'en général ils sont destinés à faire virer au jaune la couleur primitive.

Les rongeans sont pris, ou dans la classe des acides : tels sont l'acide sulfurique, l'acide nitrique, l'acide hydro-chlorique, l'acide hydro-chloronitrique, l'acide citrique, l'acide tartarique, l'acide oxalique, etc. ; ou dans la classe des sels, tels que les hydro-chlorates d'étain, de potasse, le sur-arséniate de potasse, etc. etc.

Les rongeans comme les mordans, et les couleurs qui servent à l'impression des toiles, doivent être épaissis avec la gomme arabique, la gomme adragante, l'amidon, etc.

En général, aussitôt qu'on a fait l'application d'un rongeant, il faut se hâter de porter l'étoffe à la rivière et la laver avec soin pour empêcher qu'elle ne soit altérée par la partie acide du rongeant.

ROSAGE. Dans la teinture du coton en rouge des Indes ou d'Andrinople, le rosage est une opération au moyen de laquelle on donne à la couleur plus d'éclat et de vivacité ; cette opération a été découverte par les teinturiers de Rouen ; elle se pratique le plus souvent en faisant bouillir le coton pendant quatre ou cinq heures et à petit feu, dans une solution de savon blanc, à laquelle on ajoute de l'hydro-chlorate d'étain et une certaine quantité d'acide nitrique à 36 degrés. Quelques chimistes, et Vitalis entr'autres, pensent que, dans cette opération, le savon et le sel d'étain se décomposent réciproquement, que l'acide hydro-chlorique et l'acide nitrique s'emparent de la soude, que l'huile isolée s'unit à l'oxide d'étain pour former un savon métallique acide, et qu'enfin c'est ce savon qui donne au rouge son brillant et sa vivacité.

ROSE. Cette couleur, qui n'est qu'un rouge clair, peut se faire avec la plupart des substances qui servent à teindre en rouge. On fait un beau rose sur coton en suivant une marche analogue à celle que l'on suit pour faire le rouge *cerise* de garance ; ainsi il faut donner :

1°. Un débouilli ;
2°. Un bain de fiente ;
3°. Trois bains blancs ;
4°. Un sel à 2 degrés ;
5°. Un dégraissage soigné ;
6°. Un engallage ;
7°. Un alunage ;
8°. Un lavage d'alun soigné ;

9°. Un garançage avec la garance de Smyrne ou de Chypre ;
10°. Un avivage ;
11°. Un rosage.

L'eau de javelle convient ici très-bien pour l'avivage. Quant au rosage, il faut y forcer un peu la proportion d'acide sulfurique. Enfin, il est bon de donner des apprêts huileux, des mordans et des bains de teinture moins chargés que pour le rouge ou le cerise.

Avec la cochenille on fait un beau rose sur laine, en se servant comme bouillon de la rougie qui a été employée pour faire le cerise, et faisant ensuite une rougie avec un peu de tartre, autant de dissolution d'étain, et une très-petite quantité de cochenille. Ce rose devient un peu plus foncé, si, immédiatement après la teinture, le drap est passé dans l'eau chaude.

Avec le bois de Brésil, on fait sur laine un rose solide en donnant un alunage avec un quart d'alun, et passant successivement dans des bains foibles de brésil auxquels on a ajouté une légère dissolution d'étain.

Avec le même bois on peut teindre le coton en rose pur :

1°. Un alunage ;
2°. Un lavage d'alun,
3°. Un mordant de dissolution d'étain à 2 degrés ;
4°. Un lavage du mordant ;
5°. Un ou deux bains très-foibles de bois de Brésil.

Le carthame donne sur soie, lin et coton, les roses les plus délicats et les plus recherchés. Il faut que le lin et le coton aient été bien blanchis ; la soie crue se teint mieux dans le carthame que la soie cuite. On emploie pour faire les roses, les bains de troisième coulage, c'est-à-dire l'eau que l'on a jetée sur le marc du deuxième coulage. On avive en passant dans un bain un peu plus fort que celui qui a servi à la teinture. Dès que les matières sont teintes, il faut les laver légèrement et les sécher à l'ombre.

Les roses de carthame sont très-jolis, très-recherchés, mais peu solides.

ROUENNERIES. C'est le nom qu'on donne à des toiles de couleur, imprimées ou tissées, remarquables par leur éclat et leur solidité, et qui nous viennent en grande partie des diverses fabriques qui existent à Rouen, ou qui avoisinent cette ville.

ROUGE. Le rouge est une couleur simple. Elle est recherchée également par tous les peuples, quel que soit d'ailleurs leur degré de civilisation. Les peuplades les plus sauvages aiment passionnément cette couleur, et le rouge et la pourpre étoient et sont encore, dans plusieurs pays, l'attribut

tribut de la puissance, l'emblême des hautes dignités.

On a dû faire de nombreuses expériences, des tentatives répétées, pour obtenir des matières qui pussent procurer cette couleur; ces essais n'ont pas été infructueux, et la teinture possède aujourd'hui un grand nombre de substances au moyen desquelles on peut teindre en rouge la soie, la laine, le lin, le chanvre et le coton.

Parmi les matières colorantes rouges, les principales sont: la garance, la cochenille, la laque naturelle, les laques artificielles, le kermès, l'orseille, le bois de brésil, le carthame, etc. *Voyez* ces mots pour leur histoire, leur culture et leurs caractères distinctifs.

A. *Rouge de garance.*

Il paroît que la garance renferme, comme beaucoup d'autres matières, deux principes colorans; l'un rouge et l'autre fauve. Plusieurs procédés ont été mis en usage pour les séparer et ne fixer sur les étoffes qne la couleur rouge. Il résulte des expériences faites que le principe fauve est plus soluble dans l'eau que le principe rouge, d'où il suit qu'il n'y a point d'avantage à trop concentrer un bain de garance, parce qu'alors, loin d'ajouter à l'éclat de la couleur, on ne fait qu'augmenter, à cause de sa grande solubilité, la proportion du principe fauve, qui, agissant comme une brunure, change la nuance et la fait tourner au brun.

Une autre observation qui a été faite, c'est que, lorsque la décoction de garance est faite au contact avec l'air atmosphérique, le principe rouge enlève à l'air une quantité assez considérable d'oxigène, se condense, perd encore de sa solubilité, vient former à la surface du vase des pellicules brunâtres qui ne se redissolvent que difficilement, et foncent la couleur. Il faut donc autant que possible couvrir les vases dans lesquels on fait la décoction de garance. D'un autre côté, l'ébullition sans le contact de l'air n'est pas non plus sans inconvénient. Elle paroit diminuer la solubilité. Il reste à faire ici quelques recherches intéressantes.

Roard dit qu'en traitant la garance d'abord par de l'eau chargée de sous-carbonate de soude, on en sépare la matière colorante fauve, et traitant ensuite le bain avec une dissolution d'hydro-chlorate d'étain et de crême de tartre, on peut y teindre en très-beau rouge, non-seulement la laine, mais encore la soie que l'on a préalablement alunée.

§ Ier. *Teinture sur laine.*

De tous les rouges sur laine, celui de garance est le plus solide. Voici le procédé que l'on suit le plus généralement:

D'abord on donne à l'étoffe deux heures de bouillon avec un quart de son poids d'alun et un seizième de son poids de tartre.

On prépare un bain frais en ajoutant à de l'eau à 36 ou 40 degrés un tiers du poids de l'étoffe de bonne garance *grappe*, et un 24e de dissolution

d'étain étendue de son poids d'eau. Après avoir agité ce bain, on y abat la laine, et on l'y maintient pendant une heure, en augmentant graduellement la température, qui doit monter dans cet intervalle à 75 degrés. On fait bouillir ensuite pendant trois ou quatre minutes seulement.

Le rouge ainsi obtenu n'est jamais aussi beau que ceux de kermès, de laque, de cochenille, etc.; mais comme il revient à bon marché, on l'emploie fréquemment, surtout pour les étoffes communes. On rose quelquefois le rouge de garance avec l'orseille ou le brésil. Il devient alors plus beau et plus velouté, mais cet éclat emprunté disparoît promptement.

C'est vainement qu'on a cherché à employer la garance pour teindre la soie en rouge. Malgré les travaux de Lafolie, de Scheffer et de Guhliche, Berthollet a démontré par de nombreuses expériences que ce principe colorant ne pouvoit donner sur la soie que des teintes sans éclat.

§ II. *Teinture sur coton.*

1°. *Rouge de garance.*

Après un engallage avec trois à quatre onces de galle par livre de coton, on donne deux alunages, soit avec l'alun ordinaire, soit mieux encore avec une dissolution chaude d'acétate d'alumine, à 5 ou 6 degrés de l'aréomètre; puis on passe à la teinture. Le bain colorant se prépare ainsi: Lorsque l'eau est tiède, on y distribue la garance, ordinairement 12 onces de garance de Provence par livre de coton; on agite avec un bâton et l'on y plonge les mateaux disposés sur des lisoirs. Les différentes parties des mateaux sont successivement trempées et agitées dans le bain, dont on élève graduellement la température de manière à ce qu'il ne commence à bouillir qu'au bout d'une heure environ; alors les lisoirs sont enlevés; on laisse tomber entièrement les mateaux dans le bain, et on soutient le bouillon pendant dix ou douze minutes; on laisse refroidir, on lave, on donne un second bain semblable au premier, on relève, on égoutte, on tord, on lave à la rivière, on tord à la cheville et l'on fait sécher. On peut aviver cette couleur en agitant les mateaux pendant quelques minutes dans un bain de savon très-chaud.

Vogler, qui a fait un grand nombre d'expériences, a reconnu que parmi les substances employées comme mordans, celles qui produisoient le meilleur effet étoient la colle-forte, le fiel de bœuf, le crottin de mouton et d'autres substances animales; que le muriate de soude a rendu la couleur plus solide mais plus sombre; que la galle, le sumac, l'écorce de grenade, etc., rendent la couleur plus nourrie; que la potasse et la soude, que le tartre en petite quantité unis à l'alun, rendent la couleur plus brillante; que l'excès de tartre et les acides font passer la couleur au jaune.....

Aujourd'hui, le rouge de garance sur coton

V

n'est pas employé à Rouen. Autrefois on y suivoit le procédé suivant, qu'a décrit Lepileur-d'Apligny :

1°. Décreusage ;

2°. Engallage avec un quart de galle ;

3°. Alunage avec un quart d'alun de Rome et un vingtième de dissolution de soude à 5 degrés de l'aréomètre ;

4°. Tordage à la cheville et séchage ;

5°. Garançage avec deux tiers de garance-grappe de Hollande ;

6°. Relevage, égoutage, tordage, lavage à la rivière, tordage à la cheville et séchage ;

7°. Garançage avec moitié de garance (quarante-huit heures après) ;

8°. Refroidissement, lavage, tordage, séchage.

Lepileur-d'Apligny conseille de donner deux alunages et un seul bain ; il assure que ce procédé est économique et donne des résultats aussi avantageux.

Ce rouge s'avive ordinairement en plongeant le coton dans une lessive très-légère, relevant, tordant et faisant sécher.

Wilson conseille d'employer comme mordant l'acétate d'alumine. Voici la marche qu'il indique :

1°. Engallage ;

2°. Séchage ;

3°. Application du mordant étendu d'eau chaude ;

4°. Séchage ;

5°. Garançage ;

6°. Lavage ;

7°. Séchage.

Ces divers procédés peuvent être employés également pour les fils de lin et de chanvre qui ont été préalablement amenés à un demi-blanc, seulement il faut un peu forcer le mordant et augmenter l'intensité de la couleur.

2°. *Rouge d'Andrinople, des Indes ou de Turquie.*

Cette couleur est à la fois solide et brillante ; les noms qu'on lui a donnés indiquent assez qu'elle a pris son origine dans l'Inde, et qu'elle a été long-temps exécutée dans le Levant. C'étoit effectivement pendant long-temps de ce pays que la France et les autres contrées de l'Europe tiroient les fils teints en rouge pour les besoins de leurs fabriques ; mais en 1747, Fesquet, Gondart et d'Haristoy firent venir en France des teinturiers grecs, et formèrent deux établissemens, l'un à Darnetal, près Rouen, et l'autre à Aubenas, en Languedoc. En 1756, Flachat, qui avoit séjourné long temps dans l'empire ottoman, en amena des ouvriers et forma une troisième manufacture de cotons en rouge à Saint-Chamont, près de Lyon. Le secret ne tarda pas à être connu. D'autres teinturiers essayèrent de faire le rouge d'Andrinople ; d'abord ils firent moins bien, puis aussi bien, puis enfin mieux même que les ouvriers qu'on avoit amenés ou fait venir du Levant. En 1765, le gouvernement publia le procédé. Dès-

lors tous les teinturiers purent le mettre à exécution ; mais c'est à Rouen surtout qu'il a été amélioré et qu'il a atteint un degré de perfection tel, surtout par le *rosage*, qu'il est difficile de penser qu'on puisse jamais faire mieux.

Le procédé pour obtenir le rouge d'Andrinople est long et compliqué. Voici la série d'opérations auxquelles le coton doit être soumis pour arriver à cette belle couleur.

Première opération.

Décreusage. Il faut faire bouillir le coton pendant cinq ou six heures dans une lessive de soude à 1 degré de l'aréomètre. On ajoute ordinairement à ce premier bain ce qui reste des eaux du dégraissage ou de l'apprêt blanc, et que l'on nomme *sickiou.* On emploie en général 600 litres de liquide pour 50 kilogrammes de coton ; on reconnoît que le coton est bien décreusé quand il s'enfonce de lui-même ; alors on le relève, on l'égoutte, on le lave par pente à la rivière, on le tord, on l'étend et on le fait sécher.

Deuxième opération.

Bain de fiente ou bain bis. La fiente que l'on emploie est celle du mouton, parce qu'elle contient de l'alumine et une matière animale particulière. Il faut 25 à 30 livres de crotin pour 100 livres de coton. Lorsque le crotin a trempé pendant quelques jours dans une lessive de soude à 8 ou 10 degrés, on le place dans une bassine de cuivre dont le fond est criblé de trous ; là, on l'écrase avec la main, et on le délaie en même temps avec 500 litres de lessive moins forte. Le tout est versé dans un baquet où l'on a préalablement versé 5 ou 6 livres d'huile d'olive de Provence, et l'on remue constamment avec un main jusqu'à ce que la liqueur soit parfaitement homogène, ce que l'on reconnoît lorsque la couleur du bain est entièrement identique sur tous les points.

C'est alors seulement qu'il faut y passer le coton, et voici comment on procède : Après avoir rempli du bain une terrine maçonnée à hauteur convenable, l'ouvrier prend les mateaux les uns après les autres, les plonge dans le bain, les foule bien avec le poignet, les lève à plusieurs reprises en les tournant dans la terrine, les suspend à l'espart, les tord légèrement à la cheville et les jette successivement sur une table. Là, un autre ouvrier, prenant un mateau de chaque main, les bat sur cette table pour en étendre les fils ; il doit les changer trois fois de côté ; ensuite il fait un petit tors pour former une tête au mateau, et il le couche sur la table. Il ne faut pas mettre plus de trois mateaux l'un sur l'autre, parce que la charge trop forte feroit couler le bain des mateaux de dessous. Le coton reste ordinairement sur la table pendant dix ou douze heures ; on l'étend ensuite sur des perches, et on le retourne fréquemment. Enfin, on achève la dessication en le portant dans une étuve chauffée à 50 degrés de Réaumur.

Ce qui reste du bain de fiente se nomme *avances*, et peut s'ajouter au bain suivant.

On peut donner au coton deux et même trois bains de fiente, suivant l'intensité de la couleur qu'on veut obtenir.

Lorsque le coton a reçu le bain de fiente, il faut éviter de le laisser long-temps entassé, parce qu'alors il pourroit bien s'enflammer.

Troisième opération.

Bain d'huile ou bain blanc. Sur six livres d'huile d'olive, on verse ordinairement 50 litres d'eau de soude à 1 degré. On rable avec soin; on transvase plusieurs fois pour rendre le mélange plus complet, et enfin, lorsque la liqueur est bien homogène, c'est-à-dire que la soude est tellement combinée à l'huile, que pendant cinq ou six heures elle ne remonte plus à la surface, on y passe le coton, mateau par mateau, et en le foulant comme dans l'opération précédente. Chaque fois qu'un mateau est passé et tordu, on le jette sur la table, où il est de suite *crépé*, c'est-à-dire battu avec soin. Il reste sur cette table pendant dix ou douze heures. On le porte ensuite à l'étendage et à la sécherie.

Le bain blanc peut se répéter deux, trois et même quatre fois, suivant l'intensité de la couleur qu'on veut obtenir.

Quatrième opération.

Premier sel. On ajoute à ce qui reste du bain blanc, reste que l'on nomme aussi *avances*, une assez grande quantité d'eau de soude pour que la liqueur marque 3 degrés à l'aréomètre, et l'on y passe le coton comme dans les opérations précédentes.

Cinquième opération.

Deuxième sel. C'est une lessive de soude à 4 degrés, dans laquelle on passe le coton avec les précautions précédemment indiquées.

Sixième opération.

Troisième sel. Même opération que les précédentes, si ce n'est que la soude doit marquer 5 degrés.

Septième opération.

Quatrième sel. Répétition des opérations précédentes: la soude à 6 degrés.

Après cette dernière immersion, le coton est placé sur des perches et porté à l'étendage.

Depuis quelque temps, on a reconnu qu'un ou deux sels suffisent, et qu'on peut se dispenser sans inconvénient des deux ou trois autres.

Huitième opération.

Dégraissage. Après avoir fait tremper le coton pendant cinq ou six heures dans une dissolution tiède de soude, à 1 degré au plus de l'aréomètre, on le retire, on le met égoutter sur un *barc*, on l'asperge d'eau à plusieurs reprises. Au bout d'une heure, on le lave par pente afin de bien le débarrasser de l'huile non combinée, précaution indispensable si l'on veut qu'il prenne bien la galle; on le tord à la cheville et on le fait bien sécher. Le coton alors doit être d'un beau blanc.

Neuvième opération.

Engallage. On doit choisir de la bonne noix de galle en sorte concassée, on en prend 25 livres pour 100 livres de coton, et on la fait cuire dans 100 litres d'eau jusqu'à ce qu'elle s'écrase facilement entre les doigts: alors on ajoute à la chaudière 50 litres d'eau froide, et on passe la liqueur dans un tamis de crin bien serré, en pétrissant le marc avec les mains pour en extraire toute la partie résineuse. On procède ensuite à l'engallage, c'est-à-dire que l'on passe le coton mateau par mateau, et en le foulant bien avec les poignets, dans cette décoction, que l'on maintient à une température de 40 degrés environ. On tord à la cheville, et l'on porte sur-le-champ à l'étendage à l'air libre si le temps est beau, sous des hangards si le temps est humide ou pluvieux. Il faut retourner les mateaux fréquemment, afin que la dessication soit bien égale.

On peut engaller deux fois avec la même quantité de galle et en faisant sécher entre les deux engallages; on obtient ainsi une couleur plus pleine et plus unie.

Dans quelques circonstances, soit par économie, soit avec une autre intention, on remplace une partie de la galle par du sumac. On obtient alors un rouge un peu plus foncé.

Dixième opération.

Alunage. Il faut employer de l'alun bien pur. Autrefois on ne se servoit que de l'alun de Rome. Aujourd'hui l'alun de nos fabriques vaut au moins celui que l'on tire d'Italie. La plus petite partie d'un sel ferrugineux, dans l'alun, suffiroit pour donner au rouge de garance une teinte lie de vin. On reconnoît que l'alun est parfaitement pur si quelques gouttes de prussiate de potasse n'y déterminent en quelques heures aucune précipité bleu: il faut de plus ajouter à l'eau d'alun une certaine quantité de soude, afin de saturer l'acide que ce sel contient toujours en excès.

L'alun étant dissous dans 100 litres d'eau de

rivière à chaud, mais sans bouillir, on y verse peu à peu, pour éviter l'effervescence, une solution faite avec une livre et demie ou une livre trois quarts de soude du commerce. Lorsque le bain d'alun est saturé de soude, et qu'il n'est plus que tiède, on y passe le coton avec les précautions indiquées, et on le fait sécher aussi également que possible.

Les teinturiers qui engallent deux fois sont dans l'usage de donner aussi deux alunages.

Onzième opération.

Lavage d'alun. On fait tremper le coton dans l'eau pendant quelques heures, on le met égoutter sur un barc où on l'asperge de temps en temps ; on lave ensuite trois fois chaque mateau en eau courante ; on tord à la cheville et on fait sécher à l'ordinaire.

Douzième opération.

Garançage. Cette opération est une des plus délicates, et qui demande le plus de précautions. Aujourd'hui on ne teint plus guère que 50 et même 25 livres de coton à la fois. Pour 25 livres on met dans une grande chaudière 400 litres d'eau et 25 litres de sang de bœuf ou de mouton que l'on mêle bien. Lorsque l'eau commence à bouillir, on y ajoute 50 livres de garance que l'on délaie avec soin ; puis de suite on y plonge le coton suspendu aux lisoirs, on agite, on retourne les mateaux, et l'on continue ainsi pendant une heure ou cinq quarts d'heure, jusqu'à ce que le bain soit arrivé au bouillon. Les mateaux sont suspendus alors avec des ficelles et plongés en entier dans la chaudière. On élève la température et l'on fait bouillir pendant trois quarts d'heure environ. On reconnoît que le coton a absorbé toute la matière colorante, lorsque la chaudière se recouvre d'une écume blanchâtre. On retire, on laisse égoutter et refroidir ; on lave à la rivière pente à pente jusqu'à ce que l'eau sorte claire.

En teignant en deux fois avec la même quantité de garance, et lavant seulement entre les deux opérations, on obtient ordinairement une couleur plus unie.

Pour les teintes ordinaires, on emploie sans inconvénient la garance de Provence seule ; mais pour obtenir des nuances fines et rosées, on préfère un mélange à parties égales de garance de Provence et de garance de Smyrne ou de Chypre, ou même de deux parties de garance de Provence et d'une seule partie des deux dernières.

Treizième opération.

Avivage. Cette opération peut s'exécuter de plusieurs manières :

1°. On fait bouillir à petit feu le coton garancé dans ce qui reste du dernier bain blanc, auquel on ajoute 5 ou 6 livres de savon blanc de Mar-

seille, et assez d'eau pour former un total d'environ 600 litres. La chaudière est bouchée hermétiquement, à l'exception d'une soupape pour donner issue à la vapeur. Cette méthode est à peu près abandonnée.

2°. On passe le coton dans un bain blanc ordinaire, et lorsqu'il est sec, on le fait bouillir à petit feu dans un autre bain qui contient de 6 à 8 livres de savon.

3°. On fait bouillir le coton garancé, toujours à petit feu, dans 600 litres d'eau de soude à 2 degrés, auxquels on a ajouté 4 ou 5 livres d'huile d'olive et 6 livres de savon blanc de Marseille.

Dans tous les cas, lorsque le savon est bien avivé, c'est-à-dire lorsqu'il a perdu sa teinte brune et sombre, on laisse refroidir la chaudière, on lève le coton, on l'exprime, on le lave bien à la rivière, on le tord à la cheville ; et sans le faire sécher on le porte au rosage.

Quatorzième opération.

Rosage. On met environ 600 litres d'eau dans la chaudière, et l'on y fait dissoudre de 16 à 18 livres de savon blanc ; dès que le liquide a jeté quelques bouillons, on y verse peu à peu une dissolution faite avec deux litres d'eau tiède, une livre et demie de sel d'étain et 6 à 8 onces d'acide nitrique à 20 degrés. On râble avec soin ; on plonge le coton en gros paquets, on ferme la chaudière, et l'on continue à faire bouillir à petit feu, jusqu'à ce qu'un échantillon exprimé de ce bain ait montré un beau vif. On lève le coton, on le lave encore chaud, on le fait sécher, et tout est terminé.

Ce procédé n'est pas toujours exécuté de la même manière. Il en est une autre plus compliquée, dans laquelle le coton, après avoir reçu une première fois les apprêts huileux, l'engallage et l'alunage, repasse une seconde fois par ces mêmes opérations avant d'être soumis au garançage. C'est ce qu'on appelle *remonter en galle* ; c'est ce qu'on nomme aussi *marche en jaune*, à cause de la couleur que prend le coton avant d'être garancé. Le procédé indiqué plus haut se nomme *marche en gris*.

Voici la différence qui existe entre ces deux marches :

Marche en gris.	Marche en jaune.
Débouilli.	Débouilli.
Bains de fiente.	Bains de fiente.
Bains blancs.	Bains blancs.
Sels.	Sels.
Dégraissage.	Dégraissage.
Engallage.	Engallage.
Alunage.	Alunage.
Lavage d'alun.	Lavage d'alun.
Garançage.	Bains blancs.

Avivage.   Sel.
Rosage.   Dégraissage.
....   Engallage.
....   Alunage.
....   Lavage d'alun.
....   Garançage.
....   Avivage.
....   Rosage.

Ces deux marches sont susceptibles d'un grand nombre de modifications ; par exemple :

Marche en gris pour 100 livres de coton.

Décreusage. Eau de soude à 1 degré et demi.

Bain de fiente. Vingt-cinq livres de fiente et six livres d'huile ; sécher à l'étuve.

Bain de fiente. Id. , id.

Bain blanc. Cinq livres d'huile ; eau de soude à 2 degrés ; sécher.

Bain blanc. Id. , id.

Un ou deux sels. Le premier à 2 degrés , le second à 3 ; sécher.

Dégraissage. Immersion dans l'eau pure à 18 degrés pendant deux heures , tordre à la cheville et sécher.

Bain blanc. Comme ci-dessus.

Bain blanc. Id. , id.

Bain blanc. Id. , id.

Dégraissage. Eau pure, lavage, tordage et séchage.

Premier engallage. Sept livres de galle en sorte ; sécher.

Deuxième engallage. Quatorze livres de sumac ; sécher.

Premier alunage. Treize livres d'alun pur, lavage léger , ne point sécher.

Deuxième alunage. Douze livres d'alun pur, bien laver , tordre , ne point sécher.

Garançage. Cent-soixante-quinze livres de lizary de Provence , refroidir, laver , tordre , ne point sécher.

Avivage. Eau de soude à 1 degré et demi et trois ou quatre livres de savon blanc , faire bouillir à petit feu, laisser refroidir, exprimer, laver à la rivière, tordre à la cheville et ne point sécher.

Rosage. Douze livres de savon blanc , une livre et demie de sel d'étain , huit onces d'acide nitrique à 36 degrés , faire bouillir pendant quatre ou cinq heures.

On peut donner un second rosage avec huit livres de savon seulement.

Marche en jaune pour 100 livres de coton.

Décreusage. Comme ci-dessus.

Bain de fiente. Avec six livres d'huile ; sécher.

Bain de fiente. Id. , id.

Bain blanc. Huit livres d'huile ; sécher.

Bain blanc. Id. , id.

Sel. Eau de soude à 2 degrés.

Sel. Id.

Dégraissage. Eau tiède , laver , sécher.

Engallage. Huit livres de noix de galle , sécher.

Alunage. Treize livres d'alun pur, laver, tordre, sécher.

Bain blanc. Six livres d'huile ; sécher.

Bain blanc. Id. , id.

Bain blanc. Id. , id.

Sel. Eau de soude à 2 degrés ; sécher.

Sel. Id , id.

Engallage. Quatre livres de galle , douze livres de sumac ; sécher.

Alunage. Treize livres d'alun pur ; sécher.

Lavage d'alun. Avec soin, à grande eau , tordre, sécher.

Garançage. Deux cents livres de lizary de Provence.

Avivage. Comme dans la marche en gris.

Premier rosage. Id.

Deuxième rosage. Id.

La marche en gris sert à faire les rouges d'Andrinople communs et ordinaires. La marche en jaune convient mieux pour les rouges auxquels on veut donner beaucoup d'éclat et de solidité.

Il est important de se rendre compte de la plupart des opérations que je viens de décrire, et qui sont indispensables dans la teinture du rouge d'Andrinople.

Le *décreusage* sert à débarrasser les substances à teindre d'une partie résineuse ou huileuse qui enveloppe leurs fibres et diminue leur affinité pour les principes colorans. Il les rend en même temps plus souples et plus poreuses.

Les *bains de fiente* ont pour but évident d'*animaliser* le lin, le chanvre ou le coton, et de leur donner pour les principes colorans une partie de cette affinité dont jouissent à un si haut degré les matières animales.

Les *bains blancs* concourent aux mêmes résultats, en huilant, en graissant le coton.

Le *dégraissage* et les *sels* sont destinés à enlever la portion de la matière animale qui ne servoit pas intimement combinée avec le coton.

Les *lavages* ont le même but, et doivent être faits avec un grand soin.

Les *dessications*, que l'on répète si fréquemment, sont indispensables : car enfin, si le coton restoit humide, il ne pourroit plus s'imprégner aussi complétement des mordans et des bains de couleur ; voilà pourquoi on ne peut pas toujours se borner à sécher à l'air, et qu'il faut recourir aux sécheries chauffées.

L'*engallage* et l'*alunage*, quelle que soit d'ailleurs leur manière d'agir, communiquent bien certainement aux matières à teindre des propriétés nouvelles et un degré d'affinité bien plus considérable pour les principes colorans.

Le *sang* que l'on ajoute au bain de teinture agit, soit en clarifiant le bain, soit au moyen de son albumine, en animalisant encore les matières à teindre.

L'*avivage* dissout bien évidemment une teinte fauve, espèce de bruniture, qui fonçoit le rouge de la garance, et le rendoit sombre et brun.

Enfin, le *rosage* concourt aux mêmes résultats, soit directement, au moyen des acides que l'on y met, soit, comme le pensent quelques chimistes, à l'aide d'un savon d'étain qui se formeroit dans l'opération, à la suite de plusieurs décompositions.

Sur coton, en suivant des procédés à peu près analogues, on obtient plusieurs teintes assez estimées : tels sont le *rouge enfumé*, le *rouge cerise* et le *rouge rose*. *Voyez* ces mots.

On a reconnu que les procédés employés pour teindre le coton en rouge des Indes et d'Andrinople donne de beaux rouges sur les fils de lin et de chanvre, lorsqu'on a eu la précaution, avant de les soumettre aux apprêts huileux, de les amener à un bon demi-blanc. La marche en jaune est celle qui doit être préférée pour cette teinture. Il faut aussi donner un peu plus d'intensité aux mordans et au bain de couleur.

B. *Rouge de cochenille.*

§ Ier. *Teinture sur laine.*

En passant les étoffes de laine successivement dans deux bains de cochenille, l'un qu'on nomme *bouillon*, l'autre qui a reçu le nom de *rougie*, on leur donne une teinte rouge brillante, qui a reçu le nom d'*écarlate*. (Pour les détails de l'opération, *voyez* ce mot.)

Une autre belle teinte de rouge, le *cramoisi* (*voyez* ce mot), se fait encore avec la cochenille.

On nomme *demi-écarlate* et *demi-cramoisi* des teintes rouges que l'on fait en remplaçant dans le bouillon et dans la rougie, la moitié de la cochenille par de la garance.

§ II. *Teinture sur soie.*

La cochenille sert à teindre la soie en cramoisi. *Voyez* ce mot.

§ III. *Teinture sur coton.*

C'est aussi avec la cochenille qu'on fait sur coton le *cramoisi fin*. *Voyez* ce mot.

Le procédé dont on se sert pour le coton pourroit être appliqué également pour faire des cramoisis sur lin et sur chanvre, seulement il faudroit soigner les apprêts, et forcer un peu la proportion des mordans et de la matière colorante.

C. *Rouge de laque naturelle.*

C'est particulièrement sur la laine que s'appilque le principe colorant de la laque. C'est une écarlate solide et brillante dont le procédé d'application a été décrit au mot Écarlate.

D. *Rouge des laques artificielles.*

Ces laques ne s'appliquent guère non plus que sur la laine, et lui donnent comme la laque une couleur écarlate. *Voyez* ce mot.

E. *Rouge de kermès.*

Le kermès s'applique très bien sur la laine, et lui communique une teinte écarlate (*voyez* ce mot), que l'on connoit plus particulièrement sous les noms d'*écarlate de grains* ou d'*écarlate de Venise*.

Le rouge de kermès n'a point de vif ; il tire un peu sur la couleur de sang, mais il est très-solide. On le retrouve tout entier dans cette couleur de sang qui a si bien résisté sur les anciennes tapisseries.

En employant moitié kermès et moitié garance, on fait sur laine un rouge que l'on a appelé *écarlate demi-grains.*

Cette nuance est celle que l'on donne dans l'Orient à ces bonnets ou calottes connus aujourd'hui sous le nom de *bonnets grecs*. Ce genre de teinture, d'abord pratiqué seulement dans le Levant, devint plus tard la propriété exclusive de quelques teinturiers d'Orléans. Aujourd'hui il est généralement connu. Voici le procédé que Vitalis indique pour faire ce rouge *levantin.*

Le choix de la laine est important. Ces bonnets tricotés, rentrés, foulés et feutrés, doivent être faits, si l'on veut qu'ils prennent bien la teinture, avec un tiers de laine de brebis-mères d'Espagne et deux tiers de laine de Roussillon. Il faut ensuite :

1°. Donner un blanc passable ;

2°. Dégorger dans l'eau chaude ;

3°. Battre, laver dans une nouvelle eau, et donner plusieurs sonages ;

4°. Chauffer jusqu'à demi-bouillon dans un bain préparé avec cinq onces d'alun, une once de tartre et un gros de curcuma, par livre de matière à teindre ;

5°. Retirer, laisser égoutter et dégorger ;

6°. Garancer avec quatre onces de garance par livre de matière ;

7°. Relever, laver et battre ;

8°. Donner le bain de kermès au léger bouillon, une once de kermès par livre, à laquelle on ajoute quelquefois un peu de graine d'Avignon ;

9°. Passer au son pour aviver ;

10°. Relever, sécher en forme, tordre, apprêter légèrement au chardon ;

11°. Coudre la houppe, plier en double, presser à chaud.

F. *Rouge d'orseille.*

On peut avec l'orseille donner aux draps une teinte rouge qui approche un peu de celle de l'écarlate. Il faut d'abord que l'étoffe ait été bouillie avec de l'alun et du tartre, puis il faut la passer dans un bain à 70 degrés environ, fait avec une suffisante quantité d'orseille en herbe et un peu de dissolution d'étain. Pour que la couleur soit unie, il faut passer le drap dans l'eau chaude aussitôt qu'il est sorti du bain de teinture.

La laine sans apprêt, travaillée dans un bain d'orseille, n'y prend qu'une couleur gris de lin, agréable, mais sans solidité.

L'orseille seule sert rarement à teindre en rouge, mais elle entre dans le mélange des couleurs, et concourt ainsi à la confection des violets, des lilas, des mauves, des fleurs de romarin, etc.

Sur la soie, l'orseille n'est employée que pour modifier ou aviver d'autres couleurs. Dans tous les cas, la soie doit être bien dégorgée de son savon de cuite, et on ne doit la liser dans le bain d'orseille qu'après l'avoir tiré à clair.

G. *Rouge de bois de Brésil.*

§ Ier. *Teinture sur laine.*

Après un bouillon fait avec quatre onces d'alun et deux onces de tartre par livre de laine, l'étoffe est bouillie pendant trois quarts d'heure environ dans une décoction préparée avec un sixième en poids de bois de Brésil. Il faut ensuite laver avec soin et faire sécher à l'ombre. Par ce moyen on obtient sur laine un rouge vif, et qui résiste assez bien à l'air.

§ II. *Teinture sur coton.*

Pour faire un beau rouge sur coton, au moyen du bois de Brésil, il faut exécuter les opérations suivantes :

1°. Débouilli ;
2°. Fort pied de rocou ;
3°. Engallage ;
4°. Dissolution d'étain à 5 degrés. Cette dissolution se prépare ordinairement avec deux onces d'étain, six onces d'acide nitrique à 24 degrés, et onze onces d'acide hydro-chlorique à 22 degrés ;
5°. Lavage du mordant dans un bain colorant léger ;
6°. Teinture dans le vieux jus de brésil ;
7°. Tordage, éventage, lavage à l'eau, séchage.

La nuance de ce rouge approche un peu du *coquelicot.*

Avec la même substance, on peut donner au coton des teintes *pourpre, amaranthe, cramoisi,* etc. *Voyez* ces mots.

Brown indique le procédé suivant comme propre à donner un beau rouge cramoisi sur velours de coton. La pièce de ce velours pèse ordinairement 15 ou 16 livres. Pour une pièce, il faut :

1°. Engaller fortement pendant deux heures au moins, lever et laisser égoutter ;
2°. Passer dans un bain de Fernambouc pendant une heure environ ;
3°. Travailler la pièce pendant une demi-heure dans une décoction de brésil bouillante ;
4°. Passer dans un bain d'eau claire auquel on a ajouté un litre de dissolution d'étain ;
5°. Lever au moulinet ;
6°. Repasser dans le bain de Fernambouc, auquel on ajoute un sixième de cette décoction bouillante ;
7°. Lever au moulinet ;
8°. Repasser au bain d'eau claire avec la dissolution d'étain ;

9°. Répéter six à huit fois ces deux opérations successives, en ayant la précaution de remplacer chaque fois un sixième du bain de Fernambouc par une égale quantité de cette décoction bouillante ;
10°. Laver à grande eau, et sécher en lieu obscur.

§ III. *Teinture sur soie.*

Le bois de brésil sert à faire sur la soie cette teinte de rouge connue sous le nom de *faux cramoisi. Voyez* ce mot.

H. *Rouge de carthame.*

Sur la laine le carthame, donne une assez belle couleur rouge, mais qui a peu de solidité et qui passe promptement à l'orangé. Aussi lui préfère-t-on la garance, la cochenille, etc. Il n'en est pas de même pour la soie, le lin et le coton. C'est avec le carthame que l'on fait sur ces matières les *ponceau,* les *nacarat,* les *cerise,* les *roses,* les *couleur de chair,* etc. (*Voyez* ces mots.) Il faut toujours employer les bains de carthame froids et immédiatement préparés ; il faut aussi n'employer pour dissoudre le carthame que des sous-carbonates alcalins et non des alcalis caustiques.

Il y a peu d'avantages pour l'économie, il y a de graves inconvéniens pour la solidité à mêler, comme le font quelques teinturiers, une certaine quantité d'orseille au bain de carthame.

Lorsqu'on veut teindre le lin ou le coton avec le carthame, il faut avoir soin de les bien blanchir avant la teinture, et lorsqu'ils sont sortis du bain colorant, de les laver légèrement et de les sécher à l'étuve.

Berthollet a indiqué un procédé pour obtenir sur coton, avec le carthame, un rouge tirant sur l'*écarlate. Voyez* ce mot.

Pallas dit, dans le *Journal de Pétersbourg,* de 1776, que les Arméniens, que les troubles de la Perse ont obligés de se retirer à Astracan, teignent en rouge de Turquie en imprégnant le coton d'huile de poisson, et en le faisant sécher alternativement pendant sept jours ; qu'ils ont remarqué que les autres huiles ne réussissoient pas, que même ils ne prenoient pas indifféremment celle de tous les poissons ; mais qu'ils choisissoient celle de quelques poissons, qui devient laiteuse aussitôt qu'on y mêle une solution alcaline. Après ces imprégnations et dessications répétées, ils lavent le coton et le font sécher ; après cela ils lui donnent un bain astringent, dans lequel ils mêlent un peu d'alun ; ils le teignent dans un bain de garance en y ajoutant du sang de veau ; enfin ils le font digérer pendant vingt-quatre heures dans une solution de soude.

Il est encore plusieurs autres substances au moyen desquelles on peut obtenir des rouges sur laine, soie, lin ou coton ; tels sont le bois d'Inde, de Sainte-Marthe, les racines du caille-lait, celles de croisette du Portugal, la santaline, etc. etc. ; mais comme ces matières sont moins souvent employées, je n'entrerai ici dans aucun détail sur leur mode d'application.

ROUGE D'ANDRINOPLE. *Voyez* ROUGE DE GARANCE.

ROUGE D'ANGLETERRE. Tritoxide de fer. On le prépare en calcinant dans un creuset le proto-sulfate de fer du commerce. Cet oxide est connu aussi sous le nom de *colcohar*. C'est lui qui colore la plupart des ocres rouges. Pur, il n'est pas employé en teinture. *Voyez* OXIDES MÉTALLIQUES.

ROUGE-CERISE. *Voyez* CERISE.

ROUGE ENFUMÉ. C'est une teinte qui ressemble beaucoup au rouge brûlé des mouchoirs de l'Inde. Voici comment on procède à Rouen pour obtenir cette couleur :

1°. Débouilli ;
2°. Bains de fiente ;
3°. Bains blancs ;
4°. Sels ;
5°. Dégraissage ;
6°. Engallage ;
7°. Alunage :
8°. Lavage d'alun ;
9°. Garançage, lavage et séchage ;
10°. Application d'un mordant d'acétate d'alumine à 6 degrés de l'aréomètre, séchage, lavage soigné ;
11°. Bain de quercitron ;
12°. Lavage, séchage, avivage à l'eau de soude et au savon.

ROUGE DES INDES. *Voyez* ROUGE DE GARANCE.

ROUGE LEVANTIN. *Voyez* ROUGE DE KERMÈS.

ROUGE-ROSE. *Voyez* ROSE.

ROUGIE. Dans la teinture en écarlate par la cochenille, on prépare ordinairement deux bains avec la cochenille et la dissolution d'étain, dans des proportions qui varient. Le second a reçu le nom de *rougie*. *Voyez* ÉCARLATE.

Après que la rougie a servi à la teinture de la laine en écarlate, on l'utilise pour faire les couleurs de chair, le rose, le gris vineux, etc. *Voyez* ces mots.

ROUILLE. C'est une nuance de jaune, ainsi nommée parce qu'elle ressemble à la couleur du fer oxidé, et que c'est cet oxide de fer qui sert de principe colorant. *Voyez* JAUNE, NANKIN, etc.

On sait combien le fer a d'affinité pour les étoffes : le lin, le chanvre, le coton, humides et placés sur ce métal, y prennent de suite une teinte jaunâtre, qu'on a beaucoup de peine à leur enlever. C'est la rouille ou l'oxide de fer qui sert de principe colorant à l'encre, au cambouis, à la boue de Paris, etc. *Voyez* DÉGRAISSAGE.

ROUISSAGE. Dans la préparation des chanvres et des lins (*voyez* ces mots), le rouissage a pour but de dissoudre la matière glutino-gommeuse qui unit les fibres de ces plantes, et les tient collées à la partie ligneuse de la tige. Le rouissage consiste simplement à plonger les tiges dans l'eau de manière à ce que la fermentation s'y établisse et dissolve le gluten. La qualité de l'eau que l'on emploie n'est point indifférente ; les eaux stagnantes ne conviennent pas, non plus que les eaux courantes, et il faut s'attacher à en avoir qui se renouvellent peu à peu et lentement.

Une chose essentielle dans l'opération du rouissage, est de déterminer le degré de fermentation nécessaire. Si le lin est trop roui, le fil qu'on en tirera sera cassant et de mauvaise qualité. S'il ne l'est pas assez, une partie du gluten y reste attachée, et les préparations subséquentes deviennent plus difficiles et plus dispendieuses.

ROULEAUX. C'est le nom que l'on donne aux cylindres métalliques gravés qui servent dans l'impression des toiles.

ROUSSI. C'est l'opération par laquelle on enlève aux calicots l'espèce de duvet qu'on voit à leur surface, et qui empêcheroit que l'impression ne fût bien nette. Lorsqu'on donne le roussi, on attache ordinairement plusieurs pièces à la suite les unes des autres ; on les roule sur un cylindre de bois ; de là elles passent sur un demi-cylindre de fer, et vont se rouler sur un autre cylindre de bois, d'où elles repassent encore une fois sur le cylindre de fer, qui doit être entretenu au rouge presque blanc.

Quelquefois l'opération du *roussi* fait reparoître quelques taches de graisse par suite de la chaleur que l'étoffe a éprouvée. Il faut alors la retremper et même la faire bouillir dans une lessive légère.

ROYOC. Plante exotique des Iles, dont la racine fournit une teinture jaune.

RUDIR. On dit qu'une substance a l'inconvénient de *rudir* les étoffes, quand elle les rend sèches et dures au toucher. Dans la teinture en noir, le sulfate de fer *rudit* la laine et le coton. Le pyrolignate de fer, au contraire, ne *rudit* pas.

SAFRAN.

S

SAFRAN. *Crocus.* C'est une petite plante bulbeuse, haute de six à huit pouces ; sa racine est un petit oignon globuleux ; ses feuilles, longues de trois à six pouces, sont radicales, étroites et canaliculées ; sa fleur unique, régulière, monopétale, est d'un bleu clair, et renferme trois étamines courtes, et un très-long pistil, terminé par trois stigmates, et d'une magnifique couleur rouge-orangée.

Le *crocus sativus* est cultivé dans presque toutes les contrées de l'Europe. En France, c'est de la Gascogne, de l'Angoumois, du Poitou, de la Provence, de la Normandie, et surtout du Gatinois, que l'on retire la plus grande partie du safran pour les arts.

Le safran doit être cultivé dans des terrains riches, bien fumés et entourés de haies pour en écarter les animaux : on nomme *safranière* le terrain dans lequel on cultive le safran. C'est à l'automne que la récolte a lieu. On cueille les fleurs soir et matin avant leur entier épanouissement ; on les transporte de suite à la maison, où des femmes en détachent avec précaution le pistil, qui seul contient le principe colorant et aromatique. Cette partie est séchée à mesure dans des tamis de crin, placés au-dessus de réchauds allumés. Lorsque le safran est sec, on l'enferme dans du papier et dans des boîtes. Une safranière d'un arpent ne produit guère que douze à quinze livres de safran, et comme cette matière se vend ordinairement 80 francs la livre, cette culture ne laisse pas que d'être avantageuse.

Le safran est assez souvent falsifié, soit avec les fleurettes du *carthamus tinctorius*, soit avec les fleurs du souci *calendula officinalis*. Ces fraudes sont toujours faciles à reconnoître, en examinant de près la forme des différens brins de safran.

Bouillon-Lagrange et Vogel ont trouvé dans le safran un principe colorant particulier, auquel ils ont donné le nom de *polychroïte* (*voyez* ce mot). Il résulte de leurs travaux que 100 grammes de safran sont composés de :

Eau............................	10
Gomme.........................	6,50
Albumine.......................	0,50
Polychroïte	65
Matière cireuse.................	0,50
Débris du végétal...............	10
Huile volatile...................	7,50
Total..............	100

Le safran entre dans la composition d'une foule de médicamens. Il entre comme assaisonnement dans plusieurs ragoûts. On l'emploie avec succès en peinture. Comme principe colorant, le safran sert à teindre en jaune la mousseline, les toiles de coton et la plupart des autres étoffes. Sa couleur est brillante, mais elle n'a aucune solidité ; elle s'éteint promptement lorsqu'on la laisse exposée à l'air, et surtout à la lumière. Les meilleurs mordans ne parviennent pas à la rendre solide. On peut avec quelqu'avantage mélanger le safran à d'autres principes colorans, pour en varier la nuance et en augmenter l'éclat.

SAFRAN DES INDES. C'est le nom qu'on a donné au *curcuma rotunda. Voyez* CURCUMA.

SAFRANUM. Nom vulgaire du carthame (*voy.* ce mot). On donne aussi ce nom au colchique *colchicum autumnale*, plante dont les fleurs, d'un bleu pourpré, ont été essayées en teinture.

SAFRE DE SMALT. *Voyez* AZUR.

SAINTE-MARTHE. Un des noms donnés au bois de Brésil.

SALICOR. Soude que l'on tire du Languedoc.

SANGLES-BLEUS. *Bon teint.* On donne ce nom aux fils que l'on teint en bleu à Troies, et qui servent à faire les liteaux du linge de table.

SANTAL ROUGE. (*Voyez* BOIS DE SANTAL.) Ce bois est employé moulu en poudre très-fine, pour donner une couleur fauve-brune tirant sur le rouge. Par lui-même le santal fournit peu de couleur, et on lui reproche de durcir la laine ; mais lorsqu'on le mêle à d'autres substances, comme le brou de noix, le sumac, la noix de galle, il n'a plus cet inconvénient ; ses parties colorantes se dissolvent mieux, et il modifie agréablement les autres couleurs.

Vogler a employé avec succès la *santaline* pour teindre des étoffes de laine, de soie, de coton et de lin. Avec la dissolution d'étain, il a obtenu un beau rouge-ponceau ; avec l'alun, une écarlate saturée ; avec le sulfate de cuivre, un cramoisi clair ; avec le sulfate de fer, un violet foncé, etc.

SANTALINE. Laque que l'on extrait du bois de santal au moyen de l'alcool. *Voyez* SANTAL ROUGE et BOIS DE SANTAL.

SAPAN. C'est un petit arbre de quatre à cinq mètres de hauteur et de vingt centimètres dans le plus grand diamètre de son tronc, qui porte, ainsi que plusieurs autres espèces, des branches cou-

vertes de piquans, et chargées de feuilles bipinnées, à folioles obliques et échancrées.

Il se vend dans les Indes orientales, où il est
indigène, pour les mêmes usages que le bois de
Brésil en Europe. Il paroît plus facile à travailler
et plus riche en principe colorant, car il donne
une plus belle teinte rouge à la laine et au coton.

SARRASIN. *Polygonum fagopyrum.* Dambourney, qui a fait tant d'essais sur les matières colorantes végétales indigènes, a retiré quelques avantages du sarrasin. Suivant lui, la laine préparée,
soit avec le tartre, soit avec l'étain, a pris, dans
un bain fait avec la plante fraîche et fleurie, une
belle couleur *musc, tabac d'Espagne*, très-solide.
En employant la plante sèche, il a obtenu sur la
laine préparée au tartre, un *fauve* clair diaphane,
et sur la laine préparée avec la dissolution d'étain
et d'or, un *jaune-aurore* transparent et solide. Une
pièce de drap préparée au bismuth et au tartre,
a pris, dans un bain de paille sèche de sarrasin,
une teinte de *musc clair doré*, dont on a fait des
vêtemens qui ont résisté plus de trois ans sans
altération sensible.

La décoction du son, ou écorce du grain de
sarrasin, a donné sur la laine préparée au bismuth
et au tartre une jolie nuance nankin tirant au rose.

Le même auteur a fait quelques essais sur le
sarrasin de Sibérie, *polygonum fagopyrum rugosum*,
et a pensé que cette plante pouvoit très-bien remplacer la gaude. Elle a coloré de la laine apprêtée
par la dissolution d'étain en jaune brillant, en
jaune doré et en jaune aurore, qui tous ont bien
résisté aux épreuves.

SARRÈTE. *Serratula tinctoria.* C'est une plante
qui croît abondamment dans les prairies et dans
les bois. Sans mordans elle donne un jaune-verdâtre qui s'altère facilement; mais si l'on prépare
la matière à teindre, soit avec l'alun, soit avec le
sulfate de chaux, la sarrète lui communique une
couleur jaune solide et agréable.

Scheffer conseille de préparer la laine avec
l'alun et un douzième de tartre, pour avoir un
beau jaune. Il ajoute que si le mordant est fait
avec trois seizièmes de dissolution d'étain et autant de tartre, on aura un jaune encore plus vif et
plus solide.

C'est particulièrement sûr la laine que le jaune
de sarrète peut être employé avec avantage.

SASSAFRAS. *Laurus sassafras.* Arbre qui croît
dans les régions chaudes de l'Amérique septentrionale. Dans les pays où ce végétal est abondant
on tire de son écorce une couleur *orange* très-
solide.

SASSATA. Indigo qui est retiré de la troisième
pousse de l'indigotier depuis sa plantation.

SAULE. Scheffer a indiqué les feuilles du saule
comme propres à donner une belle couleur jaune
à la laine, à la soie et au lin. Il conseille de préparer à froid la laine avec un cinquième d'alun et
un seizième de tartre, et de faire le bain avec
une quantité suffisante de feuilles ramassées à la
fin d'août, séchées et conservées, auxquelles on
ajoute un deux cent cinquante-sixième de potasse
blanche. Ce bain est ensuite passé au tamis, et
c'est à une température voisine de l'ébullition
qu'on y passe la laine. Il conseille le même procédé pour la soie et le lin, seulement il augmente
la proportion d'alun d'un seizième. Alstroëmer
dit qu'il faut forcer le mordant d'alun pour le lin,
le tordre, le sécher avant de teindre, et augmenter un peu la proportion de potasse dans le bain
colorant.

Bergmann assure que les feuilles du saule ordinaire ne donnent qu'un jaune extrêmement fugace,
tandis qu'en employant celles du laurier-saule,
salix pentandra, on obtient une couleur plus brillante et assez solide.

SÉCHERIE. Dans les ateliers de teinture, ou
dans les établissemens dans lesquels on prépare
quelques matières colorantes, la *séchérie* est la
pièce où l'on fait sécher. Dans les indigoteries,
on suspend les poches qui renferment la fécule
de l'indigo dans la séchérie. Plusieurs étoffes doivent être séchées promptement après la teinture :
dans ce cas, il faut les porter à la séchérie. Pendant l'été, un hangard convenablement disposé
peut servir de séchérie; mais lorsque l'air est
humide, ou lorsque la température est très-basse,
la séchérie doit être échauffée artificiellement.
Voyez ÉTUVE.

La séchérie doit toujours être tenue avec une
grande propreté, et disposée de manière à ce que
la fumée des fourneaux, la vapeur des chaudières
et la poussière ne puissent y pénétrer. Il faut enfin
que l'air s'y renouvelle aisément.

SÉGEVEUSE. Espèce de laine qui nous vient
de l'Espagne.

SÉGOVIE. On donne ce nom par abréviation
à la laine qui vient de Ségovie. On en distingue
trois qualités : la *prime*, la *seconde*, la *tierce*. Elles
ont chacune un emploi particulier et un prix différent.

SEL. La chimie donne ce nom à toute combinaison d'un acide avec un oxide métallique. Voilà
pourquoi ces oxides ont reçu le nom de *bases
salifiables*.

On connoît aujourd'hui une quantité prodigieuse
de sels. Tous, il s'en faut, ne sont pas employés
en teinture, mais il en est plusieurs qui y jouent
un rôle très-important, soit comme mordans, soit
même comme principes colorans. Tels sont les

hydro-chlorates d'or, d'étain, de bismuth; les sulfates de soude, de potasse, d'alumine; les acétates d'alumine et de plomb, les sous-carbonates de soude et de potasse, les sulfates de cuivre, de fer et de zinc, le pyrolignate de fer, le chromate de plomb, etc. *Voyez* ACIDES et OXIDES MÉTALLIQUES.

SEL D'OSEILLE. *Voyez* ACIDE OXALIQUE.

SEL DE SATURNE. *Voyez* ACÉTATE DE PLOMB.

SEL DE SOUDE. C'est le sous-carbonate de soude pur, tel qu'il convient de l'employer pour la plupart des opérations de la teinture, et particulièrement pour la fabrication du rouge des Indes et d'Andrinople.

SELS. Dans la teinture en rouge des Indes ou d'Andrinople, on nomme *sels* des bains préparés avec ce qui reste des bains blancs et une certaine quantité de lessive de soude à 2 ou 3 degrés. On dit donner un, deux ou trois *sels*, pour indiquer que l'on passe les étoffes une, deux ou trois fois dans ce bain alcalo-savonneux.

SICKIOU. On donne ce nom, soit au bain blanc dans lequel on passe le coton après l'avivage dans la teinture en rouge d'Andrinople, soit aux restes des bains qui ont servi à l'apprêt blanc que l'on emploie pour décreuser le coton dans la même teinture.

Il ne faut mettre dans le *baquet au sickiou* que les restes des premiers apprêts blancs : le surplus des apprêts blancs que l'on donne au coton, après son engallage, doivent être jetés : ils ne conviennent pas du tout pour le décreusage.

SICKION. Liqueur des intestins des moutons, que l'on emploie quelquefois pour teindre le coton.

SINA. Espèce de soie qui vient de la Chine, et que l'on emploie principalement dans la fabrication des gazes.

SMECLITE. Terre argileuse et savonneuse, propre à dégraisser les étoffes.

SOBRÉ. L'une des variétés de l'indigo, qui nous vient de Guatimala dans la nouvelle Espagne, actuellement la république du Pérou.

SODA. Plante qui produit la soude.

SOIE. La soie est ce fil fin, serré, solide, dont est formée la coque dans laquelle s'enferme la chrysalide du ver-à-soie, *bombix* ou *phalœna mori*. Cette matière filamenteuse sort d'une espèce de filière placée au voisinage de l'anus du ver-à-soie. L'appareil qui forme cette matière est composé de deux vaisseaux assez gros placés dans l'intérieur du corps de l'animal, et repliés jusqu'au trou des filières. Lorsqu'on ouvre ces gros vaisseaux, on les trouve remplis d'un fluide visqueux, filant, qu'on peut étendre en fils, en lames minces, et qu'on pourroit à la rigueur employer comme vernis.

La coque du ver-à-soie est ovale; elle a environ un pouce de longueur; le fil qui entre dans sa construction n'a pas moins de mille pieds de long.

Les Anciens connoissoient la soie et l'avoient nommée *sericum*, du nom de la province *Sérique*, située au-delà du Gange, d'où ils tiroient les ouvrages de soie fabriqués. C'est sous le règne de Justinien que le ver-à-soie fut pour la première fois apporté en Europe, avec le murier blanc, sur lequel il se nourrit. L'arbre et le ver furent bientôt naturalisés; la Sicile, l'Italie, les provinces méridionales de l'Europe, s'occupèrent tour à tour avec succès de ce genre de culture. Bientôt les fabriques d'étoffes de soie se multiplièrent; dès le sixième siècle, on en comptoit plusieurs en Italie; au treizième, les papes, retirés dans le comtat d'Avignon, y encouragèrent ce genre d'industrie; Louis XI et Charles VIII, qui avoient fait planter des muriers dans le parc de Plessis-les-Tours, fondèrent et soutinrent une fabrique d'étoffes de soie à Tours, mais c'est sous le ministère de Colbert que les fabrique de Tours, de Lyon, de Nîmes, etc., prirent cet état de splendeur qui a placé la France à la tête des nations qui s'occupent de ce genre d'industrie.

On sait à combien d'usages la soie peut être employée. Tricotée, on en fait des bas, des gants, etc. tissée, elle sert à faire une foule d'étoffes de luxe; mêlée au coton, elle donne naissance à d'autres tissus très-estimés; filée seulement, elle sert à coudre, à faire ces tapisseries, etc. etc. Mais, dans le plus grand nombre des cas, elle doit d'abord passer dans nos ateliers de teinture, pour y aller recevoir ces couleurs brillantes qui lui donnent tant d'éclat et de prix.

La soie est naturellement enduite d'une substance gommeuse à laquelle elle doit sa roideur et son élasticité; et de plus, elle contient souvent une matière colorante jaune. Quels que soient les usages auxquels on la destine, elle doit être privée de ces deux principes. C'est par le *dégommage* qu'on enlève l'enduit; c'est par le *décreusage* ou la *cuite* et le *blanchiment* qu'on ôte à la soie son principe colorant.

Le dégommage et le décreusage (*voyez* ces mots) suffisent ordinairement pour les soies qui doivent être teintes. Quant à celles qui doivent rester blanches, on y joint une troisième opération, qui est le blanchiment (*voyez* ce mot), et qui varie suivant la teinte de blanc qu'on veut obtenir. On en reconnoît cinq : *Le blanc de Chine*, celui *des Indes*, celui *de pâte* ou *de lait*, celui *d'argent* et le *blanc azuré*.

Le premier, qui a une petite teinte rougeâtre, la doit à un peu de bain de rocou ; les autres ont une teinte plus ou moins azurée. *Voyez* Azur.

A Lyon, pour le blanchiment des soies, on emploie ordinairement, outre le dégommage et le décreusage, une autre opération qu'on a nommée le *soufrage. Voyez* ce mot.

On a pensé long-temps que le savon altéroit les soies, et l'on a cherché à remplacer cette substance. Rigaut de Saint-Quentin avoit proposé d'employer le sous-carbonate de soude étendu d'eau. Collomb conseilloit de faire usage seulement d'eau bouillante ; mais depuis les travaux de Roard, il est bien démontré que les soies décreusées au savon sont plus blanches, plus brillantes, plus douces et plus solides que lorsqu'elles ont été traitées par toute autre substance. Il est bien démontré aussi que ces soies prennent à la teinture des couleurs plus vives et plus nourries.

Presque toute la soie qui nous vient de Chine est blanche : aussi l'emploie-t-on presqu'exclusivement pour les étoffes qui doivent rester en blanc. La plus grande partie, au contraire, de la soie que nous récoltons en Europe a une teinte jaunâtre. Cette différence tient-elle à la nature même des soies ? dépend-elle au contraire d'une préparation ? Roard partage cette dernière opinion ; il pense que l'exposition au soleil est un très-bon moyen de décolorer la soie, et il engage les manufacturiers qui veulent avoir des soies blanches, à les soumettre à l'insolation, dès qu'elles sortent du décreusage.

Il est quelques tissus qui, comme les blondes, les gazes, etc., doivent avoir de la roideur et de l'élasticité. Pour les faire, on emploie ordinairement des soies crues et encore couvertes de leur enduit gommeux. On se contente alors de choisir les soies les plus blanches, de les tremper dans l'eau tiède, de les tordre, de les soufrer, de les azurer à l'eau claire, de les tordre de nouveau, et de les soufrer une seconde fois. Ces soies peuvent encore prendre différentes teintes dans les bains colorans.

Le décreusage des soies varie suivant les couleurs que l'on veut leur donner. Il suffit le plus souvent de les cuire pendant trois ou quatre heures avec vingt pour cent de savon. Cependant il en faut trente pour cent pour le bleu, le gris-de-fer, le ponceau, le cerise et la plupart des autres couleurs délicates.

Il est quelques couleurs qui exigent que la soie soit alunée. Pour cela il faut la liser, après l'avoir battue et tordue à la cheville, pour la purger complètement du savon de cuite, dans un bain préparé avec quarante ou cinquante livres d'alun pour cent-cinquante livres de soie. On doit ensuite tordre à la main et laver à la rivière. L'alunage des soies doit toujours se faire à froid.

Enfin, il est quelques couleurs qui exigent, de plus, que la soie ait été engallée. Les proportions de galle varient suivant la couleur que l'on veut obtenir.

SOIE BYSSUS. On donne ce nom à une touffe de filamens qui sort des valves des *jambonneaux* ou *pinnes-marines*. Ces filamens, aussi fins que la soie, longs de six pouces environ, ont été depuis long-temps utilisés dans les arts. En Sicile surtout, on en tricote des bas, des gants, etc. ; on en fabrique aussi des draps d'un brun-fauve et brillant, admirables par leur moëlleux et leur finesse.

Cette branche d'industrie, qui pouvoit être très-importante avant la découverte de la soie, est aujourd'hui très-bornée, surtout à cause de la rareté et de la cherté du byssus.

Les filamens du byssus doivent être exposés pendant quelques jours dans une cave, pour s'amollir et s'humecter ; on les peigne ensuite pour en séparer la bourre, et on les file comme la soie.

Le byssus, produit des coquilles, étoit connu des Anciens. Aristote en fait mention ; mais il ne faut pas le confondre avec une autre byssus dont on se servoit chez les Hébreux pour faire les vêtemens sacerdotaux. Ce dernier étoit un végétal analogue au chanvre ou au lin.

La soie byssus pourroit être teinte comme celle que fournit le ver-à-soie. Il faudroit aussi préalablement la dépouiller de l'enduit dont elle est recouverte. *Voyez* Dégommage.

SOLIDITÉ. Il est plusieurs conditions indispensables pour qu'une teinture puisse convenir aux consommateurs. L'étoffe sur laquelle on l'applique, ou, pour parler plus convenablement, à laquelle on la combine, doit conserver la souplesse et la résistance qu'elle avoit avant d'être teinte ; la couleur doit être égale, uniforme sur tous les points ; enfin, et cette dernière condition est une de celles que l'on recherche le plus, cette couleur doit être *solide*, c'est-à-dire qu'elle doit résister à l'action de l'air et de la lumière, aux différens corps qui servent au blanchissage, enfin au frottement, quand les étoffes sont destinées à servir de vêtemens.

Plusieurs moyens ont été mis en usage pour constater la solidité des couleurs. (*Voyez* Débouilli.) Le meilleur, sans contredit, est celui qui consiste à exposer comparativement plusieurs échantillons de la même couleur, mais produites par différentes substances, à l'action de l'air et de la lumière, à l'immersion dans le savon, etc., et à juger ensuite de ceux qui ont le mieux résisté.

A une époque où l'autorité administrative croyoit encourager l'insdustrie en l'entravant à chaque pas, en la soumettant sans cesse à des lois d'exception, en établissant dans chaque branche des distinctions arbitraires, qui devenoient

alors la propriété exclusive de telle ou telle cor-
poration, la teinture étoit divisée en deux parties,
et l'on trouvoit deux classes de teinturiers : les
premiers seuls pouvoient se livrer aux teintures
solides, qu'on appeloit aussi de *grand* ou de *bon
teint*, tandis que les autres, exclusivement renfermés dans les couleurs *petit teint*, ou de peu de
solidité, ne pouvoient jamais s'écarter des limites
que la loi leur avoit tracées. Alors l'autorité devoit avoir des moyens assurés pour reconnoître le
degré de solidité des couleurs, afin de pouvoir
juger si chaque ouvrier se renfermoit dans les
limites de son privilége. C'est dans ce but qu'a-
voit été créée l'opération du débouilli, dont on
trouve la description et les détails dans l'article 37
du *Réglement des teinturiers en grand et bon teint
des draps, serges et autres laines, du mois d'août*
1669, et dans les articles 220 et suivans de l'*Instruction générale pour la teinture des laines de toutes
couleurs, et pour la culture des drogues et ingrédiens
qui y sont employés, du 18 mars 1671.*

Malgré ces précautions, et peut-être même à
cause de ces précautions restrictives, le commerce étoit inondé d'une foule d'étoffes teintes
par des procédés vicieux, et dont les couleurs
trompeuses ne tardoient pas à s'effacer ou à prendre des teintes désagréables. Vainement les consommateurs croyoient éviter cet inconvénient en
achetant des étoffes teintes à l'étranger : on leur
vendoit comme telles des tissus teints en France,
et qui ne résistoient pas mieux. Les restrictions
font constamment naître la fraude, et cette fraude
elle-même tourne toujours au détriment du consommateur.

Aujourd'hui que cette vérité est enfin reconnue ; aujourd'hui que l'on sait que la liberté peut
seule favoriser les sciences, les arts, le commerce
et l'industrie, toutes ces mesures restrictives ont
disparu. Un teinturier peut employer toutes les
substances colorantes, faire les couleurs de grand
et de petit teint ; son intérêt et la concurrence
sont la meilleure garantie du consommateur.

Les épreuves du débouilli, des immersions, du
chlore, de l'exposition à l'air et à la lumière, ne
sont plus du domaine de l'administration, mais
elles doivent se conserver dans les ateliers pour
y constater l'efficacité des matières colorantes
nouvelles, ou des mordans nouveaux. Nul chef
d'établissement ne doit livrer au commerce une
étoffe ou un fil teint par un procédé de son invention, sans s'être assuré, par les moyens indiqués,
du degré de solidité de cette teinture.

SONAGE. C'est l'action de passer un fil ou
une étoffe dans une décoction de son, ou de les
faire bouillir dans de l'eau de son. *Voyez* IMPRES-
SION DES TOILES.

SORBIER DES OISELEURS. *Sorbus aucuparia.*
C'est un arbre qui croît facilement dans nos climats

et dans la plupart des contrées septentrionales de
l'Europe. Son écorce, très-astringente, peut être
employée au tannage des cuirs et à la préparation
des noirs, des gris et des brunitures. Ses baies
renferment un acide particulier, que les chimistes
ont nommé *acide sorbique*, et qui peut remplacer
l'acide citrique dans la plupart des usages de la
teinture.

Berthollet, qui l'a employé avec succès pour
précipiter les rouges de carthame, conseille de le
préparer ainsi : Ecraser les baies dans un mortier
avec un pilon de bois ; en exprimer le jus et le
laisser fermenter ; le mettre ensuite en bouteilles,
le laisser déposer, et n'employer que la partie
claire, qui est la plus acide. Le jus de baies de
sorbier est d'autant meilleur qu'il est plus ancien ;
sa préparation, qui exige plusieurs mois, se fait
en été.

SORIE. Laine qui se fabrique en Espagne.

SOUDE. La soude que l'on trouve dans le
commerce, est un sous-carbonate que l'on rencontre dans les cendres de la plupart des végétaux qui croissent sur les bords de la mer, et
particulièrement dans celles du *Salsola soda* de
Linnée. On la trouve aussi dans le *Natron de
l'Egypte. Voyez* ce mot.

Les soudes du commerce les plus estimées
sont celles que l'on retire par l'incinération des
plantes maritimes. Elles portent le nom du pays
d'où elles viennent ; telles sont les soudes d'Alicante, de Carthagène, de Sicile, de Languedoc, etc. Long-temps on n'a employé que ces
soudes pour les besoins des arts ; mais la difficulté des arrivages en 1808, la cherté de ce produit engagèrent les chimistes à chercher de la
soude ailleurs que dans les plantes marines. Le
sel marin (proto-chlorure de sodium) leur parut
une mine riche à exploiter ; plusieurs procédés
furent mis en usage, et bientôt on se procura
ainsi toute la soude dont on avait besoin pour la
teinture, le blanchiment, la fabrication des savons, du verre, etc. C'est là encore un des résultats avantageux de ce blocus continental contre
lequel on a tant déclamé, et qui imprima aux
arts et à l'industrie une impulsion rapide dont les
effets se font encore sentir aujourd'hui.

L'extraction de la soude varie suivant la nature des matières dont on la tire.

1°. *Extraction du Natron.* Ce sous-carbonate
de soude nous vient de l'Egypte, de la Hongrie,
de l'Amérique, etc. Il paroît que ce sel se forme
de lui-même à la surface des eaux ou des terrains, par la décomposition réciproque du sel
marin et du carbonate de chaux. Il suffit de ramasser ces efflorescences pour avoir du sous-carbonate de soude à peu près pur.

2°. *Extraction de la soude des plantes marines.*
Ces plantes sont coupées, séchées à l'air et brû-

lées dans des fosses de trois pieds de large, sur deux pieds et demi de profondeur environ. Cette combustion se fait en plein air, sur un sol bien sec, dure ordinairement plusieurs jours et laisse au lieu de cendres, une masse saline, dure, compacte, à demi fondue, que l'on casse et que l'on verse immédiatement dans le commerce. Cette soude par incinération est formée en proportions diverses de sous-carbonate et de sulfate de soude de sel marin, de sous-carbonate de chaux, d'alumine, de silice, d'oxide de fer, et de charbon échappé à la combustion. On y rencontre aussi quelquefois du sulfate de potasse et du chlorure de potassium.

Les soudes d'Espagne sont les plus estimées. On les connaît sous les noms de soudes d'Alicante, de Carthagène, de Malaga. Elles contiennent de 25 à 40 pour 100 de sous-carbonate de soude.

Les soudes de France que l'on appelle *salicor*, ou soude de Narbonne, *blanquette*, ou soude d'Aigues-Morte, *varec*, ou soude de Normandie sont beaucoup moins estimées.

Le *salicor* est extrait par la combustion du *salicornia annua*. Suivant Chaptal, il ne contient que quatorze à quinze pour cent de sous-carbonate de soude. On l'emploie presque exclusivement dans les verreries.

La *blanquette* est tirée du *salicornia europæa*, du *salsola tragus*, de *l'atriplex portulacoïdes*, du *salsola kali*, du *statice limonium*. Elle ne contient que trois à huit pour cent de sous-carbonate de soude.

Le *varec* s'extrait des *fucus* qui croissent abondamment sur les côtes de l'Océan ; c'est le moins riche de tous ; on y trouve à peine du sous-carbonate de soude. Il est formé presqu'entièrement de sulfate de soude et de potasse, de chlorures de potassium et de sodium. Il contient aussi un peu d'iodure de potassium.

3°. *Extraction de la soude du sel marin.* Plusieurs procédés ont été mis en usage pour retirer la soude de sa combinaison avec le chlore. Chaptal employoit la litharge pour décomposer le chlorure de sodium. Guyton-Morveau se servait de la chaux vive pour obtenir le même résultat. Leblanc et Dizé décomposoient le sulfate de soude que l'on trouve dans les plantes ou dans quelques fontaines salées, au moyen de la craie de Meudon. Quel que soit le procédé qu'on emploie, la soude ainsi obtenue et que l'on nomme *soude artificielle*, contient de la soude caustique, du sous carbonate de soude, du sulfure de chaux avec excès de base et du charbon. Elle fournit de trente-deux à trente-trois pour cent de sous-carbonate de soude. Pour la rendre pure, il faut la réduire en poudre et la traiter par l'eau froide, décanter la liqueur, l'évaporer à siccité, exposer le résidu à l'air pendant douze ou quinze jours, afin que la soude caustique en se combinant avec l'acide carbonique de l'air,

passe à l'état de sous-carbonate ; dissoudre de nouveau, évaporer lentement et faire cristalliser. Ce produit connu dans le commerce sous le nom de *cristaux de soude*, est du sous-carbonate de soude à peu près pur.

Ce sel cristallise en rhomboïde. Il a une saveur âcre et légèrement caustique, il verdit le sirop de violette ; il s'effleurit à l'air ; il éprouve la fusion aqueuse et la fusion ignée ; il se dissout dans deux parties d'eau à 10 degrés, et dans beaucoup moins d'eau bouillante.

Le procédé alcali-métrique de Descroizilles peut être employé aussi pour reconnaître les proportions des différens principes constituans des soudes du commerce. Voici le procédé indiqué par Vitalis : « Prenez dix grammes de soude » préalablement concassée, mettez-là dans un » mortier de métal et versez par dessus environ » la dixième partie d'un décilitre d'eau pure ; » broyez alors vivement pendant cinq minutes, » puis ajoutez à la fois environ deux autres » dixièmes de décilitres. Mêlez bien, laissez re- » poser pendant quelques secondes et décantez » l'eau surnageante ; triturez de nouveau ce qui » reste au fond du mortier pendant deux mi- » nutes ; ajoutez-y encore environ deux dixièmes » de décilitre d'eau. Mêlez bien, laissez reposer » un instant et soutirez comme précédemment. » Répétez le broiement, l'addition de l'eau et » la décantation, de manière qu'après tous les » lavages de la soude et les rinçures du mortier » et du pilon, la lessive et la poudre noire qui » ont échappé à l'action de l'eau, puissent être » contenues dans une capacité un peu moindre » que celle d'un décilitre. Achevez alors de rem- » plir exactement avec un peu d'eau ; » versez tout ce qu'il contient dans une petite » bouteille que vous fermerez bien ; secouez » alors fortement la bouteille pendant cinq mi- » nutes ; laissez déposer ; jetez la liqueur sur un » filtre. Lorsqu'il en sera passé un demi-déci- » litre, opérez sur cette solution avec la liqueur » alcali métrique comme il a été dit sur la po- » tasse. »

Il résulte des expériences alcali-métriques de Descroizilles que l'on trouve le sous-carbonate de soude dans la proportion suivante :

Dans la soude d'Alicante, de....... 20 à 33
Dans le natron, de.............. 20 à 33
Dans la soude et le natron de qualité inférieure, de................. 10 à 15
Dans le sel de soude cristallisé et bien égoutté............. 36

Aujourd'hui la soude artificielle a presqu'entièrement remplacé les soudes extraites des plantes dans la plupart des teintureries.

SOUFRAGE. C'est l'action d'exposer la laine ou la soie au contact de l'acide sulfureux. Voici le procédé qu'on suit le plus généralement : on place les fils ou les étoffes sur des perches disposées à environ huit pieds de hauteur dans une chambre sans cheminée, et dont les fenêtres peuvent s'ouvrir du dehors. Pour cent livres de matière, on emploie ordinairement une livre et demie à deux livres de soufre en canons : le soufre concassé est placé dans une marmite en fer dont le fond est recouvert d'un peu de cendre. Lorsque les étoffes sont convenablement disposées sur des perches, que les fenêtres sont hermétiquement fermées, on allume le soufre, et l'on sort précipitamment en ayant soin de bien fermer la porte. La combustion du soufre se continue pendant toute la nuit, et le lendemain on ouvre les fenêtres pour laisser échapper l'acide sulfureux ; puis, si le temps est humide ou froid, on place dans la chambre quelques réchauds allumés afin de hâter la dessication des matières.

Le soufrage communique à la laine et à la soie un plus grand degré de blancheur : il détruit plusieurs matières colorantes végétales qui pourroient en altérer l'éclat. Il leur donne enfin un certain degré de roideur qui convient à quelques étoffes. Il ne faut pas souffrer les laines et les soies qui doivent ensuite être travaillées au métier, parce que l'acide sulfureux qu'elles retiennent attaque les substances métalliques, les corrode et finit par les détruire.

SOUFROIR. Dans l'opération du soufrage (*voy.* ce mot) on nomme *soufroir* la petite étuve où l'on expose les laines ou les soies à la vapeur du soufre pour les blanchir.

SOURBASSIS ou SOURBASTIS. Les plus fines et les meilleures soies de Perse.

SPÉIS. Substance étrangère et noirâtre qui se sépare du bleu de Saxe.

SPHERIDIOPHORE. Sorte d'indigotier à feuilles de lin.

STACHIDE. *Stachys.* Plante de la famille des Labiés, qui croît abondamment en Europe et dans le Levant. On en tire une forte de filasse qui peut quelquefois remplacer celle du chanvre, et ses tiges donnent par la décoction une teinture jaune assez brillante et solide.

STIL DE GRAIN. Combinaison de l'alumine avec la partie colorante de quelques substances.

SUIE. C'est une substance noirâtre que la fumée dépose sur les parois des cheminées. Elle est légère, et renferme une assez grande quantité d'une huile empyreumatique qui lui communique son odeur désagréable et sa saveur amère.

Le bain de suie se prépare en la faisant bouillir dans l'eau pendant deux heures environ, laissant reposer et tirant à clair : les étoffes doivent ensuite être bouillies dans ce bain jusqu'au moment où elles ont pris la teinte que l'on cherche à leur donner. Il faut après cela les éventer, les laver et les sécher.

Le bain qui a servi à faire les teintes foncées peut ensuite être employé pour donner des teintes plus claires à d'autres étoffes.

C'est particulièrement sur la laine que l'on applique la couleur de la suie, mais cette couleur fauve, moins solide que celle du brou de noix, de l'écorce d'aune, de la racine de noyer, etc., a de plus l'inconvénient de durcir les étoffes, et ne doit par conséquent être appliquée que sur les matières communes, soit comme bruniture, soit comme principe colorant.

SUINT. C'est une matière brune, huileuse, unie aux laines et qui les empêche de se mouiller. Vauquelin qui a analysé cette substance l'a trouvé formée de :

1°. Un savon à base de potasse qui en fait la plus grande partie.

2°. Un peu de carbonate d'acétate et d'hydrochlorate de potasse.

3°. De chaux, dont il ignore l'état de combinaison.

4°. D'une matière animale à laquelle le suint doit son odeur.

Plus une laine est fine, plus elle contient de suint : les laines communes en contiennent le quart de leur poids ; celles de mérinos en contiennent les deux tiers.

Avant de soumettre les laines à la teinture, il faut leur enlever le suint qu'elles renferment. L'opération par laquelle on parvient à ce but se nomme *désuintage*. Voyez ce mot.

SUMAC. *Rhus coriaria.* C'est un arbrisseau de la famille des Térébinthacées. Il a ordinairement dix à douze pieds de hauteur, et croît spontanément dans les lieux secs et pierreux. On le trouve particulièrement sur les collines dans le midi de la France, en Italie, en Espagne, dans le Levant, etc. En Espagne et en Portugal où le sumac est cultivé pour les usages du commerce, ses rejetons sont coupés tous les ans, séchés et réduits en poudre au moulin.

L'infusion de sumac est d'une couleur fauve tirant un peu sur le vert : elle brunit promptement à l'air ; récente, la potasse la change peu ; les acides la jaunissent et la rendent plus claire ; l'alun la trouble et y détermine un précipité jaune.

L'acétate de plomb versé dans la décoction de sumac, y détermine un précipité jaunâtre abondant ; la liqueur reste jaune-clair.

Le sulfate de cuivre détermine un précipité vert-jaunâtre qui passe au vert-brun ; la liqueur reste un peu jaune.

Le sulfate de zinc du commerce, un précipité bleu-foncé et la liqueur est noire.

Le sulfate de zinc pur, un précipité fauve tirant sur le brun.

La dissolution d'argent, un précipité métallique et la liqueur devient brune.

Le sumac seul donne aux étoffes une couleur fauve tirant un peu sur le vert, mais uni à d'autres substances colorantes ou modifié par des mordans il donne des nuances variées agréables et solides. Ainsi le sumac pourroit être employé pour donner à la fois des couleurs jaunes, grises et noires, si l'on avoit appliqué des mordans convenables sur une étoffe.

Le bain de teinture de sumac ne doit pas avoir plus de 50°. de Réaumur. Il faut y travailler les étoffes pendant quinze à vingt minutes, en élevant très-peu la température, et presque immédiatement après avoir jeté la poudre de sumac dans l'eau. *Voy.* Gris, Noir, Fauve, Bruniture, etc.

SUREAU. *Sambucus nigra.* Dambourney a teint de la laine préparée au bismuth dans un bain de sureau en un *gris-brun-olivâtre* solide. Les fleurs du sureau séchées ont communiqué à la même laine un *jaune-musc* également solide. Les baies, légèrement fermentées ont donné à la même laine un beau *gris très-bleuâtre*, et tellement solide que trois mois d'exposition à l'air, au soleil et à la pluie ne l'ont point dégradé : ces baies mûres donnent un bain *pourpre-violent*. Si on y ajoute un peu de sulfate de cuivre et d'alun, et qu'on y plonge de la laine préparée au bismuth, elle y prend une jolie teinte *bleu-tendre* qui s'embellit au savon, mais rougit au vinaigre.

Dambourney a expérimenté ces baies de plusieurs manières, souvent il a obtenu des bleus que le savon avivoit sans les altérer, mais qui toujours rougissoient par les acides. Ce végétal sur lequel il avoit fondé de grandes espérances n'a pas répondu à son attente, et le nombre des principes colorans bleus n'a point été augmenté.

T

TABLÉE. C'est la partie de la pièce d'étoffe qui tient à la fois sur la table dans l'atelier d'impression.

TABROÙBA. Arbre de Cayenne dont le fruit produit un suc avec lequel les Indiens se noircissent le corps.

TAMARISC. *Tamarix.* Arbrisseau de quinze à vingt pieds, qui croît naturellement le long des rivières dans les parties méridionales de la France et de l'Europe. Son écorce et ses feuilles ont une saveur amère et styptique. On tire de ses fruits une assez belle couleur noire, et dans les pays où ils sont abondans, les teinturiers s'en servent fréquemment pour remplacer la noix de galle.

TAMIS. C'est le châssis à fond de drap sur lequel on étend le mordant avec une brosse : on y applique ensuite la planche gravée pour la charger du mordant.

TANNIN. Le tannin est un des principes constituans de quelques végétaux; on le trouve dans la noix de galle où il est dans les proportions de cent trente sur cent quatre-vingt-cinq parties, dans le cachou dont il forme à peu près la moitié du poids, dans la gomme kino, dans le sumac, dans la plupart des écorces d'arbres, etc.

Le tannin a une saveur astringente; il est so-lide, brun, cassant et incristallisable : il est soluble dans l'eau et insoluble dans l'alcool. Il se combine avec presque tous les oxides métalliques, et devient alors à peu près insoluble dans l'eau. Il forme avec plusieurs acides des composés peu solubles. La dissolution de tannin précipite un grand nombre de dissolutions métalliques; celle de deutoxide de cuivre en olive, celle de mercure en jaune, celle de titane en rouge de sang, celle de deutoxide de fer en bleu, celle de tritoxide en gris-noir, etc. Dans les dissolutions d'albumine et de colle forte, le tannin forme des précipités abondans et imputrescibles.

On fait un tannin artificiel qui a toutes les propriétés physiques, et presque toutes les propriétés chimiques du tannin naturel en traitant le charbon de terre, les résines, etc., par l'acide nitrique; le camphre, les résines, etc, par l'acide sulfurique.

Les usages du tannin sont nombreux et importans ; c'est un réactif précieux dans les laboratoires; c'est un des principes constituans de l'encre à écrire ; c'est l'agent du tannage des cuirs; c'est la base de la plupart des teintures en noir et en gris.

TAOUZAÏ. Sorte de casse de l'Inde dont les graines réduites en farine, entrent dans la composition des cuves d'indigo que l'on prépare pour la teinture.

TEINT.

TEINT. En teinture on distingue les couleurs en deux classes, celles qui résistent aux différentes épreuves du débouilli, et à l'exposition prolongée à l'air et au soleil; celles qui au contraire s'altèrent ou changent par le savonnage, l'immersion dans des solutions acides foibles ou par le contact de l'air et de la lumière. Les premières ont reçu le nom de *teintures de grand teint* : on donne le nom de *teintures de petit teint* aux secondes.

Il fut un temps où l'on reconnoissoit deux espèces de teinturiers, les teinturiers *au grand teint* chargés de faire les couleurs solides, les teinturiers *au petit teint* bornés exclusivement aux teintures fugaces et aux raccords. En établissant cette distinction, l'administration avoit cru pouvoir éviter les fraudes. En effet, en voyant à quelle classe appartenoit l'ouvrier des mains duquel sortoit une étoffe, on pouvoit de suite reconnoître si une teinture étoit solide ou non; mais ces privilèges, loin de prévenir le mal que l'on vouloit empêcher, rendoient au contraire la fraude plus facile et plus lucrative pour les teinturiers *de grand teint*; de plus ils empêchoient la concurrence, et devoient arrêter les progrès de l'industrie.

A cette époque aussi le mélange de certains principes colorans étoit sévèrement interdit : aussi ne trouvoit-on pas cette variété innombrable de nuances, qui peuvent souvent n'être pas solides mais qui durent toujours au moins autant que les caprices de la mode qui les adopte, et dont le débit est toujours assuré.

Les bleus *grand teint*, sont ceux qu'on fait avec la cuve au pastel, au vouède, la cuve d'Inde, à la couperose, etc. Les bleus de Saxe, de Prusse et le campêche ne donnent que des bleus *petit teint*.

Les rouges de garance, de cochenille, de kermès, sont de *grand teint*; ceux d'orseille, de carthame, de bois de Brésil, etc., sont de *petit teint*.

TEINTURE (histoire de la). Une science ne s'invente pas, on la découvre, on en coordonne les principes, on en classe les théories, on en détermine le but et les moyens, mais ces principes, ces théories, ce but, ces moyens ont existé de tous temps; l'esprit humain ne les a entrevus que tardivement, ils sont aussi anciens que la matière et le monde. Voilà comment on peut expliquer cette sorte de contradiction qui existe parmi les historiens des sciences. Parmi ceux qui ont tracé l'histoire de la chimie, par exemple, les uns affirment que cette science remonte aux premiers âges, d'autres soutiennent qu'elle compte à peine aujourd'hui un demi-siècle d'existence. Tous ont raison sans doute; mais seulement en ce sens que les premiers entendent par science, ces lois immuables, éternelles qui régissent la matière, ces admirables phénomènes d'accroissement et de destruction, d'éloignement et d'affinité, d'arrangemens et de décompositions, qui ne constituent la science que lorsqu'on les a étudiés, classés et appréciés; tandis que les autres ne parlent que des efforts humains pour percer les mystères de la nature, et pour reconnoître à quelles lois elle a soumis tout ce qui est : tous enfin s'entendroient s'ils séparoient ce qui appartient aux foibles travaux des hommes, de ce qui constitue l'action immense des lois de la nature. Depuis que la matière existe les molécules obéissent aux règles de l'affinité, à l'action de la pesanteur, aux principes de la cristallisation, mais ces règles, cette action, ces principes n'étoient pas connus avant les travaux des Lavoisier, des Newton, des Haüy; on peut dire que la chimie de la nature est aussi ancienne que la nature elle-même, mais que la chimie comme science ou la chimie des hommes n'a pas en effet plus d'un siècle d'existence.

Une science ne se borne pas seulement à deviner et à imiter les lois de la nature, elle cherche de plus à faire de ces lois des applications utiles, et c'est là que naissent ou que se perfectionnent les arts. Sans doute une foule de ces arts existoit par une sorte d'intinct long-temps avant que la science dont ils ne sont qu'une application spéciale ait pris rang parmi les connoissances humaines; on fondoit, ou soudoit, on forgeoit les métaux avant que la chimie existât; on faisoit du verre et des émaux, on teignoit des étoffes, on fabriquoit du savon avant de savoir la chimie. Mais ces arts marchoient au hasard, avec incertitude et par une sorte de succession routinière jusqu'au moment où la science est venue les éclairer de son flambeau, jusqu'au moment où elle a remplacé par des principes arrêtés et certains une foule de pratiques empyriques, et de procédés transmis par succession et jamais raisonnés.

La Teinture est un art fondé en entier sur les lois de la chimie, c'est une application continuelle du principe de l'affinité moléculaire; mais si, comme cela n'est que trop démontré, la chimie considérée comme science, n'a encore qu'un siècle d'existence, combien de temps la teinture n'a dû marcher qu'au hasard, sans autre guide que des essais faits à l'aventure, que des traditions toujours vagues et incertaines. L'historien de la teinture n'a donc d'abord à raconter que quelques découvertes accidentelles améliorées graduellement par l'usage, et ce n'est qu'en arrivant aux premiers temps de la chimie qu'il peut entrer dans des détails précis, qu'ils peut présenter quelques opérations raisonnées.

Lorsqu'on examine avec quelqu'attention le commencement et les progrès de la plupart des arts, on est à chaque instant frappé de cette puissance du hasard qui révèle si souvent à des esprits peu éclairés une foule de découvertes utiles que la science sembloit seule destinée à pressentir. Plus d'une fois on est porté à croire que des hommes profondément initiés aux mystères de la nature ont pu seuls arriver à ces précieux résultats; on croit apercevoir dans les procédés suivis, dans les opérations adoptées une connoissance manifeste de ces lois générales dont l'ensemble constitue la science, mais bientôt on reconnoît que tout étoit fortuit et qu'en s'approchant plus ou moins de la vérité, les artistes anciens ne l'ont ni aperçue ni pressentie.

Il faut ne prendre qu'avec circonspection plusieurs axiômes que l'usage a consacrés, et que l'on répète trop souvent sans réflexion. Ainsi on dit, avec raison sans doute, que les arts sont l'application, ou la pratique des grands principes dont la connoissance forme les sciences; mais si l'on donnoit à cette définition un sens trop étendu, trop général, on en pourroit, on en devroit conclure que les sciences ont toujours précédé les arts, et pourtant on seroit alors à chaque instant démenti par les faits. Tous ou presque tous les arts ont au contraire précédé de beaucoup les sciences : on se servoit du cours des astres pour la direction des navires avant que Newton eût révélé les lois de la gravitation, et qu'il existât une astronomie; on employoit les leviers, les poulies, avant qu'il y eût une science qu'on nomme la *physique*; on composoit, on décomposoit certains corps avant de savoir la chimie; l'origine de la plupart de ces pratiques se perd dans la nuit des temps, tandis que presque toutes les sciences sont encore récentes, qu'on peut déterminer avec exactitude l'instant où elles ont commencé. Mais ces pratiques étudiées avec soin ont révélé quelques-unes des lois immortelles de la nature, elles ont mis sur la voie de quelques autres, la théorie est venue alors occuper les hommes réfléchis, et les sciences se sont constituées. Les arts ont donc réellement donné naissance à ce que nous nommons les *sciences*, celles-ci à leur tour éclairent et agrandissent le domaine des arts, et de cette réciprocité sont nés ces avantages immenses, ce bien être, ces jouissances innombrables que les peuples anciens ont plus ou moins ignorés.

L'origine de l'art de teindre les étoffes se perd dans la nuit des temps, les auteurs les plus anciens, Moïse, Homère en font déjà mention. Le législateur des Hébreux qui suivant l'opinion généralement reçue écrivoit au moins quinze cents ans avant le commencement de l'ère chrétienne, connoissoit plusieurs teintures qu'il a nommées. On lit en effet, dans la Genèse, ch. 38. v. 27. que lorsque Thamad fut sur le point d'accoucher, comme elle étoit enceinte de deux enfans, « l'un des deux passa sa main à laquelle la sage-femme lia un ruban *écarlate*.... » Dans l'Exode, ch. 25. v. 4 et 5. dans l'énumération des présens qu'on doit réserver pour le Seigneur : « de l'*hyacinthe*, de la *pourpre*, de l'*écarlate teinte* deux fois, du fin lin, des poils de chèvre.... Des peaux de moutons *teintes* en *rouge* et d'autres *teintes* en *violet*.... » et

ch. 38. v. 23. « Il (Béseléel) eût pour compagnon Ooliab..... qui savoit aussi travailler excellemment.... en étoffes tissues de fils de différentes couleurs, et en broderies d'*hyacinthe*, de *pourpre*, d'*écarlate* et de fin lin. »

Homère parle de la pourpre dans le sixième livre de l'Iliade. Ce poëte et Hésiode ont mentionné plusieurs couleurs qui existoient de leur temps. Leurs ouvrages ayant plus tard fait autorité, leurs successeurs en poésie, et les peintres se conformèrent à leurs opinions, et c'est depuis eux qu'il a été consacré que le roi des dieux Jupiter devoit toujours porter une draperie ou un manteau *rouge*, tandis que le *vert-bleuâtre* étoit consacré à Neptune, le *bleu-foncé* ou le *violet* à Apollon, le *vert éclatant* à Cybèle, le *bleu céleste* à Junon, le *jaune* à Cérès, à Pallas la *couleur de feu*, à Vénus, le *jaune-doré*, etc. Je sais bien qu'on peut à la rigueur penser que ces couleurs n'existoient pas plus que les personnages auxquels elles servoient d'ornement, et que l'imagination seule des poëtes leur avoit donné naissance. On conçoit en effet que le *rouge* ayant toujours passé pour la plus riche et la plus brillante des couleurs a pu être réservé pour le maître des dieux; une teinte analogue à celle de la mer devoit être celle du roi des eaux; le déesse de la terre devoit porter une couleur semblable à celle qui se montre en plus grande abondance sur notre globe, voilà pourquoi on la vêtissoit d'un vert de feuillage; Junon la sœur et l'épouse du plus grand des dieux devoit porter une marque de sa haute puissance, les poëtes lui donnoient un manteau bleu céleste à cause de la couleur du ciel où elle fixoit son séjour : Cérès présidant aux moissons étoit vêtue de *jaune*, c'étoit la couleur des épis dorés dont elle avoit enseigné la culture et les précieux usages. La déesse de la guerre avoit par la même raison un manteau couleur de feu, emblème des ravages, et surtout des incendies que la guerre traîne après elle, etc. Les autres couleurs données aux héros fabuleux ne prouveroient pas davantage que la teinture existoit à cette époque; en donnant à Nestor un manteau *rouge* les poëtes ou les peintres pouvoient en effet vouloir seulement indiquer que ce vieillard, orné de la couleur consacrée au souverain des dieux, avoit une partie de cette sagesse, de cette raison supérieure qu'ils ont placé dans la tête de Jupiter. En voilà assez pour prouver qu'il ne faut pas attacher trop d'importance à ces détails, cependant il ne faudroit pas non plus les regarder comme tout-à-fait inutiles. Si le rouge, le vert de mer, le bleu céleste, etc., dont il est ici question ne prouvent pas d'une manière évidente que l'on connût alors l'art de la teinture, la pourpre dont parle Homère le prouve évidemment. En effet, cet auteur et ceux qui sont venus depuis lui disent non-seulement que l'on faisoit une couleur pourpre qui s'appliquoit sur les étoffes, et leur donnoit un grand prix, mais tous s'accordent à attribuer cette découverte aux Tyriens, et la font remonter à deux mille ans avant Jésus-Christ.

Cette découverte, comme la plupart de celles qui ont eu quelqu'importance, et qui datent de ces temps anciens, donna naissance à plusieurs fables. De toutes celles qu'on trouve à ce sujet dans les auteurs de l'antiquité la moins ridicule est la suivante : sous le règne de Phœnix frère de Cadmus, un berger avoit conduit son troupeau sur les bords de la mer, un de ses chiens excité par la faim brisa plusieurs coquillages, et revint quelques instans après portant autour de la gueule une couleur rouge que son maître ne put s'empêcher d'admirer. Le berger, après quelques recherches, trouva le coquillage qui avoit produit ce merveilleux effet, l'essaya sur la laine d'un de ses moutons, et découvrit la plus belle, la plus chère, la plus précieuse des couleurs, jusqu'au moment où l'on fit usage de la cochenille. Une petite circonstance qui détruit le charme de cette histoire, c'est que quelques auteurs se sont aperçus depuis, que dans la langue syriaque le même mot signifie à la fois *chien* et *teinturier*. Il résulte de-là qu'un individu qui s'occupoit de teindre les étoffes fut l'inventeur de la pourpre, c'est assez probable, mais c'est moins merveilleux. Il est bien plus piquant de devoir cette découverte à un chien, et surtout de supposer une teinture qui sans préparation, s'attache à la gueule d'un animal, et y adhère assez fortement et assez long-temps pour qu'un berger puisse s'en apercevoir. Du reste, ne crions pas trop contre les fables, sans elles, que connoîtrions-nous de l'antiquité ?

Il est assez difficile de savoir quel procédé suivoient les anciens pour teindre les étoffes en pourpre; au rapport des auteurs les plus anciens, plusieurs genres de coquillages pouvoient fournir cette teinture. Les plus estimés étoient ceux que l'on récoltoit non loin de la nouvelle Tyr. Les côtes d'Afrique étoient renommées pour la pourpre de Getulie, celles d'Europe pour la pourpre de Laconie, d'autres points des côtes de la Méditerranée fournissoient aussi les mêmes coquillages. Le mollusque contenu dans la coquille, avoit selon ces auteurs une veine blanche placée auprès de la gorge, et renfermant une liqueur d'un rose-foncé, c'étoit là que le reste de l'animal étoit inutile. Il falloit seulement prendre l'animal vivant parce qu'aussitôt qu'il mouroit cette précieuse liqueur disparoissoit. La liqueur rose recueillie, avec précaution, macérée pendant trois jours avec du sel, étoit ensuite portée dans des chaudieres de plomb où on la faisoit cuire à un feu lent et modéré pendant dix jours, ce n'est qu'après ce temps qu'on y plongeoit la laine bien blanche et convenablement *préparée* : préparée avec quoi ? C'est ce que les auteurs ne disent pas. Il paroît seulement qu'on ajoutoit au bain colorant quelques autres subs-

tances, telles que le nitre, l'urine humaine, l'eau, le fucus récolté sur les rochers de l'île de Crête; il paroît aussi que la laine étoit teinte en deux fois, et cardée avec soin entre les deux opérations.

On conçoit à quel prix énorme devoit revenir une semblable teinture, chaque mollusque ne fournissoit que quelques gouttes de liqueur colorante, il falloit les pêcher au fond de la mer, et quelquefois même comme le faisoient les Tyriens jusqu'à une grande distance des côtes; il falloit enfin recueillir la liqueur avant la mort du poisson; il n'est donc pas étonnant que la pourpre se vendît au poids de l'or.

Dès que cette couleur fut connue elle devint l'attribut de la puissance, la marque distinctive des hautes dignités. Moïse la réservoit uniquement pour l'ornement du tabernacle, et pour le costume du grand Prêtre ; les rois, les empereurs, défendirent à leurs sujets de porter des étoffes teintes en pourpre, et pendant bien des siècles cette couleur ne fut employée que par les chefs des Etats, que par les hommes placés à la tête des nations.

Ce privilège dut naturellement nuire au progrès de cette industrie, un teinturier certain de se défaire de ses produits, de les vendre à un prix exhorbitant, et de faire promptement une brillante fortune, ne devoit pas chercher à améliorer ses procédés, et loin de les faire connoître, il en faisoit un secret que trop souvent ensuite il emportoit dans le tombeau. Voilà ce qui a rendu si long-temps cette teinture stationnaire, voilà ce qui a fait qu'à l'époque où d'autres principes colorans ont été connus, la pourpre avoit encore peu de solidité, et surtout peu d'éclat, quoiqu'en disent les poëtes et les historiens. Aussi y renonça-t-on sans peine et n'en fait-on plus du tout usage aujourd'hui. Si un de ces empereurs si jaloux de son manteau de pourpre, si fier de porter une couleur interdite à tous ses sujets, revenoit au milieu de nous, que diroit-il à la vue de ces étoffes rouges, amaranthes, ponceau, écarlate, dont se parent indifféremment les individus de toutes les conditions, et dont la moins chère est plus brillante et plus solide que le manteau d'un empereur romain ou la robe d'un grand prêtre de l'antique Egypte ?

L'art de la teinture remonte il est vrai à la plus haute antiquité, mille témoignages attestent que les Egyptiens, que les Grecs, que les Romains savoient teindre, soit des fils, soit des étoffes ; mais il ne faut pas croire que cet art eût atteint ce degré de perfection que quelques louangeurs du passé se sont plus à lui accorder. Quand on pense que quatre cents ans avant notre ère, la plupart des Athéniens alloient encore nu pieds, que le peuple d'alors étoit d'un drap grossier qui n'avoit reçu aucune teinture, et qu'on pouvoit facilement blanchir; que les gens riches pouvoient seuls porter des draps de couleurs à cause de leur prix élevé, et qu'ils n'en connoissoient encore que deux espèces : ceux qu'on avoit teints en pourpre avec le coquillage, et ceux qui avoient été teints en écarlate par le kermès. Quand on remarque que même alors où l'on croit que les arts avoient faits tant de progrès, on connoissoit à peine les étoffes de lin et de coton, et que les femmes seules avoient le droit d'en porter ; qu'alors aussi on ignoroit complétement l'usage de la soie, on voit combien les auteurs ont exagéré la puissance des Anciens, combien leur imagination a grossi la prospérité, l'industrie, les connoissances de ces peuples qu'on nous accoutume à ne regarder qu'avec admiration.

Comment au surplus les arts auroient-ils fait des progrès quand l'exercice en étoit regardé comme dégradant, et abandonné exclusivement aux esclaves ou aux hommes les moins éclairés ; quand les gens instruits croyoient s'avilir lorsqu'ils s'en occupoient ou même seulement lorsqu'ils en parloient ? Pline n'a-t-il pas dit à propos de la teinture qu'il négligeoit d'en parler, parce que ce n'étoit pas un art libéral. *Nec tingendi rationem omisissemus, si unquam ea liberalium artium fuisset.* Comment alors espérer des progrès, comment surtout supposer des lumières, tout devoit marcher par routine, et c'étoit en effet la routine qui dirigeoit exclusivement les teinturiers, et qui les dirigea jusqu'au moment où la chimie vint leur prêter le secours de ses lumières, c'est-à-dire jusqu'au commencement du dix-huitième siècle.

Berthollet donne une liste des différens agens que les Anciens employoient pour teindre ou pour préparer leurs étoffes. En voici une plus complète et plus détaillée :

1°. Les coquilles ou plutôt les mollusques de la famille des Purpurifères, dont on retiroit la couleur pourpre.

2°. Le *kermès* ou *coccus*, espèce de graine qui suivant Théophraste, Pline, Dioscoride, Pausanias, &c., se récoltoit sur l'Yeuse et qu'on attribuoit déjà à la présence d'un insecte, puisque la couleur qu'on en tiroit est fréquemment désignée par le nom de *couleur d'insecte* ou *couleur de vermisseau.* On ne sait pas exactement quel procédé suivoient les Anciens pour faire l'écarlate de kermès, on sait seulement qu'ils estimoient moins cette couleur que celle de la pourpre quoiqu'elle fût plus solide et moins chère.

3°. L'alun. Celui qu'on employoit étoit loin d'avoir la pureté de celui que nous employons aujourd'hui. Le plus estimé venoit de Mélos, du temps de Pline on en tiroit de Chypre, qui n'avoit pas moins de réputation. Ces aluns n'étoient probablement que des stalatites qui contenoient une plus ou moins grande proportion de sulfate d'alumine et de potasse, c'est du moins ce qui paroît résulter de leur description laissée par Dioscoride. Une variété que Pline a désignée par l'épithète de *nigrum* donnoit avec la noix de galle une belle

couleur noire ce qui prouve évidemment qu'elle renfermoit une grande quantité de sulfate de fer.

4°. L'orcanete, *anchusa tinctoria*, αγχουσα de Théophraste servoit à faire le fard employé par les Athéniennes, on en tiroit aussi une teinture rouge. Mais à en juger par les essais faits par les modernes, la couleur tirée de cette plante ou plutôt de sa racine devoit se ternir promptement, puisqu'aujourd'hui, malgré la supériorité de nos mordans, on ne peut parvenir à lui donner de la solidité, et qu'elle est presqu'entièrement abandonnée comme principe colorant.

5°. Le sang des oiseaux. Les Juifs en faisoient usage pour teindre quelques étoffes, mais on conçoit sans peine combien cette couleur devoit être terne et peu solide. Je sais bien que quelques auteurs ont prétendu que par le sang des oiseaux ou le sang des animaux, employé en teinture par les Anciens, il falloit entendre le bleu de Prusse, parce que ce bleu peut aussi se retirer du sang : c'est je crois porter un peu loin le système des interprétations, et je ne pense pas que les Anciens, soient jamais parvenus à cette découverte, pas plus que je ne crois que Locuste, toute habile qu'elle fût dans l'art de fabriquer les poisons, ait su préparer le cyanogène que les chimistes modernes ont rencontré, parce qu'elle savoit faire un poison dans lequel il entroit du sang de taureau.

6°. Le fucus. La plante à laquelle on donnoit ce nom étoit tirée de l'île de Crète, il paroît qu'on l'employoit pour donner un fond ou un pied aux couleurs les plus belles. Les anciens savoient-ils en retirer la soude par incinération ? En faisoit-on usage sans la brûler en plongeant les étoffes dans sa décoction ou dans son jus ? c'est ce que les auteurs ne disent pas. Seulement ils laissent entendre que plusieurs fucus donnoient aux laines et aux étoffes une assez belle couleur rouge, ils les connoissoient sous le nom de *fucus des teinturiers.* Pline parle de celui qu'on récoltoit dans l'île de Candie, et dont on retiroit un rouge de fard en faisant macérer la plante dans l'urine, et ajoutant ensuite à cette sorte d'infusion une certaine quantité de sel marin. Les fucus rouges sont assez abondans sur nos côtes, la récolte en est facile et peut-être seroit-il avantageux de les soumettre à quelques essais.

7°. Le genêt. *Genista tinctoria.* Etoit employé pour faire une assez belle couleur jaune : les procédés que les Anciens mettoient en usage sont aujourd'hui totalement inconnus.

8°. La violette. *Viola.* Cette plante dont on ne tire qu'une couleur fugace que les alcalis les plus foibles font virer au vert, entroit dans la teinture des Anciens ; les Gaulois l'employoient pour faire une espèce de pourpre. Cette couleur étoit-elle solide, je ne le pense pas, presque toutes celles des Anciens s'altéroient promptement ; cet inconvénient étoit à leurs yeux de fort peu d'importance ; les gens riches seuls portoient des étoffes de couleur, ils pouvoient les renouveler souvent; les pauvres ne portoient que des tissus blancs ou bruns par économie et surtout afin de *pouvoir les laver*, ce qui sembleroit encore indiquer que les teintures ne pouvoient pour la plupart résister aux opérations du lavage.

9°. La luzerne en arbre. *Lotus medicágo arborea*. Suivant quelques auteurs, cette plante seroit la même que celle à laquelle les Anciens donnoient le nom de *cityse*. Dans tous les cas son écorce étoit employée pour teindre les peaux en fauve, et de ses racines on tiroit une assez belle couleur jaune qui prenoit sur la laine.

10°. L'écorce de noyer, et le brou de noix étoient employés chez les Anciens à peu près comme ils le sont parmi nous aujourd'hui; on en tiroit un brun-fauve assez solide sur la laine, et ils servoient aussi à faire dans quelques cas la couleur noire.

11°. La garance. Est-ce la même plante que celle que l'on cultive maintenant pour les usages de la teinture? cela paroît assez probable; celle des Anciens servoit, comme la nôtre, à teindre en rouge; mais ils étoient loin de connoître les moyens de la fixer, et surtout de l'aviver comme on le fait maintenant, aussi n'en tiroient-ils qu'un rouge-terne et peu estimé.

12°. Le voüède. *Glastum*. Servoit à faire un bleu, mais ici encore ils faut répéter que les Anciens ne savoient pas en tirer comme nous une couleur brillante et solide.

13. La noix de galle, dont la plus recherchée venoit de la Comagène et qui servoit de mordant dans la couleur noire.

14°. La semence d'un accacia d'Egypte, qui remplaçoit quelquefois la noix de galle, et qui devoir avoit beaucoup d'analogie avec ce bablah qu'on a voulu mettre en vogue il y a quelques années.

15°. Le sulfate de fer, et celui de cuivre tels qu'on les trouvoit dans la nature, et dont on faisoit usage surtout dans la teinture noire des cuirs.

Telle est à peu près la liste exacte des matières qui entroient dans la teinture des Anciens ou du moins de celles dont les noms nous ont été transmis. Il est probable qu'à une époque où l'art d'écrire n'étoit connu que d'un petit nombre d'individus, et totalement étranger à ceux qui exerçoient une profession utile, une foule d'essais, de tentatives heureuses, de découvertes ont dû tour à tour être faits et perdus pour la postérité. Les Anciens savoient teindre, ils ont ignoré beaucoup de nos procédés modernes, mais il est impossible de dire d'une manière positive jusqu'où ils sont allés, et à quel point ils se sont arrêtés; on l'ignore.

Si la teinture, chez les Anciens, étoit loin de pouvoir rivaliser avec celle des peuples modernes, l'art du blanchissage n'étoit pas non plus très-avancé chez eux. Ils ne connoissoient pas le savon; ils ignoroient la manière d'extraire et de préparer la potasse et la soude, et le plus souvent ils se bornoient à nettoyer leurs étoffes ou leurs vêtemens avec quelques terres marneuses ou avec quelques plantes alcalines. On lit dans le Livre de Jérémie, chap. II, v. 22, qu'on lavoit les vêtemens dans les fosses avec le nître et le *barith*, espèce de plante très-commune en Palestine et dans la Judée. Un peu plus tard, Homère nous représente Nausicaa et ses compagnes, foulant aux pieds, dans des fosses sur les bords de la mer, leurs vêtemens pour les blanchir. Enfin Pline nous dit que les Grecs et les Romains nétoyoient leurs étoffes avec des terres ou des plantes savonneuses. De tels moyens devoient nécessairement altérer les couleurs; aussi, comme je l'ai déjà fait remarquer, les Anciens ne lavoient guère que les étoffes non teintes. Ce défaut de matières propres à donner un beau blanc aux vêtemens devoit aussi nuire au blanchiment des matières premières ou des tissus que l'on destinoit à la teinture, et comment alors auroit-on pu obtenir ces couleurs brillantes, ces nuances vives et délicates dans lesquelles nos teinturiers ont acquis une si grande habileté, quand il nous est aujourd'hui démontré que le succès d'une teinture dépend presque toujours des préparations données à la matière première, et surtout des moyens qu'on a employés pour l'amener à un blanc parfait?

Quant à la teinture des toiles en plusieurs couleurs, les Anciens en avoient aussi quelques notions, mais rien n'indique que les Egyptiens, les Grecs ou les Romains aient connu l'art de les imprimer. Cependant il paroît certain que cette manière de teindre étoit connue dans l'Inde dès la plus haute antiquité. Job, chap. XXVIII, v. 16, parle avec de grands éloges de la vivacité des couleurs qu'on remarquoit sur les étoffes apportées de ce pays. Les Egyptiens avoient probablement reçu des Indiens quelques notions qui se conservèrent chez eux par tradition, mais sans se perfectionner. Pline en parle avec admiration; mais le sens même de sa description semble bien indiquer que ni les Grecs, ni surtout les Romains, ne savoient teindre ainsi.

Voici le texte de Pline, dans le chap. XI de son XXXV° Livre :

Pingunt et vestes in Ægypto inter pauca mirabili genere, candida vela postquam attrivere illinentes non coloribus, sed colorem sorbentibus medicamentis. Hoc cùm fecere, non apparet in velis; sed in cortinam pigmenti ferventis mersa, post momentum extrahuntur picta. Mirumque, cùm sit unus in cortina color, ex illo alius atque alius fit in veste, accipientis medicamenti qualitate mutatus. Nec postea ablui potest; ita cortina non dubiè confusura colores, si pictos acciperet, digerit ex uno, pingitque dum coquit; et adusta vestes firmiores sunt, quàm si non urerentur.

Voici la traduction :

« Dans le nombre des arts merveilleux que l'on pratique en Egypte, on peint des toiles blanches qui servent à faire des habits, non en les couvrant avec des couleurs, mais en y appliquant des mordans. Lorsqu'ils sont appliqués, ils ne paroissent point sur l'étoffe ; mais ces toiles étant plongées dans une chaudière de teinture bouillante, sont retirées un instant après, colorées. Ce qu'il y a d'étonnant, c'est que, quoiqu'il n'y ait qu'une couleur, l'étoffe en reçoit différentes, selon la qualité des mordans, et les couleurs ne peuvent ensuite être emportées par le lavage. Ainsi, une liqueur qui n'étoit propre qu'à confondre les couleurs, si la toile avoit été peinte avant d'être plongée, les fait naître toutes d'une seule ; elle se distribue, elle peint la toile en la cuisant pour ainsi dire, et les couleurs de ces étoffes teintes à chaud sont plus solides que si elles étoient teintes à froid. »

D'autres manières de varier les couleurs des tissus étoient aussi connues des Anciens. C'est aux Phrygiens qu'on attribuoit généralement l'invention de la broderie en couleur, et l'on voit dans Plaute (*Menechmes*, act. 2, sc. 2) ; dans Pline, liv. VIII ; dans Hérodote, liv. II, le mot *Phrygios*, employé pour désigner cette espèce de brodeur. Suivant Martial, liv. XIV, le tissage des étoffes avec des fils de couleurs ou de nuances variées auroit été découvert par les Babyloniens, et remonteroit aussi à une époque très-éloignée.

Telles sont à peu près toutes les notions que l'on possède sur l'art de la teinture chez les peuples de l'antiquité. Cet art, plus ancien que les Grecs et que les Romains, fit peu de progrès chez eux ; pratiqué constamment par des hommes sans lumières ; méprisé des philosophes, des historiens, de ceux qui prenoient orgueilleusement le nom de *sages*, comment auroit-il pu avancer ? Jusqu'à la fin de l'empire romain on ne le voit pas non plus se signaler par quelque grande découverte. Le nombre des nuances semble à la vérité augmenter ; d'autres étoffes viennent se joindre à celle de laine : le coton de l'île de Cos, le lin d'Egypte, la soie de l'Inde, servent tour à tour à faire des tissus ; mais ces substances ne sont long-temps qu'un objet de luxe : la dernière surtout se maintient à un prix si exorbitant, que, même sous Aurélien, elle se vendoit encore au poids de l'or, et que l'empereur Héliogabale est le premier qui ait porté une robe toute de soie. Jusqu'à lui cette substance avoit été mélangée, et en petite proportion, avec le lin ou le coton.

Je disais que le nombre des nuances avoit augmenté. Pline parle en effet d'une espèce de vigne sauvage dont les graines servoient à faire du rouge. Ovide, dans le livre III de *l'Art d'aimer*, parle du *brun*, du *noir*, du *bleu* semblable à la couleur du ciel, d'un beau *vert-de-mer*, d'une teinte *aurore* ; les couleurs étoient déjà tellement variées, qu'il ne craint pas de les comparer aux fleurs du printemps. Mais ici c'est un poëte qui parle, et l'on sait que l'exagération est familière à ceux qui s'occupent de poésie. Ce qui paroît plus positif, c'est que dans les jeux du Cirque les conducteurs de chars furent d'abord partagés en quatre sections, distinguées chacune par une couleur. Il y avoit le *fartio-albo* ou *albata*, les blancs, *russata*, les rouges, *veneta*, les bleus, *persica*, les verts, et que sous Domitien on en ajouta deux autres : *aurata*, les dorés, *purpurea*, les pourprés.

Tout resta stationnaire pendant les longs déchiremens qui amenèrent enfin la ruine du bas-empire ; un luxe énorme régnoit surtout dans la capitale ; mais les peuples étoient écrasés d'impôts, tourmentés par des invasions de barbares, ruinés par d'horribles exactions, et l'on sait trop bien que la richesse de quelques-uns ne suffit pas pour faire fleurir les arts ; que le commerce, l'industrie, ne peuvent naître que lorsque les masses sont heureuses, lorsque chacun jouit en paix d'un peu d'aisance et vit en liberté.

L'époque des croisades fut un signal pour toutes les industries, qui trouvèrent en Orient des modèles et des leçons. Du sein de la Barbarie, qui avoit pu seule enfanter ces folles expéditions, jaillirent les premières lumières qui devoient amener la civilisation. Les principales villes de Syrie avoient des manufactures de soie. Plusieurs métiers furent transportés en Italie, où l'on parvint facilement à acclimater le ver-à-soie, et en 1130, une manufacture fut fondée à Palerme par Roger II.

Il paroît cependant certain que, dès l'an 550, sous le règne de Justin II, les vers-à-soie avoient été introduits à Constantinople, et le luxe étant porté à cette époque au plus haut degré, il n'est pas étonnant que l'on ait adopté avec empressement cette nouvelle industrie, si rare et si belle. Mais ces guerres, la barbarie et les malheurs de tout genre qui bientôt accablèrent l'empire d'Orient, firent disparoître promptement les traces d'un art tout nouveau, et ne lui permirent pas de se répandre dans d'autres contrées. C'est donc avec raison que l'on considère l'époque des croisades comme celle de l'origine réelle de l'introduction en Europe de la soie et des moyens de la préparer.

Ce fut aussi en Syrie que les Chrétiens trouvèrent une fabrique d'alun qui existoit depuis long-temps dans la ville de Roche, d'où vient le nom d'*alun de Roche*, que par une confusion de mots on donne encore aux cristaux d'alun. Ce ne fut cependant que vers le quinzième siècle que ce sel commença à être répandu en Europe.

Ce fut vers l'an 1300 que le hasard fit découvrir l'*orseille* à un négociant de Florence. Il remarqua une espèce de mousse à laquelle l'urine donnoit une belle couleur ; il s'empressa de faire divers essais ; et parvint à trouver le secret de préparer l'orseille, secret qui se conserva long-temps dans sa famille. Ses descendans, dont il reste encore une branche, suivant le rapport de Dominique Manui, en ont retenu le nom de *Ruccelai*, du mot espagnol *oreiglia*, que portoit cette espèce de mousse.

C'est à la découverte du Nouveau-Monde, en 1492, que l'on doit le bois de Brésil, le campêche, le rocou et la cochenille.

Les Mexicains faisoient usage de cette dernière substance pour peindre leurs maisons et colorer leurs vêtemens. Des Espagnols adressèrent à leur gouvernement un Mémoire sur la beauté de cette couleur et les avantages que l'on pourroit en tirer. Cortez reçut en 1523 l'ordre de faire multiplier l'insecte precieux qui la produisoit, et bientôt ce principe colorant fut répandu dans toute l'Europe.

La couleur produite par la cochenille seule est sombre. Vers l'an 1630, Corneil-Drebbel, ayant fait accidentellement un mélange de cette substance avec la dissolution d'étain, remarqua qu'il produisoit une couleur éclatante. Il communiqua son observation à son gendre, qui étoit teinturier à Leyde, et qui, au moyen de quelques améliorations, parvint à faire ainsi une très-belle écarlate. Le même procédé fut, en 1643, découvert par Kepfler, chimiste allemand, qui porta son secret en Angleterre, d'où il passa en Flandre et dans le reste de l'Europe.

Quant à l'usage de l'indigo, il doit être extrêmement ancien. Pline parle d'une substance qui venoit des Indes, et que l'on nommoit *indicum*; mais la ressemblance de ce nom avec celui de l'indigo ne prouveroit nullement l'identité de ces deux substances, puisqu'*indicum* a pu désigner seulement un produit de l'Inde, et que d'un autre côté Pline assure que cet *indicum* ne servoit que pour la peinture. Il est cependant probable que les Indiens faisoient usage de l'indigo dans leur teinture; et ce qui appuieroit encore cette opinion, c'est que cette substance a été apportée pour la première fois des Indes orientales par les Hollandais. On la cultiva ensuite au Mexique et dans toute l'Amérique, où elle réussit encore mieux qu'aux Indes; mais, quelque précieuse qu'elle soit devenue pour la teinture, elle eut bien des obstacles et des préjugés à vaincre avant d'être adoptée en Europe. Plictho n'en faisant aucune mention dans son *Traité des teintures*, il paroît certain qu'en 1548 elle n'étoit pas encore en usage en Italie. Elisabeth la prohiba, ainsi que le bois de campêche, et ordonna même de les bruler quand on en découvriroit dans les ateliers. La même prohibition s'etendit en Saxe et même en France, où Colbert n'avoit permis d'employer l'indigo que dans une certaine proportion.

Cette ridicule défense étoit fondée sur ce que le pastel et le vouède, étant cultivés en France, il étoit à craindre que cette branche de commerce ne tombât entièrement, si l'on introduisoit la nouvelle substance colorante, et l'usage de celle-ci ne parvint à être débarrassé de toute entrave que lorsque de plus sains principes d'économie politique eurent convaincu le gouvernement que l'interdiction portée par lui étoit un véritable tribut qu'il s'engageoit à payer à l'industrie étrangère, qui auroit eu seule alors le privilège de fournir les plus belles et les plus solides teintures.

A l'époque où je suis arrivé, l'évènement le plus important pour l'art de la teinture fut la fondation de l'établissement des Gobelins. C'est à Colbert qu'il est dû. Les frères Gobelins étoient alors célèbres dans cette branche d'industrie. Colbert leur acheta le terrain qui a conservé leur nom, y fit élever les ateliers et bâtimens nécessaires, et fit venir de Flandre des artistes et un nombre considérable d'ouvriers. Les premiers travaux eurent lieu en 1663, mais ce ne fut qu'en 1666 que cette manufacture fut complètement organisée; et bientôt, sous la direction du célèbre Lebrun, elle prit un essor qui a réalisé et surpassé même toutes les espérances qu'elle avoit fait concevoir aux amis des arts et de l'industrie.

Si l'on ne considère que les produits matériels de la manufacture des Gobelins, il est certain que, comme celle de Sèvres, elle doit être onéreuse à l'Etat. Mais un gouvernement doit voir de plus haut; il est contre son essence de devenir spéculateur; et les dépenses qu'il se résigne à faire rentrent bientôt au centuple par les canaux que ces dépenses mêmes ouvrent au commerce et à l'industrie. Sous ce point de vue, la manufacture des Gobelins a été une mine de découvertes nouvelles pour la teinture. Elles ont sans doute été tenues secrètes dans l'origine, mais peu à peu elles se sont répandues, et sont devenues du domaine public, grâces surtout aux travaux des Fourcroy, des Berthollet, des Vitalis.

Pendant long-temps on a cru généralement que la beauté et l'éclat des teintures des Gobelins dépendoient de la nature des eaux de la petite rivière de Bièvre qui traverse cet établissement. Je suis loin de partager entièrement cette opinion, qui se trouve d'ailleurs démentie par les produits d'autres manufactures, qui ont souvent atteint la même perfection. Cependant, on ne peut nier que, dans quelques teintures, par exemple dans celle du rouge d'Andrinople, il existe plusieurs opérations dont les résultats avantageux sont positifs, mais dont les causes n'ont pu être expliquées jusqu'à-présent. Il est donc dans les choses possibles que les eaux de la Bièvre contiennent des corps étrangers favorables, soit à l'apprêt des matières, soit à la combinaison des principes colorans. Cette opinion paroîtra peut-être d'autant plus probable que la Bièvre, avant d'arriver aux Gobelins, prête successivement le secours de ses eaux à un grand nombre de tanneries et de blanchisseries, et que les débris de tan, de savon et de chlorure qu'elle roule avec elle peuvent la modifier par des combinaisons qui échappent à l'analyse. Quoi qu'il en soit, cette cause ne peut être que secondaire, et la première, la plus positive de toutes, ne doit pas être cherchée ailleurs que dans l'habileté des ouvriers, et surtout dans les talens des hommes distingués, qui ont dirigé et dirigent encore ce magnifique établissement, et l'ont conduit au plus haut degré de gloire et de prospérité.

Jusques-là, il avoit existé des arts chimiques, mais la chimie n'avoit point encore pris rang parmi les sciences. Des hommes instruits avoient étudié les propriétés intimes de certains corps, mais nul n'avoit encore songé à rapporter l'ensemble de ces notions à une série de faits généraux, à une théorie arrêtée; tous marchoient au hasard, et celui qui recherchoit avec soin les propriétés des métaux, ne croyoit pas qu'il existât la moindre connexité entre lui et ceux qui s'occupoient d'analyser les teintures ou les substances alimentaires. Plus d'une découverte importante sans doute avoit été faite, mais presque toutes étoient dues à la recherche insensée de la pierre philosophale et de l'elixir de vie.

En 1270, Thadœus le Florentin fait connoître la propriété médicamenteuse de l'alcool. Dans le même siècle paroît Albert-le-Grand, considéré comme magicien, et Bacon invente la chambre obscure, le télescope et la poudre à canon. Le quatorzième siècle ne présente aucune invention nouvelle. Dans le quinzième siècle, Basile Valentin tire le volatil du sel ammoniaque au moyen de l'alcali fixe; les acides nitrique, sulfurique et muriatique, commencent à être mieux connus. Au seizième siècle, Paracelse et ses élèves popularisent l'usage de l'opium, du mercure doux, de l'antimoine; et au commencement du dix-septième, Crollius publie la préparation du mercure doux, et prépare le sulfate de potasse, auquel il donne le nom de *tartre vitriolé*.

C'est de cette époque du dix-septième siècle que peut réellement dater la science de la chimie. On commença à connoître les sels, la pierre infernale, les huiles volatiles, les vitriols, un grand nombre d'oxides, etc. etc. C'est alors que les ouvrages de Barner et Bohnius, la fondation des Sociétés savantes, et dans le dix-huitième siècle les travaux de Duclos, Leibnitz, Newton, Hellot, Duhamel, etc. etc., commencèrent l'œuvre d'une théorie qui fut fixée pour un demi-siècle par l'illustre Stahl et son émule Boërhaave. Les découvertes marchèrent à pas de géant. Tous les métaux furent beaucoup mieux connus: les gaz furent distingués; l'analyse animale fit reconnoître les sels phosphoriques de l'urine, les phénomènes de la putréfaction, et l'analyse végétale permit de donner d'immenses perfectionnemens aux arts qui ont les végétaux pour objet, comme la teinture, la savonnerie, etc.

Chaque mois, et pour ainsi dire chaque jour, étoit marqué par quelque découverte importante. La science s'enrichissoit de faits innombrables, mais la théorie étoit à peu près nulle, ou plutôt chaque savant avoit la sienne. On commençoit cependant de toutes parts à apprécier les vices de celle fondée par Stahl, qui reposoit uniquement sur le feu combiné, et qui négligeoit les fluides élastiques, regardés vaguement comme de l'air, tandis que c'étoit précisément ces fluides ou gaz qui formoient pour ainsi dire l'unique objet des travaux et des recherches de Bergman, Guyton, Schéele, Priestley, Berthollet, etc. etc. Une révolution complète ne demandoit pour éclater qu'un esprit assez ferme pour la diriger. Lavoisier parut, et son génie créa la doctrine *pneumatique*.

C'est de cette époque que date réellement la chimie; jusques-là on avoit réuni des faits; alors on les classa, on les coordonna, on en déduisit des conséquences rigoureuses; une théorie raisonnable, que chaque nouvelle découverte vient confirmer, s'établit, fut adoptée par les savans de tous les pays, et guidée par elle, la science fit en quelques années plus de progrès qu'elle n'en avoit fait depuis quarante siècles. Lorsque chacun marchoit au hasard, lorsqu'aucun lien n'unissoit les hommes qui étudioient les propriétés intimes des corps, une grande confusion avoit dû s'établir dans le langage chimique: chaque nouveau produit recevoit un nom qui quelquefois rappeloit son inventeur, qui d'autres fois indiquoit une de ses propriétés, mais qui jamais ne faisoit connoître la nature de ses principes constituans. Souvent le même corps portoit deux, trois, quatre, ou même un plus grand nombre de noms différens. Pour obvier à cet inconvénient fâcheux, il falloit créer un nouveau langage: Lavoisier l'entreprit; ses élèves et ses successeurs y sont parvenus, et la langue chimique, si simple, si claire, si précise, dut naissance aux chimistes français, et fut adoptée par les savans de toutes les contrées. On vouloit que chaque mot indiquât la combinaison des corps composés. On conserva aux corps simples les noms qu'ils portoient déjà, et que l'usage avoit consacrés. Le fer, le soufre, le bore, ne changèrent point de dénomination.

La terminaison *ique* servit à désigner les acides. Les mots *sulfurique, nitrique, borique*, indiquèrent dans les acides du soufre, du nitre, du bore.

Comme le même corps pouvoit donner naissance à plusieurs acides, la terminaison *eux* servit à indiquer ceux qui contenoient une moins grande quantité d'oxigène. Les acides *nitreux, sulfureux*, furent donc les acides les moins oxigénés du nitre et du soufre.

Enfin, comme on s'aperçut plus tard que l'oxigène n'avoit pas seul la propriété d'acidifier les corps, et que l'hydrogène pouvoit aussi donner naissance à des acides, ceux-ci conservèrent bien
leur

leur terminaison en *ique*, mais furent précédés du mot *hydro*. Ainsi les acides *hydro-chlorique*, *hydro-iodique*, sont les acides qui résultent de la combinaison de l'iode ou du chlore avec l'hydrogène.

On donna le nom d'*oxides* aux bases salifiables ou aux substances métalliques combinées avec l'oxigène; mais comme cette combinaison peut avoir lieu dans des proportions différentes avec le même corps, on distingua par les épithètes de *proto*, *deuto*, *trito*, les différens degrés d'oxidation. Le *protoxide* de zinc, le *deutoxide* d'étain, le *tritoxide* de fer, indiquent donc que le zinc est au premier, l'étain au second, le fer au troisième degré d'oxidation. Le mot *peroxide* fut en même temps adopté pour désigner le plus grand degré d'oxidation possible d'un métal.

La terminaison *ate* servit à désigner la combinaison d'un acide en *ique* avec un oxide métallique ou une base salifiable quelconque, tandis que la terminaison en *ite* fut réservée pour indiquer la même combinaison avec un acide en *eux*. Le *sulfate* de fer est donc la combinaison de l'acide sulfurique avec le fer oxidé; le *sulfite* de fer, la combinaison de l'acide sulfureux avec le même oxide. Enfin, pour indiquer en même temps à quel degré d'oxidation étoit porté le métal, on plaça devant le nom générique les épithètes *proto*, *deuto*, *trito*, etc.; ainsi, *proto-sulfite* d'étain, *trito-sulfate* de fer, indiquent que dans le premier sel, le zinc est au premier degré d'oxidation, tandis que dans l'autre l'oxidation du fer a été portée jusqu'au troisième degré.

Lorsque deux corps simples se combinent entre eux, et que l'un des deux, ou tous les deux, sont des corps non métalliques, leur combinaison est désignée par la terminaison en *ure*. Le *sulfure* de plomb, le *carbure* de fer, le *phosphure* de soufre, résultent donc de la combinaison du soufre avec le plomb, du carbone avec le fer, du phosphore avec le soufre.

Enfin, on désigne les composés gazeux, et qui restent à cet état, par la terminaison en *é*. L'hydrogène *phosphoré*, l'hydrogène *arseniqué*, sont les combinaisons gazeuses de l'hydrogène avec le phosphore ou avec l'arsenic.

Comme le langage est aujourd'hui généralement adopté, comme c'est le seul qui soit employé maintenant dans nos écoles, j'ai cru devoir joindre à cet article un tableau comparatif des anciens noms er des nouveaux, afin de rendre facile et intelligible la lecture des ouvrages qui ont été composés sur l'art de teindre, avant l'adoption de la nouvelle nomenclature.

Pendant un grand nombre de siècles, un préjugé fatal régna parmi les savans. Ils étoient convaincus que la teinture, et tous les autres arts industriels, ne méritoient ni l'attention, ni les recherches du petit nombre d'hommes qui s'élevoient au-dessus de l'ignorance générale. C'est

par suite de ce même préjugé que l'on ne trouve que des renseignemens inexacts ou insuffisans sur tout ce qui concerne les arts chez les Anciens, et Pline lui-même déclare qu'il ne croit pas de sa dignité de s'en occuper.

Plus tard, lorsque l'on vit paroître les premières expériences relatives à la chimie, les hommes qui se livrèrent à cette science la considérèrent comme purement spéculative, et si parfois ils en firent quelques applications, les uns ne furent guidés que par le désir insensé de trouver la pierre philosophale; les autres, moins aveugles, par l'espoir de découvrir quelques nouveaux médicamens.

On conçoit que, dans un tel état de choses, la teinture ne pouvoit faire que des progrès très-lents. Chaque teinturier avoit son procédé; chaque procédé étoit un véritable secret, et ne pouvoit être amélioré que lorsque le hasard faisoit trouver quelque combinaison nouvelle, comme cela est arrivé pour la teinture d'orseille, pour celle en écarlate, etc.

Ce n'est que depuis peu de temps que ce préjugé funeste est tombé, et que les hommes du plus grand mérite ont senti que, si leurs connoissances profondes, leur vaste instruction, leur donnoient un titre assuré à l'admiration du monde savant, l'application de cette même instruction en faveur des arts et de l'industrie pouvoit seule aussi leur assurer la reconnoissance de leurs contemporains et de la postérité.

Ainsi, Macquer a publié une description exacte des procédés qu'on exécute sur la soie; il a donné des détails précieux sur le bleu de Prusse; enfin il alloit publier un traité général des teintures, lorsque la mort vint l'atteindre.

On doit à Hellot le meilleur traité que l'on possède encore aujourd'hui sur la teinture des laines.

Berthollet, en publiant ses *Elémens de l'art de la teinture*, a voulu remplir la lacune que Macquer avoit laissée en mourant, et c'est son plus beau titre à la reconnoissance de ses concitoyens.

Chaptal, dont le nom est si cher aux sciences, a fait paroître un grand ouvrage sous le titre de *Chimie appliquée aux arts*; et n'a pas dédaigné de s'occuper d'autres applications plus spéciales encore, en publiant son *Traité sur la fabrication des soudes*, ses *Principes chimiques sur l'art du teinturier-dégraisseur*, etc. etc.

Fourcroy, Thénard, Gay-Lussac, dans leurs traités généraux, n'ont négligé aucune occasion d'indiquer toutes les applications utiles que l'on peut faire des principes de la chimie aux arts, à l'industrie et à l'agriculture.

Le traité le plus récent et le plus complet de la teinture est dû à Vitalis, qui joignoit à la théorie la plus profonde une pratique qui lui a permis de faire des découvertes qui avoient échappé à ses savans devanciers.

Chevreul, placé à la tête de l'établissement

des Gobelins, s'occupe sans relâche de l'examen et de l'analyse des substances colorantes. Pelletier et Caventou, auxquels la pharmacologie doit tant de découvertes précieuses, ont aussi analysé plusieurs matières tinctoriales, et ont séparé plusieurs laques dont l'usage deviendra bientôt général. Enfin, la même émulation s'est emparée de tous ceux qui s'occupent de la chimie, et à leurs yeux une découverte, quelque curieuse qu'elle soit, devient presque sans importance s'ils ne trouvent moyen d'en faire une heureuse application au bien-être, à la prospérité du commerce et de l'industrie, et par conséquent au bonheur des nations.

NOMENCLATURE CHIMIQUE.

TABLEAU comparatif des Termes anciens avec les nouveaux (1).

A

TERMES ANCIENS.	TERMES NOUVEAUX.
Acétites	Acétates.
Acette d'argile	Acétate d'alumine.
— calcaire	— de chaux.
Acide acéteux	Acide acétique.
— adipeux	— sébacique.
— aérien	— carbonique.
— arsénieux	Deutoxide d'arsenic.
— benzonique	Acide benzoïque.
— bézoardique	— urique.
— boracin	— borique.
— boracique (c)	— borique.
— carbo-muriatique	— chloroxi-carbonique.
— charbonneux	— carbonique.
— chloreux	Oxide de chlore.
— crayeux	Acide carbonique.
— empyreumatique	— pyrolignique.
— formicin	— formique.
— des fourmis	— formique.
— galactique	— lactique.
— hydro-muriatique	— hydro-chlorique.
— latique	— urique.
— lignique	— pyro-lignique.
— malusien	— malique.
— marin	— hydro-chlorique.
— marin déphlogistiqué	Chlore.
— du mellite	Acide mellitique.
— méphitique	— carbonique.
— muqueux	— mucique.
— muriatique (c)	— hydro-chlorique.
— muriatique hyper-oxigéné	— chlorique.
— muriatique oxigéné	Chlore.
— muriatique sur-oxigéné	Oxide de chlore.
— nitreux déphlogistiqué	Acide nitrique.
— nitreux phlogistiqué	— nitreux.
— nitro-muriatique (c)	— hydro-chloro-nitrique.
— oxalin	— oxalique.
— pyro-ligneux (c)	— pyro-lignique.

(1) La lettre *c* indique les dénominations que l'on retrouve encore dans quelques ouvrages modernes.

TERMES ANCIENS.	TERMES NOUVEAUX.

Acide pyro-muqueux..................... Acide mucique.
  — pyro-tartareux.....................   — pyro-tartarique.
  — prussique (c)....................   — hydro-cyanique.
  — saccharin.......................   — oxalique.
  — sacchlactique...................   — mucique.
  — saccholactique..................   — mucique.
  — sébacé.........................   — sébacique.
  — sédatif........................   — borique.
  — spatique.......................   — fluorique.
  — du succin......................   — succinique.
  — du sucre.......................   — oxalique.
  — sulfureux volatil..............   — sulfureux.
  — syrupeux.......................   — mucique.
  — tartareux......................   — tartarique.
  — du ver à soie..................   — bombique.
  — vitriolique....................   — sulfurique.
Acidule oxalique.....................   — oxalique.
Acidum pingue........................ Nom chimérique du principe caustique des acides.
Acier (c)............................ Carbure de fer.
Adipocire............................ Blanc de baleine, etc.
Air acide vitriolique................ Acide sulfureux.
  — déphlogistiqué................. Gaz oxigène.
  — fixe........................... Acide carbonique.
  — inflammable (c)................ Gaz hydrogène.
  — phlogistiqué...................   — azote.
  — vital (c)...................... Oxigène.
Alcali caustique..................... Potasse, soude, ammoniaque.
  — fixe minéral................... Soude.
  — fixe du tartre................. Potasse.
  — fixe végétal................... Idem.
  — marin.......................... Soude.
  — minéral aéré................... Carbonate de soude.
  — phlogistiqué du bleu de Prusse. Prussiate de potasse.
  — prussien....................... Prussiate alcalin.
  — végétal aéré................... Carbonate de potasse.
  — végétal vitriolé............... Sulfate de potasse.
  — volatil........................ Gaz ammoniaque.
  — volatil concret................ Sous-carbonate d'ammoniaque.
  — volatil fluor.................. Ammoniaque liquide.
Alcalis (c).......................... Oxides métalliques.
  — aérés.......................... Carbonates.
Alcaligène........................... Principe alcalifiant présumé.
Alkalis.............................. Oxides métalliques.
Aliment du diable.................... Nom donné à l'indigo.
Alumine (c).......................... Oxide d'aluminium.
Alun (c)............................. Sulfate d'alumine et de potasse, ou sulfate d'alumine et d'ammoniaque.
  — de glace....................... Alun de roche.
  — marin.......................... Hydro-chlorate d'alumine.
  — nitreux........................ Nitrate d'alumine.
  — de plume....................... Sulfate de zinc.
  — saturé diaphorétique........... Antimonite de potasse.
  — saturé de la terre............. Sulfate d'alumine.
Antimoine blanc...................... Bismuth.
       cru....................... Sulfure d'antimoine.
       spéculaire................ Sulfure d'antimoine natif.
Ammoniaque muriaté................... Hydro-chlorate d'ammoniaque.
Aquila alba.......................... Proto-chlorure de mercure.

Z 2

TERMES ANCIENS.	TERMES NOUVEAUX.
Arbre de Diane	Argent mercuriel cristallisé.
Arcanum duplicatum	Sulfate de potasse.
Argent corné	Chlorure d'argent.
Argile (c)	Mélange d'alumine et de silice.
— crayeuse	Carbonate d'alumine.
— nitrée	Nitrate d'alumine.
— spathique	Fluate d'alumine.
Arsenic blanc	Deutoxide d'arsenic.
— fixe	Arséniate acide de potasse.
— rouge	Sulfure d'arsenic (réalgar).
Arsenite	Arseniure.
Azote oxi-muriaté	Chlorure d'azote.
Azur de cobalt (c)	Verre coloré en bleu par le cobalt.
— de cuivre	Carbonate de cuivre.

B

Barote	Baryte.
Baryte (c)	Protoxide de barium.
— carbonatée	Carbonate de baryte.
— sulfatée	Sulfate de baryte.
Batitures de cuivre	Oxide de cuivre.
— de fer	— de fer.
Beurrre d'antimoine (c)	Proto-chlorure d'antimoine.
— d'arsenic	Deuto-chlorure d'arsenic.
— de bismuth	Chlorure de bismuth.
— d'étain	— d'étain.
— de zinc	— de zinc.
Bezoard minéral	Oxide d'antimoine.
Blanc de céruse (c)	Sous-carbonate de plomb.
— d'Espagne (c)	— de chaux.
— de fard	Oxide blanc de bismuth.
— de plomb.(c)	Sous-carbonate de plomb.
Blende	Sulfure de zinc.
Bleu de montagne	Carbonate de cuivre natif.
— de Prusse ou de Berlin (c)	Mélange d'hydro-cyanate de tritoxide et de cyanure de fer.
Borax (c)	Sous-borate de soude.
— alumineux	Borate d'alumine.
— ammoniacal	— d'ammoniaque.
— commun	Sous-borate de soude.
— végétal	Borate de potasse.

C

Calamine (c)	Oxide de zinc natif impur.
Calomélas (c)	Proto-chlorure de mercure.
Caméléon minéral	Mélange d'oxide de manganèse et de potasse.
Cendre bleue (c)	Oxide de cuivre.
— gravelée (c)	Potasse.
Céruse (c)	Sous-carbonate de plomb.
Charbon (c)	Carbone.

Chaux (c).............................. Oxide de calcium.
— grise d'antimoine................. — d'antimoine sulfuré gris.
— métallique...................... — métallique.
Chlorine.............................. Chlore.
Chrysocolle (c)....................... Sous-borate de soude impur.
Chyasates ferrurés.................... Prussiates.
Cinnabre (c).......................... Sulfure de mercure.
— d'antimoine sublimé............. — de mercure violet.
Cobolt................................ Cobalt.
Colcotar (c).......................... Tritoxide de fer.
Colle de poisson (c).................. Ichtyocolle.
Couperose blanche..................... Sulfate de zinc.
— bleue (c)................... Deuto-sulfate de cuivre.
— verte (c)................... Proto-sulfate de fer.
Craie (c)............................. Sous-carbonate de chaux.
— martiale....................... Carbonate de fer.
— rouge.......................... Ocre.
Crayon noir (c)....................... Carbure de fer.
Crême de chaux........................ Eau de chaux.
— de tartre (c).................. Tartrate acide de potasse.
Cristal d'étain....................... Oxide d'étain natif.
— d'étain blanc................. Tungstène.
— minéral....................... Nitrate de potasse fondu.
Cristaux d'hiærne..................... Acide oxalique.
— de lune.................... Nitrate d'argent.
— de soude (c)............... Sous-carbonate de soude.
— de Vénus................... Deutacétate de cuivre.
Crocus de tartre...................... Tartrate acide.
— de Vénus..................... Acétate de cuivre.
Cuivre jaune (c)...................... Alliage de cuivre et de zinc.
— soyeux...................... Carbonate de cuivre natif.
— sur oxigéné vert................ Oxide de cuivre natif.

D

Deliquium............................. Déliquescence.
Diane................................. Argent.

E

Eau aérée............................. Eau gazeuse.
— céleste....................... Solution d'ammoniure de cuivre.
— de chaux prussienne.............. Prussiate de chaux.
— forte des savonniers (c)......... Dissolution de soude caustique.
— forte (c)....................... Acide nitrique du commerce.
— mercurielle...................... Nitrate de mercure.
— phagédénique (c)................. Deuto-chlorure de mercure.
— de Rabel........................ Ether.
— régale (c)...................... Acide hydro-chloro-nitrique.
— seconde des graveurs (c)......... — nitrique étendu d'eau.
— seconde des peintres (c)......... Dissolution de potasse.
— végéto-minérale................. Acétate de plomb.
Emétique (c).......................... Tartrate de potasse et d'antimoine.

TERMES ANCIENS.	TERMES NOUVEAUX.
Empois.	Amidon.
Ens Martis.	Hydro-chlorate de fer et d'ammoniaque.
— Veneris.	— d'ammoniaque coloré par le cuivre.
Esprit acide de craie.	Solution d'acide carbonique dans l'eau.
— acide spathique.	Acide fluorique.
— alcalin volatil.	Ammoniaque liquide.
— fumant de Libavius.	Deuto-chlorure d'étain.
— de Mindérérus.	Acétate d'ammoniaque.
— de nitre.	Acide nitrique.
— de nitre dulcifié.	Ether nitrique.
— de nitre fumant.	Acide nitreux.
— de sel.	— hydro-chlorique liquide.
— de sel ammoniac.	Ammoniaque.
— de sel fumant.	Acide hydro-chlorique liquide.
— de sel marin.	— hydro-chlorique.
— de soufre.	— sulfureux.
— de vin (c)	Alcool.
— de vitriol.	Acide sulfurique.
Etain corné.	Chlorure d'étain.
— de glace.	Bismuth.
— gris.	Bismuth.
Ether muriatique (c).	Ether hydro-chlorique.
— vitriolique.	— sulfurique.
Ethiops martial (c).	Deutoxide de fer.
— minéral.	Oxide de mercure sulfuré noir.
— per se.	— noir de mercure.
Euchlorine.	— de chlore.
Extrait de Saturne (c)	Solution concentrée de sous-acétate de plomb.

F

Fallertz.	Sulfure de cuivre.
Fer aéré.	Carbonate de fer.
— limoneux.	Oxide de fer natif.
— quartzeux.	Emeri.
— spathique.	Carbonate de fer natif.
Ferrocyanates.	Prussiates.
Fleurs ammoniacales cuivreuses.	Hydro-chlorate d'ammoniaque coloré par le cuivre.
— ammoniacales martiales.	— de fer et d'ammoniaque.
— d'antimoine.	Protoxide d'antimoine sublimé.
— argentines de régule.	Oxide d'antimoine.
— d'arsenic.	Deutoxide d'arsenic.
— de benjoin.	Acide benzoïque sublimé.
— de bismuth.	Oxide de bismuth.
— de foie de soufre alcalin.	Sulfure alcalin de potasse ou de soude.
— de soufre.	Soufre sublimé.
— de zinc.	Oxide de zinc sublimé.
Fluor ammoniacal.	Fluate d'ammoniaque.
— argileux.	— d'alumine.
— magnésien.	— de magnésie.
— pesant.	— de baryte.
— de soude.	— de soude.
— tartareux.	— de potasse.
Foie d'arsenic.	Arséniure.
— de soufre.	Sulfure de potasse.
— de soufre antimonié.	— de potasse et d'antimoine.

G

TERMES ANCIENS.	TERMES NOUVEAUX.
Galactz..	Lactates.
Galène.......................................	Sulfure de plomb.
Gallin.......................................	Acide gallique.
Gaz acide crayeux........................	— carbonique.
— acide marin.........................	— hydro-chlorique.
— acide marin déphlogistiqué............	Chlore.
— acide muriatique aéré...............	—
— acide muriatique oxigéné............	—
— acide sulfureux.....................	Acide sulfureux.
— alcalin.............................	Ammoniaque.
— déphlogistiqué......................	Gaz oxigène.
— glucine (c).........................	Oxide de glucinium.
— gras des cadavres...................	Blanc de baleine, etc.
— hépatique...........................	Gaz acide hydro-sulfurique.
— hydrogène charbonneux...............	— carboné.
— hydrogène sulfuré...................	— acide hydro-sulfurique.
— inflammable (c).....................	— hydrogène.
— inflammable des marais..............	— hydrogène proto-carboné.
— méphitique..........................	Acide carbonique.
— nitreux(c).........................	Deutoxide d'azote.
— oléfiant............................	Hydrogène carboné.
— phlogistiqué........................	Azote.
— prussien............................	Acide prussique.
— sulfureux...........................	— sulfureux.
Glutineux..................................	Albumine végétale.
Gypse (c).................................	Sulfate de chaux.

H

Hépars sulfureux........................	Sulfures alcalins.
Huile douce du vin.......................	Ether.
— de tartre par défaillance.............	Potasse en déliquescence.
— de vitriol (c).......................	Acide sulfurique.
Hydrogène sulfuré.......................	— hydro-sulfurique.
Hydro-phthorates.........................	Fluates.
Hydro-sulfures (c).......................	Hydro-sulfates.
— sulfurés (c).......................	— sulfurés.

J

Jovial.......................................	Bismuth.
Jupiter......................................	Etain.

K

Kermès minéral...........................	Sous-hydro-sulfate de protoxide d'antimoine.

L

TERMES ANCIENS.	TERMES NOUVEAUX.
Laiton (c)	Alliage de cuivre et de zinc.
Lait de chaux	Eau de chaux.
Lana philosophica	Oxide de zinc sublimé.
Lessive du sang	Matière colorante du bleu de Prusse.
Lessive des savonniers (c)	Solution de soude caustique.
Lignites	Pyro-lignates.
Liqueur des cailloux	Solution de potasse silicée.
— fumante de Boyle (c)	Sous-hydro-sulfate sulfuré d'ammoniaque.
— fumante de Libavius	Deuto-chlorure d'étain.
— minérale anodine nitreuse	Ether nitrique.
Litharge (c)	Protoxide de plomb fondu.
Lithiates	Urates.
Lune	Argent.
— cornée	Chlorure d'argent.

M

Magister de bismuth	Oxide de bismuth.
Magnésie (c)	— de magnésium.
— noire	— de manganèse.
Marbres (c)	Carbonates de chaux.
Marcassite	Sulfure de fer natif.
— blanche	Bismuth.
— argentée	
Margarine	Acide margarique.
Mars	Fer.
Massicot (c)	Protoxide de plomb en poudre.
Matière colorante du bleu de Prusse	Acide hydro-cyanique.
Matte	Fonte de cuivre.
Mercure doux (c)	Proto-chlorure de mercure.
Métal des cloches	Alliage de cuivre et d'étain.
Métaux spathiques	Carbonates métalliques.
— vierges	Métaux natifs.
Mine de plomb (c)	Percarbure de fer.
— de plomb rouge	Chromate de plomb.
Minium (c)	Deutoxide de plomb. (Il est mêlé de protoxide.)
Mofette atmosphérique	Azote.
Mort aux rats	Deutoxide d'arsenic.
Mucites	Mucates.
Muriates (c)	Hydro-chlorates.
— hyperoxigénés	Chlorates.
— de mercure doux	Proto-chlorure de mercure.
— secs	Chlorures.
— sur-oxigénés	Chlorates.

N

Natron	Carbonate de soude du commerce.
Neige d'antimoine	Oxide d'antimoine.

Nihil

TERMES ANCIENS.	TERMES NOUVEAUX.
Nihil album...........................	Oxide de zinc sublimé...
Nitre (c)..............................	Nitrate de potasse...
— ammoniacal........................	— d'ammoniaque...
— antimonié.........................	— d'antimoine.
— d'argile...........................	— d'alumine.
— barotique.........................	— de baryte.
— à base terreuse....................	— de chaux.
— cubique...........................	— de soude.
— de houssaye.......................	— de potasse.
— inflammable.......................	— d'ammoniaque.
— martial...........................	— de fer.
— pesant............................	— de baryte.
— rhomboïdal........................	— de soude.
— de Saturne........................	— de plomb.
Nitrogène............................	Azote.
Nitro-muriate (c).....................	Hydro-chloro-nitrate.

O

Oesveneris............................	Sulfure de cuivre.
Or mussif............................	Deuto-sulfure d'étain.
Orpiment ou orpin (c).................	Sulfure d'arsenic.
Oxide d'azote........................	Deutoxide d'azote.
— d'hydrogène (c)...................	Eau.
— hydro-sulfuré (c).................	Hydro-sulfates.
— au maximum......................	Peroxide.
— au minimum......................	Protoxide.
— nitreux...........................	Deutoxide d'azote.
Oxidule.............................	Protoxide.
— d'azote...........................	— d'azote.

P

Panacée mercurielle...................	Proto-chlorure de mercure.
Pech blonde..........................	Urane et sulfure d'urane.
Petit argent..........................	Platine.
Phlogistique..........................	Cause présumée et erronée de la combustion.
Phosgène............................	Acide chloroxi-carbonique.
Phthoro-borates......................	Fluo-borates.
Pierre atramentaire...................	Sulfate de fer.
— de Bologne.......................	— de baryte.
— calaminaire......................	Calamine.
— calcaire (c)......................	Sel à base de chaux.
— à cautères (c)....................	Potasse caustique.
— d'étain...........................	Oxide d'étain natif.
— infernale (c).....................	Nitrate d'argent fondu.
— de Périgueux.....................	Mine de manganèse.
— pesante..........................	Tungstène.
Plâtre (c)............................	Sulfate de chaux.
Plomb corné.........................	Chlorure de plomb fondu.
— gris..............................	Bismuth.

TERMES ANCIENS.	TERMES NOUVEAUX.
Plomb jaune	Tungstène.
— rouge de Sibérie	Chromate de plomb.
— spathique	Carbonate de plomb.
Plombagine (c)	Per-carbure de fer.
Pompholix	Oxide de zinc sublimé.
Potasse pure (c)	Deutoxide de potassium.
Potée d'étain	Oxide d'étain blanc.
Poudre d'Algaroth	Protoxide d'antimoine.
— des Chartreux	Sous-hydro-sulfate de protoxide d'antimoine.
Précipité blanc	Proto-chlorure de mercure.
— jaune	Sulfate de mercure.
— per se	Deutoxide de mercure.
— pourpre de Cassius (c)	Protoxide d'or uni au deutoxide d'étain.
— rose	Nitrate de mercure.
— rouge	Deutoxide de mercure.
Prussiates (c)	Hydro-cyanates et quelquefois cyanures.
— de mercure	Cyanures de mercure.
Pyrites grises	Bismuth.
— martiales	Sulfure de fer.
Pyro-lignites	Pyro-lignates.
Pyro-mucites	Mucates.
Pyro-tartrites	Pyro-tartrates.

R

Réalgar ou réalgal	Sulfure d'arsenic.
Régule	Métal pur.
— d'antimoine	Antimoine.
— d'arsenic	Arsenic métallique.
— de bismuth	Bismuth.
— martial	Sulfure d'antimoine.
— de Vénus	Alliage de cuivre et d'antimoine.
Rouge d'Angleterre (c)	Tritoxide de fer.
Rouille de cuivre	Oxide de cuivre.
— de fer	— de fer.
Rubines d'arsenic	Sulfure d'arsenic.

S

Saccholactates ou sacchlactates	Mucates.
Safran astringent	Tritoxide de fer.
— de Mars apéritif	Carbonate de fer.
Safre	Oxide de cobalt.
Salpêtre (c)	Nitrate de potasse.
— terreux	— de chaux.
— magnésien	— de magnésie.
Saturne	Plomb.
— gris	Bismuth.
Savon des verriers	Oxide noir de manganèse natif.
Schéelates	Tungstates.
Schorl rouge	Oxide de titane.

Sel d'absinthe......................... Sous-carbonate de potasse.
— acéteux ammoniacal................. Acétate d'ammoniaque.
— acéteux d'argile..................... — d'alumine.
— acéteux calcaire..................... — de chaux.
— acéteux magnésien.................. — de magnésie.
— acéteux martial..................... — de trioxide de fer.
— acéteux minéral..................... — de soude.
— acide du tartre..................... Acide tartarique.
— admirable.......................... Sulfate de magnésie.
— admirable perlé.................... Phosphate acide de soude.
— alembroth......................... Hydro-chlorate d'ammoniaque et de mercure.
— amer............................... — de magnésie.
— ammoniac.......................... — d'ammmoniaque.
— ammoniac liquide.................. Acétate d'ammoniaque.
— ammoniac secret................... Sulfate d'ammoniaque.
— ammoniacal crayeux............... Sous-carbonate d'ammoniaque.
— ammoniacal nitreux................ Nitrate d'ammoniaque.
— ammoniacal secret de Glauber......... Sulfate d'ammoniaque.
— ammoniacal sédatif................ Sous-borate d'ammoniaque.
— ammoniacal spathique............. Fluate d'ammoniaque.
— ammoniacal tartareux.............. Tartrate d'ammoniaque.
— ammoniacal vitriolique............ Sulfate d'ammoniaque.
— d'Angleterre...................... Sous-carbonate d'ammoniaque.
— arsenical de Macquer.............. Sur-arséniate de potasse.
— de Benjoin........................ Acide benzoïque.
— de canal.......................... Sulfate de magnésie.
— cathartique amer fixe............. *Idem.*
— chalybé........................... Sulfate de fer vert.
— de colcotar....................... — de fer sur-oxigéné.
— commun........................... Chlorure de sodium.
— diurétique........................ Acétate de potasse.
— de Duobus........................ Sulfate de potasse.
— d'Egra............................ — de magnésie.
— d'Epsum.......................... *Idem.*
— essentiel d'oseille................ Oxalate acidule de potasse.
— essentiel de tartre............... Tartrate acidule de potasse.
— essentiel de vin.................. *Idem.*
— essentiel des végétaux........... Acide végétal.
— d'étain........................... Hydro-chlorate de protoxide d'étain.
— fébrifuge de Sylvius.............. — de soude.
— fixe............................... Tartrate acide de potasse.
— fixe de salpêtre.................. Chlorure de sodium.
— de suie........................... Sous-carbonate de potasse.
— de tartre......................... *Idem.*
— de vitriol......................... Sulfate de fer.
— fusible à base de natron.......... Phosphate de soude.
— fusible de l'urine................ Phosphate.
— de gabelle........................ Chlorure de sodium.
— gemme (c)........................ *Idem.*
— de Glauber (c) ou sel admirable de Glauber. Sulfate de soude.
— indien............................ Sucre.
— infernal.......................... Nitrate de potasse.
— de Kali........................... Sous-carbonate de soude.
— marin............................. Chlorure de sodium.
— marin argileux.................... Hydro-chlorate d'alumine.
— marin à base de terre pesante..... — de baryte.
— marin calcaire.................... — de chaux.
— marin de fer...................... — de protoxide de fer.

                                        A a 2

TERMES ANCIENS.	TERMES NOUVEAUX.
Sel marin magnésien	Hydro-chlorate de magnésie.
— marin régénéré	Chlorure de potassium.
— de Mars	Sulfate de fer vert.
— natif de l'urine	Phosphate.
— neutre arsenical	Arséniate de potasse.
— de nitre (c)	Nitrate de potasse.
— d'oseille (c)	Oxalate acide de potasse.
— de perle	Acétate de chaux.
— polychreste de Glaser	Sulfate de potasse.
— de prunelle	Mélange de nitrate et de sulfate de potasse.
— régalin d'étain	Hydro-chlorate d'étain.
— régalin d'or	— d'or.
— régalin de platine	— de platine.
— salé	Chlorure de sodium.
— de Saturne (c)	Proto-acétate de plomb.
— de Sceydschutz	Sulfate de magnésie.
— sédatif	Acide borique.
— sédatif mercuriel	Borate de mercure.
— de Sedlitz (c)	Sulfate de magnésie.
— de Seignette (c)	Tartrate de potasse et de soude.
— de Sennert	Acétate de potasse.
— solaire	Hydro-chlorate d'ammoniaque.
— de soude	Sous-carbonate de soude.
— de soufre	Sulfate acide de potasse.
— stanno-nitreux	Nitrate d'étain.
— sulfureux de Stalh	Sulfite de potasse.
— de tartre	Sous-carbonate de potasse.
— végétal	Tartrate de potasse.
— végétal fixe	Sous-carbonate de potasse.
— de vinaigre	Acide acétique.
— de vitriol de Chypre	Sulfate de cuivre.
— vitriolique martial	— de fer vert.
— volatil d'Angleterre	Sous-carbonate d'ammoniaque.
— volatil narcotique de vitriol	Acide borique.
— volatil de succin	— succinique.
Sélénite (c)	Sulfate de chaux.
Silice (c)	Oxide de silicium.
Soleil	Or.
Soude crayeuse	Sous-carbonate de soude.
— pure (c)	Deutoxide de sodium.
— spathique	Fluate de soude.
Spath calcaire (c)	Sous-carbonate de chaux.
— séléniteux	Sulfate de chaux.
— cubique	Fluate de chaux.
— fluor (c)	Idem.
— fusible	Idem.
— pesant (c)	Sulfate de baryte.
— vitreux	Fluate de chaux.
— de zinc	Sous-carbonate de zinc.
Soufre doré d'antimoine	Hydro-sulfure d'antimoine.
— hydrogéné (c)	Hydrure de soufre.
— oxi-muriaté	Chlorure de soufre.
— rouge	Arsenic sulfuré rouge.
— végétal	Lycopode.
— vif	Soufre pur.
Strontiane (c)	Oxide de strontium.
Sublimé corrosif (c)	Deuto-chlorure de mercure.
— doux	Proto-chlorure de mercure.
Sucre de Saturne	Acétate de plomb

T

TERMES ANCIENS	TERMES NOUVEAUX
Tartre chalybé	Tartrate de potasse et de fer.
— crayeux	Carbonate de potasse.
— martial soluble	Martrate de potasse et de fer.
— méphilique	Carbonate de potasse.
— saturnin	Tartrate.
— soluble	Idem.
— spathique	Fluate de potasse.
— stibié	Tartrate de potasse et d'antimoine.
— tartarisé	— de potasse.
— vitriolé	Sulfate de potasse.
Tartrite acidule de potasse	Tartrate acide de potasse.
Tartrites	Tartrates.
Teinture de Mars tartarisé	Tartrate de fer et de potasse.
Terre d'alun	Alumine.
— argileuse	Idem.
— calcaire	Sous-carbonate de chaux
— foliée cristallisable	Acétate de soude.
— foliée mercurielle (c)	Deutacétate de mercure.
— foliée minérale	Acétate de soude.
— foliée de tartre	— de potasse.
— végétale (c)	— de potasse.
— pesante	Baryte.
— aérée	Carbonate de baryte.
— du sel d'Epsum	Magnésie.
— vitrifiable	Oxide de silicium.
— vitriolée	Sulfate de baryte.
Terres	Oxides métalliques.
— métalliques	Idem.
Thorine (c)	Oxide de thorinium.
Timberg	— d'étain natif.
Titanite	— de titane.
Trisules	Sels triples.
Turbith minéral (c)	Sous-deuto-sulfate de mercure.
— nitreux	Sous-deuto-nitrate de mercure.
Tuthie	Oxide de zinc.

U

TERMES ANCIENS	TERMES NOUVEAUX
Uranite	Urane.
Uranoere	Oxide d'urane.

V

TERMES ANCIENS	TERMES NOUVEAUX
Vénus	Cuivre.
Verdet cristallisé (c)	Deutacétate de cuivre.
Verre d'antimoine (c)	Oxide d'antimoine sulfuré.
— de plomb	Flint-glass.
Verres métalliques	Emaux.

TERMES ANCIENS.	TERMES NOUVEAUX.
Vert-de-gris (c)	Sous-carbonate de cuivre.
— de montagne	Carbonate de cuivre natif.
— de Schéele	Deuto-arsénite de cuivre.
Vif argent (c)	Mercure.
Vinaigre radical	Acide acétique concentré.
Vitriol blanc (c)	Sulfate de zinc,
— bleu	Deuto-sulfate de cuivre.
— de Chypre	— de cuivre.
— martial	— de fer.
— de régule d'antimoine	Sulfate d'antimoine.
— vert (c)	Proto-sulfate de fer.

Y

Yttria (c)	Oxide d'yttrium.

Z

Zircône (c)	Oxide de Zirconium.

TEINTURE DES COTONS. Le coton a moins d'affinité pour les principes colorans que la laine et la soie. Aussi, pour quelques opérations de la teinture, a-t-on cherché à l'animaliser en l'imprégnant de l'albumine qui se rencontre dans la fiente de plusieurs animaux. Les mordans que l'on emploie pour le coton sont ordinairement l'alun et la noix de galle. Le coton aluné se combine avec une plus grande quantité de noix de galle que celui qui ne l'a point été.

Le coton, comme les autres substances, se combine avec une proportion d'autant plus grande de principes colorans que ses filamens sont moins serrés. Aussi doit-on charger le bain davantage lorsqu'on teint le coton en fil.

Le coton peut prendre toutes les nuances. Il en est quelques-unes, telles que le rouge d'Andrinople, qui jouissent d'une intensité et d'une solidité qu'elles n'acquièrent que bien rarement sur les autres matières.

La température des bains colorans ou des bains de mordans, qui servent à la préparation ou à la teinture du coton, n'est pas soumise à une règle constante et invariable. Quelquefois c'est seulement celle de l'atmosphère; d'autres fois au contraire, c'est celle de l'eau bouillante long-temps prolongée.

Le coton étant devenu très-commun et d'un usage général, on s'est beaucoup occupé de rechercher les meilleurs moyens pour le teindre. Aussi la teinture sur coton est-elle une des plus avancées. Outre le beau rouge des Indes, qui s'applique presqu'exclusivement sur le coton, c'est encore sur toile de coton ou calicot que se font, à l'aide des procédés de la teinture, ces magnifiques indiennes dont les couleurs riches et solides, les dessins variés, ont assuré aux manufactures françaises une supériorité que les autres nations osent à peine lui contester.

Toutes les matières qui fournissent des principes colorans peuvent être employées pour teindre le coton. Le plus beau rouge se fait avec la garance, le plus beau bleu avec l'indigo, le meilleur jaune avec la gaude et l'oxide de fer, etc.

TEINTURE DES LAINES. De toutes les substances à teindre, les matières animales sont celles qui se combinent le plus facilement et le plus fortement avec les principes colorans. L'animalisation semble leur avoir communiqué une plus grande affinité, soit pour les mordans, soit pour les corps qui servent à teindre. Aussi, en général, les teintures sur laines sont-elles les plus brillantes, les plus solides et les plus faciles à faire.

Les substances animales, destinées par la nature à de tous autres usages que ceux auxquels l'industrie les a appliquées, sont presque toujours enduites de matières qui contribuent à leur conservation, accroissent leur utilité naturelle, mais nuisent aux opérations de la teinture. Ainsi, la laine est recouverte d'un enduit gras qu'on a nommé *suint*, qui l'empêche de se mouiller, d'être mangée par les insectes, et dont il faut la débarrasser : c'est ce à quoi on parvient par le *désuintage* (*voyez* ce mot), opération qui doit toujours précéder celle de la teinture. Pour augmenter aussi l'affinité de la laine pour les couleurs, il faut la combiner avec quelques matières telles que le tartre, l'alun, etc. Enfin les bains de teinture doivent varier d'intensité suivant que l'on teint la laine en toison, la laine filée ou la laine tissée. Plus les filamens de la laine sont écartés les uns des autres, plus ils jouissent de la propriété d'absorber les principes colorans. Voilà pourquoi les bains destinés à teindre les toisons doivent être plus chargés que ceux dans lesquels on teint la laine filée, et ceux-ci plus encore que ceux destinés à la teinture des draps. Voilà pourquoi la laine teinte en toison est plus riche en couleur, et d'une teinture plus solide que celle qu'on a teinte après la filature, et celle-ci plus encore que celle qui n'a passé au bain colorant qu'après avoir été tissée.

Les rouges sur laine se font avec la cochenille, le kermès, les laques, etc.

Les bleus avec l'indigo, soit seul, soit mêlé au pastel et au vouède.

Les jaunes avec la gaude, le quercitron, etc.

Les noirs avec le pyrolignate de fer et la noix de galle.

Les fauves avec le brou de noix, le sumac, le tan, etc.

Presque toutes les opérations de la teinture sur laine se font à chaud, et même le plus souvent au bouillon.

TEINTURE DES SOIES. De toutes les matières avec lesquelles on fabrique des étoffes, la soie est, après la laine, celle qui a le plus d'analogie avec les substances animales : aussi occupet-elle le second rang parmi les matières qui jouissent à un haut degré de la propriété de se combiner avec les principes colorans. Comme la laine, la soie est recouverte d'un enduit particulier, espèce de gomme, qu'on lui enlève par les opérations nommées *cuite* et *dégommage*.

La teinture des soies se fait presque toujours à froid, ou plutôt à une température de 20 à 40 degrés de Réaumur. Les bains colorans doivent varier d'intensité suivant que la soie à teindre est en fil ou en étoffe. Dans le premier cas ils doivent être plus riches en couleur, parce que la soie en absorbe une plus grande quantité. La soie doit aussi être combinée avec quelques mordans : l'alun est celui dont on fait le plus fréquemment usage.

Les rouges sur soie se font avec la cochenille, les laques, la garance, etc.

Les bleus avec l'indigo, le bleu de Prusse, etc.

Les jaunes avec la gaude, le quercitron, le chromate de plomb, etc.

Les noirs avec le pyrolignate de fer et la noix de galle.

En général, la soie étant une substance chère, on ne doit la teindre qu'avec des matières propres à donner des couleurs fines, éclatantes et solides. C'est surtout dans la teinture sur soie qu'on doit éviter les petites économies qui résultent du mélange de quelques principes colorans, et qu'il faut recourir aux procédés les plus certains.

TEINTURE DU LIN ET DU CHANVRE. De toutes les matières à teindre, le lin et le chanvre sont celles qui s'éloignent le plus de la nature des substances animales, et qui par conséquent ont le moins d'affinité pour les principes colorans. Aussi cette teinture est-elle la plus difficile, et celle qui exige les opérations préliminaires les plus longues, les bains colorans les plus concentrés. C'est surtout pour le lin et le chanvre qu'il est urgent de recourir aux bains de fiente, ou bains bis, pour leur communiquer ce degré d'animalisation qui paroit indispensable à la teinture, et dont la nature les a privés. En général, les opérations qui conviennent au coton, soit pour le blanchir, soit pour lui donner des mordans, soit enfin pour le teindre, sont aussi celles qui conviennent au lin et au chanvre. Il faut seulement leur donner à toutes un plus grand degré d'énergie. Cette difficulté d'appliquer les couleurs sur le chanvre et le lin, et la cherté des opérations nécessaires en ce cas, font que l'on ne livre à la teinture qu'une très-petite quantité de ces matières, dont la majeure partie est réservée pour la fabrication de ces toiles si fines, si blanches, que la Frise et la Hollande fournissent encore presque seules aujourd'hui.

TELLURE. *Voyez* OXIDES MÉTALLIQUES.

TÉMASCALE. Nom du petit four dans lequel on fait dessécher la cochenille.

TÉRÉBENTHINE. *Voyez* ESSENCES.

TERRE A FOULON. C'est une argile onctueuse, grasse au toucher, qui se délite facilement dans l'eau, et s'y réduit en une bouillie un peu liée. La plus estimée est celle de Hampshire en Angleterre. Suivant Bergman elle est formée de

Silice 51
Alumine 25

et d'un peu de carbonate de chaux et de magnésie.

On lui a donné le nom d'*argile smectique.*

La terre à foulon est employée pour enlever aux étoffes de laine l'huile indispensable à leur fabrication.

TERRE DE PIPE. Mélange d'argile et d'alumine, avec lequel on fait de la faïence et des pipes communes, et que les teinturiers emploient pour épaissir les bains de réserve.

TERRE-MÉRITE. *Terra-merita.* Voyez Curcuma.

THERMOMÈTRE. *Voyez* Instrumens.

THYMÉLÉES. Plusieurs plantes de cette famille fournissent des fils ou filamens qui peuvent être filés et tissés comme la filasse du chanvre ou du lin. L'arbre à dentelle est une thymélée.

TIREUR. C'est le nom qu'on donne à l'ouvrier qui seconde l'imprimeur en toiles et qui l'aide à tirer la pièce d'étoffe à mesure que la tablée est garnie.

TJERRI. Nom qu'on donne à l'indigo de la seconde pousse.

TOILES IMPRIMÉES. *Voyez* Impression des toiles.

TONNE AU NOIR. On donne ce nom au tonneau dans lequel on prépare la solution ferrugineuse qui sert à teindre en noir. Cette préparation, que l'on peut se dispenser de faire dans les ateliers, puisqu'on trouve dans le commerce la couperose ou sulfate de fer et le pyrolignate de fer tout disposés, varie suivant l'acide dont on veut faire usage. On fait une tonne au pyrolignate en versant, sur 25 livres de ferraille rouillée, deux cents pintes d'acide pyrolignique que l'on a préalablement étendu de deux à trois fois son poids d'eau. Matin et soir on en soutire deux seaux que l'on reverse dans le tonneau. Au bout du mois la liqueur peut être employée.

Si l'on vouloit du sulfate de fer, on verseroit sur la ferraille de l'acide sulfurique également étendu d'eau.

Du reste, la préparation de la tonne au noir varie suivant les ateliers et suivant les matières que l'on veut teindre ; chaque teinturier a son procédé dont il fait un secret, et il est probable qu'il fait entrer dans sa tonne plusieurs matières au moins inutiles. Maquer, qui s'est beaucoup étendu sur ce sujet, parle d'une tonne au noir pour la teinture des soies, dans laquelle il entre du *fenu-grec*, du *pyllium*, du *cumin*, de la *coloquinte*, des *baies de nerprum*, de l'*agaric*, du *nitre*, du *muriate d'ammoniaque*, du *sel gemme*, de la *litharge*, de l'*antimoine*, de la *mine de plomb*, de

l'*orpiment*, du *muriate de mercure*, et plusieur autres substances. Rien de plus bizarre que quelques procédés dont on a souvent fait un mystère auxquels on attribuoit des propriétés merveilleuses, et qui tombent ensuite dans le mépris dès qu'on en a publié la composition. La teinture n'a marché long-temps qu'au hasard ; ce n'est que depuis un siècle seulement que la chimie a commencé à l'éclairer ; déjà ses opérations se simplifient, et lorsque les teinturiers seront chimistes lorsqu'au moins, au lieu de suivre en aveugles les *recettes* transmises par leurs chefs d'apprentissage ils les raisonneront, ils les examineront à l'aide des notions chimiques, on verra toutes les opérations se simplifier ; alors disparoîtront des bains des mordans, des préparations, une foule de corps qui ne font que compliquer les opérations, et qui, loin de servir, entravent la marche des agens véritables et masquent leur action.

TORS. *Voyez* Mateau.

TOURNANTES. Dans les ateliers, on donne quelquefois ce nom aux huiles grasses.

TOURNESOL. C'est une couleur d'un bleu-violet que l'on extrait, soit du *croton tinctorium*, soit du *lichen roccella*. Chaptal en a extrait également du *lichen parellus*.

Le tournesol, qui n'est guère employé qu'en Hollande pour teindre les fromages, est un précieux instrument pour les chimistes. Sa dissolution, mise en contact avec un acide, même très-foible, devient immédiatement rouge, et reprend ensuite sa couleur bleue lorsqu'au moyen d'une base salifiable on est parvenu à neutraliser l'acide.

TRANCHER. Dans la teinture en écarlate, comme la couleur rouge ne pénètre pas jusqu'à l'intérieur du drap, on reconnoît en le coupant si la la cochenille ou la laque ont été employées seules, ou si l'on a donné d'abord un pied à l'étoffe, en ce que, dans le premier cas, l'intérieur de l'étoffe paroît blanc, ce qu'on appelle *trancher*, tandis que dans le second il est ordinairement coloré en jaune.

TRANCHOIR. C'est une espèce de truelle avec laquelle on jette certaines substances en poudre dans les bains colorans. C'est avec un tranchoir que l'on verse la chaux dans la cuve de bleu au pastel. La capacité du tranchoir doit être connue.

TRÈFLE ROUGE. *Trifolium pratense pupureum majus raii.* La semence de cette plante est employée pour la teinture en Suisse et en Angleterre. Vogler, qui a étudié cette substance colorante, a reconnu que sa décoction donne, avec la dissolution de potasse, un jaune très-foncé, avec l'acide sulfurique

rique un jaune clair, avec les dissolutions d'alun et d'étain un jaune-citron, avec le sulfate de cuivre un jaune-verdâtre, et que ces couleurs se communiquent après un court bouillon aux laines imprégnées de ces différens mordans. Dizé, qui a fait des expériences comparatives sur le trèfle et la gaude, assure que la semence de trèfle donne à la laine un beau jaune-orangé, et à la soie un jaune-verdâtre. Il pense que le meilleur mordant pour fixer cette couleur est l'alun, et que la dissolution d'étain ne convient point ici. Les jaunes de semence de trèfle donnent d'assez beaux verts avec l'indigo ; ils sont cependant moins brillans que ceux que l'on fait avec la gaude.

Dambourney a fait quelques essais sur le foin de trèfle. La laine apprêtée au bismuth prend dans un bain de cette substance, après un long bouillon, un jaune intense un peu olivâtre. En ajoutant au bain de la garance dans la proportion d'un quart pour le poids de la laine, on obtient des *carmélites clairs* et des *mordorés* assez jolis.

TREMPE. C'est l'action de tremper une étoffe ou un écheveau dans un bain. On dit donner une, deux ou trois *trempes*, pour indiquer qu'il faut plonger l'étoffe une, deux ou trois fois.

TREMPOIRE. Première cuve, ou cuve supérieure, dans la fabrication de l'indigo. (*Voyez* ce mot.) C'est aussi la cuve où l'on fait fermenter les graines du rocouyer. *Voyez* Rocou.

TRESQUILLES. Laines en suint qui viennent du Levant.

TROËNE. *Ligustrum*. Arbrisseau de la famille des jasminées, fort commun dans nos climats. On extrait de ses baies une couleur bleue pâle, qui est employée quelquefois par les enlumineurs et les teinturiers.

TUNGSTÈNE. *Voyez* Oxides métalliques.

U

UM-KI. Sorte d'arbrisseau qui croît en Chine. On extrait de ses fruits une teinture écarlate.

URINE. Suivant Berzélius, 1000 parties d'urine contiennent :

Eau	933,00
Urée	30,10
Sulfate de potasse	3,71
Sulfate de soude	3,16
Phosphate de soude	2,94
Sel marin	4,45
Phosphate d'ammoniaque	1,65
Hydro-chlorate d'ammoniaque	1,50
Acide lactique libre	
Lactate d'ammoniaque	
Matières animales solubles dans l'alcool, et qui accompagnent ordinairement les lactates	17,14
Matières insolubles dans l'alcool	
Urée qu'on ne peut séparer de la matière précédente	
Phosphate terreux avec un vestige de chaux	1,00
Acide urique	1,00
Mucus de la vessie	0,32
Silice	0,03
	1,000,00

Lorsqu'on abandonne l'urine à elle-même, elle se putréfie, change de nature, donne naissance à de nouveaux principes, et notamment à une grande quantité d'ammoniaque. C'est à cause de cela, et lorsqu'on ne savoit pas encore se procurer cet alcali séparément, que l'urine putréfiée étoit employée dans les arts, et que les teinturiers s'en servoient pour dissoudre l'indigo, pour désuinter la laine, etc. Aujourd'hui, qu'on peut se procurer facilement et à bon marché plusieurs alcalis, l'usage de l'urine doit être totalement abandonné, et il n'y a que la routine qui puisse engager à continuer à se servir d'un agent dont il est impossible de calculer d'avance les effets.

UVA URSI. On lit, dans les *Mémoires de Stockholm*, pour l'année 1753, que l'*uva ursi*, cueillie en automne et séchée avec soin, de manière à ce que ses feuilles restent vertes, peut remplacer la noix de galle dans la teinture des laines en noir. Voici le procédé : on donne à 50 kilogrammes de laine un bouillon de deux heures avec 8 kilogrammes de sulfate de fer et 8 kilogrammes de tartre ; on rince le jour suivant, puis on plonge le drap dans un bain dans lequel on a fait bouillir pendant deux heures 75 kilogrammes d'uva ursi, que l'on a d'abord retirés, et auquel on a ajouté un peu de garance. On lave ensuite à la rivière.

Suivant Lewis, ce procédé donne un assez beau noir sur le drap piété de bleu, mais seulement un brun foncé sur le drap blanc. Il pense que l'on pourroit se dispenser d'employer la garance et le tartre.

L'uva ursi est l'*arbutus uva ursi*, arbuste qui croît dans plusieurs parties de l'Europe, et notamment dans les vallées sablonneuses. Toutes ses parties sont astringentes et renferment de l'acide gallique et du tannin. Aussi, dans plusieurs contrées, cette plante a-t-elle été employée avec succès pour le tannage des cuirs.

V

VAPEUR. On donne ce nom à l'eau, lorsque ses molécules sont tellement écartées les unes des autres, qu'elles peuvent se soutenir en l'air, et s'intercaler entre celles de l'atmosphère. La vapeur d'eau se forme dans deux circonstances : lorsqu'on chauffe fortement le liquide, et qu'il dépasse le degré d'ébullition, lorsque l'air ne contient pas la quantité d'eau pour laquelle il a une affinité constante, et qu'il en prend aux corps environnans ; l'eau qui passe dans l'air est toujours à l'état de vapeur. Dans l'opération du *séchage*, l'eau que les corps retiennent après avoir été tordus passe dans l'air pour le saturer : voilà pourquoi il est avantageux que l'air se renouvelle rapidement, afin que celui qui est chargé de vapeur soit promptement remplacé par d'autre. Lorsque l'eau renfermée dans des vases est fortement chauffée, elle dépasse le degré de l'ébullition ; si alors on lui fraie un passage, elle s'échappe en vapeur qui a quelquefois 150 à 200 degrés. Dans plusieurs ateliers, on se sert de ce moyen pour échauffer les cuves et les bains ; la vapeur, conduite par des tuyaux, vient traverser des cuves en bois, et y échauffe le liquide plus que ne pourroit le faire un foyer placé au-dessous d'une cuve en cuivre ou en fer. La vapeur a une action marquée sur les principes colorans et les dissout très-bien. Comme la vapeur a une très-grande force d'expansion, il faut bien calculer la résistance des parois du vase dans lequel on échauffe l'eau, et y ménager toujours une soupape qui puisse s'ouvrir avant que la vapeur ait acquis assez de force pour faire éclater le vase.

VAUDE. *Voyez* GAUDE.

VÉLANÈDE. Nom qu'on donne au fruit du *vélani*, dont les teinturiers se servent souvent pour remplacer la noix de galle.

VERDET. C'est un acétate de cuivre qui se prépare en grand à Montpellier. Des ouvriers que l'on nomme *leveurs* sont chargés de recueillir le vert-de-gris dans tous les ateliers, et le portent ensuite à la fabrique du verdet. On dissout alors le vert-de-gris à chaud dans le vinaigre ; on concentre la liqueur, et on la verse dans des vases où elle cristallise par le refroidissement. Pour favoriser cette opération, on a l'habitude de plonger dans la liqueur, et verticalement, des bâtons fendus en quatre de la base au sommet. L'acétate s'y dépose en prismes rhomboïdaux, qui souvent sont réguliers et d'un volume assez considérable.

Proust, qui a analysé le verdet, dit qu'il est formé de

Oxide. 39
Acide et eau. 61

VERGE D'OR DU CANADA. *Solidago Canadensis.* Hellot, Gaade de Suède, ont annoncé que cette plante pouvoit remplacer la gaude, et donnoit un jaune bien supérieur au moins à celui que fournit le genêt des teinturiers. Succow a publié, dans les *Annales de chimie de la Grande-Bretagne*, en 1787, de nouvelles expériences à ce sujet. Il en résulte qu'une décoction de verge d'or du Canada, à laquelle on a ajouté une proportion assez forte d'alun, a communiqué à du drap non préparé une couleur jaune-paille très-vive, à du drap préparé au sulfate de fer un beau jaune-verdâtre, enfin à du drap aluné une couleur jaune-citron très-pure et très vive. Il seroit important de répéter ces essais, afin d'en constater l'exactitude, parce que rien n'est plus facile que la culture de la verge d'or du Canada.

VERGEAGE. On désigne sous ce nom le défaut d'une étoffe dont les fils ne sont pas unis, ou qui a été mal teinte.

VERMILLON. Nom que l'on a donné au kermès (*voyez* ce mot), parce qu'on en extrait un principe rouge que les femmes emploient comme fard, et qui entre dans la préparation de quelques couleurs pour la peinture.

VERT. Le vert n'est point une couleur simple ; il résulte presque constamment du mélange du bleu et du jaune. Il est peu de couleurs dont les nuances soient plus nombreuses et plus variées. On connoît dans le commerce le vert naissant, le vert gai, le vert printemps, le vert laurier, le vert molequin, le vert de mer, le vert céladon, le vert perroquet, le vert chou, le vert pomme, le vert pistache, le vert bouteille, le vert canard, le vert de Saxe, le vert anglais, le vert mer-d'oie, le vert américain, le vert d'eau, etc. On conçoit que ces différentes nuances s'obtiennent par des proportions variées de bleu et de jaune, par la nature même des substances que l'on emploie, et par l'addition de quelques autres principes colorans.

A. *Vert sur laine.*

1°. *Vert grand teint.* Voici le procédé que l'on suit le plus généralement :

1°. Pied de bleu de cuve ;
2°. Lavage à la rivière ;
3°. Dégorgeage au foulon ;
4°. Bouillon avec un quart d'alun et un seizième de tartre ;
5°. Bain de gaude bouillant.

En diminuant la force du bouillon et celle du bain de gaude, on obtient des verts clairs; en donnant après le gaudage une légère bruniture avec le campêche et un peu de sulfate de fer, on a des verts très-foncés.

2°. *Vert petit teint.* Il diffère du premier en ce que le bleu se fait avec le bleu de Saxe, et le jaune avec le bois jaune. Voici la série des opérations nécessaires :

1°. Bouillon avec le tartre et l'alun ;
2°. Lavage ;
3°. Bain tiède de bois jaune, dans lequel on ajoute les deux tiers de bleu de Saxe ;
4°. Relevage ;
5°. Second bain avec le dernier tiers de bleu de Saxe.

B. *Vert sur soie.*

Cette couleur est assez difficile à obtenir. Il faut cuire comme pour le bleu ; si l'on veut un vert léger, et cuire comme à l'ordinaire si l'on veut un vert foncé : le bleu ici s'applique sur le jaune. Voici la marche que l'on suit le plus ordinairement :

1°. Alunage fort ;
2°. Lavage léger en eau courante ;
3°. Lisage des mateaux dans un bain de gaude ;
4°. Lavage ;
5°. Bleu à froid.

On varie les nuances en ajoutant à la gaude du bois d'Inde, du fustet ou du rocou. Pour les verts clairs, on préfère gauder dans des bains qui ont déjà servi.

Güliche indique, pour obtenir un beau vert anglais solide, le procédé suivant :

1°. Abreuvage à l'eau tiède ;

2°. Pied de bleu dans une cuve à froid, fait avec une partie d'indigo, trois parties de chaux vive-éteinte à l'air, trois de couperose, une et demie d'orpiment ;
3°. Lavage à l'eau chaude ;
4°. Lavage à la rivière ;
5°. Alunage léger ;
6°. Bain de bleu de Saxe, dans lequel on a ajouté une teinture-acide végétale de graine d'Avignon ;
7°. Lavage ;
8°. Séchage à l'ombre.

Le vert mer-d'oie sur soie se fait avec un léger bleu et un bain de rocou.

C. *Vert sur coton.*

Vert grand teint.

1°. Décreusage complet ;
2°. Pied de bleu dans la cuve à froid de Güliche, décrite ci-dessus ;
3°. Dégorgeage dans l'eau ;
4°. Un ou deux gaudages avec addition de lessive de potasse ou de vert-de-gris ;
5°. Avivage avec un léger bain de savon ;
6°. Lavage ;
7°. Séchage à l'ombre.

Vert petit teint.

Il y a plusieurs manières de le faire. On peut employer le curcuma et le bleu de Saxe ; le bois d'Inde et la gaude. On peut le faire avec un seul bain, composé de deux parties de gaude et une de campêche, auxquelles on ajoute un peu de sulfate de cuivre et de lessive de potasse. Ce vert, en général, a peu de vivacité.

En donnant d'abord un bain de campêche avec addition d'un peu de fer, puis passant dans un peu de gaude et d'alun, on fait un assez beau vert américain.

Pour le vert printemps, Vitalis conseille le procédé suivant :

1°. Aluner fortement à l'acétate d'alumine ;
2°. Laver du mordant ;
3°. Sécher ;
4°. Gauder fortement une ou deux fois ;
5°. Sécher ;
6°. Abreuver à l'eau tiède ;
7°. Teindre au bleu d'indigo à froid, en lisant d'abord et abattant ensuite ;
8°. Exprimer, laver légèrement si l'on veut donner un petit œil jaune ;
9°. Sécher à l'ombre.

Tous les procédés que l'on met en usage pour teindre en vert le coton, peuvent s'appliquer également sur le chanvre et sur le lin.

VERT DE SCHÉELE. C'est une combinaison de deutoxide d'arsenic et de deutoxide de cuivre.

Bb 2

Schéele, qui a découvert cette couleur, indique pour l'obtenir le procédé suivant :

Pour obtenir une livre six onces et demie de belle couleur verte, on met dans une chaudière de cuivre deux livres de vitriol de cuivre, avec six *kannes* ou onze pintes d'eau pure. La chaudière est placée sur le feu et retirée quand la dissolution est faite.

On fond séparément, et à la chaleur, deux livres de potasse blanche sèche et onze onces d'arsenic blanc pulvérisé dans deux kannes d'eau pure. Quand la dissolution est opérée, on filtre la liqueur à travers un linge.

Sur cette dissolution, on verse celle de cuivre encore chaude, peu à peu et en remuant. On laisse reposer ; la couleur verte se précipite et l'on décante. On jette sur le résidu quelques pintes d'eau chaude, on remue et l'on décante de nouveau. On lave une ou deux fois avec de l'eau chaude de la même manière ; on verse le tout sur une toile, et lorsque l'humidité est évaporée, on place la couleur sur du papier gris, et on la fait sécher à une douce chaleur.

Le vert de Schéele n'est guère employé que dans les fabriques de papier peint.

VERT-BRISÉ. C'est une maladie de la cuve au pastel ou au vouède, occasionnée ou par du vouède trop fermenté, ou parce qu'on a trop fait travailler la cuve, ou parce qu'on l'a laissé manquer de nourriture. *Voyez* BLEU DE CUVE.

VIGNE SAUVAGE. On lit dans Pline qu'une vigne sauvage, à laquelle les Grecs donnoient le nom de αμπιλος αγρια, portoit des feuilles épaisses et blanchâtres, un sarment noueux, une écorce ordinairement brisée, et que ses fruits ou grains rouges servoient à la teinture en écarlate.

VIOLET. Cette couleur très-recherchée résulte constamment du mélange du rouge et du bleu. Sur laine on fait un beau violet, solide, avec le bleu de cuve et le rouge de cochenille. On donne un fort pied de bleu, et l'on passe ensuite dans la rougie d'écarlate, à laquelle on a ajouté un peu de cochenille et de tartre. En employant le bleu de Saxe et la rougie de cochenille, on aura un violet plus économique, mais un peu moins solide ; avec le bleu de Saxe et la garance, on obtient des violets assez agréables et à bon marché. Le bleu de cuve et le rouge de Brésil ne donnent que des violets ternes. Avec le bleu de Saxe et le rouge de Brésil, on obtient plusieurs nuances de violet qui s'altèrent à l'air et se dégradent, surtout au foulon.

Sur la soie, on fait un violet fin, de grand teint, avec la cochenille et le bleu de cuve : lorsque la soie a été cuite et alunée, on la plonge dans un bain préparé avec deux onces de cochenille par livre de soie ; on lave, on donne deux battures à

la rivière, on passe en cuve de bleu, on lave, on fait sécher sur des perches, et l'on avive dans un bain d'orseille.

Avec les rouges d'orseille et de Brésil et le bleu de cuve, on fait sur la soie des violets faux ou de petit teint. Quelquefois, pour les obtenir, on emploie ensemble ces deux principes colorans rouges.

Pour faire sur coton les violets de grand teint, voici le procédé qu'on suit le plus généralement :

1°. Apprêts huileux et sels, comme dans le rouge des Indes ;

2°. Dégraissage ;

3°. Engallage avec une once et demie de galle par livre ;

4°. Séchage ;

5°. Mordant pour 100 livres de coton avec

Couperose verte............ 30 à 36 livres.
Sulfate de cuivre............ 6 à 8

6°. Tordage, lavage, tordage ;

7°. Garançage avec six ou sept quarts de garance par livre ;

8°. Refroidissement ;

9°. Lavage en eau courante ;

10°. Avivage au savon seul pour les violets bleuâtres ; au savon et à la lessive pour les violets rougeâtres.

Le violet que l'on obtient par ce procédé est foncé. On fait les violets clairs en diminuant la force de l'engallage ou celle du mordant ; en ajoutant à ce mordant six ou huit livres d'alun, on arrive à la nuance connue sous le nom de *violet d'évêque*. Les plus beaux violets se font avec la garance de Smyrne ou de Chypre. Vitalis a employé le pyrolignate de fer ou la liqueur de tonne au noir à 4 ou 6 degrés de l'aréomètre, à la place du mordant de couperose. Cette substitution ne présente aucun avantage.

Les violets *petit teint* se font sur coton en abreuvant à l'eau tiède, et passant successivement dans des bains chauds de bois d'Inde, auxquels on ajoute un douzième de vert-de-gris et un soixantième d'alun en poids de coton, jusqu'à ce qu'on soit arrivé à la nuance que l'on desire.

Dans l'impression des toiles, les violets se font avec divers mordans, dans lesquels il entre plus ou moins de liqueur de ferraille et de vitriol de Chypre, et un garançage plus ou moins foncé.

Pour le lin et le chanvre, le procédé est le même que pour le coton ; on a seulement le soin de forcer un peu les doses des ingrédiens.

VIOLET. L'une des variétés de l'indigo d'Haïti.

VIOLETTE (Sirop de). C'est un sirop préparé avec les fleurs de violette. Il a une belle couleur bleue qui passe immédiatement au vert par le contact d'un oxide métallique ou d'un sel sur-saturé d'oxide. Le sirop de violette est employé dans les laboratoires pour reconnoître la présence des oxides métalliques, comme le tournesol l'est pour reconnoître la présence des acides.

VIRER. C'est l'opération au moyen de laquelle ou change le ton d'une couleur. *Virer*, c'est presque toujours ramener un rouge un peu jaunâtre à une couleur rouge plus prononcée.

VOILÉE. Se dit d'une planche pour l'impression des toiles qui, par le fait de l'humidité et de la chaleur, est devenue courbe ou gauche; comme dans cet état elle ne marqueroit pas également partout sur la toile, il faut la redresser, ce qu'on obtient en mouillant le côté qui est creux, et en chauffant l'autre côté à un feu doux.

VOUÈDE. On donne ce nom à une variété du pastel *isatis tinctoria*, que l'on cultive particulièrement dans la Basse-Normandie. Lorsqu'il est mûr, on se contente de le couper et de le sécher pour le livrer au commerce. On a reconnu qu'il y avoit de l'avantage à ne pas le laisser fermenter avant de le mettre dans la cuve.

Le vouède peut servir à teindre en bleu; mais il ne donne qu'une couleur terne et très-solide. Il renferme moins de parties colorantes que l'indigo.

VOURINE. Nom qu'on donne à une sorte de soie légère qui se travaille en Perse.

Y

YEUSE. *Quercus ilex*. Nom qu'on donne à plusieurs espèces de chênes, et entr'autres au *quercus coccifera*, sur lequel on récolte le kermès.

YU. Herbe de la Chine, dont les filamens sont employés à faire des étoffes qui sont plus belles que celles qu'on obtient avec la soie.

Z

ZANTHOXYLON. *Zanthoxylum caribæum*. Arbre médiocre dont le tronc est couvert d'une foule d'épines, et dont les feuilles sont composées, ovales, crénelées. Les Haïtiens se servent de son écorce pour teindre en jaune.

ZINC. *Voyez* OXIDES MÉTALLIQUES.

FIN.

EXPLICATION DES PLANCHES.

IMPRESSION DES ÉTOFFES EN LAINE.

PLANCHE PREMIERE.

Presse à plaque échauffée, vue par devant.

Figure 1. *a, a.* MONTANS qui soutiennent le mécanisme.

b, b. Ecrou qui fixe la traverse *i* aux montans *a*.

d. Plaque en fer sur laquelle pèse la vis de pression.

e. Bâton pour manœuvrer la vis de pression.

f. Plaque sur laquelle se pose la planche gravée qui est échauffée par le fourneau.

g, g. Plaque en bois que fait mouvoir la vis de pression, et à laquelle s'adapte le coussin de pression.

h, h. Châssis sur lequel agit la vis de pression, et qui presse la plaque *g*.

i, i. Traverse solide fixée aux montans par les écrous *b*, et dans laquelle passe la vis de pression.

l, l. Rainures ou coulisseaux dans lesquels entre le coussin de pression.

m. Le coussin de pression.

t, x, ꝣ. Pièces détachées de la mécanique.

Presse à plaque chauffée, vue par derrière.

Fig. 2. *a, a.* Les montants.

b, b. La traverse.

d. Plaque en fer sur laquelle pèse la vis de pression.

e. La plaque chauffée sur laquelle se place la planche gravée.

g, g. Plaque en bois à laquelle s'adapte le coussin de pression.

g, h, h, i, i. Cheminée à réverbère pour exciter le feu du fourneau.

l, l. Rainures ou coulisseaux dans lesquels entre le coussin de pression.

n, n. Maçonnerie du fourneau.

q. Ouverture du fourneau.

q. Porte du fourneau.

r. Cendrier.

u, u. Pièces détachées de la manivelle qui fait mouvoir la vis de pression.

Fig. 3 et 4. Diverses parties du fourneau, du réchaud et de la plaque inférieure sur laquelle s'applique la planche gravée.

PLANCHE II.

Figure 1. Chantier sur lequel sont placés les différens mordans ou bains de teinture avec lesquels on garnit les planches.

a. Éponge pour laver la planche.

b. Petit vase qui contient de l'eau.

c. Pinte ou chopine pour mesurer les liquides.

d, d. Seaux pour le transport des liquides.

e. Brosse à manche pour nettoyer les planches gravées.

f, f. Planche gravée sur laquelle un ouvrier applique une couleur ou un mordant.

g. Barre placée en travers d'une auge, et sur laquelle on appuie la planche pour la charger de couleur.

h, h. Une des auges avec son liquide.

l, l. Plusieurs auges placées sur des chantiers.

p. Une planche gravée trempant dans une des auges.

Presse en activité.

Fig. 2. A, A, A, A. Les solives ou montans qui soutiennent le mécanisme de la presse.

a, a. Les vis de pression.

B, B. Les traverses dans lesquelles passent les vis de pression.

b, b. Les moulinets qui servent à mouvoir les vis de pression.

C, C. Plaques supérieures auxquelles s'adapte le coussin de pression.

c, c. Les châssis sur lesquels agit la vis de pression.

D, D. Partie postérieure des fourneaux ou réchauds.

d, d. Les pièces d'étoffe roulées sur des moulinets et passant à l'impression.

F. Cheville avec laquelle on manœuvre la vis de pression.

g, g. Châssis et supports auxquels sont fixés les cylindres qui soutiennent l'étoffe.

EXPLICATION

200

O. Ouvrier plaçant une planche gravée chargée sur la plaque chauffée.

P, P. La plaque chauffée.

T, T. La maçonnerie qui forme le fourneau et soutient la plaque chauffée.

Coupe de la presse en activité.

Fig. 3.
a. Vis de pression.

b, b. Le sol du fourneau.

c. Gorge dans laquelle tourne la vis de pression.

f. Le cylindre autour duquel se roule l'étoffe.

i, i. La cheville qui sert à manœuvrer la vis de pression.

l. Le moulinet qui fait mouvoir la vis de pression.

m. La plaque supérieure qui porte le coussin de pression.

n. La plaque de fer sur laquelle presse la tête de la vis de pression.

o, o, o. La maçonnerie qui forme le fourneau et soutient la plaque chauffée.

C. Le cendrier.

E, E, E. La pièce d'étoffe.

F. Le fourneau.

PLANCHE III.

Nettoyage et apprêt des étoffes de laine après l'impression.

Figure 1.
i. Plan incliné placé sur la table, et sur lequel on nettoie l'étoffe.

n. La table.

o, o. Massifs en maçonnerie qui soutiennent un cylindre cannelé et chauffé.

p, p. Le cylindre cannelé.

q. Tabouret sur lequel repose une des extrémités de la pièce d'étoffe.

r. Une des extrémités de la pièce d'étoffe roulée.

v. La porte du cylindre par laquelle on allume et on entretient le feu.

x. L'espace qui sépare les deux murs en maçonnerie qui soutiennent le cylindre cannelé.

z, z. La pièce d'étoffe imprimée.

t, k. Peigne en cuivre, à manche pesant, avec lequel on enlève l'épaississage des couleurs d'application.

Fig. 2.

Fig. 2. Pièce d'étoffe imprimée soumise au peignage.

Fig. 3. *m.* Le cylindre cannelé.

h. La cheminée qui alimente le feu placé au-dessous du cylindre.

Fig. 4. *i.* Le plan incliné sur lequel on travaille l'étoffe.

n. La table.

p. Le cylindre cannelé.

o, o. Les massifs en maçonnerie qui supportent le cylindre cannelé.

v. La porte du cylindre par laquelle on allume et on entretient le feu.

x. L'intervalle qui sépare les deux massifs en maçonnerie *o.*

Objets divers.

a, b. Planches gravées.

c. Seau pour transporter les liquides.

c. Petite écope.

d. Polissoir.

e. Éponge.

f. Terrine.

g. Aiguière.

h. Rouleau.

i. Brunissoir.

PLANCHE IV.

Impression au cylindre.

a, a, a. Construction en bois qui soutient la cuve dans laquelle trempe le cylindre inférieur.

b, b, b, b. Les montans qui soutiennent le cylindre supérieur.

c, d. Le cylindre inférieur sur lequel passe l'étoffe.

g, h. Les traverses qui fixent les montans.

i. La manivelle qui sert à mouvoir le cylindre.

l, l. Les ailes du contre-poids.

m, m. Les contre-poids.

202

EXPLICATION
PLANCHE V.

Impression au cylindre.

A, A. La partie supérieure du châssis qui supporte la mécanique.

B, B. La partie inférieure et articulée du même châssis.

b, b. Le cylindre inférieur.

C, D. Ouverture par laquelle on chauffe l'intérieur du cylindre. Ce foyer est immobile et terminé par un tuyau qui sert de cheminée d'aspiration.

E. Barre à laquelle est fixé l'axe du cylindre supérieur.

F. Le cylindre supérieur.

G. Traverse dans laquelle passe une vis de pression qui sert à rapprocher ou à éloigner les deux cylindres.

L. Plaque métallique sur laquelle roule l'axe du cylindre supérieur.

i, l, i, l. Les boulons qui soutiennent la plaque métallique.

I., L. Les contre-poids.

H, N, O, S. Roues d'engrenage qui mettent en mouvement les cylindres.

P, Q, Q, Q. Les différentes pièces de bois qui soutiennent les contre-poids, les roues d'engrenage et le mécanisme de rotation.

R. Auge dans laquelle plonge une partie du cylindre inférieur.

T, U. Cylindres pleins autour desquels se roule et se déroule l'étoffe que l'on imprime.

V. La vis de pression.

l. L'œil de la vis dans lequel s'engage la cheville au moyen de laquelle on manœuvre la vis.

m, n. Pièces de bois qui servent d'arc-boutant.

p. Plaque de pression de la tête de la vis.

Z. Plaque de fer fixée à écrous aux montans du châssis, et qui soutient le cylindre ou réchaud.

PLANCHE VI.

Impression au cylindre.

Figure 1. *a.* Intérieur du cylindre immobile dans lequel se place le feu.

b, b. Barres de fer qui soutiennent le cylindre *a.*

c. Tuyau servant de cheminée d'aspiration.

d, d, f, g. Manivelle, contre-poids et roues d'engrenage pour mettre le cylindre en mouvement.

e Plaque en fer fixée à écrou aux montans du châssis, et qui soutient le cylindre *a.*

h. Cuve où plonge une partie du cylindre inférieur.

l, l. Châssis qui soutient la cuve et sur lequel est placé le reste du mécanisme.

m, m. Niveau de l'eau dans l'intérieur de la cuve.

Fig. 2. *c.* Tuyau servant de cheminée d'aspiration.

d, f, g, l, l, m. Contre-poids, manivelle, tambour et roues d'engrenage qui servent à mettre le cylindre en mouvement.

o. Axe du cylindre inférieur.

p. Cylindre supérieur ou de rotation.

r. Cylindre inférieur ou d'impression.

s, s, s. Chevalets qui soutiennent la manivelle en fer.

v. Axe de la manivelle.

TEINTURE DES GOBELINS (1).

PLANCHE PREMIERE.

Ateliers des teinturiers et différentes opérations pour la teinture des étoffes.

a, a. Cuves en maçonnerie, l'une ronde et l'autre carrée, élevées au-dessus du sol, et dans lesquelles se préparent les bains de teinture.

b, b. Robinets pour verser l'eau dans les cuves.

c, c. Tuyaux élastiques conduisant l'eau des robinets jusqu'au fond des bains de teinture.

d. Table placée sur des tréteaux, et sur laquelle montent les ouvriers chargés de boujonner les étoffes dans les bains de teinture.

e. Un des côtés de l'étuve.

(1) A côté de l'établissement des Gobelins, il existoit autrefois une autre établissement de teinture très-considérable, et dirigé par M. Julienne. Toutes les étoffes qui sortoient de cette manufacture avoient seules le droit de porter un plomb doré avec ces mots : *Teinture des Gobelins.*
C'est d'après les ateliers de M. Julienne, et non d'après ceux des Gobelins, qu'ont été faites les planches jointes à ce Dictionnaire.

f. Moulinet déplacé et appliqué contre la muraille.

g. Porte conduisant à la rivière.

h. Chaîne qui soutient un panier en osier avec lequel on monte jusqu'à la sécherie les étoffes qui sortent des bains de teinture.

i. Espèce de balcon en saillie sur l'atelier où l'on vient prendre les étoffes qui doivent être portées à la sécherie.

l. Porte de communication avec les autres ateliers.

m .Pièce d'étoffe que l'on fait entrer dans le bain de teinture au moyen des boujons.

n, n. Pièces d'étoffes qui sortent du bain de teinture et qu'on fait égoutter sur le bayard.

o. Ouvrier boujonnant des étoffes dans un bain de teinture chaud.

p. Ouvrier apportant des étoffes apprêtées pour être soumises au bain de teinture.

PLANCHE II.

Disposition des chaudières, entrée des fourneaux et ustensiles.

Figure 1.   *a, a*. Entrée du fourneau.

b. Cuve placée à côté du fourneau et recevant l'eau qui en sort après avoir été convenablement échauffée.

c, c. Bûches pour alimenter le fourneau.

d. Tuyau conduisant l'eau de la chaudière à la cuve.

e. Pièce d'étoffe disposée sur le moulinet.

Fig. 2.   *a*. Entrée du fourneau.

b. Cuve destinée à recevoir l'eau qui sort de la chaudière.

c. Conduite qui traverse une muraille et au moyen de laquelle on peut amener dans la cuve *d*, soit le liquide contenu dans la cuve *b*, soit directement celui de la chaudière.

d. Cuve d'une grande dimension.

e. Moitié de couvercle que l'on peut adapter à la cuve *d*.

Fig. 3.   Brouette pour transporter les pièces d'étoffes d'un atelier à l'autre, ou de l'atelier de teinture à la rivière.

Fig. 4.   Pièce d'étoffe égouttant sur le bayard.

Moulinet.

Fig. 5.   *a, a.* L'axe du moulinet.

     b. L'extrémité du moulinet qui entre dans une mortaise ronde.

     c. La manivelle qui sert à faire mouvoir le moulinet.

     d, d, d, d. Les ailes du moulinet.

Fig. 6.   Tonneau que deux hommes peuvent transporter aisément au moyen du bâton qui le traverse, et dans lequel on met ou des liquides, ou des pièces d'étoffe qui ne doivent pas être égouttées.

PLANCHE III.

Plan et coupe d'un fourneau, et outils.

Figure 1.   *a.* Intérieur de la chaudière.

     b, b. Mâçonnerie sur laquelle porte le rebord de la chaudière.

     c. Intérieur du fourneau.

     d. Ouverture supérieure du fourneau par laquelle on peut le charger.

     e. Espace où se tient l'ouvrier chargé d'alimenter le feu du fourneau.

     f. Piliers en pierre qui forment et soutiennent l'ouverture inférieure du fourneau.

     h. Le sol de la pièce dans laquelle se trouve placée l'ouverture de la chaudière.

     i. Le sol du fourneau.

     l. Le sol de la pièce où se tient l'ouvrier chargé d'alimenter le feu.

     m, m, m, m. Constructions en briques qui forment les parois du fourneau et de ses diverses ouvertures.

     n, n, n, n, n. Constructions en moellons qui soutiennent la chaudière et les autres parties du bâtiment.

Fig. 2.   *a.* Le fond de la chaudière.

     b, b Le rebord de la chaudière qui repose sur la maçonnerie.

     c, c, c, c, c. Maçonnerie sur laquelle repose le rebord de la chaudière.

     d. L'aire du fourneau, vue de dessus et avant que la chaudière soit placée.

     e, e. Construction en brique qui forme la paroi supérieure du fourneau, et sur laquelle doit reposer le rebord de la chaudière.

     f, f. Maçonnerie qui entoure et soutient la maçonnerie en briques.

g. L'espace dans lequel manœuvrent les ouvriers chargés d'entretenir le feu des fourneaux.

h, h. Pelle et fourgon pour alimenter le feu.

PLANCHE IV,

Intérieur d'un fourneau et outils.

Figure 1.   *a.* Espace dans lequel manœuvrent les ouvriers chargés d'alimenter le feu.

b. Ouverture inférieure du fourneau.

c. Fourche pour agiter le feu et pousser les bûches jusqu'au fond du fourneau.

d. L'escalier conduisant des ateliers au bâtiment dans lequel sont situés les fourneaux.

e. Ouverture supérieure ou ventilateur du fourneau.

g, g. Bois pour les fourneaux.

h. Merlin pour fendre le bois.

i. Pelle creuse destinée à transporter la braise et les cendres du fourneau.

Fig. 2.   *a.* Brouette ou voiture à bras destinée au transport du bois.

b. Ouverture par laquelle on jette le bois dans l'intérieur des bâtimens contenant les fourneaux.

PLANCHE V,

Pompe à chapelet pour remplir le petit réservoir des eaux de la citerne, et ustensiles.

Figure 1.   Le petit réservoir, cuvier en bois à douves épaisses, cerclé en fer, et dont l'orifice est moins large que le fond.

b. Bascule destinée à soulever la soupape qui ferme le fond du réservoir.

c. Corde pour faire mouvoir la bascule *b.*

d. Conduite en bois qui amène les eaux de la pompe dans le réservoir.

e. Corps de la pompe à chapelet.

f. Robinet et tuyau conduisant les eaux du réservoir dans une cuve enpierre.

g. Mardelle du puits conduisant à la citerne.

h. Tuyau de conduite placé au fond du réservoir et conduisant ses eaux dans les bâtimens inférieurs.

Bougeoir destiné à visiter le fond des cuves ou l'intérieur des fourneaux.

Fig. 2.   *a.* Plateau du bougeoir.

        b. Main ou poignée du bougeoir.

        c, c. Grosse bougie allumée.

Champagne.

Fig. 3.   *a, a.* Cercle solide de la champagne.

        b, b. Claire-voie de la champagne.

Fig. 4.   *c.* Crochet destiné à soutenir la champagne.

        d. Corde qui s'adapte à la champagne.

Fig. 5.   *e.* Pièce solide qui repose sur les deux côtés de la cuve.

        f. Corde fixée à la pièce solide.

        g. Anneau dans lequel se fixe le crochet *c.*

PLANCHE VI.

Tordoir, outils et cuve.

Figure 1.   *a, a.* Cuve destinée aux bains de teinture ou aux bains surs, et enfoncée dans le sol.

        b. Echelle pour descendre dans la cuve.

Fig. 2.   *a.* Cuve destinée à servir d'égouttoir.

        b. Bâtons qui servent à manœuvrer le tordoir.

        c. Axe du tordoir en fer, et dans lequel sont pratiquées deux ouvertures pour y introduire les bâtons *b.*

        d. Crochet du tordoir en fer poli, autour duquel est passée l'étoffe ou l'écheveau, et dont le mouvement de rotation détermine le tordage.

Outils.

    a. Bâton qui sert à manœuvrer le tordoir.

    b. Crochet avec lequel on promène les étoffes dans l'intérieur des cuves de bleu, afin de les empêcher de remonter à la surface, attendu que leur contact avec l'air amèneroit l'oxidation de l'indigo et détermineroit des taches.

    c. Fouloir pour enfoncer les pièces d'étoffe dans les cuves.

d. Lisoir auquel on suspend les étoffes pour les teindre.

e. Tranchoir pour donner la nourriture aux cuves.

f. Plat sur lequel on fait égoutter le tamis, ou la passoire.

g. Passoire dans laquelle on jette la fleurée pour la faire égoutter.

h. Panier pour le transport du son et des autres matières sèches et pulvérisées.

i. Tamis.

l. Petit tamis emmanché au moyen duquel on peut enlever quelques corps étrangers qui tombent et surnagent dans les bains de teinture.

m. Fonçoir à surface large et polie, destiné à manœuvrer les étoffes que l'on craint de déchirer.

PPANCHE VII.

Service du tour et lavage de rivière.

Figure 1.   *a.* Axe du tour.

b. Pièce d'étoffe placée sur le tour, ou moulinet.

c. Ouvrier faisant tourner le moulinet.

d, d, d, d. Ouvrier au fonçoir plongeant l'étoffe et l'étendant sur le moulinet.

e. Cuve renfermant le bain de teinture ou d'apprêt.

f, f, f, f. Cordes et crochets soutenant la champagne.

Fig. 2.   *a, a.* Ouvrier au fonçoir plongeant une pièce d'étoffe dans l'eau.

q. Pont jeté au-dessus de la rivière, et par lequel on apporte les pièces destinées à être lavées.

c. Grille placée en travers du cours de la rivière pour retenir les étoffes.

d. La rivière.

e, e. La pièce d'étoffe en partie dans l'eau, et en partie sur un pont de bois qui soutient les ouvriers.

PLANCHE VIII.

Service du couchoir et du séchoir.

Figure 1.   *a, a.* Ouvrier du couchoir.

b. Pièce de drap teinte, encore humide, et dont on couche les poils au moyen de brosses.

c, c. Table

c, c. Table à surface convexe, rembourrée, recouverte d'une étoffe de laine, et sur laquelle passent successivement toutes les parties de la pièce de drap.

d. Caisse à claire-voie dans laquelle sont déposées les deux extrémités de la de la pièce d'étoffe, celle qui a passé au couchoir et celle qui va y passer.

e. Brosse à coucher.

Fig. 2.   *a, a, a, a, a.* Châssis sur lequel on étend les pièces d'étoffe pour les faire sécher. La traverse inférieure est mobile, et peut, en glissant dans les montans, s'éloigner ou se rapprocher de la traverse supérieure, suivant la largeur du drap. Elle est maintenue ensuite au moyen de chevilles.

b. Crochets mousses auxquels on fixe le drap par la lisière.

c, c. Muraille du séchoir dont le châssis *a* doit être éloigné environ de deux pieds.

d, d. Crochets mousses de la traverse supérieure, auxquels le drap est fixé par la lisière.

e, e. Ouvriers fixant au châssis une pièce d'étoffe. Comme cette opération n'est pas sans quelqu'importance, elle doit être surveillée par un des chefs d'atelier.

f, f. La pièce d'étoffe.

PLANCHE IX.

Intérieur de l'atelier de teinture de laine et soie.

a, a, a, a. Cuves et bains de teinture.

b. Grand fourneau où sont disposées les diverses chaudières.

c. Ouvrier teignant des écheveaux et les suspendant ensuite aux chevilles placées au-dessus du bain colorant pour les faire égoutter.

d, d. Ouvriers plaçant des écheveaux sur les perches.

e, e. Grands tréteaux ou chevalets sur lesquels on pose les perches.

f, f, f. Perches en bois dur et poli destinées à soutenir les écheveaux.

g, g. Écheveaux suspendus aux perches et placés de manière à ce qu'ils ne se touchent pas entr'eux.

h. Perche de grosse dimension sur laquelle on teint et on laisse sécher certains écheveaux qui ne doivent pas être touchés.

i. Panier fait pour être porté par deux hommes, et destiné au transport des écheveaux de l'établissement à la rivière et de la rivière à l'établissement.

l, Seau en cuivre pour le transport des liquides.

EXPLICATION

PLANCHE X.

Atelier du séchoir.

a, a, a, a. Châssis suspendu à la voûte, et sur lequel doivent être placées les perches.

b, b, b, b, b. Écheveaux suspendus aux perches et ne se touchant point entr'eux.

c. Poële avec son tuyau, destiné à échauffer l'atelier.

d, d. Ouvriers tordant des écheveaux à l'espart et à la cheville.

e. Ouvrier roulant et tressant les écheveaux lorsqu'ils sont parfaitement secs, et avant de les transporter au magasin.

f. Balance destinée à peser et à partager les écheveaux.

g. Vue d'un écheveau roulé, tressé et prêt à être serré en magasin.

h. L'espart de grande dimension.

i. Cheville proportionnée à l'espart *h.*

l. L'espart de petite dimension.

m. Cheville pour l'espart *l.*

TEINTURE EN FIL ET COTON.

Atelier de teinture pour les couleurs ordinaires, le garançage, etc.

Figure 1. *a.* Cuve ou réservoir à eau.

b. Cuve pour l'alunage, pièce d'étoffe tournant sur le moulinet et plongée au boujon dans le bain d'alun.

c. Cuve pour l'engallage.

d. Cuve à teinture. Des écheveaux passés dans les lisoirs trempent dans le bain colorant.

e, f, g, h, i. Tonneaux de diverses dimensions placés sur une estrade au fond de l'atelier, et renfermant des jus de Brésil, de bois jaune, de campêche, des macérations, de brou de noix, des acides, des solutions alcalines, etc. etc., que l'on conserve pour l'usage, et qu'il est important de préparer à l'avance, afin de ne pas être entravé dans la marche d'une opération.

k, l, m, n. Cuves renfermant divers bains colorans, et surmontées chacune d'une planche lisse, inclinée, sur laquelle on peut travailler, soit les écheveaux, soit les étoffes, afin de les combiner plus intimement avec les bains colorans ou les diverses autres substances employées comme mordans.

o. Ouvrier tordant un mateau à la cheville et à l'espart.

p. Perche fixée dans la muraille, et à laquelle sont suspendus des écheveaux qui égouttent au-dessus de leur bain colorant.

q. Poteau à espart placé au milieu de l'atelier.

r. Ouvrier manœuvrant au moulinet une pièce d'étoffe dans un bain de teinture.

s. Pavé de l'atelier en pierres dures et larges, avec pente et ruisseau pour l'écoulement des eaux.

t. Baquet de petite dimension pour le lavage ou quelques apprêts.

u. Pinte pour mesurer les proportions des différens bains.

v. Seau pour le transport des liquides.

x. Écope pour transporter ou mélanger les liquides.

y. Vase en terre dans lequel on essaie différens mélanges.

z. Battoir.

Atelier de teinture pour les tonnes de noir.

Fig. 2. *a, a.* Réservoir à eau.

b, c, d, e. Cuves pour les différens apprêts, engallage, alunage, etc., surmontées des planches sur lesquelles on travaille et on replie les étoffes.

f. Bain de teinture noire préparé.

g, h, i, k, l, m. Tonnes au noir renfermant la liqueur de ferraille à différens degrés de concentration, ou mélangées avec quelques principes astringens, tels que la noix de galle, le sumac, le brou de noix, etc. Chacune de ces tonnes porte à sa partie inférieure un robinet au-dessous duquel est placé un baquet pour prévenir la perte du liquide.

n. Ouvrier travaillant une pièce d'étoffe dans le bain de teinture et la repliant sur la planche où elle doit égoutter.

o. Ouvrier puisant dans un baquet de la liqueur de ferraille, et préparant un bain de teinture.

p, q. Table placée au milieu de l'atelier, et sur laquelle on dépose les pièces d'étoffe avant et après les opérations de teinture.

r. Vase de petite dimension pour les essais.

s. Pinte pour mesurer la proportion des liquides.

t. Seau pour le transport des liquides.

v. Écope pour le transport ou le mélange des liquides.

x. Battoir.

Atelier de teinture pour les cuves de bleu.

Fig. 3.   *a.* Cuve pour les apprêts.

       b. Cuve de teinture.

       c. Autre cuve de teinture surmontée d'une tablette en bois dur sur laquelle on peut travailler les étoffes ou les écheveaux.

       d. Autres bains de teinture.

       e, f, g. Idem.

       h. Réservoir à eau.

       i. Table solide en bois dur et poli, sur laquelle on roule et on déroule les pièces d'étoffe.

       l. Tréteaux qui soutiennent la table *i.*

       m. Ouvrier manœuvrant une étoffe dans le bain d'apprêt *a.*

       n. Ouvrier tordant un écheveau à la cheville et à l'espart au-dessus du bain colorant *b.*

       o. Ouvrier travaillant une étoffe dans la cuve *e.*

       p. Jeune ouvrier pliant sur la table *i* une pièce d'étoffe qui sort de la teinture.

       q. Ouvrier teignant au moulinet dans la cuve *f, g.*

       r, s, t, u. Esparts ou perches fixés dans la muraille, et auxquels on suspend les écheveaux, soit pour les tordre, soit pour les laisser égoutter.

       v. Echeveaux suspendus à la perche et égouttant au-dessus de la cuve *d.*

       x. Pièce d'étoffe roulée et déposée sur l'extrémité de la table.

       y. Partie d'une pièce d'étoffe déjà pliée.

       z. Autre partie de la pièce d'étoffe *y,* roulée comme au sortir du bain de teinture.

Plan, coupe et élévation de la cuve d'indigo; outils.

Fig. 4 et 5.   *a.* Pinte pour mesurer les diverses substances liquides.

       b. Vase de petite dimension pour les essais.

       c. Seau pour transporter les liquides.

       d. Ecope pour remuer ou transvaser les liquides.

       e. Couvercle de la cuve.

       f. Outil pour pallier la cuve.

       g. Ouverture supérieure de la cuve.

i. Ouverture du fourneau.

k. Ligne ponctuée indiquant la partie inférieure de la cuve enfoncée dans le sol.

l. Ventilateur du fourneau.

m. Vue de l'intérieur de la cuve construite en plaques de cuivre, clouée et soudée.

n. Vue de l'intérieur du ventilateur.

o, o. Aire du fourneau et partie latérale du foyer qui entoure la cuve.

p, p. Maçonnerie qui soutient la cuve et forme le fourneau.

q. Muraille contre laquelle monte et s'appuie le ventilateur.

PLANCHE PREMIERE.

Teinturier de rivière, atelier et différentes opérations pour la teinture des soies.

a. Entrée de l'étuve. C'est là que sont placés les réservoirs dans lesquels on entretient constamment de l'eau chaude, et dans lesquels se préparent aussi les différens bains de teinture.

b, b, b. Cuves en maçonnerie dans lesquelles se font les diverses opérations de la teinture, et où l'eau chaude du réservoir *a* est apportée par des robinets.

c. Dôme placé au-dessus du fourneau du réservoir, et autour duquel on suspend les mateaux de soie qui doivent être séchés promptement.

d. Tuyau de conduite des robinets.

e. Robinets qui portent l'eau dans les cuves.

f. Grande écope qui sert au transport et au mélange des bains de teinture.

g. Cuiller de bois nommée *écope.*

h. Idem.

On est obligé dans les ateliers d'avoir plusieurs écopes, parce que le bois conserve la couleur, et que l'on ne peut guère, sans inconvénient, se servir d'une écope pour deux teintures différentes.

i. Cuves en pierres destinées a liser les mateaux.

l. Chaudière en fonte dans laquelle se préparent les décoctions de bois de teinture.

m. Lisoirs. Après s'en être servi, il est important de les laver, de les sécher, et de les placer de manière à ce qu'ils conservent la plus grande propreté.

n. Seau pour transporter l'eau.

o. Bois de teinture.

p. Seau suspendu à une poulie, et au moyen duquel on monte de l'eau pour arroser les soies.

q. Gradins du hangar fait en forme d'auge.

r. Ouvrier qui rable les mateaux au fond d'un bain pour le décreusage ou le dégommage.

s. Ouvriers qui, avant et après le lisage des soies, tordent les mateaux à l'espart et à la cheville.

t. Ouvrier qui débite en menus copeaux les bois de teinture.

v. Ouvrier qui rapporte les écheveaux de la rivière et les porte à l'étendage.

PLANCHE II.

Teinturier de rivière; plan, coupe et élévation des différentes chaudières.

Figure 1. *a*. Atelier de teinture.

b. Escalier conduisant à l'étuve.

c. Massif en moellons de forme carrée, alongée et arrondie sur les angles.

c. Autre modèle de massif en maçonnerie, de forme arrondie.

d, d, d. Sol dans lequel le massif est enfoncé.

e, e. Ouvertures placées au fond des cuves, et par lesquelles les liquides sont conduits dans l'atelier au moyen de robinets.

f. Atre sur lequel se dispose le feu.

g. Modèle d'une cuve en fonte placée sur son massif, ronde, et dont le fond est bombé.

h. Modèle d'une cuve carrée, à angles arrondis, à fond plat, de plusieurs morceaux soudés et cloués; ladite cuve posée sur son massif.

Fig. 2. Coupe verticale de la chaudière *g* disposée sur son massif et au-dessus de son fourneau.

a. Chaudière composée de plusieurs morceaux soudés et cloués.

b, b. Massif en briques.

c. Porte du fourneau.

d. Ouverture inférieure du fourneau.

e. Cheminée et ventilateur du fourneau.

f. Ouverture supérieure du fourneau par laquelle on le charge de charbon.

g. Pavé du sol de l'étuve.

Fig. 3. L'extérieur de l'étuve vue du côté de l'atelier.

a. Cuve arrondie, destinée à recevoir les liquides.

b. Cuve carrée ayant la même destination.

C'est dans ces cuves que l'on travaille les étoffes et les écheveaux.

c. Entrée de l'étuve.

d. Tuyau de conduite.

e, e. Robinets.

PLANCHE III.

Plan, coupe et élévation de la cuve pour l'indigo.

Figure 1. Cuve d'indigo vue de la partie supérieure.

a. Muraille contre laquelle la cuve est appuyée.

b, b. Maçonnerie qui entoure la cuve.

c. Parois intérieures de la maçonnerie.

d. Ouverture par laquelle on charge le fourneau. Le charbon destiné à chauffer la cuve est placé dans l'intervalle qui sépare les parois de la cuve de celles de la maçonnerie.

e. Fond de la cuve reposant sur le sol.

f. Maçonnerie revêtue de son crépit.

g. Ouverture du ventilateur destiné à animer le feu du fourneau.

g (*bis*). Mesure pour les diverses substances qui entrent dans la composition de la cuve de l'indigo.

h. Crible.

i. Vase en cuivre destiné au transport des liquides chauds, et dans lequel on prépare à l'avance quelques décoctions.

l. Cuve en plomb dans laquelle on peut dissoudre l'indigo dans l'acide sulfurique pour le bleu de Saxe.

m. Tranchoir.

n. Sac que l'on nomme *poche* destiné à recevoir les soies pendant la cuite.

o. Rable pour pallier la cuve.

Coupe et élévation de la cuve d'indigo.

Fig. 2. *a.* Intérieur de la cuve formé de plaques de cuivre clouées et soudées ensemble.

b. Fond de la cuve.

c. Orifice de la cuve.

d, d. Maçonnerie en briques entourant la cuve.

f. Ouverture inférieure du fourneau.

g. Muraille qui entoure la cuve.

Vue de la portion de la cuve placée au-dessus du sol.

Fig. 3.   *a.* Orifice de la cuve.

b. Maçonnerie environnant la cuve.

c. Ouverture du fourneau.

d. Tuyau ventilateur.

e. Ligne ponctuée indiquant le prolongement de la cuve et la portion qui est enterrée dans le sol.

PLANCHE IV.

Teinturier, atelier et outils.

Figure 1.   *a.* Ouvrier abattant des étoffes dans un bain de teinture.

b. Ouvrier lisant des écheveaux dans une chaudière.

c. Ouvrier lisant d'autres écheveaux dans un bain colorant.

d. Ouvriers exprimant et pliant les étoffes pour les porter à la rivière.

e. Cuve contenant un bain chaud de teinture.

f. Cuve contenant le bain de teinture à froid.

g. Entrée de l'étuve qui contient les fourneaux.

h. Barc pour égoutter ou transporter les étoffes.

i. Cuve destinée à recevoir l'eau froide nécessaire pour les opérarions.

Fig. 2.   *a.* Barc.

b. Ecope de grande dimension destinée à remuer ou à transporter des bains colorans chauds.

c. L'espart sur lequel on place les écheveaux pour les tordre à la cheville.

e. Vase en cuivre destiné à transporter les liquides, et que deux ouvriers prennent au moyen de deux bâtons passés dans les anses.

f. Cheville pour tordre les écheveaux.

g. Espart

g. Espart d'une autre forme.

h. Ecope de petite dimension.

i. Bâton qui sert à enfoncer les étoffes dans le bain de teinture et que l'on nomme *boujon.*

l. Lisoir.

m. Mateau.

n. Hache ou couperet destiné à débiter en copeaux les bois de teinture.

o. Cheville d'une forme particulière.

p. Lisoir.

PLANCHE V.

Tenturier en soie ; différens ustensiles pour la teinture en soie.

a. Instrument en bois que l'on fait tourner avec vivacité dans le bain pour en opérer le mélange.

b. Baquet facile à transporter au moyen du bâton qui le traverse.

c. Tamis ordinaire.

d. Seau pour transporter les liquides. En général, lorsqu'on se sert de vases en bois, il faut ou les consacrer à un usage spécial et particulier, ou, lorsqu'on veut les changer de destination, les laver avec soin, et ne les employer ensuite qu'après les avoir complétement séchés.

e. Marmite en fonte pour les mélanges ou les préparations qui exigent une chaleur assez intense.

f. Claire-voie en corde, ou en fils métalliques, que l'on descend au fond des cuves de bleu pour empêcher les étoffes de toucher le pied ou la pâtée. Dans les ateliers, cet instrument se nomme *champagne.*

g. Buquet, instrument qui sert à remuer l'indigo au fond des cuves de bleu.

h. Tonne au noir.

i. Baquet ou cuvier pour des bains de teinture.

l. Tonne destinée à conserver le brou de noix.

m. Grande cuve destinée à liser la soie dans les bains colorans tièdes ou froids.

PLANCHE VI.

Teinturier ; lavage des soies à la rivière et service de l'espart.

Figure 1. Bateau de service pour le lavage à la rivière.

a. Bateau installé et amaré.

b. Ouvrier battant un mateau.

c, c. Ouvriers plongeant et lavant des mateaux.

d, d, d. Pierres polies, à grain dur, et sur lesquelles on bat les écheveaux ou les étoffes.

e. Planche arrêtée sur le bord du bateau, et qui établit la communication nécessaire pour que les ouvriers circulent des ateliers au bateau.

f. Ouvrier apportant les mateaux qui doivent être lavés à la rivière.

g. Escalier conduisant aux ateliers.

Fig. 2.   *a.* Plusieurs mateaux réunis, tels qu'ils sortent des ateliers pour être portés au lavage.

b. Pierre sur laquelle se battent les écheveaux, et qui est placée sur un plan incliné.

c. Chaudron dans lequel on transporte le bain sur ou le bain savonneux destiné à compléter le lavage.

d. Chevilles mobiles sur lesquelles on suspend les écheveaux au fur et à mesure qu'ils sont tordus.

e. Poteau auquel sont fixés les esparts.

f, f. Chevilles destinées au tordage.

g, g. Esparts.

h. Ouvrier préparant sur l'espart l'écheveau destiné à être tordu.

i. Ouvrier tordant à la cheville.

PLANCHE VII.

Teinturier; différentes préparations du safranum et outils.

Figure 1.   Atelier où se fait la préparation du safranum.

a, a, a, a, a. Cuves en pierre dans lesquelles on lave et on foule les fleurs du carthame (safranum), pour les débarrasser du principe colorant jaune.

b. Ouvrier foulant avec les pieds.

c. Idem.

d. Première cuve où l'on a mis tremper les fleurs du carthame.

e, e, e. Cordes attachées aux solives du plancher, et auxquelles se tiennent les ouvriers dans l'opération du foulage.

f. Ouvrier remuant avec une pelle de bois les fleurs de carthame dans une des cuves.

g, h. Tonneaux dans lesquels on conserve les préparations alcalines ou acides pour la séparation du principe colorant rouge des fleurs du carthame.

i. Ouverture par laquelle s'échappe l'eau chargée du principe colorant jaune des fleurs du carthame.

l. Ouvrier préparant un bain de teinture de carthame.

Fig. 2. *a.* Appareil monté. Les fleurs de carthame sont disposées dans une espèce de cuve à claire-voie garnie d'un filtre en toile nommé *blanchet.* C'est sur ce filtre que l'on jette les solutions alcalines ou acides pour séparer le principe colorant rouge qui tombe alors dans la cuve inférieure.

b. Mortier destiné à piler les fleurs.

c. Pilon.

d. Passoire à travers laquelle on verse les différentes solutions.

e. Ecumoir pour retirer les débris de fleurs.

f. Pelle de bois avec laquelle on remue les mélanges.

PLANCHE VIII.

Teinturier ; séchoir pour les soies, etc.

Figure 1. Vue du séchoir.

a. Branloir en place.

b. Ouvrier agitant le branloir.

c. Poële pour échauffer le séchoir.

d. Tréteaux sur lesquels on garnit et on dégarnit les perches du branloir.

Fig. 2. *a.* Châssis du branloir.

b, b, b. Clous ou chevilles en fer entre lesquels est placée une des extrémités des perches.

c, c. Autres chevilles qui entrent dans un trou pratiqué à l'extrémités opposée de la perche.

d d. Perches garnies des écheveaux.

e, e, e, e. Courroies à articulations mobiles qui suspendent au plafond le châssis du branloir.

f. Corde au moyen de laquelle on met le branloir en mouvement.

g. Perche en bois dur et poli.

EXPLICATION

h. Fourchette en bois au moyen de laquelle on place et on déplace les perches garnies des écheveaux.

IMPRESSION DES TOILES.

PLANCHE PREMIÈRE.

Figure 1. Vue de l'intérieur d'un atelier. Cette pièce vaste, aérée et très-claire, renferme douze ou quinze tables sur lesquelles les étoffes sont imprimées tour à tour du mordant, du rongeant ou de la couleur. Les couleurs d'application, les mordans et les rongeans sont disposés, à l'une des extrémités des tables, dans des auges en bois que l'on remplace actuellement par des baquets. Dans ces auges se trouvent la fausse couleur, le châssis et le tamis; à l'autre extrémité de la table est placée une banquette sur laquelle l'étoffe est roulée lorsqu'elle a reçu ses différens apprêts. Le *tireur* est placé du côté de l'auge où il charge les planches, les tampons, etc. L'ouvrier se tient sur l'un des côtés de la table de manière à avoir l'auge à sa droite et la banquette à sa gauche.

Fig. 2. C'est la table sur laquelle se fait l'impression des toiles. Cette table est en bois dur, solide et poli; elle est recouverte de deux tapis en serge ou en drap bien tendus, et qu'on peut enlever facilement pour les nettoyer.

a, a. Tablette sur laquelle on peut disposer les différens ustensiles qui servent à l'impression.

Fig. 3. C'est l'auge dans laquelle on a placé le châssis et le tamis.

Fig. 4 et 5. Tamis. Ce sont des châssis en bois sur lesquels on a cloué une pièce de drap bien tendue.

Fig. 7. Banquette sur laquelle on roule les étoffes.

Fig. 8. Châssis que l'on nomme *étui,* et qui entre dans l'auge ou baquet où il repose sur la fausse couleur. Son fond est garni d'une toile cirée fortement collée.

a, a, a, a. Poulies sur lesquelles roulent les cordes qui soutiennent le tamis.

Fig. 9. Le tamis.

b, b, b, b. Cordes qui passent dans les poulies de l'étui et qui sont terminées par des contre-poids.

Fig. 10. Barc sur lequel on dépose et l'on fait sécher les pièces de toile qui ont reçu les différens apprêts.

a, a, a, a. Les montans.

b, b, b, b. Les traverses du fond.

c, c. Les deux barres latérales.

Fig. 11. Le tampon avec lequel on pèse sur les planches.

Fig. 12. Brosse pour garnir le fond du tamis.

Fig. 13. Planche gravée.

Fig. 14. Banquette pour le service de l'atelier.

PLANCHE II.

Différentes élévations du cylindre à bascule.

Fig. 1 et 2. *a.* Cylindre rotateur.

b, b. Cylindres mis en mouvement par le rotateur.

c, c. Roues cannelées qui font marcher le rotateur.

d. Roues d'engrenage.

e. Traverses mobiles, fixées par des chevilles, et percées de mortaises dans lesquelles s'adapte un cylindre à manivelle sur lequel on roule l'étoffe à mesure qu'elle a passé sous le cylindre à bascule. Ce cylindre à manivelle est mis en mouvement par une corde qui entoure la roue de rencontre.

f, f, f, f. Solives qui forment le châssis dans lequel est adapté le bâtis qui soutient les cylindres. Ces solives sont mobiles.

l, l. Montans en bois qui traversent les solives *f, f,* et qui servent à les tenir écartées ou rapprochées au moyen de chevilles.

m, m. Arbre du manége qui soutient et fait mouvoir la roue d'engrenage.

n. Pièce de bois garnie d'une crapaudine en cuivre dans laquelle tourne la partie supérieure de l'arbre.

o. Massif en pierre garni d'une crapaudine en acier dans laquelle tourne la partie inférieure de l'arbre.

p. Cheval qui fait tourner l'arbre *m.*

Vue du cylindre à bascule par derrière.

Fig. 3. *a, a, a.* Barres qui empêchent l'étoffe de toucher à la partie latérale du cylindre inférieur.

b, d. Cylindres de petite dimension sur lesquels se roule et se déroule l'étoffe avant et après l'impression.

Autre mécanisme pour mettre le cylindre rotateur en mouvement.

Fig. 4.   *a.* Roue d'engrenage.

b. Arbre qui fait mouvoir la roue d'engrenage.

c. Solive qui soutient le tambour.

d. Tambour qui fait mouvoir la roue d'engrenage.

e. Dents adaptées à la partie supérieure du tambour, et qui engrènent dans la roue de rencontre.

f. Roue de rencontre qui fait mouvoir le cylindre rotateur.

PLANCHE III.

Cylindre à bascule et développement.

Figure 1.   Vue latérale du cylindre à Bascule.

a. Pièce de bois sur laquelle repose le mécanisme.

b, b. Poutres solides réunies par plusieurs traverses et qui soutiennent les cylindres.

c, c. Solives transversales qui maintiennent les poutres *b* et soutiennent le cylindre rotateur.

d, d. Solives mobiles traversant les poutres *b*, le montant *h*, et faisant levier pour rapprocher les cylindres lorsque la bascule est mise en jeu.

e. La bascule.

f. La pièce de bois qui réunit les solives *d* à la bascule *e.* Au moyen de trous et de chevilles, on peut à volonté rapprocher ou éloigner ces deux pièces.

g. Le contre-poids placé à l'extrémité libre de la bascule.

h. Pièce de bois debout qui sert de point d'appui à la bascule et en fait un levier du premier genre.

l, l. Boulons à écrous en fer qui s'opposent à l'écartement des poutres *b.*

m. Les potences en fer qui soutiennent la poulie.

n, n. Les deux gros cylindres.

o. L'extrémité libre de la bascule, à laquelle est attachée la corde qui se roule et se déroule sur l'arbre de la poulie.

p. La poulie.

r, r. La pièce de bois latérale fixée seulement avec une cheville, et sur laquelle on place une des extrémités du cylindre mobile autour duquel on roule la pièce d'étoffe qui a passé à l'impression.

s. La mortaise dans laquelle est fixée la pièce de bois *r.*

t. Potence à mortaise sur laquelle on adapte le cylindre.

u. Le cylindre rotateur.

v. La corde au moyen de laquelle on serre et on desserre la bascule à volonté.

La poulie vue de face.

Fig. 2.   *a.* Arbre de la poulie.

        b. La poulie.

        c. La cheville à laquelle se fixe la corde qui sert à mouvoir la poulie.

        d. La corde.

Fig. 3.   Cylindre que l'on place à volonté, soit sur les potences *t,* soit sur les pièces de bois *r.*

(*Voyez* Figure 1.)

        a, b, d. L'axe du cylindre. Les parties *a* et *b* sont celles qui reposent sur les potences.

        e. Poulie adaptée à l'une des extrémités du cylindre, et sur laquelle passe la corde qui le met en mouvement.

Fig. 4.   Cylindre rotateur.

Fig. 5.   L'un des gros cylindres à impression.

Fig. 6.   Vis de rappel.

        a. L'écrou qui sert à la serrer.

Fig. 7.   Crapaudine en bois sur laquelle repose et roule le cylindre.

Fig. 8.   Vis avec laquelle on fixe la crapaudine.

Fig. 9.   Pince à main avec laquelle on saisit le col du cylindre lorsqu'on veut le déplacer.

Fig. 10.   Pièce de bois percée d'une mortaise.

Fig. 11.   Outil en fer pour manœuvrer les cylindres.

Fig. 12. Pièce de bois percée de mortaises dans lesquelles se meuvent les différentes parties de la bascule.

PLANCHE IV.

Atelier des cuves et fourneaux.

Figure 1. Vue intérieure de l'atelier.

Des ouvriers sont occupés à plonger dans des cuves les cages à claire-voie sur lesquelles on fixe les différentes pièces d'étoffe pour la teinture. Ces cages sont manœuvrées au moyen de poulies et de cabestans.

Fig. 2 et 3. Modèle de construction de fourneaux à réverbère d'une forme massive, et qui n'est plus en usage. Autour de ces fourneaux, des ouvriers manœuvrent des pièces d'étoffe dans des bains colorans.

Fig. 4. Une cage à claire-voie sur les barreaux de laquelle on suspend la pièce d'étoffe, de manière à ce que toutes les parties en soient isolées. Aujourd'hui cette pièce est construite de façon à pouvoir s'élargir ou se rétrécir à volonté, suivant la dimension de l'étoffe sur laquelle on opère.

Fig. 5. La même cage à claire-voie sur laquelle on dispose une pièce d'étoffe avant de la plonger dans le bain colorant.

Fig. 6. Un moulinet.

Fig. 7. Pièce détachée de l'intérieur du fourneau.

a. La chaudière.

b, b. Le fourneau ou foyer.

c, c. Le cendrier.

PLANCHE V.

Atelier des graveurs, moules et outils.

Figure 1. Atelier des graveurs.

Cette pièce est grande et percée d'un grand nombre de fenêtres.

a. Place d'un ouvrier et disposition des outils avant le travail.

b, c, d, e. Ouvriers gravant sur bois et exécutant divers dessins en relief ou en creux.

f. Ouvrier préparant les planches à graver.

Fig. 2.

PLANCHE VI.

Atelier et fabrication des toiles peintes.

FIN DE L'EXPLICATION DES PLANCHES.

TABLE ALPHABÉTIQUE.

A

FIN DE LA TABLE ALPHABÉTIQUE.

DES HUILES FIXES EN GÉNÉRAL.

On entend par huile, toute substance inflammable, fluide ou concrète, plus ou moins onctueuse, susceptible à l'état de concrétion de se liquéfier par l'intermède du calorique, peu ou point soluble dans l'eau et formant des savons avec les alcalis.

Il y a deux espèces d'huiles, les huiles grasses ou fixes et les huiles volatiles : je ne parlerai que des premières. Les unes et les autres se trouvent abondamment dans certaines plantes.

L'huile fixe existe dans les graines des plantes et presque toujours dans celles à deux cotylédons; telles que la graine de lin, les amandes, la faîne, les graines de pavot, de navette, etc.; quelquefois mais rarement on en trouve dans la pulpe qui entoure le noyau de certains fruits. C'est le cas de l'huile qui fournit l'espèce d'huile fixe la plus abondante et la plus précieuse sous le rapport de son emploi dans les arts et l'économie domestique. Outre l'huile, les graines dicotylédones contiennent aussi une substance mucilagineuse, et toutes ont la propriété de former, lorsqu'elles sont écrasées dans l'eau, un liquide laiteux, connu sous le nom d'*émulsion*, et dans lequel l'huile est tenue en suspension à l'aide du mucilage.

Les huiles fixes sont aussi contenues dans les noyaux et les pepins; elles sont presque partout combinées avec le mucilage qu'elles entraînent en partie, lorsqu'on les extrait par la pression. Les huiles grasses ne sont pas toutes liquides à la température ordinaire; elles varient par leur consistance et dans les proportions de leurs principes constituans. Toutes sont plus ou moins composées de carbone, d'oxigène et d'hydrogène. Indépendamment de ces principes, les huiles, en général, ont pour la plupart un arôme particulier qui les fait distinguer les unes des autres. Leur saveur, même dans l'identité de leur espèce, offre des différences sensibles.

On connoît aussi les huiles fixes sous le nom d'*huiles douces*, d'*huiles par expression*. D'autres provenant des matières animales sont extraites par l'ébullition des substances qui les fournissent. De ce nombre sont les huiles de poisson, de cheval et des pieds des quadrupèdes dont les usages ne sont pas aussi généralement répandus. Parmi les huiles indigènes, on peut mettre au premier rang l'huile d'olive, et dans l'ordre secondaire celles d'œillet, de faîne, de noix, d'arachide et de quelques autres graines. Toutes ces huiles jouissent de caractères bien distincts : considérées sous le rapport de leurs propriétés physiques,

elles ont une consistance d'autant plus visqueuse qu'elles abondent en mucilage. L'odeur et la saveur des huiles sont autant de causes qui les font préférer pour l'usage alimentaire. Il n'en est pas de même des huiles propres à la combustion ou employées aux savonneries et à d'autres genres de fabrication. Dans ce dernier cas c'est plutôt la diaphanéité, la couleur ou quelques propriétés particulières des huiles que l'on recherche. C'est surtout à Marseille où le commerce des huiles est très-étendu, que l'on s'attache plus particulièrement à la distinction des qualités qu'elles doivent avoir suivant l'emploi auquel on les destine.

Toutes les huiles fixes examinées jusqu'à présent sont plus légères que l'eau; mais elles diffèrent beaucoup en pesanteur spécifique; on peut en juger par le tableau suivant des huiles

De palmier...................... 0,968
De noisette...................... 0,941
De pavot, ou d'œillet.......... 0,939
De lin.......................... 0,932
D'amandes douces............... 0,932
De noix........................ 0,925 à 947
De faîne....................... 0,923
De ben......................... 0,917
D'olives....................... 0,913
De colza....................... 0,913
De cacao....................... 0,892

C'est ici le cas de faire observer que parmi ces huiles, celle d'œillet jouit d'une pesanteur spécifique plus grande que l'huile d'olive. Cette différence a fait penser par la généralité des commerçans que la première étoit plus aqueuse que la seconde; mais est-il bien prouvé que les huiles, dans leur état naturel, contiennent de l'eau ? C'est en examinant les changemens qu'elles éprouvent par leur décomposition à l'aide du calorique, que je démontrerai que les huiles ne sont pas aqueuses.

Je rappellerai d'abord que les huiles ne diffèrent sous le rapport chimique, que par les proportions d'oxigène, d'hydrogène et de carbone, et que sous celui de leurs principes immédiats elles varient par des quantités diverses d'*oléine et de stéarine*. Par la première de ces substances on entend celle qui reste liquide à toutes les températures, et par la seconde celle qui est susceptible de se concréter l'hiver, comme dans l'huile d'olive, ou qui à diverses températures se trouve concrète dans certaines huiles végétales. Mais les principes immédiats de l'huile ne recèlent pas de l'eau toute formée. Une très-petite quantité d'eau peut être associée au mucilage des huiles; dans ce cas, ce fluide est tout-à-fait étranger à leur composition.

L'huile, dans l'état de limpidité, est privée de l'eau qu'on lui suppose; celle-ci ne peut y exister dans de petites proportions que lorsque l'huile est encore récente et qu'elle n'est pas dépouillée de ses fèces; elle n'est aqueuse que dans les *huiles d'enfer ou de recenses*. C'est surtout dans ces dernières, que naturellement épaisses pour la plupart, on y trouve de l'eau, soit que la fraude en ait introduit en excès dans cette qualité d'huile; ou qu'elles en soient encore imprégnées par le lavage et le genre d'élaboration qu'on leur fait éprouver durant leur extraction.

Ainsi on ne peut pas supposer qu'il y ait de l'eau dans la plupart des huiles de graines extraites sans le secours de ce liquide et par des seuls moyens de pression. Ces espèces d'huile peuvent cependant retenir une petite quantité d'eau, lorsqu'elles sont nouvellement épurées, et que l'eau qui a servi à les purifier ne s'est pas entièrement déposée dans les tonnes où l'on pratique cette opération.

Mais de ce que l'huile fixe, distillée dans une cornue à 316 degrés centigrades, laisse déposer de l'eau unie à de l'acide acétique, les chimistes n'en concluent pas pour cela que l'eau y soit recélée. A cet état de température l'hydrogène et l'oxigène de l'huile sont mis à nu et forment de l'eau par une nouvelle combinaison chimique. Il paroît même que la formation de l'eau, par la décomposition des huiles à l'aide d'une forte chaleur, est relative à la capacité des vases distillatoires, et qu'en répétant la distillation de la même huile dans de nouveaux appareils, on finit par la convertir entièrement en eau, en gaz acide carbonique, en gaz hydrogène carboné et en charbon qui reste dans la cornue.

Le nom d'*huile fixe* qu'on a donné aux huiles grasses qui ne méritent pourtant cette dernière dénomination que lorsqu'elles ne sont pas siccatives, doit-il être conservé dans la véritable acception de ce mot? Oui, parce que l'huile n'est véritablement fixe qu'à la température ordinaire ou à celle inférieure pour en opérer la distillation. Non, quand on sait que M. Dupuy a distillé l'huile d'olive dans une cornue, sous la pression de 76°, sans la porter à l'ébullition : le produit distillé de l'huile d'olive s'est pris en masse à 20°. M. Dupuy établit en principe que plus la distillation de l'huile a lieu lentement et à une moindre élévation de température, plus le produit distillé conserve de la solidité.

Il résulte donc de ces observations que l'huile fixe ne doit cette dénomination que parce qu'elle ne s'évapore pas sans que ses principes se désunissent à une forte chaleur qui détermine l'altération de l'huile. Voilà pourquoi le docteur Carradori *de prato* a soutenu que l'huile ne bouilloit pas absolument lorsqu'on la chauffoit plus ou moins, et qu'elle se brûloit en laissant volatiliser des vapeurs combustibles à l'approche d'un corps enflammé. Je suis cependant de l'avis que quoi qu'il en soit du genre de vapeurs résultant de l'huile exposée à l'action d'un feu vif, cette substance n'en bout pas moins, puisque l'ébullition n'est que le résultat du dégagement du calorique qui occasionne d'autant plus de bulles à la surface du liquide bouillant, qu'on observe du vide au fond du vaisseau dans lequel ce fluide est en ébullition.

Je reviens aux principes immédiats de l'huile, savoir que la *stéarine*, mot dérivé du grec στέαρ, qui signifie *suif*, est la portion la plus concrescible de l'huile et que l'*oléine* est la partie la plus liquide de cette substance.

Les huiles de graines indigènes, telles que celles d'œillet, de noix et de lin, recèlent beaucoup plus d'oléine que de stéarine. Cette dernière s'y fait rarement remarquer spontanément, même à une très-basse température. Ce n'est qu'à l'aide des réactifs et particulièrement au moyen du proto-nitrate de mercure avec lequel on reconnoît aujourd'hui la falsification de l'huile d'olive, qu'on peut isoler la stéarine qui reçoit, par cette combinaison, une altération occasionnée par l'agent qui la précipite. En traitant de ce genre de fraude et des procédés pour la reconnoître, je relaterai les faits curieux et importans qu'offre l'examen des huiles par ce réactif dont j'aurai occasion de parler en traitant des huiles diverses.

Si on agite des huiles fluides dans des fioles qui présentent du vide, on distingue après leur agitation d'autant plus de bulles que ces huiles abondent en oléine. Ces bulles provenant de l'air ambiant qu'elles ont absorbé, se font plutôt remarquer dans les huiles de graines et s'y trouvent plus volumineuses. Les huiles d'olive, au contraire, secouées de la même manière, n'offrent que des globules très-divisés et forment quelquefois un petit chapelet aux parois des fioles et à la surface de l'huile. Ces signes qui occasionnent très-souvent des erreurs sur leur prétendue falsification avec l'huile de graines, tiennent seulement à des proportions variées de stéarine et d'oléine dans celle d'olive. Les bulles sont plus grosses dans l'huile où l'oléine s'y trouve plus abondamment. Ces derniers principes découverts de nos jours par *Chevreul* et *Braconnot*, ont jeté un grand jour sur la véritable composition des huiles.

Pour bien apprécier la nature et les principes constituans des huiles, il est nécessaire de connoître les effets du réactif sur celles qui en ont éprouvé l'action. Ainsi on conclura de la forte concrétion d'une huile fixe par le proto-nitrate de mercure, qu'elle abonde en stéarine, et de l'effet contraire, c'est-à-dire, de la liquidité des huiles ou de leur transparence après cette combinaison, on jugera des proportions considérables d'oléine. C'est à cette dernière que les huiles doivent l'odeur et la saveur qui les caractérisent; mais la propriété qu'elles ont d'être solides ou solidifiables, est due à la première.

J'assignerai ici une place aux procédés de Chevreul et de Braconnot pour isoler la stéarine et l'oléine des substances huileuses, bien que par ces procédés on obtienne plus facilement la stéarine de l'axonge et d'autres corps gras. Mais comme il existe des huiles fixes et notamment celles de palme, de coco et de carapa, qui sont plus ou moins concrètes et desquelles on peut extraire la stéarine à volonté; que l'huile d'olive se congèle à une basse température, et que l'huile recense extraite des marcs d'olives, est susceptible de se concréter spontanément à la température ordinaire, j'ai pensé qu'il étoit essentiel de signaler les moyens à l'aide desquels on se procure la stéarine.

M. Chevreul propose de traiter l'axonge (ou toute autre substance huileuse concrète) dans un matras avec sept à huit fois son poids d'alcool presque bouillant. La liqueur est décantée au bout de quelque temps, et ce résidu est traité par de nouvel alcool jusqu'à ce que toute la substance grasse soit dissoute. La stéarine se dépose sous forme de petites aiguilles par le refroidissement de l'alcool qui retient l'oléine qu'on obtient en réduisant la dissolution à ⅛ de son volume et en se rassemblant en une couche semblable à de l'huile d'olive. Dans cet état, la stéarine retient un peu d'oléine, et celle-ci un peu de stéarine. Pour procéder à la purification de cette dernière, M. Chevreul la redissout dans l'alcool bouillant à plusieurs reprises et la fait cristalliser deux ou trois fois. Quant à l'oléine, il l'expose pendant long-temps à une basse température; elle laisse ainsi déposer la majeure partie de la stéarine qu'elle recèle. C'est ainsi qu'on peut extraire la stéarine ou l'oléine de toutes les matières grasses qui les contiennent; mais soit qu'on les obtienne par la congélation ou par l'imbibition dont je vais décrire le procédé, on doit toujours, en dernier résultat, traiter ces produits par de l'alcool.

La méthode de M. Braconnot est très-simple; on la pratique par imbibition; elle semble indiquer que dans les corps huileux fixes, la stéarine et l'oléine ne sont point combinées chimiquement, mais seulement mêlées mécaniquement entr'elles. Si l'huile à examiner est liquide, il l'expose aux effets du froid jusqu'à ce qu'elle se congèle. Dans cet état il la soumet à l'action d'une forte presse, entre plusieurs doubles de papier brouillard. L'oléine s'imbibe dans le papier qu'elle pénètre, et la stéarine s'y trouve renfermée à l'état solide. Si l'huile à soumettre à l'expérience est naturellement concrète, il n'est pas nécessaire de l'exposer à l'action du froid; il suffit de la presser

entre des doubles de papier brouillard, duquel on la retire après le pressurage.

Exposées à l'action de l'air, les huiles grasses cèdent peu à peu une portion de leur hydrogène et de leur carbone à l'oxigène de ce fluide, s'épaississent et quelquefois se durcissent. Celles qui se durcissent prennent le nom d'huiles siccatives; telles sont les huiles de lin, d'œillet, de noix. Celles qui ne font que s'épaissir s'appellent huiles non siccatives: M. Thenard qui admet cette classification, cite pour exemple les huiles d'olive, de colza, d'amandes douces. L'huile d'olive, surtout, se cérifie en s'épaississant par son exposition à l'air; j'en ai vu dans un tel état de cérification qu'elles imbiboient à peine les tissus de toile dans lesquels on les avoit importées à Marseille. Enfin les huiles sont cérifiables, siccatives et rancescibles.

Les huiles rancissent d'autant plus facilement qu'elles abondent en oléine, ou qu'elles sont exposées à l'air qui les acidifie en les oxigénant. De là vient que l'huile rance rougit la teinture de tournesol; l'altération en rouge de ce réactif est plus prononcée lorsqu'on lave d'abord les huiles rances dans l'eau distillée, qui dissout une portion des acides oléique et stéarique formés dans l'huile rance; le liquide aqueux, résultant de ce lavage, rougit plus fortement le tournesol. L'huile d'olive fine ne fait éprouver aucun changement à la teinture de tournesol; une goutte de l'une et de l'autre, bien mêlées ensemble, laissent le mélange verdâtre et par conséquent sans altération.

Ainsi la rancidité des huiles amène leur acidification. Je me suis souvent livré aux expériences dont je viens de parler, et je me suis toujours convaincu qu'outre le goût et l'odorat, le tournesol étoit un excellent réactif pour apprécier la qualité de l'huile.

De la solubilité des huiles fixes dans l'alcool. Les huiles fixes (l'huile de ricin exceptée) sont très-peu solubles dans l'alcool. On avoit pensé que M. Frémy avoit été le premier qui eût reconnu cette propriété des huiles fixes; mais bien avant lui, l'abbé Rozier avoit observé la solubilité de l'huile de colza dans l'alcool. Cependant comme ces auteurs n'ont pas fait mention ni de la pesanteur spécifique de l'alcool, ni des proportions dans lesquelles les huiles s'y dissolvent, M. Planche, pharmacien distingué de Paris, a repris ce travail et lui a donné toute l'extension desirable.

M. Planche a mis dans un flacon bien sec mille gouttes d'alcool très-pur, rectifié à 40 degrés de l'aréomètre de Beaumé et une goutte d'huile de lin, le thermomètre de Réaumur étant à 10 degrés au-dessus de 0. L'huile a traversé l'alcool sans s'y dissoudre. On a agité les deux liquides pendant deux minutes et la solution s'est opérée. Une deuxième goutte d'huile a disparu assez vite par le même moyen. Dans l'espace de huit

A 2

jours, pendant lesquels on agitoit trois fois chaque jour le flacon, on est parvenu à dissoudre six gouttes d'huile de lin. Telle est la marche que ce chimiste a suivie pour déterminer le degré de solubilité des huiles fixes dans l'esprit-de-vin. Pour se dispenser d'entrer dans de nouveaux détails pour des expériences aussi simples et aussi faciles à répéter, M. Planche a préféré présenter réunis dans la table suivante, les résultats de ses recherches.

Les mille gouttes d'alcool à 40 degrés employées à chaque expérience, correspondent à environ cinq cents grains poids de marc.

NOMS DES HUILES.	QUANTITÉS DISSOUTES.
Huile de ricin....................................	Toutes proportions.
— de pavot conservée une année.................	8 gouttes.
— de lin.......................................	6
— de noix......................................	6
— de pavot nouvelle............................	4
— de faîne.....................................	4
— d'olives.....................................	3
— d'amandes douces.............................	3
— de noisettes.................................	3

Ces résultats diffèrent beaucoup de ceux annoncés par M. Bucholz. Ce chimiste assure que soixante gouttes d'alcool ont dissous deux gouttes d'huile d'amandes douces, deux gouttes d'huile de pavot, une goutte d'huile de navette et trois gouttes d'huile de lin ancienne.

De la solubilité des huiles fixes dans l'éther sulfurique. Un des hommes qui ont le plus illustré la pharmacie française, le célèbre Beaumé, avoit déjà reconnu l'action de l'éther sulfurique sur plusieurs huiles fixes. Il est étonnant que dans des ouvrages modernes très-accrédités, on ait passé sous silence cette propriété singulière de l'éther sulfurique, et qu'on l'ait pour ainsi dire niée positivement en assignant comme une des causes de cette solubilité, la rancidité des huiles. Beaumé a fait agir l'éther sur les huiles fixes comme sur un grand nombre de matières végétales. Il a essayé d'appliquer cette propriété de l'éther sulfurique à l'art de dégraisser les étoffes de soie, et ses tentatives ont été couronnées du plus heureux succès.

La facilité avec laquelle l'huile fixe s'unit à l'éther, a fait entrevoir à M. Planche la possibilité d'établir les degrés de saturation réciproque de ces deux corps; mais ce chimiste avoue que toutes ses tentatives à cet égard ont été tellement infructueuses qu'il a fini par les abandonner. Pour s'assurer que l'affinité de l'éther pour l'huile est satisfaite, il faudroit qu'on aperçût une portion d'huile se séparer du mélange, et c'est ce qu'il n'a jamais pu observer malgré tous ses soins.

La solution des huiles fixes dans l'éther sulfurique n'est point un simple mélange, c'est une véritable combinaison dont les élémens ne peuvent être séparés ni par le froid, ni ce qui est plus étonnant encore, par l'alcool. M. Planche a prouvé ces deux assertions par les exemples suivans.

Si l'on plonge une solution composée de trois parties d'huile d'olive et de deux parties d'éther sulfurique dans un bain refroidi à 18 degrés au-dessous de la glace, la liqueur reste limpide et conserve sa consistance; l'huile d'olive pure se congèle à 2 degrés au-dessous de o: donc l'éther en diminuant l'influence du froid sur l'huile, partage avec elle sa capacité pour le calorique.

Dans une autre expérience, on met dans une petite éprouvette bouchée à l'émeri, une partie d'éther sulfurique très-pur à 60 degrés, et autant d'alcool à 36 degrés. On ajoute à ce mélange une partie d'huile d'amandes douces ou de toute autre huile fixe; puis on agite, afin de multiplier les points de contact entre ces trois substances. Après quelques minutes de repos, le mélange se sépare en deux portions; la couche inférieure est une dissolution de l'huile dans l'éther, la couche supérieure est de l'alcool presque pur. Le même phénomène a lieu si l'on ajoute de l'alcool à la combinaison d'éther et d'huile.

N'ayant pu parvenir avec l'éther sulfurique au but que M. Planche s'étoit proposé, sa réussite a été complète au moyen de l'éther acétique: l'action de ce fluide sur les diverses espèces d'huile étant limitée, ce chimiste a pu établir une échelle de solubilité assez exacte en procédant de la même manière qu'avec l'alcool.

ÉTHER ACÉTIQUE. QUANTITÉS.	NOMS DES HUILES.	QUANTITÉS DISSOUTES.
1 partie............	Huile de ricin............	8 parties et au-delà.
2............	— de noix............	1
2............	— de lin............	1
2 ½............	— de faîne............	1
3............	— de pavots............	1
4............	— d'amandes douces........	1
5............	— d'olives............	1
7............	— de noisettes............	1

Le soufre et le phosphore sont susceptibles de se dissoudre dans les huiles à l'aide de la chaleur. On peut même, en laissant refroidir la dissolution, obtenir du soufre assez bien cristallisé (procédé de M. Pelletier).

L'iode et le chlore surtout leur enlèvent, même à une température ordinaire, une certaine quantité d'hydrogène, et forment, l'un de l'acide hydriodique, et l'autre de l'acide hydro-chlorique.

Le potassium et le sodium n'ont qu'une très-foible action sur les huiles ; lorsqu'on les met en contact avec elles, elles s'oxident peu à peu, et finissent par produire une espèce de savon très-oléagineux.

« Les huiles fixes ne s'enflamment que par les acides nitrique et sulfurique réunis. C'est surtout dans les huiles grasses du premier genre où l'on trouve plus abondamment le principe doux de Schéele. Ce chimiste a découvert qu'en combinant les huiles d'amandes douces, d'olives et de navette avec l'oxide de plomb, à l'aide de la chaleur, et en ajoutant un peu d'eau à ces mélanges, il se séparoit de ces huiles un liquide surnageant, qui par l'évaporation lui a fourni une matière de consistance syrupeuse, laquelle prenoit feu en la chauffant fortement. L'acide nitrique distillé quatre fois sur ce principe doux l'a changé en acide oxalique. Ces caractères rapprochent singulièrement cette matière des mucilages. (Fourcroy, Encycl. méth.) »

M. Frémy voulant s'assurer si le principe doux des huiles ne devoit pas sa saveur à la propriété dont jouit le plomb de communiquer un goût sucré à la plupart de ses combinaisons, ce chimiste a fait passer un courant d'hydrogène sulfuré dans l'eau contenant ce principe qu'il avoit obtenu dans une expérience soignée. La liqueur a été filtrée pour séparer tout le sulfure de plomb.

La liqueur filtrée avoit encore une forte saveur sucrée ; elle a été évaporée en consistance de sirop ; l'acétate de plomb n'y démontroit plus la présence de l'hydrogène sulfuré ; ses essais pour la faire fermenter au moyen de la levure, ont été aussi infructueux qu'avant la séparation de l'oxide

de plomb : exposée à l'air, elle en attire fortement l'humidité ; projetée sur des charbons allumés, elle s'y enflamme à la manière des huiles ; en la faisant bouillir avec les oxides rouge, jaune et blanc de plomb, elle n'en dissout que l'oxide jaune ; distillée à plusieurs reprises avec l'acide nitrique, il y détermine la formation de l'acide oxalique ; distillée dans une cornue à feu nu, une partie monte à la distillation (comme Schéele l'avoit observé) ; en augmentant le feu, elle donne pour résultat de l'huile empyreumatique, de l'acide acétique, de l'acide carbonique, du gaz hydrogène carboné et un charbon léger et spongieux qui ne contient pas d'oxide de plomb.

D'après ces faits, il étoit bien présumable que l'huile, lorsqu'elle est combinée avec l'oxide de plomb, ne devoit plus être dans le même état qu'avant cette combinaison.

Pour la séparer d'avec cet oxide, M. Frémy s'est servi de l'acide acétique, parce que la solubilité de l'acétate de plomb lui donnoit un moyen facile de la séparer de l'huile dont il vouloit examiner les propriétés.

Cette huile a la consistance de la graisse ; elle a la saveur de cette matière animale rance ; elle est insoluble dans l'eau à la manière des huiles volatiles, et, comme ces dernières, se volatilise en partie avec l'huile à la distillation.

La plus légère ébullition suffit pour la combiner parfaitement avec l'oxide blanc de plomb, et lui donne une forte consistance emplastique, ce qui n'a pas lieu avec la litharge et le massicot.

Quoique toutes les huiles grasses se dissolvent plus ou moins dans l'alcool, il s'en faut de beaucoup que cette propriété soit aussi caractérisée que pour celles qui ont été traitées par la litharge, puis séparées de ce protoxide au moyen de l'acide nitrique.

Les oxides jaune et blanc de plomb ne peuvent se combiner avec les huiles ordinaires ; M. Frémy s'est assuré de ce fait par une ébullition beaucoup plus longue qu'il n'eût été nécessaire s'il eût employé de la litharge.

Il résulte des expériences de M. Frémy, que

lorsqu'on traite les huiles grasses par la litharge, l'oxigène de cette dernière leur enlève du carbone, et précédemment de l'hydrogène, pour former de l'eau et de l'acide carbonique ;

Que cette soustraction rendant l'oxigène plus abondant dans les huiles, donne naissance à cette substance sucrée, que Schéele a appelée principe doux des huiles ;

Que ce principe doux diffère du mucoso-sucré par la propriété dont il jouit de dissoudre l'oxide jaune de plomb; que sa saveur sucrée est indépendante de la présence de l'oxide; qu'il diffère du sucre par sa volatilité et par l'impossibilité de le faire fermenter ;

Que l'huile privée des principes qui ont donné naissance au principe doux, et de la quantité d'hydrogène et de carbone qui la constituoit huile fixe, acquiert plusieurs des propriétés volatiles ;

Enfin que ce dernier état de l'huile est le seul qui puisse se combiner avec l'oxide blanc de plomb.

Parmi les cas où l'huile éprouve des changemens dans sa nature, il n'en est pas de plus remarquable que sa conversion en acide margarique et oléique, et en principe doux, par l'action des bases alcalines douées d'une énergie suffisante : d'après les expériences de M. Chevreul, cent parties d'huile donnent 95,3 d'acides margarique et oléique hydratés, et 8,8 de principe doux.

Si on fait chauffer cent parties d'huile d'olive avec quatre à cinq parties d'acide nitrique, la matière en se refroidissant se convertit en une masse plus ou moins blanche grumelée et presque concrète, et excessivement rance.

En exposant à un feu capable de porter à l'ébullition, un melange de huit parties de protonitrate acide de mercure et de quatre-vingt-seize parties d'huile d'olive dans une fiole à médecine, le plus souvent cette combinaison jaillit presque totalement avec détonation hors de la fiole et à

deux ou trois mètres de hauteur du lieu où l'on fait cette expérience. Il m'a paru, dans plusieurs essais, que la détonation est plus prompte et plus forte lorsque l'huile d'olive est combinée avec celle d'œillet : dans ce dernier cas le mélange se clarifie et se colore en brun-rougeâtre, tandis que l'huile d'olive pure également chauffée et traitée par le nitrate de mercure, reste trouble en se figeant la première. Pour faire cette observation, il est clair qu'on doit éviter, autant que possible, que le mélange détonne. Pour cela, il suffit de conduire l'opération à un feu très-doux; par exemple, aux effets d'un peu de cendre chaude et de petite braise.

Les huiles fixes ont un grand nombre d'usages dans les arts : elles servent à conserver beaucoup de substances alimentaires qu'on en recouvre ou qu'on y tient plongées ; ainsi, certaines espèces de poissons dont la chair est la plus solide, et qu'on a fait bouillir dans une dissolution d'hydro-chlorate de soude, se conservent parfaitement dans l'huile d'olive fine.

Les huiles animales servent à ramollir les cuirs, les peaux ; les végétales, telles que celles de lin et d'œillet, sont employées à la fabrication des vernis gras, à délayer les couleurs pour la peinture, à enduire une foule de corps pour les rendre glissans, lisses, mous, flexibles, pour les défendre de l'action de l'eau et de l'air, à la fabrication des mastics, à fournir de la lumière par leur combustion dans les lampes, à favoriser le jeu et le mouvement des machines métalliques ; à servir de bain de vapeur, soit pour le raffinage du sucre, soit pour la dessication de l'argent divisé et obtenu par le nouvel affinage.

J'ai dit plus haut que les huiles fixes ou grasses varioient dans les proportions de leurs principes constituans et immédiats. On se formera des idées plus exactes en consultant le tableau de toutes les huiles analysées jusqu'à ce jour.

PRINCIPES CONSTITUANS.

	Carbone.	Hydrogène.	Oxigène.	Azote.
Huile d'olive	77, 21	73,36	9,43	
— d'amandes douces	76,400	11,481	10,828	0,288
— de noix	79,774	10,570	9,122	0,534
— de lin	79,014	11,351	12,635	
— de ricin	74,178	11,034	14,788	

PRINCIPES IMMÉDIATS.

	Oléine.	Stéarine.		
Huile d'olive	72	28		
— de colza	54	46		
— d'amandes douces	76	24		

« Les huiles fixes sont sujettes à s'altérer par un coup de feu qui détermine aussi leur rancidité. Il suffit de leur appliquer la chaleur pour développer cette odeur piquante et cette saveur âcre qui forme le caractère des huiles rances. C'est pour cette raison que les graines qu'on a torréfiées pour en extraire l'huile, fournissent toujours de l'huile plus ou moins rance. Il paroit que le principe de la chaleur se porte plus particulièrement sur la partie mucilagineuse de l'huile (Chaptal). »

Le mucilage existant plus ou moins dans toutes les huiles fixes, est un germe d'altération continuelle (*id.*).

Les huiles de lin, de noix et d'œillet deviennent plus siccatives en les combinant avec le protoxide de plomb, qu'on nomme *litharge*, le plâtre et la terre d'ombre (*id.*).

Le procédé le plus suivi, selon M. Chaptal, consiste à prendre une livre ($\frac{1}{2}$ kilogramme) d'huile et $\frac{1}{4}$ once de litharge (2 décagrammes), autant de céruse, de terre d'ombre et de plâtre. On fait bouillir l'huile sur ces quatre drogues à un feu doux et égal, et on a soin de l'écumer de temps en temps. Dès que l'écume commence à se raréfier et de devenir rousse, on arrête le feu; on laisse reposer l'huile, qui dépose de plus en plus et se clarifie.

« Les deux oxides de plomb qu'on emploie ici ont au moins l'avantage d'épaissir l'huile en l'oxigénant, de se dissoudre en partie et d'amener l'huile à un état voisin de l'axonge. M. Chaptal s'est assuré de cette dissolution de l'oxide dans l'huile par l'analyse, et c'est à la dissolution plus facile des oxides de plomb qu'on doit rapporter la cause de leur supériorité et de la préférence qu'on leur donne dans les arts. »

Les huiles bouillies sur le per-oxide de mercure revivifient le métal et s'épaississent; mais elles n'acquièrent point les propriétés que leur donnent les oxides de plomb.

Les oxides de fer se dissolvent aussi dans les huiles, qui préparées par leur moyen, deviennent très-luisantes, et donnent aux corps auxquels on les applique, un brillant comparable à celui d'un vernis.

Après avoir traité de l'huile en général, je passe aux moyens d'extraction et aux propriétés particulières de diverses espèces d'huiles végétales et animales. Je m'attacherai à faire connoître les lieux de production des premières, les différens modes employés pour les extraire, soit des fruits, soit des graines oléagineuses. L'historique des unes ou des autres sera classé non par genre, mais par ordre de Dictionnaire.

Huile d'amandes douces : elle est contenue dans les semences de l'*amigdalus communis*; liquide, d'un blanc-jaunâtre, ayant l'odeur et la saveur des amandes, rancissant avec beaucoup de promptitude. Pour extraire cette huile, on commence par frotter les amandes les unes contre les autres dans un linge rude, afin de séparer la poussière qui les recouvre, et qui, tout en colorant l'huile, en absorberoit une partie. Ensuite on réduit les amandes en pâte au moyen du pilon, ou mieux à l'aide d'un moulin. On met cette pâte dans des sacs de coutil ou dans des cabas de sparte; on les empile sur le plateau d'une forte presse et on fait agir le levier pour en extraire l'huile qui découle dans un récipient. Il est convenable de ne pas exposer les sacs renfermant les amandes sur des plaques de fer chauffées, qui détermineroient plus promptement la rancidité de cette huile. On établit plusieurs filtres de papier sans colle sur des entonnoirs de verre, placés sur divers bocaux, et on procède à la filtration de l'huile, le même jour de son extraction : il est reconnu que si elle reste sur son dépôt ou avec un corps qui souillent sa transparence, elle reçoit une certaine altération. On la conserve dans des bouteilles de verre noir, bien bouchées et exposées à la cave. On fait de très-fréquentes expéditions d'huile d'amandes dans la Colombie où on l'emploie, comme ailleurs, pour l'usage médicinal.

Cent livres d'amandes produisent assez ordinairement quarante à quarante-cinq livres d'huile. L'huile d'amandes douces n'est guère employée qu'en pharmacie; elle sert à la préparation des loochs gommeux, des potions huileuses, du savon médicinal, du savon ammoniacal, etc. Ce dernier, qu'on appelle encore liniment volatil, résulte de la combinaison d'une partie d'ammoniaque liquide à 22° et de huit parties d'huile : pour faire ce liniment, on mêle simplement l'ammoniaque avec l'huile, et on agite fortement le mélange; on doit l'agiter encore avant de s'en servir. Ce savon est huileux, d'une consistance un peu plus épaisse que celle de l'huile; il exhale fortement l'odeur d'ammoniaque et est regardé comme un puissant résolutif.

L'huile d'amandes douces ne se congèle qu'à la moitié de son volume, par sa combinaison avec huit centièmes de son poids de nitrate acide de mercure, parce qu'elle contient moins de stéarine que l'huile d'olive.

Cent parties d'huile d'amandes douces figée à un froid de 8 à 9° au-dessous de 0, ont été traitées par imbibition ou par le procédé de M. Braconnot : ce chimiste a obtenu pour résultat,

Huile jaune 76
Suif très-blanc 24
                                                    ————
                                                    100

Le suif d'huile d'amandes douces ressemble aux autres suifs par sa couleur et sa consistance, mais il s'en distingue par son extrême fusibilité; car il se fond à 5 degrés, et se fige de nouveau par un abaissement de température. Ce suif si fusible se transforme par l'action de la potasse en huile et en adipocire qui ne fond qu'à 45 degrés, ce qui est assez remarquable. L'huile d'amandes douces privée de son suif résiste au plus grand froid sans perdre sa fluidité.

M. Chevreul a eu de l'huile d'amandes douces qui ne s'est pas figée à 12—0.

Cent parties de cette huile ont donné au même chimiste, 94,5 de graisse acidifiée, dont une portion étoit figée à 7 degrés.

Huile d'amandes amères; se prépare de la même manière que l'huile d'amandes douces, jouit des mêmes propriétés physiques de cette dernière ; sa saveur est surtout identique. Le principe amer et l'acide prussique qui réside dans les amandes amères, restent dans les gâteaux après le pressurage. Mais si l'huile d'amandes amères préparée par expression, se trouve d'une saveur douce et sans inconvénient pour l'usage médicinal, il n'en est pas ainsi de l'huile volatile obtenue de la distillation des amandes amères. M. Vogel de Munich a confirmé, avec MM. Soemmering et Juner, les propriétés vénéneuses de cette huile, à laquelle il a reconnu la présence de l'acide prussique. Les expériences de M. Vogel ne laissent aucun doute à cet égard.

Huile d'arachide. La culture de l'arachide ou noisette de terre (*arachia hypogea*) réussit aujourd'hui très-bien en Italie. Les essais entrepris sur cette plante par M. Rivoli, professeur de botanique à Novara, ont été couronnés des plus heureux succès. Il a obtenu par expression, d'un quintal de semences mondées de leur péricarpe, cinquante livres d'huile qui ne diffère pas de celle d'olives pour les usages domestiques.

Cette huile, récemment exprimée, a une odeur de rave qui n'est pas sensible au goût. il suffit de la chauffer pour faire disparoître cette odeur, au point que des personnes qui n'avoient pas été prévenues n'ont remarqué aucune différence dans la saveur des alimens préparés avec elle ou avec le beurre. Cette huile n'est pas propre à la peinture; elle gèle avant l'huile d'olives ; on doit par cette raison ne la préparer qu'au mois d'avril ou de mai, autrement elle se congeleroit au sortir de la presse.

Huile de baleine. L'on sait que c'est une substance huileuse et liquide, formée de la fusion des morceaux de la baleine qui sont propres à cela, toutes les parties de la baleine ne l'étant pas.

Il y a des huiles de baleine de différentes qualités, entre lesquelles les unes sont meilleures que les autres.

Les baleines qui ont la graisse un peu jaune, sont celles qui donnent les meilleures huiles et en plus grande quantité. Celle qu'on retire des graisses blanches, n'est pas mauvaise non plus; mais elle est en moins grande quantité.

Les baleines que l'on trouve mortes et flottantes sur l'eau, fournissent moins d'huile et d'une mauvaise ou tout au moins d'une médiocre qualité.

Quand on conserve dans des barils du gras de baleine coupé en petits morceaux, pour le transporter aux endroits où l'on en doit retirer l'huile, lorsqu'on ouvre les barils, on trouve de l'huile qui s'y est formée ; l'on en trouve d'autant plus que l'air est plus doux et chaud; mais cette huile n'est pas aussi parfaite que celle que l'on retire des graisses immédiatement après la mort de l'animal : c'est pourquoi les huiles que l'on retiroit à la mer, lorsqu'on les faisoit sur les barques, sont plus parfaites que celles qu'on retire à terre, suivant la méthode que pratiquoient les Hollandais, lorsqu'ils étoient dans l'usage de l'extraire toute à Spitzberg.

Les huiles qu'on obtient des graisses qu'on a conservées en barils, ont à peu près les mêmes défauts que celles qu'on retire des lards rouges que fournissent les bêtes mortes.

Les huiles de baleine se confondent assez communément dans le commerce avec les autres huiles de poissons, telles que celles de phoques, de marsouins, de cachalot, etc. Cependant leur qualité est supérieure pour plusieurs branches d'industrie où on l'emploie.

Ces différentes huiles se vendent de la même manière. Les échantillons s'envoient dans de petites fioles chez les négocians ou commissionnaires qui les achètent d'après la qualité reconnue qu'ils y trouvent.

Nous tirons nos huiles de baleine de la Hollande, du Nord, de la Russie, du Danemarck, et du produit de nos pêches, à Dunkerque, au Hâvre, à Bayonne.

L'on emploie différens vaisseaux pour la fabrication et le transport des *huiles de baleine*.

L'on met les morceaux de graisse que l'on veut transporter dans des pipes ou barriques. C'est communément par le nombre de ces futailles, plutôt que par celui des poissons, que les pêcheurs suivent le produit de leurs pêches, car si un de leurs camarades leur demande quel a été le succès de leur pêche, ils disent le nombre de poissons qu'ils ont pris ; ce qui n'annonce rien de précis, puisqu'il y en a de plus gros les uns que les autres ; c'est pourquoi, quand on parle du succès de la pêche, on a coutume de dire combien on a rapporté des barils de gras ou d'huile.

Les futailles dont les Hollandais se servent pour le gras de baleine, se nomment *pipes*. Les pipes hollandaises contiennent deux barriques. Les Hambourgeois nomment leurs futailles *lardelles*; elles contiennent de 135 à 145 litres, ce qui ne s'éloigne pas de la demi-queue de Paris ou poinçon d'Orléans, contenant 240 pintes de Paris.

Les futailles dans lesquelles les pêcheurs du Nord rapportent le gras chez eux, contiennent environ 250 à 280 pintes.

Les barriques de Bordeaux ne diffèrent donc pas beaucoup des lardelles de Hambourg.

Quand les pêcheurs du Nord ont fait leur
huile,

huile ; ils la mettent dans des barriques plus petites que celles où ils avoient mis le gras, et qui ne contiennent que 120 ou 130 pintes de Paris.

Les barils d'excellente huile de baleine que les Basques rapportoient du Nord, lorsqu'ils se livroient à cette riche industrie, contenoient deux barriques du Nord.

Les pipes hollandaises dont je viens de parler, ont quatre pieds de hauteur sur deux pieds et demi de diamètre au milieu ou au bouge, et un pied neuf pouces au jable ; les petit barils, pour mettre l'huile que l'on tire du Nord, ont deux pieds trois à quatre pouces de hauteur, un pied neuf pouces de diamètre au milieu et un pied six pouces au jable.

Les pêcheurs suivent différentes pratiques pour retirer l'huile des graisses de baleine. Les uns, et c'est plus particulièrement les pêcheurs du Nord, après avoir découpé le lard en petits morceaux et l'avoir enfermé dans des barils, l'emportent chez eux pour le faire fondre et en retirer l'huile plus commodément. Les Basques étoient dans l'usage de préparer les huiles à bord de leurs bâtimens ; ce qui diffère peu de ce que l'on pratique quand on découpe une baleine à terre.

Ceux qui remportent le gras chez eux, ont, devant la table où ils découpent le lard, une espèce de gouttière, où ils jettent les petits morceaux, qu'un mousse reçoit dans une chausse où ils s'égouttent, et tombent ensuite dans une barrique ou un vase de bois auprès de la table où l'on découpe le gras.

Ceux qui fondent le gras près les lieux de la pêche, mettent les petits morceaux dans une chaudière placée sur un fourneau de briques qui est près l'établi où l'on coupe le gras, ou si l'on fait cette opération à bord du bâtiment, on établit le fourneau sur le tillac du premier pont sous le gaillard d'avant, entre le grand mât et celui de misaine.

A mesure que l'huile se sépare, on la verse dans une chausse qui la conduit dans des cuveaux de bois qui sont près de la chaudière. Comme on a soin de mettre de l'eau dans les vaisseaux, l'huile surnage, et la lie tombe au fond. On laisse l'huile se refroidir quelque temps dans ces vaisseaux, et à cet effet on l'arrose de temps en temps avec de l'eau fraîche qui se précipite au fond, et contribue à clarifier l'huile qu'on entonne ensuite dans des barils, la passant par un tamis fin.

Si l'on fait ce travail à bord du navire, une partie de l'équipage y reste pour exécuter ces travaux, et surtout pour veiller à ce que le feu ne prenne pas à bord. Le reste de l'équipage monte dans des chaloupes et va à la pêche.

Pour retirer l'huile, on verse tout ce qui est dans le réservoir dans des chaudières larges et plates, contenant deux à trois cents litres et montées sur des fourneaux de briques. Lorsque la graisse est bien cuite, on tire l'huile ; on la passe au travers d'une passoire, d'où elle tombe dans un cuveau où il y a de l'eau pour que l'huile s'y refroidisse et que les immondices qu'elle recèle se précipitent au fond ; de sorte qu'il n'y a que l'huile épurée qui surnage : on la tire de ce cuveau pour la faire tomber dans un autre de même grandeur, et successivement dans un troisième aussi à demi rempli d'eau. Pour procurer un plus prompt refroidissement et une *meilleure clarification*, on ajoute quelquefois à l'eau une très-foible lessive.

Quand l'huile est bien refroidie et clarifiée, soit que l'opération ait été faite dans le bâtiment ou à terre, on l'entonne dans des barils, et par la gouttière qui répond au fond du cuveau, on retire le marc qui, étant sec, sert à la cuisson du lard.

Quand on manque de cuveaux de bois ou de chaudières plates pour les diverses clarifications, qui consistent à laver les huiles dans plusieurs eaux, on fait des opérations dans de grands baquets.

Chacune des méthodes dont je viens de parler, a ses avantages et ses inconvéniens. En faisant l'extraction des huiles dans le bâtiment, on évite le transport du gras, et le désagrément d'infecter d'une très-mauvaise odeur le quartier où l'on prépare l'huile, qui est d'autant plus belle qu'on la prépare plus promptement. On a encore l'avantage que, pendant que quelques-uns de l'équipage s'occupent à tirer l'huile, les autres vont à la pêche. Mais un grand inconvénient pour la préparation des huiles à bord des vaisseaux, est le danger de l'incendie : car, malgré toute l'attention que l'équipage met à l'éviter, il arrive quelquefois que les bâtimens sont incendiés. Il est vrai aussi que quand le lard a resté plus long-temps en baril, il rend plus aisément son huile et qu'on en retire une plus grande quantité ; mais elle n'est pas aussi parfaite que celle qu'on retire aussitôt qu'on arrache le gras des poissons. (*Dictionnaire universel du Commerce.*)

Huile de ben : elle est extraite des graines du *moringa oleifera* ; on en obtient par expression une huile inodore ; elle est surtout remarquable par la difficulté avec laquelle elle se rancit. Ces deux propriétés font rechercher cette huile des parfumeurs, qui l'emploient à retirer et à conserver le parfum des fleurs. A cet effet, on prend un vaisseau de verre ou de terre, large en haut, étroit par le bas ; de petits tamis de crin y sont disposés par étage ; sur ces tamis on met alternativement des lits de fleurs et de coton fin imbibé d'*huile de ben*. Cette huile se charge de l'arôme des fleurs. Le même coton est remis sur de nouvelles fleurs ; on exprime ensuite l'huile du coton, elle a l'odeur de l'huile essentielle des plantes employées. Dans le commerce on substitue souvent à l'*huile de ben* celle de *sésame*.

Huile ou *beurre de cacao*. Cette huile est concrète, d'un blanc-jaunâtre, d'une saveur douce et agréable, d'une odeur particulière, contenue dans les semences du *theobroma cacao* : on l'extrait de ces semences par deux procédés différens.

Le premier consiste à torréfier légèrement le cacao des îles, à le monder de ses écorces et de ses germes, à le broyer avec un cylindre de fer sur une pierre chaude, à le réduire en pâte liquide et à le renfermer dans un sac de toile, qu'on met à la presse entre deux plaques chauffées d'avance dans l'eau bouillante; bientôt l'huile s'écoule; elle est reçue dans des moules où elle se solidifie par le refroidissement.

Le deuxième procédé se borne à mettre le cacao broyé, dans l'eau bouillante; l'huile se fond, et en raison de sa légèreté, vient se rassembler à la surface de l'eau : on l'enlève et on la coule dans des moules.

Ce beurre est employé en pharmacie pour la préparation des bols, des pilules, des suppositoires, etc.

Huile de cameline : extraite d'une graine qui porte ce nom. On a observé que l'huile de cameline a la propriété singulière de faire davantage mousser le savon dans lequel on en introduit. C'est quelquefois sous ce rapport qu'on en consomme quelques tonnes; la culture de la graine de cameline est peu usitée.

Huile de carapa : on l'extrait à Cayenne de grosses capsules d'un arbre que les naturels appellent *carapa*, et que les botanistes nomment en latin *persoonia* (Bosc)'. Ces capsules sont quadrivalves, remplies d'amandes irrégulières anguleuses.

Ces amandes donnent de l'huile de carapa qui s'extrait de la manière suivante.

L'on fait bouillir l'amande dans la séparer de sa coque, on l'expose à l'air dans un lieu bien sec, pendant huit ou dix jours; on casse la coque, et on retire l'amande qui est en pâte.

Pendant trois à quatre jours on pétrit cette pâte, à plusieurs reprises. Ensuite on la divise en morceaux de huit à dix livres, que l'on expose au soleil dans un vase de faïence ou de bois, en ayant soin de les incliner un peu. La chaleur du soleil ramollit cette pâte dont il découle une huile très-belle, d'un jaune clair, mais d'une amertume insupportable.

Cette huile sert à brûler, donne une très-belle clarté et très-peu de fumée; elle sert également à frotter les meubles que l'on veut garantir des insectes; son amertume les éloigne, une légère couche suffit. Les nègres chasseurs s'en frottent les pieds pour se préserver des chiques, et les Indiens la mêlent avec du rocou et l'étendent sur leur visage, leur corps et les cheveux.

Quand cette première huile est extraite et qu'on s'aperçoit qu'il n'en découle plus de la pâte, on réunit tous les morceaux, on les fait chauffer et on les soumet à l'action d'une couleuvre (machine à passer la farine de manioc); il en sort une graisse qui, en se refroidissant, prend la consistance du sain-doux. Cette huile grossière ou graisse sert aux lampes de cuisine, aux manufactures, et mélangée avec le brai sec ou le goudron, elle sert à enduire les embarcations qu'elle garantit des vers.

Il arrive assez souvent que la première huile extraite au soleil, quoiqu'elle ait coulé d'abord fort claire, s'épaissit et prend la consistance de notre huile gelée d'Europe, en petits grumeaux. Cet accident est indépendant de la fabrication, car on observe qu'il n'arrive que dans certaines années, et quand il a lieu l'accident est général. C'est dans l'état grumelé et d'un blanc-jaunâtre que j'en ai reçu à Marseille, à peu près à même époque où M. Cadet de Gassicourt, à qui on doit tous les détails précédens sur l'huile de carapa, a fait l'analyse de cette huile.

L'huile de carapa se compose donc de deux parties, l'une liquide et l'autre concrète; cette dernière affecte la forme de petits globules presque blancs, et son amertume est plus prononcée que celle de la partie fluide. M. Cadet en a séparé de petits globules qu'il a pressés entre plusieurs feuilles de papier sans colle, et qu'il croit pouvoir considérer comme de la *stéarine*.

Traitée par divers réactifs, l'huile de carapa a donné à l'analyse :

1°. Un principe amer,
2°. Une portion de stéarine,
3°. D'acide oléique,
4°. De margarine.

L'huile de carapa est en partie soluble dans l'alcool, et entièrement soluble dans l'éther : elle forme un savon mou avec la potasse, un savon solide avec la soude.

Elle ne peut se combiner avec le protoxide de plomb que dans les proportions de quatre parties d'huile sur une d'oxide. Cette combinaison se trouvoit sans ténacité.

Ces expériences faites en 1819 par M. Cadet donnèrent lieu à M. Boullay de faire un travail sur le principe amer de l'huile de carapa, et de savoir si ce principe uni aux acides végétaux ou minéraux ne pourroit pas être considéré comme une base salifiable.

A cet effet, M. Boullay a traité l'huile de carapa avec l'acide sulfurique affoibli qui s'est emparé du principe amer : le produit sulfaté a été décomposé par la magnésie en excès; cette dernière combinaison a été reprise par l'alcool et a fourni par une évaporation lente, une pellicule d'un très-beau blanc mat, d'un aspect nacré, d'une saveur excessivement amère et faisant repasser au bleu d'une manière très prononcée, le papier de tournesol rougi par un acide.

Les acides acétique et hydro-chlorique enlèvent également le principe amer à l'huile de ca-

rapa ; le premier de ces acides a fourni des filamens soyeux, sans forme déterminée; le second
une cristallisation irrégulière.

Enfin ; M. Boullay conclut de son travail que
les habitans de Cayenne pourront, s'ils parviennent à augmenter les usages de cette huile, lui
enlever son principe amer avec de l'eau aiguisée
d'acide sulfurique ; qu'en supposant que ce principe , considéré comme une base alcaline, eût
des qualités vénéneuses, comme il y a lieu de le
croire, les acides en seront les véritables contre-
poisons.

Huile de coco. Cette huile est extraite du *cocos
nucifera* ; elle est d'un blanc azuré , d'une consistance solide et par conséquent très-chargée de stéarine ; elle recèle aussi une certaine quantité d'o-
léine. Son odeur est celle du beurre rance, du
moins quant à celle dont on expédia d'assez
grandes quantités à Marseille en 1820. Toute
celle que j'ai vue à cette époque me parut extraite
du *cocos butyracea.* Les Indiens se servent de ces
deux espèces d'huile pour les besoins de la médecine , de l'économie domestique et des arts ; mais
pour les utiliser dans les deux premiers cas on ne
les emploie que récentes.

On reconnoît également l'odeur du beurre à
l'amande du cocotier, lorsqu'elle a reçu l'altération de l'air. La forte consistance de cette huile
la rend propre à la fabrication d'un très-beau
savon. Je traiterai à l'article Savon, de ce composé résultant de l'emploi de l'huile de coco.

Huile de colza ; elle provient des graines du
brassica asperifolia sylvestris , variété du *brassica
napus.* On commence par écraser les graines au
moyen d'un moulin construit à cet usage (*voyez*
tom. VIII des planches de l'Encyclopédie); on les
met chauffer avec une petite quantité d'eau, de
manière à les réduire en une sorte de pulpe , qu'on
renferme dans un sac de grosse toile, pour la soumettre ensuite à la presse.

L'huile de colza est jaune ; elle a une légère
odeur piquante de crucifère : elle se congèle à
quelques degrés — o en petites aiguilles de 0^m,003
à 0^m,004, qui se réunissent en étoiles. Ces cristaux sont formés d'une sorte de stéarine retenant
beaucoup d'oléine : c'est pour cette raison qu'il
est plus difficile d'isoler ces deux substances que
celles qui se trouvent dans l'huile d'olive. La couleur et l'odeur sont dues à des principes étrangers à
la stéarine et à l'oléine.

L'huile de colza se comporte avec les réactifs
suivans, à peu près comme l'huile d'olive ; comme
elle, elle n'est point acide ; elle n'est que peu
soluble dans l'alcool : elle dissout le phosphore
et le soufre ; elle se convertit par l'action de la
potasse, en principe doux et en acides margarique
et oléique. (*Chevreul.*)

Cent parties d'huile de colza ont donné à
M. Chevreul 95 d'huile acidifiée et 11 de principe doux syrupeux.

Mais si M. Chevreul a reconnu que l'huile de
colza se comportoit à peu près comme l'huile
d'olive avec certains réactifs, je puis affirmer qu'il
n'en est pas de même du nitrate acide de mercure
sur ces deux espèces d'huile ; 8 grammes de ce
proto-nitrate concrètent fortement 96 grammes
d'huile d'olive , en laissant la combinaison d'un
blanc-jaunâtre, tandis que 96 grammes d'huile de
colza sont foiblement congelés par 8 grammes
du même réactif, qui laisse cette huile d'un
rouge prononcé. Il paroît que l'huile de colza est
celle de toutes les huiles de graines qui convertisse
le plus le proto-nitrate de mercure à l'état de
deutoxide de ce métal, ou précipité rouge : voilà
pourquoi ce mélange a une couleur rouge éclatante.

Si on combine parties égales d'huile d'olive et
de celle de colza avec 8 centièmes de nitrate acide
de mercure, le mélange ne se congèle qu'à la
moitié de son volume et se trouve par conséquent
d'une plus foible consistance que l'huile de colza
traitée isolément par ce réactif.

L'huile de colza est employée pour fabriquer
les savons mous , fouler les étoffes , préparer les
cuirs , et surtout pour l'éclairage ; mais elle ne
devient très-propre à ce dernier usage qu'après
avoir été soumise à l'épuration par l'acide sulfurique. (*Voyez* plus bas *épuration des huiles.*)

L'abbé Rozier qui s'étoit occupé de la purification des huiles, a observé que l'huile de colza
contenoit une huile volatile, âcre et odorante,
susceptible de distiller avec l'eau. Ce savant a
aussi retiré par la distillation de l'huile de colza à
feu nu , un produit analogue à l'huile de Dippel.

En faisant digérer les graines de navette et de
colza dans l'alcool, l'abbé Rozier obtient une teinture alcoolique dont l'évaporation lui fournit une
matière résineuse : il proposa , d'après cette expérience , l'alcool comme moyen d'épuration de
l'huile de colza , qu'il priva par ce procédé de la
plus grande portion de son odeur et de sa saveur
désagréables. L'alcool employé et traité par de
l'eau de chaux sur laquelle on sépare un peu
d'huile volatile , puis redistillé , servoit à de nouvelles épurations. Ce moyen peu économique et
qui est loin d'être aussi à la portée des épurateurs
d'huile, que celui par l'acide sulfurique , mérite
néanmoins d'être cité sous le rapport de la
science.

J'ai répété le procédé de l'abbé Rozier (1) sur
de l'huile de colza, et j'ai pu me convaincre de la
solubilité d'une portion de cette huile dans l'alcool à 35 degrés. La majeure partie du principe
âcre de l'huile est entraînée par l'alcool qui ne la

_____

(1) Traité sur la meilleure manière de cultiver la navette
et le colza, et d'en extraire une huile dépouillée de son
mauvais goût et de son odeur désagréable (1774).

laisse pas entièrement douce, après l'avoir lavée au moyen de plusieurs eaux. On y trouve toujours une saveur et une odeur *sui generis*, qui ne permettroit pas de s'en servir pour l'usage alimentaire. D'ailleurs l'huile d'œillet jouit de cet avantage, lorsqu'elle est préparée avec soin; et comme celle-ci est également un produit des habitans du nord de la France, ils ne trouveroient pas dans le procédé de l'abbé Rozier, la facilité de l'utiliser avec succès.

M. Braconnot ayant exposé de l'huile de colza à la température de la glace fondante, et même au-dessus, a retiré une partie de la matière solide en globules arrondis. C'est à tort, dit ce chimiste, que Fourcroy avance que l'huile de colza est moins figeable que l'huile d'amandes douces, puisque cette dernière exige au moins 7 à 8 degrés au-dessous de 0; à 3 degrés, l'huile de colza se prend en une masse plus ferme que le beurre fondu, et d'une couleur jaune de cire. Cent parties de cette matière, pressées à la même température dans du papier brouillard, ont donné à M. Braconnot :

Huile d'un beau jaune................ 54
Suif très-blanc...................... 46
　　　　　　　　　　　　　　　　　　　 ——
　　　　　　　　　　　　　　　　　　　 100

Ce suif obtenu après la première pression, avoit encore une légère teinte jaunâtre; mais pressé une seconde fois, après avoir été fondu, puis figé à la température de 2 degrés, on l'obtint d'un blanc éclatant : il est inodore, peu sapide et affecte une cristallisation sphérique; il est un peu moins fusible que le suif d'huile d'amandes douces, et fond à 6 degrés. Ses caractères chimiques semblent le distinguer des autres suifs, car au lieu de se convertir en adipocire et en huile par l'action des acides, il ne donne qu'une masse épaisse et filante comme la térébenthine. L'huile de colza privée de sa matière solide, n'est plus susceptible de se figer; elle seule possède la couleur, l'odeur et la saveur que l'on connoît à l'huile de colza du commerce.

Les graines et l'huile de colza sont employées à l'obtention du gaz hydrogène pour l'éclairage. Le gaz est infiniment plus pur que celui obtenu de la houille. Si ce moyen continue à être employé, il conciliera les intérêts de l'industrie et de l'agriculture; on a observé cependant qu'en se servant des graines de colza, les tuyaux conducteurs des appareils étoient remplis de soufre sublimé. Cette dernière substance est contenue dans les graines de tous les crucifères. On n'a pas cet inconvénient par l'emploi des graines ou de l'huile d'œillet.

Huile de chenevis. Elle est extraite des graines du *cannabis sativa* (chanvre), légèrement torréfiées, puis broyées et soumises à la presse; cette huile est jaune et d'une saveur désagréable.

L'huile de chenevis est employée dans la peinture et l'éclairage.

Huile concrète du croton sebiferum. C'est sous ce nom que Fourcroy a décrit, dans la médecine éclairée par les sciences physiques, l'espèce de matière grasse qui revêt les enveloppes séminales, et fait aussi partie de l'amande de l'arbre à suif des Chinois : elle est très-blanche, un peu plus solide que le suif de mouton, très-fusible, soluble à chaud dans l'alcool, qui la laisse déposer par le refroidissement à la manière du blanc de baleine. Elle est émétique et purgative, comme s'en est assuré lui-même M. Vauquelin, qui avoit voulu essayer d'en faire usage pour la préparation des alimens.

Huile de dauphin (delphinus globiceps). On obtient cette huile animale en chauffant au bain-marie la chair de ce poisson; l'huile ainsi obtenue est jaune et à l'odeur ordinaire à l'huile de poisson. Sa densité à 20 degrés est de 0,978; l'alcool en dissout plus que son poids à 70 degrés de température, et en laisse déposer par le refroidissement. Exposée à —3 degrés, elle se sépare en deux portions, l'une solide brillante, et semblable à la cétine; l'autre fluide, un peu au-dessous de 0 : la partie fluide a presque la même densité que l'huile primitive, elle est encore plus soluble dans l'alcool; elle se saponifie avec la potasse; & l'acide tartarique fait naître dans la solution aqueuse de ce savon un précipité de même genre que celui obtenu avec la cétine (1); quant à la liqueur qui reste après cette précipitation, elle contient du principe doux des huiles et un acide particulier, que M. Chevreul a nommé *delphinique*. Cet acide est volatil et se sépare du principe doux des huiles par la distillation; on l'obtient pur en saturant la liqueur distillée avec la barite, versant le liquide dans un tube de verre fermé par un bout, et y ajoutant un excès d'acide phosphorique : le phosphate acide de barite reste en dissolution, et l'acide delphinique s'élève à la surface comme une huile; dans cet état il est hydraté. L'acide delphinique ressemble à une huile volatile; il est jaune, son odeur est forte, aromatique et analogue à celle de l'acide butyrique; sa saveur est piquante. Sa pesanteur spécifique est de 0,941 à 14 degrés de température; il est peu soluble dans l'eau et très-soluble dans l'alcool. Cette dissolution rougit facilement les couleurs bleues. Cent parties d'acide delphinique saturent une quantité de base contenant 9 d'oxigène; ainsi sa force est moitié celle de l'acide sulfurique; ce singulier acide se forme probablement dans les opérations que l'on fait subir à l'huile de dauphin, qui paroît formée de cétine, de principe colorant et odorant, d'oléine et de stéarine. (*Chevreul.*)

Huile de faîne. Elle est extraite du fruit du hê-

---

(1) La cétine est le résultat de la précipitation du blanc de baleine, préalablement dissous dans l'alcool bouillant.

DES HUILES.

13

tre, *fagus sylvatica*, auquel on donne le nom de
faîne. Cette huile a une couleur jaune; elle n'a
qu'une très-légère odeur. Sa saveur est douce,
agréable. On l'obtient par les procédés suivans :

Après avoir procédé à la cueillette de la faîne
bien mûre et l'avoir dépouillée des petites ordures
au moyen du van, on s'occupe de son extraction.

Les machines et instrumens servant à l'extraction de l'huile de faîne se réduisent à quatre
choses : ceux qui nettoyent la faîne, ceux qui la
divisent, ceux qui l'expriment et ceux qui conservent son huile.

1°. Les premiers sont des cribles, vans, ta-
rares.

2°. Moulin à pilon, mortier, moulin à farine,
bluteau.

3°. Presse, sacs, chaudières.

4°. Tonneaux, jarres de gres, etc.

Ils ne sont pas tous nécessaires; les uns sont
faits pour suppléer aux autres.

Toutes les machines doivent être mues par
l'eau ou par la vapeur, autant que cela est possible : on peut le plus souvent adapter aux moulins
qui existent déjà pour d'autres emplois que celui
des huiles, les machines qui peuvent y servir;
alors le même moteur leur devient commun, et le
mouvement se propage, en alongeant les arbres
tournans de ces moulins.

Pilage. Pour obtenir l'huile, il faut diviser la
graine qui la contient; on y parvient suivant l'u-
sage ordinaire, en faisant passer la faîne non
écrasée sous des pilons; ils agissent dans des
creux ou pots formés dans une pièce de bois; plus
leurs coups sont forts et fréquens, plus l'huile s'é-
chauffe, et conséquemment s'altère; c'est une
des raisons pour laquelle il est nécessaire d'ajouter
à mesure un peu d'eau : on laisse reposer la pâte
pour qu'elle s'en imbibe, et l'on recommence à
piler; trop d'eau feroit seulement une sorte d'é-
mulsion et nuiroit à la quantité d'huile qu'on se
propose d'obtenir. Les vraies proportions de l'eau
y sont, dans ce cas, d'une livre environ sur
quinze livres *de faîne*. La faîne doit rester environ un quart d'heure sous l'action du pilon; elle
est assez pilée, lorsqu'en la pressant fortement
dans la main, on aperçoit l'huile disposée à en
sortir.

Pour réduire la faîne en pâte, on peut se contenter, en petit, d'un mortier ordinaire.

Ecrasage. On supplée aux pilons par des meules
de pierres dures posées sur champ, ou verticalement; elles agissent comme celles à écraser les
pommes. Ces meules doivent se mouvoir sur une
aire ou table solide, garnie d'un rebord, afin d'é-
viter les pertes. Des cylindres de fonte seroient
préférables aux meules de pierre.

En Hollande, on écrase d'abord avec ces meules, on presse, puis on revient aux pilons. Il paroît que cette double opération donne plus de
produit.

Mouture. Un des meilleurs moyens de diviser
l'amande de la *faîne*, lorsqu'elle est écorcée,
c'est de la réduire en farine grossière, avec des
meules de moulins à farine. Cette opération est
très-facile, très-prompte, les meules ne s'en-
grappent pas, surtout si elles ne vont pas trop
vîte, et que l'air puisse facilement s'y rafraîchir.

Les petits fragmens d'amande, mêlés de petit
son, peuvent être moulus à part, et donneront
une farine bise, qu'on peut aussi presser à part,
comme de qualité inférieure.

Il ne seroit peut-être pas impossible, en mou-
lant la *faîne* sans être écorcée, d'obtenir par le
blutage, la séparation de la farine d'avec son
écorce ou son; mais alors il faudroit, comme
cela se pratique pour la graine de lin, un bluteau
dont la toile seroit très-peu serrée; encore y auroit-il l'inconvénient que le duvet fin de la faîne,
et qui absorbe beaucoup d'huile, passeroit avec la
farine.

Pour opérer en petit, on pourroit employer
des moulins faits comme ceux à moutarde, dont
la meule courante est mue, au moyen d'un bâton
retenu par sa partie supérieure, dans un trou
fait au plancher, et par sa partie inférieure, fixé
dans cette meule.

Pressurage. Une température douce et de l'eau
sont nécessaires pour obtenir une plus grande
quantité d'huile; trop de chaleur et trop d'eau
l'altèrent.

La pression est le seul moyen d'obtenir l'huile;
plus elle est forte, plus le résultat en est considérable; avec une forte presse on emploie plus
de matière à la fois, et l'on obtient de l'huile de
tourteaux, secs en apparence, sortis de presses
plus foibles.

Il faut ménager insensiblement l'action de la
presse, donner à la fin le temps à l'huile de
s'égoutter; trois heures sont à peine suffisantes
quand les presses sont foibles.

Lorsqu'on s'est servi d'une presse plus forte,
on peut presser de nouveau; en divisant la pâte,
en y ajoutant un peu d'eau tiède, elle fournira
encore de l'huile, quoique d'abord les tourteaux
aient paru parfaitement secs.

On se sert ordinairement de la presse à coins,
qui fait partie de la machine à pilon. La pâte sortant des pots est soumise à la presse. Après une
première expression, on l'en retire; cette pâte
devenue solide, s'appelle *tourte* ou *tourteaux*.
Pour opérer une seconde pression, on pulvérise
la pâte, on la fait chauffer dans des vaisseaux convenables, on y ajoute de l'eau chaude en moindre quantité que pour la première expression; on
doit remuer la pâte pour qu'elle ne se brûle pas,
n'en pas trop mettre, afin que l'opération soit
facile, avoir plusieurs de ces vaisseaux suivant le
besoin, que la presse soit toujours en activité.

La chaleur que doit éprouver la pâte, ne doit

pas être telle qu'on ne puisse y introduire la main sans la brûler.

Parmi les moyens employés pour presser, on emploie une presse à charnière. Cette charnière lie deux fortes pièces de bois à une de leurs extrémités. A l'extrémité opposée, une moufle ou une vis rapproche les pièces de bois, et opère, par ce moyen, une forte pression entr'elles, du côté de la charnière.

La presse ordinaire à vis, telle que celle dont les épiciers se servent, peut être employée en petit, en substituant à la vis de bois, une vis de fer; et fortifiant le reste de la machine à proportion, on obtient encore un effet assez considérable; suivant la force de la presse, on fait tourner la vis avec un levier plus ou moins long.

Indépendamment de la presse et de ses détails, il faut, pour compléter l'opération du pressurage, des sacs pour renfermer la pâte ou la farine, et des vases pour recevoir l'huile et chauffer les tourteaux, afin de les soumettre à une deuxième pression.

Ces sacs peuvent être cousus en partie ou être formés chacun par un morceau d'étoffe assez grand pour que ses bords, repliés en tout sens, puissent contenir la pâte ou farine d'une manière solide.

Pour arranger la pâte facilement au milieu du morceau d'étoffe, on pose dessus un cadre de bois de trois à quatre pouces d'épaisseur, assez grand pour contenir quatre à cinq livres de pâte ou de farine; on la moule dedans ce cadre, en appuyant dessus avec une planche; on retire le cadre, et l'on relève les bords du morceau d'étoffe pour envelopper la pâte ou la farine.

Pour faire ces sacs, on peut se servir de tissus de crin, de treillis fabriqués avec de petites ficelles de chanvre, de toute grosse toile forte, d'étoffe de laine, de tissus de joncs ou sparte : le crin est préférable, parce qu'il n'absorbe point d'huile, parce que les mailles de son tissu ne se bouchent pas aisément, par sa durée, sa résistance à la force de pression, enfin par la facilité qu'on a de le nettoyer.

Pour éviter que ces sacs ne crèvent, il faut d'abord ménager la pression; la difficulté, c'est d'en avoir qui puissent supporter la plus forte sans se déchirer.

Le pourtour des tourteaux n'a pas éprouvé une pression aussi forte que le milieu; il est utile de les remettre sous les pilons pour être joints à une nouvelle pressée.

Les vases qui doivent recevoir l'huile qui sort de la presse, seront indifféremment de terre vernissée, de grès ou de faïence; ceux pour chauffer les tourteaux, pour plus de solidité seront de fonte ou de fer battu, étamé; ils n'ont pas besoin d'avoir beaucoup de profondeur.

Huile. L'huile de faîne est, après l'huile d'olive, la meilleure connue; on peut assurer même

qu'on ne la distingue pas de celle qui ne sent pas le fruit; elle a sur l'huile d'olive un grand avantage, celui de se conserver dix ans et plus, surtout au froid : les premières années, au lieu d'éprouver de l'altération, elle acquiert même de la qualité; elle peut remplacer toutes les huiles, et suffire à tous nos besoins dans ce genre.

Elle est très-bonne dans nos alimens; elle brûle mieux que beaucoup d'autres huiles de graines; elle peut suffire pour la préparation du savon et celle des laines; pour la peinture, dans laquelle elle sèche promptement; cette propriété légèrement siccative, la rend moins propre au travail des cuirs. La faîne, par les meilleurs procédés, rend à peu près le sixième de son poids d'huile; elle peut être employée très-peu de temps après son extraction. On hâte la clarification de cette huile en employant une douce chaleur, comme celle du soleil ou du bain-marie.

Son extraction est plus prompte que celle du colza, du chenevis et de la navette.

Sa bonté dépend de la manière de l'extraire; elle est ou fade, ou d'une saveur agréable, ou âcre.

Sans eau, l'huile est fade, parce que l'eau étant le dissolvant du principe sapide contenu dans l'amande, elle sert de véhicule pour la faire passer dans l'huile; avec de l'eau, conséquemment, l'huile devient agréable au goût.

La *faîne* trop chauffée donne une huile plus ou moins âcre.

Conservation. L'huile de faîne se conserve mieux que toutes les autres; mais elle n'est pas moins susceptible qu'elles de contracter facilement l'odeur des matières qu'elle touche.

Cette huile se conserve bien dans des tonneaux neufs, ou vieux sans odeur; les douves doivent être épaisses et bien cerclées, car cette huile s'échappe aisément : le bois de hêtre peut servir utilement pour les tonneaux. On en resserre les pores en le chauffant. Pour les transports on plâtre le fond des tonneaux.

On peut la conserver très-bien aussi dans des vases de grès, comme jarres, pots, cruches, etc. S'ils sont enterrés, l'huile se gardera mieux, parce qu'elle recevra moins les impressions de la chaleur qui détériore promptement les huiles; on peut s'en dispenser, si le lieu du dépôt est très-frais.

Ces vases peuvent être fermés avec du liége, ou de toute autre manière; il est utile de mettre sur le liége un tuileau pour empêcher les rats ou les souris de le détruire.

Les trois premiers mois on doit soutirer l'huile deux fois, toujours avant de la remuer : au bout de cinq à six mois, on peut la soutirer une troisième fois; elle n'acquiert toute sa qualité qu'étant parfaitement claire.

Dans la fabrication ordinaire de l'huile de *faîne,* trois cents pintes, mesure de Paris, occasionnent un déchet de dix pintes au plus pendant les six premiers mois, et de trois pintes pendant les six mois suivans.

Tourteaux. Les tourtes, tourteaux ou pains sont le résultat de la faîne privée de toute l'huile qu'elle contenoit.

Si cette faîne n'avoit pas été écorcée, les tourteaux seroient alors beaucoup moins profitables pour la nourriture des animaux; ils contiennent pour 50 livres d'amande, près de 40 livres d'écorce ou bois, d'une digestion impossible.

Si, au contraire, la faîne a été écorcée, les tourteaux sont mangeables en entier, et servent, avec le plus grand succès, à la nourriture de tous les animaux domestiques.

Huile de laitue. On la retire de la graine de laitue qu'on cultive dans le Levant. Cette huile est presque blanche, limpide, d'une saveur qui n'est pas désagréable; elle jouit des propriétés des huiles de graines; comme elles, le nitrate acide de mercure la colore fortement en rouge, la laisse liquide, transparente, avec très-peu de stéarine concrétée au fond du vase par le réactif.

Huile de lin. On l'extrait des graines de *linum usitatissimum*. Pour cela, on met les graines dans une bassine sur le feu, et on les chauffe de manière à n'altérer que le mucilage qui recouvre la semence. On les réduit ensuite en pâte au moyen d'une meule ou d'un moulin destiné aux huiles de graines. On les renferme dans un sac de toile, puis on les met à la presse.

L'huile de lin est toujours plus ou moins colorée; elle a une odeur légèrement piquante, une saveur désagréable.

J'ai observé que l'huile de lin décompose promptement le proto-nitrate de mercure qui la laisse fluide, transparente, avec très-peu de matière concrète au fond du vase dans lequel on fait cette expérience.

M. Théodore de Saussure a remarqué que cette huile pouvoit absorber plus de douze fois son volume de gaz oxigène, dans l'espace de quatre mois, sans produire de gaz acide carbonique.

On augmente la propriété qu'a l'huile de lin de se solidifier à l'air en la faisant bouillir sur de la litharge. Selon M. Chaptal, l'huile de lin peut dissoudre le quart de son poids de ce protoxide : alors elle s'épaissit par le seul refroidissement, et prend la couleur et la consistance du caoutchouc; dans cet état, appliquée au pinceau sur un corps quelconque, elle y forme une couche de vernis imperméable à l'eau, point susceptible de s'écailler, jouissant d'une grande flexiblité, et pouvant devenir d'un usage infiniment utile aux arts. L'huile de lin, préparée ou épaissie, par ce moyen, devient élastique comme le caoutchouc, brûle comme lui, et peut le remplacer dans beaucoup de cas.

Huile de navette. Cette huile a une odeur analogue à celle des plantes crucifères, une couleur jaune, et une viscosité assez grande; elle est contenue dans les graines du *brassica napus* (navette); on l'extrait en broyant la graine, la faisant chauffer avec un peu d'eau et la soumettant à la presse. Dans cet état elle retient une certaine quantité de matière colorante, qui en rend la combustion moins facile : aussi lorsqu'on la brûle, même dans les meilleures lampes, n'empêche-t-elle point la carbonisation de la mèche, et donne-t-elle de la fumée. Pour obvier à cet inconvénient on la purifie, comme toutes les huiles fixes liquides, par le procédé indiqué plus bas et intitulé *épuration des huiles.*

Huile de noix. Elle est extraite des noix sèches (semences du *juglans regia*), que l'on retire par expression, une première huile dont on se sert pour l'usage alimentaire.

Cette huile est jaune, son odeur est très-légère; sa saveur est douce quand elle a été préparée à froid; mais si elle l'a été à chaud, comme on le fait pour l'huile qu'on destine à l'éclairage et à la peinture, elle peut avoir une saveur plus ou moins âcre, qui provient probablement d'une portion d'huile qui a été altérée par l'action de la chaleur.

Cent parties d'huile de noix ont donné par la saponification 94,64 d'huile acidifiée et 8,74 de principe doux syrupeux. (*Chevreul.*)

Huile d'œillet ou de pavot. On l'extrait des graines du *papaver somniferum* : elle est jaunâtre; sa saveur est douce et *amandée*, lorsqu'elle a été extraite avec soin, soit à froid, soit en chauffant à la vapeur, les graines déjà pulvérisées au moyen d'une meule ou d'un moulin destiné à cet usage. La fabrication de cette huile est singulièrement perfectionnée; elle est employée pure dans le nord de la France pour l'usage alimentaire. Dans tout le royaume, et surtout à Paris, on la mélange avec l'huile d'olive; l'huile d'œillet qui a reçu quelqu'altération est utilisée pour l'éclairage et dans la savonnerie; elle répand, en brûlant, bien plus de fumée que l'huile de colza, à laquelle on ne reconnoît point cet inconvénient lorsque celle-ci est épurée.

L'huile d'œillet est rangée parmi les huiles siccatives; lorsqu'elle est traitée par la litharge, elle est très-propre à se charger des couleurs qu'on veut appliquer sur la toile; elle ne convient pas au dégraissage des laines, parce qu'elle les dessèche.

Son usage, comme aliment, est très-étendu. L'abbé Rozier, qui a fait l'historique de cette huile, et qui s'est montré son ardent apologiste, a donné des détails fort curieux sur les obstacles que le temps et l'expérience ont surmontés pour la propagation de l'huile d'œillet. Son emploi, tour à tour proscrit par les ordonnances de police et conseillé par les divers décrets de la Faculté de médecine, est devenu aujourd'hui général. Il résulte de l'ordonnance de police rendue en 1718, qu'il étoit défendu aux marchands de vendre ou débiter de l'huile d'œillet pour de l'huile d'olive destinée à l'usage alimentaire, et de mêler l'huile d'œillet avec celle d'olive, sous peine de 3,000 fr. d'amende envers le Roi. En 1735 il fut enjoint aux gardes épiciers de combiner une livre d'essence de térébenthine à cent livres d'huile d'œillet pour que le consommateur ne fût pas trompé sur son emploi. On fit plus, on ordonna de mêler l'essence à l'huile d'œillet retirée au moulin.

Mais ces ordonnances éludées dans beaucoup de cas, entraînèrent un inconvénient bien plus grave ; c'est que les marchands vendoient l'huile d'œillet, ainsi dénaturée, et que le peuple, qui en faisoit usage, s'en trouvoit incommodé, par cela seul qu'elle contenoit encore l'huile âcre et volatile employée à sa dénaturation.

On avoit donc cru pendant long-temps à Paris, qu'en raison de ce que l'huile d'œillet étoit extraite du *papaver somniferum*, elle devoit également jouir de la propriété somnifère ; et comme huile siccative, on lui attribuoit aussi l'inconvénient d'exercer une action analogue sur les organes de la digestion. Les expériences que la Faculté ne cessa de faire pour confirmer ou infirmer cette opinion, furent assez convaincantes pour démontrer que l'huile d'œillet ne recéloit aucun principe narcotique, quoique l'opium fût extrait de la même plante. Ce préjugé fut vaincu, autant par l'avis des plus célèbres médecins, que par l'usage prolongé de cette huile.

Mais quoiqu'il soit établi en principe que le mélange de l'huile d'œillet avec celle d'olive répugne à la probité et à la fidélité qui doivent être l'ame du commerce, on n'en reconnut pas moins l'avantage que les huiles d'olive communes se trouvoient améliorées par leur mélange avec l'huile d'œillet. J'étois tellement pénétré de cette vérité quand j'imaginai, en 1819, le moyen de reconnoître cette falsification à l'aide du nitrate acide de mercure, que j'eus seulement en vue d'empêcher et de déceler cette fraude par rapport à l'huile d'olive employée à la fabrication des savons. Il arrivoit que ce composé, malgré que sa fabrication fût soignée dans les manufactures de Marseille, recéloit une trop grande masse d'huile d'œillet, avec laquelle on falsifioit l'huile d'olive, et que le savon expédié l'été, dans les principales villes de France, se liquéfioit en perdant sa consistance primitive : on étoit obligé de le réexpédier à Marseille, où on tâchoit de le recuire en combinaison avec de l'huile d'olive pure. Cet inconvénient grave pour la généralité du commerce, m'engagea à faire des recherches qui furent couronnées des plus heureux résultats. Outre la récompense honorable que je reçus des fabricans de savon et de divers commerçans, j'eus celle de voir que j'avois décélé la fraude des marchands les plus cupides, et qu'on regarda le nitrate

acide de mercure comme un moyen puissant de la découvrir. C'est à l'article *Huile d'olive* que je ferai connoître ce moyen d'analyse et la manière fort simple d'y procéder.

Avant l'emploi de ce moyen que les chimistes ont trouvé supérieur à tous ceux qu'on avoit jusqu'alors employés, on avoit recours, pour reconnoître la sophistication de l'huile d'olive, à la congélation des huiles exposées dans un bain de glace. Dans le cas où l'huile se congeloit, elle étoit reconnue pure ; si elle restoit en partie ou en totalité fluide, on la considéroit comme mélangée avec cette huile de graines.

Huile d'œufs. C'est une huile grasse animale ; on l'obtient des jaunes d'œufs qu'on a fait durcir par l'ébullition des œufs dans l'eau ; on sépare les jaunes qu'on a soin de bien émietter ; puis on les soumet dans un vase de grès ou d'argent à l'action d'un feu doux qu'on continue, en remuant constamment la matière. L'eau de composition des œufs se vaporise à l'aide de la chaleur et de l'agitation. Dès que la matière se trouve dans un état voisin de sa dessiccation, on lui fait éprouver un coup de feu vif, et aussitôt l'isolement de l'huile détermine sa liquéfaction ; c'est alors le moment de l'introduire dans un sac de toile qu'on attache fortement par le bout ; on le met aussitôt à la presse, dont on fait légèrement chauffer les plaques ; il en découle par la pression une huile douce, d'une couleur jaunâtre. Cette huile est très-adoucissante et n'est employée que comme topique : on doit s'en servir lorsqu'elle est récente.

Huile d'olive. On l'obtient par expression, à froid, du fruit de l'*olea europæa*, dont les nombreuses variétés ne se plaisent que dans les pays méridionaux. Cette huile est d'une couleur citrine, se congèle à quelques degrés au-dessus de zéro. Sa saveur, lorsqu'elle est bien préparée, est délicate et particulière, surtout si on y reconnoît le goût du fruit.

Quoique de toutes les huiles connues, celle d'olive soit des moins altérables, elle n'en acquiert pas moins une saveur et une odeur fort désagréables, lorsqu'on ne procède pas avec soin à son extraction.

L'art d'extraire l'huile d'olive et de l'obtenir avec le goût du fruit qu'on y recherche ordinairement, consiste à ne pas trop laisser mûrir les olives et à procéder à l'extraction de l'huile un à deux jours après leur cueillette. L'olive cueillie à la main donne de meilleure huile que celle qui a éprouvé les effets de la gaule ou de la chute spontanée. Pendant toute la journée on les étend sur des draps ; le soir on les porte à la maison et on les étend de nouveau sur le plancher par lits de quelques centimètres d'épaisseur. Elles restent dans cet état jusqu'à ce qu'elles commencent à se rider, ce qui a lieu dans vingt-quatre à quarante-huit heures, suivant la maturité des olives. Si le fruit est convenablement

venablement mûr, il vaut mieux le porter de suite au moulin; l'huile n'en est que meilleure.

Les conditions essentielles pour l'extraction de l'huile de bonnes olives, c'est de les faire détriter dans des moulins de la plus grande propreté, et où les scouffins, ou cabas circulaires, les récipiens et les pressoirs ne soient pas déjà empreints d'huile rance ou de médiocre qualité. Cet inconvénient se présente dans quelques cantons du département des Bouches-du-Rhône, où les moulins ne sont ouverts que très-tard, parce que quelques propriétaires tiennent plutôt à la quantité qu'à la qualité de l'huile, et n'y portent que les olives trop mûres ou fermentées par l'entassement qu'on leur fait éprouver; d'où il suit que si quelques personnes veulent obtenir de la bonne huile, en portant de bonne heure les olives au moulin, elles ne peuvent se procurer cet avantage, soit parce que ces ateliers ne sont pas alors organisés, soit en raison de ce que les scouffins et les vases ne sont guère propres à l'extraction d'une huile fine.

Le propriétaire ne peut donc avoir de la bonne huile que dans un moulin qui lui appartiendroit et dans ceux où la masse des cultivateurs tient exclusivement, comme à Aix, à l'obtention de l'huile fine; de cette manière, on n'a pas le désagrément de voir détriter de bonnes olives après d'autres qui auroient fermenté, car c'est du contact du fruit sain ou détérioré avec les usténsiles qui ont déjà servi, que dépend aussi le défaut ou la délicatesse du goût qu'on recherche à l'huile d'olive.

Il faut donc que l'olive à laquelle on aperçoit une couleur rougeâtre, ou sur le point de l'être, soit cueillie et transportée au moulin; que les scouffins ou cabas de sparte soient auparavant bien lavés à l'eau bouillante, lors même que ces scouffins seroient neufs; car le sparte est ordinairement imprégné d'une substance colorante, extractive, âcre, et d'un peu de sel marin dont il est nécessaire qu'il soit dépouillé. Je me suis convaincu de l'action des scouffins de sparte sur l'huile d'amandes douces qu'on obtient, dans ce cas, colorée et impropre à l'usage médicinal, si on n'a pas le soin de faire bouillir ces scouffins dans une certaine quantité d'eau.

L'époque à laquelle on porte les olives au moulin varie suivant les localités. A Aix et à Marseille; les propriétaires s'empressent d'opérer l'extraction de leur huile dans les mois de novembre et de décembre. Dans d'autres communes les moulins sont encore en activité au mois de mars pendant les bonnes récoltes. Toute l'huile destinée à l'éclairage et aux savonneries ne résulte que de l'excessive maturité des olives et de l'entassement qui détermine leur fermentation. C'est par cette pratique pernicieuse au goût de l'huile, et quelquefois propice à la quantité obtenue, que nous voyons arriver à Marseille des masses d'huile

de Tunis, d'Espagne, du royaume de Naples et des îles de l'Archipel.

Dans quelques-uns de ces pays, et notamment à la Canée, on imprègne de sel marin les olives très-mûres, et on les laisse séjourner pendant quelque temps dans des fosses immenses; puis on en extrait l'huile dans des moulins qui sont presque toujours en activité. Il est certain que par ce moyen, l'huile s'isole plus promptement du mucilage de l'olive, lorsque l'eau de composition de ce fruit est saturée d'une certaine portion d'hydro-chlorate de soude, qui remplit deux conditions essentielles; l'une d'empêcher la fermentation de masses considérables d'olives, l'autre en absorbant une portion de leur humidité. Dans ces contrées, cette méthode n'est certainement pas condamnable, soit parce que les habitans se contentent de la qualité de l'huile, même pour l'usage alimentaire, soit en raison des grandes quantités qu'on en obtient et qu'on emploie dans nos savonneries, où l'huile fine n'est plus appréciée que celle qui a reçu la plus grande altération.

On devroit généralement s'attacher à l'obtention de la bonne huile dans les départemens méridionaux. Bien que la Provence, avant le fatal hiver de 1820, fût dans le cas de fournir aux savonneries de Marseille les 250 mille milleroles d'huile nécessaire à leur consommation, et que l'étranger opère encore aujourd'hui l'écoulement des huiles qu'il nous apporte, une certaine quantité de nos huiles pourroit être aussi destinée à la saponification dans les bonnes récoltes; tandis que la majeure partie extraite dans des moulins spécialement destinés à l'obtention des huiles fines, seroit bien plus appréciée et vendue à un prix plus élevé.

Il est des variétés d'oliviers dont le fruit est plus propre à la fabrication de l'huile fine, en observant toujours que les olives soient cueillies avant leur excès de maturité. Mais ces variétés ne peuvent faire obtenir d'autre différence dans les résultats, qu'une huile avec un peu plus de goût du fruit par l'exploitation des unes, ou une huile plus douce au moyen des autres. C'est du mélange de diverses espèces d'olives, qu'on obtiendra des huiles dont la saveur douce accompagnera l'odeur suave qui distingue aussi la bonne huile d'olive.

C'est à tort que quelques auteurs ont avancé que l'huile commune étoit le résultat du lavage du marc d'olives à l'eau bouillante, après l'extraction de l'huile vierge. Il est certain que le mélange de celle-ci du second produit ne peut qu'atténuer la saveur délicate de l'huile fine; mais comme l'huile d'olive ne reçoit qu'une très-foible altération à la température de 80 degrés ou au-dessous, ce second produit provenant des olives cueillies et détritées en temps opportun, ne peut pas dans le cas de nuire bien sensiblement à la qualité de l'huile. J'en ai acquis l'expérience en assistant à l'extraction de l'huile fine de ma récolte. Les huiles communes, qu'on connoît dans le commerce sous le nom de *mangeables* pour celles qui sont destinées à l'usage alimentaire, et de *marchandes* pour d'autres employées à la savonnerie, ne proviennent que des causes déjà énumérées : de là l'obtention d'huiles plus colorées et dont les principes ont reçu l'altération que le ferment leur a fait éprouver.

Mais si une légère fermentation d'une masse considérable d'olives procure, suivant quelques-uns, une plus grande quantité d'huile, cette fermentation trop long-temps continuée et poussée au-delà du premier degré de chaleur qu'on observe dans les tas de ce fruit, diminue considérablement la quantité d'huile. Ce principe est d'autant plus fondé, que, comme on le verra à l'article *Recense*, l'huile disparoît totalement dans les grignons (1) lorsqu'ils ont fermenté.

En effet, cette chaleur spontanée opère la désunion des principes de l'huile; son hydrogène se dégage, et il ne reste plus qu'un oxide de carbone combiné au corps ligneux, au mucilage et au parenchyme qui, en recevant une altération réciproque, ont favorisé cette fermentation.

Nos cultivateurs conservent encore le préjugé de croire comme aujourd'hui en Grèce, et à Rome dans le temps de Caton, que les olives rendent plus d'huile quand on les a laissé *marcir* sur un plancher. C'est comme s'il étoit possible, disoit Caton, que le blé crût sur l'aire. Ce qui a contribué à propager cette erreur, c'est que l'olive *marcie* diminue considérablement de volume en se dépouillant de son principe aqueux. On conçoit alors que si le fruit occupe un plus petit espace, il en faut davantage pour en remplir la mesure relative à la quantité d'huile qu'on se propose d'obtenir, et que sous le même volume, les olives marcies sont en effet plus productives que celles détritées dans l'état de fraîcheur. Mais on n'obtient pas pour cela une plus grande quantité d'huile, parce qu'une mesure d'olives qui ont subi cette sorte de dessiccation, est le résultat d'une mesure et un quart à une mesure et demie d'olives fraîches.

M. Chaptal semble se prononcer néanmoins contre les auteurs qui ont condamné la méthode de l'entassement et de la fermentation du fruit pour l'extraction de l'huile qui y est contenue. Ce savant pense que la pression devient plus efficace, et l'extraction de l'huile plus complète; que ces écrivains n'ont considéré que l'altération de l'huile par cette opération préliminaire, et n'ont pas réfléchi que très-souvent il peut tourner au profit de l'agriculteur de tout sacrifier pour augmenter la quantité. M. Chaptal observe encore judicieuse-

ment que l'emploi des huiles n'est pas exclusivement consacré à l'usage de nos tables; qu'elles servent souvent dans la teinture, dans les savonneries et dans les fabriques de draps; que c'est surtout dans ces établissemens que s'en fait la plus grande consommation, et que l'huile fine est moins propre à ces divers usages que celle qu'on obtient par les procédés dont je viens de parler.

Si on met en balance l'opinion des uns avec celle des autres, j'observerai que les partisans de l'entassement des olives avant leur pressurage, ne feront fructifier leur méthode qu'en employant d'abord les olives bien mûres, et que dès les premiers signes de fermentation, qui s'annoncent par un commencement de chaleur développée dans la masse du fruit, ils doivent le faire détriter et faire procéder à la pression pour en obtenir l'huile qui, par conséquent, ne sera propre qu'à l'éclairage et aux usages manufacturiers.

Mais ceux qui penchent avec raison pour l'obtention d'une huile fine, auront un grand avantage de la bien préparer, non pour la quantité qu'ils en récolteront, mais par rapport à la qualité qu'on recherche à l'huile pour l'usage alimentaire.

En analysant les causes de l'isolement plus parfait de l'huile dans l'olive marcie, j'observe d'abord que ce fruit, dans l'état de fraîcheur, recèle un liquide blanchâtre, lactescent, qui n'est qu'un mélange du suc aqueux, amer, et d'huile dont une portion est divisée par le mucilage; ce qui, sans doute, détermine l'état lactescent du suc de l'olive et la perte d'une portion d'huile entraînée avec les eaux que le propriétaire du moulin garde à son profit dans de vastes citernes; c'est dans ces récipiens que s'opère la séparation de l'huile, au fur et à mesure que le mucilage se précipite.

Au contraire, l'olive marcie qui a subi un léger degré de fermentation, se dépouille partiellement de l'humidité qu'elle renferme; l'espace que l'eau occupoit auparavant est rempli de petites cavités; le parenchyme ne s'y trouve presque plus imprégné que de l'huile qui s'isole facilement; le principe amer disparoît en grande partie; le mucilage éprouve aussi une sorte de dessiccation, et sa moindre solubilité dans le peu d'eau qui découle du pressurage de ces olives, s'oppose à l'absorption et à la perte de l'huile qui occupe, à peu de chose près, toute la superficie du fluide aqueux.

Telles sont les causes de l'élaboration que subit l'olive marcie et l'isolement plus parfait de l'huile qu'elle contient. C'est aussi du long contact du parenchyme avec l'huile, et du calorique qui se manifeste dans la fermentation spontanée de ce fruit, que dérive l'altération ou la rancidité des huiles communes.

L'huile de noyaux d'olives est plus oxigénable que celle qui provient exclusivement de la chair

---

(1) On donne ce nom au marc d'olives.

de ce fruit. Aussi la pratique journalière à l'égard des huiles dites *recenses*, extraites du marc d'olives, nous donne-t-elle la preuve de l'altération dont ces huiles sont susceptibles, puisqu'elles ne peuvent être employées qu'à la fabrication des savons.

C'est ici le cas d'assigner une place aux curieuses expériences de M. Sieuve, citées par l'abbé Rozier, et qui se rapportent parfaitement avec les résultats analogues à la nature des huiles recenses.

L'huile extraite de la chair d'olive, renfermée dans un flacon pendant trois ans et laissée à une exposition méridionale, ne s'est pas altérée; elle conservoit sa couleur citriné, et une saveur douce, agréable au goût.

L'huile obtenue des amandes de noyaux d'olives et abandonnée dans un autre flacon durant le même espace de temps, n'étoit plus si belle, ni si limpide comme auparavant; elle étoit devenue jaunâtre et d'un goût si âcre qu'elle occasionna des ulcères dans la bouche après sa dégustation.

La même expérience faite sur l'huile retirée du bois des noyaux, celle-ci étoit entièrement dénaturée; sa matière visqueuse s'étoit épaissie; sa couleur brune étoit devenue presque noire; en ouvrant le flacon il s'en exhala une odeur si forte qu'on ne put la supporter.

Enfin le vase qui contenoit un mélange de ces trois espèces d'huile, devint trouble, d'une saveur et d'une odeur désagréables; on y remarquoit un dépôt considérable.

De ces observations il résulte que les olives destinées à donner de la bonne huile ne doivent pas être trop long-temps détritées, pour que l'huile de noyaux et des amandes ne s'y trouve qu'en petite quantité, et qu'il suffit de se procurer de bons pressoirs pour extraire toute l'huile que la chair d'olives peut contenir.

Néanmoins le corps ligneux des noyaux d'olives sert d'intermède à la chair de ce fruit pour la facile extraction de l'huile. L'expérience m'a prouvé que la chair d'olives, isolée du noyau, formoit un corps pâteux pour la combinaison de l'huile avec le parenchyme, d'où la difficulté d'obtenir l'huile que cette pâte recèle. Il est d'autant plus essentiel de rapporter ce fait, que si quelques personnes tentoient, à l'aide de moyens mécaniques, de séparer la chair d'olives d'avec les noyaux, dans l'espoir d'en obtenir une huile plus délicate et moins altérable, elles seroient persuadées que le corps ligneux favorise l'extraction de l'huile.

L'huile de noyaux d'olives participe des propriétés des huiles de graines; elle ne se congèle qu'à moitié par le nitrate acide de mercure, au lieu que le même réactif congèle parfaitement l'huile provenant de la chair des mêmes olives, dont on avoit séparé les noyaux pour procéder à ces expériences comparatives.

De l'huile d'olives, dite d'enfer. Cette huile est le résultat du repos des eaux qui ont servi à l'échaudage des olives et du suc de ce fruit, dont le mucilage entraîne une portion d'huile. Ces eaux que le propriétaire du moulin garde à son profit, sont versées dans une vaste citerne à laquelle on donne le nom d'*enfer*, et où l'huile, par le long séjour, finit par se séparer. C'est cette huile dont le meunier profite d'autant plus qu'on est moins attentif à l'isolement de celle qui occupe la superficie des eaux, encore chargées de quantités d'huile indéterminées.

L'huile d'enfer est d'une couleur jaune-verdâtre; elle est plus ou moins transparente; cette huile est employée dans la fabrication des draps et dans celle des savons.

De l'huile de marc d'olive, dite recense. Je pense que le mot *recense* tire son étymologie du latin *censa*, revenus, produits, et de la particule répétitive *re*, ou du verbe *recensere*, revoir, repasser.

Il paroît que quelques auteurs se sont trompés sur la nature de cette opération, en ne la considérant que comme un nouveau triturage des olives déjà exprimées, et une seconde ou troisième pression de ce marc arrosé d'eau chaude. Cette méthode peut avoir un résultat avantageux et être pratiquée dans quelques localités; mais ce n'est point là la recense que l'on fabrique de cette manière.

L'effet de la recense est de séparer par des manipulations répétées la pellicule et la chair de l'olive en état de grignon, d'avec son noyau dénudé, et de les soumettre à une nouvelle pression qui enlève les dernières fractions d'huile dont ces parties molles sont encore imbibées; la théorie en est fondée sur la résistance qu'opposent les noyaux à une pression parfaite. Il est permis de douter de la quantité considérable d'huile qu'un auteur a dit exister dans le bois des noyaux.

Cette fabrication intéressante étoit inconnue à nos pères, et des quantités immenses d'huile étoient ainsi perdues pour la consommation. Il paroît qu'il n'y a guère qu'un siècle que des ateliers dits *recenses* ont été établis en Provence, et que ce sont les Géhois qui les y ont fait connoître.

Les diverses opérations usitées dans une fabrique de recense, peuvent se réduire aux suivantes:

1°. L'immersion des grignons dans l'eau froide.

2°. La séparation des pellicules et du parenchyme d'avec les noyaux par la meule et la machine appelée *dérouilloir*.

3°. L'enlèvement des pellicules et d'une matière grasse sur la surface des réservoirs.

4°. Le mélange de ces matières et leur chauffage dans l'eau bouillante.

5°. La mise au pressoir et la pression subséquente.

L'immersion; il est d'une extrême importance de ne pas trop retarder cette opération essen-

C 2

tielle ; dès l'instant que les grignons sont arrivés à la fabrique, et le plutôt possible après le détritement, il faut les placer dans des réservoirs disposés à cet effet et les abreuver d'eau froide. Cette opération a pour but d'empêcher la fermentation qui ne tarde pas à s'établir dans les grignons entassés, pour peu qu'on les laisse dans cet état. Des observations multipliées ont prouvé que la chaleur produite par cette fermentation détruit jusqu'aux dernières fractions d'huile que les grignons peuvent contenir.

Pour que l'imbibition soit complète, dès qu'une partie des grignons est versée dans le réservoir, un ouvrier y descend, et par le moyen d'une bêche, les étend par couches et y trace des sillons, pour répandre de tous côtés l'eau qui est introduite. En même temps, il pétrit le tout ensemble, ainsi de suite à chaque couche nouvelle, jusqu'à ce que le réservoir soit rempli.

Le *débrouillement*, ou dépouillement est opéré par deux mécanismes contigus dont l'action successive, quoique simultanée, est entretenue par le même moteur.

Le premier consiste en une meule posée de champ, tenant à un arbre vertical, et mise en mouvement par un mulet, un courant d'eau, ou une machine à vapeur ; l'emploi de ce dernier moyen me paroîtroit d'autant plus avantageux qu'il pourroit non-seulement faire agir la meule et le débrouilloir, mais encore élever l'eau dans les divers réservoirs. Indépendamment de la force motrice, une chaudière à vapeur pourroit, par des tubes conducteurs, chauffer l'eau des bassins où la pellicule est travaillée, ce qui ne pourroit qu'améliorer le travail et lui donner plus d'activité : elle remplaceroit aussi les chaudières où l'on fait bouillir les pellicules avant de les soumettre au pressoir.

La meule se meut dans un puits, où est dirigé un courant d'eau froide ; les grignons portés sur la coupe de la meule y sont divisés par une trituration nouvelle. Dans les anciennes *recenses*, il falloit enlever cette matière avec des pelles et les transporter dans le second puits, ce qui exigeoit beaucoup de temps et de bras. Dans les constructions nouvelles, les grignons tombent d'eux-mêmes dans le second puits où est établi le débrouilloir.

La lanterne de ce mécanisme fait plusieurs tours dans le temps que la meule met à en faire un seul, et par les pièces de bois dont il est armé dans la partie qui se meut dans l'eau où sont détrempés les grignons, il les divise de manière que les pellicules et le parenchyme sont amenés à la surface de l'eau, et le bois de noyaux précipité au fond.

Les substances les plus légères sont ainsi entraînées dans le premier réservoir qui commence la série des lavages par le courant continu qui se précipite dans le puits, jusqu'à ce que les noyaux soient parfaitement dépouillés.

Quand cet effet a eu lieu, on soulève une martellière pratiquée au fond du puits, et les noyaux sont chassés au dehors. Après leur dessèchement ils servent encore à la combustion.

Lavage. Le lavage est préalable à l'enlèvement des pellicules et du parenchyme huileux sur la surface des réservoirs ; plus il est abondant, plus cette opération est facile et productive ; il s'exécute au moyen d'une suite de bassins qui communiquent entr'eux par des syphons pratiqués dans l'épaisseur des murs, de manière que l'eau qui s'y précipite, laisse monter à sa surface des substances qui ne partagent pas sa pesanteur spécifique, et s'échappe elle-même par l'ouverture inférieure du syphon, en entraînant encore avec elle une portion de ces matières dans les réservoirs suivans.

M. Bernard a proposé de placer à la décharge de ces bassins des sacs de molleton pour retenir les pellicules et les fragmens de chair. Mais ce moyen ne paroît guère susceptible d'être pratiqué dans une usine considérable. Les sacs seroient bientôt obstrués et entraveroient la marche des opérations. Le même auteur a émis le désir de voir établir dans chaque moulin d'huile une espèce de recense. Il est certain que si cette pratique devenoit générale, elle rendroit inutile les moulins spéciaux de recense ; mais elle nuiroit à l'activité qui doit régner dans les moulins publics, et ne pourroit être aussi soignée ni aussi riche en produit que la fabrication actuelle : il me paroît pas qu'elle doive être adoptée, si ce n'est, peut-être, par les propriétaires qui ont des moulins pour détriter leurs propres olives, et qui sont d'ailleurs favorisés par une localité convenable.

Dans les sites où on a l'avantage d'un courant d'eau rapide et considérable, on établit une longue série de réservoirs à recense. L'opération est d'autant plus parfaite que la quantité d'eau est plus grande. Aussi a-t-on donné à ces moulins en Italie le nom de *lavatori* (*per lavare il nocciolo*).

Dans les recenses de Grasse ces réservoirs occupent un espace considérable de terrain ; à la Ciotat, la portion de la fabrique au bord de la mer dans l'anse *du pré*, n'a pas permis de multiplier autant ces bassins ; mais elle peut offrir en échange une source inépuisable dans les eaux du vaste Océan. Un habile manufacturier de la Ciotat qui a long-temps exploité cette fabrique de *recense*, éprouvant quelquefois la disette d'eau douce, eut l'idée d'employer l'eau de la mer aux diverses opérations du lavage, et y trouva de l'avantage. On ne doit pas être surpris que l'eau de mer, par sa grande densité, opère mieux que l'eau douce la séparation des pellicules d'avec les noyaux et le mucilage. Ce principe est conforme aux opérations des Anciens ; Charles Etienne et Jean Tiébault nous apprennent que de leur temps on ajoutoit 4 livres de sel marin à chaque boisseau d'olives qu'on détritoit. Cette addition avoit pour effet d'aider au déchirement de la chair des olives et de séparer plus facilement l'huile d'avec le corps parenchymateux qui la tient en suspension. On a dû renoncer à l'emploi du sel, quand les gouvernemens s'emparant de la vente exclusive de cette denrée, en ont fait élever progressivement la valeur.

L'effet du sel peut être apprécié comparativement avec celui des lessives salées dans la fabrication du savon. Les opérations du relargage et de la coction ne font que tenir divisées les molécules savonneuses; la première les sépare de la lessive foible de l'empâtage, et l'autre leur présente la matière alcaline sous de nouveaux points de contact.

Quelque soin que l'on prenne de recueillir les matières précieuses qui surnagent sur les bassins des ateliers *de recense*, il se perd encore une quantité considérable d'huile avec les eaux qui sortent du dernier réservoir; on en a la preuve, lors des travaux de la fabrique de la Ciotat, par une pellicule huileuse qui s'étend à une grande distance sur la mer, et qui offre le spectacle singulier d'un calme parfait au milieu du mouvement tumultueux qui agite les flots voisins.

Pour obvier à ce déchet, le propriétaire actuel de la *recense*, qui, en 1819, l'a fait restaurer en entier, et y a pratiqué de grandes améliorations, a fait placer aux limites de ses réservoirs une pompe à chapelet qui fait remonter dans de nouveaux bassins l'eau qui a servi aux lavages.

Ce travail lui a valu durant le cours de la campagne, le bénéfice de dix-huit hectolitres d'huile extraite de matières rassemblées sur ces récipiens.

Chauffage. Cette opération n'offre point d'observation intéressante: elle consiste à faire bouillir dans des chaudières les pellicules et la matière onctueuse qu'on a ramassées sur les réservoirs du lavage, avec de l'eau douce ou salée: on pourroit, comme je l'ai dit, chauffer cette eau par le moyen de tubes conducteurs de la vapeur de l'eau bouillante, dans des vases qui seroient en bois ou en maçonnerie, ou dans un seul réceptacle plus vaste.

Le chauffage a pour but de faciliter l'extraction de l'huile; les matières chauffées et pétries ensemble, sont distribuées dans des scouffins de sparte pour être soumises au pressoir.

De la pression. Les pressoirs ne diffèrent pas de ceux des moulins à huile ordinaires. La pression doit être puissante, mais cependant ménagée. L'emploi de la vis en fonte qui a été reconnu très-avantageux pour le produit, a l'inconvénient de détruire en peu de temps les meilleurs scouffins. Il faut donc, si on emploie ce puissant moyen de pression, ne pas trop forcer tout à la fois l'action du levier et du cabestan; il vaut mieux laisser reposer les matières soumises au pressoir et revenir de temps à autre à la barre.

On a essayé de faire bouillir encore une fois le contenu des scouffins exprimés au pressoir de la recense et de les soumettre à une nouvelle pression; on obtenoit encore une quantité considérable d'huile, mais le produit ne compensoit pas les frais de l'opération, vu la destruction des engins, qui s'ensuivoit d'une pression trop forte.

Il est possible qu'on parvienne à des améliorations dans cette partie de la recense, soit par une préparation plus parfaite des scouffins, soit par l'emploi de presses plus puissantes, telles que la presse hydraulique.

Tel est en abrégé le plan des opérations de la recense que le cruel hiver de 1820 permet à peine de voir recommencer dans nos contrées. (*Ovide-Gede.*)

Les huiles dites recenses sont divisées en deux genres, *lampantes* et *marchandes*: on entend par lampante une huile transparente; dans cet état les huiles ne portent le nom de *recenses* que lorsqu'elles ont été extraites du premier produit des grignons, mal élaborés et recélant encore une assez grande quantité d'huile. Ces recenses sont d'un jaune-verdâtre, et presque diaphanes; elles ont une odeur forte. La masse qu'on en trouve dans le commerce n'est pas considérable, en ce que leur limpidité permet qu'on les combine avec l'huile commune ou marchande destinée à la fabrication des savons.

On comprend parmi les recenses marchandes celles qui sont troubles en général et plus ou moins épaisses. Parmi ces dernières on les rencontre le plus souvent vertes ou brunâtres. Cette couleur verte qui caractérise la généralité des recenses, est due au principe végétal contenu dans la pellicule de l'olive. C'est par l'élaboration et la trituration que subit la pellicule, que la matière colorante, à laquelle Chevreul a donné le nom de *viridine*, se combine avec l'huile. Quelquefois les grignons reçoivent de l'altération, et alors les recenses sont brunâtres. Les recenses marchandes sont très-répandues dans le commerce.

L'opacité des recenses n'est pas toujours due à l'existence des corps étrangers, tels que l'eau, la farine et l'axonge: elle provient ordinairement de la congélation partielle de la stéarine de l'huile. Les recenses contiennent tellement de stéarine qu'on en trouve depuis la consistance d'un miel fluide jusqu'à celle d'un petit suif; elles renferment des grumeaux stéariques, plus ou moins divisés. J'ai même vu débarquer, dans des sacs de toile, des recenses concrètes, de l'odeur de l'huile pour fabrique, et sans l'arôme du suif qu'on y soupçonnoit. Exposées à l'action du calorique dans une capsule, elles se liquéfioient et reprenoient leur consistance primitive après leur refroidissement. Aucun agent chimique n'avoit occasionné leur concrétion; elles étoient blanches et parsemées de sillons verdâtres; fortement agitées avec l'eau distillée dans un mortier de verre, elles ne communiquoient aucun principe particulier à ce liquide ; celui-ci n'altéroit en aucune manière les couleurs bleues végétales. Il fut reconnu que ces recenses étoient pures et que leur vétusté ou l'élaboration qu'on leur avoit fait éprouver étoient les seules causes de leur concrétion. Je ferai néanmoins observer que les recenses sortant des ateliers de Grasse, de Draguignan et de la Ciotat, ne sont pas aussi épaisses que celles qui nous parviennent de la rivière de Gênes. Les patrons italiens se livrent souvent à des manipulations qui augmentent la densité de ces huiles. Quelques-uns d'entr'eux y mêlent du lard fondu, dont le prix est souvent inférieur à celui des recenses. Aucun moyen chimique ne peut faire reconnoître cette falsification ; d'autres y combinent de la farine sous forme de colle grumelée ; on peut retrouver cette substance par deux moyens : le premier, en divisant dans l'eau froide cette huile falsifiée, et alors le restant de la matière amilacée se précipite en poudre blanche au fond du vase dans lequel on opère ; le second, en mettant de cette huile dans une assiette de terre bien cuite ; on l'expose à l'action du feu, et on fait bouillir l'huile ; si celle-ci est pure, elle reste liquide et presque transparente, quoique très colorée ; si au contraire elle se convertit partiellement en une matière de la consistance d'un beignet, c'est une preuve que la recense contient de la colle ou de la farine.

Quoique l'eau, qui est nuisible aux recenses, soit le principal objet de la cupidité des marchands, ces dernières en contiennent une certaine quantité relative aux lavages qu'elles éprouvent durant leur fabrication ; on juge plus ou moins de la quantité d'eau qu'elles peuvent récéler, en plongeant dans la recense un morceau de papier roulé, et en l'exposant à la combustion au moyen d'une lampe allumée, l'huile pétille assez fortement si elle contient de l'eau ; elle brûle au contraire, à la manière de l'huile, si elle est privée d'eau.

Mais pour mieux juger de la quantité d'eau que les recenses contiennent ordinairement, on en remplit aux deux tiers un bocal cylindrique ; puis on l'expose pendant deux heures à l'action ménagée du bain-marie. Durant le chauffage de l'huile, on a soin de faire circuler de temps en temps une tige de bois aux parois du bocal. Ce moyen facilite l'isolement de l'eau et des matières féculentes, rougeâtres, qui se trouvent encore dans les recenses épaisses. On juge de la quantité d'eau et de fécule qu'elles recèlent, d'après le volume que ce liquide trouble occupe au fond du bocal où l'on pratique cette opération. Ce moyen est très-utile et même indispensable pour apprécier la qualité des recenses livrées à la fabrication des savons.

Moyen de reconnoître la falsification de l'huile d'olive avec celle de graines. Par ce procédé on peut reconnoître depuis dix centièmes d'huile de

graines introduite dans celle d'olive, jusqu'à une plus haute dose.

On découvre cette falsification par l'emploi du nitrate acide de mercure, qu'on prépare de la manière suivante.

On pèse dans une grande fiole à médecine sept onces et demie d'acide nitrique à 38 degrés du pèse-acide, et six onces de mercure ; on laisse dissoudre ce métal dans l'acide à la température ordinaire ; il s'opère un dégagement de gaz nitreux avec production de calorique. La dissolution faite, on introduit ce réactif dans un flacon de cristal bouché à l'émeri, et on le conserve pour l'usage. L'hiver, il se dépose quelques cristaux de nitrate de mercure au fond du flacon, mais le liquide surnageant jouit toujours des mêmes propriétés.

Lorsqu'on veut reconnoître la pureté de l'huile d'olive, on fait d'abord la tare d'une fiole à médecine dans une petite balance (cette fiole doit être de la capacité de 6 à 7 onces de liquide) ; on y introduit 8 grammes (2 gros) de nitrate acide de mercure sur lequel on verse et on pèse 96 grammes (3 onces) de l'huile à essayer.

On bouche la fiole avec du parchemin mouillé, et on la secoue bien de dix minutes en dix minutes, pendant l'espace de deux heures, en faisant mouvoir le liquide de bas en haut. Le mélange blanchit durant l'agitation.

Cela fait, on débouche la fiole, et on la laisse à la température d'une cave jusqu'au lendemain de l'opération.

Si l'huile est pure, elle se congèle et acquiert la consistance presqu'analogue à celle du suif. Cette huile, ainsi concrétée, est d'un jaune-citron et souvent recouverte d'une efflorescence blanche.

Si au contraire on trouve un fluide plus ou moins transparent à la surface d'une matière congelée et remplie de petits grumeaux, on peut être certain que l'huile est mélangée avec celle d'œillet, de noix ou de colza. La quantité de fluide est d'autant plus considérable qu'on a ajouté de l'huile de graines à celle d'olive.

Ce procédé est fondé sur la propriété qu'a le nitrate acide de mercure de congeler et de solidifier, après plusieurs heures, l'huile d'olive combinée à ce réactif, tandis qu'il laisse presqu'entièrement liquide, les huiles de graines qu'il colore en jaune-rougeâtre, et dans lesquelles il ne détermine la formation que d'un précipité plus ou moins abondant.

En effet, trois onces d'huile d'œillet, ou de noix, traitées par 8 grammes (2 gros) de nitrate acide de mercure, restent fluides et transparentes, plus colorées que dans leur état naturel, et avec un dépôt de stéarine de quelques millimètres au fond de la fiole.

Je rappellerai ici que l'huile de colza pure, traitée de la même manière, acquiert la consistance du beurre mou et une couleur rouge-orange très-prononcée, preuve certaine qu'elle oxide au *maximum* le mercure en rouge.

Quoi qu'il en soit de la propriété qu'a l'huile de colza de se congeler foiblement par le nitrate de mercure, elle présente un caractère tout différent lorsqu'on la mêle avec parties égales d'huile d'olive. Cette combinaison d'un beau jaune-orange ne se congèle que jusqu'à la moitié de son volume; l'autre moitié reste fluide à la superficie.

Ce dernier phénomène se rapporte à celui que j'ai observé dans les mélanges d'huile de colza et d'œillet, qui, traités par le réactif, restent fluides et transparens, parce que ces huiles ne sont pas de la même nature, et qu'en combinaison, elles n'arrivent pas à la congélation qui caractérise l'huile de colza.

Il seroit difficile de donner une explication positive de ce fait dont je ne trouve de semblable que dans la combinaison d'une partie de sucre de cannes et de sucre de raisins, amenée à l'état de sirop, et qui, à deux à trois degrés de la cuite ordinaire, ne donne plus tard aucun signe de cristallisation.

Cependant on croiroit pouvoir ajouter que l'huile d'œillet étant plus chargée d'oléine que l'huile de colza, la stéarine de cette dernière reste dissoute dans l'oléine de l'huile d'œillet; mais ce raisonnement ne me paroît pas assez fondé quand on considère que les huiles d'olive et de colza, toutes deux concrescibles isolément par le nitrate acide de mercure, ne le sont plus qu'à moitié si on traite leur combinaison par le même réactif.

Quoique j'aie indiqué dans mes notices que sept heures suffisoient à la congélation de l'huile d'olive, par le nitrate acide de mercure, l'observation m'a également démontré qu'il existoit des huiles d'olive pures qui ne se congeloient que le lendemain de l'opération. C'est pourquoi le terme auquel on doit reconnoître la pureté ou la falsification de l'huile d'olive ne doit pas être porté au-delà de douze heures, surtout quand l'huile de graines n'a été mêlée à la première que dans les proportions de 10 centièmes. L'hiver, un pareil mélange qu'on soustrait à la température des caves, peut arriver à une congélation molle, vingt-quatre heures après l'opération.

Il est donc important de laisser au moins à une température de 10 degrés Réaumur, la combinaison du réactif avec l'huile qu'on veut essayer; par ce moyen le fluide qui fait reconnoître la falsification, reste permanent sur la portion d'huile congelée.

Ces observations ne sont applicables qu'au cas où l'huile de graines ne seroit combinée que dans les proportions de 10 à 12 centièmes à l'huile pure; mais si ces proportions s'élèvent à 16 ou 20 centièmes et au-delà, le tiers du mélange reste plusieurs jours fluide, même en hiver, pour acquérir plus tard la consistance du miel et un aspect grumelé. En général, on observe dans l'huile falsifiée et traitée par le réactif, des bulles brillantes, interposées au milieu de la matière à demi congelée, et notamment au fond des fioles.

Vingt cinq à trente centièmes d'huile d'œillet ajoutée à l'huile d'olive, présentent après l'action du nitrate de mercure, la moitié ou les trois quarts de fluide surnageant, suivant que l'huile d'olive est plus ou moins chargée de stéarine. La quantité de fluide est d'autant plus considérable que la température est plus élevée; c'est pourquoi, pour bien juger de la quantité approximative de l'huile de graines mêlée à celle d'olive, il faut que le mélange reste exposé à la température d'une cave.

Enfin, si la dose d'huile d'œillet a été combinée jusqu'à 45 à 50 centièmes avec l'huile d'olive et le réactif, les cinq sixièmes du mélange restent aussi fluides et aussi transparens que l'huile d'œillet pure, traitée par le même procédé, à la seule différence que la teinte de la combinaison de l'une et de l'autre de ces huiles se trouve moins colorée. On remarque au fond de la fiole quelques millimètres de stéarine, ou de matière solide.

Toutes les fois qu'on soupçonnera de l'eau interposée dans les huiles à essayer, telles que les marchandes et celles d'enfer ou de recense, on aura soin de filtrer les deux premières pour les isoler d'avec l'eau et les corps qui en troublent la transparence, avant de les soumettre à l'action du nitrate acide de mercure. Quant aux recenses, comme elles ont une consistance assez épaisse pour ne pas pouvoir en opérer la filtration, on les exposera au bain-marie dans un bocal cylindrique, au cas que la quantité d'eau interposée dans ces huiles paroisse trop considérable. Les recenses, en général, ne sont pas assez chargées d'eau, résultant de leur fabrication, pour que ce liquide diminue l'énergie du nitrate de mercure.

C'est particulièrement avec les huiles recenses, falsifiées par celle d'œillet, qu'il s'opère avec plus de régularité l'isolement d'une quantité de fluide double à celle de l'huile d'œillet introduite.

L'huile de colza ajoutée aux recenses, laisse également un fluide permanent à la surface des mélanges traités par le réactif. Tandis que la superficie des recenses combinées avec l'huile d'œillet, est verdâtre et presque transparente après l'essai, la portion des mélanges de colza, non solidifiés par le nitrate, reste jaunâtre, avec des grumeaux qui y sont interposés.

Nature du réactif. J'ai dit que sept onces et demie d'acide nitrique à 38 degrés étoient nécessaires à la dissolution de six onces de mercure. Au moyen de ce grand excès d'acide, ce composé reste fluide et offre plus de commodité pour son emploi.

C'est à M. Pelletier qu'on est redevable de l'examen chimique de mon réactif. Imaginant que c'étoit le proto-nitrate de mercure qui exerçoit son action concrescible sur l'huile d'olive, ce chimiste s'est livré en 1820, avec beaucoup de succès, à l'analyse de cette dissolution métallique, préparée dans les proportions d'acide et de mercure, déjà indiquées.

M. Pelletier commence par annoncer qu'il a répété avec précision mes expériences et qu'il a réussi d'une manière complète.

Pour reconnoître par des faits le degré d'oxidation du mercure dans la liqueur d'épreuve, M. Pelletier a versé dans une portion de cette liqueur, de l'acide sulfurique étendu de trois parties d'eau; il ne s'est point dégagé du gaz nitreux.

Dans une autre quantité de liqueur d'essai, on a versé en excès une solution d'hydro-chlorate de soude, et on a obtenu sur-le-champ un précipité abondant de proto-chlorure de mercure. La liqueur filtrée contenoit encore une quantité assez forte de mercure à l'état de deuto-chlorure (sublimé corrosif). La solution examinée étoit formée de proto-nitrate et de per-nitrate de mercure avec excès d'acide. Quant aux cristaux formés d'abord, et qu'on avoit séparés, ils furent reconnus pour être du proto-nitrate de mercure. Le réactif de M. Poutet, ajoute M. Pelletier, est donc un mélange de proto-nitrate et de deuto-nitrate de mercure avec excès d'acide, dans lequel mélange les deux nitrates peuvent varier suivant les circonstances, et particulièrement suivant la température qui s'est développée dans le moment de la dissolution, température qui varie suivant les masses sur lesquelles on agit, les vases qu'on emploie, mais dans lequel mélange le proto-nitrate est toujours dominant.

J'ai profité de cette observation de M. Pelletier en ne soumettant que six onces, au plus, de mercure à l'action de l'acide nitrique, et en opérant constamment la dissolution du métal à la température d'une cave, soit 10 à 12 degrés. Le vase servant à la préparation de treize onces et demie de nitrate acide de mercure, doit offrir à peu près la moitié de vide, pour éviter l'effusion du réactif durant l'effervescence produite par le dégagement du gaz nitreux, résultant de l'oxidation du métal par l'acide.

Après avoir constaté l'action et l'efficacité du réactif *mixte*, M. Pelletier a pensé qu'il seroit intéressant de répéter les principales expériences avec du proto-nitrate d'un côté et du deuto-nitrate de l'autre, afin de savoir quel étoit leur différent mode d'agir.

A cet effet, ce chimiste a d'abord mêlé à l'huile d'olive, toujours dans la proportion d'un douzième de deuto-nitrate de mercure (dans un premier essai le deuto-nitrate étoit aussi peu acide que possible, pour être tenu en dissolution; dans un second essai, on a ajouté un grand excès d'acide). On a d'abord remarqué que les mélanges ne blanchissoient pas par l'agitation; au bout de

quelque temps il se formoit un dépôt rougeâtre, mais la masse d'huile restoit liquide : mon réactif n'agit donc pas par le deuto-nitrate qu'il peut contenir.

Pour essayer l'action du proto-nitrate, on a employé les cristaux obtenus par une seconde cristallisation et dépouillés de tout nitrate au *maximum*. Mais comme ces cristaux avoient perdu beaucoup de leur solubilité, en se dépouillant de leur excès d'acide, pour en dissoudre une quantité notable et approximativement égale à celle contenue dans mon réactif, il a fallu employer l'eau bouillante et se servir de la solution chaude. Dans cet état, le nitrate agit comme le réactif préparé d'après mon indication, mais avec moins d'énergie, parce qu'à dose égale de solution, on agit avec beaucoup moins de partie saline, et à dose égale de sel mercuriel, on a une solution plus étendue.

Mais si l'on prend de l'acide nitrique à 38 degrés, et qu'on le sature à froid de nitrate de mercure au minimum, comme la dissolution a lieu sans élévation de température, il ne se fait pas de nitrate de mercure au *maximum*, et on a une dissolution toujours égale de proto-nitrate de mercure, avec excès d'acide, qui, selon M. Pelletier, représente mon réactif, et semble avoir le même avantage en ce qu'étant toujours la même, elle produit les mêmes effets.

Enfin, M. Pelletier conclut à ce que mon réactif est essentiellement un proto-nitrate de mercure; que l'excès d'acide sert à tenir le nitrate en dissolution; il pense qu'on peut l'avoir constant en dissolvant à froid les cristaux de proto-nitrate de mercure dans l'acide nitrique; que les cristaux qui se déposent dans un temps froid, ne changent pas la nature du réactif, mais en diminuent l'énergie, et qu'alors il faut en augmenter la dose; qu'en dernière analyse, le procédé que j'ai imaginé pour reconnoître la présence de l'huile de graines dans celle d'olive, lui paroît supérieur à tous ceux qu'on a employés jusqu'alors, pour parvenir au même but. Cette opinion vint confirmer celle de M. Thénard, au nom du comité consultatif des arts et manufactures, dans un rapport adressé au ministre de l'intérieur.

Voulant répéter les expériences de M. Pelletier et reconnoître les effets du proto-nitrate de mercure sur l'huile d'olive, j'ai fait bouillir, suivant M. Thénard, du mercure en excès sur de l'acide nitrique étendu. J'ai pesé dans un petit matras trois parties d'acide nitrique à 38 degrés et quatre parties de mercure; j'ai étendu l'acide de deux à trois parties d'eau pure ; je l'ai combiné avec le métal, et le tout a été soumis à l'ebullition pendant demi-heure. La dissolution concentrée rougissoit le tournesol, quoiqu'un globule de mercure eût échappé à l'action du dissolvant. Les cristaux obtenus après le refroidissement étant isolés du liquide qui surnageoit, on en a fait dissoudre dans.

deux

deux fois leur volume d'acide nitrique à 38 degrés : cette dissolution, à la dose d'un douzième,
m'a parfaitement concrété l'huile d'olive ; sa congélation a été plus rapide qu'avec la même huile
essayée par le réactif ordinaire. Dans cet état je
trouve le proto-nitrate de M. Pelletier plus énergique que mon nitrate acide. S'il n'en étoit pas
ainsi, la théorie de M. Pelletier seroit en contradiction ; car puisque le proto-nitrate de mercure
a seul la propriété de concréter l'huile d'olive,
nul doute que mon réactif, qui est un composé
de deuto-nitrate et de proto-nitrate, jouisse d'une
moins grande énergie que le proto-nitrate seul.
Ces différences d'action du proto - nitrate de
M. Pelletier et de celui que j'ai préparé d'après
sa méthode, provenoient, sans doute, de ce
que j'ai dû ajouter plus d'acide que la quantité
strictement nécessaire pour opérer la solution
des cristaux ; on en jugera par le fait suivant,
aussi curieux qu'important sous le rapport de la
science et de la bonne préparation du réactif pour
l'examen des huiles.

Si on mêle une partie de mon nitrate acide de
mercure avec une autre partie d'acide nitrique,
le mélange acquiert tout-à-coup une légère couleur verdâtre et donne lieu à un léger dégagement
de gaz nitreux. Cette combinaison à l'état de sur-
nitrate, a une telle action sur l'huile d'olive, que
celle-ci est congelée dans moins de deux heures,
au lieu de six à sept heures pour opérer cette congélation avec le réactif ordinaire ; mais si dans un
essai isolé on combine le même réactif avec 10
centièmes d'huile d'œillet et 86 centièmes d'huile
d'olive ; on n'obtient qu'une congélation plus tar-
dive et une concrétion moins forte, sans aucun
signe distinctif de la présence de l'huile de graines.
Ainsi un nitrate plus actif que celui auquel je
donne la préférence, ne conviendroit pas pour
les essais, puisqu'il concréteroit les mélanges
d'huile de graines.

En faisant bouillir un excès d'acide nitrique
foible sur du mercure, évaporant la dissolution jusqu'en consistance syrupeuse et l'abandonnant à
elle-même, j'ai obtenu des cristaux aiguillés dont
la plupart étoient jaunâtres. Ces cristaux reconnus
pour du deuto-nitrate de mercure ont été dissous
dans l'acide nitrique. Ce per-nitrate ou deuto-nitrate ne concrète aucunement l'huile d'olive, quand
même on combineroit ce réactif avec le double de
son poids d'acide. J'ai observé seulement, comme
M. Pelletier, un précipité rouge au fond des
fioles. La dissolution de trois parties de deuto-
oxide de mercure dans quatre parties d'acide nitrique, opérée à froid, ne concrète pas non plus
l'huile d'olive : il se produit aussi au fond des
vases un précipité rouge qui paroît n'être que du
deutoxide de mercure. Un bien plus grand excès
d'acide, ajouté à ce per-nitrate, ne congèle pas
non plus l'huile pure.

Telles sont les expériences qui constatent,

comme l'a judicieusement observé M. Pelletier,
que le proto-nitrate acide de mercure concrète
l'huile d'olive, et que le deuto-nitrate, dans
quelqu'état qu'il soit, n'a d'autre action que de
déterminer un précipité rouge au fond de cette
huile qui reste fluide et transparente ; qu'enfin
mon réactif est un composé des deux nitrates,
et si j'y ai soupçonné la présence d'un nitrite, c'est
qu'il tache la peau en rouge ; que suivant M. Thénard, le proto-nitrate ne la tache pas. D'après ce
chimiste, l'acide sulfurique concentré occasionne
un dégagement prompt de gaz nitreux là où il y a
un nitrite, propriété qu'a mon nitrate acide de
mercure.

J'ajouterai à ces observations que le mélange
du nitrate acide de mercure avec parties égales
d'acide nitrique, à la dose d'un douzième sur
les huiles falsifiées, fait connoître plus particulièrement la quantité d'huile d'olive, lorsque celle
d'œillet s'élève jusqu'à la dose de 50 centièmes.
Le mélange se congèle à la moitié de son volume,
tandis qu'avec le réactif ordinaire, il reste presque totalement fluide. Si l'on mêle seulement 15
centièmes d'huile d'olive avec 85 centièmes de
celle d'œillet, et qu'on traite cette combinaison
par ce sur-nitrate, la stéarine de l'huile d'olive se
précipite le lendemain en grumeaux aux parois de
la fiole et au-dessus du dépôt régulier de la substance concrète de l'huile d'œillet.

Ce moyen pourroit donc faire reconnoître un
sixième d'huile d'olive dans celle de pavot, si
toutefois cette dernière devenoit un jour plus précieuse et alors susceptible de falsification, époque qui me paroît encore bien éloignée, par rapport à l'immense quantité d'huile de graines qu'on
peut récolter en France.

*Essais de quelques nitrates métalliques sur les huiles
diverses.* Curieux de connoître l'action de quelques
nitrates métalliques sur l'huile d'olive pure et
mélangée avec celle de graines, j'ai employé les
nitrates acides de cobalt, d'antimoine, de fer, de
plomb et de cuivre. Les deux premiers ne concrètent en blanc les huiles pures que dans quelques jours et congèlent plus tard les mélanges
avec de petites proportions d'huile de graines.
Les faits qu'ils présentent ne sont guère intéressans sous le rapport de leur utilité.

Le nitrate acide de fer ne congèle pas l'huile
d'olive, le jour de l'opération : concrétée ensuite, elle offre une couleur d'un rouge brun,
variée par ses résultats et absolument semblable à
du beau porphyre. Ce même nitrate congèle imparfaitement l'huile d'olive mêlée avec 12 centièmes de celle d'œillet ; la couleur de ce mélange est d'un brun-clair, homogène ; sa surface
est recouverte d'une huile fluide qui passe au noir-
brunâtre.

Le nitrate acide de plomb, préparé sans le secours du feu, avec trois parties d'acide nitrique à
38 degrés et une partie de plomb en grenailles,

D

décanté aussitôt après l'action de l'acide de dessus son dépôt d'oxide de plomb, congèle en blanc, dans moins de deux heures, l'huile d'olive pure qui est solidifiée le lendemain. Un mélange de 11 centièmes d'huile de pavot et de 89 parties d'huile d'olive, traité par un douzième de nitrate de plomb, se congèle plus foiblement et ne se concrète pas. Une tige qu'on plonge dans la matière congelée y détermine des gerçures. Cette dernière combinaison, conservée dans une fiole, a présenté un caractère saillant quelques jours après. Une portion de l'huile d'œillet s'est isolée par les parois et a laissé apercevoir de larges taches d'un très-beau jaune aux parois de la masse blanche. Il paroît, dans cette opération, que l'huile de graines s'isole avec une portion de protoxide de plomb.

Le nitrate acide de cuivre, au contraire, ne congèle que partiellement l'huile d'olive, mais ce qui est remarquable, c'est que si on combine à parties égales le nitrate de cuivre avec le nitrate acide de mercure, le mélange, non décomposé, et ajouté (à la dose de 8 grammes) à 96 grammes d'huile d'olive, la congèle en vert magnifique, tandis que 16 grammes de ce réactif dans un essai isolé, concrètent cette dernière et déterminent presque le blanchiment de la totalité de la masse. Huit grammes de ce nitrate double, mêlés à 88 grammes d'huile d'olive associée avec 12 centièmes de celle d'œillet, laissent le mélange demi-fluide; la partie inférieure congelée présente des couleurs vertes, brunâtres et irisées, provenant des divers degrés d'oxidation des métaux. Le fond du vase est parsemé de molécules isolées, d'un vert-pâle : le liquide surnageant est de couleur de feuille-morte. A ces phénomènes qui distinguent essentiellement l'huile falsifiée d'avec l'huile pure, on observe encore que durant l'agitation du mélange, des petits grumeaux adhérens aux parois de la fiole sont de la couleur du verdet. Ce procédé au moyen duquel on constateroit aussi la présence de l'huile d'œillet dans celle d'olive, seroit impropre à déterminer les quantités approximatives de l'une et de l'autre de ces huiles dans les mélanges soumis à ce genre d'épreuve.

En définitive, le nitrate acide de mercure, seul, est le réactif le plus convenable pour découvrir cette falsification, et apprécier, à quelques centièmes près, les proportions des huiles mélangées.

Procédé de M. Rousseau pour reconnoître la falsification de l'huile d'olive. M. Rousseau, propriétaire à Paris, s'est servi d'un diagomètre électrique pour reconnoître la sophistication de l'huile d'olive. Voici en quoi consiste cet appareil et son mode d'application.

Un des pôles d'une pile galvanique touche au sol, et la fait agir dans toute son énergie, le pôle opposé est isolé; dans l'autre partie de l'appareil est une légère aiguille aimantée bien libre

sur son pivot, et au plan méridien magnétique pris comme zéro d'un cercle gradué; si par un excitateur, M. Rousseau met en rapport ce système avec la pile, alors l'électricité communiquée agissant et sur l'aiguille et sur une lame de cuivre qui l'avoisine, la première, chargée d'une électricité de même nature, éprouvera aussitôt une déviation proportionnelle à la force propre de la pile; mais qu'au lieu de toucher le disque de cuivre, on y superpose un corps dont on veuille éprouver la conductibilité, l'aiguille restera stationnaire, on déviera de la nature des substances soumises; c'est donc d'après la vitesse de son écartement, et le temps qu'elle mettra à arriver au terme de tension, qu'on devra déterminer le degré d'isolement.

A l'aide de cet instrument, M. Rousseau a reconnu que de toutes les huiles, soit animales, soit végétales, celle d'olive avoit seule cette propriété physique bien caractérisée de très-foiblement conduire; cette ligne de démarcation est tellement prononcée, que, prenant un terme moyen, on peut dire que cette huile agit sur l'aiguille 675 fois moins vîte que les autres à quelques différences près. Deux gouttes d'huile de faîne ou d'œillet, versées dans 10 grammes d'huile d'olive, impriment déjà à cette aiguille une vitesse de mouvement quadruple; c'est un nouveau moyen de reconnoître la fraude et de préciser les mélanges.

Il importoit à M. Rousseau de savoir si ce caractère d'isolement étoit dû à la stéarine plus abondante dans l'huile d'olive. M. Chevreul, auteur de savantes recherches sur les corps gras, n'ayant pu, en raison du temps trop chaud, obtenir bien concrète de la stéarine d'huile d'olive, procura à M. Rousseau de la stéarine de suif de mouton et de l'oléine de la même graisse; celle-ci étoit d'une grande perméabilité au fluide électrique; la première, au contraire, isoloit presque complètement. Il semble à M. Rousseau qu'on peut conclure de ces faits, par analogie, que la cause isolante réside dans la stéarine, ou plutôt encore dans l'absence du principe aqueux, car toutes ses expériences l'ont amené à penser que l'eau étoit dans les corps le seul agent de conductibilité électrique; qu'à l'exception des métaux qui, par leur propriété galvanique, doivent faire classe à part, toutes les substances ne conduisoient que par leur état hygrométrique; que devenues anhydres par la chaleur, elles isoloient parfaitement.

Mais si l'eau est un puissant agent de conductibilité, ne peut-on pas craindre, au moyen du procédé de M. Rousseau, que si de l'huile d'olive, par exemple, de la recense, et quelques fonds de piles, contiennent de l'eau, celle-ci imprime une vitesse considérable à l'aiguille aimantée, et que ce dernier caractère, qui, d'après l'auteur, distingue essentiellement les mélanges d'huile de graines, ne soit dû qu'à l'eau en combinaison dans l'huile d'olive ?

Il paroît donc que le procédé de M. Rousseau ne devra être appliqué qu'à l'essai de l'huile la plus limpide et dont l'absence de l'eau y soit bien constatée.

Mais il faut l'avouer, ce procédé n'est pas aussi bien à la portée de tout le monde comme l'essai par le nitrate acide de mercure, qui exige seulement deux gros de ce réactif, une fiole et quelques heures d'attente. Néanmoins le procédé de M. Rousseau présente l'avantage de reconnoître instantanément la pureté de l'huile d'olive.

Huile omphacine. Les Anciens ont donné ce nom à l'huile extraite des olives qui ne sont pas parvenues à la maturité et qui a un goût amer et désagréable.

Huile de pavot. Voyez *Huile d'œillet.*

Huile de palme. On l'extrait du fruit de l'*aouará*, palmier très-élevé qui croît à Cayenne, au Brésil, au Sénégal et dans les Indes orientales; elle est jaune, d'une consistance butyreuse, d'une odeur analogue à celle de l'iris.

L'huile de palme exposée à l'air perd sa belle couleur jaune et acquiert celle d'un blanc sale : elle est employée comme liniment. On en fait un savon dur avec la soude caustique; ce savon reste jaune lorsque l'huile a cette dernière couleur, et qu'elle n'a pas vieilli.

J'emprunterai de M. Henry, chef de la pharmacie centrale, l'examen chimique de l'huile de palme et les détails intéressans qu'il a donnés sur cette espèce d'huile.

Après avoir observé, comme tous les pharmaciens qui ont conservé de l'huile de palme dans leurs officines, que cette huile blanchit en vieillissant, M. Henry assure que ce dernier caractère la distingue de l'huile factice, qui est un mélange de cire jaune, d'huile ou de graisse de porc ou de mouton, aromatisée par l'iris de Florence, et colorée par le curcuma.

« L'huile de palme est plus légère que l'eau : elle se fond à 29 degrés du thermomètre centigrade, et reprend l'état solide, en la faisant redescendre au degré de température qu'elle avoit avant sa fusion.

» Cette huile est peu soluble à froid dans l'alcool à 36 degrés : l'eau la précipite dans un état de division, telle qu'elle paroît blanche; mais si on la fait liquéfier, sa couleur jaune reparoît. Elle est soluble en plus grande quantité dans l'alcool bouillant; mais elle s'en précipite par le refroidissement.

» L'éther sulfurique la dissout à froid en toutes proportions, la rend fluide, et forme un liquide jaune-orangé; en laissant exposée cette solution à l'air, l'éther se volatilise, et l'huile reprend sa forme concrète.

» L'éther acétique la dissout également, mais plus lentement; on obtient un liquide d'une couleur jaune. Les alcalis ne lui font éprouver aucun changement. Si on ajoute de l'eau, l'huile reste combinée à l'éther acétique.

» Si à de l'huile de palme on mêle de la graisse, la solution dans l'éther acétique n'est pas complète; ce caractère offre un moyen facile de reconnoître son altération par les corps gras.

» L'eau, quelle que soit sa température, n'a point d'action sur l'huile de palme, et ne se colore pas même en ajoutant une petite quantité de potasse ou de soude caustique; distillée sur cette huile, elle devient laiteuse, et acquiert une saveur et une odeur très-foibles.

» Les alcalis se combinent avec l'huile de palme; elle forme, comme je l'ai dit plus haut, un savon dur avec la soude caustique.

» Deux parties d'huile de palme et une partie de potasse caustique, dissoute dans une petite quantité d'eau, ont été mêlées, puis soumises à l'action d'une douce chaleur; la combinaison s'est faite promptement, le savon étoit mou, lisse, jaune et demi-transparent.

» L'ammoniaque unie à cette huile, se comporte comme avec les huiles fixes.

» Les acides sulfurique et nitrique agissent sur l'huile de palme, comme sur les graisses et les huiles.

» Distillée à feu nu, elle se décompose et offre les mêmes produits que la graisse et le beurre.

» Cent grammes d'huile de palme traités par 50 grammes de protoxide de plomb (litharge), et un peu d'eau, forment un emplâtre qui ne diffère du diapalme que par sa couleur.

« Si à travers de l'huile de palme, entretenue liquide, on fait passer une assez grande quantité de chlore desséché, de jaune qu'elle étoit, elle ne tarde pas à devenir verte; bientôt cette couleur disparoît et offre une graisse demi-fluide, d'un blanc-grisâtre. Dans cet état elle est plus pesante que l'eau, conserve pendant quelques jours une consistance peu solide; son odeur et sa saveur rappellent celle du chlore. Liquéfiée et agitée dans l'eau, celle-ci devient acide et précipite par le nitrate d'argent, mais après plusieurs lavages, cette propriété disparoît, quoique l'huile conserve une légère couleur de chlore.

» Si, à la température ordinaire, on soumet l'huile de palme à la presse entre du papier brouillard (suivant le procédé de M. Braconnot), en ayant soin de le renouveler jusqu'à ce qu'il cesse de tacher, on obtient une substance d'un blanc légèrement jaunâtre, cassante, compacte, aussi dure que le suif ordinaire, d'une odeur légère d'huile de palme; cette substance doit être regardée comme de la stéarine. On peut également l'obtenir en faisant bouillir l'huile dans l'alcool, d'après la méthode de M. Chevreul, pour retirer ce principe.

» L'huile fluide, séparée du papier, est jaune, d'une odeur et d'une saveur d'huile de palme un peu altérée, jouissant de toutes les propriétés de l'oléine.

» Le savon préparé avec l'huile de palme se

D 2

dissout facilement dans l'eau, et forme une gelée transparente avec ce liquide : caractère qui le différencie des savons préparés avec les huiles, et le rapproche de ceux faits avec les graisses.

» L'alcool le dissout également; on obtient un liniment semblable, quant à la consistance, au baume Opodeldoch.

» La stéarine de l'huile de palme produit également un savon avec les alcalis; en décomposant ce savon par l'acide tartrique, on obtient de l'acide margarique très-pur, solide et d'un blanc très-brillant. »

Si on combine l'oléine avec de la potasse, on a pour produire un savon, ou un composé d'oléate et de margarate de potasse; d'où, par le procédé de M. Chevreul, on retire l'acide oléique en aiguilles blanches.

D'après ce qui précède, M. Henry n'a pas cru devoir pousser plus loin ses expériences.

« L'analogie que cette huile offre avec les autres corps gras, mais principalement avec la graisse; les composés qu'elle forme avec les alcalis, les acides et les oxides métalliques, etc., ne doivent laisser aucun doute sur sa nature. L'auteur pense qu'on doit la regarder comme composée :

1°. De stéarine . . . . 31 parties.
2°. D'oléine 69
                                             ———
                                             100

3°. D'un principe colorant, tout entier dans l'oléine, susceptible de se détruire par le chlore et par l'action de l'air.

4°. D'un principe odorant un peu volatil.

Huiles des philosophes ou *de brique*. Les anciens chimistes appeloient ainsi le produit huileux qu'ils obtenoient en distillant à feu nu, dans une cornue de grès, de l'huile d'olive et de la brique pilée.

Huile de pieds de bœuf. On obtient cette huile, en faisant bouillir long-temps ces parties de l'animal dans de vastes chaudières; elle se sépare et vient surnager, on l'enlève, et on la laisse se dépurer spontanément par le repos; elle est incolore, presque sans saveur et très-fluide; elle se fige très-difficilement, elle est très-recherchée pour la cuisine; elle remplace le sain-doux.

Huile de pignons d'Inde. On l'extrait des semences du *croton tiglium*, sous-arbrisseau de la famille des euphorbiacées. Elle est âcre et très-amère; sa saveur participe en même temps de l'huile essentielle de canelle et de celle de gérofle : elle excite des vomissemens et des super-purgations.

Une goutte ou deux au plus de cette huile, placées sur la langue, suffisent ordinairement pour procurer une purgation complète; l'application de quatre gouttes sur l'ombilic produisent le même effet; dans ce dernier cas elle occasionne une petite éruption. Son usage devient d'une grande importance dans les cas suivans : 1°. quand les autres purgatifs drastiques ont été administrés

sans succès, comme dans certains cas de constipation opiniâtre; 2°. quand il existe des obstacles mécaniques ou moraux à l'emploi d'une médecine ordinaire, comme dans le tétanos, l'hydrophobie ou la manie; 3°. quand on a besoin d'un purgatif dont les effets soient prompts, comme dans l'apoplexie.

M. le docteur Conwell, en sa qualité de chirurgien au service de la compagnie des Indes orientales, a été à même d'apprécier les bons effets de l'emploi de l'huile du *croton tiglium*, et d'importer le fruit des observations précédentes : il rapporte en même temps l'analyse qui a été faite par M. Nimmo de Glascow, des semences de *croton tiglium* et celle de l'huile qu'on en retire.

De cet examen chimique il résulte ce qui suit : 1°. le rapport du poids de l'amande est à celui de l'enveloppe ou coque, comme 64 à 36; 2°. l'enveloppe, regardée jusqu'alors comme douée des propriétés les plus énergiques, mise en digestion dans l'alcool, pendant un temps convenable, ne produit qu'une teinture brune, sans acrimonie et sans action notable sur l'économie animale; 3°. les amandes de ces graines contiennent :

	parties.
Un principe âcre ou résineux ou un acide.	27,5
Une huile fixe	32,5
Une matière farineuse	40
	sur 100

4°. L'huile retirée des amandes par expression contient :

	parties.
Principe âcre ou résineux	45 parties.
Huile fixe	55
	sur 100 parties.

5°. Le principe âcre dissous dans l'alcool rougit la teinture de tournesol; mais la proportion d'acide est très-foible. L'eau précipite entièrement ce même principe âcre de sa dissolution alcoolique; il est soluble dans l'éther sulfurique, les huiles volatiles et les huiles fixes. Cette substance résineuse, douée d'une activité prodigieuse sur l'économie animale, pourroit être désignée, dit M. Adrien de Jussieu, sous la dénomination de *tigline*.

6°. L'huile fixe est soluble dans l'huile de térébenthine et dans l'éther sulfurique, mais à peine soluble à chaud dans l'alcool; elle en est sur-le-champ précipitée par le refroidissement.

Huile de poisson. C'est une graisse animale fluide; on la retire principalement des *cétacées*; elle est blanche ou rougeâtre et d'une odeur fort désagréable ou qui décèle son origine; elle est composée de stéarine, d'oléine, de principes colorans et odorans; on en fait beaucoup d'usage pour l'éclairage, la préparation des savons verts, et les apprêts des cuirs. M. Berard l'a trouvée composée de carbone 79,65, oxigène 6,00, et hydrogène 14,35.

Huile de ricin, ou de *palma christi* (huile de castor des Anglais); elle est extraite des semences du *ricinus communis*; elle est colorée en blanc-jaunâtre, presqu'inodore, d'une saveur agréable, approchant de celle de la noisette, mais ordinairement suivie d'un peu d'âcreté; elle ne se congèle qu'à plusieurs degrés au-dessous de zéro. On la prépare, soit par expression à froid, soit par ébullition dans l'eau. Ce dernier procédé la dépouille d'un principe âcre et nuisible, que renferme, suivant la remarque de M. de Jussieu, l'embryon de la semence du *ricinus communis*, comme celui de beaucoup d'autres euphorbiacées. Beaucoup de fabricans extraient cette huile à froid; mais dans ce cas, ils dépouillent la graine de son enveloppe, et en séparent l'embryon, la réduisent en pâte, soit au moyen d'une meule ou de plusieurs mortiers, et en retirent l'huile à la filtration de laquelle ils procèdent après la précipitation de son dépôt. Pour cela on établit une multitude de filtres dans un bocal chauffé au moyen d'un poêle en hiver, ou l'été à la température de 22 degrés et au-dessus. Cette chaleur est nécessaire pour diminuer la consistance visqueuse de cette huile, la plus épaisse de toutes celles qui conservent leur transparence. Sans cette élévation de température, l'huile de ricin filtre très lentement, et sa longue exposition à l'air augmente son âcreté. On ne sauroit trop s'empresser de la filtrer et de la mettre en bouteilles qu'on bouche avec soin.

On peut extraire à l'aide d'une forte presse, l'huile de ricin des semences entières et seulement séparées de l'embryon; mais dans ce dernier cas, toute l'huile n'est pas retirée, et on est obligé de recourir au moyen de réduire le résidu en pâte, et de procéder à une seconde pression.

La solubilité de cette huile dans l'alcool, comme l'a découvert M. Planche, est un caractère qui la distingue des autres huiles fixes, et pouvant servir à dévoiler les falsifications dont elle deviendroit l'objet. Cette propriété reconnue par les falsificateurs, jointe à sa consistance, l'a fait préférer pour la sophistication du baume de Copahu, dont le prix est bien plus élevé que celui de cette huile. Mais ces nouveaux moyens ont été déjoués par l'analyse chimique, et on reconnoit aujourd'hui le mélange frauduleux. On peut voir à ce sujet les Journaux de pharmacie de l'année 1825.

On ne consomme plus en France, pour l'usage médicinal, que l'huile extraite des semences récoltées dans ce pays. Les départemens du Gard et de l'Hérault sont très propres à ce genre de culture. L'huile de ricin d'Amérique est pour ainsi dire proscrite de l'usage médicinal; d'abord très colorée, on la trouve aussi très irritante; sa longue exposition au feu lui communique ces deux genres d'altération. Quelques médecins préfèrent cette dernière pour l'expulsion du *tania*;

mais il suffit d'associer l'huile de ricin de France à la fougère, ou au suc de citron, et notamment avec l'éther, pour qu'elle produise un très bon effet; c'est un très bon purgatif à la dose de deux onces et au-dessus, avec le sirop de limons et quelques onces d'eaux distillées, appropriées à cet usage.

L'huile de ricin se vend, dans le commerce, dans des bouteilles noires, de la contenance de demi kilogramme; on a soin de goudronner le bouchon et l'orifice pour garantir cette huile de l'action de l'air.

Le nitrate acide de mercure congèle très foiblement l'huile de ricin.

MM. Bussy et Lecanu viennent de présenter à l'Académie royale des Sciences de nouvelles observations sur l'huile de ricin, desquelles il résulte que cette huile fournit à la distillation des produits tout différens de ceux que donnent, dans les mêmes circonstances, les huiles formées d'oléine et de stéarine, entr'autres :

1°. Une matière solide représentant les deux tiers du poids de l'huile, et qui constitue le résidu.

2°. Une huile volatile, incolore, très homogène, et susceptible de cristalliser par le refroidissement.

3°. Deux acides gras nouveaux, distincts des acides margarique et stéarique, qu'ils désignent sous les noms d'*acide ricinique* et d'*acide oleo-ricinique*, en les caractérisant principalement par leur extrême âcreté et la grande solubilité dans l'alcool des sels qu'ils forment avec la magnésie et l'oxide de plomb.

MM. Bussy et Lecanu ont vu que ces deux acides se produisent également par la réaction des alcalis sur l'huile de ricin, et que, dans cette circonstance, il se forme en outre une petite quantité d'un autre acide, fusible à 130 degrés, beaucoup moins soluble dans l'alcool que les précédens, auquel ils ont donné le nom d'*acide stéaroricinique*.

D'après leurs expériences, les auteurs regardent l'huile de ricin comme un produit particulier formé de principes différens de l'oléine et de la stéarine, et qui ne doit à la présence d'aucune substance étrangère ses propriétés purgatives; ils pensent que la formation d'une certaine quantité d'acides oléo-ricinique et ricinique, susceptible de se produire par la chaleur, les alcalis et le contact de l'air, peut être la cause de l'excessive âcreté que l'on observe dans les huiles de ricin altérées.

Huile de sésame, ou *de jugeoline*; on la retire des semences du sésame qui croît abondamment dans le Levant. Cette huile est douce, d'une couleur jaunâtre; elle est peu susceptible de se rancir; on peut en extraire une si grande quantité dans l'étranger, que si le tarif des douanes françaises ne la considéroit pas constamment comme huile mangeable, elle seroit importée en concurrence avec l'huile d'œillet. Elle contient plus de stéarine que cette dernière; je m'en suis convaincu par mes expériences en la traitant par le nitrate acide de mercure.

J'ai extrait moi-même, à froid, cette huile de plusieurs kilogrammes de graines : exposée depuis quatre ans dans un bocal de verre négligemment bouché, de manière à laisser cette huile en contact avec l'air et jusqu'à la température de 27 degrés, je l'ai trouvée encore assez douce et avec une légère odeur rance.

Huile tournante. On donne ce nom à l'huile d'olive employée dans la teinture pour la préparation du coton auquel on se propose de donner la couleur. On recherche pour cet emploi des huiles bien transparentes et qui aient la propriété d'être miscibles instantanément, à froid, avec une lessive alcaline foible.

Une lessive de soude pure à 2 degrés de l'aréomètre des sels, sert à distinguer les huiles tournantes de celles qui ne sont pas considérées comme telles. Pour faire cette épreuve, on a un demi-verre de cette lessive; on y verse successivement quelques gouttes de l'huile à essayer, et si l'huile, en tombant dans la lessive, forme un corps laiteux et parfaitement combiné, après avoir versé le mélange d'un verre dans un autre, sans que des globules d'huile paroissent à la surface, c'est une preuve que l'huile est tournante et propre à l'emploi auquel on la destine. Si au contraire on aperçoit des globules d'huile et que le savonule soit imparfait, le négociant diffère l'achat de l'huile jusqu'à ce qu'il en trouve de parfaitement miscible à la lessive.

Les huiles vieilles, ou très-rances, sont celles qui sont considérées comme huiles tournantes et les plus susceptibles de former la combinaison dont je viens de parler. Il paroît que plus l'huile est acidifiée, plus elle est miscible avec la lessive foible. Les huiles fixes ou mangeables ne jouissent pas de cette propriété qui n'est due qu'à l'oxigénation de l'huile.

Cependant il est des circonstances qui, même avec une huile vieille et jouissant des propriétés des huiles tournantes, feront manquer l'épreuve sans laquelle on ne fait point l'achat de ce genre d'huile. Si la lessive qu'on emploie n'est pas totalement caustique ou parfaitement décarbonatée, ou bien que, préparée d'abord avec soin, on la laisse au contact de l'air et dans des vases mal bouchés, la soude pure reprend une portion de l'acide carbonique dont on l'avoit dépouillée, et se trouve impropre à l'essai. Cet inconvénient aura également lieu si on se sert d'une soude contenant une certaine quantité de sel marin.

Il convient donc de faire choix pour la liqueur d'épreuve, du sous-carbonate de soude en cristaux, aussi pur que possible; on en fait une dissolution dans l'eau pure jusqu'à 4 à 5 degrés de densité. On éteint un morceau de chaux vive avec

un peu d'eau, de manière à en former une pâte, puis on arrose celle-ci avec la dissolution de carbonate de soude. On mêle bien le tout ensemble, à plusieurs reprises, avec un tube de verre, et on filtre. On étend la lessive avec de l'eau distillée, après sa filtration, si elle ne se trouve pas exactement au titre de 2 degrés du pèse-sel.

On observera aussi d'employer 125 grammes de chaux sur 100 grammes de sous-carbonate de soude. Ces proportions sont nécessaires pour bien décarbonater l'alcali, ce qu'on reconnoît si la lessive filtrée ne fait aucune effervescence avec l'acide sulfurique affoibli.

Telles sont les conditions relatives à la préparation de la liqueur d'essai pour l'achat des huiles tournantes.

Il est si vrai que ce n'est que les huiles vieilles qui sont instantanément saponifiables dans la lessive foible, que l'huile d'œillet bien rance jouit également de cette propriété. Néanmoins quoique cette dernière soit facilement miscible à froid, à la solution de soude, elle ne peut être employée à la teinture, parce qu'elle est siccative et que les teinturiers redoutent cet inconvénient qui auroit partiellement lieu si l'huile d'olive considérée et éprouvée comme tournante, étoit falsifiée avec celle d'œillet. C'est pourquoi il importe de faire essayer l'huile tournante par la lessive alcaline et par le nitrate acide de mercure.

Épuration des huiles; quoiqu'on purifie plus ordinairement l'huile de colza, plutôt que toute autre espèce d'huile fixe, les procédés suivans peuvent être employés sur celles dont l'épuration devient indispensable.

On prend cent parties d'huile trouble, on l'introduit dans une futaille assez grande pour pouvoir la brasser, de manière à ce qu'elle reste à la moitié ou au tiers vide; on y jette deux pour cent d'acide sulfurique concentré; on brasse bien le mélange de temps en temps pendant une heure, puis on verse cette huile dans une grande tonne ouverte par l'un de ses fonds, et l'on ajoute à ce mélange cent cinquante à deux cents parties d'eau : on rémue bien le tout avec un mouveron; l'acide sulfurique abandonne l'huile pour s'unir avec l'eau, et entraîne le mucilage de l'huile et les corps qui troublent sa transparence; ces corps qui constituent les fèces de l'huile vont peu à peu occuper le fond de la tonne.

Voici ce qu'on observe dans cette opération : l'huile est d'abord verte par son mélange avec l'acide, et après quelques momens de repos, on voit s'en séparer des fragmens de carbone qui déposent sur les parois. Alors la couleur verte disparoît, l'huile devient blanche et limpide. On peut l'employer, au bout de quelques jours, en la décantant avec soin ou mieux encore en la filtrant; mais avant sa filtration, il faut que la tonne qui contient l'huile déjà épurée, soit à la température de 22 à 24 degrés Réaumur. L'huile se clarifie, et l'eau qui s'y trouve interposée, s'en sépare totalement. On reconnoît que l'huile ne contient plus d'eau lorsqu'en plongeant un morceau de papier roulé, dans l'huile, celle-ci ne pétille plus en embrasant le papier huilé.

Il est nécessaire que l'huile ne contienne plus d'eau pour qu'on puisse la filtrer dans une grande tonne à double fond, et dont le fond du milieu est percé d'une multitude de petits trous, de forme conique, d'environ 2 centimètres de diamètre à la partie supérieure, et de 7 à 8 millimètres à la partie inférieure. Ces trous sont garnis ou bouchés avec du coton. On place ce filtre, qu'on peut faire aussi de forme carrée, sur un support approprié à la forme du filtre. Au bas de ce dernier, et par conséquent au bas du récipient, se trouve un tuyau pour servir à l'écoulement de l'huile épurée, dans les futailles.

Quelques épurateurs mêlent l'huile, déjà dépouillée du mucilage au moyen de l'acide, avec une certaine quantité de tourteaux de graines d'œillet, dans une autre tonne, et ne la font passer à travers le filtre garni de coton, qu'après que les tourteaux ont été en contact, pendant quelques jours, avec l'huile dont ils absorbent l'humidité. Par ce moyen, l'huile se trouve déjà bien limpide. On multiplie les filtres pour faciliter l'épuration d'une assez grande masse d'huile; celle-ci en découle plus blanche qu'auparavant et très-claire.

On se servoit auparavant de charbon végétal grossièrement pulvérisé pour perfectionner l'épuration de l'huile et absorber le restant de l'humidité qu'elle contenoit encore; mais la difficulté de dépouiller le charbon de l'huile dont il étoit imprégné, a fait préférer l'usage des tourteaux ou résidus de graines d'œillet pour atteindre plutôt le même but. On a l'avantage de pouvoir extraire, à l'aide d'une forte presse, l'huile recélée dans les tourteaux, lorsqu'ils ont servi à un assez grand nombre d'opérations et qu'ils se trouvent empâtés de mucilage, ou trop humides.

Les filtres carrés, construits en planches de chêne parfaitement enchâssées, et à un seul fond perforé de petits trous garnis de coton, sont préférables en ce sens, que dans un espace donné pour placer un assez grand nombre de filtres, on profite de tous les angles de ces derniers, qui sont perdus si on se sert de tonnes. En employant les filtres carrés, on les range sur une ou deux lignes par-dessus un vaste support établi en forme de charpente; le sol légèrement incliné, bien cimenté et garni de briques posées de champ, est recouvert de briques vernissées; il sert de récipient général de l'huile écoulée d'un assez grand nombre de filtres. De ce récipient, l'huile s'écoule dans un ou plusieurs réservoirs placés à niveau du plan incliné. Ces réservoirs, enfoncés dans le terrain du local destiné à la filtration, peuvent être en bois ou de grandes jarres de grès vernissées,

qu'on vide à mesure qu'ils sont presque pleins, pour mettre l'huile en futailles.

Un atelier d'épuration des huiles de graines se compose de deux à trois pièces nécessaires à ce travail : 1°. un magasin destiné aux huiles brutes ou non épurées; 2°. un local attenant au premier et servant au mélange de l'acide sulfurique avec l'huile, qu'on combine ensuite avec l'eau; ce même local contient aussi les futailles au fond desquelles on place les tourteaux d'œillet; on doit l'échauffer l'hiver au moyen d'un poêle pour accélérer l'épuration de l'huile et la précipitation de l'eau qu'elle recèle; 3°. une troisième pièce exclusivement consacrée à la filtration de l'huile; 4°. une quatrième, pour y placer les tonnes d'huile déjà épurée.

Tels sont les divers moyens employés à Paris et dans la Flandre pour l'épuration des huiles d'œillet et de colza. On opère sur de grandes masses d'huile; plus les quantités sur lesquelles on agit sont considérables, plus l'épuration des huiles se fait avec succès.

Ces moyens sont les plus usités et les plus généralement connus. Néanmoins je me suis servi avec succès du procédé suivant pour précipiter plus promptement le mucilage de l'huile. Au lieu de mêler de l'eau froide avec l'huile acidifiée, on la combine avec de l'eau bouillante; puis on traite ce mélange par du marbre blanc en poudre (ce carbonate de chaux est préférable à la craie la plus blanche); on projette le marbre à plusieurs reprises dans la tonne, on agite avec le mouveron; il se produit une effervescence due au dégagement de l'acide carbonique; on ajoute ce carbonate au mélange jusqu'à cessation de l'effervescence.

Il résulte de la saturation de l'acide sulfurique employé pour l'épuration de l'huile, que ce mucilage et les fèces en sont promptement précipités. Un peu de sulfate et de carbonate de chaux troublent encore l'huile le jour de l'opération; mais si on la laisse encore un à deux jours à la température déjà indiquée, l'huile se clarifie et se dépouille plus facilement de l'eau que par le premier procédé; on la fait passer à travers le filtre, et on a soin d'en changer le coton lorsqu'il est obstrué par le mucilage de l'huile.

Mais si l'emploi du carbonate de chaux accélère l'épuration de l'huile et la précipitation de l'eau acidifiée, il offre néanmoins l'inconvénient de ne pouvoir guère profiter des résidus provenant de la précipitation du mucilage encore combiné à une certaine quantité d'huile. On a un double emploi de ces résidus; les épurateurs les vendent aux corroyeurs et aux fabricans de savon jaune. On assure que certain savon de potasse, qu'on apprécie pour le foulage des draps et le décreusage de la soie, est fait, outre le suif et la résine qui en font partie, avec une certaine quantité de ces résidus qu'on obtient à très-bon compte.

J'ai observé moi-même que le résidu de l'épuration des colzas se saponifie très-bien et qu'il produit un savon jaune peu consistant et grumelé. Combiné avec le suif, il forme, surtout avec la soude, un savon solide, et n'a plus que l'inconvénient de fournir un produit de couleur fauve.

On sent fort bien, d'après ce genre d'emploi des résidus, que si ces derniers se trouvent mêlés avec du sulfate de chaux et une portion du marbre qui échappe à l'action de l'acide sulfurique, ni les corroyeurs, ni les savonniers ne pourront les utiliser.

A Marseille, on épure l'huile d'olive, seulement par son mélange avec les proportions déjà indiquées d'acide sulfurique, puis avec l'eau bouillante; on décante l'huile ainsi épurée, le jour de l'opération, bien qu'elle ne jouisse point encore d'une belle transparence : mais, en général, elle est assez bien purifiée et dépouillée de ses fèces pour être employée dans la savonnerie. On ne pratique jamais cette méthode que sur les huiles provenant des fonds *de pile*, ou du coulage des futailles à bord des navires.

On donne le nom de *piles* à des fosses immenses bien cimentées et construites en pierres dures, taillées avec soin et empilées les unes sur les autres. Leurs interstices sont bien garnis de ciment pour éviter l'effusion de l'huile à travers ces grands réservoirs de forme carrée. C'est là que des masses d'huile d'olive qu'on garde pour approvisionnement, ou à l'entrepôt fictif, laissent déposer, par un séjour prolongé, des quantités considérables de fèces en combinaison avec beaucoup d'huile, dont les épurateurs font l'achat à très-bas prix. Ces derniers ont fait jusqu'à ce jour des bénéfices majeurs; il leur étoit facile, avec le même moyen d'épuration pratiqué en petit, de connoître les centièmes d'huile dans un poids donné d'huile trouble et plus ou moins chargée de dépôt mucilagineux; de manière qu'ils n'offroient aux vendeurs qu'un prix bien en dessous de la valeur de l'huile recélée dans celle qu'il falloit nécessairement soumettre à la purification.

Aujourd'hui quelques négocians se sont ravisés de ce trafic qui leur devenoit onéreux, par rapport aux grandes masses de fonds de pile ou des huiles écoulées à bord; ils font épurer ces huiles sous leurs yeux, ou bien ils font l'essai de la quantité d'huile que ces combinaisons peuvent contenir et les vendent aux épurateurs d'une manière plus conforme à leurs intérêts.

Les fabricans de savon se plaignent de ce que les huiles d'olive, épurées par l'acide sulfurique, donnent sur un poids donné d'huile, et toutes choses égales d'ailleurs, une moindre quantité de savon que celles qui, d'abord limpides, n'ont éprouvé aucun genre d'épuration : ils disent que ces huiles, ainsi épurées, sont énervées; aussi n'en offrent-ils que le prix des huiles de graines,

lorsque celles-ci sont d'un prix bien inférieur aux huiles d'olive.

Si l'assertion des fabricans est basée sur des faits incontestables, comment concilier ces faits avec l'opinion de M. Braconnot, qui a conseillé d'acidifier préalablement le suif avant de le saponifier, et qui a observé que l'emploi de l'acide sulfurique facilitoit la saponification des corps gras ?

Si l'auteur de cette assertion s'est basé sur la propriété qu'auroit l'acide sulfurique d'oxigéner l'huile, avant de la combiner avec la soude caustique, comment douter que cet effet puisse avoir lieu directement avec le deutoxide de sodium en dissolution, soit avec la lessive des savonniers, composée en grande partie de soude pure et par conséquent saturée d'oxigène ?

L'expérience paroît démontrer cependant que les huiles auparavant acidifiées ne conviennent pas aussi bien pour la fabrication des savons; aussi m'a-t-on souvent demandé de reconnoître, par un moyen chimique, les huiles qui auroient été épurées par l'acide sulfurique. Mais si cet acide, par le concours de l'eau en combinaison avec l'huile acidifiée, s'en sépare totalement, il est possible qu'en lavant avec l'eau distillée l'huile épurée par l'acide sulfurique, et traitant cette eau par l'hydro-chlorate de barite, ce réactif ne la louchisse pas, ou qu'il ne la trouble que très-légèrement.

Bien plus, si de l'huile pour fabrique, ordinairement rance et acidifiée par la formation spontanée des acides stéarique et oléique, rougit la teinture de tournesol, ce n'est pas une preuve qu'elle contienne de l'acide sulfurique libre, puisque la présence des acides inhérens à l'altération de l'huile altère également en rouge ce réactif.

Il faut donc que le résultat du lavage de l'huile dans l'eau distillée, précipite fortement en blanc par l'hydro-chlorate de barite pour pouvoir affirmer que l'huile recèle encore de l'acide sulfurique, car les dépôts des huiles, ordinairement mêlés avec beaucoup d'eau commune, peuvent contenir des atômes de sulfate de chaux, dont la présence fait louchir l'eau du lavage, avec les sels de barite.

Il est un autre moyen d'épurer les huiles dans les savonneries, et qui n'est employé que sur des fonds de pile. On verse d'abord certaine quantité d'eau dans une chaudière; lorsque celle-ci est en ébullition, on y jette l'huile à épurer; on fait bouillir le mélange pendant plusieurs heures; on l'agite de temps en temps avec un madras, durant l'ébullition, pour que l'eau s'empare des corps étrangers à l'huile, et les précipite ensuite par le repos. On laisse l'huile se clarifier et se dépouiller de ses fèces, qu'on soutire avec l'eau par l'épine pratiquée au fond de la chaudière. Lorsque l'huile a éprouvé cette opération, elle porte le nom d'*huile raffinée*.

Commerce des huiles. Les huiles les plus généralement répandues dans le commerce sont celles d'olive et de graines. Parmi ces dernières, les huiles d'œillet et de colza sont les plus abondantes et les plus employées.

Le Nord possède aujourd'hui, comme le Midi, ses huiles mangeables. Ce nouveau bienfait de l'art et de la nature garantit notre pays d'une disette de cette précieuse denrée et de son excessive cherté. Pendant que les habitans du Midi expédient à ceux du Nord de l'huile d'olive, ces derniers trouvent l'écoulement de leurs huiles de graines dans les contrées méridionales, et notamment à Marseille, où la fabrication des savons consomme dans les années de bonne récolte, près de 60 mille hectolitres d'huile d'œillet, toutes les fois que le prix de cette huile se trouve au-dessous de quinze pour cent de celui de l'huile d'olive. Dans les années défavorables à ce genre de culture et où les prix de chacune de ces huiles sont, pour ainsi dire, nivelés, la consommation annuelle est réduite à 36 mille hectolitres.

Depuis le fatal hiver de 1820, la France n'est plus aussi riche en huile d'olive. Les oliviers régénérés après cette époque, et encore très-jeunes, fournissent à peine le cinquième de l'huile qu'on récoltoit auparavant. La plus grande partie de ce produit est consommée pour l'usage alimentaire; c'est ce qui fait que nos fabricans de savon s'approvisionnent encore chez l'étranger des dix-neuf vingtièmes de l'huile d'olive nécessaire à la fabrication. La masse d'huile d'olive employée à ce genre d'industrie peut être évaluée à 200 mille hectolitres, soit à 300 mille milleroles, mesure du pays.

Le Languedoc et la Provence sont les seules provinces de France qui fournissent de l'huile d'olive. Celle d'Aix est la plus fine et réputée la meilleure, parce qu'elle est la mieux soignée pour son extraction. L'huile qui se récolte aux environs de Grasse et de Nice est également estimée. L'huile d'Oneille, petite ville sur les côtes de la rivière de Gênes, passe pour être de bonne qualité. Aujourd'hui l'huile de Port-Maurice est très-recherchée sous le rapport de la finesse du goût et de l'absence de la saveur du fruit dans cette qualité d'huile.

Dans le nord de la France on préfère plus généralement l'huile d'olive sans goût du fruit, à celle qui possède éminemment cette saveur. Ainsi l'huile d'Aix, quand elle est récente, jouit manifestement de ce goût que la majorité des habitans du Midi recherche à l'huile d'olive; elle perd successivement le goût du fruit à mesure qu'elle vieillit; aussi se conserve-t-elle plus que toutes les autres huiles.

L'huile d'Aix se vend à quintal et non à mesure. On l'expédie en barils bien conditionnés, plâtrés par leur fond, et qu'on a soin de tarer avant leur remplissage. Dans d'autres communes

de la Provence, l'huile se vend à la millerole, qui équivaut environ au poids de 144 liv. table.

Aujourd'hui l'unité des nouvelles mesures devroit simplifier ce genre de commerce, mais les usages sont tels qu'il est encore impossible de s'y conformer. L'instruction et le calcul n'étant pas répandus dans toutes les classes de la société, le négociant cède à la volonté du cultivateur qui ne connoît jamais qu'un même sentier et par conséquent la même mesure.

La millerole est composée de quatre scandaux, chaque scandal de douze livres, et la livre de trois quarterons. Il est des pays, par exemple à la Ciotat, où la capacité du scandal se trouve plus grande qu'à Marseille, ainsi de suite dans d'autres communes; de là naissent des spéculations qui sont profitables à ceux qui en ont une parfaite connoissance.

L'hectolitre équivaut environ à une millerole et demie, soit à six scandaux. Le double décalitre, seulement employé dans les communes les plus populeuses, est d'un scandal et un cinquième. A Marseille, la millerole n'est évaluée qu'à 64 litres.

Or, on traite toujours l'huile dans le commerce à millerole et à quintal; ensuite les réglemens publics sont faits d'après les nouvelles mesures et au poids métrique.

Les partisans des anciennes mesures prétendent que l'unité des nouvelles détruit tout genre de spéculation, et se trouve défavorable au commerce des huiles. Je ne traiterai pas cette importante question; mais il suffira d'observer que les difficultés qui se présentent encore pour la stricte adoption du nouveau système, reposent sur la méfiance et l'esprit d'incertitude qui régissent les habitans des campagnes.

On récolte en France l'huile d'olive dans la Provence et le Languedoc; et à l'étranger, à la côte de la rivière des Gênes, dans le royaume de Naples, qui comprend Gallipoli, Tarente, Monopoli, Brindisi, Bari; et en Sicile, où l'on compte les huiles de Céfalu, de Mélazzo, d'Augusta et de Syracuse. On en récolte aussi dans la Romagne, en Toscane, en Sardaigne, en Corse, dans la Morée, aux îles de l'Archipel et à Athènes; il nous en vient aussi de Candie, de Tunis, de l'île de Majorque et de quelques provinces d'Espagne et de Portugal.

Les îles Ioniennes fournissent aussi de très-grandes masses d'huile d'olive; ces îles sont au nombre de sept, savoir, Corfou, Zante, Ithaque, Céphalonie, Sainte-Maure, Paxo et Cérigue. L'huile de Zante a une odeur aromatique qui lui est particulière.

Mais le plus grand commerce des huiles étrangères a particulièrement lieu aujourd'hui dans le royaume de Naples. C'est de ce pays qu'il nous en arrive des masses considérables. Là de riches propriétaires dont la fortune consiste surtout en récoltes d'huile, les vendent quelquefois à livrer à des spéculateurs en relations avec des négocians de Marseille.

Dans le royaume de Naples l'huile se vend à mesure : celle-ci porte le nom de *salme*. La salme est de deux milleroles et demie. Il est même une mesure supérieure à la salme, à laquelle on donne le nom de *botta*. La botta est de deux salmes et demie.

A Tunis on vend l'huile d'olive au moyen d'une mesure connue sous le nom de *métots*. Il faut trois métots pour équivaloir à une millerole. Dans ce pays c'est *le bey* qui fait le commerce de l'huile. C'est à lui qu'on s'adresse ordinairement pour des achats considérables de cette denrée.

En Candie on emploie la *mistache* pour le mesurage de l'huile. Cinq mistaches suffisent à *Rétimo* pour une millerole, tandis qu'à la *Cannée* il faut cinq mistaches et demie pour représenter la mesure provençale.

Dans d'autres pays on traite l'huile à *ocque* et à *caffis*. A Mételin quarante-deux ocques équivalent à une millerole, et ailleurs cinq caffis et un tiers égalent le contenu de cette dernière mesure.

A Marseille l'huile se vend à la *jauge*. Cette opération se fait au moyen d'une verge de fer graduée et dont une des faces est divisée en pouces et quart de pouce, et l'autre en parties égales, sous-divisées en pouces correspondans avec des fractions de la millerole. C'est avec cette tige qu'on prend les dimensions de l'intérieur de la futaille d'huile, et à l'aide de ces dimensions on trouve dans des tables calculées *ad hoc*, la capacité du tonneau qu'on soumet à la jauge.

Parmi les futailles d'huile il en est qui sont *fraudées*, par rapport à leur capacité, et qui par conséquent font déterminer au jaugeur une plus grande quantité d'huile que celle qui est vraiment contenue dans la barrique. Cette fraude a lieu entre le pourtour du fond et le jable où on a pratiqué une cavité circulaire, de manière à ce qu'en plongeant obliquement, par la bonde, la verge graduée vers les deux fonds du tonneau, elle s'y enfonce d'autant que la cavité se trouve plus profonde; de là l'appréciation erronée d'une plus grande quantité d'huile.

On évalue la millerole à quatre pans cubes; un pan fait un scandal, et par conséquent quatre pans constituent la millerole.

Outre la verge graduée que les jaugeurs emploient pour reconnoître la capacité des tonneaux, ces messieurs se servent également d'une autre tige de fer, plate, de la longueur qui surpasse celle des plus gros tonneaux. Cet instrument porte le nom d'*éprouvette*, il est plat par les deux faces, il a deux à trois centimètres de largeur et quelques millimètres d'épaisseur; il est à coulisse,

de manière à ce qu'on peut mettre à nu l'une de ses faces, dans l'intérieur de laquelle on aperçoit plusieurs loges graduées.

L'emploi de l'éprouvette a pour but de reconnoître si l'huile est plus ou moins chargée de féces, et c'est sur la quantité de ces dernières que les jaugeurs font des réductions sur le prix de la portion d'huile qui s'en trouve évidemment chargée. Sur chaque loge d'huile mêlée de lie, les jaugeurs prélèvent trois livres d'huile.

Pour se servir de l'éprouvette on la plonge obliquement par la bonde jusqu'au fond de la futaille. On a soin de soulever la coulisse afin que les diverses loges étant en contact avec l'huile, celle-ci mêlée de féces s'y introduise jusqu'à la hauteur où elle se trouve dans le tonneau. Cela fait, on pousse la coulisse jusqu'au bout de l'éprouvette avant de la retirer du tonneau, et en lui faisant parcourir longitudinalement les deux tiers de sa capacité; puis on la tient sur un plan horizontal, et on tire de nouveau la coulisse pour examiner le nombre de loges qui contiennent de la lie.

Cet instrument est de la plus grande utilité pour apprécier non-seulement la quantité d'huile chargée de féces, mais encore l'eau qui pourroit y avoir été introduite. Cette appréciation, quoiqu'approximative, ne pourroit s'opérer au moyen du pesage de l'huile, que quelques personnes préféreroient aux calculs et aux procédés de la jauge.

Ceux qui donnent la préférence au pesage de l'huile, allèguent avec raison que ce fluide est d'autant plus susceptible de se dilater que la température se trouve élevée, de sorte que la jauge procure des données assez exactes en hiver; mais l'été, lorsque les futailles d'huile sont exposées pendant plusieurs heures au soleil et à la température de 30 degrés, l'huile se dilate de manière que s'il manque au débarquement un à deux pouces d'huile dans une futaille, ce fluide reçoit ensuite une telle expansion, qu'il verse quelquefois du tonneau qui, auparavant, n'étoit pas parfaitement rempli.

Par une ancienne habitude, on attribue aux jaugeurs le talent de distinguer, à la vue et à l'odorat, l'origine des huiles d'olive. Ainsi les huiles de Zante sont aromatiques, celles d'Augusta, de Mélazzo et de Syracuse sont presque toujours vertes; cependant cette année, les huiles d'Augusta ont joui d'une belle couleur citrine.

C'est donc sur des données inexactes qu'on peut reconnoître l'origine de l'huile; tantôt ce fluide varie par sa vétusté ou par les circonstances qui ont accompagné son extraction, et alors on la trouve plus ou moins rance, d'une odeur plus ou moins forte, ou diversement chargée de *viridine*; tantôt aussi des causes atmosphériques et les divers degrés de fermentation qu'on fait éprouver aux olives, ont déterminé des changemens qui ne permettent pas d'assurer que l'huile provient de telle ou telle autre contrée du monde.

La localité se prête mieux à la connoissance de l'origine de l'huile. Les marchands habitués aux achats des huiles de Provence savent que l'huile d'Aix est d'une couleur citrine, légèrement verte, tandis que celles de la Ciotat et de diverses communes du département du Var se trouveront d'un jaune foncé. Les huiles de Port-Maurice et de la république de Lucques sont généralement blanches, limpides et par conséquent très-propres à certaines préparations pharmaceutiques. Ces qualités physiques de l'huile n'ont lieu toutefois qu'autant qu'il s'agit des huiles fines ou mangeables; mais il est difficile de parvenir à la même appréciation des huiles à brûler, car celles-ci acquièrent, par diverses causes, une couleur d'autant plus variée que les olives auront éprouvé plusieurs genres d'altération. Ainsi la moisissure, la fermentation et les différens degrés de trituration de l'olive, procurent des quantités diverses de viridine dans l'huile.

Les huiles de Provence sont très-estimées dans les colonies. On en expédie annuellement de très-grandes quantités en caisses connues sous le nom de cannevettes. Celles-ci sont composées de douze bouteilles blanches, de nuance jaunâtre, de la forme d'un parallélogramme, avec un col sans orifice, et de la contenance de douze à quinze onces. Les caisses ont aussi la forme d'un carré long; leur couvercle est à coulisse. Douze à quatorze cannevettes d'huile contiennent ensemble l'équivalent d'une millerole, soit de 144 livres d'huile.

Quant à la capacité des bouteilles, elle varie en raison du prix de chaque caisse de cette denrée; c'est selon le prix qu'on offre des cannevettes que le vendeur se règle pour le plus ou moins de contenance des vases.

L'emballage des bouteilles d'huile en cannevettes s'opère avec de l'algue bien souple, pour éviter la cassure du verre. On préfère pour ces sortes d'envois les huiles de la Ciotat et des communes du département du Var, parce que ces huiles ont une belle couleur jaune qu'on apprécie beaucoup dans les colonies françaises et étrangères.

On expédie également l'huile d'olive, pour les colonies, dans des paniers carrés d'osier blanc: ceux-ci contiennent depuis six jusqu'à douze bouteilles de pinte, en verre noir, de couleur claire. Cette nuance de verre est indispensable pour faire ressortir la belle couleur rousse de l'huile. Le goût du fruit est aussi apprécié dans l'huile destinée à ces expéditions. Les bouteilles en paniers sont emballées au moyen de la paille de seigle.

On envoie les paniers d'huile dans l'Inde et particulièrement à l'île de France. Pour la Martinique et la Guadeloupe, on expédie le plus souvent l'huile en cannevettes.

Le troisième mode d'emballage des huiles a lieu aussi dans des caisses carrées de six et de douze bouteilles de pinte.

Tous les envois d'huile d'olive pour l'intérieur de la France et les autres royaumes du Continent européen, se font dans des futailles de diverses contenances, bien conditionnées et recouvertes à chaque fond d'une forte couche de plâtre: on y envoie des huiles fines, d'autres dites mangeables, et une certaine quantité d'huile tournante pour les fabriques de drap et de coton. On n'expédie pas d'huile d'olive à brûler, pour le Nord, car l'huile de colza remplit parfaitement ce but désiré.

Au contraire, à Marseille, où il arrive une si grande masse d'huile à brûler ou pour fabrique, on emploie pour l'éclairage beaucoup d'huile de colza épurée; presque tous les établissemens publics sont éclairés au moyen de cette huile de graines, dont le prix est presque toujours inférieur à celui de l'huile d'olive.

On récolte l'huile de colza dans plusieurs départemens du Nord. Dunkerque, le Hâvre et Paris sont les principaux marchés des huiles de colza et d'œillet. L'huile de colza se vend, dans le Nord, à la tonne. Chaque tonne est de la contenance d'un hectolitre.

On n'expédie pas dans les départemens méridionaux l'huile de colza dans des futailles d'un hectolitre. Celles qu'on y reçoit sont de deux contenances: la première est de deux cent vingt-quatre litres, soit de trois milleroles et demie; la seconde, connue sous la dénomination de grosse tonne, est d'environ quatre hectolitres. La plus grande capacité des futailles a pour but l'économie des frais de transport.

Enfin les tonnes d'huile d'œillet sont d'une plus grande capacité; les unes sont de quatre hectolitres, et les autres de six à sept hectolitres. Toute l'huile d'œillet destinée à la fabrication des savons n'est pas épurée; on n'envoie d'épurée que celle qui, d'une saveur douce, peut être mélangée avec l'huile d'olive pour l'usage alimentaire.

La masse d'huile de graines récoltée en France, peut être évaluée au double de la quantité d'huile d'olive susceptible d'être obtenue en Provence et en Languedoc. En appréciant à 325 mille hectolitres les quantités diverses d'huile de graines, récoltées dans nos départemens, on arrive à un résultat approximatif, mais variable selon l'abondance ou la médiocrité des récoltes, car la sécheresse est le fléau de ce genre de culture. Ce n'est que par l'intermittence des pluies et des beaux jours que l'œillet, surtout, prospère dans les contrées septentrionales du royaume.

Conservation de l'huile. La conservation de l'huile, après qu'elle a été exprimée des olives, est un des principaux soins de sa fabrication.

E 2

Aussitôt que l'huile est extraite, on la renferme dans des jarres de grès ou réservoirs bien propres, et placés dans des appartemens exposés au midi, que l'on fermera exactement dans un temps froid, qui empêcheroit l'isolement des corps qui troublent sa transparence, et dont le contact prolongé avec l'huile gelée, peut communiquer à cette dernière une saveur plus ou moins désagreable. Pour prévenir cet inconvénient, on pourra se servir de poêle ou de tout autre moyen qui porte la température jusqu'à 14 à 16 degrés.

Il est essentiel de maintenir la fluidité de l'huile, afin que la lie puisse se précipiter au fond des vases. Lorsque l'huile sera clarifiée et bien transparente, ce qui arrive ordinairement vers la fin de juin, surtout si elle n'a pas été congelée pendant l'hiver, on transvasera toute la partie supérieure et claire dans d'autres jarres. Les portions de ce liquide, encore troubles, seront réunies en un seul vase pour déterminer la précipitation de la lie et isoler ensuite l'huile claire d'avec les dépôts qu'on vend sous le nom de *crasses*.

Ce second produit de l'huile porte le nom de *fin fond* (*di fondi fini*); et celle qui a été soutirée la première s'appelle *superfine*. L'huile du second produit est bonne, mais sa qualité est toujours un peu inférieure à l'autre.

Lorsque la séparation de la lie d'avec l'huile pure s'opère lentement, on procède à une troisième décantation de ce liquide vers le milieu de septembre. Ce troisième produit, quoique très-inférieur aux deux premiers, est néanmoins mangeable, parce qu'il n'est pas encore infecté du mauvais goût et de l'odeur désagréable qu'un séjour prolongé avec la lie communique ordinairement à l'huile.

L'huile clarifiée et décantée doit être gardée dans des lieux qui ne soient ni trop chauds l'été, ni trop froids l'hiver ; ces deux extrêmes nuisent à sa transparence. L'excès de chaleur met en mouvement et fait monter la fécule fermentescible de l'olive et qui se trouve toujours en petites proportions dans l'huile nouvelle ; l'excès du froid

s'oppose à la précipitation de ce ferment. Ainsi, dans l'un et l'autre cas, l'huile n'est plus aussi délicate au goût, ni si agréable à la vue. Au reste on sait que plus l'huile vieillit, plus elle se décolore, et plus elle perd de sa finesse et de ses autres qualités. Puisqu'il est bien démontré que l'huile reçoit d'autant plus d'altération qu'elle est en contact avec l'air, et qu'elle s'acidifie en acquérant de la rancidité, on pourroit obvier à cet inconvénient en adoptant pour la conservation des huiles déjà claires ou dépouillées de leurs féces, des vases de grès de la forme de ceux dont on se sert aujourd'hui, mais dont l'ouverture seroit plus étroite et par conséquent plus susceptible d'être bouchée avec soin. On se contente de couvrir les jarres d'huile avec un couvercle en bois, recouvert d'un linge propre ou d'une peau tannée qu'on fixe au col de la jarre au moyen d'une corde ; mais cela ne suffit pas ; il faudroit que les potiers ajoutassent aux jarres un col cylindrique, de douze centimètres de longueur et d'autant de large, de manière à ce que ce diamètre fût suffisant pour pouvoir les nettoyer au besoin. Par ce moyen on pourroit boucher une jarre d'huile avec des bouchons de bois ou de liége, entourés de vieux linge, comme on bouche une futaille de vin ou de tout autre liquide. On recouvriroit les bouchons d'une couche de plâtre, seulement pour l'huile dont l'emploi ne seroit pas journalier.

Il est donc bien entendu qu'on auroit deux formes de jarres, les unes à large orifice pour attendre la précipitation des lies, et les autres à orifice plus étroit pour contenir les huiles déjà soutirées et clarifiées.

Ce mode applicable à la conservation de masses plus ou moins considérables d'huile, pourroit être modifié lorsqu'il s'agit d'en conserver de petites quantités. Ainsi les bouteilles noires de trois litres, remplies d'huile fine et transparente, seroient très-propres à cet usage, parce qu'on les boucheroit avec plus de soin et de facilité. L'huile d'œillet, plus oxigénable que celle d'olive, mérite d'être conservée soigneusement quand elle est de qualité supérieure.

FIN.

EXPLICATION DES PLANCHES.

PLANCHE PREMIÈRE.

(*Voyez* LE VIIIe VOLUME DES PLANCHES DE L'ENCYCLOPÉDIE.)

Moulin à huile avec pressoir, dit à grand banc, de Languedoc et de Provence.

Figure 1. Vue du moulin où l'on écrase les olives. A, le bassin; B, la meule.

Fig. 2. Coupe du moulin. A, coupe du bassin. B, coupe de la meule. On voit aussi dans cette figure le bras de la meule assemblé avec l'arbre du moulin. c, d, le bras; e, f, l'arbre; f, pivot sur lequel l'arbre se meut; e, son tourillon d'en haut.

Fig. 3. Élévation du pressoir. D, la vis. F G, l'arbre. E, clefs ou solives des petites jumelles N. H, les cabas. I, clefs ou solives des grandes jumelles L. O, écrou de la vis. P, le massif tenant à la vis. C, auge placée à côté du pressoir. S, première cuvette. T, seconde cuvette dont l'usage est expliqué fig. 7.

Fig. 4. Arbre séparé vu en dessous. O, écrou attaché à l'arbre, comme on voit, par des anneaux de fer et des clavettes. H, plan de la partie en saillie qu'on voit en H, figure 3. F, queue de l'arbre F G. H, sa fourche.

Fig. 5. Vue du pressoir en devant. O, l'écrou. G G, les fourches de l'arbre. N N, les petites jumelles. H, clefs des jumelles de derrière. E E, clefs des jumelles de devant. D, la vis. P, le massif de la vis.

Fig. 6. Coupe verticale de la vis et du massif. O, écrou. G G, bouts de la fourche de l'arbre, embrassés de leurs attaches. D, la vis. P, le massif. Q, pivot de la vis. R, crapaudine du pivot Q.

Fig. 7. Coupe du massif sur lequel le pressoir est assis. *Voyez* en S, figure 3, une cuvette : c'est là que se rend l'huile de dessous le pressoir. Cette cuvette est pleine d'eau aux deux tiers. On ramasse l'huile de dessus cette eau; ensuite, par un robinet (même fig. 3), on laisse passer dans la cuvette T l'eau de la cuvette S, avec ce qui est resté d'huile à sa surface. De la cuvette T, l'eau et l'huile restante se rendent par le canal V (fig. 7) Y. Ce réceptacle Y se vide de son eau par la chantepleure Z, qui puisant l'eau à une certaine profondeur, laisse l'huile qu'on ramasse ensuite, et rien ne se perd.

Fig. 8. Un cabas. (On en met plusieurs empilés sous le pressoir et chargés des olives triturées.)

Fig. 9. *a*, clef ou solive des grandes jumelles.

10. *b*, clef ou solive des petites jumelles.

11. Cuiller ou casserole de cuivre.

12. Lame de cuivre.

PLANCHE II.

Moulin à exprimer l'huile de graines.

Figure 1. A B, Arbre tournant qui porte les volans. C, rouet. D, autre rouet. D E, arbre vertical. E, lanterne de l'arbre. F, pallier qui porte l'arbre vertical. G, autre rouet de l'arbre horizontal. H K, Q Q, levées de l'arbre. L M, petits rouets. N N, cammes ou levées. O P, pilons. Q Q, cammes qui font mouvoir les pilons. S S, R R, autres pilons. *f, f, f,* mortiers. T Y, *c d,* moises qui guident les pilons dans leur mouvement. *a b,* moise à laquelle sont fixés les cliquets qui servent à suspendre les pilons. 1, 5, place où l'on met les sacs. 6, 7, calles qui servent à la pression latérale. 4, 4, autres calles. 3, coins que le pilon S enfonce pour serrer. 2, coin renversé que le pilon R chasse pour desserrer. X Y Z Æ, pièce de bois où sont pratiqués les mortiers.

Fig. 2. Chaudière où le marc se prépare à une seconde expression.

Fig. 3. Moulin à écraser différentes substances végétales qui donnent de l'huile. On voit sur l'arbre un collet carré sur lequel on monte un hérisson ou rouet horizontal, qui emprunte son mouvement du moulin fig. 2. A, B, C, D, G, châssis. *m, h,* les meules. *e, k, f,* faux qui ramasse la graine. L, le massif de la cuve en pierre qui reçoit l'huile de la graine écrasée.

FIN DE L'EXPLICATION DES PLANCHES.

TABLE DES MATIÈRES

DE L'ARTICLE *HUILE*.

FIN DE LA TABLE DES MATIÈRES.

TRAITÉ DES SAVONS.

Savons. Le savon est une combinaison chimique des alcalis avec les corps gras; ce composé étant soluble dans l'eau, le rend propre à nettoyer les étoffes. On a également donné le nom de *savon* à d'autres combinaisons des huiles et des graisses avec les oxides métalliques; mais ces dernières, comme les savons à base terreuse, n'ayant aucune affinité avec l'eau, ne sont pas propres au savonnage.

Les savons sont à base de potasse ou de soude; de là vient que l'on en connoît de mous et de solides: les uns et les autres sont employés au gré des consommateurs. L'emploi du savon est aujourd'hui si considérable que les matières indigènes ne peuvent suffire aux besoins du royaume et à l'exportation de ce produit manufacturé : les fabricans de Marseille en répandant toujours de très-grandes masses dans le commerce, et doivent autant le perfectionnement de leurs procédés à leur propre expérience qu'à la connoissance parfaite des huiles et à l'emploi de la soude extraite du sel marin. Cette découverte, à jamais célèbre, occupe un rang distingué dans l'histoire de la fabrication des savons.

Je joindrai à l'histoire de ce dernier genre d'industrie, l'exposé de la fabrication des alcalis, et les moyens les plus certains d'en apprécier la valeur. Je traiterai ensuite des savons en général et de la préparation de chaque espèce de savon en particulier.

Histoire. Les étymologistes font dériver le nom de savon du vieux mot allemand *sepe*, ou du latin *sebum*, suif, parce que cette substance servoit à le préparer. On connoît le savon en langue provençale sous le nom de *saboun*, terme celtique dont les Grecs firent celui de *sapon*; car ils étoient dans l'usage de substituer la lettre *p* ou *b* à la lettre *v* qu'ils n'avoient pas.

James Millar rapporte que les Annales les plus antiques du Monde font mention de l'usage du savon; il paroît certain que les alcalis étoient employés aux mêmes usages avant la découverte de ce composé précieux. Le nitre qui, selon l'expression des Anciens, est indubitablement la même chose que le natron des Orientaux, et la soude des chimistes modernes, sont décrits dans les écritures sacrées, comme des substances propres aux lessives. Les mêmes écritures font mention du savon, et la découverte d'une savonnerie avec quelques-uns de ses produits parmi les ruines de Pompéia qui fut détruite par une éruption du Vésuve, dans la 79e. année de l'ère chrétienne, fournit jusqu'à l'évidence, la preuve que le savon étoit connu des Romains. Il n'est pas moins remarquable que du savon trouvé après un laps de 1700 ans fût encore parfait.

Pline dit que le savon fut inventé dans la Gaule et qu'on l'employoit pour rendre les cheveux blonds; que le meilleur étoit fait avec des cendres de hêtre et de suif de chèvre, et qu'il y en avoit de deux sortes, l'un épais, l'autre liquide (1). Or, les Grecs appelèrent d'abord *celtique* cette partie de la Gaule, qui est baignée par la Méditerranée, et qu'ils connurent la première; et ce ne fut que fort tard qu'on donna indifféremment aux peuples de toute la Gaule le nom de Celtes, de Galates ou de Gaulois. Il est donc très-probable que ce fut à Marseille ou dans ses colonies qu'on inventa le savon, puisqu'il est bien connu qu'avant l'arrivée de César dans les Gaules, les arts qui tiennent à l'industrie n'étoient réellement cultivés avec soin que chez les Marseillois ou dans les villes qu'ils avoient eux-mêmes fondées, et que d'ailleurs cette utile découverte semble leur avoir exclusivement appartenu dans les temps anciens et modernes.

Théodore Priscien fait mention du savon gaulois; Martial l'appelle l'*écume batave*, *écume caustique*, *germanique*. Tertullien parle du savon des Germains. Quintus Serenus, Valère-Maxime, Galien et plusieurs autres écrivains de l'antiquité connoissoient parfaitement cette composition.

Les Celtes qu'on appelle aujourd'hui Gaulois, dit Arétée de Cappadoce, ont une infinité de remèdes. Dans l'*éléphantiasis*, par exemple, ils emploient de petites boules de *nitre* (2), dont on blanchit le linge; il n'y a rien de mieux que d'en frotter le corps dans le bain: on employoit également des lotions savonneuses dans les maladies de la peau, et le savon devint la base d'une grande quantité de médicamens à l'usage externe. Les Arabes enfin furent les premiers à le prescrire

_____

(1) *Prodest et sapo; Galliarum hoc inventum rutilandis capillis. Fit ex sebo et cinere. Optimus fagino et caprino : duobus modis, spissus ac liquidus.* PLIN., *Hist. nat.*, lib. XXVIII, cap. XII.

(2) Suivant Lémery, les Anciens donnoient le nom de nitre au natron d'Égypte, et par conséquent à des substances alcalines.

A

comme un excellent remède intérieur. On fit primitivement le savon dans la Gaule, ainfi qu'on le
pratique encore en Allemagne, en Angleterre,
dans les Etats-Unis d'Amérique, etc., avec de
la graisse ou du suif et *du sel lixiviel* (1). Dans
le septième ou huitième siècle, époque où la
science des Arabes brilloit dans tout son éclat,
on le composoit encore de la même manière; on
ajoutoit seulement de la chaux au *sel*, et ce ne fut
qu'après ces temps fertiles en grotesques formu-
les, en secrets merveilleux, qu'on substitua l'huile
d'olive à la graisse ou au suif, dans la composition
du savon.

Dans le dix-septième siècle, les fabricans de
savon de Marseille employoient les soudes végétales du territoire d'Arles. Cet alcali étoit si abondant dans cette fertile contrée, qu'il suffisoit à la
consommation qui s'en faisoit en Espagne et en
Italie (2); mais l'usage du linge s'étant plus généralement répandu parmi les peuples d'Europe, et
la consommation du savon devenant insensiblement beaucoup plus grande, on dut bientôt en
fabriquer des masses considérables; et Marseille,
qui puisoit, pour ainsi dire, dans son enceinte,
tous les élémens de cette riche industrie, devint
à son tour tributaire de l'Espagne et de l'Italie;
mais s'il est vrai, qu'elle ne trouvoit plus près
d'elle assez de matériaux nécessaires à cette consommation toujours croissante, elle conservoit,
du moins, l'heureuse possession d'employer ceux
qu'on venoit lui offrir des royaumes étrangers; et
l'on peut dire que les nations voisines de cette
ville célèbre ont semblé rendre une sorte d'hom-
mage au sol où naquit cette belle découverte, en
lui fournissant à l'envi, les moyens propres
à l'entretenir et à la faire prospérer dans son sein.

En vain chercheroit-on dans l'histoire de Marseille, les diverses époques de la fabrication du
savon, et la marche progressive que le commerce
et les besoins des peuples imprimèrent à ce génre
d'industrie; ce n'étoit ni le goût, ni l'intention
de nos anciens historiens; l'on diroit même qu'ils
évitoient avec soin de parler de semblables sujets.
On ignore donc quel fut le temps précis où l'huile
d'olive entra dans cette combinaison, et surtout
dans quel siècle le savon devint ce qu'on peut
appeler l'objet d'une fabrication. On croit, en
général, que les fabriques de Marseille ne remontent pas au-delà du douzième siècle, et que
les plus anciennes étoient celles de tanneries et
de salaisons.

On voit donc que l'art du savonnier ne peut
remonter à une très-haute antiquité, quoiqu'on
préparât du savon à Marseille dès les temps les
plus reculés, Il paroît qu'on ne l'imagina d'abord

que pour enrichir la *cosmétique*, puisque les dames romaines le recherchoient pour donner la
couleur de l'or à leur longue chevelure (1).

La médecine, qui s'empare de toutes les découvertes pour exercer une plus grande influence,
s'appropria bientôt le savon et vanta son efficacité dans le plus grand nombre de maladies; on
l'appliqua aux divers besoins des arts, avec un tel
avantage, qu'on fut surpris d'avoir pu s'en passer
pendant si long-temps. Il est probable, pourtant,
qu'avant d'avoir connu le savon, on avoit fait
usage des argiles douces, des marnes, de la lessive de cendres et de quelques matières animales.

Dans son voyage à Méroé et au fleuve Blanc,
M. Calliaud de Nantes, tome II, page 116, dit
que chez les *Barbares* le savon étoit rare et cher,
et qu'on fait quelquefois usage des excrémens
secs des bestiaux pour décrasser le linge.

Les Anciens ont encore employé pour le même
objet l'urine et les sels auxquels ils donnèrent le
nom de *nitre*; ils connoissoient également l'emploi du soufre pour blanchir les étoffes (2). Mais,
comme on l'a déjà dit, le savon ne dut être un
article important qu'à l'époque où l'usage du
linge devint plus commun. Le retour des croisés
de la Terre-Sainte pourroit servir à déterminer
le temps où ce génre d'industrie acquit une grande
extension; tant il est vrai que les divers points
de la civilisation s'enchaînent les uns aux autres,
et qu'ils ne peuvent être isolés sans faire naître
la plus grande confusion.

Mais ce qui paroît avoir le plus contribué à la
consommation du savon, c'est l'introduction en
Europe des toiles de coton. Vers le milieu du siècle dernier, la grande quantité de toiles peintes
qu'on tiroit de l'Asie fit naître l'heureuse idée d'af-
franchir l'Europe de cet immense tribut; de nombreux ateliers se formèrent promptement en France
et dans les pays limitrophes; l'on en vit sortir des
ouvrages supérieurs à ceux de l'Inde, et présentant des bénéfices qui justifioient les prétentions
des hommes industrieux qui les avoient formés.
Insensiblement on refusa les tissus étrangers; le
coton brut suffit aux nouvelles entreprises; dès-
lors les toiles qu'on se hâta de produire purent
être versées avec abondance parmi les classes les
moins aisées de la société : nos toiles indigènes ne
purent souffrir la concurrence, et le coton filé sur
notre sol remplaça promptement tous les anciens
tissus. Le linge cessa d'être l'objet d'une grande
dépense, et quoique pourvu d'une médiocre fortune, chaque individu put en posséder une plus
grande quantité ; de là l'agrandissement de l'é-
chelle de la fabrication du savon. Les matières
premières furent recherchées au loin pour y sup-

(1) GALEN., *Lib. de comp. pharm. secund. loc.*, lib. V,
pag. 597.
(2) *Quiqueran*, *de laud. provinc.*, pag. 294.

(1) PLIN. *Op. cit. ibidem*. AETI. *de Carbun*, 398. GA-
LEN., *de comp. pharm. secund. loc. ibidem*.
(2) JUL. POLLUX, VII, 42, *Apul. Métam.*, lib. IX.

pléer; les huiles de Provence ne pouvant y suffire, les côtes d'Afrique, les rivages de l'ancienne Grèce, ceux d'Italie versèrent bientôt par torrens des masses d'huile sur nos parages. Les soudes de Sicile, de la Romagne, d'Espagne et du Levant furent successivement employées avec le salicor de Narbonne et le natron du lac Mœris. Cette masse de riches matériaux pouvoit à peine remplir l'intention du fabricant et satisfaire aux pressantes demandes des consommateurs. La fabrication du savon lioit ainsi entr'elles diverses parties du Monde, les unes par leurs produits, les autres par leur industrie, toutes par leurs mutuels besoins.

Le succès de la fabrication des savons devenoient toujours plus croissans, lorsque nos troubles politiques vinrent bouleverser les deux Mondes. La guerre porta donc un coup sensible à ce genre d'industrie; les matières premières devinrent plus rares; les huiles montèrent à des prix excessifs, par défaut de concurrence; les soudes ne parvinrent sur nos côtes qu'avec les plus grandes difficultés, et la consommation du savon dut nécessairement diminuer; mais ce qui paroissoit devoir porter une atteinte plus cruelle à cette fabrication, c'est que la paisible industrie qui fuit le tumulte des camps et s'éloigne sans cesse des tempêtes civiles, abandonnoit insensiblement le sein qui lui donna le jour; l'Espagne et l'Italie paroissoient lui offrir un asyle, et Marseille étoit à la veille de voir passer dans des mains étrangères le riche produit de ses manufactures. Mais en vain ces nations voisines tentèrent-elles d'exécuter ce projet; outre qu'elles ne firent que de foibles essais, on diroit que la fabrication du savon, semblable à ces productions végétales qui ne croissent que sur un sol déterminé, ne peut prospérer en grand que dans l'enceinte où l'on découvre son berceau. L'événement n'a donc pas justifié les prédictions de Millin qui écrivoit en 1808 « que le nombre des savonneries devoit diminuer à Marseille, en raison de ce qu'il augmentoit à Gênes et dans l'Italie, et que les ports de Livourne, de Gênes et d'Espagne ne laisseroient pas porter à Marseille les huiles qu'on pourroit y manufacturer. »

Nous touchons à une époque célèbre pour la savonnerie; l'isolement de la France au milieu des contrées de l'Europe, la réduisoit à ses propres ressources: tous les peuples voisins opposoient de puissantes barrières à ses efforts renaissans; mais le besoin, ce père de l'industrie, ne tarda pas à électriser le génie de nos savans, et tout ce que l'art ou la nature produisent sans peine dans de lointains climats, les Français le virent naître pour la première fois dans cette belle enceinte où l'on cueilloit déjà tant de lauriers. (M. Lautard, *Lettres sur Marseille.*)

La soude que les chimistes avoient depuis longtemps reconnue dans le sel marin, n'attendoit que des mains habiles pour l'en dégager. Le procédé de MM. Leblanc et Dizé, qui fut mis en pratique en 1793, ne fut bien utilisé qu'en 1807. MM. Gautier et Barrera formèrent alors un établissement de soude artificielle à Saint-Denis, dans le même local où MM. Darcet, Lelièvre et Pelletier avoient fait l'examen des procédés de Leblanc, au nom du Comité du salut public. Enfin, cette découverte reçut progressivement toute l'extension désirable; de nouvelles manufactures furent érigées dans le département de la Seine, et en 1808 dans celui des Bouches-du-Rhône. Le soufre du Vésuve et de l'Etna coula par torrens dans nos fourneaux comme au sein des volcans, et le produit de cette substance enflammée (1), versé sur les sels dont se couvrent les bords de nos deux mers, forma cette masse d'alcali que la France payoit si cher à nos voisins. Ainsi la chimie a tracé la route de la régénération de différens arts, et a changé une portion de notre commerce avec les peuples civilisés.

Le territoire de Marseille, entouré de divers ateliers de soude artificielle, a dû souffrir des émanations d'acide hydro-chlorique résultant de la sulfatisation à vase ouvert. La végétation a éprouvé diverses atteintes de ces émanations, à un certain rayon des fabriques. Le gouvernement royal voulant concilier les intérêts de l'industrie avec ceux de l'agriculture, a fait un appel aux fabricans de septeines pour condenser leurs vapeurs hydro-chloriques. M. Rougier, dont les talens chimiques répondent à l'expérience d'un fabricant distingué, a résolu ce problème en érigeant un condensateur qui remplit parfaitement le but désiré. M. Rougier a eu des imitateurs parmi ses confrères, et son procédé est considéré aujourdhui comme la base de ceux qui sont employés pour mettre un terme aux procès ruineux entre les fabricans et les propriétaires.

C'est par l'emploi de la soude artificielle dans la savonnerie, qu'on a pu apprécier les avantages résultant de sa substitution aux soudes végétales: celles-ci diversement chargées d'alcali et de sel marin, contrarioient les opérations préliminaires de l'art du savonnier; mais elles recéloient une certaine quantité de potasse qui modifioit la trop forte consistance des savons exclusivement faits avec l'huile d'olive.

L'industrie et l'agriculture semblent avoir concerté les moyens d'employer avantageusement les soudes artificielles: presque totalement privées du sel marin qui a servi à leur fabrication; elles ne sont formées que de soude plus ou moins pure; de sorte que le résultat de leur lixiviation forme, avec l'huile d'olive seule, des savons tellement consistans, qu'ils sont à peu près cassans en hiver. Aussi l'association d'un dixième d'huile d'œillet

_____
(1) L'acide sulfurique.

A 2

à celle d'olive, a-t-elle été jugée nécessaire pour procurer aux savons une consistance plus convenable à son emploi journalier, et plus appropriée au goût et aux besoins de certains départemens de la France.

Ainsi la portion de l'huile d'œillet qui n'est pas propre à l'usage alimentaire, est utilisée avec succès dans nos savonneries. Le fabricant retrouve dans les propriétés de cette huile, avec laquelle on n'obtient que des savons mous, l'avantage qu'on avoit avec la potasse recélée dans les soudes végétales. Ce genre de rapprochement des propriétés chimiques de l'huile d'œillet avec celles de la potasse dans la fabrication du savon, est un de ces faits singuliers qui attestent les nombreuses ressources de notre sol et de notre industrie.

En effet, les intérêts du commerce agricole des huiles de graines du Nord, se lient essentiellement avec les procédés manufacturiers du Midi. C'est ainsi que les fabriques et l'agriculture se prêtent mutuellement leur appui pour la confection des produits nationaux.

Tandis que les fabricans déterminoient, suivant l'état de la température, les doses d'huile d'œillet avec celle d'olive dans la préparation du savon, cette dernière étoit tellement altérée dans le commerce par des additions d'huile d'œillet, que le fabricant se trouvoit trompé par ses achats et dans le calcul des proportions que lui seul pouvoit assigner sans inconvénient, s'il eût pu disposer des huiles d'olive pures. Je rappellerai ici que cette fraude donna lieu à l'altération de la consistance moyenne des savons, et que l'été, surtout, ce produit industriel perdoit, en coulant, sa consistance primitive.

Le nitrate acide de mercure que j'employai alors pour reconnoître ces huiles falsifiées, mit un terme à ces coupables manipulations, dont les fâcheux résultats devenoient préjudiciables au commerce de Marseille.

Après avoir présenté le tableau des progrès successifs de la fabrication du savon, je passe à celui des auteurs qui ont traité de ce genre d'industrie.

En 1772, l'Académie de Marseille couronna un Mémoire de M. Yvan, négociant de cette ville, sur la meilleure manière de fabriquer le savon.

Plus tard, M. Duhamel produisit un ouvrage sur l'art du savonnier. Ce Mémoire écrit avec précision renferme les procédés de l'époque à laquelle il fut publié. Ces procédés ont ensuite éprouvé des améliorations que l'expérience et l'emploi des soudes artificielles leur ont fait acquérir.

En 1793, MM. Darcet, Lelièvre et Pelletier firent un rapport sur la fabrication des savons, sur leurs différentes espèces, suivant la nature des huiles et des alcalis qu'on emploie pour le fabriquer, et sur les moyens de les préparer partout, avec les diverses matières huileuses et alcalines que la Nature présente suivant les localités. Ce travail qui honore leurs savans auteurs, est un de ceux qui

indiquent les résultats variés qu'on obtient avec les diverses huiles et graisses les plus connues.

En 1807, M. Chaptal inséra dans le quatrième volume de sa *Chimie appliquée aux arts*, un excellent article sur la fabrication des savons. De savantes observations, de bonnes théories, font l'ornement de ce travail justement apprécié par les connoisseurs.

En 1808, M. Baudoin, fabricant de savon à Marseille, remporta le prix, au jugement de l'Académie de cette ville, sur son *Traité théorique de l'art du Savonnier*. Il eût été à désirer que l'auteur, sous le rapport de l'ensemble des théories chimiques, se fût plus conformé au langage des savans qui avoient déjà traité de la fabrication des savons.

En 1810, M. Gède aîné, de la Ciotat, obtint un prix d'encouragement de l'Académie de Marseille, sur la fabrication du savon à la vapeur.

M. Gabriel Décroos publia en 1821 son *Traité sur les savons solides*, ou *Manuel du Savonnier ou du Parfumeur*. Cet ouvrage, écrit avec beaucoup de talent, offre des documens précieux sur l'art de fabriquer diverses espèces de savons.

M. Chevreul, professeur de chimie, fit paroître en 1823 son *Traité sur les corps gras d'origine animale*. Ce travail important se rattache à l'art du savonnier sous le rapport des produits chimiques résultant de la décomposition de diverses espèces de savon et sous celui de l'acidification des corps gras. On ne peut qu'applaudir aux suffrages de l'Académie des sciences, qui compte aujourd'hui M. Chevreul parmi ses membres, en remplacement de M. Proust.

Avant de décrire les procédés employés pour la fabrication des savons, je traiterai des alcalis dont on se sert dans ce genre d'industrie.

Des alcalis employés dans la fabrication des savons. On entend par *alcali*, toutes les substances d'une saveur âcre, caustique, verdissant le sirop de violette, solubles dans l'eau, susceptibles de neutraliser les acides et de former des savons avec les corps gras.

Le mot *alcali* est d'origine arabe; il est dérivé d'une plante qui contient de la soude et qu'on appelle *kali*. C'est par la combustion de cette plante et de la lixiviation de ses cendres qu'on obtint pour résidu, à l'aide de l'évaporation, une substance blanche qui fut appelée *alcali*. Ce nom étoit d'abord spécifique et ne s'appliquoit qu'à la soude, mais ensuite on l'a également donné à la potasse, à l'ammoniaque, à la chaux, à la strontiane et à la barite (1). Les trois derniers sont d'une bien moindre solubilité que les premiers.

_____

(1) Les alcalis ne sont plus seulement au nombre de six. On a donné ce nom à diverses bases salifiables, extraites des végétaux, telles que la quinine du quinquina, la morphine et la narcotine de l'opium, la strichnine de la noix vomique, etc.

L'ammoniaque étant de nature gazeuse, a reçu depuis long-temps la dénomination d'*alcali volatil*. On appelle *alcalis fixes* la potasse et la soude, parce qu'ils peuvent supporter, sans éprouver de changement, une chaleur rouge. Il ne s'ensuit pas cependant que dans ce dernier état quelques molécules ne puissent être volatilisées ou chassées par la force de la chaleur trop long-temps exercée sur les alcalis. J'en ai acquis la preuve dans certaines expériences où du sous-carbonate de soude, par exemple, est chauffé dans un creuset de platine, muni de son couvercle et au-delà du terme de la fusion : le couvercle est souvent empreint d'un à deux centigrammes de ce sel.

Depuis les belles découvertes de Davi les alcalis sont rangés parmi les substances métalliques. Ce savant dont les travaux ont été repris par MM. Gay-Lussac et Thenard, a converti la potasse et la soude, au moyen de la pile voltaïque, en métaux auxquels il a donné le nom de *potassium* et de *sodium*.

Le *potassium* est blanc; il a autant d'éclat métallique que l'argent et le mercure. A la température de dix degrés centigrades, c'est un solide mou et malléable; à celle de cinquante-huit degrés il devient complétement fluide, et à zéro il est dur et cassant; lorsqu'il est rompu en fragmens il présente une texture cristalline; il faut un degré de chaleur approchant de celui de la température rouge pour le convertir en vapeur. Sa pesanteur spécifique à seize degrés centigrades est de 0,86507; de sorte qu'il est plus léger que l'eau. C'est un excellent conducteur de l'électricité et du calorique.

Le potassium exposé à l'air absorbe l'oxigène, et se recouvre dans quelques minutes d'une cendre de potasse, qui en absorbant l'eau la décompose rapidement, et dans très-peu de temps le tout devient une dissolution saturée de potasse.

Lorsqu'on jette le potassium sur la surface de l'eau, il la décompose, en absorbe l'oxigène, en dégage l'hydrogène qui s'enflamme rapidement avec des particules de potassium. Ce métal, après la combustion, passe à l'état de deutoxide en dissolution dans l'eau. Celle-ci contient alors une lessive de potasse pure.

Le deutoxide de potassium uni aux huiles fixes et aux graisses, constitue les savons mous. Ce genre de savon jouit d'une très-grande solubilité.

Le *sodium* est un métal blanc, d'une couleur tenant le milieu entre celle de l'argent et du plomb. Ce métal est solide et très-malléable à la température ordinaire; mis en contact avec l'eau, ce liquide est rapidement décomposé. Son hydrogène se sépare à l'état de gaz, tandis que son oxigène convertit le sodium en soude.

Le deutoxide de sodium combiné aux graisses et aux huiles chargées de stéarine, forme des savons solides.

Ces détails purement scientifiques ne sont pas indispensables au fabricant de savon qui ne se livre qu'à des idées spéculatives; mais ils seront néanmoins du plus grand intérêt pour ceux dont les études se dirigent constamment sur les phénomènes chimiques de cet art. Ceux-ci considéreront la pratique comme un moyen d'exercer lucrativement leur honorable profession, tandis que la science qui s'y rattache servira de délassement à leurs utiles travaux. L'histoire des alcalis qui se trouvent constamment sous leurs yeux, et les immenses progrès de la chimie, serviront à les éclairer sur le genre et le degré de pureté de ces oxides métalliques.

De la potasse. On avoit distingué pendant long-temps la potasse par la dénomination d'*alcali végétal*, parce qu'on l'obtenoit des végétaux, et qu'on l'avoit considéré comme appartenant particulièrement au règne végétal ; mais il est aujourd'hui reconnu que c'est une erreur, puisqu'on en a trouvé dans les pierres avec les terres, comme dans l'obsidienne perlée, la lépidolithe, etc. La potasse porte aussi le nom de *sel de tartre*, parce qu'on la retiroit de la combustion du tartre. Kirwan lui a donné le nom de *tartaria*. Klaproth l'appela *kali*, et le docteur Black *lixivia*. Elle est nommée *potasse* par le plus grand nombre des chimistes anglais ; mais cette expression, dans le langage ordinaire, désigne le sous-carbonate de potasse ou la potasse du commerce.

Si, après avoir réduit en cendres une quantité suffisante de bois, on les lessive jusqu'à ce que l'eau qui en sort n'ait plus aucune espèce de saveur, et qu'ensuite on évapore jusqu'à siccité la liqueur résultant de la lixiviation, on aura pour résidu de cette évaporation de la *potasse* : elle se trouvera, à la vérité, mêlée avec plusieurs autres substances salines et terreuses ; mais elle sera encore assez pure pour manifester la plupart des propriétés alcalines. C'est dans cet état qu'elle se vend dans le commerce sous le nom de *potasse*; on y connoît sous celui de *perlasse*, la potasse beaucoup plus blanche qu'on a dégagée, en la chauffant au rouge, de la plus grande partie des matières étrangères qui l'accompagnoient. Elle en retient cependant encore; elle est d'ailleurs elle-même dans un état de combinaison avec le gaz acide carbonique qui atténue la plus grande partie de ses propriétés. On peut l'obtenir parfaitement pure en la purifiant à l'alcool.

En France, le résultat de l'évaporation des lessives de cendres des végétaux, porte le nom de *salin*. Ce n'est qu'après la calcination du salin qu'on obtient un produit plus blanc, connu sous le nom de *potasse*.

La fabrication du salin devant précéder sa conversion en potasse, j'emprunterai de M. Chaptal les détails suivans sur les végétaux qui fournissent le plus de cette substance.

De la fabrication du salin et de sa conversion en potasse. Toutes les plantes, à l'exception de celles qui croissent dans des terres imprégnées de sel marin, fournissent du salin; mais toutes n'en contiennent pas une égale quantité.

Non-seulement les végétaux ne donnent pas, à poids égal, la même quantité de cendres, mais les cendres qui en proviennent ne sont pas également riches en salin.

Les plantes herbacées sont, parmi les végétaux, celles qui produisent le plus de cendres : les arbustes en fournissent plus que les arbres, les feuilles plus que les branches, & les branches plus que le tronc.

La dépouille ou la charpente de certaines plantes potagères, telles que les tiges d'haricots, de fèves de marais, de melons, de concombre, de choux, d'artichauts, est très-riche en salin.

Les feuilles et les nervures de tabac provenant de l'écotage dans les manufactures royales; les tiges de tournesol, du maïs, des pommes de terre, présentent encore de grands avantages.

La fougère, la bruyère, les fruits du marronier d'Inde, les genêts, les chardons, peuvent être d'un grand secours pour alimenter un atelier de salin.

Enfin, l'expérience m'a prouvé que le marc d'olive, auquel on donne le nom de *grignons*, après le pressurage, procure, après la combustion et la lixiviation de ses cendres, une grande quantité de potasse.

M. Pertuis a suivi ce genre de recherches et a fait connoître à M. Chaptal le résultat de son travail.

M. Kirwan a donné un tableau du produit que lui ont fourni en cendres et en alcali 1000 livres (489,5500 kilogrammes) de chacun des végétaux qu'il a essayés; je joins ici le tableau qui pourra servir à ceux qui voudront se livrer à la fabrication du salin.

NOM du végétal.	PRODUIT en cendres.	PRODUIT en alcali.
Tiges de maïs...	88,00	17,05
Le grand soleil ..	57,02	20
Sarment de vigne.	34	5,05
Buis...........	29	2,26
Saule..........	28	2,85
Orme...........	23,05	3,09
Chêne	13,05	1,05
Tremble........	12,02	0,74
Hêtre..........	5,08	1,27
Sapin..........	3,04	0,45
Fougère en août.	36,45	4,25
Absinthe.......	97,44	73
Fumeterre.....	219	79

Il résulte des expériences faites sur ce genre de fabrication : 1°. que tous les salins fournis par des végétaux différens, ont des couleurs différentes; 2°. que la quantité d'alcali n'est pas proportionnée à la quantité de cendres dans le végétal; 3°. que les cendres demandent des proportions d'eau très-variées pour pouvoir les épuiser.

NOMS des végétaux.	QUANTITÉ de végétaux employés à la combustion.	PRODUIT EN CENDRES.				EAUX employées au lessivage.	PRODUIT EN SALIN.				COULEUR DU SALIN.
	liv.	liv.	onc.	gros.	grains.	liv.	liv.	onc.	gros.	grains.	
Buis........	800	23	0	0	0	216	1	12	6	24	Mine de plomb brillante.
Chêne......	915	12	0	3	0	124	1	6	4	12	Gris de lin.
Hêtre......	887	5	3	0	0	66	1	4	6	0	Café au lait.
Charme.....	981	11	0	1	0	216	1	3	5	36	Blanc-jaunâtre.
Orme.......	1018	24	1	6	0	300	3	15	0	0	Gris vineux.
Tremble....	648	8	1	5	0	120	0	7	6	0	Noir foncé.
Sapin......	730	2	7	7	0	80	3	1	0	0	Noir peu foncé.
Saule......	80	22	12	5	36	200	2	6	1	18	Gris de lin tendre.
Sarment....	800	27	0	4	36	276	4	10	4	0	Gris blanc.
Tournesol..	200	20	11	4	0	333	4	0	0	0	Blanc de lait jaunâtre.
Blé de Turquie.	410	39	0	0	0	612	7	12	1	56	Couleur cendrée.

Des expériences particulières faites sous les yeux de M. Chaptal, lui ont donné les résultats suivans :

10 livres cendres de genêt ont produit....................................... 2 liv. 5 onc. de salin.
10 livres cendres de fougère.. 3   5
10 livres cendres de bruyère.. 1   12
10 livres cendres de racines de pin... 2   9
10 livres cendres de paille de sarrazin.. 4   3

Lorsqu'on veut fabriquer du salin avec des plantes des champs, il faut les couper et les ramasser avec soin pour que la terre n'y reste pas adhérente et ne salisse pas l'alcali.

On doit les réunir en tas, d'espace en espace, pour en opérer la combustion sur divers points et en économiser la main-d'œuvre. Il ne faut procéder à la combustion que lorsque les plantes sont sèches, sans cela elle est difficile, longue et imparfaite. Ce principe n'a pourtant son application que pour les plantes; quant aux arbres et aux arbustes, il en est qui, surtout de nature résineuse, brûlent quoique verts avec beaucoup de rapidité.

Dès qu'on a ramassé et entassé un assez grand nombre de végétaux pour entretenir la combustion pendant quelque temps, on les brûle avec les précautions suivantes.

On choisit un local abrité du vent, éloigné de toute habitation et assez dépourvu de végétaux dans le voisinage, pour ne pas craindre que l'incendie se communique.

On jette, peu à peu, dans le foyer toutes les plantes destinées à la combustion: on a soin de n'en ajouter qu'à mesure que celles qui brûlent sont converties en cendres; et on remue, soulève et retourne avec un râble la matière charbonneuse du foyer, pour que l'air frappant successivement tous les points, procure une incinération complète.

Pour éviter que le vent ne disperse les cendres, ou ne porte du désordre dans la combustion, on est dans l'usage, dans quelques endroits, de pratiquer des fosses dans la terre pour y opérer la combustion; mais outre que cette manière de procéder est moins économique, elle est encore plus lente ou plus imparfaite, attendu que la combustion y est gênée, et que l'incinération complète y est presqu'impossible.

Indépendamment de la ressource que présentent les herbes inutiles des champs, les arbrisseaux qui épuisent certaines terres, les plantes qui proviennent des sarclages, les branches que produit l'émondage, etc., on a recours aux cendres de nos foyers domestiques; le salinier se détermine pour l'un ou l'autre de ces moyens, selon la localité: dans quelques départemens du nord de la France, où les forêts couvrent une grande partie du sol, puisque tous les habitans des campagnes font du salin, les femmes, les enfans ramassent les bois morts et les brûlent: on en lessive les cendres à l'eau chaude et on évapore dans de petites marmites qui ne contiennent que 100 livres (50 kilogrammes) de lessive. Dans nos départemens méridionaux, où le bois suffit à peine aux usages domestiques, on achète les cendres dans des maisons particulières, et on les travaille dans des ateliers préparés à cet effet.

Lorsqu'on a le projet de défricher une forêt, l'établissement d'un atelier de salin y est presque toujours avantageux, attendu que c'est le seul moyen de tirer un parti utile de tout le bois menu qui ne peut guère servir à d'autres usages. L'immense quantité de potasse qu'on fabrique en Amérique, n'a pas d'autre origine. En France, où le combustible est bien moins abondant que dans des pays où la civilisation est bien moins avancée, et par conséquent les fabriques moins nombreuses, on connoît néanmoins d'immenses forêts où l'exploitation est devenue impossible par le manque de débouché; on a formé des ateliers de salin dans quelques-unes, et on pourroit en établir sans inconvénient dans beaucoup d'autres, pourvu qu'on surveillât l'exploitation de manière à assurer une bonne reproduction.

Quoique le travail du fabricant de salin ne soit pas uniforme dans les divers ateliers, il n'y a de différence que dans la manière de lessiver les cendres et d'en rapprocher la lessive.

Les uns lessivent les cendres à l'eau froide, les autres à l'eau chaude: les premiers emploient beaucoup d'eau pour épuiser les cendres; et, par cela seul, les évaporations sont longues et coûteuses: les seconds obtiennent promptement des eaux plus chargées; ils épuisent mieux leurs cendres, et font plus de salin dans un temps donné. Ce premier procédé entraîne plus de main-d'œuvre, exige un plus grand nombre de cuviers et consomme plus de temps. Le second use un peu plus de combustible, suppose une chaudière de plus pour y chauffer l'eau des lessives, et abrège l'opération. C'est, au reste, au salinier à peser les avantages et les inconvéniens de chaque méthode et à prendre un parti conforme à ses intérêts et à sa position.

M. Riffault observe que dans certains départemens, tels que ceux du Doubs, du Jura, de la Haute-Saône, qui composoient la Franche-Comté, la fabrication du salin est une opération de ménage: les particuliers lessivent les cendres de leur foyer dans un cuvier ordinaire, et évaporent les lessives dans des marmites de fer.

Dans les ateliers en grand, on fait le lessivage des cendres dans des tonneaux ou poinçons contenant cent vingt-cinq kilogrammes de cendres. On dispose les tonneaux sur quatre rangs; on les élève d'environ dix à douze centimètres sur des chantiers ou pièces de bois. On fixe dans le sol, et sous le bord percé de tonneaux, un cheneau de bois pour recevoir les lessives de chaque rangée des tonneaux, et les conduire dans un récipient commun enfoncé dans le sol jusqu'à son bord supérieur.

Les tonneaux ainsi disposés, on applique sur les trous qui ont été pratiqués à quelques millimètres au-dessus de leur fond, une tuile creuse, ou quelques pierres, pour éviter que la masse de la cendre ne presse pas trop sur ce point, et ne bouche l'ouverture destinée à l'écoulement de la lessive; on met par-dessus deux ou trois poignées de paille ou de rames de fagots, que l'on recouvre, si l'on veut, d'une toile grossière; par ce moyen, la liqueur passe claire.

Après avoir rempli les tonneaux de cendres, on en presse légèrement la surface, et on l'élève un peu sur les bords du tonneau, pour éviter que l'eau ne s'infiltre le long des parois; ensuite on lessive, en mettant environ le même poids d'eau que de cendres, c'est-à-dire cent vingt-cinq kilogrammes par tonneau. On fait passer successivement la première lessive qui découle, sur les rangs de tonneaux chargés de cendres neuves, afin d'obtenir des lessives concentrées et qu'elles soient évaporées utilement. Cette lessive doit marquer au moins dix degrés à l'aréomètre des sels, pour être portée dans la chaudière évaporatoire.

On observe seulement qu'il est important de ne donner issue à la liqueur, lors du premier lessivage, qu'au bout de neuf à dix heures, afin que la masse de cendres soit complétement imprégnée d'eau, et que la matière saline qu'elle contient ait le temps de se dissoudre. Pour les lessivages suivans, qui n'ont pour but que d'entraîner les dernières portions de la lessive chargée de ce qu'elle a dissous, il n'est pas nécessaire que l'eau soit retenue au-delà de deux à trois heures.

On fait évaporer les lessives dans de grandes chaudières de fonte, jusqu'à ce qu'elles soient réduites en matières sèches et pulvérulentes. Pendant que l'évaporation a lieu, il faut ajouter peu à peu de la nouvelle lessive pour remplacer l'eau qui s'évapore, et obtenir de cette même opération une plus grande quantité de salin. Il faut remuer continuellement la liqueur, avec une grande spatule de fer, lorsqu'elle commence à s'épaissir, pour favoriser le dégagement de l'humidité, et empêcher que le salin ne s'attache au fond de la chaudière,

Lorsque le salin est ainsi obtenu, on le met dans des vases fermant le plus exactement possible, ou dans de petits tonneaux bien enfoncés, afin qu'il ne se liquéfie pas par l'humidité de l'air, jusqu'au moment où on devra l'employer.

Le salin ne diffère de la potasse que par une certaine quantité d'humidité et de matière colorante extractive, qui n'a pas été décomposée par l'action de la chaleur.

On calcine le salin à une forte chaleur, dans des fours à réverbère, pour le convertir en potasse. L'excès de son humidité s'évapore, tandis que la matière colorante, en brûlant, laisse la potasse plus ou moins blanche.

Ainsi le salin blanchi par la calcination est appelé *potasse*. Le nom de cette dernière, suivant Thomson, lui vient de ce que l'opération de la calcination du salin se faisoit autrefois dans des pots.

Le fourneau dans lequel s'exécute la calcination du salin, pour la fabrication de la potasse, est une espèce de fourneau de réverbère, dont la voûte surbaissée n'a que quatorze pouces (quatre décimètres) dans son milieu au-dessus de l'aire du four. Il a en général trois mètres et demi de long sur deux à trois mètres de large. Le foyer est placé à l'un des bouts, et à environ deux décimètres au-dessous du niveau de l'aire. La cheminée se trouve à l'extrémité, et l'on pratique deux ouvertures sur les côtés, tant pour introduire le salin et l'agiter pendant la calcination, que pour extraire la potasse lorsqu'elle est faite.

Pour que la calcination s'exécute d'une manière uniforme, on commence par chauffer fortement le fourneau jusqu'à ce que la voûte soit devenue blanche de chaleur. Alors on nettoie le four, et on y place quatre ou cinq cents livres de salin. On remue la matière de temps en temps, à l'aide d'une pelle de fer et de râbles de même métal; et lorsqu'elle commence à se réduire en pâte, et qu'il n'y reste plus de taches noires, on l'attire dehors au moyen d'un ringard. A mesure qu'on vide le fourneau, un autre ouvrier le charge de nouveau salin, de sorte que le travail n'est jamais interrompu: chaque opération dure environ six heures.

Les phénomènes que présente la calcination du salin varient, selon sa nature et son degré de consistance. S'il contient du muriate de soude, ou du sulfate de potasse, on entend une décrépitation continuelle qui ne cesse que lorsque ces sels ont perdu leur eau de cristallisation. Si le salin est trop humide, il se résout en liqueur à la première impression du feu; dans ce dernier cas, du moment que l'eau excédante s'est dissipée, le salin ne forme plus qu'une croûte très-liée, qu'il faut briser et soulever pour en faciliter la calcination. Il est bon d'observer que, lorsque le salin a perdu toute son humidité, c'est dans ce moment qu'il s'enflamme, et que la matière colorante et extractive se consume. C'est alors qu'il faut le retourner, l'agiter, le déplacer, pour que la calcination soit égale; c'est alors qu'on modère le feu et qu'on maintient le salin à un rouge obscur. Sans cette précaution, on détermine un commencement de vitrification qui rend la potasse lourde et peu soluble dans l'eau.

Lorsque l'opération a été bien conduite, la potasse est légère, marquée de taches bleues et blanches, quelquefois vertes. Elle a un goût âcre et caustique. Elle se résout en pâte à l'air et se dissout aisément dans l'eau.

La potasse contient toujours plus ou moins de sels neutres et autres matières étrangères. Sa cassure doit présenter une surface blanche qui annonce que la calcination a été bien faite. La potasse doit se ramollir à l'air; lorsqu'elle reste sèche et compacte, c'est une preuve qu'elle contient beaucoup de sels étrangers, ou qu'elle est trop fortement calcinée.

Le déchet du salin à la calcination est de dix à vingt-cinq pour cent.

Dès

Dès que la potasse sort du four, on la met dans des tonneaux pour la distribuer dans le commerce.

M. Chaptal qui a donné tous ces renseignemens sur la fabrication de la potasse, a depuis long-temps formé le vœu que le Gouvernement français encourageât ce genre de fabrication, car cet alcali pour lequel nous sommes encore tributaires de l'étranger, fait la base de nos savonneries en savon mou et d'autres arts où il est encore indispensable.

On devroit donc chercher à populariser la préparation du salin, car comme les matières de fabrication sont partout, il suffit de se procurer un simple cuvier, un petit baquet et un chaudron de fer de fonte pour faire du salin. Cet atelier portatif peut être établi à peu de frais : il seroit surtout très-avantageux de le faire connoître dans les pays de montagnes où il deviendroit une branche d'industrie très-utile pour l'habitant. M. Chaptal avoit essayé de porter cet art dans les forêts de la Lozère et de l'Aveyron, et à cet effet, ce savant avoit formé un établissement de ce genre à Saint-Sauveur, près de Meyrueis : l'établissement a prospéré pendant six ans, mais la révolution en a amené la dissolution. Il seroit à désirer qu'on pût le rétablir, parce qu'il est peu d'endroits plus propres à ce genre d'industrie.

Quelques personnes plutôt habituées à soutenir des paradoxes qu'à rentrer franchement dans le sentier de la vérité, pensent que le sel de soude qu'on fabrique aujourd'hui en France, en très-grande masse, devroit remplacer la potasse pour les divers usages où cet alcali est encore préféré ou employé. Mais qu'on se persuade bien que, par cela seul que ces alcalis sont de nature différente, les effets de l'un ne sont pas toujours identiques avec ceux de l'autre, et que la potasse, par exemple, qui forme des savons mous et presque transparens avec les huiles d'œillet, de lin et de noix, ne peut être remplacée pour le même emploi, par le sel de soude qui, avec les mêmes huiles, forme des savons opaques, plus ou moins blancs, de consistance moyenne et sans liaison intime des molécules qui les composent, bien différens de ceux auxquels on est habitué dans quelques contrées septentrionales de la France.

Je ne chercherai point ici à appuyer mon opinion sur la nécessité d'employer la potasse dans la fabrication des beaux cristaux, et dans quelques opérations de la teinture, mais il me suffira d'observer que la preuve que cet alcali est encore préféré dans beaucoup de cas, c'est qu'il nous en arrive encore des masses considérables de l'étranger, envers lequel nous serons pendant long-temps tributaires de ce produit qui pourroit devenir national ; car combien de marc de raisin, de lie de vin et de marc d'olive restent sans utilité, et dont les cendres fourniroient des masses considérables de potasse !

Presque toute la potasse du nord de l'Europe s'exporte par Dantzick, dont elle porte le nom. Celle qui vient d'Amérique s'appelle *potasse d'Amérique*.

Les potasses varient beaucoup dans leurs proportions d'alcali et de sels neutres, tels que le sulfate et le muriate de potasse. M. Vauquelin qui le premier a indiqué le procédé par lequel on détermine la quantité d'alcali pur dans les potasses, a essayé les six espèces de potasse les plus connues dans le commerce. Voici le résultat de son analyse faite sur 1152 parties de chaque.

NOM DES POTASSES.	QUANTITÉ de potasse réelle.	SULFATE de potasse.	MURIATE de potasse.	RÉSIDU insoluble.	ACIDE carbonique et eau.
Potasse de Russie	772	65	5	56	254
—— d'Amérique	857	154	20	2	119
—— perlasse	754	80	4	6	308
—— de Trèves	72	165	44	24	199
—— de Dantzick	603	152	14	79	304
—— des Vosges	444	148	510	34	304

C'est par l'emploi de cent parties de potasse pure et de la quantité d'acide nitrique nécessaire à sa saturation, que M. Vauquelin a déterminé les quantités d'alcali recélées dans les différentes potasses du commerce. Ce savant a reconnu les proportions de sulfate de potasse et de muriate de potasse, après avoir saturé l'alcali par l'acide nitrique pur, en se servant du nitrate de barite pour décomposer le sulfate : les quantités obtenues de sulfate de barite précipité répondent à peu près à la moitié de leur poids de sulfate de potasse et aux 28 centièmes de la potasse contenue dans ce dernier. Le nitrate d'argent décompose les muriates, et en fait connoître pareillement les proportions. C'est à l'article des *soudes salées* que je préciserai le moyen de reconnoître la quantité de muriate contenu dans les alcalis, à l'aide d'une solution d'un poids connu de nitrate d'argent.

Toutefois la saturation préalable de l'alcali par les acides nitriques ou acétiques purs est indispensable pour atteindre le but qu'on se propose.

Je n'indique ici le procédé alcali-métrique de M. Vauquelin, que pour constater que ce savant est l'inventeur du premier mode d'essai des alcalis du commerce. M. Welter a proposé plus tard une nouvelle manière d'essayer les potasses, en employant l'acide sulfurique à un degré déterminé, sur un poids donné de potasse. Le papier de tournesol passant au rouge permanent, lorsque la lessive est saturée, est le terme de l'opération. M. Descroizilles ayant profité ensuite des procédés de ces savans, n'a varié sa méthode que par l'emploi d'un tube gradué auquel il a donné le nom d'*alcali-mètre*. Ce tube centigrade est destiné à l'emploi de l'acide sulfurique à dix degrés sur chaque demi-décagramme de potasse en dissolution. La section relative aux essais alcali-métriques ne sera donc consacrée qu'au procédé de M. Descroizilles, dont la simplicité le met à la portée des négocians et des manufacturiers.

Des cendres gravelées et de leur fabrication. La cendre provenant de la combustion de la lie du vin, forme un alcali connu dans le commerce sous le nom de *cendres gravelées*. Son emploi a été assez étendu dans la fabrication des savons, pendant la disette des soudes végétales, et avant la découverte des soudes artificielles.

La fabrication des cendres gravelées a été réservée presqu'exclusivement à un petit nombre d'individus heureusement placés à côté d'une grande production de vins. C'est ainsi que, dans tout le midi de la France, M. Chaptal n'a connu qu'une seule fabrique de cendres gravelées, établie au port de Cette, où s'entreposent et par où s'exportent presque tous les vins de ces contrées méridionales.

Pour pouvoir opérer la combustion de la lie de vin, il faut préalablement la dessécher avec soin. Cette première opération s'exécute, ou par une pression très-forte de la lie introduite dans des sacs de toile, ou par une simple exposition à l'air et au soleil dans des vaisseaux convenables. Dans ce cas, lorsque la lie est bien sèche, on en forme des pains pour en faciliter la combustion.

Les lies qui cassent net et avec bruit, peuvent être brûlées dans cet état; on est forcé quelquefois, pour arriver à ce degré d'exsiccation, d'avoir recours à la chaleur des étuves.

La combustion s'opère de bien des manières. Ici c'est un fourneau rond, de deux mètres de diamètre, qu'on élève en pierre sèche, à mesure que la combustion s'exécute et que la capacité se remplit de résidu : là c'est un fourneau fixe, où l'aspiration est déterminée par une porte pratiquée dans le fond. Dans ces deux cas, il faut commencer par échauffer le fourneau, en y brûlant des fagots de sarment ou tel autre combustible léger. On y jette alors de la lie fortement desséchée : dès qu'elle est enflammée, on la laisse brûler sans la remuer, et on alimente le feu en y projetant de nouveaux pains de lie, de manière que le feu soit entretenu jusqu'à ce que le fourneau soit rempli de résidu poreux de la combustion. Ce résidu forme une mousse légère, spongieuse, qui se brise facilement et qui prend par son refroidissement dans le fourneau, une couleur verdâtre, mêlée de bleu.

Pour que la cendre gravelée jouisse de toutes les propriétés que les arts lui reconnoissent, il faut que la combustion soit complète.

La lie de vin n'a jamais fourni à M. Chaptal qu'un vingt-cinquième de bonne cendre gravelée. Ce chimiste observe que cet alcali est réputé le plus pur dans le commerce, et celui dont les qualités sont les moins variables. L'analyse ne lui a fait voir dans la cendre gravelée, préparée avec le plus grand soin, qu'un seizième de matière insoluble, formé par le mélange d'un quart de sulfate de potasse et de trois quarts de principes et sels terreux, tels que des carbonates de chaux et de magnésie et un peu d'alumine.

On retire encore un alcali très-pur par la combustion du tartre. Mais aujourd'hui cette substance est si recherchée pour la fabrication de la crème, qu'il ne convient pas de soumettre le tartre à la combustion pour en extraire de la potasse. Néanmoins l'alcali le plus pur est celui qu'on retire de la combustion du tartre.

En examinant tout récemment de la cendre gravelée dont le titre alcali-métrique étoit de 25 degrés, j'ai été curieux de savoir à quelle substance étoit due la couleur verdâtre, légèrement parsemée de rouge, que j'ai trouvée à cet alcali de potasse. En conséquence j'en ai dissous environ sept à huit grammes dans l'acide nitrique pur, étendu d'eau distillée; cela fait, j'ai versé dans la solution de ce nitrate quelques gouttes d'hydro-cyanate ferruré de potasse, qui y ont déterminé un précipité abondant de bleu de Prusse (cyanure de fer). C'étoit donc l'oxide de fer qui procuroit la couleur verte-rougeâtre à cette cendre gravelée.

Schéele a prouvé que la couleur que prennent les alcalis par la calcination étoit due à un peu d'oxide de manganèse. Ce célèbre chimiste a fait sans doute cette observation sur la légère nuance bleuâtre qu'ont quelquefois les potasses ; mais quant aux cendres gravelées soumises à mon examen, c'est à une très-grande quantité d'oxide de fer et peut être aussi à une petite portion d'oxide de manganèse, qu'on doit attribuer leur couleur verte assez intense. D'ailleurs je n'ai remarqué, pendant la production du cyanure de fer, aucun précipité blanc isolé qui pût faire reconnoître la présence de l'oxide de manganèse.

De la soude. La soude, appelée aussi *alcali mi-*

néral ou *fossile* (1), parce qu'on la consideroit comme appartenant particulièrement au règne minéral, étoit connue des Anciens (quoique n'é- tant pas à l'état de pureté) sous le nom de *νδ̓̓ρον* et *nitrum*.

On trouve la soude en grandes quantités, com- binée avec l'acide carbonique, dans différentes contrées de la terre, et spécialement en Egypte : elle recèle aussi de plus ou moins grandes quantités de sel marin. La soude végétale du commerce se retire des cendres de diverses espèces de la *salsola*, genre de plantes qui croissent sur le bord de la mer, et principalement de la *salsola soda*, d'où cet alcali a tiré son nom. La soude est aussi connue dans le commerce sous le nom de *barille*, parce que c'est ainsi que s'appelle la plante culti- vée en Espagne dont on l'obtient. Presque tou- tes les algues et spécialement les *fucus* contiennent aussi une grande quantité de soude. Les cendres de ces plantes sont connues en Angleterre sous le nom de *kelp*. En France, on les distingue par celui de *varec*.

Il s'en faut de beaucoup que la soude ou ba- rille du commerce soit pure. Elle contient, outre l'acide carbonique, du sel commun et plusieurs autres substances étrangères ; mais on peut l'ob- tenir dans son plus grand état de pureté au moyen de l'alcool.

Il existe entre la soude et la potasse une telle analogie, qu'on avoit confondu ensemble ces deux espèces d'alcalis, jusqu'à l'époque où Du- hamel publia sa Dissertation sur le sel commun dans les *Mémoires de l'Académie française* en 1736. Il prouva le premier que la base du sel marin est la soude, et que cette base diffère de la potasse. Ses conclusions, contre lesquelles Pott s'éleva d'abord, furent confirmées par Margraff en 1758.

La soude pure est d'un blanc grisâtre ; son odeur et sa saveur se rapportent exactement à celles de la potasse. Son action sur les corps des animaux est la même.

Les effets de la chaleur sur la soude sont abso- lument les mêmes que ceux qu'elle produit sur la potasse. Exposée à l'air, elle en absorbe l'hu- midité et l'acide carbonique, et elle y est prompte- ment réduite en consistance pâteuse ; mais elle ne s'y liquéfie pas comme la potasse. Au bout de quelques jours elle se dessèche et tombe en pous- sière.

Soude végétale. Quoique cette soude provienne ordinairement de la combustion des plantes qui la fournissent, la chimie en a fait entrevoir l'exis- tence dans plusieurs substances minérales.

(1) Klaproth l'appelle *natron*. Les chimistes allemands et suédois ont adopté cette dénomination. Aussi ces derniers donnent-ils la terminaison de *natricum* à tous les sels à base de soude. Ceux à base de potasse se terminent par la dési- gnation de *kalicum*.

M. Klaproth a trouvé 1,75 de soude dans l'ana- lyse du pechstein de Meissein. La pierre de Li- pari lui en a fourni 3 pour 100.

Le docteur Kennedi en a trouvé dans les basal- tes sur lesquels repose le château d'Edimbourg.

Presque toute la soude végétale est le produit de la combustion des plantes marines. Leur qua- lité varie selon la nature des plantes et des cli- mats. Les noms qu'on a donnés aux soudes dans le commerce, sont, en général, ceux des plan- tes qui les fournissent, ou du pays d'où on les tire.

Les soudes qui nous viennent d'Espagne sont les plus estimées ; elles portent le nom de soude d'*Alicante*, soude de *Carthagène*, soude de *Ma- laga*, soude de *Tortose*.

Le célèbre Linné a caractérisé la barille par la phrase suivante : *salsola vermiculata, frutescens, foliis ovatis, acutis, carnosis.* Cette plante est cultivée avec soin sur les côtes de la Méditerra- née espagnole ; on la brûle dans des cavités pro- fondes d'environ trois pieds (un mètre) et larges de quatre, qu'on pratique en plein air, sur un sol bien sec ; on y entretient la combustion pendant plusieurs jours ; le résidu est une masse dure, compacte, presque vitreuse, qu'on divise en gros fragmens pour en faciliter le transport ; on enve- loppe ces fragmens dans des nattes, et on en forme des balles du poids de 4 à 500 livres (20 à 25 myriagrammes.) (*Chaptal.*)

Les pierres de soude, noires à l'extérieur, gri- sâtres à l'intérieur, se brisent en éclats par le choc des corps durs ; les angles en sont vifs et tranchans ; la cassure présente les mêmes bour- soufures que la lave poreuse, dont elle se rap- proche par la couleur. La saveur en est alcaline sans être piquante. Le frottement dégage de cer- taines espèces une odeur d'hydrogène sulfuré, et souvent celle des amandes amères. La première est due à une certaine quantité de sulfure, et la seconde à la présence du cyanure de soude qu'on rencontre aussi dans les soudes artificielles.

L'analyse que M. Kirvan a faite de la soude d'Espagne, lui a fourni les résultats suivans :

Acide carbonique.................. 960
Charbon......................... 861,82
Chaux.......................... 542,86
Magnésie........................ 127
Alumine........................ 131,23
Silice.......................... 249,58
Soude........................... 1219
Sulfate de soude.................. 70
Eau............................ 1453,51
Terre déposée.................... 20

Les résultats de l'analyse de M. Chaptal ne lui ont pas présenté les mêmes proportions. Ce chi- miste pense avec raison que cette différence pro- vient, sans doute, de la nature très-variable des soudes, et a employé dans ses essais la soude d'Alicante, spécialement connue sous le nom de *barille*.

Cent parties de barille, broyées avec soin, traitées avec quatre fois ce poids d'eau pure et filtrées, ont fourni, par une première évaporation portée à 58 degrés, 15,00 de cristaux de soude, 17,05 de muriate de soude, et 5,00 de sulfate : les eaux mères mêlées avec l'eau qui a servi à épuiser le résidu de cette substance saline, et rapproché par évaporation, ont donné 35,00 de cristaux de soude sans mélange de muriate. Les cristaux de soude desséchés à l'air, ont perdu 29,00, ce qui en réduit la totalité à 21,00 de cristaux secs : le résidu insoluble dans l'eau, a pesé 49,00, et contenoit 22 de magnésie, 19,00 de chaux, 5,97 de silice, et un peu d'oxide de fer. On fabrique trois sortes de soude sur la côte d'Alicante : l'une qu'on appelle *soude douce, barille douce, soude première qualité* : celle-ci a un coup d'œil cendré, paroît mieux fondue, et offre la cassure et le coup d'œil des scories de soufre. Elle se vend un quart plus cher que les autres. La solution dans l'eau paroît louche pendant quelque temps.

La seconde qualité s'appelle *soude* ou *barille mélangée* : elle est dure, casse net, offre un coup d'œil noirâtre, et est remplie de petites cellules ou boursouflées dans l'intérieur. Ces deux espèces de soude étoient également employées dans la savonnerie.

La troisième qualité s'appelle *bourde* : celle-ci est chargée de sel marin, elle est remplie de charbons légers qui viennent à la surface de l'eau lorsqu'on la dissout. Elle est le produit de la combustion des plantes prises au hasard. Cette qualité de soude est infiniment plus sulfurée que les autres; on l'employoit dans la coction du savon, soit pour lui procurer le bleu nécessaire à la madrure, soit pour rapprocher les molécules savonneuses, et leur présenter l'alcali en mélange avec le sel marin dont elles sont très-chargées. Les bourdes végétales sont maintenant remplacées, en France, par les soudes salées artificielles.

Outre les soudes d'Espagne, on connoît celles désignées sous le nom de cendres de Sicile, de Cagliari, de Syrie, d'Alexandrie en Egypte, les bourdes de Tunis, de Tripoli et du Languedoc, dites blanquettes; les cendres de Sicile recèlent plusieurs centièmes de potasse libre.

Avant la découverte des essais alcali-métriques, les savonniers apprécioient la richesse des soudes à la saveur qui les distinguoit plus ou moins les unes des autres; mais si on observe que le goût s'altère nécessairement après avoir savouré plusieurs pierres, et que plusieurs espèces de soude ne développent pas de suite leur saveur alcaline ou muriatée, il s'ensuivoit que l'on commettoit quelques erreurs dans le choix qu'on se proposoit d'en faire. Cependant il étoit rare que l'on confondît les barilles avec les bourdes : l'abon-

dance de sel marin qu'on reconnoissoit à ces dernières, les faisoit distinguer des barilles qui se trouvoient très-alcalines et peu ou point sulfurées.

Au commencement du dix-huitième siècle, les Etats de Languedoc avoient encouragé la culture de la soude, et les premières expériences faites à Frontignan avoient donné des résultats satisfaisans; mais cette entreprise paroît avoir été négligée, et il ne reste de ces premiers essais que la certitude qu'ils avoient réussi.

En 1782, M. Chaptal engagea un de ses amis, M. Pouget, lieutenant-général de l'amirauté à Cette, de se joindre à lui pour répéter ces expériences. Le maréchal de Castries, alors ministre de la marine, leur procura quatre livres (deux kilogrammes) de graine de barille, que l'on sema dans une terre bien préparée sur la plage de Frontignan. Les eaux et les bestiaux diminuèrent de beaucoup le produit de leur récolte; cependant ils retirèrent, par la combustion, une assez grande masse de bonne soude, et réservèrent, pour en extraire la graine qu'ils vouloient semer l'année suivante, au moins le tiers du produit. L'analyse de la soude présenta à M. Chaptal, à peu près les mêmes produits que celle d'Alicante. Ces expériences ont été répétées pendant trois ans, et l'on ne s'est pas aperçu que la barille ait dégénéré. Cette culture n'ayant pu être plus long-temps surveillée, elle a cessé pour la seconde fois, après avoir acquis la certitude que le sol et le climat des bords de la Méditerranée lui sont favorables.

Le *salicor* ou *soude de Narbonne* est le produit de la combustion d'une plante qu'on cultive sous le nom de *salicor*, du côté de Narbonne. Elle est connue par les botanistes sous la dénomination de *salicornia annua* : on la sème et on la récolte dans la première année. On la coupe après l'époque de la fructification; on l'amoncèle près des foyers où doit s'en faire la combustion, et on la brûle dans des cavités profondes, comme on l'a déjà observé en parlant de la barille.

Cette soude se distribue dans le commerce en blocs du poids de 3 à 400 livres (15 à 20 myriagrammes).

Son analyse a fourni à M. Chaptal :

Sulfate de soude.................... 9,00
Muriate de soude.................. 19,00
Soude en cristaux desséchés........ 14,35
Chaux............................ 5,06
Magnésie........................ 16,88
Silice............................ 9,80
Acide carbonique................. 15,00
Charbon......................... 10,91

La *blanquette* ou *soude d'Aigues-Mortes* se récolte entre Frontignan et Aigues-Mortes, sur les bords de la Méditerranée. On y brûle annuellement, vers la fin de l'été, toutes les plantes salées qui y croissent naturellement. Des ouvriers se portent partout où ils trouvent de ces plantes; ils les fauchent et les amoncèlent par tas, pour en opérer la combustion dans des fosses, ainsi qu'on l'a observé pour les autres sortes de soude. La combustion dure huit à neuf jours; le résidu forme une masse pâteuse, presque vitreuse, qui reste rouge pendant tout le temps que dure la combustion, et qui durcit et devient noire par le refroidissement. Le produit de chaque opération fournit de 8 à 900 livres de soude (à peu près 400 myriagrammes).

Cette soude, très-répandue dans le midi de la France, est le produit de la combustion du *salicornia europæa*, du *salsola tragus*, du *stratice limonium*, de l'*atriplex portulacoïdes*, du *salsola kali*.

D'après l'analyse que M. Chaptal a faite de ces diverses plantes, le *salicornia europæa* fournit le plus de soude : après celle-ci c'est l'*atriplex portulacoïdes*; celle qui en donne le moins est le *stratice limonium*. Toutes abondent en sel marin; la soude pure n'y est dans la proportion que de 4 à 10 pour 100.

Le *varec* ou *soude de Normandie* a reçu son nom de celui des plantes qui le fournissent ou de la province où il se fabrique; on le connoît aussi sous le nom de *soude de Fécamp*, *de Cherbourg*. Ces plantes sont du genre des *fucus* et croissent abondamment sur les côtes de l'Océan.

Lorsqu'on veut en opérer la combustion, on dessèche les plantes et on les brûle d'après les procédés déjà décrits.

Macquer qui a fait l'analyse du varec, n'a trouvé aucun indice d'alcali libre avant l'incinération; et il présume que ce qui s'en trouve dans la soude de varec, provient de la décomposition des sels neutres qu'il considère comme du sulfate et du muriate de soude. Indépendamment de l'analyse de la plante qui ne présente pas de soude à nu, Macquer apporte, pour preuve de son assertion, la formation et le développement de l'acide sulfureux, du soufre et des sulfures alcalins par l'acte même de la combustion.

Outre le sulfate et le muriate de soude que Macquer a trouvé dans la soude de varec, ce chimiste n'y a décelé la soude que dans la proportion de $\frac{1}{69}$ de la totalité. Il pense qu'il est possible de produire un résultat analogue, en mêlant les *sulfate et muriate avec la poudre de charbon et calcinant fortement le mélange*. Il propose, pour augmenter la proportion d'alcali, de n'employer cette soude qu'après l'avoir fortement calcinée.

Par la première proposition, Macquer entrevoyoit déjà bien la possibilité d'extraire la soude de la décomposition du sulfate de soude par le charbon; par la seconde, il pensoit que le charbon dont les soudes de varec abondent assez ordinairement, réagiroit sur le sulfate non décomposé et mettroit encore de la soude à nu.

Ceci me fournit l'occasion d'observer que M.

Gazino, fabricant de savon à Paris en 1808, et aujourd'hui fabricant de soude à Marseille, employa à la coction le sel raffiné provenant de la lixiviation de la soude de varec, et que la pâte savonneuse, au lieu d'acquérir de la consistance et du rapprochement dans ses molécules, comme à l'aide du sel marin, ne devint que plus baveuse et dans un état de liquéfaction qui fit désespérer du succès. C'est en vain qu'on vida peu à peu une barrique de ce sel mixte dans une cuite de savon : les phénomènes qu'elle présenta furent absolument en sens inverse de l'emploi du muriate de soude, tellement qu'on crut que le sel extrait des soudes de Fécamp n'étoit que du muriate de potasse. Mais quoique ce sel fasse partie de la soude de varec, j'ai pensé que ce singulier effet observé sur la pâte savonneuse étoit également dû à la présence d'un sulfate abondant dans ces sortes de soude. En effet, les sulfates de soude ou de potasse produisent des résultats tout différens du sel commun, lorsqu'on se propose d'isoler le savon de l'excès de lessive dans l'opération du relargage.

Pour m'éclairer sur ce point, je me suis procuré de la soude de varec, venant de Fécamp; je l'ai d'abord soumise à l'essai alcali-métrique et je n'y ai trouvé que six degrés d'alcali.

Prenant ensuite cent grammes de cette soude brute, je l'ai pulvérisée et lessivée au moyen d'une certaine quantité d'eau bouillante.

Cette opération faite, et la lessive étant filtrée avec soin, je l'ai fait rapprocher, à un feu modéré, dans une capsule de porcelaine; il s'est séparé, à un certain degré de concentration, près de quinze grammes de sulfate mixte à l'état pulvérulent et donnant un précipité jaune-doré par le mélange de la solution avec l'hydro-chlorate de platine; bien entendu qu'on a fait agir ce réactif sur la solution concentrée du sulfate et légèrement acidulée, pour absorber les petites portions d'alcali qu'elle pouvoit contenir encore.

La lessive amenée à un plus haut degré de concentration, a laissé déposer à peu près vingt-cinq grammes de muriate que j'ai reconnu plus tard à base de potasse.

Poussant plus loin l'évaporation de la lessive restante, on l'a laissé refroidir; on l'a divisée en deux portions; l'une, sur-saturée par l'acide tartrique, a donné lieu à l'isolement d'un abondant précipité acidule, qui lavé, séché et brûlé ensuite, a été reconnu pour du sur-tartrate de potasse, signe évident que la soude de varec contient de la potasse libre.

L'autre portion de lessive, exactement saturée au moyen de l'acide sulfurique, a fourni par l'évaporation et le refroidissement un certain nombre de cristaux réguliers de sulfate de soude. Du sulfate de potasse, à l'état divisé, se trouvoit disséminé dans le mélange.

Procédant ensuite à l'examen du muriate isolé

durant la concentration de la lessive, je l'ai traité par l'acide sulfurique à 50 degrés, et j'ai poussé la sulfatisation jusqu'à l'entier dégagement de l'acide hydro-chlorique : un sulfate blanc a été le résultat de cette opération.

Ce sulfate a été dissous dans une certaine quantité d'eau; on a filtré la solution, et on l'a fait évaporer jusqu'à pellicule. On a obtenu des cristaux de sulfate de potasse mêlés d'un peu de sulfate de soude; d'où il suit que le muriate décomposé étoit un mélange de muriates de potasse et de soude.

Pour préciser les quantités des substances qui composoient la soude de varec, on a fait agir sur la solution des matières solubles d'un décagramme de cette soude, de l'acide tartrique en excès qui a donné lieu à la formation d'une quantité de surtartrate de potasse représentant quatre centièmes de potasse libre dans la soude de Fécamp.

Agissant isolément sur deux solutions des substances salines de cent grains de la même soude dans l'eau pure; saturant l'alcali libre au moyen de l'acide nitrique pur, et traitant les combinaisons par les solutions graduées de nitrate d'argent et de nitrate de barite, j'ai trouvé, en réunissant les résultats des essais précédens, que la soude de Fécamp étoit composée de

Muriates de potasse et de soude.	28 centièmes.
Sulfate de potasse	11
Soude libre	2
Potasse libre	4
Matière insoluble	55
	100

D'après ces faits, la soude de varec, par la nature des sels neutres qu'elle contient, ne peut être employée avec succès dans la savonnerie : elle recèle en outre des iodures, car c'est de la soude de Cherbourg et de Fécamp que M. Courtois a retiré l'iode avec laquelle on fait divers composés pharmaceutiques.

Du natron. Le natron est récolté dans plusieurs parties de l'Egypte, d'où il est répandu dans le commerce.

MM. Sicard et Volney nous ont donné la description de deux lacs qui en fournissent : ils sont situés dans le désert de Thaiat ou de Saint-Macaire, à l'ouest du Delta. Leur lit est une fosse de trois à quatre lieues de long sur un quart de lieue de large; le fond en est solide et pierreux. Ces lacs sont à sec pendant neuf mois de l'année; mais en hiver, il transsude une eau d'un rouge-violet qui remplit le lac à cinq ou six pieds de hauteur (deux mètres), et que le retour des chaleurs évapore, et il reste une couche de sel natron qu'on détache par le moyen de barres de fer.

La couleur du natron est d'un blanc-grisâtre; elle est aussi d'un gris-brunâtre; sa saveur en est salée et légèrement alcaline; c'est du sous-carbonate de soude contenant une très-grande quantité de sel marin; aussi ne trouve-t-on que depuis 12 jusqu'à 25 degrés d'alcali au natron d'Egypte; on en décèle environ 38 à 40 degrés au natron de Tripoli. Ce dernier est d'un blanc-sale, en masses plates et bien cristallisées.

M. Berthollet, qui a eu occasion de voir par lui-même les lacs de natron en Egypte, nous a fourni une théorie très-satisfaisante sur sa formation. Tous les terrains où l'on trouve ce sel sont imprégnés de sel marin : lorsque le sel est argileux, on ne rencontre à sa surface que du muriate de soude, et très-peu de carbonate de soude. Lorsqu'au contraire le sol contient beaucoup de carbonate de chaux, qu'il est humide, et qu'il présente en même temps du muriate de soude, on y trouve aussi beaucoup de carbonate de soude : d'où M. Berthollet conclut que dans ces lacs le muriate de soude est décomposé par l'intermède du carbonate calcaire, dont l'action est facilitée par l'humidité du sol.

Cette doctrine est parfaitement d'accord avec les observations que l'on a faites jusqu'ici dans tous les cas où il se forme du natron.

Lorsqu'on éteint de la chaux vive avec l'eau foiblement imprégnée de sel marin, il effleurit à la surface de la chaux, au bout de quelque temps, du carbonate de soude (procédé de MM. Carny et Guyton).

Le natron se forme partout où le sel marin se trouve mêlé au carbonate de chaux.

Le natron est presque partout accompagné de sulfate de soude, qui paroît aussi fournir cet alcali par sa décomposition.

M. Chaptal a trouvé, en remontant la petite rivière du Lez, qui passe à côté de Montpellier, de nombreuses efflorescences de natron mêlé de sulfate de soude, sur les tufs qui bordent cette rivière. Ce savant en a trouvé beaucoup sur les murs de Grasse et de Draguignan en Provence; il l'a rencontré très-abondant dans les souterrains du fort de Salse près de Perpignan. Pallas a décrit plusieurs endroits de la Sibérie où le natron effleurit abondamment.

Morell de Berne a annoncé un mélange de soude et de sulfate dans une montagne située près de Schwartzbourg; Model l'a trouvé dans les carrières d'Ochotsk.

Il paroît que le sulfate de soude est susceptible d'être décomposé par la chaux; j'en ai acquis la preuve au moyen de l'expérience suivante.

J'ai fait bouillir pendant une heure un mélange d'un lait de chaux et de deux onces de sulfate de soude bien neutralisé. On a filtré la liqueur dont la saveur étoit évidemment alcaline : saturée par l'acide sulfurique à 10 degrés, j'y ai trouvé 15 degrés d'alcali pur. La liqueur résultant de la saturation étoit très-limpide et n'a produit aucun précipité de sulfate de chaux; c'étoit donc évidemment de la soude libre et provenant de la décomposition du sulfate par la chaux vive.

DES SAVONS.

On retire en Hongrie, dans le comtat de Bihar, beaucoup de soude : les principaux lacs qui le fournissent sont compris entre Dobrezen et Groswardein.

On donne à ces lacs le nom de *Feyrto* ou *lacs blancs*, par rapport à la blancheur de leur sable, pendant l'été, lorsqu'ils sont à sec; cette couleur provient de l'efflorescence du natron.

Cette soude qu'on exploite depuis un temps immémorial, est surtout employée aux nombreuses savonneries de Dobrezen.

M. Chaptal pense que l'acte seul de la végétation suffit pour décomposer le sel marin; car les plantes qui croissent sur un terrain salé, donnent de la soude par leur combustion. Il en est qui fournissent du sulfate de soude en les brûlant, telles que le tamarisc, par exemple.

Mais, dans tous les cas, il faut du temps et une sorte de maturité pour que les plantes fournissent ces sels; car si on les brûle avant que la végétation de l'année soit terminée, elles ne donnent presque ni soude, ni sulfate.

Soude artificielle. On extrait la soude du sel marin au moyen de divers procédés; le plus usité est celui de MM. Leblanc et Dizé, auquel on a apporté divers changemens depuis nombre d'années.

Ce procédé consiste à décomposer le muriate de soude par l'acide sulfurique dans des fours à réverbère; l'acide muriatique ou hydro-chlorique se dégage, et il se forme du sulfate de soude. Celui-ci est à son tour décomposé par le charbon et la craie, et la soude est mise à nu en mélange avec un résidu terreux, composé de craie, de soufre et de carbone.

Dans cette dernière opération, le charbon enlève l'oxigène de l'acide sulfurique du sulfate et le convertit en sulfure de soude que le carbonate de chaux décompose; ce dernier fournit son acide carbonique à la soude, et la chaux reste en combinaison avec une portion de soufre dans le résidu terreux.

Tel est en substance le résultat de la décomposition du sel marin et sa conversion en soude artificielle; néanmoins comme ce genre d'industrie se lie essentiellement à la fabrication des savons, il importe que le savonnier en connoisse les procédés, pour qu'il puisse être à même de juger des avantages ou des inconvéniens qui résultent de l'emploi des soudes plus ou moins bien fabriquées.

Dans la plupart des ateliers de soude artificielle, il y a des chambres de plomb dans lesquelles on fabrique l'acide sulfurique. On l'obtient au moyen de deux procédés; l'un dit *à la parisienne* ou *à courant d'air*, l'autre *à la rouennaise*. Par le premier moyen, le soufre en combinaison avec sept pour cent de nitre, brûle à courant d'air, et sans qu'il soit nécessaire de renouveler l'atmosphère de la chambre; l'acide sulfurique se condense à la surface d'une très-grande masse d'eau, qu'on a introduite sur le sol de cet appareil. Par ce procédé, l'acide qu'on a retiré est seulement à 36 degrés de densité : on est obligé d'en opérer la concentration à vaisseau ouvert, dans des chaudières de plomb, pour le porter à 50 degrés. C'est à ce titre qu'on l'emploie à la fabrication de la soude.

Au contraire, par l'autre mode, dit *à la rouennaise*, on procède également par la combustion du soufre et du nitre, à la différence que la chambre est totalement close, et qu'au lieu d'eau froide sur le sol de cette dernière, on y fait parvenir de l'eau en vapeur à l'aide d'une bouillote, à laquelle on adapte un tube de métal communiquant avec la chambre. L'acide formé et combiné avec la vapeur d'eau se condense et tombe en pluie à 50 degrés de densité. Par cette méthode plus lucrative et moins embarrassante que la première, on ouvre, toutes les seize heures, deux portes latérales de la chambre pour donner issue au renouvellement de l'air et au dégagement des gaz nitreux et sulfureux non condensés; ce qui fait dire, en termes de l'art, que *la chambre évapore* lorsque les vapeurs d'un blanc-rougeâtre se dégagent dans l'atmosphère.

Passant aux modifications apportées au procédé de Leblanc pour la fabrication de la soude, il suffit d'observer qu'en principe, on opéroit un commencement de sulfatisation dans des vaisseaux de plomb, puis qu'on achevoit cette opération dans des fours à réverbère. On employoit du charbon végétal pour la décomposition du sulfate. Maintenant la houille sert exclusivement pour cette décomposition.

Aujourd'hui la sulfatisation, ou, en d'autres termes, la conversion du sel marin en sulfate de soude, au moyen de l'acide sulfurique, se pratique en une seule opération dans un four dont le sol est en pierres réfractaires; le foyer entretenu par la combustion du charbon de terre, se trouve contigu au four dont il est séparé par l'autel, qui est un petit mur que la flamme franchit sous une voûte peu élevée, en se portant sur les matières en décomposition.

Enfin, le changement le plus important, qu'on doit à M. Grimes jeune, fabricant de soude à Septèmes, consiste à profiter de la flamme du combustible par la construction d'un four double au moyen duquel il opère la sulfatisation et la décomposition du sulfate par le charbon et le carbonate calcaire. Les deux fours sont seulement séparés par un autel servant de compartiment. Chaque four est muni de son ouvreau, soit pour introduire les matières premières, soit pour les en retirer à l'aide d'un ringard lorsqu'elles sont décomposées à l'état de sulfate et de soude artificielle.

M. Grimes, en apportant ce perfectionnement à sa fabrication, a considéré que la flamme du charbon de terre, dans les fourneaux à soude, parcouroit un espace de trente-six pieds de long, et agissoit avec assez de chaleur pour opérer deux genres de décomposition. Son attente a été tellement couronnée d'un plein succès, que ses confrères emploient généralement ce moyen qui est très-économique.

Le four dans lequel ce fabricant opère la conversion du sulfate en soude artificielle, est le plus voisin du foyer, et reçoit la première application de la flamme ; il porte le nom de *four à soude* ; le second est appelé *four à sulfate*. Le cendrier de l'unique foyer pour ces deux opérations est assez élevé pour que l'air accélère la combustion de la houille, et que le tirage soit bien établi.

Les dimensions des fours sont relatives au degré d'extension qu'on donne à la fabrication de la soude. Ces fours sont de forme elliptique ; en général ceux à sulfate peuvent contenir le résultat de la décomposition de 250 kilogrammes de sel marin par 300 kilogrammes d'acide sulfurique à 50 degrés.

Pour que les fours puissent contenir les proportions des matériaux que je viens d'indiquer, on leur donne les dimensions suivantes. Le grand diamètre de chacun d'eux, dans le sens de la longueur du fourneau, est de 2 mètres 80 centimètres, et le petit diamètre, en sens transversal, est de 2 mètres 30 centimètres. Le sol du four à sulfate est formé au moyen de deux grands blocs de grès demi-circulaires, joints par approche et très-exactement. Le reste de la construction est en briques et mortier au beton ; le sol du four à soude est totalement construit en briques et au ciment ; l'extérieur des fourneaux est consolidé par des lames de fer qui en ceignent la masse.

A l'égard du mode employé pour la préparation du sulfate de soude, on le pratique de la manière suivante.

On introduit 250 kilogrammes de sel marin dans le four au moyen d'une pelle de fer, et on l'étend sur le sol avec un ringard d'une manière à peu près égale ; cela fait, on place un couloir de cuivre au bord de la porte du four, et on y verse peu à peu, dans l'espace de vingt minutes, plusieurs cruches d'acide sulfurique formant ensemble 300 kilogrammes de cet acide.

Il s'opère une vive effervescence et une décrépitation continuelles ; ces effets diminuent d'autant plus que la décomposition est avancée, et qu'il y a moins de dégagement d'acide hydro-chlorique. La pâte, de liquide et noire qu'elle étoit, acquiert de la blancheur et de la consistance. On accélère les progrès de la sulfatisation en agitant de temps en temps le mélange. Au bout de trois heures le sulfate est prêt ; on le sort du four avec un ringard : dans cet état il est d'un blanc-jaunâtre ; à mesure qu'il se refroidit il perd la couleur jaune pour en acquérir une très-blanche. Le fabricant dit que le sulfate est *gras*, lorsqu'il est riche et avec excès d'acide, ou que le sel marin paroît bien décomposé. Dans le cas contraire on dit qu'il est *maigre*.

Le sulfate étant confectionné, on procède à sa décomposition, et par conséquent à la fabrication de la soude. Pour cela, on pèse 100 kilogrammes de sulfate, 100 kilogrammes de craie ou de pierres calcaires concassées et passées au crible, et 80 kilogrammes de charbon de terre grossièrement pilé. Le four doit être rouge avant de le charger de ces matières ; on en fait un mélange, et on le jette dans le four le plus voisin du foyer. On l'étend sur le sol avec le ringard, et on ferme la porte du fourneau. La matière commence à travailler, elle fond et se pelote de proche en proche : c'est le moment de la brasser avec un râble de fer, afin de ramener au-dessus la matière qui se trouve dessous, où la flamme ne peut pas pénétrer.

Elle n'est pas plutôt réduite à l'état d'une fonte pultacée uniforme, qu'on voit se dégager de toute la masse, du gaz hydrogène sulfuré qui part du corps de la pâte avec une espèce d'explosion très-sensible, vient à la surface s'enflammer au courant de l'air avec vivacité, et présente ainsi l'apparence d'un feu d'artifice.

Ce phénomène agréable est accompagné d'effervescence et d'ébullition ; c'est le moment de brasser avec force, afin de consumer le soufre qui se forme, et de hâter le dégagement de ce gaz hydrogène.

C'est pour cela que l'ouvrier brasse de temps en temps le mélange jusqu'à cessation de l'ébullition, et que les jets de flamme ne jaillissent plus : alors la pâte devient plus fluide ; si l'on y plonge un ringard, et que la croûte qu'il en rapporte et qui se brise en refroidissant, présente un grain bien uni, on juge que l'opération tend à sa fin, et c'est là le moment de la retirer du four, car en la laissant plus long temps, l'alcali reperdroit une partie du gaz acide carbonique qu'il a reçu de la craie.

Il n'est pas moins important de veiller sur le degré de feu, à ce dernier terme de l'opération : trop de chaleur ne manqueroit pas de faire fritter la craie par l'alcali, trop peu de feu laisseroit durcir la matière, et mettroit presque dans l'impossibilité de la retirer du four ; mais un ouvrier intelligent et adroit prévient sans peine ces deux inconvéniens, et c'est ici que l'usage et l'habitude instruisent plus que les préceptes.

On retire la matière du four avec un râble de fer ; elle tombe sous la forme d'une pâte molle, terreuse et embrasée ; on la reçoit dans une caisse de tôle, placée sur un chariot avec lequel on transporte la soude à une certaine distance des fourneaux pour la laisser refroidir. Elle devient très-dure, même à un degré de chaleur qui n'en permet pas le contact. Dans cet état, on enlève
l'une

l'une des parties latérales de la caisse, et au moyen d'un levier on fait tomber le bloc de soude qu'on brise en plusieurs morceaux après son refroidissement. Elle ressemble parfaitement à la soude végétale brute, ou soude du commerce, qu'on a eu pour objet d'imiter; 1562 parties de matières employées donnent neuf cents parties de soude brute sortant du four; ou bien cent parties de sulfate bien fait sont converties en cent cinquante parties de soude brute à 33 degrés.

La fabrication du sulfate n'est pas indifférente par rapport à l'emploi de la soude dans nos savonneries. Si le sulfate est gras, ou pour mieux dire, que le sel marin soit presqu'entièrement décomposé, la soude est plus riche en alcali et plus propre à l'empâtage de l'huile. Si au contraire le sulfate est maigre ou contient dix à douze centièmes de sel marin qui aient échappé à la décomposition, la soude recèle alors sept à huit centièmes de ce sel, qui contrarie cette opération préliminaire de l'art du savonnier. De l'huile non saponifiée et encore fluide paroît alors à la surface; dans ce cas l'empâtage se trouve plus long et souvent très-imparfait.

Malgré que le sulfate soit bien confectionné ou qu'il recèle seulement deux pour cent de muriate de soude, il s'ensuit que, si le charbon employé pour la décomposition du sulfate est de mauvaise qualité ou peu abondant en oxide de carbone, une portion du sulfate échappe à la décomposition dans le fourneau, et alors la soude contient quelques centièmes de sulfate. Ce dernier, comme je l'ai déjà dit, à l'article *des soudes de varec*, produit un effet opposé à celui du sel marin, rend les pâtes baveuses et peu serrées. Souvent lorsque le savon est cuit et refroidi dans les mises, on remarque à sa superficie une foule de cristaux brillans de sulfate de soude. J'ai été témoin de ce fait dans une savonnerie où l'on m'appela pour découvrir la cause des insuccès que je viens de citer, et je trouvai à l'examen de la soude employée cinq centièmes de sulfate de soude non décomposé, malgré que la même soude donnât 35 degrés à l'alcali mètre de Descroizilles. Le même inconvénient s'est présenté depuis peu dans une savonnerie, où des croûtes épaisses de sulfate et de carbonate de soude s'étoient attachées au fond des chaudières, dont les cuivres avoient été fendus par suite de ces incrustations et des lessives qui avoient pénétré jusqu'au métal incandescent. L'examen que j'ai fait de ces croûtes salines m'a offert pour résultat, en opérant sur cent parties,

Sulfate de soude. 60 centièmes.
Sel marin....... 1 centième et 2 millièmes.
Sous - carbonate
de soude....... 38 centièmes et 8 millièmes.
                 ———
                 100

Il est très-curieux de voir que j'aie trouvé une si petite quantité de sel marin dans ces incrustations salines, malgré que les lessives qui avoient donné lieu à leur précipitation, contiennent ordinairement trente à trente-cinq pour cent de muriate de soude. L'examen de cette matière, pour la quantité de sel marin qu'elle pouvoit recéler, n'a été fait qu'après la sur-saturation de l'alcali au moyen de l'acide nitrique pur, et avec une solution de nitrate d'argent qui décèle jusqu'à un millième de muriate dans les salpêtres bruts du commerce. Il est néanmoins fort rare qu'on observe une aussi grande masse de sulfate de soude dans les lessives destinées à la cuisson du savon. Je reviendrai plus bas sur cet inconvénient qu'on peut éviter par l'examen plus ou moins fréquent des lessives.

Pour obvier à l'inconvénient d'une trop grande quantité de sulfate non décomposé dans les soudes artificielles, le fabricant augmente les proportions de charbon, s'il est de basse qualité, ou mieux encore il en recherche une meilleure. Le charbon de Givors (département du Rhône) remplace souvent celui de Provence, avec avantage, pour la décomposition du sulfate. Au moyen de son emploi, les soudes ne sont presque pas sulfurées, quoique récentes, et ne contiennent pas d'alumine qu'on y rencontre quelquefois si on se sert du charbon de certaines mines des arrondissemens d'Aix et de Marseille. Au reste la majorité des fabricans emploie de nos charbons, qui sont également employés avec beaucoup de succès, comme combustible, dans les opérations relatives à la fabrication de la soude, aux savonneries et à divers autres genres d'industrie.

Cependant M. Rougier, habile fabricant de soude à Septèmes, se sert du charbon de Provence et obtient des soudes compactes, très-riches en alcali, ayant la *facies* des belles soudes végétales, ne se dilatant pas à l'air, enfin bien confectionnées. Il faut avouer qu'avant d'employer le carbonate de chaux, M. Rougier l'analyse, examine s'il contient de l'alumine ou de la silice, et dans ce cas, il en rejette l'emploi. Mais il paroît qu'outre ces précautions, ce fabricant augmente la dose de la craie, décompose mieux par ce moyen les sulfures, et saisit le moment de la cuite où les jets de flamme provenant de la combustion de l'hydrogène sulfuré, ne sont presque plus apparens.

J'ai remarqué dans plusieurs fabriques de soude, que la matière coulée dans les moules laissoit encore dégager pendant quelque temps des jets abondans d'hydrogène en combustion. Néanmoins MM. Darcet, Lelièvre et Pelletier observent que pour se déterminer à extraire la soude du four, Leblanc et Dizé attendoient que les jets de flamme ne jaillissent plus de la matière incandescente, signe certain de l'achèvement de la cuite. D'après toutes les probabilités, la soude fabriquée de cette manière doit être moins sulfurée que celle où cette circonstance aura été négligée.

La présence de l'alumine dans la craie ou dans la houille du pays, détermine la combinaison de cette terre avec l'alcali qui la dissout durant le lessivage. La silice, au degré de chaleur nécessaire à la fabrication de la soude, diminue la dose de l'alcali formé, en se vitrifiant dans les fourneaux. Le choix du carbonate de chaux pour la confection de la soude est donc de la plus grande importance.

Enfin on observe que toutes les fois que les fourneaux sont *froids*, ou ne sont pas fortement chauffés, les premières cuites de soude sont au-dessous du titre voulu dans le commerce (33 *degrés à l'alcali-mètre de Descroizilles*). C'est pour cela qu'il convient d'employer quelques charges de combustible avant de commencer la décomposition du sulfate, ou sa conversion en soude artificielle ; il est indispensable que, pour avoir une réussite complète, les fours soient rougis jusqu'au blanc ; voilà pourquoi les fabricans de soude n'éteignent le feu de leurs foyers que lorsque les fours sont totalement usés et qu'on a besoin de les réparer à neuf.

Les soudes sulfurées, récemment faites, sont plus propres à la fabrication du savon madré que celles qui sont déjà délitées et que l'on connoît dans le commerce sous le nom de *furées*. Celles-ci, au contraire, dépouillées de la majeure portion des sulfures, conviennent mieux pour la préparation du savon blanc. Lorsque les soudes sont bien *furées*, les sulfures de chaux ou de soude passent à l'état de sulfite de chaux qui devient insoluble à la lixiviation. On peut s'assurer de ce fait en lessivant parfaitement les soudes depuis long-temps délitées ; la lessive qui en provient ne précipite plus ou presque plus en noir par le plombate de soude. Le résidu terreux, traité par l'acide sulfurique affoibli, laisse dégager beaucoup d'acide sulfureux et des atomes d'acide hydro-sulfurique Il paroît que par le concours de l'air et de l'humidité, l'oxigène de l'air se porte sur le soufre des sulfures et les convertit en sulfite : l'acide sulfureux ayant plus d'affinité pour la chaux que pour la soude, il se forme du sulfite de chaux dans le résidu terreux.

Les sulfures alcalins, depuis long-temps exposés au contact de l'air, se convertissent aussi en sulfites de soude ou de potasse.

Les soudes furées ou délitées à l'air ne se vendent pas au titre et conditions d'usage. On les agrée ordinairement à 31 degrés d'alcali. Toutefois il convient que le traité de vente porte que lesdites soudes seront *furées*, ce qui veut dire implicitement qu'étant alors privées d'un à deux degrés de sulfure, on les vend à deux degrés de moins que dans les cas ordinaires.

Soude à 20 degrés, autrement dite *soude salée* ou *bourde artificielle*. Cette soude, d'après les ordonnances qui régissent la matière, peut être fabriquée à ce titre : elle est indispensable aux savonniers qui l'emploient en remplacement des anciennes bourdes.

Pour fabriquer cette soude, on commence d'abord par faire un sulfate d'un titre moins élevé que par le procédé ordinaire. A cet effet, on introduit dans le four cent kilogrammes de sel marin *dénaturé* et soixante kilogrammes d'acide sulfurique à 50 degrés ; on sulfatise comme pour le sulfate gras, et on le sort du four après l'entier dégagement de l'acide hydro-chlorique.

Cette opération faite, on prend cent parties de sulfate ainsi fabriqué ; on y mêle exactement soixante parties de craie et quarante parties de charbon grossièrement pilé. On projette ce mélange dans le four à soude et on procède comme pour la fabrication de la soude à 33 degrés. On l'extrait du four en fonte pultacée, et lorsqu'il ne se dégage plus des jets de flamme de la pâte incandescente.

Les bourdes artificielles sont plus sulfurées que les soudes purement alcalines. Sans doute la craie interposée dans un sulfate moins pur, ne peut décomposer aussi bien le sulfure formé que dans le cas où son action est plus immédiate.

Une cause à peu près analogue s'oppose aussi à la complète décomposition du sulfate dans ces sortes de soude ; ce sel, en mélange avec une assez grande quantité de sel marin, ne reçoit pas aussi bien l'action immédiate du charbon destiné à le convertir en soude. C'est pourquoi j'ai trouvé jusqu'à six centièmes de sulfate non décomposé dans les soudes salées. D'une part, le fabricant de soude a le désavantage de perdre quelques degrés d'alcali par la présence du sulfate libre, et de l'autre, le fabricant de savon qui emploie des soudes aussi mal fabriquées, voit s'accroître la masse des sels neutres dans les lessives, dont le dépôt s'incruste au fond des chaudières. Je ne rappellerai pas ici les inconvéniens qui sont dépendans de la trop grande masse de sulfate dans les lessives, mais il suffit d'énoncer qu'il est possible de perfectionner la fabrication de la soude salée, en augmentant la dose du charbon qui, presque seul, opère la décomposition du sulfate de soude.

Le *minimum* de la quantité de sulfate que j'aie trouvé dans les soudes salées, fabriquées avec le plus grand soin, est de trois centièmes, et dans les soudes alcalines de deux centièmes et demi. Le *maximum* étant de six centièmes dans les unes et dans les autres, on sent fort bien que la masse de sulfate devient alors progressive, au fur et mesure que les lessives auxquelles on donne le nom de *recuits*, sont destinées à repasser sur les *barquieux* de soudes plus ou moins chargées de matières solubles ; l'alcali seul se combine avec l'huile et la saponifie, le sel marin ne sert que d'intermède au *relargage* et à la cuisson, et le sulfate, sans aucune utilité, devient nuisible à ces deux opérations de la savonnerie. J'ai décélé jusqu'à dix-sept centièmes de sulfate dans cent parties de résidu salin provenant de la concentration des recuits, que le fabricant considéroit encore d'assez bonne qualité.

Du sel de soude, ou *sous-carbonate de soude*. Ce sel est le résultat de la purification ou du raffinage de la soude brute; on le trouve dans le commerce à l'état de sous-carbonate sec plutôt qu'à l'état cristallisé.

Le sel de soude, sous forme sèche, est celui qu'on emploie dans la fabrication des savons de suif à l'usage de la toilette. Il est très-essentiel que, pour la préparation de ce savon, le sel de soude soit entièrement privé de sulfure. Les soudes *furées* ou délitées à l'air sont celles qui conviennent le mieux pour obtenir ce dernier résultat.

Pour fabriquer le sel de soude, on commence par piler la soude brute, comme pour l'usage des savonneries; on en remplit des *barquieux* ou bassins percés par le bas, et on procède à la lixiviation au moyen de l'eau froide.

Les lessives sont reçues dans des récipiens ou citernes; les premières et les secondes sont mises à évaporer dans des chaudières plates, de forme carrée; les troisièmes et les quatrièmes lessives servent à repasser sur de nouvelles soudes, afin de les obtenir plus concentrées.

Les lessives étant amenées au plus haut degré de concentration, et versées dans des cuviers, produisent après le refroidissement du sous-carbonate de soude cristallisé en rhomboïdes. Le liquide surnageant, chargé de beaucoup de soude caustique, est remis à évaporer pour la fabrication du sel de soude sec.

Mais comme on se livre fort peu à la préparation du sel de soude cristallisé, et que la forme sèche est la plus convenable pour le transport et les divers usages auxquels on le destine, on procède à sa dessiccation de deux manières, dans des fours à réverbère. Les premières et secondes lessives sont évaporées telles qu'elles découlent des barquieux.

Tous les fabricans font d'abord évaporer ces lessives dans les chaudières; mais il en est qui, en poussant l'évaporation au-delà du terme de la pellicule, attendent qu'il se dépose, au fond des chaudières, du sel de soude qu'on enlève avec des pelles de fer, et qu'on porte dans le four pour procéder à sa calcination.

Il en est d'autres qui font enlever la lessive des chaudières, dès qu'elle est concentrée jusqu'à forte pellicule, et la transportent dans le four, à l'état liquide. La flamme du foyer réverbère, dans l'un et dans l'autre cas, sur le sel ou la lessive, et celle-ci est réduite à l'état salin par une évaporation rapide. On agite de temps à autre la matière avec un ringard pour éviter qu'elle se pelotonne, et obtenir le sel dans un état de division qui en facilite l'emploi.

Soit qu'on opère d'une manière ou de l'autre, on pousse la calcination du sel de soude jusqu'au blanc, pour que les principes colorans des lessives soient parfaitement incinérés. Dans cet état, on l'enlève du four avec un ringard, et avant son entier refroidissement, on l'enferme dans des futailles, qu'on fonce immédiatement pour le priver du contact de l'air, dont la soude caustique attire puissamment l'humidité.

Au cas qu'on veuille fabriquer du *sel de soude caustique*, on opère la lixiviation de la soude brute avec un tiers de chaux, comme pour la lessive des savonniers, et on procède, comme il a été dit plus haut, à leur concentration et à la calcination du sel de soude. Durant cette dernière opération, le sulfure de soude contenu dans les lessives, se change en sulfite de la même base.

Des essais alcali-métriques. On pratique ce genre d'essai au moyen de l'acide sulfurique à 10 degrés, sur le résultat de la lixiviation d'un demi-décagramme, ou cent demi-décigrammes de matière alcaline.

Ces matières sont, la potasse, ou *perlasse*, la soude végétale et artificielle, le natron, le sel de soude et les cendres gravelées.

L'acide sulfurique à 10 degrés est la liqueur d'épreuve de Descroizilles. Je rappellerai que Welter s'est servi, le premier, de cet acide à un degré déterminé pour les essais alcali-métriques, en les faisant agir sur cent parties de l'alcali soumis à la vérification; mais avant cet honorable chimiste, M. Vauquelin a employé le même moyen avec l'acide hydro-chlorique.

Néanmoins, M. Descroizilles, prenant pour base les procédés de ces deux savans, est devenu l'inventeur d'un tube gradué qu'on remplit d'acide sulfurique à 10 degrés, et dont chaque degré de consommation représente un centième de l'alcali qu'on veut analyser.

Cela posé, je dois observer d'abord que M. Descroizilles a imaginé successivement la graduation de deux alcali-mètres, l'un dont il a publié le mode de graduation en 1806, dans les *Annales de Chimie*, l'autre pour lequel il a pris un brevet d'invention.

Tous les deux sont des tubes de verre dont l'extrémité se termine par un bec, en forme d'entonnoir, ou d'un orifice renversé; l'un et l'autre sont supportés sur leur piédestal : leur longueur est de vingt-huit à trente centimètres, et leur diamètre de quinze à seize millimètres. Le premier, ayant une échelle de 72 degrés, est gradué au moyen de l'acide sulfurique à 10 degrés, c'est-à-dire que chaque degré de l'instrument est occupé par demi-gramme de cet acide, ou liqueur d'épreuve. Cet alcali-mètre, connu sous le nom de l'ancien, exige l'emploi d'une liqueur d'é-

C 2

preuve faite avec un hectogramme d'acide sulfurique concentré à 66 degrés, et neuf hectogrammes
d'eau pure, qu'on mêle bien ensemble et qu'on
garde pour l'usage dans un flacon bouché à l'é-
meri.

Le second, qui est le nouveau, est basé sur un
autre système, pour lequel il faut employer une
autre liqueur d'épreuve. Chaque degré de l'instrument représente la capacité d'un demi-gramme
d'eau pure. Son échelle est centigrade et le plus
souvent de 96 degrés. L'auteur a pensé que ce
changement seroit une amélioration à son premier
procédé; mais il n'a d'avantage sur l'ancien, que
lorsqu'on essaie un sel de soude dont le titre est
au-dessus de 72 degrés, et on peut terminer
l'essai sans avoir besoin de remplir de nouveau
l'alcali-mètre, inconvénient qui se présente en se
servant de l'ancien.

Mais comme l'espace occupé par un degré de
l'alcali-mètre centigrade est plus considérable en
raison de ce qu'il a été gradué avec de l'eau, dont
la pesanteur spécifique est bien moindre que celle
de l'acide sulfurique à 10 degrés, l'auteur a imaginé l'emploi d'une liqueur d'épreuve différente,
et au moyen de laquelle on obtient le même résultat, dans le cas seulement où cette dernière n'est
employée qu'avec l'acali-mètre centigrade.

De même que l'ancienne liqueur d'épreuve ne
remplit le but désiré qu'en se servant de l'ancien
alcali-mètre, la nouvelle liqueur d'épreuve destinée à l'alcali-mètre centigrade, est également
faite avec l'acide sulfurique; elle marque environ 9 degrés et trois quarts au pèse-acide. Voici
comme on procède pour la préparer avec soin.

On fait exactement la tare d'une fiole, dans une
petite balance, et on y pèse avec soin quatre-
vingts grammes d'acide sulfurique à 66 degrés.

On fait également la tare, dans une plus grande
balance, d'une bouteille blanche d'un litre, et
on y pèse huit cents grammes, soit huit hectogrammes d'eau. On examine le point de la surface de l'eau, et on marque cet endroit d'un trait
au moyen d'une plume à diamant, ou d'une pierre
à fusil.

On jette alors un verre de l'eau faisant partie
des huit cents grammes déjà pesés, et on verse
dans la bouteille, ainsi vidée d'un quart de sa
capacité, les quatre-vingts grammes d'acide sulfurique. On agite aussitôt le mélange qui s'é-
chauffe légèrement. On rince avec de l'eau la fiole
empreinte de cet acide, et on la secoue de manière à ne rien perdre de son contenu qu'on verse
également dans la bouteille d'un litre; puis on
ajoute à cette dernière la quantité d'eau strictement nécessaire pour arriver au trait indiquant le
niveau de l'eau préalablement pesée. On bouche
la bouteille, et on la secoue bien pour compléter
le mélange de l'eau et de l'acide. La liqueur d'é-
preuve étant ainsi préparée, on attend qu'elle
soit parfaitement refroidie; et si, alors, le niveau

du liquide est en dessous du trait, par sa moindre dilatation, on y ajoute quelques gouttes d'eau,
et on les mêle bien avec la totalité de l'acide alcali-métrique.

La même bouteille, ainsi jaugée par le trait
indiquant la capacité des huit cents grammes d'eau,
sert encore pour préparer successivement de nouvelle liqueur d'épreuve; dès-lors on n'a plus besoin de peser les huit hectogrammes d'eau; on en
remplit la bouteille aux trois quarts, on y ajoute
les quatre-vingts grammes d'acide sulfurique, et
après avoir rincé la fiole de l'acide avec l'eau,
on ajoute le résultat de cette lotion à la bouteille qu'on achève de remplir jusqu'au trait avec
l'eau pure.

Ces différences de graduation des deux alcali-
mètres de M. Descroizilles et de la préparation des
liqueurs d'épreuve, ont un grand inconvénient
pour les personnes peu habituées aux essais alcali-métriques. Il faut que le fabricant qui possède un
alcali-mètre centigrade, sache qu'il doit employer
la nouvelle liqueur d'épreuve, car, si on se sert
de l'ancienne et du nouvel instrument, on obtient
4 à 5 degrés de moins sur un sel de soude de 80
degrés, parce que la densité de l'acide est plus
considérable; et vice versâ, en employant également par mégarde, la nouvelle liqueur d'épreuve
dans l'ancien alcali-mètre, on a 3 à 4 degrés de
plus sur une échelle de 72 degrés, en raison de
ce que l'acide est un peu plus étendu.

Il est donc indispensable que les fabricans qui
se livrent eux-mêmes aux essais alcali-métriques,
déclarent le genre d'alcali-mètre qu'ils devront
employer, en se procurant ou en achetant la
liqueur d'épreuve, si toutefois ils ne veulent point
se donner la peine de la préparer. Mais pour la
confectionner avec soin, il faut être bien certain
que l'acide sulfurique marque 66 degrés à un bon
pèse-acide.

Les chimistes chargés des essais alcali-métriques
savent fort bien se prémunir des erreurs dont je
viens de parler : j'ai dû les signaler parce qu'elles
peuvent être préjudiciables aux intérêts du commerce et de l'industrie.

Les nouveaux alcali-mètres sont reconnoissables
à l'inscription relative au brevet d'invention, à
l'échelle de 96 degrés, et à ces mots placés vers
le milieu du tube : acide sulfurique quatre-vingts
grammes. Cette inscription indique le terme où
doit arriver l'acide sulfurique à 66 degrés, au cas
qu'on veuille se passer d'une fiole et d'une balance
pour peser cet acide.

Pour procéder aux essais alcali-métriques, il
faut avoir l'alcali mètre, la liqueur d'épreuve relative au genre de graduation de cet instrument,
une petite balance avec un décagramme, ou une
pièce de deux francs, un verre à boire, une petite fiole, servant de mesure, de la capacité d'environ un demi-décilitre, une forte allumette à
laquelle on enlève le soufre, un fiole à médecine

parfaitement sèche, une assiette sur laquelle on dispose plusieurs gouttes de teinture de tournesol, ou du papier de tournesol pour reconnoître plus exactement le titre des alcalis soumis à la vérification.

Ces instructions étant particulièrement destinées aux fabricans de savon, je commencerai par décrire le mode employé pour l'essai de la soude.

De l'essai de la soude. Cet essai est d'autant plus régulier qu'on prend avec soin l'échantillon de la soude; on l'extrait de toutes les pesées et d'un tas considérable de cette substance. On en prend au cœur des pains comme à leur superficie ; mais comme celle-ci est composée de croûte plus alcaline que l'intérieur de la masse, elle ne doit faire partie que pour un quart ou un cinquième de la totalité de l'échantillon composé d'environ trente à quarante morceaux de soude, d'une grosseur à peu près égale. Cet échantillon réuni est renfermé dans un bocal aussitôt après la réception de la soude; on le bouche avec du liège, et on cachète si on doit l'envoyer aux experts.

Ceux-ci procèdent ensemble à l'ouverture du bocal, et font concasser, en leur présence, la soude qui y est contenue, de manière à ce que la généralité de l'échantillon soit presque pulvérulente, et que les plus petits morceaux n'excédent pas la grosseur d'un pois.

Cela fait, on mêle bien la soude pilée ; chaque expert en prend çà et là, environ deux poignées. On remet le restant de la soude dans le bocal qu'on scelle du cachet du chimiste qui ne garde pas l'échantillon *mère.* Cette formalité est indispensable pour reprendre un nouvel échantillon du bocal, en cas de dissidence.

Les deux chimistes opèrent séparément dans leur laboratoire, de la manière suivante, et après l'obtention du titre, ils se le communiquent ensemble et par écrit, pour éviter les inconvéniens qui peuvent résulter d'une déclaration verbale. Dans le cas d'une différence notable, ils opèrent simultanément sur le restant de l'échantillon.

Pour procéder à l'essai de la soude, on pulvérise l'échantillon déjà concassé, dans un mortier de métal bien sec, et on le fait passer à travers un tamis de soie du tissu n°. 3; on pile encore le résidu à deux ou trois reprises, on le pulvérise bien, on le passe aussi au tamis, de manière à ce qu'il reste tout au plus deux grammes (demi-gros) de résidu de la soude qu'on rejette comme inutile. Cette opération doit être faite en triturant la matière avec la plus grande célérité, pour éviter que la soude caustique (1) n'attire l'humidité de l'air.

La poudre étant obtenue, on la mêle bien avec

une carte, et aussitôt on en pèse exactement un décagramme dans une petite balance à bascule ; on introduit cette poudre dans une fiole à médecine neuve ou bien sèche.

On remplit une petite fiole d'eau commune, de la contenance d'environ un demi-décilitre, et on la vide dans celle qui contient la soude : on bouche sur-le-champ l'orifice de cette dernière, et on la secoue fortement pour empêcher des incrustations salines au fond de la fiole ; puis on égoutte plus parfaitement la mesure sur ce mélange ; on remplit encore la même mesure d'eau, on la verse de nouveau sur la soude, et on l'égoutte aussi avec soin. On bouche bien la fiole, soit avec un long bouchon de liège, ou avec du parchemin mouillé.

On remue le mélange de l'eau et de la soude, pendant une heure, de manière à ce qu'en tenant la fiole par le col, le liquide se porte successivement de bas en haut. Cet espace de temps est à la vérité considérable, mais on le juge nécessaire pour que l'eau s'empare, à froid, de tout l'alcali contenu dans la soude.

Après ce terme, on débouche la fiole, on filtre le tout à travers le papier sans colle, et on remplit exactement de lessive filtrée, la petite mesure servant de demi-décilitre ; on en verse le contenu dans un verre à boire.

On remplit alors l'alcali-mètre, jusqu'à zéro, d'acide sulfurique à 10 degrés ou liqueur d'épreuve ; on en verse peu à peu sur la lessive, on agite aussitôt le mélange avec un brin de bois, ou une allumette ; il se produit successivement une vive effervescence, occasionnée par le dégagement de l'acide carbonique. Ce dégagement n'a pourtant lieu qu'après avoir employé 18 à 20 degrés de liqueur d'épreuve. La décomposition des sulfures ou des hydro-sulfates dans la soude, donne également lieu au dégagement du gaz acide hydro-sulfurique et d'un peu d'acide hydro cyanique résultant de la décomposition du cyanure de soude recélés dans les soudes végétales et artificielles. Après avoir employé 24 à 25 degrés de liqueur d'épreuve, on touche de temps en temps une goutte de teinture de tournesol avec le bout de l'allumette empreint de la lessive en saturation. Si la teinture, par cette combinaison, commence à acquérir une couleur rouge-vineuse, c'est un signe que la saturation approche ; on continue de verser peu à peu de la liqueur d'épreuve, on agite encore la lessive, qui n'est pas saturée tant qu'il se produit de l'effervescence. On touche de nouvelles gouttes de tournesol, et lorsque l'une d'elles passe au rouge grenade ou pelure d'oignon, c'est une preuve que la saturation est terminée ou sur le point de l'être. Enfin, si cette goutte ne passe pas au bleu ou au violet et que le rouge en soit permanent, la lessive est entièrement saturée. A ce terme, on remarque à quel degré de l'alcali-mètre se trouve la liqueur d'épreuve, et on en tient compte.

_____

(1) La soude brute est composée de soude caustique, de carbonate de soude, de résidu terreux et de sulfures de chaux et de soude.

Si on se sert du papier fin de tournesol, on fait de temps en temps, durant la saturation, un trait sur une bande de ce papier, avec le bout de l'allumette également empreint de lessive, et on observe que la trace produite par le titre de la saturée où presque saturée, est d'une rouge plus ou moins vif. On numérote ce trait du nombre trente-deux ou trente-trois, suivant le degré auquel s'arrête la liqueur d'épreuve dans l'alcali-mètre, et on examine bien si le rouge de ce trait ne passe pas au bleu ou au violet; dans ce cas, la saturation n'est pas terminée. Si, au contraire, la couleur rouge qui doit servir de régulateur du titre de la soude, est permanente (1), lorsque le papier réactif est sec ou presque sec, on cesse d'ajouter de la liqueur d'épreuve, et la saturation est faite.

A 33 degrés de l'alcali-mètre, la soude est au titre et conditions d'usage. A un titre au-dessous, le vendeur tient compte à l'acheteur du prix des degrés manquans. A un titre plus élevé, l'acheteur en profite sans augmentation de prix envers le vendeur.

Tous ces détails minutieux indiquent suffisamment avec quelle attention il faut procéder à l'essai de la soude. Plusieurs causes, telles que la pulvérisation de cette matière pendant les jours humides ou pluvieux, le remplissage plus ou moins parfait de l'alcali-mètre jusqu'à zéro, l'agitation de la soude à la température voisine de la glace, ou durant les fortes chaleurs, le mode précis par lequel on doit être fixé sur le point de saturation, contribuent également à la variabilité du titre alcali-metrique. C'est pourquoi les essais contradictoires, sagement adoptés par la généralité des industriels et des commerçans, garantissent les uns et les autres des insuccès d'une seule opération.

Le dégagement de différens gaz durant la saturation de la soude, a fait abandonner l'usage du sirop de violettes, indiqué dans la première notice de M. Descroizilles. Tant que les gouttes de ce sirop sont encore vertes, la saturation n'est pas terminée, ou ne paroît pas l'être; mais la décomposition des sulfures et des sulfites laisse encore la couleur verdâtre au sirop violat, même après la saturation de la lessive. Dans ce cas, on observe que dès l'instant qu'on a touché une goutte de ce réactif avec la lessive saturée au point convenable, il se produit un rouge vineux qui disparoît aussitôt, pour faire place à l'état presque décoloré du mélange, et la couleur verte y survient à l'influence de l'air. Ce n'est que lorsque la liqueur est

sur-saturée de 2 à 3 degrés, que la goutte de sirop violat conserve une couleur rose permanente.

D'après ce qui vient d'être dit, on conçoit combien les essais pratiqués depuis 1807 jusqu'en 1820, époque à laquelle on a adopté la teinture et le papier de tournesol, ont pu être irréguliers. Au moyen de ces derniers réactifs, on apprécie même un quart de degré dans les alcalis du commerce. Cependant le sirop violat, également proscrit pour les essais de sel de soude, peut être employé avec succès pour l'épreuve des potasses; mais la teinture et le papier de tournesol sont seuls utilisés pour l'examen du titre de ces dernières.

Quant à la préparation du papier de tournesol, on n'a qu'à couper quelques bandes de beau papier à lettre, et à les tremper successivement dans un verre rempli de teinture de tournesol, bien foncée; on les fait sécher à l'abri des émanations acides, et on les conserve dans une boîte soigneusement fermée. On prépare cette teinture en faisant infuser pendant quelques heures, dans cinq ou six onces d'eau, environ douze grammes (3 gros) de tournesol en pains, pulvérisé; on la filtre et on la conserve pour l'usage.

Le papier bleu employé au pliage des denrées coloniales, et qu'on colore ordinairement avec la décoction de bois de campêche et le sulfate de cuivre, sert aussi à reconnoître le titre alcali-métrique. L'acide carbonique dont l'action est plus ou moins sensible sur la teinture de tournesol, n'en a aucune sur ce papier bleu. Ce dernier déchiré en biais et plongé pendant quelques instans dans la lessive en saturation, acquiert à ses bords un couleur rouge violacée à la saturation exacte; mais l'excès d'acide est démontré dans la liqueur si le papier qu'on y plonge ne tarde pas à devenir jaune à ses alentours, ou en totalité si l'excès d'acide est très-considérable. Il importe alors de recommencer l'essai de la soude.

Mais pour éviter l'inconvénient d'agiter de nouveau la fiole pour un second essai, on pèse deux décagrammes de soude, l'un après l'autre, et on les introduit séparément dans deux fioles avec deux mesures d'eau à chacune. On agite ensemble, et on filtre également à part le produit de ces deux lixiviations.

Par ce moyen, on peut recommencer l'essai, en cas de sur-saturation, qu'on reconnoît mieux avec ce papier bleu qu'avec tout autre : on a même l'avantage de le pratiquer pendant trois fois, puisqu'on obtient près de quatre mesures de lessive. Avec une seule fiole, il n'y a qu'une mesure sur laquelle on puisse opérer, car la seconde n'est jamais totalement remplie. Environ un dixieme de l'eau employée est absorbé par le terreau de la soude.

Quelques personnes, après avoir agité la soude pendant une heure, laissent reposer la lessive jusqu'à ce qu'elle soit claire, pour se dispenser

_____

(1) L'état permanent du rouge produit par la lessive saturée est bien la preuve d'une légère sursaturation; mais en prélevant un quart de degré sur le titre obtenu, c'est tout ce que l'on peut faire, tellement le réactif est sensible au moindre excès d'acide.

de la filtration ; mais si, malgré sa décantation soignée, la lessive est un peu louchie par la présence des matières terreuses, la saturation s'exerce aussi sur un peu de carbonate de chaux, et le titre de la soude est plus élevé que dans le cas où la lessive est bien filtrée.

Il est donc plus régulier d'opérer sur de la lessive très-claire, et dont la filtration soit assez rapide. On obtient facilement ce résultat en faisant choix de très-bon papier à filtrer.

Il importe essentiellement que l'on opère l'agitation de la soude, pendant une heure, sans discontinuer. Si on abandonne la fiole à elle-même quelques minutes après le mélange, pour l'agiter ensuite, il se forme dans cet intervalle des incrustations salines et adhérentes au fond des vases. On ne peut plus compter, dès-lors, sur le résultat de cette lixiviation imparfaite, et on ne doit pas hésiter de peser un nouveau décagramme de soude qu'on lixivie de la manière indiquée.

Il y a des soudes qui contiennent une certaine quantité d'alumine. Cette terre, soluble dans la lessive alcaline, provient de la qualité de la craie ou du charbon fossile, employé à l'opération de la soude. On ne peut pas en apprécier aussi bien la quantité, comme celle des sulfures. Les soudes alumineuses offrent les caractères suivans à l'analyse.

La lessive, contenant aussi des sulfures, louchit en blanc au commencement et au milieu de la saturation ; mais lorsque celle-ci n'est pas éloignée, on observe que l'addition de nouvelles gouttes de liqueur d'épreuve diminue l'opacité du liquide et contribue à sa clarification. L'alumine est attaquée à son tour par l'acide, et ce dernier produit d'autant plus cet effet que l'alcali est exactement saturé. Dans cet état, la lessive est encore louchie par la présence du soufre provenant de la décomposition des sulfures.

On reconnoît la présence de l'alumine dans les lessives saturées, en y versant un filet d'ammoniaque liquide ; cette terre se précipite sur-le-champ à l'état divisé. On pourroit procéder à cette appréciation au moyen d'un précipito-mètre. Le volume du précipité obtenu serviroit de régulateur, d'une manière approximative.

Au reste, il n'est point encore d'usage établi dans le commerce, pour la déduction des degrés d'alumine recélés dans les soudes artificielles. On ne prélève jusqu'à présent que les degrés de sulfure, dans le cas seulement où les traités ne laissent aucun doute sur cette condition presque inusitée.

Les soudes contenant des sulfures louchissent plus ou moins en blanc par la saturation des lessives. Une portion de soufre est entraînée par l'hydrogène ou le dégagement de l'acide hydro-sulfurique, tandis que l'autre reste en division dans la liqueur laiteuse.

Il est bon d'observer que le procédé déjà décrit pour l'essai de la soude, est celui qui est usité, depuis 1807 à Marseille, à l'exception des modifications apportées à l'emploi de la teinture et du papier de tournesol, et que ce procédé diffère de celui de M. Descroizilles.

Au lieu d'employer deux mesures d'eau d'un demi-décilitre en agitation avec la soude, l'auteur pulvérise dans un mortier de métal un décagramme de soude concassée, et y verse peu à peu les neuf dixièmes d'un décilitre d'eau. Il décante au fur et mesure le résultat de la dissolution de la soude dans un décilitre, et après avoir entraîné le résidu terreux avec le restant du liquide dans la mesure, il achève de la remplir exactement avec de l'eau ; puis il verse ce mélange dans une fiole à médecine ; il la bouche avec le liège, et l'agite seulement pendant cinq minutes : il procède ensuite à la filtration du mélange et à la saturation d'un demi-décilitre de la lessive filtrée.

Par ce moyen, on voit que la soude fait partie, avec l'eau, de la mesure du décilitre, et qu'une portion du liquide, non saturé de tout l'alcali susceptible d'être dissous durant l'agitation, reste aux parois du mortier et du décilitre, inconvénient qu'on n'a pas en versant les deux mesures d'eau sur le décagramme de soude pulvérisée, et en opérant l'agitation dans la fiole où se fait le mélange.

Mais soit que l'on ne puisse pas remplir très-exactement une mesure d'un décilitre, dont la surface est bien plus considérable que celle des deux petites fioles équivalentes à cette mesure, ou que l'agitation de la soude pendant cinq minutes, ne paroisse pas suffisante, ce procédé n'a jamais été adopté à Marseille, et l'administration générale des douanes a fait parvenir aux employés des fabriques de soude, une instruction dans laquelle on précise l'emploi de deux mesures d'eau sur le décagramme de soude pulvérisée.

Il se présente également une objection qui n'est pas en faveur du procédé de M. Descroizilles ; c'est que ce chimiste recommande l'emploi du décagramme de soude, non à l'état pulvérulent, mais seulement après l'avoir concassée. Dans cet état, les molécules de la soude ne sont pas assez divisées, pour qu'étant prises sur un échantillon de quelques kilogrammes, on ne redoute pas d'employer des morceaux plus alcalins les uns que les autres ; au lieu que par le mode usité, on concasse la totalité de l'échantillon dont on prend çà et là deux poignées, qu'on pulvérise et qu'on mêle parfaitement avant de peser le décagramme de la poudre destinée à l'essai alcali-métrique.

Procédé de MM. Gay-Lussac et Welter pour la déduction des sulfures dans les soudes artificielles. On dispose deux fioles convenables, dans chacune desquelles on introduit séparément un décagramme de soude pulvérisée et passée au tamis de soie. On verse dans chaque fiole deux mesures ou deux demi-décilitres d'eau pure ; on les bouche soigneusement avec du parchemin mouillé, et on les agite pendant une heure.

On filtre alors les lessives des deux fioles, et on les réunit ensemble. Cette quantité de lessive représente quatre mesures, moins la portion de liquide dont le résidu de la soude se trouve imbibé.

On prend une de ces mesures de lessive; on la traite par l'acide sulfurique à 10 degrés, et on tient compte du titre brut qu'on obtient à l'exacte saturation.

Pour opérer la déduction des sulfures, on prend une mesure de la même lessive; on la fait évaporer au bain de sable dans un creuset de platine, pour que la vaporisation de l'eau puisse avoir lieu sur un feu doux et sans ébullition; autrement, cette dernière pourroit déterminer la projection de petites gouttelettes de lessive. On continue de chauffer le creuset jusqu'à parfaite dessiccation du sous-carbonate de soude.

Cela fait, on ajoute à ce sel six décigrammes (douze grains) de chlorate de potasse; on mêle les deux substances ensemble à l'aide d'une spatule; on porte le creuset muni de son couvercle, sur un feu vif, et on le chauffe jusqu'à ce que le mélange passe au rouge obscur et se trouve en fusion. On enlève le creuset du feu, on le laisse un peu refroidir, et on y verse une mesure d'un demi-décilitre d'eau distillée.

On accélère la dissolution du sel de soude, en plaçant le creuset sur de la cendre chaude, et en agitant le tout avec précaution, au moyen d'une spatule d'argent ou de platine. La dissolution faite, on retire le creuset du feu, et on la sature dans ce vase pour éviter la déperdition de la moindre portion de lessive; on lave la spatule dans cette dernière avant l'exacte saturation, qu'on reconnoît par le moyen déjà indiqué. Si, par exemple, le titre net est de 32 degrés et demi à l'alcali-mètre, et que le titre brut précédemment vérifié se trouve de 34 degrés, il est clair que ladite soude contient un degré et demi de sulfure.

Dans cette opération, l'oxigène du chlorate de potasse se porte sur le soufre du sulfure de soude, et convertit ce dernier en sulfate de la même base, lequel est inattaquable par l'acide alcali-métrique, tandis que le sulfure est décomposable par l'acide, et se trouve compté pour la soude à l'essai de M. Descroizilles. A son tour, le chlorate décomposé passe à l'état de chlorure.

Par ce même moyen, les sulfites contenus dans les sels de soude éprouvent le même changement par le chlorate. Leur conversion en sulfate met l'acheteur à l'abri de la trop haute appréciation du titre du sel de soude.

Je me félicite d'avoir le plus contribué, en 1810, à la propagation de cet ingénieux procédé, généralement adopté à Marseille. MM. Gay-Lussac et Welter, qui en sont les auteurs, méritent la reconnoissance des commerçans et des industriels.

Le *maximum* de la quantité de sulfure contenu dans les soudes artificielles est de 2 degrés à 2 degrés et demi. Le *minimum* est d'un demi-degré pour celles qui sont bien fabriquées.

Même procédé pour la déduction des sulfites dans les sels de soude. On pèse séparément deux décagrammes de sel de soude; on en met un décagramme dans un petit mortier de bronze, et un autre dans un creuset de platine. On mêle à ce dernier dix décigrammes (20 grains) de chlorate de potasse; on couvre le creuset, et on le chauffe jusqu'à ce que le sel passe au rouge obscur et se trouve fondu.

On ôte le creuset du feu, et dans ce cas il importe de le laisser refroidir complètement, avant d'y mettre une mesure d'eau; on y verse cette dernière, on couvre le creuset, et on laisse le sel s'humecter pendant un quart d'heure; on le détache avec la spatule, et on verse le tout dans un petit mortier de bronze. On pile le sel avec précaution, on le triture bien avec le pilon pour le dissoudre complètement.

On verse alors une seconde mesure d'eau dans le creuset, pour opérer la dissolution du sel qui peut y être encore adhérent; on le détache et on le jette avec l'eau alcalisée dans le mortier; on dissout le restant de ce sel en le triturant au moyen du pilon dans ces deux mesures de liquide. La dissolution étant faite, on la verse avec soin dans le creuset pour absorber les dernières portions d'eau qui entourent le fond et les parois de ce vase; on agite un moment avec la spatule et on filtre; la filtration de cette lessive s'opère assez rapidement. On étiquette la fiole contenant cette dissolution, *avec chlorate.*

J'ai dit plus haut qu'on a également pesé un décagramme du même sel de soude, et qu'on l'a jeté dans un mortier de bronze. Cette portion de sel étant destinée à *l'essai simple*, on y verse dessus deux mesures d'eau; on triture, on dissout et on filtre. La filtration de la lessive est moins rapide que dans le cas précédent. On étiquette la fiole contenant cette dissolution, *sans chlorate.* C'est avec une mesure de celle-ci qu'on procède au premier essai; on la sature au moyen de l'acide alcali-métrique, et on tient compte du titre brut obtenu, que je suppose à 75 deg.; on reconnoît également la saturation au rouge permanent de la teinture ou du papier de tournesol.

On sature ensuite une mesure de la lessive traitée avec le chlorate, et en supposant aussi que la liqueur d'épreuve, à l'exacte saturation, s'arrête au 73° échelon de l'alcali-mètre, il est évident que le sel de soude recèle 2 degrés de sulfite.

Ces deux essais sont indispensables pour reconnoître l'infériorité du titre net, comparé au titre brut

brut qui se trouve toujours supérieur, hors le cas où le sel de soude ne contient pas de sulfite. Cette circonstance, que j'ai plusieurs fois rencontrée, n'est pourtant pas ordinaire, et les meilleurs fabricans ne sont pas toujours certains d'un pareil succès : tous les chimistes savent qu'il est dépendant de l'emploi des soudes bien désulfurées.

Avant de se livrer à l'essai du sel de soude, on en fait concasser rapidement l'échantillon dans un mortier de marbre ou de métal bien sec, et on le pèse de suite pour éviter son altération à l'air, dont il attire l'humidité.

Les sels de soude sont vendus au degré et non au quintal comme les soudes artificielles et végétales. On stipule, dans les traités, le prix de chaque degré d'alcali pur, et on règle ensuite le montant de chaque quintal, d'après le nombre de degrés formant l'ensemble du titre reconnu par les chimistes examinateurs. Ainsi, le titré net du sel de soude étant de 73 degrés, et sa valeur de 40 centimes le degré, le prix du quintal est de 29 fr. 20 cent. Il est donc sous-entendu que le prix de ce sel est aussi variable par le cours irrégulier de chaque degré, que par le titre qu'on y décèle à l'épreuve alcali-métrique.

Essais alcali-métriques des potasses, natron et cendres gravelées. Ces alcalis ne contenant ni sulfure ni sulfite, sont analysés à l'épreuve ordinaire. Je dirai seulement qu'on en concasse l'échantillon; on en pèse un décagramme, on le dissout avec deux mesures d'eau dans un mortier de métal. On introduit la dissolution dans une fiole, à l'aide d'un entonnoir; on la bouche et on la secoue pendant quelques minutes. On filtre la lessive, on en prend une mesure, et on la sature au moyen de l'acide alcali-métrique dont on a rempli l'alcali-mètre jusqu'à zéro. On reconnoît l'exacte saturation de la lessive avec le papier de tournesol ou le sirop de violettes. Si ce dernier reste encore vert par sa combinaison avec la lessive, ou que le tournesol, seulement rougi par l'acide carbonique, redevienne encore bleu après le dégagement de ce gaz, la saturation n'est point terminée, et on verse de nouveau quelques gouttes de liqueur d'épreuve sur la lessive. Enfin, la permanence de la couleur rouge des réactifs déjà indiqués, est un signe non équivoque de la saturation complète. On observe également que quelques gouttes d'acide ajoutées à la liqueur saturée n'y occasionnent plus la moindre effervescence.

Les potasses sont vendues dans le commerce à 65 degrés de l'alcali mètre. Au-dessous de ce titre, le vendeur bonifie à l'acheteur les degrés manquans. Néanmoins, si les potasses de Russie n'ont, par exemple, que depuis 30 jusqu'à 45 degrés, des conditions particulières en règlent la vente. Il en est de même de l'alcali contenu dans les natrons et les cendres gravelées.

Traité des Savons.

Examen chimique des soudes salées. L'essai de la soude salée devient plus compliqué que celui de la soude *douce* ou alcaline; il exige, d'une part, l'épreuve de Descroizilles, pour l'appréciation du titre alcali-métrique, et, de l'autre, l'emploi du nitrate d'argent par lequel on précise les centièmes de sel marin.

La soude salée étant réduite en poudre, on en pèse, à part, un décagramme destiné à l'essai alcali-métrique; on l'introduit dans une fiole à médecine; on y verse par-dessus deux mesures d'eau; on bouche, on agite pendant une heure, on filtre et on exerce la saturation sur une mesure de lessive. Le titre de ces soudes est d'environ 18 à 20 degrés, d'après les termes de l'ordonnance royale qui régit la fabrication de cette qualité de *bourde* (1) artificielle.

On pèse aussi très-exactement cinquante décigrammes (100 grains) de la même soude salée et pulvérisée, on l'introduit dans une grande fiole à médecine neuve et bien sèche. On y verse quatre mesures d'eau distillée, on bouche la fiole et on l'agite pendant quarante minutes.

Cette agitation se pratique en même temps qu'on opère celle de la fiole destinée à l'essai alcali-métrique.

Après cela on filtre la liqueur à travers du beau papier sans colle, et on la reçoit dans la même fiole où on a opéré la dissolution.

Dès que la liqueur est toute filtrée, on y jette environ un décigramme (2 grains) d'acétate de plomb cristallisé, qui s'empare du sulfure contenu dans cette petite portion de soude; on met le pouce sur le goulot de la fiole et on agite fortement le mélange pendant une minute. Il se produit tout-à-coup un précipité noir de sulfure de plomb, très-divisé, qu'on sépare par une nouvelle filtration de la liqueur. On met un peu de cette dernière dans un petit verre, et on essaie si elle brunit ou noircit encore par l'acétate de plomb. Dans ce cas, on fait une très-petite addition de ce réactif à la totalité de la liqueur filtrée, on agite et on filtre encore. Au cas que par cet essai isolé la liqueur précipite en blanc, c'est une preuve qu'elle est désulfurée. On doit ménager l'emploi du sel de plomb pour éviter la décomposition d'un peu de muriate de soude, qui, néanmoins, est plutôt décomposé sans inconvénient par l'alcali libre de la lessive alcalino-salée.

On prend alors une mesure de la liqueur filtrée et désulfurée, représentant douze décigrammes et cinq centigrammes (25 grains) de soude salée, et on la verse dans un verre à boire. On la sur-sature

(1) On donnoit autrefois le nom de *bourde* aux soudes végétales salées, au moyen desquelles on procédoit au relargage et à la coction du savon. Dans cette dernière opération, on les combinoit toujours avec les soudes-douces.

D

au moyen de l'acide acétique pur, et on s'assure de l'excès d'acide employé, en touchant une goutte de teinture de tournesol avec le bout de l'allumette servant à cette opération. Le réactif doit passer au rouge vif ou permanent lorsque la liqueur est sur-saturée.

L'alcali de la soude étant alors saturé, se trouve sans action sur le nitrate d'argent, avec lequel on doit apprécier la quantité de muriate de soude.

On remplit alors un alcali-mètre, jusqu'à zéro, d'une dissolution de nitrate d'argent, graduée de manière à ce que l'espace occupé par 10 degrés de ce réactif décompose exactement demi-déci-gramme (1 grain) de sel marin bien sec. L'expé-rience m'a permis de pouvoir graduer ce réactif, en dissolvant un poids connu de nitrate d'argent fondu et préparé avec l'argent de coupelle, dans un kilogramme d'eau distillée. Mais comme ce nitrate peut varier par son degré de pureté et par le plus ou moins d'humidité ou d'acide libre qu'il recèle encore, je ne puis point préciser l'exacte quantité de ce sel, qui pourroit faire errer ceux qui ne sont pas habitués à ces sortes d'expé-riences. D'ailleurs, ne me servant jamais d'une nouvelle liqueur d'épreuve sans la compater avec l'ancienne, et en la faisant agir de nouveau sur trois décigrammes de sel marin, je me trouve quelquefois obligé de l'échantiller, soit en y ajoutant un peu d'eau distillée, si elle est un peu trop concentrée, soit en y dissolvant deux à trois décigrammes de nitrate d'argent, au cas qu'elle soit trop foible. Au moyen de cette graduation décimale, je puis apprécier jusqu'à un millième de sel marin.

L'alcali-mètre, servant alors de poly-mètre, étant rempli de nitrate d'argent ou liqueur d'é-preuve, et la solution de la soude sur-saturée ayant été versée dans un verre à boire, on instille du nitrate d'argent sur cette dernière; la liqueur louchit en blanc, et il s'y forme un précipité caillebeté; on agite le mélange avec une allumette, on le laisse reposer, et lorsqu'on aperçoit un peu de liqueur claire à la superficie, on en prend avec une petite cuiller d'argent, et on y verse quel-ques gouttes de liqueur d'épreuve. Tant que celle-ci détermine un précipité bien apparent dans la cuiller, on continue d'en verser sur la solution saline, et on agite encore la liqueur pour faci-liter la décomposition du muriate. Mais pour que le terme de la précipation soit bien sensible, on filtre de temps à autre, dans de petits verres très-propres, un peu de la liqueur qu'on vient d'agiter, et on traite le liquide filtré par une ou deux gouttes de nitrate d'argent. Si la liqueur louchit encore en blanc, on la remet dans le verre à boire, et on ajoute de la liqueur d'épreuve jusqu'à ce que celle-ci, instillée dans un peu de liquide filtré, ne le louchisse plus que d'une ma-nière presqu'insensible. A ce terme, on examine le niveau du nitrate d'argent dans le poly-mètre, et si on le trouve, par exemple, au nombre 82, on multiplie par 4, puisqu'on n'a opéré que sur 25 grains de soude salée, et on a le produit de 328 millièmes; une virgule placée entre les deux derniers chiffres, indique le résultat de 32 cen-tièmes et 8 millièmes de sel marin recélé dans ladite soude.

Ce procédé est si satisfaisant, qu'en opérant contradictoirement avec mon collègue M. Lau-rens, les titres obtenus à part dans nos labora-toires ne varient presque pas d'un demi pour cent, même avec des liqueurs d'épreuve pré-parées sur des bases différentes.

En effet, une dissolution quelconque, mais étendue de nitrate d'argent, qu'on essaie d'abord sur un poids donné de sel marin, peut également servir de base aux essais de soude salée.

Ainsi, je suppose que 32 degrés poly-métriques d'une autre liqueur d'épreuve, non graduée au système décimal, soit nécessaire pour décom-poser trois décigrammes (6 grains) de sel marin, et qu'à l'essai d'une mesure de liquide contenant le sel de 25 grains de soude salée, on emploie 43 degrés de nitrate d'argent au poly-mètre, on commence par isoler de ce nombre celui de 32, qui représente 6 grains de muriate, on multiplie 6 par 4, puisqu'on n'agit que sur 25 grains de soude brute, et on a d'abord 24 centièmes de sel; on pose le nombre 24 pour l'additionner avec le résultat des fractions suivantes. Puis on dit : la différence de 32 à 43 est 11, qui, multipliés par 4, donnent 44. On soustrait encore de ce der-nier produit le nombre 32, représentant 6 cen-tièmes, qu'on ajoute au-dessous de 24, & on re-prend ainsi le calcul : La différence de 32 à 44 est 12, qui représentent 2 centièmes et 2 millièmes qu'on met au-dessous du chiffre 6; en additio-nant les chiffres ainsi posés,

Exemple. $\begin{cases} \text{24 centièmes.} \\ \text{6} \\ \text{2 centièmes et 2 millièmes.} \end{cases}$

on a .... 32 centièmes et 2 millièmes de sel marin.

Ces deux liqueurs d'épreuve donnent, à quel-ques millièmes près, les mêmes résultats; mais on a vu précédemment que le calcul relatif à l'emploi de la première, soigneusement graduée, est beaucoup plus simple et plus expéditif pour préciser les quantités de sel marin recélées dans les bourdes artificielles.

Des savons en général et des composés qui en ré-sultent. On donne le nom de *savons* aux résultats de la combinaison des corps gras avec les bases salifiables. Ce n'est que par extension que l'on nomme *savons acides* les combinaisons des huiles avec les acides, et *savonules* celles des huiles essentielles avec les alcalis.

On connoît quatre classes de *savons.* 1°. Les

savons à base de soude, de potasse ou d'ammoniaque; ces savons sont tous solubles dans l'eau.
2°. Les savons terreux, qui sont le résultat de l'u-
nion des huiles et des graisses avec les terres : on
les obtient facilement par le mélange des solutions
de savon ordinaire et de sels terreux, et par
conséquent, par la voie des doubles décompositions. 3°. Les savons métalliques désignés sous le
nom d'*emplâtres*. Ce sont des composés de beaucoup d'oxides métalliques et particulièrement de
ceux de plomb avec les huiles et les graisses. 4°.
Les savons acides qui, à des époques déjà éloignées, ont fait le sujet de savantes dissertations,
mais dont l'utilité n'est pas encore reconnue.

De tous ces composés, les savons alcalins sont
ceux qui par leur solubilité et par les usages auxquels on les destine, semblent seuls mériter la
dénomination de *savons*. Les autres sont spécialement consacrés à des démonstrations de chimie,
ou considérés comme des compositions pharmaceutiques, et ne sont pas solubles.

Les corps gras combinés aux alcalis et aux
oxides de plomb se convertissent en acides stéarique, margarique et oléique, et en principe doux
de Scheele, auquel M. Chevreul a donné le nom
de *glycérine*. L'oléine, la margarine et la stéarine
des huiles et des graisses s'acidifient par la combinaison des divers oxides, et forment avec ces derniers des composés salins; ainsi les savons sont
des oléates, des margarates et des stéarates de
soude ou de potasse.

Quoique la dénomination de corps gras, consacrée aux huiles et aux graisses avec lesquelles on
prépare les diverses espèces de savon, ne puisse
être, suivant M. Chevreul, le sujet d'une définition scientifique, je rappellerai, comme ce savant,
que les corps gras sont des *substances fluides ou
concrètes, qui brûlent avec une flamme volumineuse et
en déposant du noir de fumée, qui sont plus ou moins
solubles dans l'alcool, et qui ne le sont pas ou que
très-peu dans l'eau.*

« Les premières distinctions que l'on a faites
entre les corps gras ont été surtout établies d'a-
près les considérations de divers degrés de température où ils se liquéfient. Ainsi on a appelé
huiles ces corps gras qui sont liquides de 15 à 10
degrés, et à plus forte raison au-dessous : *beurres*
ceux qui sont mous à 18 degrés et fusibles à quelques degrés au-dessus : *graisses* ceux qui, provenant des animaux, sont en général moins fusibles
que les beurres : *suifs* ceux qui se fondent à 40
degrés environ; enfin on a appelé *cires* ceux qui se
liquéfient de 44 à 64 degrés. Plus tard, on a
étendu la dénomination de corps gras aux résines;
celles-ci sont caractérisées par l'état solide,
une fusibilité moindre que celle des cires, la fria-
bilité et une odeur plus ou moins forte. »

Les corps gras passent tous à l'état d'hydracides
après la saponification. Le nombre de ces composés n'est cependant pas aussi variable qu'il existe

d'huiles ou de graisses qui éprouvent ces changemens par l'action des alcalis caustiques. M. Chevreul qui a fondé la nomenclature suivante, en
découvrant successivement des acides nouveaux,
a donné le nom d'*acide oléique* à celui provenant
de la saponification de l'oléine de diverses huiles
et graisses; de *stéarique* aux acides retirés de la
stéarine de différens corps gras; de *margarique* à
l'acide obtenu de la margarine des graisses
d'homme, de bœuf et de porc; de *delphinique* à
l'acide résultant de la delphine de l'huile de dauphin; de *phocénique* à celui de la phocénine de
l'huile de marsouin (*phocæna*); de *butirique* à l'a-
cide de la butirine du beurre; de *caproïque* ou
caprique, à l'acide trouvé dans les savons de
beurre de vache et de chèvre; d'*hircique* à l'a-
cide retiré après la saponification de l'hircine de
la graisse de bouc.

Ces divers acides ont donné lieu à une infinité de combinaisons salines, soit à l'état de sur-
sels et de sous-sels. Ainsi M. Chevreul a formé
des oléates, des stéarates et des margarates; des
delphinates, des butirates, des caproates, des
caprates et des hirciates de soude, de potasse,
d'ammoniaque, de chaux, de plomb et de barite.

Or, la stéarine, la margarine et la phocénine, etc., existent toutes formées dans les graisses et huiles végétales et animales, en combinaison avec l'oléine de ces mêmes substances : on
les extrait des corps gras, au moyen de l'alcool
employé à divers degrés de température, pour
isoler le principe huileux d'avec la stéarine.

La stéarine est blanche, peu éclatante; elle se
fige à 44 degrés : refroidie lentement, elle cristallise en aiguilles extrêmement fines; elle se volatilise dans le vide sans décomposition. Elle est inodore quand elle n'a pas été exposée au contact
de l'air. Cent parties d'alcool d'une densité de
0,795 bouillant dissolvent seize parties de stéarine. La solution dépose de petites aiguilles légères qui se réunissent en flocons : elle n'altère en
aucune manière les couleurs bleues végétales. La
potasse la réduit en glycérine et en acides stéarique, margarique et oléique, dont l'ensemble
est fusible à 53 degrés. Ces acides se prennent
par le refroidissement en petites aiguilles fines
radiées.

M. Chevreul a démontré dans les savons,
l'existence des acides stéarique et oléique par les
expériences suivantes : il étendit dans une grande
quantité d'eau, du savon composé avec de la potasse et de la graisse de porc; il n'en put dissoudre qu'une partie; l'autre portion se précipita
sous forme de petites écailles brillantes de couleur nacrée; c'étoit du stéarate de potasse; après
l'avoir recueilli, lavé et séché, il le traita par l'a-
cide hydro-chlorique qui s'empara de la potasse,
et l'acide stéarique isolé vint flotter à la surface
du liquide; il obtint l'acide oléique de la liqueur
décantée de dessus le stéarate de potasse,

laquelle contenoit l'oléate de potasse, en y ver- sant de l'acide tartrique qui décomposa ce sel; il en résulta du tartrate de potasse soluble et de l'a- cide oléique, insoluble, plus léger que l'eau, qu'il sépara et purifia par l'alcool.

L'acide stéarique est d'un blanc nacré, sans saveur, et plus léger que l'eau dans laquelle il est insoluble. Il se fond à 70 degrés centigrades; et par le refroidissement, il cristallise en aiguilles blanches et brillantes : si on le fait dissoudre dans l'alcool bouillant, il s'en précipite sous forme cristalline par le refroidissement; il rougit les couleurs bleues végétales, et forme avec la potasse un sur-stéarate soluble et un sous-stéarate so- luble.

C'est ici le cas d'observer que l'acide margari- que auquel on a donné ce nom à cause de l'aspect nacré de cet acide et de ses composés, ne dif- fère de l'acide stéarique que parce que ce dernier se fond à 70 degrés, tandis que l'acide margarique est fusible à 60 degrés, et cristallise par refroidissement en aiguilles entrelacées qui sont plus rapprochées que celles de l'acide stéa- rique et moins brillantes. L'un et l'autre de ces acides existent en combinaison dans les savons de graisses de bœuf et de porc à base de potasse; mais on obtient plus particulièrement l'acide mar- garique par du savon fait avec la graisse humaine.

L'acide oléique est un liquide huileux, inco- lore et insipide lorsqu'il est pur; le plus souvent il a une odeur un peu rance, une couleur jaune ou brune; il est plus léger que l'eau, est congelable au-dessous de 6 degrés centigrades et cristallise dans cet état en aiguilles qui rougissent fortement la teinture de tournesol. L'alcool bouillant le dis- sout en toutes proportions; et avec les bases sali- fiables il forme des sels, ou si l'on veut, des savons auxquels on donne le nom d'*oléates*.

Parmi les substances qui, après leur saponifica- tion, éprouvent des changemens particuliers, la cétine (ou blanc de baleine), traitée par la po- tasse, forme un savon qui donne lieu à la pro- duction de l'*éthal*. On décompose d'abord la masse savonneuse par l'acide tartrique en excès; il se rassemble, à l'aide de l'agitation et de la chaleur, une matière grasse à la surface du liquide. Cette matière, d'un jaune serin très-léger, se fige complétement à 44 degrés; si elle s'est refroidie lentement, elle présente un tissu lamelleux et brillant; elle est formée d'éthal et d'acide margari- que et oléique. On obtient l'éthal en mettant la matière grasse dans une capsule, avec de l'eau de barite; on chauffe pour neutraliser les acides; on enlève ensuite l'excès de barite par l'eau distillée bouillante, on verse de l'alcool déphlegmé et froid sur la matière bien desséchée. L'éthal est dissous avec un peu de margarate et d'oléate de barite. En faisant évaporer l'alcool, et reprenant le résidu par une quantité d'alcool très-concentré ou d'éther, on dissout l'éthal, et on le sépare par

ce moyen des savons de barite qui s'étoient dis- sous avec lui; on réunit ceux-ci aux savons indis- sous dans l'alcool, et on les décompose par l'a- cide hydro-chlorique pour avoir des acides mar- garique et oléique hydratés. On obtient ensuite l'*éthal* en faisant évaporer l'alcool ou l'éther.

L'éthal est incolore, il a la demi-transparence de la cire, il est solide à la température ordinaire. Lorsqu'on le fond avec de l'eau et qu'on plonge un thermomètre dans le mélange, le thermomètre marque 50 degrés et remonte à 51 degrés 5, quand la congélation s'opère; mais quand on fond l'éthal sans eau, le thermomètre indique 48 de- grés au moment de la congélation. Refroidi lente- ment, l'éthal cristallise en petites lames brillantes, et on aperçoit quelquefois à sa surface des ai- guilles radiées. Il se volatilise à une température qui est sensiblement inférieure à celle nécessaire pour volatiliser les corps gras non acides : on en a la preuve lorsqu'on saponifie de la cétine par la po- tasse, dans une capsule de porcelaine au-dessus de laquelle on a placé un entonnoir de verre; en portant la température jusqu'à faire bouillir le liquide, les parois de l'entonnoir se recouvrent d'une matière blanche qui est de l'éthal. Enfin en chauffant l'éthal sur un bain de sable dans une capsule, on peut le volatiliser en totalité.

L'éthal est inodore, ou presqu'inodore et insi- pide.

L'alcool d'une densité de 0,812 le dissout en toutes proportions à la température de 54 degrés; l'éthal se dépose lentement de sa dissolution; il cristallise en petites lames qui sont brillantes, mais moins que la cétine. Sa solution n'a aucune action sur le tournesol bleu, sur le tournesol rougi par un acide et sur l'hématine, lors même qu'on y ajoute une quantité d'eau telle que la précipitation de l'éthal n'a pas lieu.

L'éthal suffisamment chauffé avec le contact de l'air brûle comme la cire.

M. Chevreul a formé le nom d'*éthal* avec les deux premières syllabes des mots *éther* et *alcool*, d'après l'analogie de composition qui existe entre les trois substances.

Les savons alcalins sont solides ou mous : ces composés ont une ferme consistance lorsqu'ils ré- sultent de la combinaison des lessives de soude avec les graisses et avec l'huile d'olive qu'on a classée parmi les huiles du premier genre. On les obtient moins solides avec les huiles d'amandes, de ben et de colza. Les savons à base de potasse sont généralement mous; ceux-ci le sont moins avec le suif et l'axonge, et le sont d'autant plus qu'on les a préparés avec les huiles de graines du deuxième genre, telles que celles d'œillet, de lin, de navette et de chenevis. Ces huiles dites *siccatives* ne jouissent pas de cette propriété dans la saponification; elles portent ce nom parce qu'elles ne se figent pas, et qu'elles se dessè- chent à l'air en conservant leur transparence :

elles sont siccatives dans la peinture, surtout lorsqu'elles sont combinées à une certaine quantité de protoxide de plomb.

Le degré de consistance des savons est basé sur ce principe jusqu'à ce jour immuable. Plus les corps gras destinés à la saponification recèlent de la stéarine, plus les savons, notamment ceux à base de soude, sont solides. Et *vice versâ*, on obtient des savons d'autant plus mous que les huiles saponifiées avec la soude et la potasse abondent en oléine. Voilà pourquoi les huiles du deuxième genre procurent des savons de molle consistance.

En examinant les causes des divers degrés de consistance des savons, on est frappé de la précision avec laquelle M. Chevreul a traité cette importante matière.

« Quand on cherche, dit-il, en quoi consiste la propriété qu'ont les savons d'être *durs* ou *mous*, on trouve que ces propriétés dépendent de la manière dont ils agissent sur l'eau. En effet les savons durs perdent la plus grande partie de leur eau de fabrication par l'exposition à l'air, et quand ils ne se dissolvent que lentement dans l'eau froide et sans s'y délayer. Les savons mous, au contraire, ne peuvent jamais être séchés par leur exposition à l'air, ils retiennent plus ou moins d'eau qui les rend mous et gélatineux ; et si lorsqu'on les a séchés au moyen de la chaleur, on les met dans l'eau froide, ils sont dissous par ce liquide ou s'y délaient plus ou moins.

» Si on cherche maintenant pourquoi un savon est plus ou moins soluble dans l'eau, on en trouvera les causes, 1°. dans la *nature de sa base alcaline* ; 2°. dans celle de la matière grasse qui est unie à cette base. Examinons successivement, dit l'auteur, l'influence de ces deux causes ; elle est démontrée par les expériences suivantes.

» Que l'on saponifie le même corps gras par la potasse et ensuite par la soude, et on observera constamment que le savon de soude est moins soluble dans l'eau froide que le savon de potasse.

» Si la base alcaline seule avoit de l'influence pour constituer les savons durs ou mous, il est évident que tous les corps gras saponifiés par la potasse donneroient des savons mous, tandis qu'ils en produiroient de durs quand ils le seroient par la soude. Or, c'est ce qui n'arrive pas : car l'huile d'olive, et surtout les graisses animales peu fusibles, donnent avec la soude des savons qui sont beaucoup plus durs que les savons d'huiles de graines et d'huiles animales à base de soude, et en second lieu ces mêmes huiles forment avec la potasse des savons beaucoup plus mous que ne le sont les savons d'huiles d'olives et de graisses animales peu fusibles à base de potasse : les recherches de M. Chevreul expliquent complétement ces résultats. Il rappelle l'action de l'eau froide sur les savons, ou plutôt sur les sels que les acides stéarique, oléique et margarique forment avec la soude et la potasse.

» Le stéarate de soude peut être considéré comme le type des savons durs ; il ne paroît pas éprouver d'action de la part de dix fois son poids d'eau : le stéarate de potasse produit un mucilage épais avec la même proportion d'eau. L'oléate de soude est soluble dans dix fois son poids d'eau ; l'oléate de potasse forme une gelée avec le double de son poids d'eau, et une dissolution avec quatre fois son poids. Il est assez déliquescent pour que cent parties absorbent dans une atmosphère saturée de vapeur d'eau à la température de 12 degrés, cent soixante-deux parties de ce liquide.

» Les combinaisons de l'acide margarique avec la soude et la potasse ne diffèrent de celles de l'acide stéarique avec les mêmes bases, qu'en ce que l'eau exerce une action plus forte sur les premières combinaisons que sur les secondes.

» Les stéarates, les margarates et les oléates de potasse ou de soude peuvent s'unir ensemble en toutes sortes de proportions.

» On explique très-bien les différences que présentent les savons sous le rapport de la solidité ou de la mollesse, avec les notions précédentes et les résultats suivans de l'analyse.

» Les savons de graisse humaine, d'huiles végétales, sont formés d'oléates et de margarates unis en des proportions très-variables : on remarque en outre que les savons sont d'autant plus mous qu'ils contiennent plus d'oléate et conséquemment moins de margarate.

» Les savons de graisse de mouton, de bœuf et de porc, le savon de beurre, abstraction faite des sels odorans qu'ils peuvent contenir, sont formés, non-seulement de margarate et d'oléate, comme les précédens, mais encore de stéarate. L'on observe que leur dureté est d'autant plus grande que le stéarate est plus abondant relativement à l'oléate.

» D'un autre côté, les expériences de M. Chevreul ayant appris que ce sont principalement les stéarines qui donnent les acides stéarique et margarique, et l'oléine qui donne l'acide oléique, il s'ensuit, 1°. que, d'après la proportion des stéarines à l'oléine contenue dans les corps gras saponifiables, proportion qu'on peut conclure du degré de fusibilité de ces substances, il est possible de prévoir le degré de dureté ou de mollesse des savons que ces corps produiront ; 2°. qu'il est facile d'imiter un *savon donné* en prenant des stéarines et de l'oléine dans des proportions telles que les acides stéarique, margarique et oléique qu'elles sont susceptibles de former par l'action des alcalis, soient entr'eux dans le même rapport que celui où ces acides se trouvent dans le savon qu'on se propose d'imiter. Ainsi, en ajoutant à des huiles qui ne donneroient que des savons mous avec la soude, des corps abondans en stéarine, tels que la cire du *myrica cerifera*, *une substance produite* abondamment par un arbre d'Afrique, qui a été remise à M. Chevreul par un savant voyageur anglais, on peut imiter le savon d'huile d'olive, savon qui ne diffère bien essentiellement des savons d'huile de graines qu'en ce qu'il contient moins d'acide oléique.

» Il est évident que ces notions sont la base de l'art du savonnier, et qu'elles lui donnent un degré de précision qu'il ne pouvoit avoir tant qu'on a ignoré l'analyse de la partie grasse des savons en trois acides, et pourquoi les corps gras saponifiables produisent des savons durs ou des savons mous. »

On convertit aisément les savons mous, à base de potasse, en savons solides. Dans les pays où la soude est à un prix plus élevé que la potasse, et où l'on saponifie les graisses au lieu d'huile, on suit, pour cela, le procédé suivant. Lorsque le savon de potasse est bien formé et qu'il est encore liquide, on y ajoute une suffisante quantité de sel marin, ou hydro-chlorate de soude dissous dans l'eau. Il y a échange de base : l'acide hydro-chlorique se porte sur la potasse, et ils forment ensemble de l'hydro-chlorate de potasse qui se dissout dans l'eau. La soude et la graisse s'unissent pour constituer le savon solide qui se sépare aussitôt du liquide ; on peut ensuite le convertir en savon blanc ou marbré, comme celui de soude. Ce procédé a été décrit par MM. Darcet, Lelièvre et Pelletier, dans le dix-neuvième volume des *Annales de Chimie*, page 322.

Les résines forment de véritables savons avec les alcalis caustiques. Ces savons sont mous ou presque liquides, tant avec la résine qui découle du pin, connue sous le nom de *galipot*, qu'avec la même résine privée, par la distillation, de l'huile volatile de térébenthine. On donne à ces savons la consistance nécessaire au moyen du suif, et dans ce cas ils sont d'autant plus jaunes et plus mous que la proportion de résine est considérable : de plus grandes proportions de suif diminuent leur couleur jaune et les solidifient au point de les rendre plus propres à leur emploi.

Les savons exclusivement faits avec les alcalis et la résine sont solubles dans l'eau, mais ils laissent dans les mains et les étoffes un enduit résineux ; je n'ai pas remarqué, comme l'assure M. Nachet, que cet inconvénient n'ait pas lieu si on prépare ce savon avec excès d'alcali : je me suis seulement convaincu qu'en y ajoutant du suif pour la fabrication du savon jaune, il étoit moins *poisseux* et plus soluble. Néanmoins si on se sert de ce savon avec excès de résine, on reconnoît toujours, à l'enduit des mains, la présence de cette dernière.

« On combine pour l'usage médical, les résines purgatives de jalap, de scammonée et celle de gayac avec les alcalis caustiques, afin de les saponifier et de modifier ainsi leurs propriétés trop actives et trop purgatives. Ces combinaisons se font de deux manières, ou directement en chauffant les résines en poudre dans la lessive des savonniers, et en donnant, par l'évaporation, la consistance convenable, ou bien en dissolvant d'après le nouveau *codex* de Paris, une partie de résine de jalap et deux parties de savon médicinal dans suffisante quantité d'alcool, et en évaporant en consistance d'extrait. Trois grains de ce savon contiennent un grain de résine. On doit ce procédé au docteur Plenck, de Vienne. Ces préparations ont l'avantage de se dissoudre dans le suc gastrique, et de ne pas occasionner, comme font les résines incorporées dans des excipiens mous ou liquides, des tranchées et quelquefois des inflammations aux intestins en y adhérant. » (Nachet, *Dictionnaire des Sciences médicales*.)

M. Collin, dans un Mémoire sur les savons solides, après avoir passé rapidement en revue les travaux de MM. Darcet, Lelièvre et Pelletier, énumère ceux de M. Braconnot pour isoler l'oléine de la stéarine des graisses et des huiles susceptibles de congélation, au moyen de l'imbibition par le papier sans colle et de la pression ménagée. Ce chimiste observe que M. Braconnot a de plus indiqué l'acide sulfurique concentré comme un moyen prompt et économique de rendre les huiles et les graisses propres à former sur-le-champ, avec les alcalis, des savons parfaits.

M. Collin n'ayant pas employé l'acide sulfurique à une aussi haute dose que celle indiquée par M. Braconnot, a trouvé au contraire que l'huile de colza qui avoit été purifiée par l'acide sulfurique, étoit loin de donner un aussi beau savon que celle qu'il avoit employée encore vierge. Néanmoins elle lui a offert une particularité remarquable, et dont on va rendre compte.

Cette huile ayant la propriété de communiquer de l'odeur et de la couleur aux savons qu'on avoit formés avec elle, M. Collin pensa qu'il seroit possible d'éviter l'une et l'autre à l'aide d'un courant d'air et de vapeurs aqueuses. On en sépara en effet, de cette manière, une certaine quantité de matière colorante brunâtre qui se dissolvoit dans l'eau à mesure qu'elle se condensoit, et on fit disparoître l'odeur complètement. Ayant abandonné cette huile à elle-même pendant plusieurs jours d'été, elle se convertit en une masse blanche, composée de globules entre lesquels on voyoit encore des particules fluides.

Cet essai ayant été exécuté de la même manière sur une huile de colza qui n'avoit pas éprouvé de traitement antérieur, il fut impossible d'observer aucune séparation ; mais la température ayant été abaissée au-dessous de zéro, il se forma au sein du liquide un groupe de cristaux sphériques, dont quelques-uns gros comme de petits pois, d'un aspect gras, et dont on auroit pu facilement séparer le liquide par décantation. Néanmoins la masse solide étoit loin de constituer la majeure partie du mélange, comme dans la précédente expérience.

Bientôt après on renouvela cette séparation par une autre voie; on prit deux cent quarante-cinq grammes (huit onces) d'huile de colza, telle qu'on la sépare de la graine; on la traita plusieurs fois par l'alcool pour lui enlever ce qu'elle pouvoit contenir d'huile volatile; puis on la mêla avec une portion de lessive caustique provenant de trois cent soixante-sept grammes (douze onces) de soude du commerce, en suivant la méthode usitée en pareil cas : on opéra d'ailleurs au bain-marie et dans un vase de porcelaine. Quand le savon se fut grumelé spontanément, M. Collin y introduisit une assez forte dose de sel marin, et il jeta le tout sur un linge propre, après l'avoir laissé un peu refroidir; le savon y devint dur et très-cassant; quant au liquide filtré, c'étoit une eau salée au fond de laquelle étoit une poudre d'un vert-brunâtre, et sur cette eau se trouvoient soixante-un grammes (deux onces) d'une huile non saponifiée et difficilement saponifiable.

A mon avis, l'huile qui avoit échappé à la saponification étoit l'oléine de l'huile de colza, et la substance qui avoit formé un savon dur au moyen de la soude et du sel marin, ne pouvoit être que la stéarine combinée à une certaine portion de l'oléine de cette huile. L'expérience m'a prouvé dans tous mes essais sur la saponification des huiles de graines, que lors même que j'avois obtenu avec ces huiles, des savons d'une certaine solidité, l'oléine altérée et d'une odeur analogue à celle du lard le plus rance, venoit suinter à la surface des savons, surtout lorsque la température étoit un peu élevée.

M. Collin ayant repris les deux onces du liquide huileux non saponifié, les traita par une nouvelle lessive de soude caustique, et après demi-heure d'ébullition, cette huile étoit encore intacte, à un huitième près, qui nageoit çà et là dans la liqueur sous forme de savon. Cependant comme on avoit observé que de nouvelle lessive en concrétoit toujours un peu plus, on ajouta une certaine quantité d'eau de chaux; la combinaison se fit alors, et on obtint, après le refroidissement, un savon assez blanc et qui se durcit très-vite; sa couleur éprouva peu de variation. M. Collin croit d'après cela, que l'huile seulement saponifiée dans la seconde expérience, est la partie liquide des huiles dont a parlé M. Braconnot, et il tire en même temps cette conclusion, que la chaux possède un pouvoir saponifiant beaucoup plus considérable que la soude et probablement que la potasse.

Pour connoître mieux l'énergie saponifiante de la chaux, M. Collin prit trois onces d'huile de lin, que tous les auteurs s'accordent à regarder comme la moins susceptible de donner des savons durs; il la mêla à autant d'eau de chaux, réduite en poudre très-fine au moyen du pilon. L'action étant presque nulle à froid, il fit tiédir le mélange en l'agitant; mais comme il en résultoit peu d'effet, il y ajouta de l'eau, et l'action se propagea assez rapidement, surtout à l'aide de l'ébullition. Il en résulta un savon insoluble qu'on traita par l'eau et le sous-carbonate de soude; mais la lessive étant trop concentrée, la dissolution du savon n'eut pas lieu, et on décomposa ce dernier par l'acide hydro-chlorique; on en sépara une matière grasse, collante et presque solide comme du beurre; elle pesoit cent cinquante-trois grammes (cinq onces) après avoir été layée : on la traita par la soude caustique, et on la convertit ainsi en un savon presqu'inodore, légèrement coloré en jaune, solide, mais encore un peu gras; en se séchant il acquit plus de consistance. Il parut clair à M. Collin, d'après ces faits, que l'eau étoit nécessaire pour déterminer l'union de l'huile et de la chaux.

Cette observation de l'auteur se rapporte parfaitement au principe assez généralisé des anciens, basé sur cet axiome connu, *corpora non agunt nisi sint soluta*. En effet, les savons sont des composés à l'état d'hydrates, dans lesquels l'eau est indispensable et dans des proportions à peu près fixes.

M. Collin prit en conséquence de l'huile d'œillet; il la traita par l'eau de chaux, puis avec une dissolution de potasse caustique; il obtint un savon qui, étant ensuite décomposé par le sel marin, devint susceptible de se concréter et de présenter une certaine dureté.

Dans une autre expérience, l'huile de noix se comporta à peu près de la même manière avec l'eau de chaux. La lessive de potasse fut employée ensuite sur ce mélange, qu'on décomposa par l'hydro-chlorate de soude, et il en résulta un savon dont la dureté permit de l'employer aux mêmes usages et de la même manière que les autres savons durs.

On voulut savoir alors ce qui arriveroit à la même huile que l'on traiteroit directement par une lessive de soude caustique. L'auteur employa les mêmes doses et le même mode de traitement dont on se sert habituellement dans la fabrication des savons de soude; mais il ne put jamais la coaguler, quoiqu'il y ajoutât deux fois plus de sel qu'on n'en emploie ordinairement pour l'huile d'olive placée dans les mêmes circonstances.

Conséquemment, d'après M. Collin, l'action de la potasse, dans ce cas comme dans d'autres, l'emporte sur celle de la soude.

Cependant je puis affirmer avoir obtenu un savon solide à base de soude, avec de l'huile d'œillet déjà épurée par l'acide sulfurique. Je profitai du principe émis par M. Chaptal, que les huiles de graines, pour pouvoir en former des savons durs, devoient être traitées avec des lessives alcalines plus concentrées que dans les cas ordinaires : j'en employai premièrement de fortes pour l'empâtage, puis de plus foibles et à l'inverse du traitement de l'huile d'olive. En définitive, l'emploi d'une lessive composée de soude et de sel marin, fut indispensable pour réunir les molécules du savon et leur présenter l'alcali sous de nouveaux points de contact. Le résultat de cette opération fut un savon solide, mais dont l'odeur étoit un peu rance. Agissant plus tard, par le même procédé, sur soixante-quatre litres d'huile d'œillet, celle-ci employée alors en plus grande masse que dans l'essai précédent, me donna un savon assez consistant, mais grumelé et n'étant pas susceptible d'éprouver l'opération de la *madrure*.

Revenant aux expériences de M. Collin, ce chimiste prit du savon du commerce; il le fit dissoudre dans l'eau, puis le traita par le sulfate de chaux. Il obtint un savon insoluble qu'il décomposa par le sous-carbonate de soude. Ce savon étoit d'une assez bonne consistance, mais il paroissoit manquer de liant; sa blancheur étoit altérée par une teinte grisâtre.

D'après les essais précédens, M. Collin pose en fait qu'on peut obtenir le savon aussi dur qu'on le veut, en employant du sel marin dans des proportions convenables, et que l'on peut aussi se servir du carbonate de soude à la décomposition des savons insolubles.

Voulant rechercher les moyens d'obtenir des savons qui, après leur fabrication, ne fussent pas susceptibles de se colorer, M. Collin employa la lessive de soude en excès sur l'huile de colza purifiée par l'acide sulfurique; le résultat qu'il obtint fut un savon qui, de blanc sale qu'il étoit, passa rapidement au vert, en acquérant ensuite une couleur très-désagréable et une couleur bistre.

La même expérience fut répétée sur une huile de colza encore vierge, et en augmentant la dose d'alcali de moitié en sus de ce qu'elle est ordinairement; le savon qui en provint étoit déjà coloré quoique récent, et il prit bientôt une couleur bistre très-foncée: il étoit d'ailleurs assez bon. Cette observation, selon l'auteur, jointe à l'expérience précédente, fait voir qu'un grand excès d'alcali est, dans ce cas, un obstacle à la blancheur du savon. En effet, avec de plus petites proportions d'alcali, il a obtenu avec l'huile de colza, des savons qui n'étoient pas fortement colorés.

M. Collin ne s'explique pas cependant sur la nature des vases dont il s'est servi dans ces dernières expériences; ceux de verre ou de porcelaine étoient les seuls qu'il a dû employer pour connoître la véritable cause de la coloration des savons. Les soudes artificielles, surtout, recèlent des sulfures; ceux-ci réagissent sur les vaisseaux de fer et de cuivre, procurent d'abord du bleu aux savons dans ces deux cas; et lors même qu'on n'y ajouteroit pas du sulfate de fer pour augmenter l'effet de la madrure, les savons d'un blanc grisâtre et faits dans des vases de cuivre, acquièrent ensuite à l'extérieur des couleurs vertes et d'un jaune-rougeâtre; ce sont autant de signes des divers degrés d'oxidation du métal, que le deutoxide de sodium leur ont fait acquérir. Voilà pourquoi les vastes chaudières de nos fabriques n'ont qu'un fond de cuivre, auquel le feu est seulement appliqué, tandis que les parois en maçonnerie se trouvent bien cimentés et recouverts de briques sur lesquelles les alcalis n'ont aucune action. D'une part, la construction de ces vases devient économique, et de l'autre, on évite un inconvénient grave qu'on ne manqueroit pas de rencontrer dans la préparation des savons, au moyen de l'emploi de vaisseaux dont le fond et les parois seroient également de cuivre.

Mais outre cette vérité importante sous le rapport de la fabrication du savon, M. Collin ne s'est pas rendu compte d'une autre cause qui contribue aussi à la coloration des savons faits avec les huiles de graines; celles-ci recèlent beaucoup plus de mucilage que l'huile d'olive, et celle de colza précipite abondamment des flocons mucilagineux par son traitement à l'acide sulfurique. Si on combine à part ce mucilage, encore imprégné d'huile, avec les alcalis caustiques, ceux-ci forment un savon roux et grumelé. L'huile d'œillet paroît bien moins contenir de ce principe altérable comme les fécules, qui acquièrent une couleur brune par l'action des lessives alcalines.

Les savons d'huile d'olive, au contraire, ne produisent des savons colorés que lorsque les huiles sont très-jaunes ou très-vertes; la plus ou moins grande quantité de *viriaine* (1) qu'elles recèlent, contribue aux divers états de coloration des savons. Mais on obtient avec cette huile des savons brunâtres, si on emploie l'huile d'olive chargée de fèces qu'on trouve toujours au fond des piles où l'on en conserve des masses considérables. Cet inconvénient, reconnu par les fabricans, n'a jamais lieu, parce que les fonds sont épurés par l'acide sulfurique avant de les saponifier, ou bien on leur fait éprouver auparavant l'opération du *raffinage*, qui consiste à précipiter, au moyen de l'eau et de la chaleur, les lies combinées à l'huile d'olive. Lorsque l'huile trouble est destinée à être employée immédiatement à la savonnerie, on se sert, au lieu d'eau, d'une légère lessive alcaline salée pour accélérer son épuration.

Plein du desir d'atteindre le but qu'il s'étoit proposé, M. Collin fit de nouvelles expériences: il traita de l'huile de colza encore intacte, par plus de huit fois son volume de chlore dissous dans l'eau; elle perdit son odeur, en prit une foible d'huile de noix, devint parfaitement blanche, et s'épaissit de manière à devenir presque solide. Cela fait, on la traita par la dose prescrite de lessive de soude et à la manière accoutumée; le produit de cette opération fut un savon d'un assez bon usage, très-blanc, mais qui ne tarda pas à prendre une couleur café au lait et une odeur de rance insupportable.

---

(1) Principe vert des huiles.

Cette

Cette expérience ayant été répétée, mais en traitant la même huile avec une dissolution de chlore, seulement égale à huit fois son volume, on obtint un bon savon dont l'odeur étoit presque nulle et de couleur de beurre frais.

De l'huile de poisson, très-rouge, que j'ai traitée par un courant de chlore, a passé au jaune citrin et a acquis une consistance un peu inférieure à celle des huiles d'olive congelées par le froid; exposée à la température de 2 à 3 degrés au-dessus de zéro, sa consistance n'a pas été plus forte; l'odeur *sui generis* qu'elle avoit auparavant, n'a plus offert que celle de l'huile de lin. De la même huile de poisson n'a perdu ni sa transparence, ni sa couleur rougeâtre, en la purifiant par l'acide sulfurique, et en la laissant à la température voisine de celle de la glace. Je n'ai pas été curieux de saponifier l'huile de poisson dans ces deux états, imaginant que les résultats n'offriroient pas assez d'intérêt sous le rapport de la science.

Dans son deuxième Mémoire sur les savons durs, M. Collin tâche de connoître la cause pour laquelle les savons faits dans ses précédentes expériences ne gagnoient jamais le fond de l'eau quand on les abandonnoit à eux-mêmes sur ce liquide. Croyant que cet insuccès devoit tenir à un défaut de prátique de sa part, il l'attribua à la trop légère concentration des dernières lessives pour l'achèvement de la cuite; il pensa donc qu'il n'étoit pas indifférent de terminer ou non une cuite de savon par la lessive la plus concentrée, d'autant qu'on pourroit même à froid, et avec des lessives fortement rapprochées, obtenir des savons très-consistans.

Ces observations de l'auteur ne s'accordent point, d'une part, avec la pratique usitée par les savonniers de Marseille qui lèvent la cuite des savons madrés, avec des lessives progressivement plus foibles; de l'autre elles se rapportent à l'emploi, généralement suivi, des lessives très-concentrées pour la continuation de la *cuite*, c'est-à-dire pour les opérations qui suivent l'*empâtage* de l'huile, déjà opéré par des lessives alcalines foibles, et le *relargage* qui consiste à séparer la masse savonneuse d'une quantité considérable de liquide, à l'aide des lessives tout à la fois *salées* et alcalines.

L'opinion de M. Collin me donne lieu à consigner ici un fait intéressant sous le rapport de la fabrication des savons solides : m'étant convaincu, d'après M. Descroizilles, que les lessives de soude ne sont totalement décarbonatées par la chaux, que lorsqu'elles sont foibles ou jamais au-delà de 10 degrés de densité, je préparai environ douze à quinze litres de lessive de soude à 10 degrés, ne faisant aucune effervescence avec les acides. Certain, par ce moyen, de la pureté de la soude et par conséquent de l'absence du carbonate dans les lessives, j'en saponifiai quelques livres de suif; la même lessive fut utilisée pour la con-

tinuation de la cuite, et malgré l'emploi subséquent du sel marin, le savon qui résulta de cette opération fut excessivement léger et d'un blanc sale.

Il est donc certain que pour former des savons durs et pesans, il faut dans certaines circonstances de la fabrication, des lessives très-concentrées pour exercer une action énergique sur les corps gras, et dépouiller les savons de l'excès d'eau avec laquelle ils sont combinés; mais c'est peut-être un problème de savoir si la présence d'une certaine portion de carbonate de soude dans les lessives, contribue à la dureté subséquente des savons, ce dont on pourroit s'assurer en faisant rapprocher les lessives pures à 10 degrés, en les portant à différens degrés de densité pour la continuation et l'achèvement de la cuite.

Parmi les expériences que M. Collin a faite à froid sur la saponification des huiles, il cite celle exercée sur quatre onces d'huile de noix qu'il a saponifiée avec une lessive provenant de quatre onces de sous-carbonate de soude cristallisé. Cette lessive d'une demi-pinte a été réduite à un sixième de son volume par une évaporation rapide; puis on l'a agitée, étant froide, avec les quatre onces d'huile de noix; il en est résulté six onces trois gros d'un beau savon blanc, bien ferme, et d'abord presque sans odeur : ce savon sentoit ensuite la noix et a perdu en un an six gros.

En opérant de la même manière sur l'huile d'œillet, M. Collin a aussi bien réussi, à peu de chose près; mais l'huile de lin, traitée également à froid par une lessive, lui a donné un savon rouge et sans consistance après son refroidissement. Ses essais sur l'huile de lin lui ont donné à penser qu'une trop grande abondance de mucilage étoit nuisible à la fabrication des savons. Ils font voir de plus que, de toutes les huiles qu'il a employées, l'huile de lin est la moins saponifiable, soit à froid, soit à chaud, tandis que l'huile de noix jouit des mêmes propriétés que l'huile d'œillet, à la seule différence, d'après mes observations, que cette dernière procure des savons blancs ou peu colorés. L'introduction de l'huile de noix dans les savons, détermine, au contraire, à l'extérieur une couleur analogue à l'écorce du fruit dont on extrait cette huile de graines.

En considérant que le procédé à l'aide de la saponification à froid, nécessite la concentration des lessives par l'action du feu, et que ce moyen entraîne non-seulement une dépense considérable de combustible, mais encore celle relative au mécanisme employé pour l'agitation du mélange, l'auteur avoue que la saponification à chaud, dont on peut éviter les inconvéniens, est bien plus avantageuse sous le rapport économique.

Mais M. Collin n'a pas envisagé sous d'autres rapports, les difficultés qu'il y auroit de préparer à froid des savons blancs, même avec l'huile d'olive, et des savons marbrés par ce moyen qui deviendroit impraticable. Dans le premier cas, il seroit difficile de déterminer la capacité de saturation d'une quantité donnée d'huile avec telle autre quantité de lessive, de manière à former des savons sans saveur alcaline, et parfaitement saturés comme les beaux savons blancs de Marseille. Un autre inconvénient se présenteroit encore en grand; c'est que la concentration des lessives dans des vaisseaux de fer ou de cuivre, occasionneroit l'oxidation et par suite la dissolution d'une portion de ces métaux qui coloriseroient diversement les savons. Dans le second cas, l'arrangement symétrique du savon alumino-ferrugineux n'auroit pas lieu par l'opération à froid. Ce n'est que par la liquéfaction préalable de la pâte saponifiée, au moyen du feu et des lessives foibles, que la marbrure réussit bien par le refoidissement ni trop prompt, ni trop lent du savon; aussi M. Thenard la considère-t-elle comme une sorte de cristallisation.

Seulement il est curieux de voir comment la lessive de soude, qui ne donne point des savons durs avec un grand nombre d'huiles, peut, lorsqu'elle est assez concentrée, déterminer à froid leur saponification, comme Baumé l'a remarqué le premier, puisqu'elle agit plus énergiquement sur les portions d'huile avec lesquelles on la met en contact.

C'est ici le lieu de chercher à connoître pourquoi une lessive de 36 degrés saponifie très-bien l'huile d'olive, à froid, et forme un savon dur avec elle, tandis qu'à ce degré de concentration et même au-dessus de 20 à 25 degrés, les lessives ne peuvent servir à empâter à chaud cette même huile avec laquelle les lessives et surtout les plus concentrées ont très-peu d'affinité. Une partie d'huile fluide surnage les lessives, et on ne parvient à la saponifier qu'en étendant le mélange d'une à deux fois son volume d'eau.

Il est donc évident que pour l'empâtage de l'huile d'olive, qui n'est qu'un commencement de saponification, l'alcali doit être étendu d'une assez grande quantité d'eau pour déterminer une sorte d'émulsion, et qu'une fois cette opération faite, les lessives successivement plus concentrées peuvent être employées sans crainte de détruire l'affinité entre les molécules de l'huile et de la soude. Cet effet a également pour cause la différence de dilatation des deux liquides par la chaleur, car à l'instant où la lessive concentrée, en ébullition, acquiert 120 à 130 degrés centigrades, l'huile, dans le même cas, s'échauffe bien plus fortement à la superficie du mélange; d'où il suit que l'équilibre entre ces deux liquides ne peut s'établir avec le même succès que lorsque les lessives sont plus aqueuses, et par conséquent moins susceptibles d'absorber une aussi grande masse de calorique. Voilà pourquoi l'huile projetée sur les lessives foibles, bouillantes, se combine mieux avec ces dernières, parce qu'elle absorbe aussi moins de chaleur dans l'empâtage dont l'action est immédiate, et que l'eau dont ces lessives sont étendues amène promptement l'huile à l'état émulsif, condition sans laquelle la saponification ne peut avoir lieu à l'aide du calorique.

J'arrive à l'explication de la cause pour laquelle l'huile d'olive forme un savon à froid avec une lessive concentrée, tandis qu'au moyen de lessives foibles on n'obtient qu'une sorte de savonule; d'une part, l'eau se trouve en proportions convenables dans la lessive forte, pour que l'alcali exerce une action prompte et suffisante à la saponification de l'huile; de l'autre, les lessives foibles recèlent de l'eau en excès pour la composition du savon. Enfin l'huile a plus d'affinité à froid avec une lessive concentrée, en raison de la consistance presqu'égale de ces deux liquides.

Si on observe cependant que suivant l'examen chimique des savons, consigné dans l'ouvrage de M. Thenard, le savon blanc ne contient que 4,6 de soude pure, 50,2 de matière grasse, et 45,2 d'eau de composition; que le savon marbré ne recèle que six centièmes de soude pure sur soixante-quatre parties d'huile, on est forcé de convenir que les proportions prescrites dans le *Codex*, de cent parties de lessive de soude à 36 degrés, sur deux cent dix parties d'huile d'amandes douce ou d'olives, paroissent trop considérables pour former un savon à froid, et parfaitement neutre. Dans ce cas, on a un sous-stéarate et oléate de soude, car on remarque, quelque temps après, des efflorescences salines de carbonate de soude à la superficie de ces savons.

Voici ce que rapportoit M. Yvan de Marseille, en 1772, dans son Mémoire sur la fabrication des savons.

« L'usage du savon fait à froid est nuisible. J'en connois trois entreprises en grand, l'une en Languedoc, la seconde à deux lieues de Paris, et la troisième dans les Pays-Bas autrichiens; toutes les trois sont tombées dans le discrédit qu'elles méritoient. Les marchands épiciers qui s'étoient chargés d'une quantité de ce savon, ne pouvoient s'en débarrasser; il ne faut s'en servir qu'une fois pour en être dégoûté pour toujours.

» La quantité d'alcali que ce savon contient, est tellement exorbitante, qu'il nuit partout où il est employé, soit au blanchissage du linge, soit à la teinture, soit au lainage, etc. »

M. Yvan ajoute que quelque précaution qu'on apporte à la préparation du savon à froid, on ne peut parvenir à faire ce composé sans qu'il ne soit pas nuisible ou trop alcalin, d'où il conclut que la meilleure méthode est celle de faire les savons à chaud.

Enfin M. Yvan termine par avouer que le savon fait à froid use tellement le linge, que quatre à cinq blanchissages suffisent pour le détruire. Il fait enfler les mains aux blanchisseuses, surtout en hiver, par l'excès d'alcali qu'il contient. Les teinturiers ont éprouvé les effets nuisibles de ce savon dans la préparation des soies. A Lyon, ils intentèrent un procès à des fabricans qui leur en avoient livré, parce que leur soie en avoit été endommagée. On fit faire l'épreuve de ce savon à des teinturiers de Marseille, qui convinrent que la soie recevoit une altération marquée.

Or, toute entreprise relative à la fabrication des savons à froid ne peut qu'échouer, puisqu'elle présente des inconvéniens graves pour l'écoulement de ses produits. Il paroît donc que la chaleur est indispensable pour que l'alcali exerce d'abord une action énergique sur l'huile, la sature complétement et donne lieu à la formation d'un savon dont la saveur douce annonce que l'huile et l'alcali sont parfaitement neutralisés.

L'excès d'alcali est également nuisible dans les savons mous à base de potasse. Si au moyen de cet alcali on prépare du savon de suif et de résine, on les obtient assez consistans lorsque la potasse et ces substances saponifiables sont dans des proportions convenables; mais quand l'alcali prédomine, ces savons attirent puissamment l'humidité de l'air et se liquéfient à leur surface. Je me suis convaincu de ce fait dans la préparation d'un savon jaune.

La soude et la potasse saponifient d'autant mieux les corps gras, que les lessives sont décarbonatées par la chaux et amenées, par ce moyen, à un degré de pureté plus desirable que dans l'état où on trouve ces alcalis dans le commerce : ils contiennent ordinairement moins de deux parties de potasse ou de soude caustique sur une partie de carbonate. Mais après l'action de la chaux durant le lessivage, celle-ci absorbe encore une très-grande portion d'acide carbonique et augmente les proportions d'alcali pur; cependant les lessives retiennent encore un quart de carbonate, qu'on leur enlève au fur et à mesure que les lessives restantes traversent de nouvelles masses d'alcali et de chaux vive.

Il étoit donc intéressant de savoir si les lessives pures d'oxides de sodium ou de potassium jouissoient exclusivement de la propriété saponifiante, et si le carbonate neutre de l'un de ces alcalis pourroit saponifier les corps gras. Ce problème a été résolu par M. Chevreul en préparant du savon de graisse de porc avec le carbonate neutre de potasse.

Ce chimiste a pris trente grammes de graisse de porc fusible à 27 degrés : il les a fait digerer et bouillir dans une eau qui contenoit soixante grammes de carbonate de potasse cristallisé; la plus grande partie de la graisse a été saponifiée; le savon a été étendu dans une grande quantité d'eau chaude; la graisse non saponifiée s'est rassemblée à la surface du liquide, où elle a été recueillie. On l'a traitée de nouveau avec trente grammes de carbonate de potasse cristallisé; à l'exception d'un gramme elle a été saponifiée. On a séparé ce gramme, et enfin on l'a saponifié en le traitant avec deux grammes de carbonate.

Les dissolutions de savon ont été réunies; elles étoient limpides. On les a fait concentrer; il ne s'est pas manifesté de gouttes huileuses à la surface du liquide. A un certain degré de concentration, le savon a été précipité de l'eau par l'action de l'alcali carbonaté.

Il résulte des diverses expériences de M. Chevreul, que le savon produit par le carbonate de potasse ne diffère pas d'un savon ordinaire, et dans cette opération, l'acide carbonique a été chassé de la portion de potasse qui s'est unie à la graisse acidifiée.

« Le carbonate de potasse bouilli dans l'eau se convertit en sous-carbonate; la saponification est donc déterminée par ce sel, et non par du carbonate, puisqu'elle a été opérée dans l'eau bouillante. Il est très-probable que c'est l'excès de potasse du sous-carbonate qui détermine la saponification, et qu'au moment où celle-ci a lieu, l'acide carbonique uni à la portion d'alcali qui devient base du savon, se retranche sur une portion de sous-carbonate pour produire du carbonate, si la température permet à cette combinaison de se former; ou si la température ne le permet pas, cet acide carbonique se dégage à l'état gazeux. »

Dans une autre expérience, M. Chevreul a mis de la graisse de porc avec du sous-carbonate de potasse qui avoit été préalablement rougi dans un creuset de platine, puis dissous dans un peu d'eau bouillante; il a observé que la saponification se produisoit sans le contact de l'air, dans une cloche qui reposoit sur le mercure et qui étoit placée entre deux fourneaux allumés; il a vu aussi qu'il n'y avoit un dégagement d'acide carbonique qu'après la formation d'une grande quantité de savon, et lorsque les matières étoient exposées à une température assez élevée pour décomposer le carbonate de potasse; et qu'en traitant de la graisse en excès par une forte solution de sous-carbonate de potasse, on obtenoit à la longue de beaux cristaux de carbonate, lesquels étoient faciles à séparer mécaniquement de la graisse non saponifiée et de la masse savonneuse.

Mais s'il y a possibilité de saponifier la graisse de porc avec le carbonate de potasse, en la traitant à deux ou trois reprises par de nouvelles additions de ce sel, et que le sous-carbonate de la même base forme un savon, même sans le concours de l'air, avec la graisse, il n'en est pas moins vrai que plus les lessives alcalines sont caustiques ou décarbonatées par la chaux, plus elles jouissent de la propriété saponifiante.

La saponification des corps gras a donné lieu à diverses théories; et bien avant qu'on eût découvert que les alcalis étoient des oxides métalliques, M. Curaudeau avoit pensé que l'oxigène de l'air jouoit un rôle chimique dans la saponification. M. Chevreul s'est livré plus tard à des expériences qui démontrent que dans l'acte de la saponification, il ne se dégageoit point d'acide carbonique. Voici comme il a opéré pour prouver que l'oxigène de l'air ne concourt pas à la formation des savons.

E« n prenant les précautions convenables, M. Chevreul a mis dans une cloche de trois décilitres de capacité, contenant déjà du mercure, cinquante grammes de graisse qui avoit été tenue pendant quelque temps en fusion; on a renversé la cloche dans un bain de mercure; on a fait bouillir ensuite deux cent cinquante grammes d'eau; quand il y en a eu environ cent grammes de vaporisés, on a laissé le reste se refroidir sur le mercure sans le contact de l'air. On a fait dissoudre trente grammes de potasse à l'alcool, et on a fait passer la solution dans la cloche qui contenoit la graisse; les matières ont été exposées entre deux fourneaux allumés pendant trois jours. La graisse est devenue d'abord opaque et gélatineuse; elle ressembloit à de l'huile congelée. La masse gélatineuse a augmenté peu à peu, et en même temps elle a perdu de son opacité. Pendant l'acte de la combinaison il ne s'est dégagé que quelques bulles de gaz. Quand l'opération a paru achevée, on a abandonné les matières à elles-mêmes. Au bout de quinze jours il s'étoit formé des cristaux étoilés dans la matière gélatineuse; le nombre en a augmenté dans une proportion si grande, que le savon sembloit en être entièrement formé: ces cristaux étoient du margarate et du stéarate de potasse. Après trois mois on a fait chauffer la masse savonneuse, et on en a fait passer les deux tiers dans une cloche de quatre décilitres pleine de mercure. On a décomposé ensuite les deux portions de savon par l'acide hydro-chlorique, et on a réuni les gaz qui sont provenus de la décomposition du savon. Ces derniers, privés de leur acide carbonique, ont été réduits à trois centièmes quatre-vingt millièmes de gaz azote. Il suit de cette expérience, 1°. que la saponification a lieu sans le contact du gaz oxigène; 2°. que le margarate et le stéarate de potasse peuvent se séparer spontanément du savon sans le concours d'autres corps que ceux qui ont servi à la saponification: la seule condition nécessaire pour que cette opération ait lieu, c'est qu'on ait employé assez d'eau pour rendre le savon gélatineux, et diminuer par là l'affinité de l'oléate de potasse pour le margarate et le stéarate de potasse; que le gaz azote qui se dégage lorsque la potasse réagit sur la graisse paroît accidentel, puisque dans une autre expérience, où l'on a pris plus de précautions pour expulser tout l'air des corps mis en contact, on a obtenu une quantité de gaz qui étoit bien loin d'être proportionnelle à la quantité obtenue dans cette expérience.

» De ce qu'on a dit qu'il y a un peu d'air présent dans les opérations que l'on vient de décrire, et que l'azote de cet air paroissoit avoir été séparé de l'oxigène, on en pourroit conclure que ce dernier principe est nécessaire pour que la saponification se fasse. Mais est-il vraisemblable qu'une si petite quantité d'oxigène ait quelque influence? et les deux expériences ayant donné des savons également bien faits, ne seroit-il pas absurde de croire que deux quantités très-différentes d'oxigène eussent produit le même résultat? M. Chevreul, en faisant ces observations, pense que l'oxigène qui a été absorbé s'est porté sur une fraction de graisse, ainsi qu'on l'observe lorsque les corps gras rancissent dans une atmosphère qui ne contient pas assez d'oxigène pour que toute leur masse devienne rance. »

Mais aujourd'hui qu'il est démontré que les alcalis de potasse et de soude sont des oxides métalliques, on ne peut disconvenir cependant que l'oxigène de l'alcali, seul, exerce une action sur la saponification des corps gras, puisque le potassium et le sodium n'agissent que très-foiblement sur les huiles, lorsqu'on les met en contact avec les métaux; les huiles s'oxident à mesure que le sodium ou le potassium arrivent à un certain degré d'oxigénation, et finissent par produire une espèce de savon très-oléagineux.

En rappelant ici que le potassium et le sodium mis en contact avec l'eau la décomposent, en dégageant de l'hydrogène, et que son oxigène s'unit au potassium ou au sodium pour former des deutoxides, il est évident que c'est autant par rapport à leur oxigénation qu'à la nature de ces corps oxigénés, que les alcalis jouissent de leur propriété saponifiante.

Il est donc vrai que les alcalis en contact avec les corps gras, ne les convertissent en acides oléique et stéarique qu'en leur cédant de l'oxigène, car on observe que l'acide nitrique opère également l'acidification des corps gras, à la seule différence que cette dernière combinaison n'est pas plus soluble dans l'eau que les savons acides.

C'est à MM. Bussy et Lecanu que l'on est redevable de l'observation que l'acide nitrique convertit la graisse en acides oléique et stéarique. Un peu plus tard M. Planche, en observant les effets du proto-nitrate de mercure sur l'huile d'olive, a soupçonné que par la concrétion de l'huile au moyen de ce réactif, il pouvoit bien se former des oléates ou des stéarates de mercure.

En même temps M. Félix Boudet, après avoir employé aussi ce proto-nitrate avec l'huile de ricin, a retiré de cette combinaison un acide cristallisant d'une manière fort remarquable, et que ses expériences portent à regarder comme distinct de tous les acides connus.

Après avoir parlé des différentes causes de la solidité ou de la mollesse des savons, et des divers produits qui résultent de la saponification des corps gras, je passe à quelques explications sur l'odeur que présentent la plus grande partie des savons connus.

M. Chevreul a observé à cet égard que les savons sont ou *inodores*, comme ceux de graisse humaine, de graisse de porc; ou *odorans*, comme ceux de beurre, d'huile de dauphin, de suif. Les odeurs des savons sont dues à des principes absolument distincts des acides stéarique, margarique et oléique; car, d'une part en décomposant ces savons dissous dans l'eau par l'acide tartarique ou phosphorique, et en soumettant à la distillati n les liquides aqueux filtrés, on observe, 1°. que le produit provenant du savon de beurre contient des acides butirique, caproïque et caprique; 2°. que le produit provenant du savon de beurre contient de l'acide phocénique; 3°. que le produit du savon de suif contient de l'acide hircique.

« D'autre part, en lavant successivement les acides stéarique, margarique et oléique, on finit par amener ces acides à un tel degré de pureté, qu'en les unissant à la potasse et à la soude, ils forment des savons absolument inodores. C'est ce que M. Chevreul a constaté pour la partie grasse du savon de beurre.

» Ces applications démontrent à la foi combien de recherches en apparence purement spéculatives, sont susceptibles d'éclairer les arts, et combien il étoit nécessaire, avant de faire ces applications utiles, d'entreprendre le grand nombre d'expériences auxquelles M. Chevreul a soumis les corps gras saponifiables, ainsi que les produits de leur saponification. » (*Recherches chimiques sur les corps gras d'origine animale.*)

Les savons d'huile d'olive ont aussi une odeur qui leur est propre; celle-ci se manifeste d'autant plus que les huiles saponifiées proviennent des olives qui ont éprouvé une grande altération, soit par leur excès de maturité, soit par rapport à la fermentation dont ce fruit est susceptible. Néanmoins l'arôme des savons d'huile d'olive flatte assez ordinairement l'odorat; cette odeur est tellement prédominante dans ces savons, que celle produite par un cinquième de suif, relativement au poids de l'huile employée, n'est pas très-sensible.

J'ai observé que les savons de résine conservent encore l'odeur de cette substance, lors même qu'on ne l'introduiroit que dans les proportions d'un tiers de leur poids avec le suif. Ce qu'il y a de curieux, c'est que la résine saponifiée depuis vingt jusqu'à quarante centièmes avec le suif, laisse d'autant moins l'odeur qui la caractérise dans ces sortes de savons, que le suif

employé se trouve plus rance. L'ensemble de cette combinaison a quelque analogie avec le principe odorant des essences d'aspic ou de lavande, tandis que si le suif associé à la résine est récent et d'une nature moins odorante, tel que celui de bœuf, on observe alors que le savon retient fortement l'odeur de la résine et n'est pas aussi agréable à l'emploi. Cette remarque résultant de ma pratique particulière, m'a éclairé sur la cause de l'odeur suave qu'on reconnoît aux savons jaunes anglais, dont la fabrication a été bien soignée.

C'est en procédant à la décomposition du savon jaune de Winchester, que j'ai isolé de ce savon et au moyen de l'acide acétique foible, une matière grasse, dure, de couleur bien moins fauve que le savon lui-même, enfin du suif acidifié et combiné à trente pour cent de résine. Cette matière traitée par l'alcool bouillant, se dissout dans ce liquide en toutes proportions, et, par le refroidissement, l'acide stéarique se dépose abondamment d'une manière confuse; il est légèrement brillant. La liqueur surnageante, d'un jaune rougeâtre, contient l'acide oléique et le principe odorant du savon. L'eau et encore mieux les acides, ajoutés à cette liqueur, en séparent un liquide gras, d'un jaune foncé et infiniment odorant. L'acide stéarique séparé par décantation de la liqueur colorée et jeté sur un filtre, se dessèche parfaitement, après l'avoir pressé entre deux doubles de papier sans colle; il est bien moins odorant que l'acide oléique; d'où il suit que l'odeur des savons réside plus particulièrement dans l'acide oléique que dans l'acide stéarique.

Si on associe cinq millièmes d'essence de térébenthine à cent parties d'huile d'olive, et qu'on saponifie cette combinaison par la lessive de soude, le savon qui en résulte après sa parfaite coction, outre l'arôme du savon d'huile d'olive, présente simultanément celui de la violette.

Ici se termine la plus grande partie des observations que la science offre de remarquable sur la composition des savons. D'autres faits scientifiques trouveront également leur place aux sections relatives à la saponification des différens corps gras.

Des ustensiles employés dans la fabrication des savons. Avant de parler de la description des procédés usités pour la saponification de chaque espèce d'huile, il est bon de connoître les ustensiles dont on se sert dans la fabrication des savons.

Les fabricans qui veulent opérer sur de petites masses, se pourvoient d'un ou plusieurs cuviers que l'on place au-dessus des citernes, et dans lesquels on prépare les lessives. Ces citernes portent le nom de *réservoirs*, ou en provençal *récibidou.* Les lessives coulent dans des réservoirs au moyen d'un robinet dont les cuviers sont munis.

Mais aujourd'hui, dans toutes les fabriques de Marseille, on ne se sert, pour la préparation des lessives, que de grands bassins, dits *barquieux* en maçonnerie, de la forme d'un parallélogramme. Au-dessous de ces *barquieux* se trouvent les *récibidous* ou réservoirs destinés à contenir les lessives.

Au-dessus des bassins il y a une gouttière qui reçoit l'eau d'un puits ou de rivière, qu'on fait parvenir, dans le premier cas, au moyen d'une pompe, et dans le second, par des robinets communiquant avec les canaux extérieurs. Je ne mentionne donc l'usage des cuviers que pour les petites fabriques, et comme moyen de lixiviation susceptible d'être employé.

Les autres ustensiles sont :

1°. Un fourgon à long manche pour disposer le bois dans le fourneau, quand on se sert de ce combustible, ou un tingard pour remuer la braise, lorsqu'on emploie le charbon de terre.

2°. Une barre de fer crochue par le bout et assez longue, que l'on nomme *rouable* ou *redable*, pour tirer le feu ou la cendre du fourneau.

3°. Une règle pour marquer les endroits où l'on doit couper les pains de savon : l'on nomme cela *régler les pains.*

4°. Un barreau de fer appelé *matras*: il doit être long de deux mètres, un peu courbé, et avoir environ trois centimètres de diamètre au milieu : il faut qu'il ait à l'un de ses bouts une tête de fer en forme de cône, que l'on entortille de linge ou de chanvre pour servir de tampon, au moyen duquel on bouche un canal qui répond à la chaudière, et que l'on nomme l'*épine* (1), par lequel on laisse couler les lessives qui ont déjà servi à la coction.

5°. Un instrument en bois que l'on nomme encore *rouable* ou *redable*, formé d'un morceau de planche carré, emmanché au bout d'une longue perche, pour remuer la pâte dans la chaudière, lorsque l'on fait du savon marbré ou du savon blanc.

6°. Deux pelles de fer emmanchées de bois, dont l'une pour garnir les fourneaux de charbon, l'autre pour mêler la chaux avec la soude pilée, et les jeter dans les barquieux destinés au lessivage.

7°. Deux masses de fer emmanchées de bois, l'une pour rompre la soude, l'autre plate, pour écraser la même matière.

8°. Un crible fin pour passer la chaux sur laquelle on coule le savon blanc.

9°. Une truelle pour réparer les trous et les inégalités qui se trouvent aux pains de savon.

10°. Un ou deux pilons de bois, tout-à-fait

plats, et munis de longs manches, pour aplanir le savon blanc sur les mises.

11°. Une pelle de fer pour séparer les pains de savon madré, déjà coupés dans les mises.

12°. Un poinçon de fer pour tracer sur les pains de savon les endroits où il faut les couper.

13°. Un pucheux ou grande cuiller de cuivre, dit *pouadou*, muni d'un très-long manche, pour tirer les lessives et les huiles des réservoirs. Ce pucheux est fixé horizontalement à l'extrémité du manche et à l'un de ses côtés, pour qu'en le plongeant verticalement dans les liquides, ceux-ci en soient retirés de la même manière.

14°. Un autre pucheux que l'on nomme *casse*, placé verticalement au bout d'un manche de bois, pour puiser le savon dans les chaudières.

15°. Deux grands couteaux pour couper le savon dans les mises, l'un pour le savon blanc, l'autre pour le savon madré. Le tranchant de ce dernier est beaucoup plus long que celui pour le savon blanc.

16°. Plusieurs brocs de bois, que l'on nomme *cornudo*, pour porter les lessives, l'huile et l'eau. Ces brocs servent aussi pour arroser la chaux avec de l'eau ; ils se servent également pour transporter les résidus de soude lessivée hors la fabrique.

17°. Un fil de laiton fixé à chaque bout d'un manche de bois, pour couper les petits pains de savon.

18°. Un ou deux brocs de bois à deux anses, qu'on nomme *servidou*, pour porter le savon blanc cuit et en pâte aux mises, ou caisses à refroidir.

19°. De grands réservoirs auxquels on donne le nom de *piles*, pour contenir des quantités considérables d'huile. Je parlerai plus bas de leur genre de construction. Il est des fabricans qui n'ont pas de piles et qui font vider l'huile des barriques dans les chaudières, au fur et à mesure qu'ils ont opéré les achats de ce liquide, et qu'ils vont procéder à une cuite de savon.

20°. Un canal de bois de quarante à cinquante centimètres de largeur, et de la longueur proportionnée à la proximité ou à l'éloignement des mises.

21°. Plusieurs mises dont les murs ou parois, ainsi que le fond, sont construits en pierres dures parfaitement jointes, et dont les jointures sont bien cimentées, pour y couler chaque cuite de savon madré. Ces mises sont inférieures à la position la plus élevée des chaudières, afin qu'au moyen du canal de bois incliné vers les mises, on puisse y couler le savon après l'opération de la madrure. Les mises ont vingt à trente mètres de superficie et environ cent vingt-cinq centimètres de profondeur.

Le travail qu'on fait aujourd'hui dans une fabrique est plutôt subordonné au nombre de mises qu'à celui des chaudières. Il est reconnu qu'il faut

---

(1) En tirant à soi le matras on ferme l'épine, et on l'ouvre en le poussant en dedans de la chaudière.

trois mises pour l'établissement de chaque chaudière ; de sorte que l'une d'elles servant à confectionner tous les trois jours, une cuite de savon, il est bien entendu qu'entre le neuvième et le douzième jour, on peut enlever le savon des mises, pour faire place au produit des cuites subséquentes. Ainsi une fabrique de six chaudières doit contenir dix-huit mises ; celles-ci ont des trous et des conduits pour donner lieu à l'écoulement des lessives, après l'enlèvement du savon. Ces lessive dits *recuites*, se rendent dans un réservoir commun d'où on les extrait au moyen des pompes pour les reporter sur les barquieux, et sont destinés pour le *relargage*.

22°. Autres mises ou caisses dont les parois sont en planches, et le fond en briques ordinaires, recouvert de chaux délitée et bien pulvérisée, pour y couler le savon blanc en pâte. Ces mises sont au premier étage de la fabrique pour les travaux d'hiver et dans les lieux bas, pour ceux d'été ; elles sont au nombre de six, dans une salle, pour couler une cuite de savon. Chaque mise est séparée par des planches à coulisse auxquelles on donne le nom de *fauques*. Autrefois le nombre des fauques étoit infiniment multiplié ; l'espace de deux d'entr'elles constituoit la largeur des pains de savon. On a trouvé des inconvéniens à cette méthode, et on l'a simplifiée en coulant la pâte sur une plus grande superficie.

Mais comme on n'est pas certain de la quantité de pâte à extraire de la chaudière, il arrive qu'on a plus de cinq mises de savon, et qu'il n'y en a pas assez pour en remplir six. Dans ce cas des fauques traversent une mise, et cet espace constituant la moitié de celle-ci, porte le nom de *mison*. Si un quart de mise est également nécessaire, une autre fauque traversant un mison, forme deux demi-misons ou quarts de mise. On coule ordinairement douze mille kilogrammes de savon blanc dans une salle.

23°. *Les chaudières* sont proportionnées aux travaux de la fabrique. Il en est dans lesquelles on cuit seulement quatre mille kilogrammes de savon, d'autres plus généralement employées, où on en prépare jusqu'à douze mille kilogrammes. Le fond seulement est en cuivre épais ; encore n'occupe-t-il que l'espace du foyer sans être aussi large que le diamètre inférieur de la chaudière. Toutes les parties latérales de cette dernière sont construites en maçonnerie, pierres, chaux et béton ; elles sont recouvertes de briques posées de champ, qui doivent être en contact avec les lessives et les matières saponifiables. L'on conçoit que par ce mode de construction, les chaudières ne peuvent être chauffées que par-dessous ce qui s'oppose essentiellement à l'économie du combustible. Le diamètre de la partie supérieure de la chaudière est un peu plus grand que celui de la portion inférieure.

L'action du feu et de la chaleur exerçant une constante pression sur les parties latérales de la chaudière, on a soin d'opposer de fortes buttées à cette cause destructrice de la maçonnerie, et de renfermer dans une cage de fer bien liée par de larges bandes et de bons cercles de métal, le double revêtement de briques qui recouvre les parois de la chaudière. Malgré ces moyens de résistance, elles périclitent tôt ou tard et ne sont pas d'une très-longue durée.

Les effets de la chaleur et des lessives alcalines contribuent simultanément à ces moyens de destruction ; des lézardes se manifestent, des infiltrations ont lieu, et c'est alors le cas de recourir à des réparations urgentes.

A cet inconvénient se joint encore celui de la cassure des cuivres, qu'il faut réparer aussitôt qu'on s'en aperçoit. Je ferai observer à la section de l'*empâtage*, les causes déterminantes de ces accidens qui, cependant, ne sont pas très-fréquens dans les savonneries.

Quoi qu'il en soit de ce mode de construction des chaudières, c'est le seul praticable pour de grandes comme pour de petites masses de savon. D'une part, on n'a que le fond de cuivre à changer, tandis qu'une chaudière, dont l'ensemble seroit de métal, et périssant également par le fond, exigeroit la réparation totale de ce vaisseau, ou son changement pour une neuve. D'autre part, les alcalis exercent une action très-destructive sur le cuivre ; ils l'oxident, le dissolvent et en diminuent chaque jour l'épaisseur.

Qu'on ajoute à cela le défaut qu'a le cuivre de communiquer aux savons des couleurs variées, et on verra que la construction des chaudières des savonneries de Marseille est la plus préférable, la moins dispendieuse, et celle qui convient même pour les petites chaudières d'épreuve.

En effet, supposons qu'on veuille saponifier une qualité d'huile ou d'autres corps gras, et qu'on se serve d'une chaudière toute de métal, l'inconvénient que je viens de citer et dont j'ai été le témoin, se manifeste sur les savons obtenus. Dès-lors point de résultats positifs, point de conséquences à déduire de l'emploi des matières saponifiées.

Il est donc essentiel qu'en grand, comme en petit, les parties latérales des chaudières soient en maçonnerie, et que le fond seul en contact avec le foyer, se trouve de cuivre.

Je pose donc en fait, que, par tous ces motifs, les chaudières des savonneries existantes, ne peuvent recevoir de perfectionnemens notables : il n'est pas même possible de diriger à leurs parois, sans inconvénient, la flamme du foyer par des conduits circulaires. Outre que la chaleur communiquée par des matériaux de nature terreuse, seroit bien moins agissante que sur des parois de métal, elle ne ruineroit que plutôt la bâtisse. C'est en vain que tout récemment encore, on s'est laissé entraîner par des promesses d'é-conomie de combustible; on a été forcé d'aban-donner toutes les innovations, par cela seul qu'elles nuisent à la solidité de la chaudière des-tinée à supporter le poids d'une masse énorme de savon. Une longue expérience a prononcé sur l'adoption de notre genre de chaudières.

Quant aux fourneaux, le centre du foyer est placé verticalement sous la chaudière. La grille, en forme de parallélogramme, se trouve aussi au centre du foyer, et la flamme est reportée par le courant d'air vers la bouche du fourneau au-dessus de laquelle se trouve la cheminée; elle se dirige obliquement jusqu'à la rencontre de celle de la chaudière voisine, d'où un tuyau commun qui traverse l'épaisseur de la voûte de la cuve, vient aboutir à celui vertical appuyé sur un mur ou sur un pilier toujours distant de trois à quatre mètres des chaudières.

Le foyer de ces chaudières se trouve dans des caves, tant la profondeur de ces vases est consi-dérable. C'est là aussi que l'on voit le matras de l'épine, et au-dessous de ces derniers la cuve destinée à l'écoulement des lessives qui, après avoir déjà servi, n'ont que peu ou point d'action sur le savon dont la coction est ou non terminée.

Les fourneaux et leur cheminées sont construits en briques à feu ou en pierres réfractaires d'Anti-bes, suivant les parties qu'il convient de bâtir de l'une ou de l'autre manière. Au reste, des cons-tructions totales en briques alumino-siliceuses sont également bonnes.

Le combustible employé dans les savonneries n'est que du charbon de terre. Celui de notre dé-partement est généralement préféré.

Des distributions d'une grande fabrique à savon. La section précédente renfermant la nomencla-ture de tous les ustensiles dont on se sert dans les savonneries, il n'est pas sans intérêt de donner un précis de l'intérieur d'une fabrique à savon.

La fabrique n'est pas toujours entourée d'un mur d'enceinte, comme l'ont dit les auteurs mo-dernes et anciens qui m'ont procédé. Presque toujours les diverses parties du bâtiment qui la composent n'ont d'autres murs que ceux de la fabrique, et qui s'élèvent jusqu'aux toits de cette dernière. Souvent aussi, dans la même rue, plu-sieurs fabriques sont attenantes entr'elles, et alors les murs d'enceinte deviennent impratica-bles; ils ne sont d'ailleurs d'aucune utilité.

Parmi les diverses parties de la fabrique, il y a d'abord dans les caves les fourneaux au-devant de longs corridors, et plus loin des magasins servant d'entrepôt au savon blanc en été.

Il faut des degrés pour descendre dans les caves et pour arriver au-devant de la voûte des fourneaux. Il y a sous cette grande voûte trois ou six bouches à feu proportionnées à la capacité des chaudières.

Au rez-de-chaussée se trouvent au moins trois vastes chaudières, et dans les grandes manufac-tures, jusqu'au nombre de six : elles sont sur-montées d'un parapet d'environ un mètre pour éviter tout accident.

Huit à douze bassins ou barquieux servant à la lixiviation des soudes, sont adossés au mur inté-rieur de la fabrique et sur le même plan des chaudières, dont ils sont peu distans pour la commodité du travail : l'espace nécessaire à la construction des citernes ou *récibidou* pour rece-voir les lessives, est à peu près celui qui les en sépare. Ces citernes sont les unes à côté des au-tres et à niveau de la partie inférieure des bar-quieux; leur profondeur est de plusieurs mètres, et leur capacité est relative aux travaux d'une manufacture.

Il y a aussi au rez-de-chaussée la partie supé-rieure des piles, qui se trouve au niveau du sol de l'atelier. Leur capacité est relative à la conte-nance de cinq à six cents milleroles, soit de trois à quatre cents hectolitres de ce liquide : elles sont fermées par des trapes en bois, sur lesquelles on applique une traverse de fer mobile et fixée par un cadenas. Ces piles recèlent souvent de l'huile à l'entrepôt, et, dans ce cas, la clef se trouve entre les mains des employés des douanes. C'est après l'acquittement des droits que l'huile est mise à la disposition des fabricans; les piles constituent la principale richesse des propriétaires des savonne-ries; ces réservoirs sont loués à des prix dépen-dans des circonstances, pour le contenu de chaque millerole d'huile. Ainsi, plus les approvisionne-mens de ce liquide sont considérables, plus le produit de leur location devient avantageux.

Les piles sont construites en briques, pouzzo-lane et béton. On devroit préférer les briques à feu qui sont moins perméables que les autres, qui se trouvent purement alumineuses. Les pre-mières sont composées de silicate d'alumine, et, de ce qu'elles sont aussi moins poreuses, elles me paroissent plus propres à ce genre de cons-truction.

Le rez-de-chaussée comprend également les magasins pour les soudes alcalines et d'autres pour les *soudes salées*. A ces magasins est joint un emplacement dans lequel se trouve le *picadou*, ou en d'autres termes, un banc de pierre dure, sur lequel on pile les soudes au moyen de masses plates de fer. C'est sur le *picadou* qu'un ouvrier robuste réduit la soude, sinon à l'état pulvéru-lent, mais au moins de la grosseur de grains d'orge et pas au-dessus de celle d'une balle de petit calibre. Par ce moyen la soude, quoiqu'en mé-lange avec la chaux dans les barquieux, laisse des interstices qui facilitent le lessivage.

Les mises pour les savons madrés sont établies dans des lieux bas ou inférieurs à la portion la plus élevée des chaudières. Il y a quelquefois des mises au rez-de-chaussée; dans ce dernier cas,

il

il suffit qu'elles se trouvent à cent cinquante centimètres au-dessous du sol le plus élevé pour qu'elles soient convenablement placées. Néanmoins le plus grand nombre des mises est construit dans de vastes salles basses qui en contiennent un certain nombre, divisé par des compartimens en pierre de taille.

Le premier étage se compose des comptoirs, appartemens et autres commodités dépendantes des usages domestiques. Cet étage renferme aussi une très-vaste salle boisée, à laquelle on donne le nom d'*eyssugan*, pour emmagasiner, couper et encaisser les savons; on y voit aussi, sur une plus grande superficie, plusieurs petites salles servant de mises au coulage du savon blanc.

De la chaux. Chacun sait que la chaux est le résultat de la calcination du carbonate calcaire ou pierre à chaux, dans des fours destinés à cet usage ou dans des fours permanens. La chaux obtenue de l'une ou de l'autre manière est blanche ou peu fendillée, et quelquefois recouverte de nuances verdâtres. Sa saveur est alcaline. Lorsqu'on l'arrose avec l'eau, elle s'échauffe considérablement et se délite avec bruit et avec dégagement de vapeur aqueuse. Cette dernière opération est celle qui précède son emploi dans les savonneries.

La chaux sert, par conséquent, à la préparation des lessives de soude et de potasse : elle enlève l'acide carbonique à l'un ou à l'autre de ces alcalis, et rend, par ce moyen, les lessives caustiques et plus propres à la saponification des corps gras.

Ainsi, lorsqu'on fait un mélange de chaux vive et récemment délitée, avec de la soude pilée ou de la potasse, et qu'on lessive le tout avec de l'eau, l'acide carbonique de ces alcalis se porte sur la chaux et forme de la craie ou carbonate calcaire.

Néanmoins la potasse et la soude brutes ne doivent pas toute leur caustification à la chaux employée; elles sont composées de carbonate et d'alkali pur ou caustique. Les lessives qu'on obtient après l'emploi de la chaux ne sont pas totalement décarbonatées; elles contiennent alors une plus grande quantité d'alcali caustique et moins de carbonate, et font encore effervescence avec les acides à la fin de leur saturation.

De la manière de préparer les lessives de soude. Les moyens de préparer les lessives de soude devant être décrits, pour les travaux en grand, à la section relative à la fabrication des savons de Marseille, je ne donnerai ici qu'un précis de ces moyens pour la préparation de petites masses de savon.

Avant de procéder à la lixiviation de la soude, il convient de la piler grossièrement; on commence donc par la casser avec une masse de fer, et ensuite on la pile sur une pierre dure, à l'aide d'une masse de fer plate.

La soude étant bien concassée, on arrose la chaux avec une petite quantité d'eau; elle ne tarde pas à s'échauffer, lorsqu'elle est bonne, et se délite. On la mélange alors au moyen d'une pelle, dans la proportion d'un tiers avec deux tiers de soude concassée. On met ce mélange dans un cuvier (ou bugadière) au fond duquel on place quelques tuileaux pour faciliter l'écoulement de la lessive; l'on verse sur le tout une certaine quantité d'eau, de manière que le mélange soit bien imbibé et recouvert de trois à quatre travers de doigt; et lorsque l'eau y a séjourné quelques heures, on ouvre le robinet pratiqué à la partie inférieure du cuvier, on recueille avec soin la lessive qui en découle; elle est âcre et caustique : on la nomme *première lessive*. Un œuf frais ne doit point s'y enfoncer; mais on en détermine bien plus sûrement le degré de force, à la faveur d'un aréomètre pour les sels. Cette première lessive donne au pèse-sel, de 18 à 25 degrés; on la conserve dans un vase séparé.

Lorsque la lessive cesse de couler, on ferme le robinet; on verse sur le mélange une nouvelle quantité d'eau, et au bout de quelques heures, on ouvre le robinet; il en découle une seconde lessive moins forte que la première, mais qui donne encore à l'aréomètre de 10 à 15 degrés. C'est la seconde lessive que l'on conserve de même séparément.

On verse encore de nouvelle eau dans le cuvier, et on extrait une troisième lessive bien moins forte que les deux premières, puisqu'elle ne donne que de 4 à 8 degrés à l'aréomètre. C'est la troisième lessive que l'on met de même dans un vase séparément.

Enfin, pour épuiser la soude de la totalité de la substance alcaline, on verse dessus de nouvelle eau, et la foible lessive qui en découle est mise à part pour servir au lessivage d'un nouveau mélange de chaux et de soude.

Des lessives de sel de soude ou de potasse. La manière de lessiver l'une ou l'autre de ces matières alcalines, est différente de celle qu'on emploie pour la lixiviation de la soude brute. Dans ce dernier cas les corps terreux servent d'interstices pour l'écoulement des lessives; dans le cas suivant, le mélange de la chaux et du sel de soude ou de la potasse, forme un *magma* ou une pâte moins propre à la filtration d'une lessive claire.

Mais comme cent parties de sel de soude ou de potasse représentent par leur force alcalimétrique, deux cents parties de soude brute, il faut une plus grande quantité de chaux pour rendre les lessives caustiques.

En conséquence, on prend parties égales de chaux délitée avec l'eau, et de sel de soude ou de potasse; on les mêle bien au moyen d'une pelle, on introduit ce mélange dans un cuvier qu'on en remplit à moitié, et auquel on a placé deux robinets, dont l'un au milieu de sa hauteur et l'autre à une position un peu plus élevée. On verse sur le tout de l'eau froide jusqu'à ce que le cuvier soit presque plein ou à quinze à vingt centimètres de son bord supérieur. On brasse bien le mélange de temps en temps, pendant une heure, avec une pelle de bois, et on laisse le mélange en repos.

Au bout de quelque temps, la lessive se clarifie d'elle-même à la surface du mélange ; on ouvre le robinet par lequel elle peut couler claire et dépouillée de chaux qui a servi à la rendre caustique.

Cela fait, on verse la même quantité d'eau sur le résidu, on brasse encore bien le mélange et on le laisse reposer ; puis on enlève, à l'aide du robinet, la lessive claire.

On ajoute encore autant d'eau sur le résidu ; on agite bien le tout et on procède ensuite à l'écoulement de la troisième lessive.

Enfin, on jette une quatrième fois le même volume d'eau sur la chaux encore alcalisée, on brasse de nouveau, et le produit de ce lessivage est destiné à celui d'un autre mélange de chaux et d'alcali.

Les lessives de sel de soude et de potasse ont chacune des destinations différentes ; les premières sont employées à la fabrication de suif pour la toilette, les secondes pour celle des savons mous.

Je passe maintenant aux descriptions pratiques de l'art du savonnier, dans l'ordre relatif à la saponification de chaque espèce d'huile ou de corps gras. Je ne classerai pourtant pas les savons à base de potasse ou de soude : je parlerai successivement des uns et des autres à chaque section des corps gras saponifiés par les alcalis. Un seul article comprendra la fabrication des savons mous qui forment la plus grande partie de ceux qu'on prépare dans le nord de la France.

Savon d'huile d'amandes douces ou médicinal. L'huile d'amandes douces est celle qui, après l'huile d'olive, donne le savon le plus consistant et le plus blanc. Le prix de cette huile ne permet point qu'on puisse l'employer à la fabrication ordinaire des savons ; mais on s'en sert pour la préparation du savon médicinal et pour la toilette. Le code des médicamens prescrit de préparer ce savon de la manière suivante.

On pèse dans un vase de faïence ou de terre deux cent dix parties d'huile d'amandes douces, et à part cent parties de lessive de soude caustique marquant 36 degrés à l'aréomètre des sels. On verse la lessive par portion, en agitant le mélange avec une spatule de bois blanc, jusqu'à ce que l'huile soit bien combinée avec la soude, et que la masse acquière la consistance d'une graisse molle, ce qui, ordinairement, arrive en peu de jours.

Alors on coule ce savon, encore mou, dans des moules de bois blanc, garnis intérieurement de papier, ou encore mieux dans des moules de faïence. Lorsqu'il a acquis une consistance solide, on le retire des moules et on le conserve pour l'usage.

Ce savon, fait à froid, n'est propre aux usages de la médecine que deux mois après avoir été fait.

Cette observation de MM. les rédacteurs du *Codex* donne lieu à penser que le savon d'huile d'amandes, préparé avec la lessive à 36 degrés, est encore alcalin lorsqu'il est récent. L'excès de soude pure, par son exposition à l'air, passe à l'état de carbonate, et le savon devient alors plus propre à l'emploi médicinal. MM. Darcet, Lelièvre et Pelletier, sont également de cet avis en parlant du savon d'huile d'amandes, préparé sans le secours du calorique.

Ce savon fait à chaud, disent ces habiles chimistes, ne contient que la proportion d'alcali nécessaire à l'entière saponification de l'huile, et on peut l'employer le jour même qu'il est fait.

Pour cela, on prépare à la manière ordinaire des lessives avec trois parties de soude du commerce délitée à l'air, et une livre de chaux que l'on fait fuser au moyen de l'eau froide ; on retire trois espèces de lessives ; de la forte ou première, une seconde moins forte, et une troisième de lessive foible. On met dans un vais-eau de terre trois livres d'huile d'amandes douces et une pinte de lessive à 8 degrés ; on fait bouillir ce mélange en remuant soigneusement avec une spatule en bois, et on ajoute de temps en temps de la lessive alcaline au même degré ; après quatre heures d'ébullition on ajoute de la deuxième lessive à 12 degrés, et on continue à user de cette dernière, pendant deux heures ; alors on emploie une petite quantité de lessive forte, à 18 ou 20 degrés ; après une heure d'ébullition, la matière savonneuse devient épaisse, et on voit qu'elle commence à se séparer ; on y ajoute deux onces de sel marin pour achever la séparation du savon ; on retire alors la bassine de dessus le feu, et lorsque la pâte savonneuse paroît figée, on l'enlève avec une écumoire et on la met dans une terrine ; on jette la lessive qui reste dans le vaisseau qui a servi à la saponification de l'huile ; on y remet le savon avec une petite quantité d'eau pour le liquéfier, et on continue à lui unir ce qui reste de la lessive à 20 degrés. Après une heure d'ébullition, on sépare le savon de la même manière, on rejette le restant de lessive qui se trouve au fond du vase, et on y remet le savon avec environ une livre d'eau, et lorsqu'il est parfaitement liquéfié, on le coule dans une petite mise en bois, ou si l'on veut, dans divers moules de faïence. Un à deux jours après l'opération, on retire le savon de la mise.

En opérant de cette manière, trois livres d'huile d'amandes douces fournissent une brique de savon du poids de cinq livres et demie : ce savon est très-blanc, bien consistant, d'une odeur agréable, et nullement caustique à la dégustation; ayant été conservé pendant deux mois dans un endroit sec, il a perdu une livre de son poids, de sorte qu'il ne pesoit plus que quatre livres et demie.

Pour obvier à l'inconvénient d'une aussi grande perte d'eau de composition de ce savon, on peut le liquéfier avec une moindre quantité d'eau que celle qui est déjà indiquée, en l'agitant sur le feu sans discontinuer. Lorsqu'il est bien uni, on le coule dans la mise.

Le savon d'huile d'amandes douces est bien plus susceptible de se rancir que celui d'huile d'olive. C'est pour cette raison que quelques pharmaciens préfèrent cette dernière pour la préparation de leur savon médicinal Dans ce cas, on opère à froid et avec une lessive à 36 degrés comme pour le savon d'huile d'amandes : on fait choix d'huile d'olive très-fine et aussi blanche que possible. Le savon qui en provient est blanc, très-dur et d'une odeur suave.

Savon ammoniacal. Depuis long-temps on compose en pharmacie un savon soluble, connu sous le nom de *liniment volatil.* On le prépare d'après le *Codex,* en mêlant ensemble huit parties d'huile d'amandes douces et une partie d'ammoniaque liquide. Ce mélange renfermé dans un flacon bouché, conserve quelque temps sa liquidité. M. Nachet a vu de ce savon solidifié au bout d'une année ; sans doute on l'avoit préparé avec quatre parties d'huile d'amandes contre une partie d'ammoniaque, comme l'indique M. Nachet. J'ai toujours observé que d'après ces dernières proportions, le liniment volatil étoit plus consistant immédiatement après le mélange des deux substances, parce que la saponification de l'huile étoit plus complète que d'après les proportions du *Codex.* On varie les proportions des composans, selon que l'on veut rendre le médicament plus ou moins rubéfiant Il doit toujours être appliqué froid, parce que la chaleur le décompose : il convient aussi de l'agiter toutes les fois qu'on s'en servir.

M. Chevreul voulant connoître l'action du sous-carbonate d'ammoniaque sur la graisse de porc, a incorporé trente-cinq parties de cette graisse fusible à 27 degrés avec du sous-carbonate d'ammoniaque sublimé. Le mélange introduit dans un flacon bouché avec du liége, occupoit le tiers de la capacité du vaisseau. Le flacon a été abandonné dans un endroit de son laboratoire où le soleil ne donnoit jamais et où la température varie de 0 à 18 degrés. On a ouvert le flacon. La surface de la graisse étoit jaune dans quelques endroits. On a traité la matière avec des quantités d'eau dont la somme pouvoit équivaloir à deux litres. On a obtenu une émulsion blanche dans laquelle on apercevoit beaucoup de paillettes nacrées semblables à celles de bistéarate de potasse.

Il résulte de diverses expériences de M. Chevreul, que les liquides aqueux provenant du repos de l'eau émulsionnée lui ont donné de la glycérine et une huile acide contenant des acides oléique et margarique. La matière grasse qui surnageoit le liquide aqueux étoit très-acide au tournesol ; elle avoit la couleur orangée de l'adipocire.

Cependant M. Chevreul n'ose affirmer que l'oxigène atmosphérique n'ait pas exercé quelque influence dans la saponification produite par le sous-carbonate d'ammoniaque.

Savon de beurre. On peut faire du savon bien consistant, en employant du beurre ; mais comme ce corps gras est, de même que l'axonge, de première nécessité pour la préparation de nos alimens, on ne doit songer à l'employer à la confection du savon, que dans le cas où on auroit du beurre tellement rance, qu'il ne seroit plus possible de le manger.

On commence d'abord par faire bouillir le beurre dans l'eau, si toutefois il est salé ; dépouillé du sel marin par ce moyen, on en prend la quantité que l'on veut, et on le traite avec les lessives préparées, comme on l'a indiqué pour la confection du savon d'huile d'amandes, c'est-à-dire par de foibles lessives, puis par de plus concentrées. Ce corps gras se saponifie très-bien ; il est même un de ceux qui, quand il est converti en savon, peut absorber une plus grande quantité d'eau, et donne néanmoins un savon qui, étant froid, ne laisse pas que d'avoir une consistance solide. Celui que MM. Darcet, Lelièvre et Pelletier obtinrent de trois livres de beurre rance dessalé, pesoit, au sortir de la mise, onze livres ; il étoit très-blanc, mais il contenoit encore un peu l'odeur de beurre rance : exposé à l'air pendant deux mois, il ne pesoit plus que sept livres. Ce savon est très-propre pour les savonnages domestiques.

M. Braconnot a séparé du beurre, par son procédé, soixante parties d'huile et quarante parties de suif, en opérant à la température de zéro. Mais ces proportions de l'oléine et de la stéarine sont sujettes à varier dans le beurre, par rapport à la constitution physique des vaches, la nature de leurs alimens qu'elles habitent. Du beurre provenant des vaches nourries en hiver avec du fourrage sec, ont donné à M. Braconnot trente-cinq parties d'huile et soixante-cinq parties de suif.

On voit par ce dernier résultat combien le beurre le plus consistant est chargé de stéarine et peut convenir, dans quelques cas, à la fabrication du savon.

M. Chevreul a saponifié vingt parties de beurre avec une partie de potasse à la chaux ; la saponification a eu lieu avec une grande facilité ; la masse savonneuse ayant été décomposée par l'acide tartirique, on a obtenu un *liquide aqueux* et une graisse saponifiée qui a été lavée avec de l'eau jusqu'à ce que celle-ci ne lui enlevât plus rien.

Sans m'arrêter ici aux produits résultant de la distillation du liquide aqueux, on a observé que la graisse séparée du beurre étoit acide ; elle a formé avec la potasse un savon qui s'est réduit facilement en un dépôt de matière nacrée et en oléate de potasse.

La graisse acide de la matière nacrée étoit fusible à 56°,3 ; elle consistoit en lames brillantes. Ayant soumis à l'action de l'alcool bouillant la combinaison neutre de cette substance avec la potasse , on l'a réduite en stéarate de potasse et en margarate de potasse ; l'acide stéarique étoit fusible à 67 degrés, mais par une congélation lente, il ne cristallisoit pas aussi bien que l'acide stéarique des graisses de mouton, de bœuf et de porc, et sa combinaison avec la potasse, dissoute dans l'alcool chaud, se précipitoit en gelée.

L'acide oléique qu'on a séparé, avoit toutes les propriétés physiques et chimiques de l'acide oléique des autres graisses.

M. Chevreul a également obtenu de la partie huileuse du beurre, une substance jaune, fluide, à laquelle il a donné le nom de *butyrine*, dérivé du mot latin *butyrum*, beurre. La butyrine contient les élémens du principe odorant du beurre.

Savon d'huile de carapa. On ne connoît d'autre travail sur la saponification de l'huile de carapa, que celui de M. Cadet qui s'est occupé de l'examen chimique de cette huile excessivement amère et colorée en jaune-clair.

A deux parties d'huile de carapa , M. Cadet a ajouté une partie de potasse caustique liquide. On a chauffé légèrement le mélange et on l'a remué de temps en temps. Le savon qu'on a obtenu étoit mou, coloré et participant un peu de l'odeur et de la saveur de l'huile.

En employant les mêmes proportions de lessive de soude, la combinaison n'a pu se faire à chaud ; mais elle a eu lieu à froid, comme pour la confection du savon médicinal ; le savon obtenu étoit très-dur et légèrement coloré.

L'obstacle rencontré par M. Cadet pour la préparation à chaud du savon de carapa , a eu sans doute pour cause l'emploi d'une lessive de soude très-concentrée, et dans ce cas il est une foule de corps gras que l'on ne peut saponifier. L'huile de coco est de ce nombre ; elle exige, comme on le verra plus bas, une lessive très-foible pour pouvoir l'empâter avec succès à l'aide du calorique. J'ai lieu de présumer que l'huile de carapa, presqu'aussi chargée de stéarine que celle de coco, ne peut éprouver un commencement de saponification qu'avec une lessive de 2 à 3 degrés, et qu'en employant successivement de plus fortes lessives , on parviendroit à en faire un savon très-dur et de bonne qualité. Je crois devoir donner mon avis à cet égard. Les habitans de Cayenne qui récoltent une assez grande quantité d'huile de carapa , et qui ne peuvent l'employer qu'à l'éclairage lorsqu'on peut l'obtenir liquide , utiliseront avec succès l'huile qui est concrète, pour la fabrication du savon.

Savon d'huile de chenevis. L'huile de chenevis est une de celles qui sont les plus estimées dans la fabrication des savons mous , mais elle ne peut convenir pour les savons solides. Trois livres de cette huile saponifiées avec des lessives de soude rendue caustique, ont fourni du savon d'une couleur verte ; ce savon, au sortir de la mise, pesoit cinq livres. Il étoit peu consistant, et la plus légère addition d'eau le réduisoit en pâte ; conservé pendant deux mois, il a perdu huit onces d'humidité ; il est devenu plus ferme, mais pas assez pour servir à savonner à la main. Ce savon perd entièrement sa couleur verte, il blanchit et prend ensuite une couleur brune.

Gabriel Décroos dit que l'huile de chenevis produit le meilleur savon vert ou noir ; elle a de plus l'avantage de lui communiquer sa couleur verte.

Savon d'huile de cheval. On prépare dans les voieries des environs de Paris, une graisse animale fluide, que l'on nomme *huile de cheval* ; cette huile, seule ou mélangée à d'autres huiles, sert à brûler. Bullion annonça en 1789 qu'il avoit préparé du bon savon d'un mélange de vingt-cinq livres d'huile de cheval et de vingt-cinq livres d'huile d'œillet, unies à froid avec vingt-cinq livres de lessive concentrée des savonniers.

Mais en employant trois livres d'huile de cheval sans être mélangée, et en suivant la manipulation ci-dessus décrite, MM. Darcet, Lelièvre et Pelletier ont observé qu'elle se saponifioit pour le moins aussi bien que les autres huiles animales. Le savon que ces trois livres d'huile de cheval ont fourni, pesoit au sortir de la mise, sept livres ; il étoit blanc et assez consistant ; ayant été exposé à l'air pendant deux mois, il ne pesoit que cinq livres. Ce savon n'a point d'odeur désagréable ; il acquiert une grande solidité et il savonne très-bien.

L'huile de cheval est susceptible d'acquérir, en futailles, une odeur insupportable. Il paroît que l'extraction de cette graisse animale a souvent lieu long-temps après la mort des chevaux, ou bien que, comme substance azotée, elle est susceptible de passer à la fermentation putride. Il paroît aussi que durant le scarrissage une portion de la chair musculaire est encore adhérente à la graisse, et que cette dernière fondue trop tard a déjà acquis un commencement de putréfaction par le contact de la chair dont l'altération est très-prompte. Cet inconvénient attaché à l'extraction de la graisse de toutes les bêtes mortes accidentellement, ne peut guère être évité, à moins de combiner une dissolution aqueuse de chlorure de chaux à la graisse, au moment de sa liquéfaction. Ce moyen désinfectant, employé dans une infinité de cas, par M. Labarraque, ne peut que réussir pour la purification de l'huile de cheval.

On prépare à Buenos-Ayres de très grandes quantités d'huile de cheval. Ces animaux, sauvages dans ce pays, sont si communs que l'on peut profiter avantageusement de l'huile qu'on en retire, surtout si on soignoit mieux sa préparation, qu'on la fît liquéfier à un feu doux, et qu'on employât le chlorure désinfectant pour la purifier et la conserver au point que durant le transport, elle ne fût pas susceptible de passer à la fermentation putride.

Savon de cire. Assurément il ne conviendra jamais dans le système économique de la fabrication des savons, d'employer la cire, à cause de sa cherté et des usages auxquels on la destine. Mais je ne puis me dispenser, sous le rapport scientifique, de faire connoître les essais entrepris sur la saponification de cette substance.

On peut considérer la cire, d'après M. John, comme composée de deux corps gras bien distincts. Ce chimiste a en séparé une matière soluble dans l'alcool et les huiles, qu'il nomme *cérine*, une autre qui est insoluble dans l'alcool et qu'il appelle *myricine*. Il ne faut pas confondre cette cérine avec la substance que M. Chevreul a tirée du liége, et qu'il a aussi nommée *cérine*.

Thomson assure que la cire se saponifie très-bien par les alcalis; si on décompose ce savon par les acides, l'on retrouve la cire avec très-peu d'altération. La cire punique, dont les Anciens se servoient pour peindre à l'encaustique, est un savon composé de vingt parties de cire et d'une partie de soude. Sa composition fut reconnue par M. Lorgna.

L'ammoniaque forme avec la cire un savon très-peu soluble. La propriété qu'a cet alcali de s'en séparer par sa vaporisation, a permis d'employer avec succès ce savon ammoniacal à la préparation du taffetas ciré, que l'on emploie en médecine.

Pour cela on pèse dans un matras une partie de cire blanche et trois parties d'ammoniaque liquide. On fait chauffer le mélange à un feu doux jusqu'à dissolution totale de la cire; ensuite on assujettit sur un carrelet un morceau de taffetas blanc, passé au fer. On l'expose dans cet état à une douce chaleur et on y passe légèrement un pinceau empreint de ce savon volatil. La première couche étant sèche, on en applique une seconde, puis une troisième. On le laisse sécher pour l'usage; on le coupe en forme de carré long et d'une grandeur un peu moindre que celle d'une carte à jouer. Ce taffetas ciré est très-blanc et fort beau.

MM. Félix Boudet et Boissenot viennent de se livrer à un travail intéressant sur la cire. C'est après avoir confirmé les résultats de M. John sur les deux substances dont la cire est formée, que

ces deux chimistes ont soumis la myricine et la cérine à diverses expériences, et notamment à l'action des alcalis caustiques. Leurs premiers essais ont eu lieu sur la myricine : cette substance, d'un blanc-grisâtre, est celle qui échappe à l'action de l'alcool bouillant; ce liquide se charge de la cérine qui procure à l'alcool refroidi la consistance d'une gelée.

La lessive de potasse concentrée et bouillante n'a nullement altéré la myricine; elle ne fournit pas de savon, même après une ébullition prolongée, et jouit de la même fusibilité qu'auparavant. D'après MM. Boudet et Boissenot, la myricine constitue les trois dixièmes de la cire.

La cérine traitée par la potasse se saponifie en partie. Si, après avoir dissout ce savon par l'alcool à froid, on évapore la dissolution, en traitant à chaud le résidu par l'eau et l'acide hydro-chlorique, on obtient une matière grasse, qui forme plus du quart du poids de la cérine employée.

Cette matière est formée d'acide margarique mélangé peut-être d'une très-petite quantité d'acide oléique; du moins les liqueurs alcooliques dans lesquelles avoit cristallisé l'acide margarique donnoient par leur évaporation un produit acide qui étoit de quelques degrés plus fusible que l'acide cristallisé, ce que ces chimistes ont cru pouvoir attribuer à la présence d'une petite quantité d'acide oléique.

L'eau dans laquelle le savon avoit été décomposé, saturée par le carbonate de soude, a été évaporée à siccité. On a traité le résidu par l'alcool qui n'a rien dissous, ce qui prouve qu'il ne se forme pas de glycérine pendant la saponification.

L'alcool employé à traiter la cérine saponifiée ne dissout sensiblement que le margarate de potasse, et laisse pour résidu une matière grasse assez abondante. Cette matière traitée par l'eau acidulée d'acide muriatique, puis lavée et chauffée au bain-marie, jusqu'à ce qu'elle ait perdu toute son humidité, est dure et cassante, fusible au-dessus de 70 degrés, peu soluble à chaud dans l'alcool, qu'elle fait prendre en gelée par le refroidissement, plus soluble dans l'éther et l'essence de térébenthine. Les alcalis caustiques et concentrés sont sans action sur elle; et lorsqu'on la soumet à la chaleur, elle se volatilise en partie sans éprouver d'altération. Cette propriété que MM. Boudet et Boissenot ont aussi reconnue à la myricine, est une de celles de l'éthal que M. Chevreul a retiré de la saponification de la cétine. J'ai déjà dit plus haut, d'après ce professeur, que l'éthal se volatilise en totalité lorsqu'on l'expose dans une capsule à la chaleur du bain de sable. Cette espèce d'analogie entre l'éthal et la myricine se rapporte à l'opinion de M. Chevreul, que si la cire d'abeilles n'étoit pas formée de deux substances, comme le prétendoit M. John, il étoit évident qu'elle congénéroit de la *cétine*, et que si, au contraire, elle étoit formée de ces deux substances, ainsi que l'ont démontré MM. Boudet et Boissenot, elle devoit être retirée du système des espèces.

Ces chimistes se sont également convaincus que le résultat de la distillation de la cire à feu nu, connu autrefois sous le nom de *beurre de cire*, est composé d'une grande quantité d'acides margarique et oléique, de myricine et de cérine indécomposée.

La cire a une si grande analogie de composition avec le blanc de baleine ou *cétine*, que les proportions d'oxigène, d'hydrogène et de carbone dont chacune de ces substances se trouve composée, ne varient que de quelques millièmes. L'un et l'autre de ces corps gras contiennent seulement cinq centièmes et quelque millièmes d'oxigène, quatre-vingt-un de carbone et douze d'hydrogène, avec de très-légères fractions de ces deux principes.

Or, M. Chevreul a bien raison d'avancer que l'espoir que plusieurs personnes avoient de convertir le suif en cire au moyen de l'acide nitrique, ne s'accorde point avec ses expériences, car cet acide, en brûlant du carbone et de l'hydrogène, tend à faire prédominer l'oxigène dans le corps soumis à son action. Le résultat est tout-à-fait contraire à celui qu'il faudroit obtenir pour changer le suif en cire.

En effet, l'acide nitrique convertit le suif en acide stéarique, et on sait que ce dernier contient dix centièmes et quelques millièmes d'oxigène, moins de carbone et à peu près la même quantité d'hydrogène que la cire, tandis que la stéarine de la graisse de mouton recèle un peu plus de neuf centièmes d'oxigène. Ainsi le suif contient des proportions doubles d'oxigène, comparativement à celles de la cire. Il faudroit pouvoir trouver un agent qui, au contraire, pût s'emparer de l'excès d'oxigène du suif pour le convertir en cire.

Cependant on vient d'annoncer que M. Cambacérès a converti l'acide stéarique en cire avec un tel succès, que les bougies qu'il en prépare dans sa fabrique sont de la plus grande beauté. Il paroit que ce manufacturier a particulièrement obtenu ce résultat de l'acide stéarique provenant du savon de suif, et dont ce corps gras auroit été parfaitement purifié avant sa saponification; qu'en définitive des agens chimiques ont pu être employés pour dépouiller le suif acidifié de son excès d'oxigène.

Enfin je me suis assuré que le blanc de baleine, fondu avec de grandes comme avec de petites proportions de cire blanche, puis coulé dans un moule, jouissoit des propriétés physiques de la cire, dont elle augmente l'éclat et la blancheur. La masse refroidie est dure, compacte et non lamelleuse comme le blanc de baleine. Les fabricans de cire disent que le blanc de baleine, as-

socié à la cire, rend les bougies plus fusibles et par conséquent moins économiques à l'emploi. J'ai été conduit à cette digression par rapport à la nature de la cire et par les résultats qu'elle produit à la saponification; ces détails pourront servir de complément au résumé de l'historique de cette substance. J'ai voulu saponifier moi-même de la cire jaune, et m'assurer si les alcalis s'emparoient peu ou point de la myricine. Mais au lieu de traiter la cire avec de la lessive alcaline concentrée, comme l'avoient fait MM. Félix Boudet et Boissenot, en la faisant agir inutilement sur la myricine, j'ai fait chauffer quelques onces de lessive foible de potasse caustique, à 3 degrés, et aussitôt j'en ai empâté deux onces de cire jaune. Le mélange bouillant et à l'état émulsif étoit d'un jaune-canari : j'y ai ajouté de la lessive plus concentrée et successivement de celle-ci marquant 15 degrés au pèse-sel. La saponification de la cire m'ayant paru complète, à l'exception d'une petite portion de myricine, qui rendoit les mains légèrement poisseuses, après les avoir lavées avec ce savon, j'ai traité le restant de la pâte par une lessive de soude forte, salée, qui en a séparé promptement un savon consistant : on a continué la coction et on a laissé refroidir le vase contenant le savon; celui-ci isolé de la lessive a été chauffé avec une petite quantité d'eau pour en opérer la liquéfaction. On a coulé ce savon dans deux petits moules; il est d'un beau jaune, bien dur et très-dur; son odeur est celle d'un mélange de miel et de cire; il est soluble dans l'eau; il mousse avec elle, mais moins qu'avec tout autre savon; deux onces de cire ont produit deux petites briques de deux onces chacune.

Une portion de ce savon de cire décomposée par de l'eau aiguisée d'acide hydro-chlorique, a laissé isoler une matière grasse qui, étant refroidie, avoit l'odeur, le poli et une dureté supérieure à celle de la cire jaune. Un sixième de la partie inférieure de la cire résultant de cette décomposition, avoit la configuration des choux-fleurs.

Cette observation démontre que pour saponifier la cire, comme l'huile de coco et tant d'autres corps gras très-chargés de stéarine, il faut des lessives très-foibles pour les amener à l'état émulsif, et que ce n'est qu'après l'empâtage, ainsi opéré, de ces corps gras, qu'on peut se servir avec succès de lessives concentrées pour en achever la saponification.

Savon d'huile de coco. Cette huile qui est très-blanche et très solide, est une de celles qui contiennent le plus de stéarine; elle a seulement l'inconvénient d'avoir l'odeur du beurre rance : néanmoins elle est propre à la fabrication du savon.

Les grandes quantités d'huile de coco, importées à Marseille, de l'île de France en 1820, me permirent de la voir saponifier en grand, et de faire quelques essais particuliers dans mon laboratoire sur le savon qu'elle produit à base de soude.

Consulté par un fabricant qui ne pouvoit parvenir à la saponifier à l'empâtage, je me transportai dans sa fabrique, et j'observai qu'une masse considérable de fluide huileux nageoit à la superficie de la pâte. L'huile d'olive avec laquelle on l'avoit combinée avoit pu se saponifier avec une lessive à 9 degrés, tandis que celle de coco refusoit de s'unir à la même lessive. En considérant que l'huile de coco étoit très-abondante en stéarine, je pensai qu'elle devoit être empâtée avec une lessive très-foible; nous en trouvâmes à 3 degrés dans la fabrique, et nous en fîmes aussitôt un essai en petit dans une marmite de grès. Dès que la lessive à 3 degrés fut bouillante, on y incorpora deux à trois livres d'huile de coco; aussitôt l'empâtage eut lieu à l'aide de l'agitation; il se manifesta de grosses bulles blanches, preuve certaine de l'empâtage de l'huile. Après un quart d'heure d'ébullition on procéda au relargage, ou autrement dit à la séparation de la pâte savonneuse du liquide aqueux, au moyen d'une lessive alcalino-salée. Cette opération faite, on laissa reposer le mélange, et le lendemain, sans continuer davantage la coction, on obtint à la superficie du vase une masse de cinq à six livres d'un savon très-blanc, dur et conservant encore l'odeur du beurre.

Dès-lors je conseillai d'enlever de la chaudière toute l'huile fluide et non saponifiée, de la réunir au restant de l'huile de coco qui se trouvoit encore en futailles dans la fabrique, et de la traiter séparément dans une chaudière avec une lessive marquant seulement 3 degrés à l'aréomètre des sels, puis de procéder au relargage au moyen des recuits ordinairement chargés d'une grande quantité de sel marin.

Cette opération réussit à merveille; on obtint un savon aussi blanc que consistant, et on put l'utiliser ainsi en le combinant à diverses cuites de savon d'olive.

Les obstacles rencontrés à l'empâtage de l'huile de coco, peuvent servir de type à MM. les fabricans de savon, et ils considéreront que plus un corps gras est chargé de stéarine, plus on doit employer des lessives foibles à l'empâtage. Cette vérité est si bien établie que, comme on le verra plus bas, les huiles d'olive ne peuvent être saponifiées avec des lessives au même degré. C'est ainsi que les huiles de Cannée, qui contiennent plus de stéarine que celles de Tunis, exigent des lessives à 9 degrés, tandis que ces dernières ne se saponifient bien qu'avec une lessive à 11 degrés. Voilà pourquoi l'huile d'œillet s'empâte parfaitement avec des lessives à 18 à 10 degrés de densité. Ainsi plus les huiles sont chargées d'o-

léïne, plus elles sont susceptibles de se saponifier avec des lessives plus concentrées.

Je crus devoir répéter mes essais sur l'huile de coco dans mon laboratoire : on me céda trois livres de cette huile que j'empâtai encore avec une lessive à 3 degrés; le savon isolé du liquide aqueux à l'aide d'une lessive salée, fut soumis à la coction avec une lessive forte, et convenablement chargée de sel marin. La brique de savon, obtenue après le refroidissement de la pâte, étoit bien lisse, fort dure et d'une blancheur éclatante: elle pesoit dix livres; mais sa saveur étoit encore très-alcaline. Je coupai ce savon en divers morceaux et le laissai exposé à l'air. Plusieurs jours après, des cristallisations abondantes de sous-carbonate de soude se manifestèrent à la surface de ce savon qui perdoit chaque jour de son eau de composition, dont l'excès étoit dû à l'absorption d'une très-grande quantité de soude.

Pour le dépouiller de ce sel, je le fis fondre à chaud, dans de l'eau chargée de sel marin; après une heure d'ébullition, j'ôtai le vase du feu pour laisser refroidir le savon qui se trouvoit privé de l'excès d'alcali et d'humidité. Mais comme il receloit encore un peu de sel, je le fis fondre de nouveau avec une petite portion d'eau qui s'empara des principes salins, et le savon bien épuré vint nager à la surface : je le coulai dans une mise; mais quoique beau et bien dur, il conserva toujours l'odeur du beurre.

Ce rapprochement de l'odeur de l'huile de coco avec celle du beurre et du savon qui en résulte, me fait naître l'observation que la noix de coco contient un liquide sucré, agréable, dont les habitans des colonies sont très-friands, et que ce liquide a son siège dans le creux ovale de la forme du coco. Il paroit que la liqueur sucrée en contact avec l'huile et la matière amilacée, est à l'huile de coco ce que le sucre de lait est au beurre contenu dans ce fluide animal. D'après cette analogie, ne peut-on pas présumer que l'huile de coco fourniroit de l'acide butrique? C'est à M. Chevreul à qui ces sortes d'expériences sont plus familières, qu'il appartient d'apprécier mon opinion à cet égard.

J'avois conservé un bocal de cette huile, dont l'odeur de beurre est toujours plus marquée; elle rougit fortement la teinture de tournesol : aussi est-elle bien aigrelette.

Savon d'huile de colza. L'huile de colza n'est pas généralement employée par les fabricans de savon solide, mais ceux qui préparent des savons mous s'en servent avec avantage. Les divers essais que MM. Darcet, Lelièvre et Pelletier ont entrepris avec cette huile, leur ont fait connoître qu'après les huiles d'olive et d'amandes, elle est des huiles végétales fluides, celle qui donne le savon le plus solide. Ces chimistes ont obtenu de trois livres d'huile de colza, traitées avec des lessives de soude (en observant la manipulation déjà indiquée), une brique de savon qui, au sortir de la mise, pesoit cinq livres. Ce savon étoit d'un gris-jaunâtre; il étoit assez ferme, mais moins bien que celui fourni en plus grande proportion par une égale quantité d'huile d'olive; il ne peut donc pas supporter une addition d'eau aussi considérable. Le savon d'huile de colza conserve également l'odeur particulière à cette huile; exposé à l'air pendant trois mois, il a perdu une livre et un quart de son poids, de sorte qu'il ne pesoit plus que trois livres douze onces: il étoit alors assez solide, mais il n'a point acquis la sécheresse du savon d'huile d'olive, gardé dans le même endroit.

Mes essais sur le savon de colza, à base de soude, m'ont démontré que ce savon n'étoit pas lié dans ses molécules, et qu'après son refroidissement dans la mise, on observoit qu'il étoit formé de grumeaux de la grosseur d'un pois et détachés les uns des autres. Sa consistance étoit très-inférieure à celle du savon d'huile d'olive. Sa couleur étoit verdâtre.

Ce défaut d'adhérence des molécules du savon de colza paroît tenir à la nature de cette huile de graines, et surtout à ce qu'elle est composée d'huile volatile et d'huile fixe. Peut-être qu'en soumettant auparavant l'huile de colza à l'ébullition dans l'eau, comme l'avoit fait l'abbé Rozier, cette huile, après la vaporisation de celle qui est volatile, pourroit être plus propre à la saponification et fourniroit un savon moins odorant, plus lié et plus ferme que celui provenant de l'huile pure.

L'huile de colza traitée avec la lessive de potasse à 15 degrés, de manière à la saturer complétement de l'alcali nécessaire à sa saponification, a produit un savon d'un blanc-jaunâtre, de la consistance du beurre et conservant légèrement l'odeur de l'huile employée. Abandonné à l'air dans une mise, sa consistance n'a pas changé. Ce savon mousse peu avec l'eau; il ne paroît pas aussi profitable qu'un savon d'huile d'olive ou de graisse.

Savon d'huile de faîne. Les diverses expériences que MM. Darcet, Lelièvre et Pelletier ont tentées sur la saponification de l'huile de faîne, ne leur ont pas laissé entrevoir que l'on puisse l'employer seule avec avantage dans la fabrication des savons solides; mais elle pourra l'être pour les savons mous ou en pâte. Ces chimistes ont traité trois livres de cette huile par les lessives de soude, et par la méthode déjà décrite. Au commencement de l'opération, cette huile paroissoit se saponifier avec facilité; mais lorsqu'elle a été suffisamment saturée d'alcali et que le savon a été achevé, on n'en a pas été aussi satisfait qu'on l'attendoit. Le savon, que trois livres d'huile de faîne ont fourni, pesoit cinq livres au sortir de la mise; il étoit d'un gris-sale et conservoit l'odeur d'huile de faîne. Exposé à l'air pendant deux mois, il ne pesoit

plus ensuite que quatre livres dix onces; et alors, quoique assez ferme pour être manié, il étoit néanmoins gras, pâteux et gluant. Ce savon jaunit à l'air.

Pour rendre cette huile propre à la fabrication des savons solides, on a pensé qu'il faudroit lui associer une autre huile ou graisse qui donne un savon parfaitement sec, telle que l'huile d'olive, ou bien du suif ou toute autre graisse animale.

Savon de graisse ou d'axonge. On donne plus ordinairement le nom de *graisse* à celle de porc, connue par les chimistes sous le nom d'*axonge*. On appelle *suifs*, les graisses de mouton, de bœuf et de chèvre. Je traiterai plus bas du savon de suif.

On a pris trois livres d'axonge; on l'a saponifiée par le procédé ci-dessus indiqué, au moyen des lessives de soude caustique. Le savon, au sortir de la mise, pesoit huit livres et demie; il étoit très-blanc et très-solide. Son odeur n'étoit point désagréable. On l'a laissé à l'air pendant trois mois; l'ayant pesé ensuite, il ne pesoit plus que quatre livres et quatorze onces; il étoit alors très-sec et très-propre au savonnage.

L'énorme quantité d'eau que ce savon contenoit après sa confection, prouve qu'il auroit fallu le traiter par une lessive alcalino-salée, très-chargée de sel marin, qui auroit déterminé la séparation du savon avec l'excès d'eau qu'il avoit absorbé. C'est toujours de cette manière qu'on doit traiter les savons de graisse; on les liquéfie avec une suffisante quantité d'eau et on les coule dans la mise.

On peut se procurer dans certains départemens de la France des quantités assez considérables d'axonge pour l'employer à la fabrication des savons; on traite en grand cette substance à la manière des savons d'huile d'olive.

On peut faire aussi un très-beau savon avec le sain-doux, en opérant à froid; on a soin de le purifier à l'aide de la chaleur, on le coule, et lorsqu'il est sur le point de se figer, on y combine la moitié de son poids de lessive de soude à 36 degrés; on l'agite de temps en temps pendant trois jours avec une spatule de bois, et on le verse dans une mise. Ce savon est très-solide et d'une grande blancheur: il est inodore.

Savon de laine. M. Chaptal a proposé depuis long-temps de faire servir la vieille laine, les recoupes et les tontes de drap, à la fabrication du savon. Pour cela, on porte à l'ébullition une lessive caustique, concentrée, et on y ajoute ces débris de laine, en remuant continuellement le mélange. Le savon est fait lorsque la lessive n'en peut plus dissoudre: on l'emploie avec succès dans les manufactures: il est d'une couleur brune et d'une odeur un peu désagréable. Si on emploie de la laine en suint, on observe qu'en procédant à sa dissolution dans la lessive bouillante, elle acquiert l'aspect et la longueur de nombreux fils de soie réunis; j'ai fait cette remarque

en

en soulevant la laine avec une écumoire , et à mesure qu'elle reçoit les effets de la lessive caustique; une nouvelle immersion dans cette dernière
la dissout avec la plus grande rapidité.

En faisant dissoudre la pâte d'amande dans la
lessive caustique, et agitant continuellement ce
mélange , on obtient un savon de la couleur et de
la consistance de celui de laine.

Savon d'huile de lin. L'huile de lin n'est pas
propre à la fabrication des savons solides; mais
elle convient pour la fabrication des savons mous;
ceux qui fabriquent de ces derniers se servent de
cette huile lorsque le prix n'en est pas trop
élevé. Le grand usage qu'on fait de l'huile de lin
dans la peinture et pour la préparation des vernis
ne permet guère de l'employer dans la préparation
des savons.

Trois livres d'huile de lin traitée par les lessives de soude caustique, ont fourni un savon
qui , au sortir de la mise , pesoit cinq livres; il
étoit assez blanc , mais il n'a pas tardé à jaunir à
sa partie extérieure. Ce savon est gras, pâteux
et collant , d'une consistance moyenne; ne sèche
point à l'air; il a une odeur forte; il se ramollit
considérablement par l'addition d'une petite quantité d'eau. L'ayant conservé dans un endroit sec,
pendant deux mois, il a perdu huit onces de son
poids ; néanmoins il étoit encore pâteux et
collant.

L'huile de lin est rangée parmi les huiles siccatives; j'ai déjà déduit les motifs pour lesquels cette
dernière dénomination n'est relative qu'à ses effets
dans la peinture ; on vient de voir qu'elle produit
des résultats tout contraires dans la savonnerie.

Savon métallique. Les savons métalliques résultent de la combinaison des huiles et des graisses
avec les oxides métalliques. On les obtient de
deux manières : 1°. en mêlant ensemble une dissolution de savon ordinaire et la dissolution d'un
sel métallique ; 2°. en unissant directement des
oxides métalliques avec les huiles et les graisses,
soit à froid, soit à chaud , et dans ce dernier cas
avec ou sans l'intermède de l'eau. On donne au
produit obtenu par le premier procédé, le nom
de *savon métallique* proprement dit , et au composé par le second, celui particulier d'*emplâtre.*
Nous devons à M. Berthollet la formation et
l'examen des savons métalliques; il en a préparé
avec les sels de mercure, de fer, de plomb, de
cuivre, de zinc, d'étain, de cobalt, d'argent,
d'or et de manganèse. De tous ces savons on a
essayé en médecine l'usage des trois premiers.
M. Berthollet a proposé l'emploi des autres pour
la teinture et les vernis. Le savon d'or, d'après
l'avis de M. Nachet, eût pu trouver place parmi
les médicamens fournis par ce sel et employés par
M. Chrétien dans le traitement des maladies
syphilitiques.

Voici les changemens qui s'opèrent en mêlant
une dissolution de savon ordinaire, à une autre ,

par exemple , de sulfate de cuivre; l'acide sulfurique de ce dernier s'unit à la soude du savon,
tandis que les acides stéarique et oléique de ce
composé se combinent avec le cuivre du sulfate et
forment des stéarates et des oléates de ce métal;
il en est de même des combinaisons des dissolutions savonneuses avec celles des autres sels métalliques.

Les savons métalliques désignés sous le nom
d'*emplâtres* sont d'un fréquent usage en médecine ;
on ne doit employer à leur préparation que de
l'huile d'olive et des graisses; les huiles de graines ne
forment que des emplâtres mous et plus ou moins
colorés avec les acides de plomb. On a composé
des emplâtres avec beaucoup d'oxides métalliques, et particulièrement avec ceux de plomb ;
on n'a pu réussir avec ceux de fer : on donne actuellement la préférence à la litharge (protoxide
de plomb), comme la plus propre à la combinaison emplastique. On prépare les emplâtres de
trois manières : 1°. à froid en mélangeant de la litharge avec de l'huile et en agitant souvent : au
bout de quelque temps l'oxide perd sa couleur, il
se combine avec l'huile , et le mélange acquiert
de la consistance. Ce procédé n'a été employé
que comme moyen de recherches; il ne produit
jamais un emplâtre de consistance convenable;
on obtient les emplâtres à l'aide de la chaleur sans
ou avec l'intermède de l'eau; lorsqu'on opère
sans eau, comme pour l'emplâtre brûlé, dit
onguent de la mère, on fait chauffer les graisses
jusqu'à ce qu'elles fument et qu'elles commencent à se décomposer ; alors on y ajoute la litharge
bien pulvérisée; il se manifeste un boursouffle-
ment assez considérable au moment de la combinaison : on continue de chauffer jusqu'à ce que
l'oxide soit entièrement combiné et que l'emplâtre ait acquis une couleur brune : on laisse refroidir à demi et on verse dans des mises de
papier.

Les emplâtres préparés à l'aide de la chaleur
et avec l'intermède de l'eau sont les plus usités :
on fait bouillir ensemble l'huile d'olive , la graisse
de porc et la litharge prises à parties égales, avec
une suffisante quantité d'eau ; le mélange , de
rouge qu'il étoit, passe à la couleur rose, ensuite
il en prend une d'un blanc-grisâtre. Enfin il acquiert beaucoup de blancheur et de consistance;
on ajoute de l'eau au mélange à mesure qu'il s'en
évapore; on s'assure de la cuite de l'emplâtre en
en coulant un peu dans l'eau froide; lorsqu'on
n'y aperçoit plus de litharge, et qu'en le malaxant
il n'adhère pas aux doigts, on juge que l'opération est achevée : on le sépare de l'eau qui a
servi de bain-marie; celle-ci est trouble et a une
saveur sucrée, elle contient la *glycérine.* On ma-
laxe l'emplâtre dans l'eau froide, et on en forme
des magdaléons; il ne faut pas préparer beaucoup
d'emplâtre simple à la fois , surtout lorsqu'il est
destiné à l'emploi comme *diapalme*; il a l'incon-

vénient de se durcir beaucoup, se fonce en couleur, surtout à sa surface; il diminue aussi de poids en perdant l'humidité qu'il contient toujours, malgré qu'on l'ait bien malaxé. On attribue à cette dissipation de l'eau la couleur plus foncée qu'il acquiert par le temps. Il en est de même des savons solubles à base de soude ou de potasse.

La masse emplastique dont on vient de donner la préparation, est la seule qui soit décrite dans la nouvelle édition du Codex de Paris; on a supprimé toutes les autres; elle sert d'excipient pour toutes les substances qui n'entrent qu'à l'état de mélange dans les emplâtres, comme la cire, les résines, les gommes-résines, les poudres végétales, les oxides métalliques, etc. (Nachet, *Dictionnaire des Sciences médicales*.)

L'emplâtre simple est un composé qui contient du stéarate, du margarate et de l'oléate de plomb. Cette espèce de savon est également décomposable par les acides; si on se sert, par exemple, de l'huile acétique, il se forme de l'acétate de plomb soluble, et les acides stéarique, margarique et oléique viennent nager à la superficie du mélange. J'ai déjà fait connoître à l'article *Huile*, les curieuses expériences de M. Frémy, qui a observé que ces acides isolés de l'emplâtre simple ne se combinoient plus avec la litharge et le massicot, et que le carbonate de plomb, seul, étoit soluble dans ces acides gras, pour former une combinaison du même genre.

Pour préparer l'emplâtre simple, on doit faire choix de l'huile d'olive la plus blanche, et de très-belle litharge; si l'huile employée est jaune, l'emplâtre conserve plutôt cette couleur, de même que si elle est verdâtre, le composé a une couleur analogue. Avec de l'huile blanche de la rivière de Gênes ou de Port-Maurice, on obtient du diapalme de la plus grande beauté. Ce principe est absolument applicable à la fabrication des savons, et, comme on le verra plus bas, les huiles blanches ou de Port-Maurice méritent la préférence sur toutes les autres.

Savon d'huile de navette. Cette huile se comporte, dans la fabrication du savon, de la même manière que l'huile de colza; elle est de même employée par les fabricans de savons mous. Trois livres de cette huile, traitées avec des lessives de soude, comme pour les essais précédens, ont fourni une brique de savon qui, au sortir de la mise, pesoit cinq livres dix onces. Ce savon étoit d'un gris-jaune, et après avoir été exposé pendant près de trois mois à l'air, il ne pesoit plus que quatre livres et demie; il étoit alors bien consistant, mais pas aussi sec que le savon d'huile d'olive. Ce savon conserve un peu de l'odeur particulière à l'huile de navette, et comme il savonne très-bien, les fabricans de savon ne devroient point négliger d'en préparer. MM. Darcet, Lelièvre et Pelletier, auteurs de ces observations, assurent que ce qui fait que l'huile de navette est rejetée pour la fabrication du savon, c'est parce que cette huile ne leur permet point de faire trois ou quatre livres de savon par livre d'huile. La proportion la plus forte à laquelle ils puissent parvenir avec l'huile de colza ou de navette, pour avoir du savon de vente, est au plus d'une livre et demie par livre d'huile; mais, ajoutent ces honorables chimistes, que cette considération ne les arrête point, qu'ils se contentent d'un bénéfice honnête; qu'ils soignent la préparation des savons mous, et qu'ils la perfectionnent.

Savon d'huile de noix. Il est rare que le prix de l'huile de noix permette aux fabricans de l'employer pour la préparation des savons mous. Cette huile bien préparée est propre aux usages alimentaires; les peintres la recherchent parce qu'elle est peu colorée et qu'elle est siccative.

Trois livres d'huile de noix ont été saponifiées avec les lessives de soude; on a obtenu une brique de savon qui, au sortir de la mise, pesoit quatre livres douze onces. Ce savon est d'une consistance moyenne, d'un blanc-jaunâtre; il est gras et gluant; il devient d'un jaune-brun à l'air, et il n'y acquiert point de la solidité; il s'y ramollit plutôt, pour peu que l'air soit humide. Ce savon ayant été conservé pendant deux mois, n'étoit plus que du poids de quatre livres huit onces: il a donc perdu quatre onces. La plus petite addition d'eau le ramollit considérablement et le rend pâteux. On voit, d'après cela, qu'il ne peut être employé pour les savonnages à la main.

Savon d'huile d'œillet ou de pavot. L'huile d'œillet, traitée par les lessives de soude, ne formant pas des savons consistans, est plutôt propre à la fabrication des savons mous; combinée avec neuf dixièmes d'huile d'olive, on obtient un savon d'une très-bonne consistance. L'huile d'œillet recélant infiniment plus d'oléine que de stéarine, modifie la dureté des savons d'huile d'olive et remplace, avec la soude artificielle, la potasse contenue dans certaines soudes végétales. Les proportions d'huile d'œillet, en combinaison à celle d'olive, sont variables et dépendantes de l'état de la température. L'été, un dixième d'huile d'œillet suffit pour faire un très-bon savon; mais l'hiver, on peut en porter la dose jusqu'à deux dixièmes. Une plus forte quantité de cette huile, associée à celle d'olive pour la fabrication des savons blancs ou marbrés, présente des inconvéniens graves lorsque les produits arrivent l'été à leur destination.

Dans les pays du Nord, on combine l'huile d'œillet avec le suif pour la fabrication du savon solide; mais les produits ont une odeur désagréable et inhérente à celle du suif. L'emploi de l'huile d'œillet n'apporte aucun changement à l'odeur qu'offre cette combinaison, car les savons exclusivement faits avec cette huile de graines rancissent tellement à l'air, qu'ils présentent l'odeur du lard le plus altéré.

Voici le procédé que j'ai employé avec le plus de succès pour la fabrication du savon d'huile d'œillet à base de soude.

J'ai fait chauffer dans une petite chaudière environ trente litres de lessive à 18 degrés de l'aréomètre des sels. Aussitôt que la lessive a été bouillante, on y a combiné soixante-quatre litres d'huile d'œillet. L'empâtage s'est parfaitement opéré à l'aide de l'agitation et d'une ébullition modérée qu'on a prolongée pendant une heure.

On a ajouté successivement à la pâte de la lessive à 12 degrés, puis à 8 degrés, et on a procédé au relargage à l'aide d'une lessive alcalino-salée.

Le savon séparé, par ce moyen, de l'excès de lessive en combinaison, a été traité par de la lessive forte et contenant un cinquième de sel marin sur quatre parties de soude artificielle.

Au bout de quatre à cinq heures d'ébullition et de deux à trois changemens de lessive employée et séparée par l'*épinage*, on a prélevé quelques livres de ce savon qui, dans cet état, étoit blanc et assez consistant pour le savonnage à la main. Cependant il étoit formé d'une masse de petits grumeaux susceptibles d'être détachés les uns des autres.

On a voulu procéder au *madrage* du restant de la masse de ce savon, mais on n'a pu y parvenir par le procédé employé pour procurer la madrure aux savons d'huile d'olive. Les lessives foibles salées n'ayant pas rempli le but desiré, le contremaître a eu recours à l'emploi de l'eau pure qui, dans ce cas, a opéré la trop forte liquéfaction de la pâte.

Cela fait, on a coulé le savon dans une mise; le lendemain, la croûte qui la recouvroit étoit rugueuse et assez solide, mais l'intérieur de la pâte avoit l'aspect d'une gelée transparente. Cet essai ayant été fait dans une fabrique de Roquevaire où je séjournai très-peu de temps, je ne pus m'assurer de l'état ultérieur de ce savon, qu'on combina à une cuite de savon d'huile d'olive.

Si l'on traite l'huile d'œillet par la lessive de potasse à 15 degrés, jusqu'à parfaite saturation du mélange, le savon qu'on en obtient est d'un blanc-jaunâtre et de consistance gélatineuse. Ce produit est rangé dans la classe des savons mous.

Savon d'huile d'olive ou *savon de Marseille.* La fabrication du savon de Marseille comporte à elle seule tant de détails particuliers, que pour en rendre la description plus intelligible, il est bon de commencer par faire connoître les matières et le précis des procédés qu'on emploie pour la préparation de ce savon.

Ces matières sont la chaux vive, les soudes végétales ou artificielles, l'huile d'olive et l'eau.

On emploie deux qualités de soude, l'une purement alcaline, à 33 ou 36 degrés de l'alcali-

mètre de Descroizilles, l'autre composée de soude et de sel marin.

La première sert à l'empâtage de l'huile : quatre parties de la même soude en combinaison avec une partie de soude salée, sont employées à la préparation des lessives destinées à compléter la saponification, ou pour mieux dire pour procéder à la coction du savon.

Les principales opérations de la savonnerie se réduisent à celles-ci.

1°. A la préparation des lessives.

2°. A l'empâtage de l'huile.

3°. Au relargage de la pâte saponifiée.

4°. A la coction du savon.

5°. Au madrage ou au moyen de donner la marbrure au savon. (Les savons marbrés sont de deux genres, le bleu-pâle et le bleu-vif.)

6°. A la préparation du savon blanc.

7°. Au coulage des savons dans les mises.

8°. A la division du savon en gros pains et à la subdivision de ces derniers en barres.

On entend par *empâtage de l'huile*, le commencement de sa saponification au moyen d'une lessive alcaline foible qui réduit le mélange à l'état émulsif, et de l'emploi de la lessive au titre relatif à la qualité de l'huile.

Le *relargage* est l'opération par laquelle, en ajoutant à la pâte saponifiée, une masse de lessive salée dite *recuits*, on sépare le savon de l'excès d'eau ou de lessive employée à l'empâtage.

La *coction* qui succède au relargage s'opère au moyen des lessives plus ou moins concentrées : ces lessives sont alcalino-salées ; elles sont composées de vingt-cinq à trente centièmes de sel marin et de soixante-dix à soixante-quinze centièmes de soude décarbonatée.

C'est après la coction du savon que l'on se détermine à le madrer ou à lui donner la marbrure.

Les autres opérations de la savonnerie, comportant chacune des détails circonstanciés, je les traiterai successivement aux sections qui leur sont consacrées.

Voici en résumé le mode par lequel on procède à la fabrication des savons d'huile d'olive.

Cent parties d'huile exigent environ cinquante-quatre parties de soude brute à 36 degrés pour leur saponification, et deux parties de soude exigent, pour devenir caustiques, une partie de chaux.

Après avoir pilé la soude, éteint la chaux au moyen de l'eau ou d'une lessive excessivement foible, on en fait un mélange dont on remplit des bassins en maçonnerie, dits *barquieux*, en forme de parallélogrammes, et au fond desquels se trouve une ouverture destinée à l'écoulement des lessives dans de vastes citernes.

On fait parvenir de l'eau froide sur le mélange

de chaux et de soude pour en opérer la lixiviation. La quantité d'eau est suffisante pour chaque lessivage lorsqu'elle surnage de quelques centimètres. Au bout de douze heures, on fait écouler la liqueur qui prend le nom de *première lessive*, et qui marque 20 à 25 degrés du pèse-sel.

Traitant ensuite le résidu par de nouvelle eau, on se procure deux autres lessives, dont l'une marque 10 à 15 degrés, et l'autre 4 à 6 degrés. Ces lessives sont reçues, comme la première, dans des citernes particulières.

Anciennement on empâtoit l'huile d'olive par des lessives très-foibles, et successivement plus concentrées. Aujourd'hui on emploie ces lessives à un degré déterminé. Pour cela on prend, au moyen d'un *pucheux*, dit *pouadou*, une égale portion de chaque lessive obtenue; on en remplit des baquets avec lesquels on charge le tiers de la capacité de la chaudière.

Si c'est une huile dite *corpsée* ou abondante en stéarine, on amène le résultat de la combinaison des lessives à 8 ou 9 degrés. Si, au contraire, l'huile est *plus légère*, ou abonde en oléine, on porte le mélange des lessives à 10 ou 11 degrés. Le titre moyen des lessives est donc de 9 degrés et demi pour les huiles ordinaires.

Le titre de la lessive étant ainsi reconnu, on allume le feu sous la chaudière. Lorsque la lessive est bouillante, on y verse dessus cent mille-roles d'huile d'olive, soit soixante-quatre hecto-litres de ce liquide. Les grandes chaudières sont d'une capacité suffisante à pouvoir contenir le résultat de la saponification d'une aussi grande masse d'huile. Ces chaudières dont la contenance est par conséquent variable, portent à leur fond un tuyau d'environ soixante-huit millimètres de diamètre, et auquel on donne le nom d'*épine*, pour servir d'écoulement aux lessives qu'on a besoin de renouveler.

Dès que l'huile a été versée sur la lessive bouillante, le mélange devient blanchâtre comme une émulsion; on le fait bouillir à un feu modéré, la combinaison de l'huile avec l'alcali s'opère de plus en plus; on la facilite en remuant parfois le mélange avec un redable. On maintient toujours la masse bien empâtée, bien homogène, sans lessive isolée au fond de la chaudière et sans huile à la surface. Si une portion d'huile vient occuper la superficie de la pâte, on y ajoute de la lessive un peu plus foible, au cas que l'huile se trouve chargée de stéarine; ou un peu plus forte, si on la juge abondante en oléine.

On opère un deuxième service de lessive au même degré qu'auparavant, c'est-à-dire qu'on fait une nouvelle addition de cette dernière à la pâte pour terminer l'empâtage de l'huile. Cette addition est ordinairement d'une vingtaine de baquets de lessive.

Au bout de dix-huit à vingt heures d'ébullition

plus ou moins soutenue, l'huile est empâtée. Mais comme le savon est combiné avec une très-grande masse de lessive composée de beaucoup d'eau, de sels neutres et de sous-carbonate de soude, on opère la séparation du savon de cet excès de liquide, au moyen de quatre-vingts à cent baquets de lessive salée, à un certain degré de concentration, et à laquelle on donne le nom de *recuit*. Cette opération se nomme *relargage*.

Le sel marin dont cette lessive est chargée, détruit l'affinité du savon avec l'eau, et porte la pâte à la superficie. Aussitôt après cette séparation, on éteint le feu sous la chaudière. On laisse reposer le tout pendant deux à trois heures; après ce temps, on procède à l'*épinage* de la lessive qu'on reçoit dans un grand réservoir, et qu'on fait repasser ensuite sur les barquieux des soudes qui ont déjà fourni les lessives employées à la coction.

La pâte étant isolée de la lessive, à l'exception d'une très-petite quantité de ce liquide occupant encore le fond de la chaudière, on y fait parvenir cent vingt à cent trente baquets de lessive alcalino-salée à 18 à 20 degrés du pèse-sel, et à laquelle les savonniers donnent le nom de *lessive forte*.

On continue le feu sous la chaudière, et on observe que par l'addition de cette dernière lessive la pâte acquiert plus de consistance, d'une part, l'alcali agit sur l'huile sous de nouveaux points de contact, et de l'autre, le sel rapproche les molécules de la pâte.

Quinze à vingt heures après le premier service de lessive forte, on opère l'épinage de celle qui a cédé l'alcali pur au savon, et qui ne contient presque plus que des sels neutres et du carbonate de soude. On fait alors un autre versement de lessive du deuxième produit, marquant 20 à 25 degrés, dans la chaudière. Chaque versement porte le nom de *service*.

On entretient le feu de manière à ce que la pâte arrive à une ébullition modérée.

La pâte saponifiée acquiert une consistance plus ferme; si on la presse entre les doigts, on sent qu'en se refroidissant, elle commence à s'écailler, mais qu'elle est encore susceptible d'adhérer à la main par l'action du toucher.

A mesure que la pâte devient plus solide, la vapeur d'eau résultant de l'ébullition, détermine quelquefois des projections de savon et de lessive au dehors de la chaudière, parce que la vapeur trouve de la résistance à la superficie du savon qui, par le contact de l'air et par un peu de refroidissement, augmente de solidité.

On opère l'épinage de la lessive et on fait un troisième service de lessive forte à 28 à 30 degrés; on porte la pâte à l'ébullition, et si la croûte du savon qui occupe la superficie devient très-dure, un ouvrier mêle bien celle-ci, au moyen d'une pelle, avec la pâte plus molle de la partie inférieure, pour que l'une et l'autre reçoivent le même degré de coction.

On réitère les services de lessive forte jusqu'à quatre à cinq fois, suivant l'état de la pâte, après avoir procédé à l'épinage des lessives qui ont été employées et épuisées.

C'est par l'ébullition de la pâte durant ces diverses opérations, qu'elle arrive au degré de cuisson convenable. L'odeur et la consistance du savon pressé entre l'index et le pouce, sont des indications que la cuite est achevée. Si l'odeur du savon se rapproche de celle de la violette, et qu'en en pressant un peu il s'écaille tout-à-fait, en glissant entre les doigts et sans y adhérer, on est alors certain que la cuite est prête.

Le savon étant fait, on opère le dernier épinage de lessives de la coction, et on se dispose à le *madrer* si on veut lui donner la *marbrure*. On peut également le convertir en savon blanc par une opération tout-à-fait différente de celle employée pour la savon madré.

Dans le cas où l'on se propose d'obtenir du savon marbré, on a soin d'ajouter à l'empâtage deux à trois kilogrammes de couperose verte ou sulfate de fer du commerce. La quantité de ce sel employée est variable suivant que les soudes sont plus ou moins chargées de sulfure.

Une fois que cette addition est faite, le savon est destiné à éprouver l'opération de la madrure.

Si on veut obtenir du savon blanc, on se sert d'abord des huiles d'olive les plus blanches, et on se garde bien d'ajouter du sulfate de fer à la pâte saponifiée; car quoiqu'on ne fasse pas cette addition, le savon étant cuit et prêt à être converti en savon blanc, a toujours une couleur grise ou bleuâtre. C'est à l'aide de lessives alcalines foibles qu'on parvient successivement à précipiter le *savon alumino-ferrugineux*, auquel les savonniers donnent le nom de *gras*. J'entrerai plus bas dans les détails relatifs à ces deux genres de savon.

Cet exposé succinct conduira plus parfaitement le lecteur à la connoissance des faits et des phénomènes qui accompagnent les opérations de la savonnerie : avant de donner plus de développement à leur descriptions, il est important de faire connoître les diverses qualités d'huile d'olive employées dans la fabrication du savon.

Des huiles d'olive employées ou préférées dans la fabrication du savon. Parmi les diverses huiles d'olive employées dans ce genre d'industrie, on met en première ligne celles de Provence, tant par rapport à la qualité qu'à la quantité de savon qu'on en obtient. Les huiles de Draguignan donnent un savon plus blanc que celles de Toulon, dont le résultat est plus tardif à blanchir; mais ces dernières, en compensation, fournissent plus de produit.

Les huiles du territoire d'Aix et des environs ne sont pas aussi productives; elles ont aussi le désavantage de procurer aux savons une couleur citrine. Les huiles dites *recenses*, provenant de marc d'olive de ces diverses contrées, ont aussi les inconvéniens attachés aux huiles des lieux de production.

On classe les huiles de Calabre et notamment celles de Joya, parmi celles qui fournissent les savons les plus blancs : elles sont ordinairement légères, c'est-à-dire peu chargées de *stéarine*. On a soin de les combiner avec d'autres huiles qui ont plus de *corps* ou qui recèlent moins d'*oléine*.

Quant aux huiles du royaume de Naples, on distingue celles de Gallipoli, dont la plus grande partie est achetée par les Anglais. Toutes les autres qualités d'huile de ce royaume jouissent à peu près des mêmes propriétés pour le produit, comme pour le blancheur des savons; telles sont les huiles de la Pouille, de Brindisi, de Monopoli et de Tarente. Toutes ces qualités d'huile donnent de beaux savons : celles de Sicile n'offrent pas la même certitude au fabricant; il y en a qui fournissent des savons verts; les huiles de Syracuse ont particulièrement ce désavantage. Les autres qualités d'huile de Sicile sont ordinairement combinées par les fabricans avec des huiles d'autres contrées, pour éviter la couleur verdâtre des savons. Enfin les huiles de Sicile sont très-chargées de *viridine* ou principe vert, dont la présence nuit à la blancheur des produits qui en résultent.

Il faut que le fabricant se pénètre bien de ces vérités; les savons sont d'autant plus blancs que les huiles sont presque blanches ou peu colorées. Si leur couleur est jaune, on obtient des savons de cette dernière nuance; avec des huiles vertes, les savons sont presque toujours verts.

Les huiles de la rivière de Gênes sont employées comme huiles blanches, à l'exception de celles de la rivière du Levant, qu'on sait être ordinairement colorées. Les huiles de Corse sont rangées parmi les qualités blanches, mais très-légères : on les mêle avec d'autres huiles plus grasses pour les utiliser à la savonnerie. Celles de Sardaigne peuvent être considérées dans la même classe.

Les huiles d'Espagne sont aussi d'une jolie couleur et très-productives; on peut les employer seules avec succès.

Viennent ensuite les huiles du Levant, réputées parmi celles qui produisent une quantité satisfaisante de savon, mais qu'il faut mêler avec des huiles blanches, parce qu'elles sont, en général, toutes colorées.

On a mis pendant long-temps au premier rang les huiles de la *Canée*, comme les plus productives; on distinguoit surtout celles venant de Rétimo. L'opinion des savonniers paroît avoir éprouvé quelques modifications à cet égard. Les huiles de la Morée et des îles de l'Archipel paroissent préférables pour le poids de savon qu'on peut en obtenir : toutes ces qualités sont dans la classe des huiles colorées.

Les huiles de Tunis sont avec raison les moins estimées pour la fabrication du savon : elles produisent des savons presque mous. L'introduction des soudes artificielles dans la savonnerie permet d'employer ces huiles avec plus de succès qu'auparavant ; la quantité d'oléine qu'elles recèlent les assimile, en quelque sorte, à l'huile d'œillet par rapport à l'effet qu'elles produisent. Là où un dixième de cette huile de graines suffit en combinaison avec neuf dixièmes d'huile d'olive, deux dixièmes d'huile de Tunis remplissent le but désiré, celui de diminuer la trop forte consistance des savons et d'en procurer la *coupe douce*. On donne cette dernière désignation aux savons qui, étant coupés au couteau, sont d'une consistance convenable, et conservent leur homogénéité sans se briser.

Au reste, les huiles de Tunis fournissent des savons de couleur jaunâtre, et moins de produit que les autres huiles d'olive ; il n'y a que des circonstances impérieuses, et notamment celle de la rareté de l'huile d'œillet, qui obligent le fabricant à les employer seules.

Toutes ces observations sont soumises à des variations d'autant plus fréquentes, que les contrées qui fournissent les plus belles huiles ne sont pas toujours les meilleures pour la fabrication des savons. Diverses causes, telles que la sécheresse du climat, le ver dans l'olive, le degré de fermentation de ce fruit et les affections morbides de l'olivier, contribuent à l'obtention des huiles plus ou moins chargées de viridine qui produit des changemens dans la blancheur des produits fabriqués.

Ainsi la couleur de l'huile limpide varie depuis le jaune-doré jusqu'au vert le plus intense ; mais du citrin au vert de pré, combien de nuances n'y a-t-il pas ? Les traités de vente n'ont pas toujours les résultats qu'on se promet en stipulant que l'huile à livrer sera *marchande et non verte*. Cette décision est soumise au jugement des jaugeurs, et souvent le *minimum* de la couleur verte n'est pas assez apprécié pour la réduction du prix convenu de l'huile. Le maximum de cette couleur laisse moins de doute pour les conditions des traités, dans lesquels on a en vue de dédommager le fabricant de la couleur verte communiquée aux savons par l'emploi des huiles vertes.

En effet, quoique cette dernière couleur ne paroisse pas influer sur la quantité de savon qu'on en obtient, ce produit n'en est pas moins déprécié, et l'acheteur préfère toujours les savons qui se rapprochent le plus de la couleur blanche. Quant à leur effet pour le savonnage, il est absolument le même dans les deux cas, puisque les savons jaunes anglais et américains produisent un écume très-blanche durant le lavage et laissent le linge d'une blancheur désirable.

Pour reconnoître si l'huile n'est pas dans le cas de fournir des savons colorés, le savonnier prend de la lessive alcalino-salée ; il la verse sur un peu d'huile à essayer, qu'on a déjà mise dans une assiette ; il agite le mélange, et s'il est blanc, après avoir formé un *savonule*, il juge que l'huile est dans les qualités blanches ; si le mélange reste verdâtre ou de couleur jaune, il rejette l'emploi de cette huile.

Les huiles de grignons et les recenses sont plus ou moins vertes : on les emploie pour donner plus de solidité aux savons ; ces qualités d'huile étant plus chargées de stéarine que les huiles ordinaires, ont cette dernière propriété ; c'est pourquoi les fabricans leur donnent le nom de *sicatives*.

Les recenses sont plus susceptibles de falsification que les huiles marchandes et limpides, parce qu'elles sont naturellement épaisses et opaques. On y combine souvent du vieux lard fondu, du suif et de la colle de farine. (*Voyez* mon *Traité des huiles*, article *Recenses*, sur ces genres de falsification.)

Les huiles exposées à l'air se rancissent, et, de citrines qu'elles étoient, passent à la couleur blanche. Dans cet état, elles s'oxident et s'acidifient, leur consistance augmente sans qu'elles perdent leur limpidité. Ce dernier phénomène n'a pourtant lieu que sur de petites quantités d'huile long-temps soumises à l'influence de l'air et de la lumière.

C'est pourquoi les marchands de la rivière de Gênes exposent les huiles un peu vertes à l'air, pendant l'été ; cette couleur est peu à peu absorbée, et l'huile devient blanche.

Mais de ce que le blanchiment de l'huile est alors occasionné par l'influence de l'air et de la lumière, il ne s'ensuit pas cependant qu'elle soit aussi propre à la fabrication que dans le cas où le degré de blancheur qui la caractérise, est le résultat naturel de son obtention. Il est bien démontré que les huiles vieilles, et qui, par conséquent, deviennent quelquefois plus blanches, ne procurent pas des savons aussi solides que celles qui sont plus récentes. Il paroît qu'une fois que l'oxigène de l'air s'est combiné avec l'huile en assez grande proportion, l'oxide de sodium n'a pas la même affinité avec ce corps gras. Ne seroit-ce pas en raison de ce que les deux principes de l'air (l'azote et l'oxigène) se seroient emparés de l'huile, que l'on observe la différence entre l'emploi des huiles de l'année et celles qui, avec le temps, ont éprouvé les changemens déterminés par leur rancidité ? Cette question est presque résolue par le fait suivant, que l'huile oxigénée par l'acide nitrique a bien moins d'affinité avec la lessive des savonniers que l'huile pure ; elle se trouve corroborée par la remarque de M. Frémy, déjà citée plus haut, et qui démontre que les corps gras isolés de l'emplâtre simple, au moyen des acides, n'ont plus d'affinité avec les oxides jaune et rouge de plomb, tandis que les mêmes corps gras s'unissent au carbonate de ce métal.

Au surplus, l'expérience vient ici à l'appui de la théorie; les savonniers se sont tous plaints cette année de l'emploi des huiles vieilles, auxquelles on a eu recours à défaut d'approvisionnement sur la place de Marseille. En termes de l'art, les pâtes étoient plus *relâchées*, et quelques cuites se sont trouvées *fondues*. Aussi a-t-on borné l'emploi de ces huiles à un quart ou à un cinquième avec d'autres plus récentes, et auxquelles on ne reconnoît pas ces inconvéniens.

Les huiles troubles et chargées de féces procurent des savons colorés et moins de produit, par rapport à la conversion des matières féculentes en mucilage au moyen des lessives alcalines. Une portion de mucilage se trouve entraînée par les lessives, tandis que l'autre reste en combinaison dans le savon dont la couleur est alors altérée. C'est pour éviter cette altération que les fonds de piles sont vendus aux épurateurs d'huile qui en séparent tous les corps étrangers.

Par conséquent, l'huile limpide est toujours préférable à l'huile plus ou moins trouble. L'opacité de ce liquide, occasionnée par la présence d'une petite quantité de matière féculente, donne lieu à la désignation d'huile *marchande*, dérivée de *mercantibile* et *recétabile*, que l'on a traduit et changé en celle d'huile d'olive marchande, ou, implicitement, aussi peu chargée de lie qu'on puisse y reconnoître un certain degré de diaphanéité.

« Le degré de limpidité, dit Baudoin, qui fixe le point auquel l'huile marchande peut être louche, est moyen entre celui de la limpidité absolue et de l'opacité; mais comme c'est le coup d'œil qui le détermine, et que les jaugeurs en sont les seuls juges, on présume facilement que leurs décisions ne sont pas rigoureusement exactes; c'est ce qui rend son produit en savon, si incertain et si variable. Il n'est point de fabricant qui ne se soit aperçu que cette qualité ne dépose beaucoup. On n'a, pour s'en assurer, qu'à en laisser des échantillons à une température voisine de 20 degrés du thermomètre français; au bout de quelques jours, on verra combien le dépôt de certaines qualités est considérable, et quelles variations il y a des unes aux autres. »

L'auteur voudroit que les fabricans rejetassent un usage qu'il regarde comme préjudiciable à leurs intérêts; ils seroient plus sûrs, dit-il, de la valeur réelle de leurs achats, et auroient lieu d'espérer un plus grand *rendement*.

Mais ce vœu de M. Baudoin ne sauroit s'accomplir; car, de la transparence absolue de l'huile à l'opacité évidente de ce fluide, on peut compter tant de variétés, que peu d'huiles seroient réputées

marchandes ou susceptibles d'être agréées à la vente. Cette restriction, d'ailleurs, mettroit des bornes à l'immensité du commerce de l'huile et le reporteroit dans d'autres contrées. Il suffit que les appréciateurs du degré de pureté de cette marchandise le reconnoissent avec l'intégrité qui distingue des hommes chargés d'un service public, pour que le commerce, en général, trouve la garantie désirable dans les opérations de MM. les jaugeurs.

Je reviens donc, comme je l'ai déjà dit, aux principales opérations de la savonnerie; après les avoir traitées en résumé, je vais m'attacher à les décrire avec tous les détails nécessaires à l'intelligence de ceux qui voudront se livrer avec succès à ce genre d'industrie.

De la préparation des lessives. Les lessives employées dans la savonnerie sont de deux sortes; la première est exclusivement faite par la lixiviation d'un mélange de chaux et de soude purement alcaline, et ne sert que pour l'empâtage de l'huile. La seconde se compose du résultat du lessivage d'un mélange de chaux, de soude *salée* et de soude *douce* ou alcaline, et n'est employée qu'à la coction et à la levée des cuites des savons madrés. Ces lixiviations s'opèrent dans des bassins dits *barquieux*.

Il est bon d'observer ici que l'emploi de la chaux au lessivage des soudes, a seulement pour but d'enlever l'acide carbonique au carbonate contenu dans la soude brute, et de la rendre plus caustique et plus propre à la saponification des corps gras.

Lessive pour l'empâtage. On commence par remplir un *barquieux* de deux tiers de soude douce ou alcaline, pilée, et d'un tiers de chaux éteinte au moyen de l'eau ou d'une lessive très-foible; on fait parvenir sur ces matières bien mêlées ensemble, la quantité d'eau suffisante pour qu'elle surnage de quelques centimètres. Le mélange s'affaisse peu à peu, et durant cette immersion il se dégage un très-grand nombre de bulles d'air résultant des interstices que présente le mélange de la chaux et de la soude; ce que les ouvriers considèrent comme l'effet d'une sorte d'ébullition. Lorsque ce mouvement a cessé à la surface du bassin, on enlève la cheville servant à boucher l'ouverture qui est au bas du barquieux, et on donne lieu à l'écoulement de la première lessive dans un récipient ou citerne, destiné à cet usage.

Le premier lessivage donne ordinairement dix cornues de lessive par heure. Lorsque ce lessivage est terminé, on bouche de nouveau le bassin, et on le remplit encore d'eau à l'aide d'une pompe aspirante. Au bout de quelque temps, on fait écouler la seconde lessive dans une autre citerne.

Le second lessivage étant fait, on procède de la même manière au troisième.

Cela fait, on épuise à deux reprises différentes le résidu de la soude par de nouvelle eau qu'on fait arriver sur les barquieux. Les *petites lessives* qui en proviennent sont employées à la liquéfaction des savons blancs, ou bien on s'en sert au lieu d'eau lorsqu'on veut lessiver un autre barquieux rempli d'un mélange de chaux et de soude.

Rien de plus simple que le moyen de diriger les lessives d'un même bassin dans des citernes diverses; une rigole en pierre dure est pratiquée en face du trou des barquieux, et de chaque côté de la rigole s'en trouve d'autres placées transversalement, et par lesquelles les lessives s'écoulent dans les récipiens. Un linge mouillé qu'on applique au-devant de ces petits conduits, suffit pour empêcher que les *lessifs* se portent dans un récipient plutôt que dans un autre, qui, par exemple, a déjà reçu la première lessive. Ainsi le même moyen a été employé au-devant des conduits peu éloignés pour recevoir le résultat du premier lessivage, et on dirige les lessives subséquentes dans d'autres citernes en enlevant un de ces linges avec lesquels on obstrue les divers conduits.

Pour que la lixiviation s'opère avec succès, et avant de charger le barquieux du mélange de chaux et de soude pilée, on place dans l'intérieur du bassin et au-devant de l'ouverture servant à l'écoulement des lessives, des briques renversées et par-dessus du résidu de la combustion de la houille. Lorsqu'on procède à la lixiviation des soudes salées pour la coction, on met sur ces briques, et au-devant du trou, de gros morceaux de soude salée.

Lessive pour la coction. Le jeu des barquieux pour obtenir les lessives destinées à la coction, se compose de trois, et s'il est possible de quatre; ils ont tous leurs récipiens de la contenance de deux cents cornues de lessive. Chaque barquieux contient ordinairement trente-six à quarante quintaux de soude. On met à chacun d'eux, pour la composition des lessifs, soixante-quatre cabas dit *couffins* de soude alcaline, un tiers de chaux sur le volume de la soude employée, et huit à dix cabas de soude *salée*, si celle-ci contient au moins cinquante centièmes de sel marin. Au cas que les proportions de ce dernier aient été reconnues moindres ou infiniment moindres à l'analyse chimique, on augmente les proportions de la soude salée jusqu'à quinze à vingt cabas, en diminuant la quantité de la soude alcaline.

Les quatre barquieux constituent ce qu'on appelle, en termes de l'art, une *méne*. Voici l'ordre établi pour diriger le lessivage au moyen de ces barquieux.

1, 2, 3, 4.

Le n°. 1 est le *neuf*, c'est-à-dire celui qui est chargé de nouvelles matières; le n°. 2 est l'*avançairé*; le n°. 3, le *petit avançairé*; le n°. 4 est à

l'*eau*. On commence à diriger l'eau sur le n°. 4 (1); on met le n°. 3 au recuit, c'est-à-dire qu'on n'y fait passer dessus que les lessifs provenant du relargage et de la coction, et qu'on a obtenus de différens épinages. La lessive qui découle du n°. 3 passe sur le n°. 2, et celle qui filtre du n°. 2 est dirigée sur le n°. 1, dont la lessive est alors employée à la coction.

Les lessives sortant du n°. 1 pour la coction se composent d'un récipient pour le lessif fort, d'un autre pour le second produit, et d'un troisième destiné à recevoir la troisième lessive. Le résultat du quatrième lessivage du n°. 1 sert d'*avances* pour faire passer sur le n°. 4 qui se trouve épuisé par cette lixiviation; on vide ensuite ce dernier des matières lessivées, et on le charge à neuf pour un autre lessivage. Le n°. 3 est alors mis à l'eau, et le n°. 2 aux recuits. Le n°. 1 devient l'*avançairé* du n°. 4 qui, à son tour, est devenu le *neuf*, nouvellement chargé de chaux et des deux qualités de soude; ainsi de suite en suivant le même ordre de travail.

D'après ce mode, on voit qu'on ne doit pas intervertir l'ordre de la *méne*; autrement on ne feroit que des lessives très-imparfaites, parce qu'on mettroit l'ouvrier dans le cas de se tromper de récipiens en changeant de barquieux.

En adoptant la méthode déjà indiquée, il est certain que la lessive coulant du n°. 3, passant ensuite sur le n°. 2 et filtrant de ce dernier pour être portée sur le n°. 1, doit nécessairement acquérir bien plus de force, en passant de l'un à l'autre et se saturant peu à peu de sel et d'alcali : on l'obtient dans un tel état de concentration qu'elle est plus propre à la coction du savon.

Le contre-maître doit exercer la surveillance la plus rigoureuse sur la manière dont constitue la *méne* des barquieux. Si l'ouvrier chargé du lessivage est paresseux, il peut, surtout durant la nuit, charger le n°. 1 de ce qui coule du n°. 3, et laisser le n°. 2 fermé en coulant fort peu.

On sent combien cet abus peut être préjudiciable à la préparation de la bonne lessive. La caisse des barquieux doit toujours être pleine, c'est-à-dire que les matières en lixiviation doivent être constamment recouvertes de lessive. Autrement la soude, en se séchant à la superficie, forme une masse compacte qui devient un obstacle à la filtration. On s'abstient de faire passer sur les barquieux de la lessive des trous des mises. Cette lessive toujours gluante et savonneuse empêche la filtration; c'est pourquoi on ne la destine

---

(1) Le n°. 4 est à l'eau parce que les matières qu'il renferme ont déjà éprouvé trois lixiviations : par conséquent le n°. 3 en a subi deux, et le n°. 2 un seul lessivage. Le n°. 1 est nommé le neuf parce qu'il contient de nouvelles matières; et que pour cela on l'a déjà vidé des résidus qu'on jette à la voirie.

que pour le *relargage*, où l'on profite du savon qu'elle peut contenir.

De l'empâtage de l'huile dans deux chaudières, et observations sur cette opération. J'ai déjà dit qu'un barquieux composé d'un mélange d'un tiers de chaux et de deux tiers de soude alcaline, et auquel on a fait éprouver trois lessivages successifs au moyen de l'eau froide, fournissoit trois produits de lessives à différens degrés, puis, qu'on réunissoit ces lessives dont la combinaison marquoit 9 à 10 degrés de l'aréomètre des sels, pour procéder à l'empâtage de l'huile. Cette opération se pratique tantôt dans une seule chaudière sur cent milleroles d'huile, tantôt, dans les grands ateliers, sur cent dix milleroles de ce liquide, qu'on divise et qu'on empâte dans deux chaudières. Cette méthode étant la plus usitée, voici comme on procède pour que l'empâtage s'opère avec plus de succès et dans un plus court espace de temps.

Les trois citernes de lessive étant remplies, un ouvrier plonge un pucheux dans l'un de ces récipiens; il vide d'abord le premier, puis le second, ensuite le troisième; il remplit des baquets, à deux anses, de lessive que deux autres ouvriers sont chargés de transporter dans les chaudières; on garde seulement une vingtaine de baquets de lessive forte pour être employée au besoin sur la fin de l'empâtage.

Pour que la quantité de lessive de chaque récipient se trouve parfaitement égale et au même degré dans les deux chaudières, un ouvrier *puiseur* vide une seule citerne, et à mesure qu'un homme va verser un baquet de lessive dans une chaudière, l'autre en projette à son tour dans celle qu'il est chargé d'alimenter; ainsi de suite pour les trois récipiens.

En même temps un autre ouvrier allume le feu sous les chaudières; dès que la lessive est bouillante, on verse cinquante-cinq milleroles d'huile dans chaque chaudière, et aussitôt que le mélange se trouve à un degré voisin de l'ébullition, on l'agite avec un redable pour accélérer la combinaison de l'huile avec la lessive.

La pâte ne tarde pas d'entrer en ébullition qui se manifeste par une masse d'écumes: celles-ci diminuent peu à peu; la pâte s'affaisse, les écumes disparoissent tout-à-fait, et le mélange commence à bouillir régulièrement au centre des chaudières.

La pâte, d'un blanc-roussâtre, acquiert de la consistance à mesure que l'ébullition continue; une portion de l'humidité s'évapore; il se manifeste des jets de fumée noirâtre, ressemblant à celle qui sort de la bouche d'un fumeur, ce qui fait dire aux ouvriers que la cuite *tabaco*.

Comme ce signe est l'indicateur que le cuivre de la chaudière est en contact avec la matière bien empâtée, et que le métal reçoit l'action vive du feu, on ouvre alors les portes des fourneaux;

car, à mesure que la pâte s'épaissit, l'eau se vaporise avec plus de difficulté, et la vapeur aqueuse, entraînant aussi une portion de celle résultant de la décomposition d'une petite quantité d'huile, paroît noirâtre.

C'est pourquoi il importe alors de ménager le feu et d'ajouter vingt cornues de lessive forte qu'on a gardée en réserve. Au moyen de cette addition la pâte se trouve détrempée; on l'agite avec un redable pour la combiner avec la lessive.

Il est aussi bien essentiel que les ouvriers ne projettent jamais la lessive avec trop de précipitation dans la chaudière; ces projections doivent être faites circulairement, de manière à ce que les jets de lessive soient disséminés en même temps sur toute la surface de la pâte.

Ce mode d'arroser la pâte est indispensable pour éviter autant que possible la cassure des cuivres. Cet accident arrive quelquefois si on jette tout-à-coup et sans précaution la lessive dans la chaudière: le liquide froid pénètre rapidement toute la pâte, parvient jusqu'au métal qui est alors rouge de feu, et détermine sa cassure par le contraste subit du contact d'un corps froid avec le métal incandescent.

Si on s'aperçoit que la pâte est très-liquide durant l'opération de l'empâtage, c'est une preuve que l'alcali s'y trouve en trop grand excès; dans ce cas, on ajoute de l'huile à la chaudière, et aussitôt le mélange s'épaissit convenablement. Si, au contraire, la pâte est très-épaisse, on fait alors l'addition de la lessive forte avec les précautions déjà indiquées.

Il peut arriver qu'une certaine quantité d'huile vienne nager à la superficie de la pâte; on obvie à cet inconvénient en jetant une vingtaine de cornues de lessive foible dans la chaudière, et sur-le-champ un ouvrier brasse le mélange avec un redable. Si la combinaison de l'huile n'a pas tout-à-fait lieu avec la lessive, on l'accélère en ajoutant à la chaudière des débris de savon résultant des *coupes* précédentes. Cette addition invisque parfaitement le mélange. En effet, le savon déjà fait se dissout dans l'humidité de la pâte, forme un corps visqueux par sa dissolution, et facilite, par ce moyen, l'empâtage de l'huile qui avoit échappé à la saponification.

La cause de l'apparition de l'huile à la superficie de la pâte est souvent due à la présence d'une trop grande quantité de sel marin dans la soude employée à la lessive de l'empâtage. Un excès de ce sel détruit l'affinité de l'alcali avec l'huile. Des additions de lessive, et s'il est possible, plus pure que la première, parent à cet insuccès, au cas que la quantité d'huile surnageante ne soit pas trop considérable.

Si la masse de celle-ci est trop forte, on persiste à continuer l'empâtage et à faire bouillir la pâte jusqu'à ce que la combinaison de l'huile et de la lessive soit plus parfaite. L'addition de débris de savon à la chaudière devient alors d'une très-grande utilité.

C'est de l'empâtage parfait de l'huile avec la lessive que dépend le succès d'une cuite de savon; si l'huile n'a pas été bien invisquée durant cette opération, elle reparoît en plus grande masse après le relargage et pendant la cuite. Cet inconvénient se présentoit plus souvent avec les soudes végétales qu'avec les soudes artificielles, dont la fabrication est dirigée suivant l'emploi qu'on en fait aux diverses opérations de la savonnerie; les végétales recèlent des quantitiés très-variables et souvent très-fortes de sel marin, qui deviennent nuisibles à l'empâtage. Voilà la cause pour laquelle on employoit autrefois deux à trois jours à l'empâtage de cent milleroles d'huile, tandis qu'un seul jour suffit pour obtenir le même résultat, parce que les soudes *douces* ou pour mieux dire presque totalement alcalines, ne contiennent qu'un à deux centièmes de sel marin dont les effets sont alors insensibles.

Au cas qu'on veuille fabriquer du savon bleu-pâle du résultat de l'empâtage, on ajoute sur la fin de cette opération, deux à trois kilogrammes de sulfate de fer du commerce à chacune des deux chaudières. Si on se propose d'obtenir du savon bleu-vif, on emploie trois à quatre kilogrammes du même sulfate nécessaire à procurer une plus forte madrure.

La pâte ayant acquis toute la consistance convenable et se trouvant parfaitement homogène, l'empâtage est alors terminé, ce qui fait dire, en termes de l'art, que la pâte est assez *serrée*.

C'est alors qu'on se dispose à l'opération du *relargage*. Pour cela, on retire au moyen d'un ringard toute la braise qui se trouve dans le fourneau, et on procède à l'opération suivante.

Du relargage. Cette opération, qu'on pratique dans les deux chaudières séparément, a pour but d'isoler le savon de l'excès de lessive avec laquelle il est combiné.

A cet effet, on se sert d'une lessive alcalino-salée, portant le nom de *recuit*, et qui contient une très-grande quantité de sel marin pour opérer cet isolement.

Alors le *meneur* de barquieux a devant la chaudière une grande cornue; un autre ouvrier verse dans celle-ci du recuit qu'il apporte avec des baquets ou cornues ordinaires; puis il prend avec un pucheux de cette lessive et la projette peu à peu sur toute la surface de la pâte, jusqu'à ce qu'il en ait employé environ vingt petites cornues; ensuite il ajoute de ce même lessif à la chaudière jusqu'à cent vingt à cent trente cornues qu'on projette successivement, en le versant, autant qu'il est possible, sur toute la superficie de la pâte.

Pour accélérer les effets du relargage, un ouvrier placé au-dessus de la chaudière, agite avec un redable la pâte de bas en haut d'une manière verticale, afin que la lessive s'étende partout et attaque chaque molécule de la pâte savonneuse.

Le signe qui annonce que le relargage est bien fait, c'est que la pâte s'ouvre en différens sens.

Cette opération étant faite dans chaque chaudière, on attend au moins deux à trois heures pour procéder à l'épinage, qu'on opère aussitôt que la lessive est transparente.

Sur l'espace d'un *mallon* (1) et demi de recuit ajouté à la pâte, il faut qu'on épine ou qu'on fasse évacuer la contenance de trois mallons pour que la chaudière ait bien purgé.

Lorsque les lessives employées diverses fois ont acquis une odeur infecte ou qu'on les juge trop chargées de sels neutres, on les jette à la mer par des canaux pratiqués à cet usage.

De la coction. L'épinage ayant eu lieu, on fait à chaque chaudière un service de cent cornues de lessive alcalino-salée du troisième produit, marquant environ 18 à 20 degrés; et pour économiser le feu, un ouvrier monte sur la chaudière et madre le mélange pendant quelques minutes.

Si, au contraire, on chauffe immédiatement la lessive après son introduction dans la chaudière, on attend que le mélange arrive à l'ébullition; puis, on ôte le feu et on madre toute la pâte qui se trouve alentour des parois intérieures et de la superficie de la chaudière.

Ce service étant fait séparément dans les deux chaudières, on réunit la pâte dans une seule. Pour cela, les ouvriers enlèvent avec un pucheux la pâte de l'une des chaudières, la reçoivent dans des baquets avec lesquels ils la versent dans une seule destinée à la coction. On alimente de nouveau le feu, et on porte le mélange à l'ébullition: quelques heures après on procède à l'épinage, puis au deuxième service.

A cet effet, on projette encore sur la pâte cent vingt à cent trente cornues de lessive du deuxième produit marquant 20 à 28 degrés; on entretient le feu sous la chaudière pour que la pâte arrive à une ébullition modérée.

Le savon commence à acquérir une certaine consistance, mais il est loin d'être parfaitement cuit; on continue de faire bouillir la pâte jusqu'à ce que la lessive, dégustée par le matras, ait perdu sa forte saveur alcaline: dans cet état, elle ne recèle que des sels neutres et du sous-carbonate de soude. On procède alors à un autre épinage et au troisième service.

Alors on verse sur la pâte cent vingt cornues

_____

(1) On entend par *mallon* l'un des rangs de briques entourant les parois de la chaudière, construite en maçonnerie et dont le fond seul est de cuivre.

de lessive forte, et on porte le mélange à l'ébullition. Si la croûte du savon qui se trouve à la superficie devient trop consistante, un ouvrier mêle bien celle-ci, au moyen d'un pelle, avec la pâte plus molle de la partie inférieure.

A mesure que le savon augmente de solidité, la vapeur d'eau résultant de l'évaporation de la lessive se fait jour à travers la pâte solidifiée, et détermine des projections de savon et de lessive à l'entour de la chaudière. Il est prudent de se tenir à l'écart pour éviter les effets de ces projections souvent inattendues. Après quelques heures d'ébullition le contre-maître s'assure de l'état de la lessive, et s'il juge que l'alcali pur a été encore absorbé ou qu'elle n'est plus piquante à la dégustation, il épine de nouveau la chaudière.

Il faut alors un quatrième service de lessive forte, puis un cinquième si le savon n'est pas arrivé à son degré de cuisson. Il est des contre-maîtres qui procèdent jusqu'à un septième service; dans ce cas, il arrive souvent que la pâte se trouve trop chargée de sel et d'alcali, ce qu'on reconnoît lorsqu'on la trouve dans un état très-divisé et en petites molécules imprégnées de substances salines.

Au contraire, le savon cuit au point convenable, a un grain plus gros et mieux lié; si on le presse entre les doigts, on sent qu'il s'écaille en se refroidissant, que sa consistance est alors très-dure et que son odeur, presqu'analogue à celle de la violette, est suave; qu'enfin il n'offre plus l'odeur de l'huile d'olive employée.

C'est alors que le savon est bien cuit; mais il n'est pas encore prêt à être coulé dans les mises. Pour cela, il faut qu'il ait éprouvé l'opération de la madrure.

Durant le dernier service, la pâte doit bouillir environ dix à douze heures en hiver et douze à dix-huit heures en été. Cela dépend des quantités d'huile employées. Aussitôt qu'on a reconnu que le savon est suffisamment cuit, on retire le feu de dessous la chaudière. On laisse reposer la lessive pendant vingt minutes, et on se dispose à l'opération de la madrure.

De la madrure. La madrure est l'opération par laquelle on procure au savon une sorte de cristallisation en veines d'un bleu-noirâtre, par la liquéfaction de la pâte, à l'aide de la chaleur et des lessives foibles, et par l'agitation du mélange au moyen d'un redable. Cet arrangement symétrique du savon alumino-ferrugineux s'opère sur un fond blanc, long-temps après le refroidissement de la pâte.

Ce procédé est fondé, d'après M. Thénard, sur la moindre solubilité du savon alumino-ferrugineux à une basse température, et sur la propriété qu'a la dissolution de ne pouvoir le retenir et de s'en séparer à une certaine densité.

On concevra plus facilement ce qui se passe dans l'opération de la madrure, en rappelant ce qu'on observe sur l'état physique du savon au dernier épinage et à sa parfaite coction. Le grain de la pâte est plus ou moins gros; elle est dure au toucher après son refroidissement : sa couleur est d'un gris bleuâtre-foncé; sa saveur est très-alcaline. La couleur grise du savon est d'autant plus prononcée, qu'on a employé du sulfate de fer pour le convertir en savon marbré. Ce sulfate se décompose dans la pâte saponifiée; l'alcali oudeutoxide de sodium le précipite à l'état de deutoxide et de protoxide de fer, de couleur bleue plus ou moins foncée; celle-ci augmente d'autant plus d'intensité que les lessives sont plus sulfurées; il se forme du sulfure de fer en combinaison avec une certaine portion d'alumine, ce qui a fait donner par M. Thénard le nom de *savon alumino-ferrugineux* au composé qui constitue la coloration et la marbrure du savon. J'ai adopté cette dernière dénomination, abstraction faite des sulfures qui font souvent partie de ce composé; néanmoins comme la lessive de soude la plus pure et par conséquent désulfurée, précipite en bleu-verdâtre la dissolution du sulfate de fer du commerce, j'admets avec quelques modifications, que j'énoncerai plus bas, que l'on peut faire du savon marbré avec des soudes désulfurées.

Maintenant que j'ai précisé la cause de la coloration du savon en bleu, je décrirai les effets qui résultent de la liquéfaction de ce composé avec ou sans l'agitation de la pâte, au moyen des lessives foibles.

Si on fait chauffer une partie d'eau ou de lessive très-foible, dans une bassine de cuivre, et qu'on y jette douze parties dans l'état de coloration où on le trouve après le dernier service, le savon, à l'aide de l'agitation, se fondra dans l'eau ou la lessive; le mélange deviendra gluant et demi-diaphane; si on cesse de l'agiter et qu'on le laisse en repos sur un feu doux, puis qu'on laisse refroidir le savon, celle-ci se divise en deux parties, l'une occupant la partie supérieure et convertie en savon blanc; l'autre au bas la portion inférieure, renfermant le savon alumino-ferrugineux, à l'état noirâtre, gluant au toucher, et d'une consistance moins ferme que le produit qui la recouvre.

Si, au contraire, on fait chauffer de la lessive à 10 degrés et qu'on y jette le savon destiné à la madrure, puis, qu'on agite le mélange avec un redable, en reportant la matière du fond vers la superficie, on observe que le savon ne se dissout qu'imparfaitement, qu'il nage entre une portion de lessive et de pâte liquéfiée dont la couleur paroît homogène. En ajoutant des lessives successivement plus foibles au mélange et en l'agitant de la même manière, il arrive qu'en le coulant dans une mise et le laissant refroidir, le savon qui en résulte est d'autant mieux parsemé de veines bleuâtres, sur un fond blanc, qu'on a opéré sur une plus grande masse.

De l'opération de la madrure ou de la levée de la cuite. Cette opération a également pour but de dépouiller la pâte de l'excès d'alcali et de substances salines dont elle est imprégnée, de les entraîner au fond des mises au moyen de lessives successivement plus étendues, et de procurer la marbrure au savon par les moyens suivans.

Lorsqu'on a reconnu que le savon est suffisamment cuit, on commence par faire *épiner* ou découler la lessive par l'épine. On place ensuite sur la chaudière une planche d'une épaisseur suffisante et fort large, pour que deux hommes y étant dessus, puissent manœuvrer facilement. Chacun de ces hommes est armé d'un redable pour agiter la pâte, afin qu'elle s'imprègne de la lessive qu'un autre ouvrier y verse à plusieurs reprises.

Cette manipulation se fait en deux temps. Le premier est préparatoire et s'appelle *rompre*. Le second termine l'opération, et s'appelle *tirer du fond*.

Comme l'homme le plus vigoureux ne pourroit enfoncer au premier coup son redable jusqu'au fond de la chaudière, et le faire remonter par un mouvement brusque, parce que la pâte est trop consistante, et la colonne à vaincre, trop haute, on commence par n'enfoncer l'instrument que jusqu'au quart de la profondeur de la chaudière, et on l'en retire un peu obliquement; lorsqu'il est prêt à en sortir, on accélère le mouvement jusqu'à la surface, où l'on arrête tout-à-coup pour occasionner un jet qui détermine l'expansion de la lessive sur toute la superficie de la pâte, en divise les grumeaux et en facilite l'imbibition.

Le second temps s'exécute en plongeant le redable jusqu'au fond de la chaudière, et en le retirant verticalement jusqu'à la surface, où le coup brusque, produit au moyen du redable, donne lieu à l'expansion de la lessive qu'on ramène du fond vers le dessus de la pâte. Par ce moyen, toutes les parties de savon sont transportées du bas en haut de la chaudière, et reçoivent les effets de la lessive qui les tuméfie et les humecte convenablement.

Dans l'un comme dans l'autre cas, des ouvriers versent trois à quatre cornues de lessive à la place où chacun des *madreurs* tient son redable, afin que la large pelle horizontale dont le bout est muni, puisse s'enfoncer avec plus de facilité.

Les deux madreurs parcourent peu à peu la longueur de la planche sur laquelle ils se trouvent placés, et par conséquent tout le diamètre de la chaudière, en travaillant la pâte sur tous les points : pour exprimer qu'ils ont parcouru en entier cet espace, on dit qu'ils ont fait une *passado*. On en fait deux ou trois pour *rompre*, mais le nombre de celles qu'ils exécutent en tirant du fond est indéterminé, parce qu'il est subordonné aux effets des diverses lessives sur la pâte liquéfiée.

Ainsi la *passado*, pour qu'elle ait lieu sur toute la superficie de la pâte, s'exécute d'abord sur un point de l'une des parois de la chaudière, et se continue en reculant successivement la planche jusqu'à ce que l'opération commencée à une extrémité se termine également à l'autre. On verse ordinairement à la chaudière soixante cornues de lessive pour chaque *passado* qu'on divise en plusieurs *reculées*.

Par ces lotions, la pâte se tuméfie, absorbe peu à peu la lessive nécessaire à sa liquéfaction et à l'union intime de ses molécules, pour qu'elle prenne dans les mises la consistance qu'elle doit avoir.

Tel est le mécanisme de cette opération; il ne reste plus qu'à faire connoître la lessive qu'il faut y employer.

On a vu plus haut que l'on fait *épiner* pour faire évacuer la lessive qui a servi à la coction : c'est parce que cette lessive est toujours beaucoup plus concentrée que celle qui doit servir pour l'opération de la madrure, ou en d'autres termes, pour la levée de la cuite.

En général on peut commencer par madrer une cuite de savon avec de la lessive à 10 à 12 degrés et terminer avec une lessive de 3 à 4 degrés; mais on ne peut rien préciser à cet égard, et la méthode à suivre est rarement identique. Si la pâte a un grain très-divisé et qu'elle soit imprégnée de substances salines, on emploie, en commençant, une lessive plus foible que celle dont on se sert à un degré plus élevé, si la pâte est moins serrée et moins compacte. Ce dernier cas est celui où l'on a saponifié de la recense, des fonds de piles ou des huiles *grasses*. C'est de l'état de la pâte que dépend l'emploi de la lessive à divers degrés de densité. Un contre-maître exercé balance rarement sur le choix des lessives, mais quelquefois malgré l'expérience qui lui sert de guide, il se trouve forcé de tâtonner et d'employer alternativement de la lessive foible et de plus concentrée.

Voici ce que M. Baudoin rapporte sur la versatilité des méthodes des contre-maîtres. « Les uns après avoir fait faire une *passée* ou deux de lessive un peu forte (1) pour faciliter le dégagement de la pâte lorsqu'on *tire du fond*, recourent à la foible et liquéfient la pâte plus qu'il ne faut, pour avoir occasion de la ramener à son point par le secours de la forte.

» D'autres emploient non-seulement de la lessive forte en commençant, mais ils s'en servent même pour plusieurs *passées*. Cette méthode opérant l'effet contraire de la précédente, les force

---

(1) Les lessives dont on se sert pour la levée des cuites de savon madré sont celles qui résultent du quatrième, cinquième et sixième lessivage des soudes qui ont fourni les lessives fortes et alcalino-salées pour la coction.

à recourir à la foible pour atteindre toujours le point cherché.

» Ces deux méthodes, quoique différentes dans leur marche, sont pourtant égales dans le fond ; mais les uns croient que la pâte prend plus de poids en commençant par la foible, les autres que c'est en débutant par la forte. Le fait est qu'une lessive modifie l'autre, et que c'est toujours à cette modification qu'il faut arriver. »

Divers signes caractéristiques annoncent au contre-maître que la cuite se trouve au point convenable pour la marbrure, et qu'on peut la couler dans les mises.

La pâte se fend alors sur plusieurs points de la chaudière, derrière les madreurs. Toutes ces fentes sont sillonnées par les effets de la lessive qui se trouve interposée dans la pâte, et qui surnage même le niveau de cette dernière. Si on applique les cinq doigts entr'ouverts à deux ou trois centimètres au-dessous de la superficie du savon, on observe encore mieux les signes indicateurs, et la pâte, de couleur homogène, est pour ainsi dire flottante entre des creux multipliés de lessive. L'état de la température du savon durant l'opération permet qu'on plonge la main à cette profondeur, et on a soin, pour bien observer l'intérieur de la pâte, d'écarter la main vers le corps à mesure qu'on a fait cette application. L'habitude rend tous ces indices familiers, et on remarque par les divers effets du redable et de la lessive sur la pâte saponifiée, que celle-ci a une certaine densité que l'expérience peut seule faire acquérir.

Le degré de densité de la lessive qu'on peut extraire par l'épine, est un des moyens par lesquels on reconnoît aussi que l'opération de la madrure est à peu près terminée. Assez ordinairement l'ensemble des combinaisons des lessives à différens degrés, employés durant le madrage, marque 15 degrés à l'aréomètre des sels ; mais l'état de la pâte, déjà décrit, est le plus sûr moyen de se résoudre à lever la cuite.

Les quantités considérables de lessive ajoutée et interposée dans le savon durant l'opération de la madrure, augmentent tellement le volume de la masse, que pour opérer librement, on est obligé quelquefois d'enlever une assez grande portion de pâte qu'on reçoit dans de grands cuviers, à côté de la chaudière. Lorsque l'agitation du savon est terminée, on ajoute à la masse le savon qu'on avoit mis à part ; on madre encore un peu le mélange et on procède à la levée de la cuite.

Pour cela, on place un très-long canal en bois incliné vers les mises, et dont l'extrémité supérieure est appuyée sur les bords de la chaudière. Deux hommes enlèvent alternativement du savon avec des pucheux à très-longs manches, et le jettent dans le canal d'où il coule rapidement dans la mise.

Si on observe dans quel état le savon coule par le canal, on le voit en pâte grise, interposée dans la lessive ; la consistance de cette pâte est molle ; arrivée totalement dans la mise, elle se recouvre d'une croûte qui durcit à mesure que la température du savon est moins élevée : cette croûte est recouverte de grumeaux ou d'inégalités ; la lessive, en s'infiltrant à travers la pâte, occupe peu à peu le fond des mises.

D'autre part, le savon alumino-ferrugineux, plus insoluble que le savon blanc, prend un arrangement symétrique, et constitue sur un fond pâle, une belle marbrure en veines d'un noir-bleuâtre : celle-ci est d'autant plus régulière que le savon se refroidit moins vite. C'est pour cela qu'il convient que les contrevents de la salle des mises soient fermés en hiver. L'été, une trop grande chaleur peut contrarier les effets de la madrure ; dans ce cas, on ouvre les contrevents pour donner accès aux courans d'air et au refroidissement progressif de la pâte.

La beauté de la marbrure tient aussi à l'opépération du madrage. Durant la projection des lessives à différens degrés, le contre-maître a l'attention de ne pas abuser de l'emploi des lessives foibles, pour éviter, en termes de l'art, de tomber en blanc. En effet plus les lessives sont aqueuses, plus le gras qui constitue le savon alumino-ferrugineux tend à se précipiter, et on convertit alors une plus grande masse de savon en blanc au lieu de lui procurer une belle marbrure.

Il ne faut pas aussi que l'on se serve trop de lessives fortes, surtout lorsque la pâte est déjà trop chargée de sels, et alors la marbrure est petite, percillée à divers endroits, ce qui fait dire qu'elle est touchée.

Lorsque l'opération de la madrure présente des difficultés qui annoncent que la pâte se trouve trop salée, on cesse de madrer, et on laisse reposer le mélange pendant une heure ou deux. On couvre la chaudière sous laquelle on entretient un peu de feu ; le repos et la chaleur modérée donnent lieu à l'infiltration des lessives fortes à travers la pâte, qui, dépouillée de l'excès de matières salines, est plus propre à recevoir l'effet subséquent des lessives foibles pour l'achèvement de la madrure.

Enfin, quand on lève la cuite et que la pâte coule dans le canal pour tomber dans la mise, on voit qu'elle s'ouvre en différens sens, et que la lessive produit des sillons qui accompagnent les flots de savon confectionné. La pâte, en tombant dans la mise, présente encore des fentes occupées par la lessive qui surnage jusqu'à ce que la mise soit pleine et que le repos permette au liquide de filtrer vers les parties inférieures.

Si on coupe une tranche de savon de huit à dix centimètres, après l'entier refroidissement de la masse, elle n'offre point encore un aspect assez distinct des veines de la marbrure ; mais on observe que les parties qui doivent constituer le fond blanc, sont de couleur jaunâtre et demi-diaphanes, parce qu'elles ont éprouvé particulièrement les effets dissolvans des lessives.

Au bout de huit à dix jours et suivant l'état de la température, le savon a acquis la consistance convenable. Sa pesanteur spécifique étant inférieure à celle des lessives, ces dernières occupent le fond des mises; de sorte que si on procède à la division du savon en gros pains, et qu'on se porte successivement sur un ou plusieurs d'entre eux, ils s'enfoncent dans la lessive et se soulèvent aussitôt qu'on les a traversés.

Le bleu de la marbrure est suceptible d'éprouver des changemens lorsque le savon est soumis à l'influence de l'air. Ce bleu étant particulièrement dû à la combinaison du deutoxide de fer avec plus ou moins de sulfure, se convertit en per-oxide de ce métal; le sulfure passe à l'état de sulfite, et le savon acquiert un *manteau isabelle*. Cet effet se produit bien plus tard si les lessives employées à la confection du savon ont été plus sulfurées : il se manifeste plus tôt dans le cas où les soudes ne récéloient presque pas de sulfure. Celles qu'on laisse déliter à l'air, connues sous le nom de *furées*, sont plus sujettes à procurer des savons dont le bleu est plus promptement altéré.

Du savon bleu vif. La fabrication du savon bleu vif est la même pour l'empâtage, la coction et la levée des cuites, que celle du bleu pâle, à la seule différence que pour procurer ce rouge vif qu'on desire à cette qualité de savon, on emploie un peu plus de sulfate de fer à l'empâtage, et on ajoute du brun rouge à la pâte saponifiée. On fait cette dernière addition avant de commencer à madrer.

A cet effet on délaie dans de l'eau ou de la lessive foible, un ou deux cabas de brun-rouge (1) de Suède ou d'Espagne ; on fait ce mélange dans un baquet, et on arrose la pâte en l'employant en une seule fois, ou en deux, suivant l'habitude des contre-maîtres. La marbrure du savon bleu vif destiné pour la consommation intérieure du royaume, doit être plus large que celle du bleu pâle. On tâche de l'obtenir plus petite pour l'envoi du bleu vif aux colonies, ou dans d'autres pays outre-mer.

Dans le premier cas, on peut se servir un peu plus de lessives foibles; dans le second, on est plus réservé pour l'emploi de ces dernières, et on maintient, suivant l'expression du fabricant, *le nerf de la pâte*, en recourant plus souvent aux lessives d'un titre moyen.

La petite marbrure n'est pas exigée du consommateur dans les colonies : elle est relative à l'obtention d'un savon sur lequel une haute température soit sans action, ou ne puisse altérer sa forte consistance. La pesanteur spécifique de ce savon est par conséquent plus considérable; sa coction est parfaite, et on a soin de ne pas trop liquéfier la pâte durant la madrure.

Le savon de cette qualité, pour l'exportation, est connu aussi sous le nom de *recuit*; il doit cette dénomination à ce qu'on fait un service de plus à la pâte pour sa coction, ou qu'au dernier service l'ébullition est plus long-temps continuée.

En effet, plus le savon est soumis à l'influence des lessives alcalino-salées, ou à celle du sel marin, plus il s'en convertit à l'état de bi-stéarate de soude; M. Chevreul et plus tard M. Vauquelin ont constaté ce changement du savon par sa division dans l'eau de mer; ce composé devient plus ferme ou moins susceptible de se ramollir à une haute température.

Comment on coupe une cuite de savon madré. Dès que le savon a acquis une consistance assez forte pour qu'il puisse supporter le poids d'un homme, on se dispose à le couper en gros pains de la forme d'un carré long. A cet effet, un ouvrier commence par placer une longue règle au milieu de la mise, et, avec un poinçon, il marque un trait longitudinal; il procède de la même manière pour donner aux pains la longueur nécessaire; puis il marque en travers le savon de plusieurs autres traits déterminant leur longueur. Pour tracer les premiers pains, il se sert d'un équerre qu'il emploie également lorsqu'il arrive au côté opposé à celui où il a pris ses dimensions exactes.

Mais comme le savon le plus voisin des murs de séparation est celui qui se durcit plus vite que les parties du centre, on s'empresse de couper jusqu'à la profondeur des pains, l'espace de quinze à vingt centimètres de toute la circonférence de la mise. On coupe aussi jusqu'à douze à quinze centimètres de profondeur, tous les traits déjà tracés sur toute la superficie qui se durcit aussi la première. On se sert d'un très-long couteau pour couper une portion des pains dans toute leur profondeur; on en emploie un autre dont le tranchant est bien plus court, mais suffisant pour la deuxième opération.

Ces deux couteaux sont fixés au milieu d'un manche horizontal, et leur tranchant est situé dans une direction transversale à celle du manche.

Pour faire agir l'un ou l'autre de ces couteaux, on a une corde dont les deux bouts sont attachés aux anneaux d'un étrieu à peu près semblable à une paire de ciseaux fermés. Un ouvrier s'appuyant avec les deux mains sur chaque extrémité du manche, introduit d'abord le couteau dans l'étrieu, et tandis qu'il enfonce le tranchant du

---

(1) L'ocre ou brun-rouge est une combinaison d'alumine et de tritoxide de fer; on peut en fabriquer en France en calcinant à la chaleur rouge un mélange d'argile et de sulfate de fer du commerce.

couteau dans le savon, au commencement de l'un des traits, un autre ouvrier se met à l'autre extrémité de ce trait, et tire vers lui la corde et le couteau que l'un de ces hommes accompagne, en suivant le mouvement de la coupe et en tenant le couteau verticalement. Ces deux ouvriers continuent de la même manière à couper le savon à tous les traits de la mise et aux profondeurs déjà indiquées.

Ce n'est que deux ou trois jours après cette opération, qu'en employant le même moyen, on achève de couper les pains de savon dans toute leur profondeur. On les laisse dans cet état jusqu'à ce qu'on procède à la vente d'une partie ou de la totalité du savon contenu dans la mise.

On opère de la manière suivante pour enlever le premier pain de savon et pour faire de la place à l'ouvrier qui veut enlever tous les autres. Cet ouvrier se porte sur un pain qui, d'abord, s'enfonce dans la lessive, et alors il prend une broche de fer et l'enfonce à travers les parois du pain qui se trouve en face de celui sur lequel il est placé, et au moyen des deux extrémités de la broche, il soulève le pain de la mise.

Si la vente du savon recélé dans la mise n'est que partielle, on ne fait pas évacuer la lessive, et on ne retire de celle-ci que les pains destinés à la vente. Si, au contraire, on a vendu tout le produit de la cuite, on donne lieu à l'écoulement de la lessive, en soulevant une coulisse à laquelle on donne le nom de *fauque*, et la lessive se dirige par des conduits dans des récipiens d'où on la reporte sur des barquieux. Ces lessives, après avoir repassé sur des barquieux de *salé* auxquels on a déjà fait éprouver deux ou trois lessivages, servent seulement au relargage de la pâte destinée à la fabrication des savons madrés.

Du poids d'une cuite et de son rapport en savon. Le rapport d'une cuite de savon dépend du soin qu'on apporte à toutes les opérations qui doivent amener les corps gras à une parfaite saturation d'alcali, puisque le savon ne se compose que d'alcali et de corps gras auxquels se joint par interposition une petite portion de muriate et de sulfate de soude, contenus dans les soudes artificielles, et la portion d'eau qui sert d'excipient à ces diverses substances.

C'est surtout par l'emploi des lessives bien caustiques ou aussi bien décarbonatées que possible, qu'on parvient à obtenir plus de succès dans la fabrication du savon. Moins la lessive est concentrée, plus elle est caustique, et la combinaison de celle-ci avec les corps gras est plus immédiate à l'empâtage : c'est du parfait résultat de cette opération que dépend d'abord le poids qu'on se propose d'obtenir d'une masse donnée d'huile. En effet, si une portion d'huile est encore flottante en molécules plus ou moins visibles durant l'empâtage, elle ne se sature plus, à la coction, avec le même succès, de l'alcali nécessaire à sa

conversion en savon. Dans ce dernier cas, elle n'est plus aussi bien en contact avec l'alcali pur, dont l'affinité pour ce corps gras est moins efficace, puisque les lessives de la coction sont d'abord plus concentrées et en combinaison avec le sel marin qui s'oppose toujours un peu à l'agrégation de l'huile avec la lessive alcaline. Cette considération ne sauroit être négligée par MM. les fabricans de savon dont l'expérience est d'ailleurs consommée ; mais elle se rattache essentiellement à la surveillance qu'ils exercent ordinairement sur les opérations les plus délicates de la savonnerie.

D'après cela, qu'on ne pense point que si de l'huile est encore flottante durant la coction (ce qui a lieu si l'empâtage n'a pas été parfait), elle puisse produire le même poids en savon, malgré qu'on la saponifie plus ou moins complétement par l'addition de diverses lessives. Si cet inconvénient se présente, c'est du lessif doux ou purement alcalin, plutôt que du fort ou du salé, qu'on doit ajouter à la pâte.

Le poids d'une masse de savon est encore dépendant de la levée de la cuite ; c'est par l'emploi judicieux des lessives à différens degrés, suivant l'état de la pâte, qu'on parvient à un bon résultat ; des lessives trop foibles et susceptibles de faire tomber le savon en blanc, peuvent ne pas être dans le cas d'occasionner une perte de poids ; mais elles entraînent au fond des mises une certaine portion de gras, de mucilage et de substances salines.

Il ne faut pas aussi qu'on se serve de trop grandes quantités de lessives fortes ; celles-ci ne permettent pas que la pâte se tuméfie au point desirable, et qu'elle absorbe la quantité d'eau nécessaire à la composition du savon. La pâte reste alors trop imprégnée de substances salines, et la marbrure est petite, tachée ou percillée.

On évite tous ces inconvéniens en observant d'abord de ne pas multiplier les services de lessive durant la coction, en s'arrêtant au point où les signes de la cuite sont évidens, et en soignant l'opération de la madrure avec les précautions déjà indiquées.

Une millerole d'huile, soit cent quarante-quatre livres (ancien poids de Marseille), produisent deux cent quarante à deux cent quarante-cinq liv. de savon bien fait. Ainsi une cuite dans laquelle on aura employé cent milleroles d'huile, fournira deux cent quarante à deux cent quarante cinq quintaux de savon. Ce résultat est non-seulement subordonné aux soins qu'on doit apporter aux diverses opérations de la savonnerie, mais encore à la nature des huiles employées : celles qui se trouvent plus chargées de stéarine, connues sous le nom de *corpsées*, donnent des quantités plus considérables de savon.

Si on recherche la cause pour laquelle un dixième d'huile d'œillet ajouté à celle d'olive, donne le même poids en savon qu'une égale quantité de cette dernière, on ne la trouve que dans la propriété qu'a l'huile d'œillet de se saponifier à chaud avec des lessives plus concentrées ; et on peut admettre, d'après cela, que cette huile de graines absorbe plus d'alcali dans la saponification : le mucilage dont elle est chargée ne peut contribuer à faire obtenir les mêmes avantages qu'avec l'huile d'olive, puisque le mucilage, une fois altéré par les alcalis, se trouve entraîné partiellement avec les lessives durant les divers épinages.

L'emploi de certaines huiles, telles que les recenses et les huiles dites *marchandes*, amène souvent des pertes de poids en savon. Ces dernières recèlent encore des lies interposées, et occasionnent divers insuccès, car il n'y a que l'huile pure qui est saponifiable ; tous les autres corps sont dissous et emportés par les lessives.

Les recenses déterminent souvent des pertes, parce qu'elles contiennent beaucoup d'eau provenant de leur fabrication ou de celle que la fraude y a combinée. Le temps et les difficultés qu'exigent l'opération pour reconnoître les centièmes d'eau et autres matières étrangères, ne permettent pas d'apprécier parfaitement ces qualités d'huile. L'infériorité de leur prix engage les fabricans à les employer comme siccatives ; mais malgré les calculs auxquels ils se livrent assez rigoureusement sur la présence des corps étrangers dans ces huiles, on peut être trompé sur la quantité de savon qu'on se propose d'en obtenir. Les recenses contiennent de la fécule rouge des grignons, interposée et inaperçue dans ces huiles d'un vert-brunâtre.

Au reste, en été, les bonnes recenses ont l'avantage d'accélérer la dessiccation du savon dans les mises et de lui procurer une consistance supérieure à celle qui résulte de l'emploi des huiles d'olive *marchandes*.

Parmi les huiles d'olive, celles de la Provence, de la Canée, de Retimo et des îles de l'Archipel peuvent remplacer avantageusement les recenses, sous le rapport de leur poids en savon. A deux ou trois centièmes près du produit, le fabricant ne sera jamais déçu dans ses expériences lorsqu'il emploiera de ces huiles *corsées* et limpides ; il évitera au moins les pertes occasionnées par les quantités indéterminées d'eau et de matière féculente, plus ou moins contenues dans les huiles recenses.

De la fabrication du savon blanc. Le savon préparé à la méthode usitée pour le bleu-pâle et sans addition de sulfate de fer, peut être converti en savon blanc par sa liquéfaction à l'aide de la chaleur et des lessives foibles. Mais comme on emploie pour la préparation des savons madrés, des lessives alcalino-salées à la coction, et que la présence d'une grande quantité de sel marin détermine des changemens qui contribuent à la moin-

dre solubilité des produits obtenus, on préfère l'emploi exclusif des lessives alcalines, pour la fabrication du savon blanc, soit à l'empâtage, à la coction et à la liquidation de la pâte. La petite quantité de sel marin que recèlent toujours les soudes végétales et artificielles, suffit pour les opérations du relargage et de la cuite.

Les lessives devant être exclusivement alcalines, on dirige l'ordre du lessivage, comme il a été dit plus haut pour la confection des lessives, à la seule différence qu'on emploie pour la préparation du savon blanc, des soudes *furées* ou presque entièrement privées de sulfure pour éviter la coloration de la pâte.

Lorsque les lessives sont prêtes, on réserve les foibles pour l'empâtage, et les plus concentrées pour le relargage et la cuite : une fois que l'on a procédé à une ou plusieurs cuites de savon blanc, les lessives qui ont servi à la coction et qu'on extrait par l'épine, sont reportées au moyen des pompes sur les barquieux déjà épuisés par deux ou trois lixiviations, et en passant encore sur des mélanges de chaux et de soude, elles se caustifient plus parfaitement et entraînent de nouvelles portions d'alcali pendant le lessivage : d'ailleurs ces lessives, d'autant plus chargées de sel marin, qu'elles ont été utilisées, sont plus propres à l'opération du relargage.

Pour fabriquer le savon blanc, on commence d'abord par disposer deux chaudières, et on charge chacune d'elles de cent quatre-vingts cornues de lessive à 9 ou 10 degrés de l'aréomètre des sels. On fait chauffer la lessive, et lorsque celle-ci est bouillante, on verse dans chaque chaudière soixante milleroles d'huile la plus blanche ou la moins colorée possible. (*Voyez*, pour plus de détails et pour le choix des huiles, *la section sur les huiles d'olive employées ou préférées dans la fabrication des savons.*) Je me bornerai à rappeler ici que les huiles de Galipoli, de Mételin et de Calabre, sont au nombre de celles qui sont préférées.

On agite bien le tout avec un redable et on entretient le feu sous la chaudière pour porter le mélange à l'ébullition ; celle-ci est continuée avec les mêmes précautions déjà indiquées à la section de l'empâtage. On termine l'empâtage du savon blanc par un petit lessif de 2 degrés au plus ; on en met environ vingt cornues à chaque chaudière. Durant cette opération, on observe que l'huile soit bien empâtée, ou en termes techniques, que la pâte *ne fasse pas d'huile* ; ce qui est un inconvénient grave pour la fabrication du savon blanc, dans lequel la présence de l'huile non saponifiée agit comme matière colorante, et s'oppose à sa blancheur, tout en diminuant le poids de savon qu'on espère obtenir d'une masse donnée d'huile.

L'empâtage étant bien fait, on procède au relargage avec des lessifs dits *recuits*, et après deux ou trois heures de repos, on fait écouler les lessifs par l'épine.

Cette

Cette opération ayant été pratiquée dans chaque chaudière, on fait un service de cent cornues de lessive forte, sans addition de *salé* à chacune d'elles; on fait bouillir le mélange pendant douze heures, et on épine de nouveau. C'est alors qu'on réunit dans une seule chaudière le savon contenu dans les deux qui ont servi à l'empâtage et au commencement de la coction.

Le mélange étant fait, on opère un deuxième service de cent cinquante à cent quatre-vingt cornues de lessive forte, puis un troisième, qui ordinairement est suffisant pour terminer la coction. On a recours, s'il le faut, à un quatrième service; à chacun d'eux on opère toujours l'épinage.

Le savon étant bien cuit (ce qu'on reconnoît aux signes déjà décrits pour la fabrication des savons madrés), on fait un service de lessive douce ou bien de celle qui est salée, si on en a qui recèle peu ou point de sulfure, et on fait les premières *passées* en *rompant* de la même manière que pour le madré; mais comme il s'agit de liquéfier complètement toute la pâte, si la chaudière s'emplit avant que cet effet ne soit opéré, on épine pour faire place à d'autre lessive, et on continue d'en abreuver la pâte jusqu'à ce qu'elle soit bien macérée.

Lorsqu'on l'a amenée à cet état, on cesse de madrer, et on laisse agir le feu qui indique par les petits bouillonnemens qu'il procure à la pâte, si le fond est aussi liquéfié que le dessus: si l'on s'aperçoit qu'il ne l'est pas autant, on ajoute encore de la lessive, et on fait épiner s'il est nécessaire.

Dès que la pâte est parvenue au point convenable de macération, on la transvase dans une autre chaudière où l'on a déjà fait chauffer une centaine de cornues de lessive douce de 4 à 5 degrés, à moins qu'on ne se trouve obligé par des circonstances particulières de finir l'opération dans la même; ce qui devient plus pénible, parce qu'on a besoin de faire évacuer plus souvent les lessives, avant que les molécules de la pâte soient assez imbibées d'humidité pour devenir fluide.

La raison pour laquelle il convient de la retomber, est l'impossibilité d'empêcher que pendant la durée de la coction, il ne se forme sur le cuivre des dépôts salins qui, en s'interposant entre le métal et la pâte, peuvent déterminer sa cassure. D'ailleurs l'épinage d'une chaudière ne peut jamais être parfait; une portion de lessive, encore chargée de sel et d'alcali, occupe encore la partie concave de la chaudière.

Avant de retomber la pâte, on a donc fait chauffer dans une autre chaudière cent cornues de lessive au degré déjà désigné (4 à 5 degrés). Dès qu'on a transvasé le savon et que le feu a bien opéré le chauffage de toute la masse, un ou deux madreurs se placent sur la chaudière, au moyen d'une planche qui traverse la partie supérieure,

et agitent la pâte avec un redable, non comme en madrant, mais en tirant du fond doucement et d'une manière uniforme. Ce mouvement faisant circuler successivement de bas en haut toutes les parties de la pâte, suffit pour qu'elles éprouvent toutes un même degré de chaleur et en accélèrent la liquéfaction. (Baudoin.)

Cette manipulation est nécessaire parce que la pâte étant dans un état de fluidité, et la lessive se trouvant alors répandue dans toute la masse, le feu ne pourroit manquer d'en dessécher trop les couches inférieures et les carboniser sur le cuivre, dont la cassure auroit peut-être lieu, si le jeu du redable ne l'empêchoit, en faisant circuler continuellement la pâte de bas en haut et de haut en bas (*Idem*.)

Pendant la durée de cette opération, qui est communément de trente à quarante heures, on ne peut guère l'abandonner, parce que, pour achever parfaitement la liquidation, la pâte doit être servie dans de très-courts intervalles par doses de trois ou cinq cornues de lessive foible, qu'on a soin d'y verser à des degrés successivement moindres, dans la crainte de l'*engraisser*, ce qu'on évite en la tenant ouverte jusqu'à ce qu'on la voie bien épurée. (*Idem*.)

On entend par *engraisser* la pâte, lui fournir trop de lessive foible, ce qui l'empêche de se dépouiller du savon alumino-ferrugineux et autres corps hétérogènes, et la fait devenir visqueuse avant sa parfaite liquidation.

On dit aussi que la pâte est ouverte, tant qu'on a de la lessive au fond de la chaudière, ce qui est indispensable pour que la pâte en soit toujours détachée, et que l'humide se maintienne jusqu'au moment où la parfaite liquidation va s'achever. Le mouvement du redable élevant à chaque instant au-dessus de la pâte, une certaine quantité des parties qui sont au fond de la chaudière, il est facile de juger l'état dans lequel est le savon et d'y faire les additions de lessive, s'il est nécessaire.

Après avoir bien madré la pâte d'un bout à l'autre, et en avoir opéré la liquidation au moyen des lessives foibles, on la laisse reposer pendant une heure, en ayant soin de diminuer le feu; on épine, s'il le faut, la chaudière jusqu'à ce qu'il sorte de la pâte qui n'offre alors qu'un corps visqueux.

On active un peu plus le feu, et on arrose la pâte, par les parois intérieures de la chaudière, d'environ dix cornues de lessive foible à 2 degrés, et on la remue un peu aux alentours avec une pelle.

On augmente alors le feu pour bien chauffer la pâte, qui, dès ce moment, ne bout plus, mais dont l'épuration se fait dans l'intérieur de la masse: elle se fond parfaitement, et au bout d'une heure ou deux, le contre-maître examine par le matras la lessive, qui entraîne alors avec elle de la pâte blanchâtre, mais fondue ; il observera, à la dégustation, si la lessive a trop de mordant, ou n'en a pas assez ; dans ce dernier cas, il ajoute à la chaudière trois à quatre cornues de lessive foible et au degré présumé par l'état de la pâte.

Par ce moyen, la lessive, durant tout le cours de la liquidation, doit se détacher de la pâte ; autrement, l'*engraissage* dont j'ai parlé plus haut ne manqueroit pas d'avoir lieu, et la liquidation seroit imparfaite. Voilà pourquoi le savon doit être bien cuit avant de le liquider. S'il n'en est pas ainsi, la pâte reste également engraissée, comme si dans le cas de la parfaite coction du savon, on fondoit ce dernier avec de l'eau ou des lessives foibles.

Lorsque la pâte est arrivée à un état progressif de liquidation, *elle travaille en dedans*, c'est-à-dire que par le concours de la chaleur et de l'humidité, elle se dépouille peu à peu *du gras* qui se précipite aux parties inférieures, ce que l'on observe par de légères fentes qui s'opèrent à la surface de la pâte.

La pâte étant devenue fluide, on y ajoute modérément et à petites doses, de la lessive pour achever de la *purger* : on reconnoît qu'elle l'est suffisamment lorsque le liquide que le redable amène à la surface, au lieu d'être clair et fluide, commence d'avoir une teinte noire et de la viscosité. Ce dernier état annonce que la pâte est homogène, et sa teinte noire prouve que le gras s'est précipité.

Il n'est plus besoin d'ajouter alors de la lessive à la pâte, et la liquidation est achevée ; mais il est à propos de faire continuer le jeu du redable, une ou deux heures encore, ainsi qu'un petit feu, pour que la dilatation long-temps soutenue facilite l'épuration du savon.

Après ce temps, on cesse de chauffer et d'agiter la pâte, on la laisse reposer pendant trente à trente-six heures, afin que le savon alumino-ferrugineux se précipite totalement au fond de la chaudière, et que le produit blanc qu'on se propose d'obtenir soit de belle qualité. En été, on a besoin de laisser reposer plus long-temps la pâte dont la chaleur est plus soutenue.

« Par cette opération, dit M. Baudoin, la pâte se purge par le haut et par le bas. Au-dessus s'élève une écume assez abondante, et au fond se précipite le gras, le savon blanc reste entre deux, dépouillé de tout ce qui ne doit pas entrer dans sa composition. »

Si la liquidation devenoit difficile et qu'on aperçût des traces grises ou bleuâtres dans l'intérieur de la pâte, on pareroit à cet inconvénient en ajoutant à la chaudière quelques cornues de lessive foible de natron. Le sel marin contenu dans cette matière alcaline, opère la précipitation d'un restant d'un savon alumino ferrugineux.

Pour aider l'épuration de la pâte, dans laquelle il y a souvent des corps étrangers, tels que filasse, brins de bois, etc, qui rendroient le savon défectueux à la coupe et le feroient supposer mal liquidé, le contre-maître se tient devant le madreur avec une pelle de fer, et enlève avec celle-ci les impuretés que le mouvement du redable amène sur la pâte, ainsi que les morceaux de cette dernière qui, par leur trop de dureté, n'auroient pas éprouvé les effets de la liquéfaction, et dont la présence occasionneroit des taches au savon ; par ce moyen et à l'aide du coulage de la pâte à travers le crible, en le versant dans la mise, l'épuration du savon est aussi parfaite que ce composé l'exige.

La fabrication du savon blanc a donc pour but de dépouiller la pâte de la matière colorante et de l'excès d'alcali dont elle est imprégnée. C'est pour atteindre ce dernier résultat que l'on emploie premièrement des lessives à 9 degrés, dont la densité est suffisante pour ne pas se combiner avec la pâte, et en ont assez peu pour entraîner l'alcali au fond de la chaudière. Par ce premier service, le lavage de la pâte est encore imparfait ; on y ajoute successivement des lessives plus foibles, qui, par le madrage alterné avec le repos, se combinent avec le gras. Peu à peu l'alcali surabondant est précipité par ces différentes lessives, et il ne reste dans le savon blanc que la quantité d'eau nécessaire à sa composition.

Durant le temps de la liquidation, on a soin d'ajouter une hausse en bois au-dessus de la chaudière ; cette hausse est composée de diverses portions qu'on réunit et qu'on lute avec de la pâte de savon.

Je reviens à l'état de la pâte parfaitement liquidée au bout de trente à trente-six heures ; le savon alumino-ferrugineux est précipité au fond, et l'écume occasionnée par l'agitation et par l'absorption de beaucoup d'air atmosphérique occupe la partie supérieure.

Pour enlever l'écume de la chaudière, on se sert d'un pucheux qu'on fait agir sur toute la superficie de la pâte et d'un récipient de bois à deux anses, auquel on donne le nom de *servidou*. On met à part cette écume pour être ajoutée à de nouvelles cuites de savon ; on en coule quelquefois en petites barres pour la toilette.

On reconnoît que l'écume est bien enlevée lorsqu'on arrive à une pâte gluante, transparente, de couleur dorée et dont la pesanteur spécifique est bien plus considérable que celle de l'écume. On extrait avec moins de précaution cette pâte, et on la reçoit dans des *servidous* au moyen desquels on la transporte en hiver dans des salles exposées aux parties les plus élevées de la fabrique. Ces salles servent de mises au savon blanc, qui, en été, doit être coulé dans les lieux bas pour qu'il acquière plus tôt une ferme consistance.

Le sol de chaque mise est auparavant recouvert de chaux en poudre, qu'il est facile d'obtenir dans cet état, en la mouillant un peu pour la déliter et en la laissant quelque temps exposée à l'air. On la passe à travers un crible, et on la répand sur toute la surface du sol jusqu'à la hauteur de deux centimètres. On aplanit ensuite les surfaces de la chaux avec une planche munie d'une anse de bois.

Cela fait, on place au commencement de la mise un crible de fil de fer supporté par trois pieds, et surmonté d'un cylindre en bois susceptible de contenir la pâte recelée dans deux *servidous*. Ce crible est placé dans l'intérieur d'une cloison en planches, de la hauteur supérieure à celle des pains de savon, pour éviter que la pâte ne se répande au-delà de la mise destinée à le recevoir. L'espace occupé par les fils de fer servant de crible n'a pas plus de vingt-cinq centimètres de superficie.

Mais comme le premier jet de la pâte liquide en passant à travers le crible donneroit lieu à des cavités déterminées par le déplacement de la chaux, on met sous ce crible une grande feuille de papier fort, sur laquelle la pâte commence à couler pour se répandre plus doucement sur toute la superficie de la mise.

Le tout étant disposé de cette manière, un ouvrier prend la pâte avec le pucheux et la verse dans des *servidous* que d'autres ouvriers transportent à la mise; ils les vident sur le crible destiné à recevoir les impuretés qui peuvent se trouver dans la pâte. Lorsqu'on est parvenu à un certain degré de profondeur de la chaudière, on enlève la pâte avec précaution pour ne pas emporter *du gras* à la mise. On fait encore agir le pucheux sur les surfaces de la pâte, et aussitôt qu'on s'aperçoit que des portions de cette dernière ont le moindre degré de coloration, on les considère comme *gras* et on cesse d'en extraire de la chaudière.

Le savon blanc étant tout-à-fait coulé dans les mises, il y est parvenu dans un état de liquéfaction susceptible de s'étendre uniformément et de présenter une surface plus ou moins égale. Mais à peine une mise est-elle pleine convenablement qu'il s'est formé à la superficie une pellicule qu'on a soin de détruire et de combiner à la masse de de la pâte en agitant celle-ci légèrement avec une longue pelle de fer. Après cette opération l'intérieur de la pâte vient occuper la superficie, la pellicule inégale du savon disparoît pour faire place à une autre plus unie et plus légère.

Plusieurs jours après, et lorsque le savon s'est solidifié, on l'aplanit plus parfaitement. Pour cela deux hommes se portent sur le savon déposé dans la mise, et, avec des pilons de bois à large surface plate, bien emmanchés, ils le frappent la pâte en commençant par un bout et finissant par l'autre. Cette opération a également pour but de rendre le savon plus compacte et de remplir les interstices provenant de l'air qui s'y trouve

encore interposé; au bout de quelques jours, le savon a acquis toute la consistance desirable; on peut se préparer à le distribuer en gros pains en forme de parallélogrammes, d'environ vingt à vingt-cinq kilogrammes chacun.

Comment on coupe le savon blanc. Voici comme on s'y prend pour couper ce savon. Lorsqu'il est sec et en état d'être levé de la mise, on pose au milieu de cette dernière une longue règle de bois et, avec un poinçon, un ouvrier marque un trait longitudinal sur le savon; il continue de la même manière pour donner aux pains la largeur nécessaire; puis il marque en travers la pâte de plusieurs autres traits déterminant leur longueur.

Alors un ouvrier prend un grand couteau de fabrique, muni d'un manche horizontal; il introduit le couteau dans l'étrieu déjà décrit pour la coupe des savons madrés, et auquel on a fixé les bouts d'une bonne corde. Il enfonce alors le couteau dans la pâte, et de manière à ce que le tranchant soit en ligne droite de l'extrémité opposée à l'un des traits. Un autre ouvrier se place à l'autre bout de ce trait, et tire vers lui la corde et le couteau que l'un de ces hommes accompagne en suivant le mouvement de la coupe et en tenant le couteau bien verticalement. Ces deux ouvriers continuent de la même manière à couper le savon par tous les traits de la mise.

On a soin de laisser aux parois de chaque fauque ou coulisse qui sépare les mises, un espace de trois centimètres de savon, auquel on donne le nom de *graisse*. Cette précaution n'est relative qu'à l'inconvénient de trouver des faces inégales à la portion du savon adhérente aux coulisses, au lieu que l'effet de la coupe exercé non loin de cette petite portion de *graisse*, procure des faces aussi unies que toutes celles des pains extraits de la mise.

C'est donc improprement qu'on donne le nom de *graisse* à cette portion de savon adhérente à chaque fauque: on ne l'enlève point lors même qu'on procède au coulage d'une autre cuite de savon blanc dans les mêmes mises; celles-ci sont au nombre de cinq ou six dans une salle pour y couler et contenir le résultat d'une cuite de savon.

Les pains de savon étant tous coupés, on soulève une fauque, et on relève les pains au moyen d'une truelle; on les sort de la mise, et on les met en pile jusqu'à deux ou trois mètres de hauteur.

Lorsque la vente des pains de savon n'est pas immédiate, on les expose, en été, dans des magasins situés au rez-de-chaussée ou dans les caves de la fabrique, où ils conservent la blancheur qu'on y recherche ordinairement. Une atmosphère trop chaude ou trop sèche fait acquérir au savon blanc une teinte plus ou moins jaunâtre.

Or, suivant l'état de la température, et par exemple en hiver, on empile aussi les pains de

I 2

savon blanc dans une grande salle boisée à laquelle on donne le nom d'*cyssugan*. C'est là qu'on les encaisse, ainsi que les savons madrés.

La manière de couper le savon blanc n'étant pas tout-à-fait la même et moins compliquée que celle pour le savon madré, j'ai cru devoir la décrire ici et ne pas renvoyer le lecteur aux descriptions précédentes.

Les gros pains de savon portent le nom de *savon en table*. On subdivise ces pains en longues barres ou en petits pains carrés, pour la consommation locale. Mais en fabrique, ou pour les expéditions lointaines, il convient qu'ils présentent peu de surface à l'air pour éviter leur altération.

Le savon blanc de Marseille, sortant des fabriques les plus réputées, est neutre; sa saveur n'est nullement alcaline; c'est un véritable oléate et stéarate de soude dans toute sa pureté.

Nos fabricans, qui, en général, s'honorent de répandre dans le commerce des produits bien confectionnés, repoussent la fraude comme un moyen de dépréciation, et préparent le savon blanc au degré de perfectionnement le plus desirable : ils se basent sur ce principe, qu'en composant fidèlement le savon, leur réputation est durable et justement méritée. Aussi le savon d'augmentation (1) est proscrit de nos ateliers, et nos fabricans préfèrent plutôt supporter des pertes réelles dans quelques circonstances commerciales, que de forfaire à l'honneur qui se rattache aujourd'hui aux qualités essentielles des industriels.

Le savon blanc étant de la plus grande pureté, est très-propre au décreusage de la soie et au lavage de tous les genres d'étoffes ou de tissus les plus délicats. Par son emploi, on ne redoute pas les effets nuisibles des alcalis, soit pour la préparation des tissus aux opérations de la teinture, soit pour les préserver de l'altération dont ils sont susceptibles. Le dégraissage des draps au foulon exige aussi que le savon soit entièrement privé de l'excès d'alcali dont l'action est plus énergique sur la laine que sur bien d'autres substances.

Comment on profite du gras pour de nouvelles cuites de savon. J'ai dit que le *gras* est du savon alumino-ferrugineux, coloré en bleu-noirâtre, et occupant le fond de la chaudière d'où on a extrait le savon blanc. La fabrication de ce dernier a exigé l'emploi de soudes végétales, du natron, ou de soudes artificielles *furées* et celui de l'huile la plus pure et la plus blanche. Ces matières étant d'une valeur supérieure à celles qui conviennent à la fabrication du savon madré, il importe de faire

rentrer les premiers gras dans une cuite de savon blanc, puisque l'on peut, au moyen de nouvelles opérations, précipiter les substances colorantes qui y sont interposées.

Sur onze *mallons* représentant ensemble deux mètres soixante-quinze centimètres de profondeur de la chaudière, on a environ un *mallon* ou vingt-cinq centimètres d'écume, sept mallons et demi de savon blanc très-pur et deux mallons et demi de gras qui constituent un peu plus du cinquième de la masse.

Pour convertir ce gras en savon blanc, on combine soixante milleroles d'huile avec le gras résultant de trois cuites de savon; on se sert, pour cela, du procédé suivant.

On fait chauffer dans une chaudière jusqu'au degré voisin de l'ébullition, cent quatre-vingt cornues de lessive alcaline à 9 degrés; on y verse les soixante milleroles d'huile, et on brasse bien le mélange avec un redable.

On continue le feu, et lorsque l'huile, après plusieurs heures d'ébullition, paroît bien empâtée, on a soin d'ajouter de la lessive pour empêcher que la pâte acquière trop de viscosité. On fait encore bouillir la pâte jusqu'à ce qu'elle soit saponifiée et bien homogène. On procède alors au relargage par les moyens déjà indiqués.

On épine, et on fait un service de cent cinquante à cent quatre-vingts cornues de lessive alcaline concentrée. Ce n'est qu'alors qu'on ajoute à la chaudière le gras provenant de trois cuites de savon; on continue de cuire avec des lessives douces concentrées; on épine à chaque terme des divers degrés de coction, et lorsque le savon est bien cuit, on le *liquide*, ou, en d'autres termes, on le *liquéfie*, comme à l'ordinaire, avec des lessives alcalines successivement plus foibles.

La liquidation de ce savon a aussi pour résultat de l'écume, du savon blanc et du gras plus coloré que les premiers obtenus. C'est alors le cas de l'employer à la fabrication du savon bleu-vif, et on a soin de retrancher, pour l'addition de ce gras, vingt à vingt-cinq milleroles d'huile des cent vingt qu'on empâte ordinairement dans deux chaudières.

S'il arrive cependant qu'on n'ait qu'un gras *vierge* ou de premier produit, à combiner avec une cuite de savon blanc, on l'ajoute durant l'empâtage de quatre-vingt-dix à quatre-vingt-quinze milleroles d'huile.

Des causes de la prospérité des fabriques à savon de Marseille. Quoique l'historique de la fabrication du savon renferme quelques détails à ce sujet, je n'en parlerai que sous d'autres rapports, et pour démontrer que Marseille est la ville la mieux située pour ce genre d'industrie.

Son exposition sur le rivage de la Méditerranée lui garantit exclusivement le commerce des huiles avec le royaume de Naples, les îles

---

(1) On entend par savon d'augmentation, celui qui recèle une quantité d'eau plus considérable que celle qui est nécessaire à sa composition.

Ioniennes et celles de l'Archipel, etc. C'est à Marseille que l'excédent des huiles de tous les pays trouve de l'emploi dans les vastes chaudières de la fabrication des savons.

Qu'on ajoute à cet avantage la possession de nombreux ateliers de savonnerie, situés, pour la plupart, devant les quais voisins du débarquement des huiles, et la facilité qu'ont nos fabricans d'être au courant du prix de ce liquide sur la seule place du Monde où on en trouve un débouché certain, et on verra que la fabrication du savon est non-seulement inhérente au sol où elle a pris naissance, mais encore que les fabricans de l'intérieur ne pouvant qu'à grands frais se procurer l'huile d'olive et la soude, parviendront difficilement à entrer en concurrence avec ceux de Marseille.

Ce n'est pas seulement l'amour de mon pays qui me dirige à faire cet aveu sincère, mais pour qu'il soit profitable aux fabricans qui, hors de notre ville, entreprendroient de fabriquer du savon solide avec les corps gras, dont l'emploi leur paroîtroit même plus économique.

En effet, l'économie qu'ils supposeroient provenir de l'emploi du suif et des huiles de graines, se trouve absorbée en partie par les frais d'établissement des ateliers, dont l'activité ne peut être permanente à cause des variations qui accompagnent le commerce des huiles d'olive.

La cessation des travaux dans les fabriques à savon occasionne souvent des pertes considérables. Les barquieux et les citernes se crevassent par l'absence de l'humidité des lessives, et les sels de ces dernières, en se cristallisant, exercent une force plus ou moins répulsive sur les matériaux de la bâtisse.

Des réparations sont alors indispensables dans ces ateliers, et les frais qu'elles occasionnent ne peuvent qu'être mis en ligne de compte.

Il peut même arriver que, pendant que le fabricant de l'intérieur est informé de la hausse des huiles d'olive à Marseille, il trouve la facilité d'acheter des corps gras à des prix qui lui promettent des bénéfices, et à peine les a-t-il convertis en savon, que des avis relatifs à la baisse des produits de Marseille lui parviennent au moment qu'il juge le plus opportun. Il est vrai qu'il peut aussi rencontrer des chances favorables ; mais celles-ci se manifestent bien rarement par rapport aux quantités considérables de nos savons, répandues dans tout le royaume.

Ainsi, les principales causes des insuccès des fabriques de l'intérieur exercent aussi de l'influence sur le commerce de notre ville, et l'on voit très-souvent que les savons faits avec des huiles fort chères ne sont pas vendus à des prix correspondans à la valeur de l'huile employée, lorsque les produits fabriqués parviennent à leur destination. Mais, *vice versâ*, les savons provenant des huiles à bas prix sont quelquefois vendus à la hausse.

Outre les diverses chances commerciales, les fabricans de l'intérieur ont surtout le désavantage de ne pouvoir présenter au consommateur que des produits bien moins suaves que ceux résultant de la saponification de l'huile d'olive, et leurs savons portent toujours le cachet de l'emploi du suif et de l'huile d'œillet. En effet, cette huile ne modifie que la trop forte consistance des savons de suif, et n'agit nullement comme correctif de l'odeur de cette dernière substance.

Toutes ces causes ont déterminé la formation de nombreux ateliers de soude artificielle, dont les produits en matière brute sont presque tous employés à Marseille. Le commerce et l'industrie trouvent des avantages réels à la fabrication des savons dans cette ville. Partout ailleurs, ce commerce ne rencontreroit que des entraves, des insuccès et de constantes incertitudes dans ses opérations.

Les fabricans de l'intérieur ne peuvent donc se livrer avec succès qu'à la confection des savons mous pour préparer les départemens du Nord, où leur emploi n'est pas cependant exclusif. Les savons de notre ville y sont souvent préférés par la majorité des consommateurs. Dans le plus grand nombre de départemens, on ne se sert que du savon de Marseille.

C'est aussi en agissant sur des masses considérables qu'on obtient des produits mieux fabriqués, tant pour préparer les savons blancs que les savons madrés. Pour la fabrication des premiers, la précipitation du gras est plus parfaite durant la liquidation. Pour celle des seconds, la marbrure est plus belle, par la raison que le refroidissement lent de très-grandes masses de savon contribue avec plus de succès à l'arrangement symétrique du savon alumino-ferrugineux.

Savon d'huile de palme. Cette huile, dont la consistance égale celle de l'axonge, est d'une belle couleur jaune lorsqu'elle est récente, en veillissant, elle perd cette couleur pour en acquérir une autre d'un blanc sale. Cet effet ne peut avoir lieu que sur de petites quantités d'huile de palme, et dans le cas où elle présente de grandes surfaces à l'air.

On ne rencontre donc l'huile de palme dans le commerce qu'à l'état fauve, et sa couleur est tellement foncée que les fabricans de savon jaune, en Angleterre, ne l'emploient que dans la proportion de vingt pour cent avec le suif et la résine.

Il y a quelques années qu'il arriva à Marseille un assez grand nombre de futailles d'huile de palme ; on ne put en trouver l'emploi, et on fut forcé de la réexporter. Les essais partiels que l'on fit sur la saponification de cette huile avec les lessives de soude artificielle procurèrent un savon très-dur, d'une odeur suave, d'une belle couleur jaune ; il étoit marbré dans l'intérieur des pains. La liquidation subséquente le dépouilla du savon alumino-ferrugineux, mais la couleur jaune devenant plus intense, ce savon ne put être offert en concurrence avec ceux d'huile d'olive.

L'huile de palme étant très-chargée de stéarine, exige d'être empâtée avec des lessives de 4 à 5 degrés, puis avec d'autres un peu plus concentrées.

L'empâtage étant terminé, on procède au relargage, comme pour le savon de Marseille ; on épine et on cuit avec des lessives alcalines légèrement salées, marquant 20 à 25 degrés de l'aréomètre des sels.

Après deux ou trois services de la même lessive, on épine aussi diverses fois durant la coction ; puis on convertit la pâte bien cuite en savon d'un jaune homogène par la liquidation, ou en savon marbré, en procédant à l'opération de la madrure.

Savon palme et demi-palme. M. Gabriel Décroos nous apprend que ce savon n'est jamais composé d'huile de palme seule ; que celui connu sous le nom de *savon palme* est toujours en combinaison avec le suif, et que plus les proportions de cette huile sont considérables, plus le savon palme est de bonne qualité.

Néanmoins, l'auteur assure que le savon demi-palme n'est composé que d'un quart ou d'un cinquième d'huile de palme avec le suif, et que, pour la préparation de ce savon, il faut employer les mêmes procédés que pour la pâte de Windsor. Voici comme il conseille d'opérer.

Il empâte d'abord l'huile de palme et le suif avec des lessives foibles ; puis il sépare ou il relargue la pâte par des lessives alcalines plus fortes et bien caustiques : celles résultant de l'emploi de sel de soude, bien privé de sulfure, peuvent être employées avec succès pour l'empâtage, le relargage et la coction. Il pense que la séparation de la pâte par le sel marin est nuisible aux savons de toilette.

Lorsque la pâte est séparée des lessives qui ont servi à l'empâtage, on la transvase dans une autre chaudière pour opérer la coction, qu'il est superflu, dit-il, de porter à son plus haut degré de saturation.

Cependant, après avoir vérifié les indices qui annoncent que la pâte est suffisamment saturée, on la liquéfie comme pour le savon blanc : lorsqu'elle est bien liquéfiée et reposée, on dispose des mises en bois dans lesquelles on verse les plus belles parties de la pâte, qui se trouvent entre l'écume et le gras. Cette dernière opération termine la composition du *savon palme fin.*

On jette dans la chaudière, sur le gras de ce savon, les résidus de pâte qui en proviennent, et l'écume que l'on a eu soin de mettre à part. On fait avec ces résidus le savon demi-palme, en y ajoutant des résidus de savon pâte *Windsor*, non aromatisés, ou du suif. M. Décroos fait observer que la composition du savon demi-palme est plus longue par ce moyen que par le premier : cette

observation est applicable à la préparation du savon *palme fin.*

Après avoir empâté l'huile de palme, on substitue avec avantage du savon blanc de Marseille à la portion de suif qui est nécessaire pour ce savon.

Savon d'huile de poisson. Les huiles de poisson sont employées en Hollande à la fabrication des savons mous. En France, les fabricans de savons mous se sont fait un devoir de ne point s'en servir, afin de conserver à leur savon la supériorité qu'ils ont constamment méritée. Les huiles de poisson conservent opiniâtrement l'odeur qui leur est particulière. Le chlore et le chlorure de chaux de Labarraque ne suffisent point pour enlever l'odeur désagréable de la meilleure huile de poisson, qui est celle de baleine.

Le savon que MM. Darcet, Lelièvre et Pelletier ont préparé avec trois livres d'huile de baleine, en la traitant avec des lessives de soude rendues caustiques, de la même manière que les graisses et les huiles précédentes, pesoit cinq livres au sortir de la mise. Ce savon est d'un gris sale ; conservé dans un endroit sec, pendant deux mois, il a perdu huit onces de son poids, et il a acquis à sa partie extérieure une couleur brune tellement foncée, qu'il en paroît rouge. Ce savon a une odeur forte d'huile de poisson ; il est d'une consistance assez ferme, mais il n'est pas aussi sec que le savon d'huile d'olive, ce qui le rend peu propre aux usages domestiques, particulièrement à cause de son odeur. Il pourroit être employé pour les toiles que l'on passeroit ensuite sur le pré, etc.

Le savon fait avec trois livres d'huile de poisson, préparé par les mêmes chimistes, différoit peu de celui fait avec l'huile de baleine. Son poids, au sortir de la mise, étoit également de cinq livres ; il a aussi perdu huit onces, pendant deux mois qu'il a été conservé dans un endroit sec ; il est devenu brun à sa partie extérieure de manière à paroître rouge : il se ramollit dans les lieux humides.

Le savon obtenu avec l'huile de morue ne diffère des deux précédens qu'en ce que sa pâte est d'un gris plus sale ; il conserve d'ailleurs, comme eux, l'odeur de l'huile de poisson ; il acquiert aussi de la couleur par son exposition à l'air ; sorti de la mise au poids de cinq livres, et repesé deux mois après, il ne pesoit plus que quatre livres et huit onces. Une petite quantité d'eau, ajoutée à ces trois espèces de savon, diminue leur consistance ; ils deviennent alors pâteux.

Ces huiles ne pourront donc servir à faire des savons solides et bien maniables, qu'autant qu'on leur associera quelqu'une des huiles ou graisses qui fournit un savon plus consistant.

Les essais auxquels je me suis livré sur la savonification de l'huile de poisson, n'ont jamais eu lieu que sur des combinaisons d'une partie d'huile de baleine avec deux parties de suif et une partie de résine, et à l'imitation du *savon de Rouen*, auquel on reconnoît bien distinctement l'odeur de l'huile de poisson. Cette odeur n'est pas bien caractérisée lorsque le savon fait avec ces corps gras est coulé dans la mise; mais à mesure qu'il reçoit l'influence de l'air, elle se développe d'une manière désagréable. Les linges qui sont lavés récemment avec ce savon conservent encore l'odeur de l'huile de poisson; celle-ci se dissipe presque totalement lorsque le linge a éprouvé les effets des rayons solaires et qu'il est bien sec.

Le savon préparé avec ces corps gras et à base de soude, est d'un jaune-brun et d'une consistance assez forte pour être bien maniable. Néanmoins celui de Rouen, qu'on emploie avec quelque succès pour le dégraissage des draps au foulon, ou à d'autres usages, est solide, quoiqu'à base de potasse. On observe seulement qu'il se recouvre de petites gouttelettes durant les jours humides, et l'examen que j'en ai fait me garantit que la potasse est le seul alcali qui a dû servir à sa confection.

Examen chimique du savon de Rouen, et observations sur la fabrication de ce savon. Cent grammes de savon de Rouen bien ratissé, traités par l'acide sulfurique étendu, et chauffés ensemble dans un vase de terre, ont laissé isoler à la surface 61 grammes d'un corps gras, d'un blanc-fauve, grumelé, d'une consistance moyenne entre le suif et l'axonge, se liquéfiant assez facilement au toucher. Le sur-sulfate résultant de cette décomposition a été saturé par le carbonate de chaux, filtré et évaporé au bain de sable dans une capsule de porcelaine, ce liquide n'a formé que du sulfate neutre de potasse.

Cependant à la synthèse, et d'après les proportions déjà indiquées des corps gras, le produit obtenu n'avoit pas tout le *facies* du savon de Rouen par l'emploi des lessives de soude; sa couleur étoit analogue à celle de ce dernier, et sa consistence d'une autre nature; mais avec la potasse il n'a pas été aussi ferme que celui de Rouen. J'ai d'abord attribué cette différence à l'excès d'alcali et de résine employés à la saponification; en augmentant les proportions de suif, et en saturant par ce moyen la potasse en excès, le savon devient assez ferme. Vingt centièmes de résine, dix centièmes d'huile de poisson, et soixante-dix centièmes de suif, doivent suffire pour la préparation de ce savon à base de potasse. On observera surtout que l'alcali ne soit pas trop dominant, et que la pâte, à la dégustation, ne soit pas très-sensiblement alcaline.

Il paroît que le savon de Rouen est fait sans relargage; des lessives de potasses caustiques, à 12 degrés, peuvent être employées avec succès à l'empâtage, et successivement de très-concentrées jusqu'à parfaite saturation.

Au cas qu'on relargue la pâte, sa séparation ne peut avoir lieu qu'au moyen de lessives contenant du muriate de soude, et alors la base de l'alcali en combinaison avec les corps gras change tout-à-coup par voie de double décomposition. Ce n'est pas un grand inconvénient sans doute, puisque le savon n'en acquiert que plus de solidité, lorsqu'il est porté à son dernier degré de cuisson.

Ce qui est en faveur de l'opinion que ce savon est fait sans relargage, c'est qu'on le prépare dans plusieurs chaudières de petite dimension, qui alors doivent être semi-orbiculaires, pour pouvoir agiter facilement la pâte avec une spatule. Cette forme est indispensable pour éviter l'altération du savon, qui, n'étant pas relargué, est privé de lessive aux parties inférieures.

Au reste, ce savon n'a qu'une réputation purement locale, et je ne pense pas que, soit par la nature de l'alcali employé, dont le prix est plus élevé que celui de la soude, soit par l'économie apportée à l'emploi de la résine et de l'huile de poisson, ce savon, avec excès de suif, devienne moins coûteux à la fabrication que le savon blanc de Marseille; il est à la vérité aussi soluble que ce dernier, il mousse très-bien, et je présume que ce sont les seuls motifs qui le font utiliser dans certains genres de fabrication: c'est le savon à base de potasse que j'aie vu le plus solide et le mieux confectionné. Au moyen de quelques essais de saponification sur les corps gras déjà indiqués, et en employant les lessives de potasse avec ou sans relargage, on parviendra facilement à fabriquer ce savon, dans certaines localités, avec plus d'économie que dans d'autres.

Savon de poisson. Syr Darympre a le premier imaginé de faire du savon avec la chair et les têtes de poisson. On avoit conçu de grandes espérances de cette découverte, mais la nature du savon produit par ce procédé les a fait évanouir, et les essais de M. Jameson ont démontré la défectuosité de ce procédé. Voilà ce qu'on savoit à peu près sur le savon de poisson.

J'ai préparé aussi, d'après Syr Darympre, du savon avec des têtes de thon et de merlan: ces substances animales se dissolvent parfaitement dans la lessive concentrée de soude caustique, et lorsque celle-ci ne peut plus en dissoudre, on obtient après le refroidissement un savon brun, gélatineux, et d'une odeur fort désagréable. Il n'y a de vraiment saponifié, que ce composé, que l'huile interposée dans les parties musculaires des poissons; mais l'état gélatineux et presque solide de la pâte n'a d'autre caractère que celui préparé avec la chair des quadrupèdes, qui se convertit également en gélatine.

L'alcali employé à la préparation du savon de poisson ne saponifie donc qu'une très-petite quantité d'huile grasse, et se trouve interposé dans le corps gélatineux, dont la prompte solubilité dans l'eau ne permet pas qu'on l'utilise avec le moindre succès; et sans de graves inconvéniens, sur le linge soumis à son action.

Si on fait bouillir de la chair de bœuf avec la lessive de soude à 10 degrés, celles-ci la dissout complétement et la transforme en un corps gélatineux. J'ai même observé qu'en laissant digérer à une foible chaleur la chair des quadrupèdes dans la même lessive, elle acquiert la consistance et la diaphanéité de la colle-forte. En exposant cette espèce de colle à l'air libre, elle devient d'une couleur rougeâtre foncée, et la fibre des muscles est susceptible d'être détachée, malgré l'état presque diaphane de la substance.

Savon de suif. On entend par suif la graisse de toutes les bêtes à corne; ainsi on connoît les suifs de bœuf, de mouton et de chèvre, qui sont très-chargés de stéarine, et avec lesquels on prépare les savons les plus solides, mais dont l'odeur est pourtant désagréable.

Cet inconvénient a donné lieu à l'emploi de divers procédés pour priver le suif de l'odeur qui le caractérise; une dissolution d'alun ajoutée à du suif liquéfié à une douce chaleur, le purifie en précipitant une portion des substances étrangères avec lesquelles il est toujours combiné. L'addition de cette solution saline contribue aussi à rendre le suif plus solide.

J'ai toujours pensé que l'acide sulfureux liquide, ajouté au suif déjà liquéfié, le priveroit en grande partie de l'excès d'oxigène qui détermine sa rancidité. On peut tirer parti de cet acide pour ce genre de purification; l'acide sulfureux se convertit en acide sulfurique aux dépens de l'oxigène du corps gras.

Le chlore, et surtout le chlorure de chaux, peuvent être utilisés avec le même succès pour la purification du suif rance et liquéfié durant cette opération.

Les savons résultans des suifs ainsi épurés peuvent ne pas être d'une odeur qui les fait aisément reconnoître.

On distingue le suif en *suif en branche* et en *suif fondu*. Le fabricant de savon doit bien se garder d'employer le premier, dont les membranes sont totalement converties en gélatine.

Le suif de Paris, dit M. Décroos, se vend en pains de vingt à trente kilogrammes; les suifs d'Irlande, d'Allemagne et de Russie, s'expédient généralement en boucauts de la contenance de cinq à six cents kilogrammes; celui d'Irlande est en réputation; le suif de Russie est souvent à meilleur marché, parce que les chandeliers l'emploient rarement: ils prétendent qu'ils ne blanchit pas aussi facilement que les autres; mais M. Décroos croit que c'est parce qu'il contient moins de suif de mouton. Il ajoute que la quantité plus ou moins considérable de graisse de bœuf ou de mouton, dont se compose le suif fondu, fait varier sa qualité: moins il y entre du suif de mouton, et plus il doit être apprécié pour la fabrication du savon. C'est sous ce rapport qu'il peut être avantageux de se procurer du suif de Russie. L'auteur pense

que celui qui a une teinte jaunâtre doit être préféré à celui dont la couleur est plus blanche. En effet, le suif de bœuf est d'une couleur jaunâtre, mais ce principe ne peut recevoir une application générale, parce que j'ai vu des suifs d'une nuance fauve, et qui la doivent à leur mélange avec des matières fécales des quadrupèdes. Ces qualités de suif donnent beaucoup de gélatine par leur combinaison avec les lessives alcalines.

Il est des espèces de suif moins solides les unes que les autres. Cette différence provient surtout d'une assez grande partie de suif de bœuf à laquelle on donne le nom de *cuissard*; elle se trouve à la partie supérieure de la cuisse de ces animaux. Cette substance, que j'ai observée avec beaucoup d'attention, a la consistance et l'aspect du lard. Je fus assez heureux, en 1820, de pouvoir annoncer à l'administration générale des douanes, que des suifs saisis à Marseille, et soupçonnés de mélange avec quelque espèce d'huile, parce qu'ils s'étoient liquéfiés à la température atmosphérique de 28 à 30 degrés, ne recéloient qu'une trop grande quantité de graisse de *cuissard*, dont le prix est moins élevé que celui du vrai suif. Cette saisie avoit été motivée sur ce que les droits d'entrée du suif sont moindres que ceux appliqués à l'huile d'olive, et à cause de la liquidité de ce suif, qui, cependant, devenoit solide à la température de 20 degrés, on y avoit soupçonné l'introduction d'une espèce d'huile, ce qui n'étoit guère admissible, car l'acheteur ne se charge qu'à bas prix des matières sophistiquées.

MM. Darcet, Lelièvre et Pelletier ont été les premiers à observer que les lessives qui avoient servi à la saponification du suif, ou après le relargage, tenoient de la gélatine en dissolution. Ces célèbres chimistes ont également fait cette observation sur la saponification des graisses. Il suffit que ces corps gras recèlent encore des débris de matières membraneuses, pour que celles-ci soient converties en gélatine au moyen des lessives de soude ou de potasse.

Le rejet des lessives qui ont servi à l'empâtage est donc un moyen de priver le suif de l'odeur qui déprécie les savons préparés avec ce corps gras; mais, dans les fabriques en grand, convient-il bien de rejeter tout-à-coup des masses de lessive qui peuvent être encore utilisées? Cette question ne peut être résolue que par l'économie considérable sur l'emploi du suif dans certaines localités. Néanmoins on ne doit pas hésiter de rejeter, comme infectantes, les premières lessives résultant du relargage, toutes les fois que les savons de suif sont destinés pour la toilette.

Les divers essais que j'ai tentés sur la saponification des suifs indigènes exotiques, m'ont toujours fourni de la gélatine après le relargage, et je trouve, en effet, que c'est surtout à l'altération simultanée de cette substance par les alcalis et la chaleur, que les savons de suif portent le cachet

de

de leur fabrication. Les lessives provenant de divers services à la coction les débarrassent complètement de ces matières gélatineuses, et j'ai lieu de croire que l'emploi d'une certaine quantité d'essence de térébenthine, au dernier service, priveroit presque totalement les savons de suif de leur odeur repoussante, et leur en procureroit une autre plus agréable, ou bien différente de celle de cette huile volatile : c'est à l'aide de ce correctif que j'ai communiqué au savon d'huile d'olive l'odeur analogue à celle de la violette.

Voici ce que j'ai observé relativement à la consistance gélatineuse des lessives après l'empâtage et le relargage des savons de suif. Si on les agite un peu avec un redable, elles reprennent leur liquidité, et la gélatine interposée dans ces lessives se divise en petits grumeaux qui restent sur les barquieux, au fur et à mesure qu'on les fait repasser sur des soudes presqu'épuisées, ce qui permettroit d'employer encore ces recuits à un autre relargage, après lequel on les jetteroit comme infects ou inutiles.

Ainsi la bonne méthode exige que l'on relargue la pâte avec aussi peu de lessive qu'il est possible, et qu'on rejette chaque fois cette dernière.

L'expérience que M. Gabriel Décroos a acquise sur la préparation des savons de suif, lui a permis d'observer que neuf cents kilogrammes de bonne soude artificielle sont plus que suffisans pour saponifier mille kilogrammes de suif en pains, tel qu'on le purifie à Paris. Cette base n'est variable qu'autant qu'il y a d'autres lessives dans la fabrique, car pour empâter, relarguer, cuire et madrer le savon résultant de mille kilogrammes de suif, il faut près de douze cents kilogrammes de soude; mais il en reste en recuits dont les dégâts sont bien plus considérables que pour la saponification de l'huile d'olive. La présence de la gélatine dans les lessifs qui ont servi à la fabrication du savon animal, nuit aux qualités et aux effets subséquens des lessives, et occasionne une plus grande perte de soude pure.

Pour préparer le savon de suif, on commence d'abord par couper le suif en morceaux, au moyen d'un instrument tranchant, et on jette la quantité déjà prescrite dans la chaudière. On y verse vingt-quatre à trente seaux (1) de lessive foible à 4 degrés(2); on allume le feu qu'on entretient de manière à ce que l'ébullition du mélange soit très modérée. On continue de faire bouillir la pâte à ce degré de chaleur en ouvrant de temps en temps la porte du fourneau, ou au cas que le

feu soit un peu trop actif. Une trop grande expansion du mélange nuit à l'empâtage, la lessive se concentre par l'évaporation rapide, et l'humidité nécessaire à l'union de l'alcali avec la graisse se dissipe trop promptement.

Il convient mieux de modérer le feu et de faciliter l'action de l'empâtage au moyen d'un redable. On multiplie alors les points de contact de la soude avec le suif, et on invisque plus parfaitement cette dernière substance : le mélange devient laiteux dans toutes ses parties.

Dès qu'on s'aperçoit, à la dégustation, que le mélange n'est presque plus alcalin, on fait une addition de trois à quatre seaux de lessive un peu plus forte, et successivement jusqu'à ce que l'empâtage soit parfait. On observe que, durant les effets progressifs de cette opération, la pâte devient toujours plus épaisse.

En faisant peu à peu ces additions de lessive, en forme d'arrosement, il faut bien se garder d'en ajouter de trop fortes; dans ce cas, la graisse déjà invisquée s'empare de l'excès d'alcali qu'on lui présente et se saponifie, tandis que la portion de suif encore interposée dans la pâte s'en sépare tout-à-coup, ce qui nécessite alors l'emploi du redable et quelques seaux d'eau ou de lessive très-foible, pour modifier l'action de celle qui se trouve trop concentrée. En ajoutant à la pâte des débris de savon des cuites précédentes, on invisque également la graisse qui s'isole durant l'empâtage.

Après quelques heures d'ébullition, et lorsque l'empâtage est terminé au moyen de diverses additions de lessive successivement plus concentrées, on augmente le feu; la lessive en excès acquiert plus de densité, et la pâte suffisamment saturée s'en sépare.

On remarquera donc que ce n'est pas à l'aide de lessive alcalino-salée que M. Décroos procède au relargage; l'addition de lessives alcalines fortes opère également la séparation de la pâte, et le savon qui en provient n'est que plus soluble à l'emploi. Il ne se forme point ou presque point de bi-stéarate de soude; le savon n'est composé que de stéarate de la même base, et jouit d'une plus grande solubilité. Cette qualité est indispensable pour les savons de toilette.

Observations sur l'empâtage du suif. Si malgré les soins déjà indiqués, le mélange bouilloit trop fort au commencement de l'opération, de manière à faire craindre son expansion hors de la chaudière, on placera auprès de cette dernière un ouvrier qui, avec une pelle de bois ou de fer, vannera vivement le mélange à la superficie. La pâte est plus susceptible de se répandre hors de la chaudière, lorsqu'elle est en ébullition et qu'elle est abreuvée d'humidité. L'eau en vapeurs se dégage avec plus de facilité dans une pâte étendue que dans une autre plus épaisse; mais on maîtrise les

---

(1) La capacité des seaux des savonneries de Paris est d'environ quinze litres.
(2) J'ai empâté le suif avec des lessives à 9 degrés. Par ce moyen, on n'en ajoute pas de plus concentrées à l'empâtage, et l'on relargue avec des dernières, ou encore mieux avec d'autres alcalino-salées.

Traité des Savons. K

effets de la première par l'agitation, et s'il le faut, par l'addition de quelques seaux de lessive.

La pâte acquiert toujours plus de consistance en y ajoutant successivement des lessives plus concentrées ; elle s'épaissit, soit par l'évaporation de l'humidité, soit par l'alcali qu'on lui présente avec ces diverses lessives. C'est alors qu'il faut modérer le feu et observer l'état progressif de la pâte ; en effet, jusqu'à ce qu'elle soit saturée d'alcali pour l'empâtage parfait, et qu'elle surnage les lessives et l'humidité qu'elle abandonne, elle reste homogène et susceptible d'adhérer au fond de la chaudière ; dans ce cas, elle est sujette à se carboniser ; on la voit alors pousser du fond à la superficie des jets en forme d'explosion, accompagnés d'une fumée qui a une odeur plus ou moins forte. Ce mouvement de la pâte s'appelle *postillonner.* J'ai déjà dit que les Marseillois disent que la pâte *tabaco.*

Il est donc essentiel alors de servir l'empâtage de fortes lessives, tant pour l'entretien de l'humidité nécessaire à la conservation de la chaudière, que pour lui fournir l'alcali dont il a besoin.

Du relargage. L'empâtage étant terminé, on procède au relargage avec des lessives qui ont déjà servi, et qui contiennent assez de sel marin pour opérer la séparation de la pâte. Plus les lessives sont concentrées, plus l'opération est facile.

Pour opérer le relargage du savon de suif, on placera un ouvrier sur une ou deux planches au-dessus de la chaudière ; on lui fera agiter la pâte avec un redable, du fond à la superficie, pendant qu'un autre ouvrier suivra ses mouvemens, en arrosant la pâte avec les lessives déjà prescrites pour cette opération. On aura soin de faire couler les lessives par l'épine, à mesure que la chaudière se remplira ; mais il sera nécessaire de continuer le travail du relargage jusqu'à ce que la pâte soit grumelée.

De la coction. Si l'on veut, après le relargage, faire retomber la pâte, il conviendra de la laisser reposer pendant quelques heures pour donner plus de temps aux parties aqueuses de se précipiter. Cette précaution de transvaser la cuite n'est pas à négliger, à cause de l'odeur désagréable que contracte la lessive de l'empâtage en purifiant les matières grasses ; on évitera, par ce moyen, que la pâte éprouve le contact de la lessive qui reste depuis l'épine jusqu'au fond de la chaudière. Mais si l'on veut se dispenser de cette opération, et dégager du savon de suif l'odeur qui le caractérise, on pourra le faire en se servant d'une pompe pour retirer la lessive usée.

La pâte étant séparée de la lessive de l'empâtage par l'un des moyens déjà prescrits, on l'arrose de douze à quinze seaux des troisièmes lessives destinées à la coction, et l'on rétablit immédiatement le feu au fourneau.

Je dois faire observer ici que, par les motifs déduits précédemment sur les mauvais effets du sel marin pour les savons de toilette, on n'emploie pour la coction que des lessives purement alcalines, et ne recélant que le muriate de soude qui, accidentellement, échappe à la sulfatisation dans l'opération de la soude.

On traite donc le savon suif avec les mêmes lessives que pour la fabrication du savon blanc de Marseille.

Après quelques heures d'une ébullition modérée, l'alcali pur du premier service est presque absorbé ; on procède à l'épinage et au deuxième service avec les lessives du second produit.

La pâte, quoique purgée de son humidité par l'effet des lessives du relargage, s'empare, au commencement de la coction, de l'humidité des lessives foibles et caustiques dont on l'abreuve ; alors ses molécules deviennent flasques, mais elles prennent successivement plus de consistance à mesure qu'elles se saturent d'alcali caustique, et paroissent en petits grumeaux détachés tous homogènes.

Si on veut accélérer les effets d'une petite cuite de savon, deux services de lessive suffisent pour la terminer ; néanmoins, un troisième service de lessive du premier produit amène la coction au point désirable. Les signes de la parfaite coction du savon suif sont, 1° la projection de la pâte au-dehors de la chaudière par *une ébullition violente* ; 2°. la vapeur qui s'exhale de la pâte n'a plus l'odeur lixivielle, ni celle des matières grasses qui la composent ; elle est au contraire suave ; 3°. la pâte, pressée entre le pouce et l'*index*, s'écaille peu à peu en se refroidissant, et prend une ferme consistance.

Le savon de suif étant fait, peut être converti en savon blanc et en savon madré ; dans le premier cas, on le liquide à la manière du savon blanc de Marseille (*voyez* plus haut la section relative à sa fabrication) ; dans le second, il ne faut pas négliger de jeter à l'empâtage la quantité de sulfate de fer nécessaire pour donner le bleu de la madrure.

Tous les savons suifs madrés et fabriqués à Paris sont combinés avec 15 à 20 pour 100 d'huile d'œillet. On ne suit point alors le même mode d'opérer ; on procède comme pour la fabrication du savon madré et préparé avec l'huile d'olive, et on a soin d'empâter ensemble le suif et l'huile d'œillet avec une lessive alcaline à 9 degrés, on relargue avec des recuits chargés de sel marin, et on cuit également au moyen des lessives alcalino-salées. Ici, l'addition du muriate de soude est indispensable, car le savon madré n'est pas dans la classe des savons de toilette ; il est susceptible d'acquérir par ce moyen une consistance plus forte et convenable à l'emploi de l'huile d'œillet.

Le suif, étant très-chargé de stéarine, peut être associé sans inconvénient à l'huile d'œillet dans les proportions décrites. L'oléine, abondante dans cette huile de graines, est favorable à la combinaison de ces deux corps gras. Les savons qui en résultent sont moins durs et plus propres aux savonnages à la main.

Les savons de suif et d'huile de graines ne se vendent pas aussi avantageusement que ceux de Marseille. Aussi sont-ils fabriqués avec des matières moins coûteuses que l'huile d'olive; ils n'ont pas cette odeur suave qui distingue les savons de notre ville, et l'arôme du suif y est encore bien prononcé. Outre l'huile volatile de térébenthine, qui pourroit masquer cet arôme, on peut également utiliser celle d'aspic à la levée des cuites.

Savon de résine. La résine, privée de l'huile volatile, se dissout assez rapidement dans la lessive de soude bouillante, et forme un savon transparent lorsqu'il est chaud et étendu d'une assez grande quantité de lessive. Si on le sépare de cet excès d'humidité par l'addition d'une lessive alcalino-salée, il se rassemble à la superficie et acquiert un peu plus de consistance et d'opacité : il est alors d'un jaune-verdâtre.

La lessive étant épinée, et la coction opérée avec des lessives fortes, le savon reste à peu près dans le même état; il se saponifie mieux, seulement, sans qu'on puisse lui procurer un peu plus de consistance : en le séparant totalement de la lessive à sa parfaite coction, il n'a que la mollesse et la viscosité de la glu.

Ce savon, d'une odeur forte de résine, ne peut pas être employé sans inconvénient. Le linge ou les mains qu'on lave au moyen de ce savon conservent un léger enduit de résine. Le résultat est le même en saponifiant la résine telle qu'elle découle du pin.

La potasse caustique exerce une action plus saponifiante sur les deux espèces de résine; mais le savon n'en est que plus mou. La résine en combinaison avec le suif est d'une application utile pour la fabrication du savon jaune. *Voyez* SAVON JAUNE.

Après avoir parlé, dans l'ordre alphabétique, de la préparation des savons dont les corps gras sont particulièrement désignés par leur nomenclature, je vais passer, dans le même ordre, à la fabrication de ceux qui ne sont connus que par le nom de leurs auteurs, ou par des désignations applicables à des caractères particuliers, tels que l'acidité, la couleur, la transparence, leur mollesse, enfin les différens états où ils se trouvent après leur fabrication, et le mode par lequel on a pu les préparer.

Savon acide. On connoît sous ce nom le résultat de la combinaison des huiles avec les acides. Les chimistes qui s'en sont occupés n'ont pu réussir qu'avec l'acide sulfurique. M. Achard fit un très-grand nombre d'expériences sur les savons acides, et presque en même temps M. Cornette décrivit, dans un Mémoire particulier, la meilleure manière de les préparer. Plus tard M. Macquer s'est oc-

cupé de la préparation de ces composés, et a traité la même matière dans un Mémoire inséré dans l'*Encyclopédie méthodique* et dans son *Dictionnaire de Chimie.*

Le procédé qui a réussi à M. Achard pour faire des savons acides, en combinant l'acide vitriolique (ou sulfurique) avec les huiles, tant concrètes que fluides, tirées des végétaux par expression ou par ébullition, consiste à mettre deux onces d'acide sulfurique concentré et blanc dans un mortier de verre, à y ajouter peu à peu, et en triturant toujours, trois onces de l'huile dont il vouloit faire un savon, et qu'il avoit fait chauffer presque jusqu'à l'ébullition. M. Achard a obtenu par ce procédé des masses noires, qui, refroidies, avoient la consistance de la térébenthine.

Suivant la remarque de l'auteur, ces composés sont déjà de véritables savons; mais, pour les réduire en une combinaison plus parfaite et plus neutre, il faut les dissoudre dans environ six onces d'eau distillée bouillante. Cette eau se charge de l'acide surabondant qui pourroit être (et qui est probablement toujours) dans le savon; les parties savonneuses se rapprochent par le refroidissement, et se réunissent en une masse brune de la consistance de la cire, qui quelquefois occupe le fond du vase, et quelquefois nage à la surface du fluide, suivant la pesanteur de l'huile qu'on a employée. Si le savon contenoit encore trop d'acide, ce que l'on peut facilement distinguer au goût, il faudroit le dissoudre encore une fois dans l'eau distillée bouillante, et réitérer cette opération jusqu'à ce qu'il ait entièrement perdu son goût acide; de cette manière on obtient un savon dont les parties composantes sont dans un état réciproque de saturation parfaite.

M. Achard remarque encore que l'acide sulfurique concentré agit très-fortement sur les huiles, et avertit qu'il faut avoir attention de ne pas ajouter l'huile trop subitement et en trop grande quantité, parce que, dans ce cas, l'acide décompose l'huile et la carbonise : on s'aperçoit de cette décomposition à l'odeur d'acide sulfureux qui s'en dégage.

Lorsque ces savons sont faits avec exactitude, ils se durcissent en vieillissant; mais s'ils contiennent de l'acide surabondant, ils se ramollissent à l'air et en attirent l'humidité.

L'auteur est également parvenu à faire un savon acide avec les huiles volatiles. La modification qu'il a apportée au procédé déjà décrit se réduit à cesser d'ajouter de l'huile essentielle à chaque fois que le mélange s'échauffe, et de n'en mettre de nouveau qu'après son refroidissement : il a obtenu, après le lavage, une masse brune plus ou moins solide, suivant la nature de l'huile employée.

Savon jaune. Le beau savon jaune est le résultat de la saponification du suif et de la résine. Sa fabrication est d'autant plus avantageuse que la résine augmente sa solubilité, et le rend plus propre à divers usages. C'est pourquoi il mousse infiniment mieux dans l'eau que les autres savons.

Le savon jaune de *Winchester* est celui qui m'a paru le mieux fabriqué. Sa couleur n'est pas aussi foncée que celle de la cire; il est un peu transparent à ses parties extérieures, qui ont éprouvé plus de dessiccation à l'air; en le coupant, il paroît à l'intérieur un peu gras au toucher, et d'un jaune plus pâle; il mousse très-fortement avec l'eau des puits ou des rivières, et bien moins avec les eaux saumâtres. On en lave néanmoins le linge avec l'eau de mer. On le vend en barres d'environ six centimètres au carré et de quarante centimètres de longueur. Tel est le savon de première qualité des fabriques anglaises, et qui a quelque réputation dans diverses parties du Monde.

Il importe aux fabricans français de tenter des envois de savon jaune bien fait dans les pays où il paroît mériter la préférence. Les matières brutes se trouvent assez abondamment dans le royaume pour nous livrer à cette fabrication. Les départemens des Landes et des Pyrénées peuvent nous fournir de très-grandes quantités de résine; mais on ne peut désavouer que si la France, pour ses besoins actuels, consomme tout le suif indigène, et a recours aux suifs exotiques, l'importation de ces derniers deviendroit plus considérable. Au reste, un plus grand emploi de suifs étrangers n'auroit pas d'autre résultat dans la balance commerciale, que l'importation annuelle de l'huile d'olive indispensable à la fabrication des savons de Marseille.

Le savon commun dont se sert la marine anglaise est en barre de même dimension que la première qualité de savon jaune: il est d'un jaune-brunâtre, foncé, et d'une odeur un peu nauséabonde. Il paroît qu'il contient les gras résultant de la fabrication du beau savon, et qu'on ajoute à la combinaison du suif avec la résine, des résidus de suif qui, d'après mes expériences, fournissent très-peu de véritable savon, et se convertissent presque totalement en matière gélatineuse dans la saponification. Le produit est également d'une odeur désagréable.

Ces résidus sont les principales substances qui peuvent procurer la couleur brune au savon commun; mais comme la gélatine résultant de l'action des alcalis sur les parties membraneuses est soluble dans les lessives qui l'entraîneroient à l'épinage, on ne doit ajouter ces résidus à la pâte qu'à la fin du dernier service. Aussi se garde-t-on bien d'épurer ce savon, et de le priver de son excès d'alcali et de matière saline, car on y observe une efflorescence d'une saveur âcre et muriatée.

La résine à l'état naturel, connue sous le nom de *galipot*, se combine en toutes proportions avec le suif pour la préparation du savon jaune. Le *maximum* que j'y en ai fait entrer, et qui présente alors l'inconvénient d'y distinguer promptement l'odeur de la résine, est de cent parties sur cent autres de suif, saponifiées ensemble; et dans d'autres essais, on a combiné, à cent parties de suif, cinquante centièmes de résine privée de l'essence de térébenthine. Cette dernière est néanmoins d'une odeur de poix plus prononcée; c'est pourquoi quelques auteurs, et notamment M. Décroos, conseillent de ne l'ajouter au suif que dans les proportions de quinze à vingt centièmes. Cette dose ne m'a pas paru suffisante pour faire un savon jaune.

Ainsi, comme le *galipo*, contenant encore l'huile volatile, doit être privé en grande partie de cette dernière pour la préparation du savon jaune, et que la résine commune a reçu l'altération vive du feu, on pourroit éviter les inconvéniens en distillant la résine naturelle avec une certaine quantité d'eau qui lui serviroit de bain-marie, et extraire un peu moins d'essence que par le procédé ordinaire. On auroit par ce moyen une résine plus pure, moins altérée, mais d'un prix un peu plus élevé, en raison du procédé employé et de la moindre quantité d'essence obtenue.

Pour obtenir une résine très-pure, brillante, et d'un roux très-clair, mais dont le prix s'élèveroit au-dessus de trente pour cent de celui du *galipo*, on prendra ce dernier, on le fera fondre à un feu modéré dans une chaudière de cuivre évasée et de peu de profondeur. On ne la chargera qu'à moitié de résine pour éviter son expansion hors de la chaudière, et on lui fera éprouver une très-douce ébullition pendant demi-heure. Durant cet espace de temps, il y a vaporisation de l'excès d'huile volatile de térébenthine et de la portion d'eau ou d'humidité, qui est la seule cause de l'opacité et de la blancheur de la résine naturelle. Après cela, on la coulera à travers un tamis de crin pour la séparer d'avec une infinité d'écorce de pin, qui se trouve interposée dans la résine, et qui, comme tous les corps ligneux, se dissout très-tard dans les lessives caustiques.

Au moyen de ce procédé, j'ai obtenu, après le refroidissement, une résine très-belle, d'une couleur dorée, peu odorante, et d'une diaphanéité remarquable, enfin trois fois moins colorée que la résine ordinaire. En l'ajoutant au savon suif au dernier service, j'ai préparé un très-beau savon jaune, dans lequel j'ai pu la faire entrer à la dose de soixante pour cent sur le suif employé.

Mais les fabricans qui ne visent jamais qu'aux méthodes économiques, et qui négligent les moyens de perfectionnement, me diront que je leur présente l'emploi d'une résine plus belle, mais plus coûteuse que celle qui est plus commune; je répondrai à cela que le prix de la belle résine, ne pouvant s'élever qu'à la moitié de la valeur du suif ou de l'huile d'olive, on peut l'employer en faveur du perfectionnement du savon. L'économie seroit encore notable, et si l'on considère que la résine de cette nature dis-

DES SAVONS.

77.

penseroit peut-être le savon d'une trop longue liquidation, on ne devra pas balancer de la préférer à celle dont l'altération est très-marquée.

La résine, en augmentant la solubilité du savon de suif, en diminue la consistance et produit le même effet que l'huile d'œillet, combinée à celle d'olive dans la saponification. C'est ce qui fait que le savon jaune a une consistance moyenne.

Pour procurer une plus belle couleur à ce savon, les fabricans anglais y introduisent vingt pour cent d'huile de palme : il sera possible de s'en procurer en France, si jamais la fabrication du savon jaune reçoit quelque extension. Cette huile, à la consommation, s'obtiendroit à un douzième au-dessous du prix du suif. Ce seroit encore une économie. L'addition de l'huile de palme au savon neutralise encore mieux le mélange des odeurs du suif et de la résine : lorsqu'elle est récente, ou qu'elle n'a pas perdu sa couleur jaune, on lui reconnoît l'odeur de la courge. En cas de son emploi, on l'empâteroit avec la graisse.

Revenant au système économique, on ne trouvera pas que j'en adopte les conséquences, en conseillant de n'employer que du sel de soude pour la préparation des lessives destinées au savon jaune, et de faire choix de celui de 70 à 80 degrés. Il conviendra aussi d'ajouter cinq centièmes de potasse pour rendre le savon plus soluble, et on évitera surtout l'emploi du sel marin, qui produiroit un effet contraire. La chaux devra être également employée pour décarbonater les lessives et les rendre plus propres à la saponification des corps gras. On se gardera bien de se servir de sels de soude contenant des sulfures ; la présence des sulfites dans ce sel n'aura aucun inconvénient, parce qu'ils sont indécomposables durant les opérations de la savonnerie.

Il est d'autant plus nécessaire de se servir du sel de soude et de la potasse dans la préparation du savon jaune, qu'en Angleterre on emploie la barille végétale, et que quelques fabricans de ce pays empâtent d'abord le suif avec la potasse ou la lessive de cendres, et continuent la saponification avec les lessives de soude végétale qui, souvent, recèle quelques centièmes de potasse ; qu'enfin ces matières ne contiennent que peu ou point de sulfure, tandis que la soude artificielle furée, ou encore récente, est plus ou moins chargée de corps étranger.

L'effet d'une lessive sulfurée est si rapide et si désavantageux dans la fabrication de ce savon, que si on commence à empâter le suif et la résine avec de la lessive désulfurée, et qu'on ajoute de la première, aussitôt la pâte, de jaune qu'elle est, devient d'un brun-verdâtre. J'ai fait souvent cette observation, et je ne me suis bien trouvé que des lessives entièrement privées de sulfure.

La nécessité de l'emploi du sel de soude et d'un vingtième de potasse, dans la fabrication du savon jaune, porte le coût de l'alcali à 40 centimes le degré, au lieu de 20 centimes que revient celui de la soude artificielle.

Il est donc évident que l'économie apportée sur l'association de la résine au suif dans cette fabrication, se trouve presqu'absorbée par l'emploi de l'alcali pur et plus coûteux pour la préparation des lessives.

Mais en considérant qu'on peut combiner soixante centièmes de belle résine à cent parties de suif, et en évaluant la capacité de la millerole de résine à 32 francs, tandis que celle du suif est de 64 francs, on aura, sur une cuite assimilée à cent milleroles d'huile, une économie de 40 pour 100 sur le prix des corps gras, ce qui fera 1280 francs de moins que si la cuite étoit toute composée de suif ou d'huile d'olive. Cette somme sera réduite d'autant que l'on emploiera des quantités de sel de soude et de potasse; et si on admet qu'on en consomme cinquante quintaux sur cent milleroles de corps gras, j'établis une dépense de 1000 francs de plus sur l'achat de ces alcalis, et je trouve seulement une économie de 280 francs sur la totalité de la cuite.

Réfléchissant encore sur la nature de la pâte de savon jaune, et sachant qu'elle n'a pas, à sa parfaite coction, toute la consistance des savons d'huile d'olive, ou exclusivement faits avec du suif, elle n'est pas dans le cas de supporter autant d'humidité ou de lessive foible, durant la liquidation, que le savon blanc de Marseille, préparé suivant les règles de l'art.

De sorte que le savon jaune, bien liquidé, doit coûter autant à la fabrication que le savon blanc d'huile d'olive ; il reste maintenant à décider si le premier, qui se vend à des prix très-avantageux à Saint-Domingue et à Rio-Janeiro, devra être fourni seulement par les Anglais, qui alimentent aussi la ferme du Portugal, et si nos fabricans, paisibles témoins des succès de nos rivaux, resteront étrangers à ces fournitures.

Qu'on ne s'imagine pas que la préférence accordée à l'emploi de ce savon dans ces divers pays tienne à la couleur jaune de ce produit, de même manière que la couleur blanche du savon de Marseille, plaît en général aux consommateurs français et à d'autres peuples habitués à en faire usage; cette préférence, étrangère aux préjugés, n'est basée que sur les localités et la nature des eaux plus ou moins salines, dont les effets permettent de se servir de tel savon plutôt que de tel autre.

Mais, puisque nous possédons à Marseille une multitude d'ateliers de savonnerie et les fabriques de sel de soude, pourquoi n'y feroit-on pas aussi du savon jaune, qu'on pourroit exporter avec succès, surtout si le gouvernement, protecteur de l'industrie française, accordoit aussi une prime pour la quantité de suif et de potasse qui entreroit dans sa composition, et pour lesquels on seroit tenu de présenter les acquits de paiement, comme pour les savons d'huile d'olive ? Nous ne serions tributaires envers l'étranger que d'un vingtième de l'alcali de potasse et de la portion de suif importée.

Je n'ai donc retracé les propriétés du savon jaune que pour en rendre la fabrication nationale ; et, loin d'avoir le moindre sentiment d'anglomanie en appréciant la bonne préparation de ce savon, je fais des vœux, au contraire, pour que nos industriels s'y livrent, d'après les documens que je me plais à consigner ici, dans l'espoir qu'ils leur seront profitables.

Procédé pour la fabrication du savon jaune. Le mode le plus convenable pour la préparation de ce savon, consiste premièrement à fabriquer le savon suif par le procédé déjà décrit (voyez *savon de suif*), et d'ajouter au dernier service cinquante à soixante pour cent de belle résine (1), coupée en petits morceaux pour accélérer sa combinaison avec le suif et la lessive. On a soin de n'introduire la résine que lorsque le savon suif est entièrement saturé d'alcali, et jusqu'à ce que le liquide clair qu'on enlève après le dernier service et l'ébullition nécessaire, soit presqu'aussi fortement alcalin que lorsqu'on l'a introduit dans la chaudière.

Aussitôt après l'addition de toute la résine, un ouvrier, placé sur une planche qui traverse tout le diamètre de la chaudière, brasse bien le mélange avec un redable, et jusqu'à ce que la résine soit entièrement dissoute et saponifiée.

La pâte acquiert une belle couleur jaune et devient un peu plus flasque et homogène par cette addition. On continue l'ébullition du mélange jusqu'à parfaite saturation ; pour que celle-ci soit complète, il faut que la lessive conserve encore une saveur très-piquante ; l'excès d'alcali, au dernier service, est le signe de l'entière saponification de la résine.

On reconnoît aussi que la pâte est bien cuite, lorsqu'en en versant avec une truelle sur un corps froid, tel qu'un morceau de faïence ou de brique, elle prend presqu'aussitôt une ferme consistance ; et on est bien certain de la saponification de la résine, si, en se lavant les mains avec cette pâte refroidie, elles ne restent pas empreintes d'un enduit résineux après les avoir séchées.

La cuite du savon étant reconnue, on procède à l'épinage et au transvasement de la pâte dans une autre chaudière pour s'occuper de sa liquéfaction. On a soin de verser dans cette dernière quelques seaux de lessive à 7 ou 8 degrés, de faire chauffer le mélange, et de le brasser de bas

en haut, comme pour la liquidation du savon blanc de Marseille.

On laisse reposer la pâte lorsqu'elle est bien liquéfiée, et on épine la lessive qui s'est emparée de l'excès d'alcali, tout en empreignant la pâte de l'humidité nécessaire.

On continue de cette manière d'ajouter des lessives de 4 à 5 degrés, et à la fin, de celles à 2 degrés ; puis on laisse encore reposer la pâte. Si le suif contient encore un peu de gélatine au dernier service, celle-ci se précipite avec le gras du savon, pour la levée duquel on prend les mêmes précautions que pour ôter la cuite du savon blanc, c'est-à-dire qu'on l'enlève peu à peu par les surfaces pour le verser dans les mises, jusqu'à ce qu'on s'aperçoive que le fond, d'une couleur brune, indique la présence du *gras* qui peut s'y précipiter.

Tandis que le savon est encore fluide, on ajoute un peu d'essence d'anis, dissoute dans une suffisante quantité d'alcool, et on enlève avec un pucheux l'écume qui s'est rassemblée à sa surface ; puis on extrait par le même moyen la pâte transparente et fluide, et on la coule dans des moules de bois ou de fer-blanc, dont les côtés et le fond peuvent se séparer quand le savon a pris de la solidité. Ces moules ou caisses, plus ordinairement en bois, sont de la longueur des barres, et d'une largeur un peu moindre ou relative au diamètre de plusieurs de ces dernières. Il est des fabricans qui disposent des caisses les unes sur les autres jusqu'à la hauteur de deux mètres, pour couper le savon avec plus de précision et de commodité, et pour agir sur une masse plus considérable.

Dans le cas qu'on veuille le couler à la manière du savon blanc de Marseille, il est indispensable de le verser sur un lit de chaux pulvérisée, ce qui offriroit un déchet des surfaces en contact avec cette dernière. La méthode anglaise, ou le coulage de la pâte dans des caisses servant de mises, est préférable pour les savons dont les barres n'ont que six centimètres au carré et quarante centimètres de longueur.

Trois ou quatre jours après, le savon est maniable ; on enlève les moules, et on coupe la masse consolidée, avec un fil de cuivre, en barres de la longueur prescrite. On les conserve pendant quelque temps dans des lieux aérés, où ils acquièrent le degré de dureté nécessaire.

Au cas qu'on puisse se procurer de l'huile de palme, le savon n'en sera que plus beau et d'une odeur plus suave : on l'empâtera avec le suif, parce que cette huile exige aussi divers services pour sa saponification.

Observations sur la préparation du savon jaune. On a déjà vu que l'introduction de la résine ne devoit avoir lieu qu'après l'entière saponification du suif. En effet, si on empâte ces deux substances ensemble, leur union avec l'alcali s'opère d'abord, mais les lessives du relargage et de la

---

(1) Les Anglo-Américains qui ont vu la résine employée à la fabrication du savon jaune, assurent qu'elle est de la plus grande beauté ; et d'après ses caractères physiques, celle dont je décris la préparation au moyen du galipot et de son épuration, est peut-être de qualité supérieure.

coction se colorent excessivement par la présence de la résine, dont une partie abandonne le savon pour se dissoudre dans les lessives.

Cet inconvénient augmente l'impureté des lessives qui, après le relargage, recèlent aussi beaucoup de gélatine, et les rend impropres à un emploi subséquent D'ailleurs, leur coloration continuelle, à chaque service, annonce la dissolution de la résine et un déchet notable sur la quantité de savon qu'on se propose d'obtenir.

Telles sont les observations que j'ai faites durant mes nombreux essais sur la fabrication du savon jaune. Il paroît même que la résine employée au commencement de l'opération s'oppose à la parfaite purification du savon de suif.

La présence de la gélatine dans le savon jaune lui communique une légère couleur brune. Cela est si vrai, qu'après avoir obtenu quelques kilogrammes de ce savon, d'un jaune bien prononcé, et recélant un excès d'alcali, qui auroit exigé une liquidation peu praticable dans des essais de laboratoire, j'ajoutai à la pâte en liquéfaction un dixième de la quantité de suif précédemment employée. J'agitai le mélange pour accélérer la combinaison du suif avec la pâte alcalisée ; mais tout-à-coup le savon devint d'un jaune-brunâtre. On le laissa reposer ; on le coula dans la mise, et on observa au fond de celle-ci, en enlevant le savon, une couche de gélatine adhérente à la partie inférieure de la mise : la plus grande portion de celle qui résultoit de la saponification du dixième de suif ajouté étoit encore incorporée dans le savon.

L'huile d'olive n'est pas propre à la fabrication du savon jaune. L'odeur de la résine y est trop prononcée, et la pâte résultant de cette combinaison n'est pas aussi soluble que celle du savon suif, dans lequel on incorpore également cette substance ; mais il jouit d'une plus grande solubilité que les savons marbrés.

On ne peut donc saponifier la résine à haute dose, et en combinaison avec l'huile d'olive, sans avoir des savons qui, quoique bien jaunes, lorsqu'ils sont fabriqués avec des alcalis désulfurés, ont une odeur désagréable. Il n'est pas même possible d'en introduire dans le savon d'huile d'olive, à la dose de dix pour cent, sans que l'arôme de la résine n'y soit encore reconnoissable, et le savon, en séchant, acquiert une couleur rousse aux parties extérieures.

C'est donc ici le cas de rappeler que le suif rance convient mieux pour la préparation du savon jaune que lorsqu'il est récent ; la rancidité de ce corps gras se trouve neutralisée par l'odeur de la résine, et forme un ensemble qui a quelqu'analogie avec l'arôme des huiles volatiles communes.

Dans quelques fabriques anglaises et des Etats-Unis d'Amérique, on se sert des lessives de potasse ou perlasse pour empâter et cuire le savon jaune ; mais comme cet alcali ne forme qu'un savon mou

sans l'intermède des lessives salées, on ajoute au relargage la quantité de sel marin pour opérer la séparation de la pâte ; on remue la masse dans tous les sens, et la matière présente alors une apparence de saponification. On augmente le feu, et après que l'ébullition a été maintenue pendant quelques minutes, on le retire de nouveau, on laisse la pâte en repos pendant une demi-heure, et on enlève, à l'aide de la pompe, la lessive épuisée qui se trouve au fond de la chaudière. La seconde opération commence en élevant le feu, et en ajoutant la deuxième lessive foible à la masse, qui, étant traitée de la même manière, est amenée à l'état de glu ; on la remet en consistance savonneuse par l'addition d'un peu de sel ordinaire. Après l'ébullition et le repos, on enlève la deuxième lessive. Dans la troisième opération, on ajoute la partie conservée de la première lessive ; cette addition convertit la masse en glu épaisse, qu'une autre portion de sel amène à l'état de savon. Toute la masse est alors soumise à une forte ébullition pendant trois heures, plus ou moins, suivant les quantités et les circonstances. On en examine les échantillons, qu'on enlève avec une truelle, jusqu'à ce que le savon, étant refroidi, soit assez dur au toucher, et que la lessive se clarifie et abandonne le savon en masses rondes. On enlève alors cette lessive épuisée et l'écume qui se rassemble au sommet, et on coule la pâte dans les caisses ou mises déjà mentionnées.

Ce savon ne prend une consistance solide qu'en raison de l'échange de base. Voilà pourquoi, en analysant les savons américains, on les trouve à base de soude, au lieu de la potasse qui a servi à la saponification des corps gras.

Savon mou. Les savons à base de potasse, et formés avec les graisses ou avec les huiles, restent mous et sont plus ou moins pâteux. Dans le commerce, on les connoît aussi sous le nom de *savons verts* ; on les fabrique avec les huiles de graines et les lessives de potasse. La théorie de la réaction de la potasse sur les huiles et les graisses est la même que celle de la soude ; mais le mode de fabrication n'est pas tout-à-fait identique. (*Voyez*, pour tous les détails relatifs à cette fabrication, l'*Encyclopédie méthodique*, page 254 et suivantes de l'article *Savon*, S. XXVI, *Fabrique de savon en pâte, établie à Lille en Flandre*, décrite par M. Fougeroux. On trouve aussi dans ce Mémoire la manière de fabriquer les lessives de potasse.)

On assure que l'on est parvenu à pouvoir introduire une certaine quantité de sel de soude dans la préparation des lessives en combinaison avec la potasse, pour la fabrication des savons mous. Cette addition ne peut qu'être favorable à la prospérité de nos manufactures, et diminuer d'autant le tribut que nous payons à l'étranger pour l'introduction des potasses.

Je crois devoir placer ici l'extrait d'un article

de M. Décroos, relatif aux huiles de graines, et qui se rapporte entièrement à la fabrication des savons mous. Ce sera un complément du Mémoire de M. Fougeroux, auquel je vient de reporter le lecteur pour la préparation de cette espèce de savon.

On distingue, dit-il, les huiles de graines en *huiles chaudes* et en *huiles froides*. Les premières sont ainsi désignées, parce qu'elles ne se congèlent pas, et que les autres, au contraire, éprouvent cet effet par l'influence du froid à une température voisine de zéro.

Cette différence, qui distingue la nature des huiles chaudes et des huiles froides, est très-essentielle à observer, lorsqu'on se propose d'en introduire dans les savons solides ou dans la composition des savons mous. Ces huiles se mitigent dans cette fabrication. L'huile chaude sert à fabriquer les savons d'hiver et à tempérer la nature des huiles froides, qui se congèlent dans cette saison, et qui, influant sur le coup-d'œil du savon, en font déprécier la qualité.

Les huiles de noix et de faîne peuvent être employées à la fabrication des savons mous. Mais leur prix, toujours plus élevé que celui des autres huiles de graines, fait qu'on ne les y emploie que très-rarement.

Les huiles chaudes, dites *de graines*, sont celles de chénevis, de calémine, de lin et d'œillet.

L'huile de chénevis produit le meilleur savon vert ou noir; elle a de plus l'avantage de lui communiquer sa couleur verte.

Après l'huile de chénevis, viennent celles de caméline et de lin; on a observé que l'huile de caméline a la propriété particulière de faire mousser davantage le savon dans lequel on en introduit. C'est quelquefois sous ce rapport qu'on en consomme quelques tonnes; sa culture est peu usitée.

L'huile de lin est avantageuse à cette fabrication. La propriété siccative, qui la fait rechercher pour la peinture et pour d'autres usages, en fait maintenir le prix, ce qui s'oppose souvent à son emploi.

L'huile d'œillet a pu être considérée comme moins avantageuse à la fabrication du savon mou, parce que celle qu'on livre aux fabricans de savon provient quelquefois de la seconde pression des graines, et qu'en ce cas elle est plus mucilagineuse.

Les *huiles froides* sont celles de colza froid et chaud, dites *de navette* ou *rabette*, et de *semmes*, dites *senvres*.

Les huiles froides sont nécessaires à la fabrication du savon mou; à défaut de leur emploi, on seroit souvent obligé de les y suppléer par une certaine quantité de suif ou d'autres graisses.

M. Chaptal décrit en peu de mots la fabrication des savons mous.

Le savon mou a pour principe la potasse et une huile.

Ce savon a des usages qui lui sont propres, tels que le foulage et le dégraissage des étoffes.

Les fabriques les plus considérables de savon mou sont établies dans la Flandre, la Picardie et la Hollande. L'emploi qu'ont fait les Hollandais de l'huile de poisson, a donné une mauvaise odeur au savon, et n'a pas peu contribué à décrier leurs fabriques. Les statuts de la Flandre et de la Picardie défendent d'employer cette huile, et on ne se sert que de celles de lin, de chénevis, d'œillet, de colza et de navette. Les trois premières sont appelées *huiles chaudes*; les deux dernières sont connues sous la dénomination d'*huiles froides*. Ce que les Flamands appellent *huiles chaudes*, les Picards les nomment *huiles jaunes*, et réservent le mot d'*huile verte* à l'huile froide.

Les huiles chaudes sont plus chères que les froides, et c'est la raison pour laquelle on les mêle.

Les potasses qu'on emploie à la saponification viennent du Nord ou de l'Alsace.

Les chaudières sont faites de plaques de fer battu, rivées les unes aux autres.

On commence par mettre dans la chaudière la moitié de l'huile qu'on destine à une cuite. On allume le feu, et lorsque l'huile commence à être chaude, on y mêle de la lessive; on porte à l'ébullition, et peu à peu, on ajoute le reste de la lessive et de l'huile.

Si on commence par employer trop de lessive, la liaison ne se fait pas; si les lessives sont trop fortes, le mélange se résout en grumeaux; si elles sont trop foibles, la liaison reste imparfaite.

La quantité de lessive qu'on emploie dans une cuite est dans le rapport de quatre à trois par rapport à celle de l'huile. Deux cents parties d'huile et cent vingt-cinq de potasse fournissent trois cent vingt-cinq de lessive.

Lorsque la liaison est bien faite, que les grands bouillons sont passés, alors la matière doit s'éclaircir, c'est-à-dire qu'il ne doit plus y avoir de grumeaux; et, dès que l'on en est venu à ce point, il ne reste plus qu'à donner à la matière la cuisson convenable.

Le savonnier juge du degré de cuisson à l'épaississement, à la couleur, et au temps que le savon met à se figer.

Pour amortir les bouillons, et mettre la matière dans le cas d'être entonnée, on vide dans la chaudière une tonne de savon déjà fait.

Le savon le plus recherché est d'un brun tirant au noir. Les fabricans de la Flandre, demi-heure avant de terminer la cuisson, colorent le savon par une composition faite avec une livre de sulfate de fer, une demi-livre de noix de galle, et demi-livre de bois rouge, qu'on fait bouillir avec de la lessive. On jette cette composition dans la chaudière.

Lorsque le savon est fait avec une grande quantité d'huile *chaude* ou *jaune*, on lui donne une
couleur

couleur verte en versant dans la lessive une dissolution d'indigo. Ce savon est réputé première qualité.

Ce savon reste toujours en pâte molle, ce qui force le fabricant de l'expédier dans des tonneaux.

D'après tout ce qui vient d'être dit, on voit que le savon mou est préparé sans relargage et sans épinage quelconque. L'huile et la lessive forment un tout qui prend une consistance convenable, et on a soin de saturer la pâte de la quantité d'alcali strictement nécessaire pour opérer la complète saponification de l'huile.

Savon de Starkey. Ce savon est considéré comme un savonule, *saponulus*, ce qui veut dire petit savon. On donne le nom de *savonule* à la combinaison des alcalis avec les huiles volatiles.

Le seul qui soit d'usage, celui de *Starkey*, qui a conservé le nom de son inventeur, se préparoit autrefois avec trois parties d'huile volatile de térébenthine, et une partie de sel de tartre fortement chauffé ; on trituroit promptement le mélange, et on l'abandonnoit à lui-même ; il se séparoit en trois parties ; de la potasse liquide occupoit le fond du vase ; une masse de la consistance du miel le surnageoit : c'étoit le savon ; celle-ci étoit recouverte d'huile volatile non combinée. On isoloit le savon par la filtration, et on le conservoit dans son état. Il étoit aisé de s'apercevoir que, par ce procédé, le savon ne se formoit qu'autant que l'huile volatile se résinifioit ; c'est pourquoi, dit M. Nachet, je préparois, depuis long-temps, ce savon, en exposant à l'air libre, à la température de l'été, de l'huile de térébenthine rectifiée. Au bout d'une douzaine de jours, j'obtenois une matière semblable à de la belle térébenthine, que je convertissois en savon avec partie égale de potasse caustique bien sèche, et qui, par le temps, acquéroit plus de consistance. Le procédé consigné dans le nouveau *Codex* de Paris, consiste à prendre partie égale de sous-carbonate de potasse desséché, d'huile volatile de térébenthine rectifiée, et de térébenthine de *Venise*, et à mêler le tout exactement. On y prescrit aussi que l'on pourroit, dans le cas où l'on voudroit donner à d'autres huiles volatiles la forme de savon, les unir à des proportions déterminées de savon médicinal. (Nachet, *Dict. des Scienc. médic.*)

Il est très curieux de voir cependant que les modifications apportées à la préparation du savon de Starkey, par MM. les rédacteurs du *Codex*, sont celles que Beaumé a indiquées dans ses *Elémens de pharmacie*, où il ajoute que différentes doses de térébenthine lui ont assez bien réussi pour confectionner ce savon. Cet infatigable chimiste, qu'on néglige souvent de citer, a également annoncé qu'avec de l'essence de térébenthine un peu épaisse, on obtenoit une plus grande quantité de savon, et qu'il se formoit plus facilement. Le savon blanc étoit également l'intermède

dont Beaumé s'étoit servi pour accélérer la préparation du savon de Starkey.

Savon de Windsor. Les détails dans lesquels je suis entré sur la fabrication du savon de suif sont applicables à celle du savon de Windsor. Cependant la préparation de ce dernier exige, d'après M. Décroos, deux modifications importantes, celles du relargage et de la liquéfaction. Le corps gras qui entre dans la composition de ce savon est seulement le beau suif, et rarement on l'associe avec l'axonge pour l'obtenir d'un plus beau blanc. Si l'on relargue la pâte des savons de toilette avec des lessives provenant des recuits de savon ordinaire, ou avec d'autres lessives contenant beaucoup de sel marin, on décompose une portion du stéarate formé, et sa conversion en bistéarate rend la pâte plus insoluble et moins propre à la préparation du savon de *Windsor*, qui doit jouir d'une très-grande solubilité. Il arrive également que la pâte reste plus ou moins imprégnée de sel marin malgré les opérations subséquentes, et qu'elle ne seroit pas différente de celle résultant du savon ordinaire.

Les lessives pour la préparation du savon de Windsor doivent être préparées avec le sel de soude bien privé de sulfure, et comme la présence du sel marin dans ce sel est préjudiciable à la pureté de la pâte, il importe de faire choix de sel de soude d'un très-haut titre, ou ayant au moins 75 à 80 degrés d'alcali pur. On s'assure aussi qu'il ne contient pas de sulfure en jetant dans la dissolution de ce sel un peu d'extrait de saturne (*acétate de plomb liquide*), qui doit seulement louchir la liqueur en blanc. Si, au contraire, il se produit un précipité noir, ou que la liqueur devienne rousse par le mélange, c'est une preuve que le sel de soude contient encore du sulfure ; il en recèle d'autant plus que le mélange devient plus noirâtre, et d'autant moins qu'il est seulement d'une couleur blonde.

Les sels de soude caustiques ou non caustiques sont de qualité inférieure pour les opérations du savon de toilette, lorsqu'ils sont d'un titre peu élevé (60 à 65 degrés). Dans ce cas, l'alcali manquant sur les cent parties soumises à l'essai alcalimétrique, est remplacé par du sel marin que les fabricans y introduisent par la préparation d'un sulfate *maigre*.

C'est donc avec les sels de soude d'un très-haut titre qu'on doit confectionner les lessives pour la pâte de Windsor. Les troisièmes et les secondes servent à l'empâtage : les premières sont employées à la séparation de la pâte et à la coction. Dans cette dernière opération, on utilise aussi les secondes lessives au premier service.

Il est bon d'observer que pour préparer les lessives, il faut aussi ajouter un volume égal de chaux délitée au moyen de l'eau, au même volume de sel de soude employé, soit que ce sel ait été acheté pour caustique ou non caustique ; il ne sau-

roit acquérir trop de causticité pour la saponification du suif.

Le sel de soude non caustique, ou portant cette
dénomination, contient deux parties de soude
pure et une partie de carbonate. Le caustique ou
celui vendu comme tel, recèle trois parties de
soude pure sur une de carbonate. Par cet exposé,
on voit que la chaux employée à la lixiviation fait
encore passer un cinquième de carbonate à l'état
de soude pure ou caustique.

Voici comme M. Décroos s'explique à l'égard
de la fabrication de la pâte de Windsor. L'opération du *relargage* ou *de la séparation de la pâte* n'a
lieu dans le savon ordinaire que pour accélérer
celle de la coction, éviter un surcroît de lessive,
de feu et de main-d'œuvre. Lorsque l'on s'aper-
cevra, dans une cuite destinée à faire du savon de
toilette, que l'empâtage est amené à sa fin, et que
la lessive se détache de la pâte, au lieu de suspendre le travail, comme on le fait pour le savon ordinaire, en procédant au *relargage*, on abreuvera,
au contraire, la cuite de quelques seaux de forte
lessive de sel de soude, caustique; l'action du
feu et l'évaporation feront bientôt séparer la pâte
d'avec les parties aqueuses.

On laissera agir le feu pendant quelques heures
pour concentrer et épuiser les lessives; après
cela, on pourra les évacuer par l'épine et transvaser la cuite dans une autre chaudière, en ayant
la précaution d'y verser immédiatement quinze à
vingt seaux de lessive bien caustique d'un degré
moyen, pour procéder à la coction : on prolon-
gera un peu cette dernière opération au moyen
d'un feu modéré, dont l'effet sera de purger
encore la pâte de son odeur naturelle, et d'empêcher qu'elle ne la communique aux lessives de
services subséquens; on peut d'ailleurs utiliser
ces lessives dans une cuite de savon ordinaire.

On extraira ensuite la lessive, et l'on achèvera
la coction de la pâte avec deux ou trois services
de lessive bien caustique, pour la porter au plus
haut degré de saturation; on vérifiera cet état
de la pâte par les signes déjà indiqués, en parlant de la coction du savon de suif.

L'on peut se dispenser de transvaser la cuite
pendant les diverses additions de lessives, qui
amènent la fin de la coction du savon de toilette,
et attendre que l'on procède à la liquéfaction de
ses grumeaux. Mais, dans ce cas, à chaque nouveau service de lessives, nécessité par l'épuisement de celles que l'on extrait de la chaudière
par l'*épine*, on devra se servir d'une pompe pour
retirer la partie de lessive qui sera restée au fond
de la chaudière. Il est d'autant plus essentiel
d'extraire cette portion de lessive qu'elle contient toujours des matières étrangères, et qui,
inhérentes à l'odeur du suif, nuisent toujours à
l'épuration de la pâte.

La coction opérée, on pourra procéder immédiatement à la liquéfaction des grumeaux de la
pâte et à son épuration.

L'auteur conseille alors de commencer la liquéfaction de la pâte à la manière ordinaire, et
de l'achever en se servant de lessives foibles de
sel de soude non *caustique*. Il est facile de concevoir, dit l'auteur, que ces lessives, par leur
contact avec les diverses parties de la pâte, se sai-
siront de sa causticité, et que le résultat de cette
opération sera tel qu'on pourra le désirer. On
terminera la liquéfaction de la pâte en l'arrosant,
avec précaution, de quelques seaux d'eau.

En admettant avec M. Décroos que, par ce
moyen, le savon de toilette doit être privé de
toute sa causticité, je ne pense pas, comme lui,
que les lessives foibles de sel de soude non *caustique* s'emparent de la causticité de la pâte, parce
que le carbonate de soude, plus abondant dans
ce dernier, ne fait que modifier l'action de la
soude caustique sans changer de nature. Ces lessives foibles privent seulement la pâte de l'excès
d'alcali, en ce sens qu'elles sont étendues, et
qu'elles l'entraînent au fond de la chaudière, en
s'infiltrant à travers la pâte, opération qui reçoit
toute l'application désirable en arrosant, à la
fin, la pâte d'eau pure.

Cette opération faite, on laisse reposer la
pâte pour achever sa purgation, lui donner le
temps de s'affaisser, et éviter l'inconvénient
qu'elle soit poreuse : lorsqu'elle est bien reposée, on la coule dans des mises de bois.

M. Décroos ajoute que si l'on veut convertir
cette pâte en savon de Windsor, on y introduira,
lorsqu'elle sera, dans la mise, de l'essence d'anis
dissoute dans un peu d'alcool; on mêlera aussitôt
le tout au moyen d'un redable.

Le restant de la pâte, non parfumé, est la pâte
dite de Windsor; on le met à part, et on l'emploie ensuite à la préparation des savons fondus.

Je terminerai cette section en rappelant ce qui
a été dit relativement à la supériorité du suif de
bœuf, sur ceux des autres bêtes à corne : lorsqu'on pourra s'en procurer de récent et qu'on le
fondra soi-même à l'aide de la chaleur et d'une
petite quantité d'eau pour éviter son altération,
le savon de toilette ou de Windsor n'en sera
que plus parfait et plus suave.

Savons terreux. Ces savons sont le résultat de
la combinaison des huiles et des graisses avec
les terres; on les obtient facilement par le mélange des solutions de savon ordinaire et de sels
terreux. Il y a décomposition réciproque de ces
substances; l'acide du sel s'unit à la soude et
forme avec elle un sel soluble; la terre se combine aux acides oléique et stéarique contenus
dans le savon et produit un mélange de deux sels
insolubles.

On prépare quelquefois, pour appliquer sur
les brûlures un savon calcaire liquide, en mélangeant huit parties d'huile d'olive avec une partie

d'eau de chaux ; il se forme du savon calcaire qui reste en suspension dans l'huile qui est en excès, la trouble et forme avec elle pour la consistance, une espèce de liniment.

Les savons terreux diffèrent beaucoup dans leurs propriétés des savons alcalins ; ils sont insolubles dans l'eau et l'alcool. MM Bertholet et Chevreul sont les seuls chimistes qui se sont occupés jusqu'ici de ces composés (Nachet, *Dict. des Sciences médicales.*)

Savon de toilette. La pâte destinée à la fabrication des savons de toilette, est la même que celle dont les procédés ont été décrits pour obtenir le savon de Windsor. Cette pâte est parfaitement pure, exempte de sels neutres et réduite à la moindre causticité possible. Il est surtout nécessaire qu'elle soit très-bien préparée pour qu'elle n'exerce aucune action irritante sur la peau, et qu'au contraire elle en augmente la souplesse en la dépouillant des sécrétions salines qui enveloppent le système dermoïde.

Lorsque les substances aromatiques sont de nature à s'emparer de l'odeur particulière qui caractérise les savons blancs d'huile d'olive, on emploie ce dernier avec plus d'économie ; mais dans le cas où les aromates sont susceptibles d'éprouver quelque altération par ce mélange, la pâte de Windsor est préférable. Quelques auteurs conseillent aussi les savons d'huile d'amandes douces : je ne pense pas, cependant, que le produit de sa saponification, aussi rancescible que l'huile elle-même, puisse être employé avec autant de succès que le savon suif bien purifié.

Les savons de toilette sont divisés en savons faits en chaudière et en savons auxquels on ne fait les additions d'aromates qu'en refondant les savons déjà fabriqués et livrés au commerce. On y comprend aussi les savons transparens.

Dans le premier cas, on incorpore dans la masse saponifiée et contenant encore de petites portions d'alcali, certains corps gras, huiles et graisses odorantes, résines exotiques ou indigènes. Dans le second, et notamment lorsque les substances que l'on veut mélanger ne sont pas considérables, et qu'elles sont de nature à être dissoutes dans une certaine quantité d'alcool, ou dans un peu de lessive alcaline, on les ajoute au savon qu'on fait liquéfier dans des vaisseaux convenables. C'est de cette manière que se font les savons *aux baumes.*

Gabriel Décroos donne le nom de *savons fondus* à ceux qui sont préparés avec la pâte de Windsor non parfumée, que l'on fait fondre avec précaution dans une petite chaudière, et que l'on colore ensuite plus ou moins favorablement, mais souvent d'une teinte analogue au nom de l'essence dont on désire le parfumer. Par exemple, si l'on veut faire du savon à la rose, on lui donne une teinte rose avec du minium ou du ver-

millon. Pour le faire au citron, on y emploie une teinture de graines d'Avignon.

Ces sortes d'opérations sont très-simples ; mais elles demandent des soins et quelque attention pour n'y laisser rien à desirer. Aussi ne doit on pas les entreprendre trop en grand, et il est bon de les faire de même poids, afin d'être plus à même de calculer les doses de teinture et d'essences nécessaires, pour obtenir les mêmes résultats que l'on veut donner à ces savons, en couleur et en parfums.

On procède à ces manipulations ainsi qu'il suit : on aura une chaudière moyenne en fonte, de forme ordinaire (en cône tronqué), qui puisse contenir facilement de deux cents à quatre cents kilogrammes de pâte pour pouvoir faire successivement plusieurs sortes de savons fondus. La chaudière devra être bien propre, et après s'en être assuré, on y versera environ quinze à vingt litres d'eau, sur cinquante kilogrammes de pâte que l'on se propose de faire liquéfier ; on établira un feu modéré au fourneau ; lorsque l'eau sera bouillante, on jettera successivement dans la chaudière, la pâte de savon blanc que l'on aura la précaution de couper en morceaux plus ou moins divisés, pour qu'elle se fonde plus facilement. Pendant tout le temps de la fonte, un ouvrier est placé près de la chaudière, avec une spatule de sapin ou de hêtre : il remue continuellement le fond de la pâte, pour empêcher qu'elle n'adhère au fond du vaisseau et qu'elle ne s'y carbonise, ce qui terniroit son éclat par les petits points noirs dont la pâte seroit remplie. L'ouvrier a aussi, près de lui, un couteau pour enlever de temps à autre, les impuretés qui se trouvent toujours dans la pâte, malgré toutes les précautions que l'on prend pour les extraire à la superficie.

Si l'évaporation dessèche trop la pâte, on y verse un peu d'eau, pour qu'elle ne s'épaississe pas trop. Il est essentiel d'observer que la pâte fasse bien le *ruban* ou le *réseau.* Lorsqu'on en remplit une grande cuiller qui est ordinairement de fer, et qu'on le répand sur un corps froid, il faut que la pâte de ce savon fondu, soit toujours *douce* comme celle du savon blanc. Si on n'a pas la précaution de fournir une humidité convenable à la pâte, on risque d'avoir une coupe cassante. Dans ce dernier cas, la pâte a moins de liant et se resserre dans toutes ses parties. Cet inconvénient rend les briques moins solides ; il empêche même de les façonner, sans que le savon ne casse, ou que ses petites moulures n'éclatent. Lorsque la coupe est cassante, on est forcé de refondre le savon, et l'essence dont on l'a parfumé se trouve en partie perdue par cette nouvelle opération.

La pâte étant bien fondue et liquéfiée, pour qu'elle ne puisse former aucune nuance de veines ou de taches, on dispose plusieurs fonds de *mises*, avec un ou deux encadremens, suivant l'importance de l'opération ; on peut encore diviser la mise en deux parties. Si l'on veut colorer la pâte, on a soin de peser la couleur ; l'on pèse aussi l'essence avec laquelle on veut la parfumer, en observant de la faire dissoudre dans une suffisante quantité d'alcool, jusqu'à ce qu'on n'aperçoive aucunes molécules d'essence et que l'odeur de cette dernière se combine plus parfaitement avec les diverses parties de la pâte.

Le tout étant disposé en cet état, on a une petite chaudière en cuivre, à double fond, munie de son couvercle, de la contenance de trente à cinquante kilogrammes. On allume le feu sous la chaudière pour que l'eau qui se trouve dans le double fond arrive à l'ébullition. On verse de la pâte fondue dans la chaudière, dont les parois sont graduées par des divisions qui indiquent sa contenance d'un trait à l'autre, et pour n'y verser que la quantité de pâte nécessaire à l'opération.

Lorsque la pâte est bien liquéfiée dans la chaudière, on y introduit la couleur ; le tout étant bien mélangé, on observe que la pâte forme le ruban, ce qu'il est facile d'obtenir par une petite addition d'eau ; et si la pâte est trop liquide, on en fait évaporer un moment l'eau surabondante. On enlève alors la chaudière par les anses, et on la vide dans une des mises disposées à cet effet ; alors on introduit dans la pâte l'essence en dissolution, que l'on a soin d'y mélanger parfaitement.

Cette opération faite, on nettoie de nouveau la chaudière ; on a soin de mettre à part les résidus de la pâte qui s'y trouvoient attachés, et on fait successivement de la même manière plusieurs sortes de savons de toilette, jusqu'à consommation de la pâte de savon blanc.

On utilise les résidus de ces pâtes diversement colorées et parfumées, en préparant de nouveau les mêmes savons. On peut aussi combiner les résidus et en former un savon auquel on donne le nom de mille-fleurs, etc. Il ne faut, pour cela, qu'ajouter à ces résidus un peu d'essence pour leur donner plus de parfum.

D'après ce qu'on vient de décrire, l'essence et la couleur font seulement varier les savons fondus, sans apporter aucun changement à leurs propriétés.

Les savons que l'on fait en chaudière sont incontestablement les meilleurs savons de toilette, lorsqu'ils sont bien faits, et que la liquéfaction en a été soignée pour atténuer leur excès de causticité. Cependant, comme la refonte des pâtes atténue, suivant M. Décroos, la causticité dont elles sont chargées, on peut préférer sous ce rapport les savons qui ont éprouvé cette opération. Ainsi, quoique l'auteur ait préconisé les savons faits en chaudière, ou en d'autres termes, ceux auxquels on combine les aromates à la première liquéfaction, il engage les dames à préférer les savons de toilette que l'on fait avec des pâtes refondues, toujours plus douces et moins susceptibles d'altérer la peau et l'éclat du teint.

La nomenclature des savons fondus est assez considérable ; elle se compose des savons à la rose, au benjoin, au baume du Pérou, à l'orange, à l'huile d'amandes douces, au storax, à la vanille, à la canelle, au musc, à l'ambre, à l'œillet, au jasmin, à la rose de Provins, aux mille-fleurs, à l'héliotrope, à la menthe, à la violette, au gayac, aux sultanes, à l'oriental, au citron et à la bergamotte ; on comprend aussi dans cette classe le savon panaché et une partie des madrés, les savons légers, la poudre de savon et les savons transparens, etc. (Gabriel Décroos.)

On a fait voir, dans les articles précédens, que la combinaison d'un corps gras, tel que graisse, huile, résine, ne pouvoit se combiner dans le savon qu'en l'y introduisant lors de sa fabrication. Cela se pratique ainsi pour le savon jaune, le savon palme ; mais on peut excepter de cette règle les savons de toilette dans lesquels il entre une portion de baumes ; ceux-ci sont plus solubles que les résines proprement dites ; ces savons portent alors le nom de savons résineux, et font partie des savons fondus.

Il seroit trop coûteux de faire les savons baumes en chaudière ; en effet, la consommation en étant peu considérable, et les baumes étant assez rares, il seroit superflu d'en faire une cuite ; d'ailleurs les lessives, encore en contact avec la pâte, absorberoient les principes odorans de ces substances résineuses, qui font apprécier ces sortes de savons.

Ces considérations, auxquelles on doit ajouter celle d'une grande économie, déterminent le fabricant à ajouter le baume à la pâte de savon lorsqu'elle est bien fondue. On opère de la manière suivante.

On fait fondre un poids quelconque de pâte de savon blanc dans une petite chaudière, avec les précautions déjà indiquées pour les savons fondus ; on y introduit une quantité de baume équivalente à vingt pour cent environ de la pâte, après avoir fait dissoudre le baume dans une suffisante quantité d'alcool, et avoir tiré au clair cette dissolution. Mais si l'introduction de cette dernière dans le savon n'est pas faite peu à peu, en l'agitant continuellement, elle occasionne la séparation du savon. Sans cette précaution, l'alcool abandonne le baume, et celui-ci reparoît à son état naturel en morceaux divisés, et ne se liant point avec la pâte du savon. Lorsqu'on a cet insuccès, on ne peut utiliser la pâte qu'en chaudière.

On n'ajoute donc au savon fondu la portion de baume en dissolution que lorsqu'on a examiné si la pâte ne contient plus de grumeaux. Dans le cas contraire, on observe après le refroidissement du savon, des taches résultant de sa mixtion imparfaite avec le baume. On ne peut que bien réussir lorsque le résultat de la combinaison est homogène. Cette méthode est celle employée à Paris pour la fabrication du savon *baume*. (Gabriel Décroos.)

Je n'entreprendrai pas de décrire les divers moyens employés pour la coupe et la forme des savons de toilette. Ces formes sont si variées, et ont éprouvé tant de changemens depuis quelques années, qu'il seroit superflu de se livrer à de semblables descriptions. Tantôt les briques ont celle d'un carré long avec des surfaces lisses ou configurées, tantôt elles sont rondes, et le plus souvent représentent des tabatières avec l'effigie des hommes illustres.

Quant à la préparation des boules ou savonnettes, des savons légers et de la poudre de savon, on peut consulter, pour les détails relatifs à leur préparation, le *Traité des Savons solides*, par Gabriel Décroos, et l'article *Savon*, de l'*Encyclopédie méthodique*, extrait d'un ouvrage de M. Duhamel.

Savon transparent. Il paroît que ce savon a été découvert par suite de la préparation de l'essence de savon, qui n'est qu'une dissolution de savon blanc dans l'eau-de-vie, et que des portions desséchées de cette dissolution ont donné lieu à la fabrication du savon transparent, dont l'emploi est très-répandu pour la toilette.

Les dissolutions alcooliques de savon d'huile d'olive restent liquides si elles sont un peu étendues; mais en les saturant complètement de ce savon à l'aide de la chaleur, le produit qui en résulte est opaque, solide, et d'une certaine blancheur après l'avoir coulé dans des moules.

Le savon de suif, blanc, et mieux encore le savon jaune anglais, sont seuls propres à la fabrication du savon transparent. Si on emploie le savon suif, on le coupe en rubans minces, que l'on fait sécher suffisamment pour le concasser ou le réduire en poudre. On prend ensuite un kilogramme de ce savon pulvérisé; on le met dans un bain-marie, et on verse dessus trois litres d'alcool, et même moins s'il est à 36 degrés de l'aréomètres de Cartier. On chauffe doucement, et lorsque la dissolution du savon est complète, on la laisse à une chaleur modérée pour laisser précipiter les molécules étrangères qui peuvent troubler sa transparence. On décante la dissolution, on lave le bain-marie, et on la remet encore dans ce vase, qu'on soumet à une douce chaleur pour faire vaporiser l'excès d'alcool employé à cette dissolution.

On coule ensuite la dissolution bouillante du savon dans des moules appropriés à la forme qu'on veut leur donner. Le savon étant refroidi, est solide, transparent, et se détache facilement des moules : on peut le couler aussi dans une grande mise de bois bien étanchée, puis le couper en petites briques.

M. Décroos observe avec raison que le savon transparent s'altère par l'action prolongée de la chaleur, et qu'une ébullition trop soutenue donne lieu à l'évaporation de l'alcool, ce qui nécessite une addition de cè fluide à la pâte en dissolution. En effet, l'alcool s'évaporant en trop grande quantité, le savon se surcharge de beaucoup de flegme et devient opaque.

Cette observation de l'auteur me suggère celle-ci : la quantité d'alcool indiquée pour dissoudre un kilogramme de savon animal bien sec, me paroît très-considérable; et pour éviter la vaporisation de l'alcool et la combinaison d'un excès d'humidité au savon transparent, il seroit plus simple de n'employer qu'un litre et demi d'alcool à 38 degrés, au lieu de deux à trois litres à un titre plus inférieur, sur un kilogramme de savon : au reste, ce dernier se dissout en très-grandes proportions dans l'esprit de vin, et je pense que les doses que je prescris sont suffisantes pour remplir le but desiré. Il convient aussi que l'alcool soit économisé pour éviter que le savon prenne trop de retrait en se desséchant.

En faisant cette dissolution dans un vase de cuivre cylindrique, et auquel on appliqueroit un couvercle muni d'un très-petit tube ouvert, pour donner accès à une foible évaporation d'alcool, on empêcheroit les accidens qu'une trop prompte dilatation de ce fluide occasionneroit si le mélange entroit rapidement en ébullition.

Pour éviter l'altération du savon, on exposera le cylindre au bain-marie, dans une chaudière à double fond, semblable à la cucurbite d'un alambic à la Beaumé. Par ce moyen, on opérera la dissolution du savon avec moins de chance de succès que si on la fait à feu nu ou au bain de sable.

La transparence de ce savon n'est pas seulement due à la privation de son humidité, puisque le savon suif, bien desséché, est encore blanc ou opaque avant sa dissolution dans l'alcool. Ce n'est pas non plus, comme on l'a pensé, une sorte de cristallisation de ce produit qui paroît homogène et diaphane.

La diaphanéité du savon animal, au moyen de l'alcool, n'est due, à mon avis, qu'à l'action dissolvante de ce fluide sur le stéarate et l'oléate de soude : cette action invisque tellement les molécules salines du savon, qu'elles abandonnent leur opacité, et que l'air n'a que peu ou point d'influence pour les faire passer à leur état primitif.

J'ai dit que le savon jaune anglais me paroissoit très-propre à la fabrication du savon transparent. Le beau produit que j'ai obtenu après sa dissolution dans l'alcool m'a prouvé que ce savon avoit été bien liquidé ou privé de toutes matières étrangères. Je n'ai pas eu besoin de prendre toutes les précautions déjà indiquées pour le préparer.

J'ai coupé en petits rubans un hectogramme de ce savon encore mou, et l'ai introduit dans un matras contenant aussi un hectogramme d'alcool à 36 degrés; on a fait chauffer le mélange sur la cendre chaude, et le savon a été complètement dissout. Le produit de la dissolution étoit d'une transparence parfaite ; on l'a coulé dans des moules. Aussitôt après son refroidissement, il s'est converti en une pâte solide et d'une diaphanéité remarquable. Sa nuance étoit d'un roux clair, et ayant de l'analogie avec celie de la plus belle pâte de jujubes.

Il paroîtroit donc que la présence d'une très-belle résine dans le savon jaune, contribue puissamment à procurer des produits plus diaphanes que dans les cas où ils proviendroient seulement du savon suif purifié. On remarque aussi que, sans le secours de l'alcool, le savon de Winchester est un peu transparent.

Le savon transparent est plus apprécié pour la toilette en raison de son extrême solubilité et de l'aspect qu'il présente, ou qui flatte agréablement l'œil du consommateur.

Savon à la vapeur. La fabrication de ce savon a lieu au moyen de la combinaison de l'eau en vapeurs avec un mélange d'huile et de lessive alcaline.

C'est à M. le comte de Rumfort qu'on doit ce procédé ingénieux : la vapeur d'eau agit comme conducteur immédiat du calorique, et comme action mécanique, par un mouvement particulier que sa subite condensation détermine dans la masse savonneuse.

Les essais du comte de Rumfort engagèrent M. Gède aîné à ériger à la Ciotat, en 1808, une petite fabrication de savon. Trois ans de pratique, suivant cette méthode, lui permirent d'en apprécier les avantages, d'offrir à l'académie de Marseille le résultat de son travail, et de concourir pour le prix relatif au programme de cette compagnie.

L'académie, ayant apprécié les travaux de l'auteur, lui accorda un prix d'encouragement. Ce travail devant être imprimé dans les Mémoires de notre compagnie, j'ai pu obtenir de M. Gède la faculté de lui assigner une place parmi les sections relatives à la fabrication des savons.

M. Gède commence par donner la description de l'appareil à l'aide duquel il exécute son procédé. Une chaudière évaporatoire, servant de bouillotte, et un cuvier, sont les principaux moyens de fabrication.

Le fourneau sur lequel se trouve la chaudière est divisé en deux parties, abstraction faite du cendrier. La portion inférieure où s'opère la combustion est un véritable four de 0^m 406 (15 pouces) de diamètre. La grille du cendrier forme son aire, et l'ouverture de son sommet est de 0 162 (6 pouces) de diamètre, pour donner passage au calorique, qui se porte en entier dans la partie supérieure. Cette partie représente un bassin parfaitement rond : son aire a 0^m 758 (28 pouces) de diamètre, et son mur circulaire s'élève verticalement de 0^u 325 (12 pouces). A cette hauteur, ou vis-à-vis la porte du foyer, se trouve la cheminée. Ce mur se rapproche exac-

tement de la chaudière, qui, plongeant dans ce creux, s'appuie sur des supports en briques, de 0^m 054 (2 pouces) d'élévation, placés de distance en distance sur l'aire du bassin.

La chaudière ou bouillotte est un vase cylindrique de cuivre. Son diamètre est de 0^m 650 (24 pouces), et ses parois ont 0^m 406 (15 pouces) de hauteur : elle est surmontée d'un couvercle qui, se rétrécissant sur 0^m 487 (18 pouces) de hauteur, lui donne en tout 0^m 487 (18 pouces de haut), et se termine en un plateau circulaire de 0^m 433 (16 pouces) de diamètre. Ce couvercle est fortement soudé avec la chaudière. Le fond de celle-ci, concave intérieurement, forme une calotte dont le centre correspond exactement au sommet ouvert du fond inférieur. Les 0^m 081 (3 pouces) de concavité de ce fond, joints aux 0^m 054 (2 pouces) d'élévation des supports de la chaudière, donnent entr'elle et l'aire du bassin, un espace où la flamme q, i monte du foyer est obligée de tournoyer : elle s'échappe ensuite par les intervalles qui séparent les supports, et environne tout-à-fait la chaudière. Le plateau qui forme le dessus de celle-ci présente trois petits tubes. Le premier sert à donner passage à l'air extérieur, et se ferme par une cheville. Le second supporte un entonnoir à robinet pour fournir de l'eau à la chaudière ; au troisième s'ajuste le tube qui doit conduire la vapeur, et auquel on a donné 0^m 023 (10 lignes) de diamètre.

A côté du fourneau, et sur un solide échafaudage, est placé le cuvier dans lequel se fait le savon. Ce cuvier, en bois blanc, a 0^m 975 (3 pieds) de diamètre sur son fond, et autant en hauteur. Il a par-dessous un robinet pour donner issue aux lessives épuisées, et sur le côté de son fond une autre ouverture de 0^m 041 (18 lignes) de diamètre, pour faire écouler le savon dans les mises. Le tube conducteur, fortement fixé sur la chaudière, et dans une entaille pratiquée sur le bord du cuvier, plonge perpendiculairement au centre de celui-ci, et jusqu'à 0^m 027 (1 pouce) de son fond.

D'après les principes établis par les expériences de Bettancourt, M. Gède étoit fondé à conclure, 1°. que la température des vapeurs aqueuses, fournies par la chaudière, seroit d'autant plus élevée que l'espace qu'elles auroient à remplir seroit moindre, et l'issue pour s'échapper plus resserrée, puisque de ces deux cas naissoit cette pression qui doit élever leur température ; 2°. que ces vapeurs plus chaudes, et par conséquent plus élastifiées, produiroient, en arrivant dans le mélange d'huile et de lessive, une secousse plus forte, puisque cette secousse est relative et dépendante de l'élastification de ces vapeurs ; 3°. qu'il résulteroit de l'élastification plus forte de ces vapeurs que la masse savonneuse recevroit, par leur contact, une plus forte chaleur et une moindre quantité d'humide, puisque les molécules du fluide en vapeur, très-élastifiées, y arrivant en moindre quantité, en seroient d'autant plus chargées de calorique.

Telles furent les considérations qui engagèrent M. Gède à donner à sa chaudière moins de capacité et plus de surface, relativement à celle de Rumfort, et au tube conducteur la moitié du diamètre de celui du savant anglais. Ces modifications lui ont été de la plus grande utilité.

Procédé. L'auteur avoue qu'en formant son petit établissement, il n'avoit que de foibles connoissances dans l'art du savonnier, et que, se fondant sur un procédé nouveau, il n'avoit que des vues économiques. Les soudes artificielles étoient alors à un prix excessif (80 à 100 francs le quintal); il employa avec beaucoup de succès les cendres gravelées, et un peu plus de sel marin pour parer aux effets de cette qualité de potasse.

L'appareil étoit à peine suffisant pour fabriquer de 2 à 400 kilogrammes de savon; pour plus de commodité, on en avoit fixé la cuite à 205 kilogrammes, résultant de l'emploi de deux milleroles d'huile.

Pour procéder à l'empâtage, on met l'huile dans le cuvier, et on y ajoute un tiers de son volume de lessive à 7 à 8 degrés de l'aréomètre de Beaumé. On verse de l'eau dans la bouillotte ou chaudière évaporatoire jusqu'à la hauteur de 6 pouces, et on y fixe le tube conducteur. On allume le feu au fourneau, et dans sept à huit minutes l'eau de la chaudière entre en ébullition. La vapeur parvient dans le mélange d'huile et de lessive, et sa subite condensation donne lieu à des coups secs et forts, semblables à ceux qu'on obtiendroit en frappant violemment sur un tambour bien tendu.

Dans moins de deux heures l'huile est invisquée, l'eau en vapeurs produit seule cet effet par le mouvement qu'elle imprime à toute la masse d'huile et de lessive. L'agitation du mélange au moyen d'un redable devient tout-à-fait inutile.

Ce bruit excite dans le cuvier une commotion singulière en s'appuyant sur ce vase. On entretient l'empâtage par des additions de lessive successivement plus concentrées, jusqu'à l'emploi de celle à 20 degrés. Plus elles se rapprochent de ce titre, plus elles sont convenables. En effet, l'eau en vapeurs introduite dans le mélange, diminue la densité des lessives, ce qui nécessite l'emploi de celles un peu plus fortes que dans le cas ordinaire.

Ces lessives sont employées dans l'espace de deux heures; mais, avant la fin de la première, la pâte se trouve à la température de la vapeur. Alors, le caractère du bruit change; ce sont des coups sombres et flasques produits par la vapeur, traversant la pâte, plus épaisse, dont elle fait jaillir les filamens jusqu'à trois mètres d'élévation. Ces éclaboussures sont occasionnées par la densité de la pâte, ce qui oblige à couvrir le cuvier.

Au reste, ces éclaboussures n'ont lieu que pendant un certain espace de temps. En continuant d'entretenir un feu vif sous la chaudière, on s'aperçoit bientôt que la pâte se délaie; elle perd sa blancheur, prend une teinte plus ou moins paillée, suivant la qualité de l'huile, se liquéfie entièrement, et présente enfin cet aspect que les savonniers désignent par l'expression *détremper.* Cet incident, qui oblige ceux-ci à des ménagemens dans l'emploi des lessives, n'a, suivant l'auteur, aucun inconvénient. Au contraire, la vapeur, en traversant cette masse si raréfiée, n'occasionne plus de jaillissement, et il regarde cet état de la matière comme une preuve d'un bon empâtage. En effet, le contenu du cuvier, qui alors n'a plus que la consistance de l'huile, et jouit presque de sa transparence, en offrant les caractères d'une substance fondue, annonce une combinaison parfaite entre l'huile et la lessive.

La commotion qu'éprouve le cuvier est toujours la même. L'ascension de la vapeur développe continuellement une espèce d'ondulation qui, du centre de la pâte d'où cette vapeur s'échappe, se communique jusqu'aux bords du cuvier, et ce mouvement régulier et constant contribue aussi efficacement à l'union des molécules de l'huile et de l'alcali, que ces coups plus forts et plus prompts qu'on entend au commencement de l'empâtage. Vers la fin de la troisième heure, l'empâtage est terminé, et on procède au relargage.

Si on demandoit à l'auteur à quels signes il reconnoît la terminaison de l'empâtage, il répondroit qu'il n'en a d'autre certitude que d'avoir fait absorber à l'huile l'alcali nécessaire à cette opération, et il croit ne pas se tromper dans cette certitude, puisqu'il n'aperçoit aucunes molécules huileuses durant les diverses coctions qu'il a opérées.

Après avoir discuté sur l'analogie des sels neutres contenus dans les soudes végétales et artificielles, M. Gède partage l'opinion générale des savonniers, que l'empâtage de l'huile a lieu avec d'autant plus de succès que les lessives sont pures; il pense que, dans l'ordre de leur solubilité, l'alcali est le premier dissous, et que les lessives foibles sont celles qui sont plus chargées de sels neutres. Cet inconvénient n'a pas lieu dans les fabriques de Marseille, puisque le résultat de trois lixiviations est combiné pour porter la lessive à 9 degrés, et procéder à l'empâtage.

L'auteur procède au relargage de deux manières, à froid ou à chaud, suivant la nature de l'alcali employé à l'empâtage; à froid, s'il s'est servi de la soude; à chaud, s'il a employé la potasse ou la cendre gravelée. Dans le premier cas, il n'a qu'à verser par petites portions dans le cuvier une petite quantité de lessive fortement salée, tout au plus équivalente à la moitié du volume de l'huile : celle-ci n'ayant été invisquée qu'avec de la lessive à 5 degrés, il ne s'est servi que des lessives au-dessus de 10 degrés; il n'en faut que peu à 25 ou à 30 degrés pour amener l'ensemble des lessives et de l'humidité à 15 ou 16 degrés de concentration, terme de densité nécessaire pour la séparation de la pâte, soit que, d'après quelques-uns, le sel marin s'empare de l'humidité surabondante de la masse savonneuse, soit que ce sel, suivant M. Vauquelin, détruise l'affinité entre la pâte et la lessive foible.

Cette quantité de lessive étant versée dans le cuvier, on agite le mélange avec un redable, et assez long-temps pour que les molécules salines agissent sur chacune de celles de la pâte, et on laisse reposer le tout en enlevant le feu et en ouvrant le premier tube de la chaudière.

Dans le second cas, c'est-à-dire si on s'est servi de la potasse, M. Gède relargue à chaud et emploie une lessive qu'il sait ne contenir que des sels à base de soude; il en verse dans le cuvier une quantité qui représente, en sel marin, au moins la quantité d'alcali employée à l'empâtage. Par ce moyen, il opère l'échange de bases dont j'ai déjà parlé pour la conversion des savons mous en savons durs, qui, d'oléate et de stéarate de potasse, passent à l'état de savon de soude; et, pour faciliter cette décomposition, il fait agir demi-heure de plus la vapeur aqueuse; après quoi il agite la pâte, et laisse reposer le tout comme dans l'autre cas.

Les recuits provenant de cet échange de bases, composés en grande partie de muriate de potasse, d'une portion d'alcali et d'un peu de sel marin qui peut échapper à la décomposition, ne sont plus employés au relargage du savon empâté avec la potasse; on s'étoit aperçu qu'en les utilisant encore, le savon étoit un peu mou; c'est pourquoi on ne les emploie au relargage que dans le cas où l'empâtage a été opéré avec la soude.

Quelques heures suffisent pour que toute la lessive se rassemble au fond du cuvier; on la soutire au moyen d'un robinet servant d'*épine*. La pâte, après cette opération, a une consistance assez forte pour conserver la forme que lui impriment les divers mouvemens du redable, et se trouve assez purgée d'humidité pour commencer la coction.

Aussi long-temps que l'auteur a employé de la cendre gravelée, il s'en est servi réellement à l'état de potasse pour l'empâtage, et à l'état de soude par la double décomposition dont je viens de parler. Il emploie pour le premier service une lessive alcalino-salée à 20 degrés, en quantité équivalente à la moitié de l'huile saponifiée. Cette mesure est la même pour les services subséquens, et chaque service est précisément d'une heure, à compter du moment où la vapeur, arrivant dans le cuvier, recommence à produire ces mêmes coups (1), et cette commotion observée durant

l'empâtage. Je dis d'une heure à compter de ce moment, parce qu'à chaque service on remplace, dans la chaudière, l'eau qui s'est évaporée pendant la durée du service précédent. L'extinction du feu pendant ces intervalles, et l'addition de l'eau froide à la chaudière, exigent quelques minutes avant que la vapeur aqueuse soit en activité. On a soin, avant d'ouvrir le robinet de l'entonnoir par lequel on verse l'eau dans la chaudière, de livrer passage à l'air extérieur, en ouvrant le premier tube destiné à cet usage: sans cette précaution indispensable, la présence de l'eau froide dans la chaudière occasionneroit un vide, par la condensation des vapeurs aqueuses qui la remplissent, et l'absorption de la matière contenue dans le cuvier auroit lieu par le tube conducteur. Les lessives employées ensuite sont progressivement plus fortes à chaque service, jusqu'à 30 degrés *froid*, pour le *maximum* de celles qui sont les plus concentrées.

Quatre ou cinq services suffisent pour la coction; quatre, si on a employé de la soude avec le *salé*; cinq, si on s'est servi des lessives de cendre gravelée, également combinées avec le sel marin. Cette différence provient de ce que, dans le premier cas, les lessives contiennent toujours plus d'alcali que dans le second, où le besoin de convertir toute la potasse en muriate de base, oblige d'employer une plus grande quantité de sel. Dans l'un comme dans l'autre cas, le dernier service est toujours sensiblement caustique à l'épinage.

On voit par cet exposé que la marche de la saponification, en suivant le procédé de M. de Rumfort, est la même que pour la méthode ordinaire. Elle exige seulement l'emploi constant des lessives plus concentrées et surtout à la coction. On reconnoît que la pâte est bien saturée, ou qu'elle est bien cuite, par la solidité des molécules savonneuses, leur odeur suave, enfin par les mêmes signes déjà décrits pour la fabrication du savon de Marseille, et principalement à la causticité de la lessive après l'heure écoulée du dernier service.

Pour la levée des cuites, l'auteur suit pas à pas le procédé de M. Baudoin; il emploie seulement un peu plus de lessive foible, pour que son savon, quoique madré, ait néanmoins l'apparence du blanc, et qu'il se rapproche davantage de ce dernier. Quelques minutes suffisent pour l'opération de la madrure; aussitôt on enlève une coulisse latérale du cuvier, et le savon s'écoule par là dans un conduit correspondant à la mise. On a soin, durant cet intervalle, d'agiter la pâte dans le cuvier, pour que le savon puisse demeurer plus long-temps en suspension dans la lessive.

La masse de savon n'étant pas considérable, trente-six heures de séjour dans la mise suffisent pour le couper en pains et le transporter ailleurs, ou bien on le laisse dans la lessive si on le juge convenable:

---

(1) Durant la coction, la pâte se trouvant divisée en petits grumeaux, les éclaboussures n'ont plus lieu.

convenable:

convenable : la température ne permet pas toujours de le mettre en vente après ce court espace de temps ; mais il est assez dur pour supporter le déplacement qui permet qu'on coule une nouvelle cuite dans la mise.

Préparation du savon blanc à la vapeur. Si c'est une cuite de savon blanc que l'on veut faire, on laisse reposer plus long-temps la pâte au dernier service, et on extrait par ce moyen une plus grande quantité de lessive à l'épinage. On allume ensuite le feu, et on verse peu à peu dans le cuvier, et aux alentours du tube, de la lessive alcaline à 4 ou 5 degrés. Le jeu de la vapeur commence à produire son effet, et à chaque ondulation qu'elle procure, on aperçoit la pâte, plus délayée et d'une blancheur éclatante, monter du centre du cuvier, et remplacer successivement l'aspect grisâtre et grenu que présentoit la cuite.

Lorsque celle-ci est parfaitement homogène, on enlève le tube conducteur, et la liquidation est opérée. Une demi-heure est plus que suffisante pour cette opération, dans laquelle on emploie un quart de lessive foible relativement à l'huile qu'on saponifie.

Tels sont les détails relatifs au procédé de M. Gède. Trois heures sont employées pour l'empâtage, et cinq pour la coction en divers services d'une heure chaque. Il faut donc environ huit heures pour la complète saponification de 128 kilogrammes d'huile. En ajoutant quatre à cinq heures pour les repos nécessités par le relargage, les épinages et la madrure, on emploie douze à quatorze heures pour terminer cette petite cuite de savon.

Le savonnier qui commentera ce procédé sentira, suivant l'auteur, les avantages qu'il présente sur l'ancien. Il verra économie de temps, de combustible et de main-d'œuvre, un moyen simple et sûr de produire un empâtage parfait. Le jeu de la vapeur lui offrira un mode précieux pour opérer la liquidation du savon blanc ; mais l'auteur ne se dissimule pas que les fabricans se feront à eux-mêmes des objections, et qu'ils se demanderont si, au moyen de ce procédé, ils parviendront à donner à la pâte cette absorption presque parfaite d'humide, cet état resserré et grenu qui leur garantissent l'obtention d'une belle madrure. L'emploi constant des lessives fortes, tant recommandé par l'auteur, et qui paroît présenter un inconvénient puisque les foibles sont les plus abondantes dans leurs ateliers, ne semble-t-il pas annoncer que, par ce moyen, on lutteroit en vain contre la vapeur aqueuse, dont la condensation tendroit sans cesse à diminuer la force de leurs lessives ?

En traitant des avantages, des inconvéniens et des améliorations de cette méthode, ainsi que des moyens simples de la concilier avec la méthode actuelle, il avoue avec franchise que lorsqu'il a voulu faire du savon blanc, il l'a obtenu

Traité des Savons.

aussi beau qu'on pouvoit le souhaiter ; mais quand il a procédé à l'opération de la madrure, elle n'a jamais été satisfaisante. Le savon étoit d'une teinte grisâtre, plus ou moins foncée ; on le voyoit couvert de taches plus apparentes et comme fondues dans la masse générale. De nombreuses tentatives faites avec des lessives à divers degrés de concentration, ne lui ont jamais offert des résultats plus heureux.

Cet insuccès n'étant dû qu'à l'action de la vapeur sur la pâte et à la trop grande tuméfaction de cette dernière, on porta dans une chaudière une portion de cette pâte dont la marbrure étoit *fondue* ; on la chauffa à feu nu, après y avoir ajouté un service de lessive salée, même plus foible que celle dont on s'étoit servi, et on obtint une belle marbrure.

Amélioration dont cette méthode est susceptible. On vient de voir que l'inconvénient relatif à la fabrication du savon madré résulte de l'affoiblissement des lessives par la vapeur aqueuse, et qu'en termes de l'art, le savon tombe facilement en blanc par sa trop grande tuméfaction. Mais en observant, dit l'auteur, que les lessives cessent de perdre de leur force dès l'instant que le contenu du cuvier se trouve à la température de l'eau en vapeurs, on préviendra aussi leur affoiblissement si l'on parvient à maintenir constamment la masse savonneuse à cette température. Tout lui prouve que, pour atteindre ce but, on n'a qu'à mettre de la lessive au lieu d'eau dans la chaudière évaporatoire, et tirer ensuite de cette chaudière la lessive nécessaire à chaque service, en la remplaçant par d'autre qui, amenée à un certain degré de concentration, servira pour le suivant. La chaudière pouvant toujours contenir la lessive destinée à un service, on en aura toujours en ébullition la quantité qui sera nécessaire. Par ce moyen, la pâte qu'on isole de la lessive bouillante à l'aide de l'épinage, en recevra une nouvelle qui le sera également, et la même température étant maintenue dans le cuvier, les vapeurs que transmettra de nouveau la chaudière, n'y seront que peu ou point condensées, et n'y occasionneront plus que ce mouvement continu d'ondulation que l'on a décrit en parlant de l'empâtage, et qui, joint au mouvement très-rapide que l'ébullition produit dans ces circonstances, amènera la plus prompte combinaison entre les molécules alcalines et savonneuses.

Un tube de métal qu'on aura adapté au bas d'un côté de la chaudière, et qui sera assez long pour dépasser le mur du fourneau qu'il traversera, servira d'écoulement à la lessive nécessaire ; on pourra même la faire parvenir immédiatement de la chaudière dans le cuvier en faisant traverser à ce tube le mur du fourneau qui confronte le cuvier ; mais dans ce cas il faudra relever le fourneau ou rabaisser le cuvier, et toujours alonger d'autant le tube conducteur.

M

L'auteur ne compte pas comme un avantage de cette amélioration celui qui en résulteroit dans le cas que le contenu de la chaudière évaporatoire vînt à verser et à se rendre dans la masse savonneuse. Il vaudroit infiniment mieux en pareille occasion que ce fût de la lessive qui arrivât dans le cuvier que si c'étoit de l'eau. Mais ce cas est si rare qu'on ne l'a observé qu'une seule fois, et cela parce qu'on s'étoit obstiné à pousser violemment le feu. On est porté à croire qu'une fois que la vapeur a commencé son jeu, la pression qu'elle exerce sur tous les points de la surface du liquide s'oppose à l'introduction de l'eau liquide dans la pâte; aussi ce n'est qu'au premier mouvement de l'ébullition que cet inconvénient paroît avoir lieu.

Durant l'empâtage, on pourra mettre dans la chaudière telle lessive qu'on voudra faire concentrer; et en y faisant passer successivement, pendant la coction, celle nécessaire à chaque service, on préviendra d'un côté l'affoiblissement des lessives, tandis que de l'autre elles gagneront beaucoup en concentration.

Cette méthode nécessitera d'enlever de temps en temps au fond de la chaudière, les incrustations salines qui s'y trouveront par suite de la concentration des lessives.

Je ne suivrai pas l'auteur dans la description des divers moyens qu'il propose pour améliorer son procédé; tous sont ingénieux & plus ou moins susceptibles d'être employés dans les opérations d'une petite savonnerie. Mais en supposant qu'on puisse pratiquer ce moyen dans une ou plusieurs de nos grandes chaudières, il sera facile de parer à l'inconvénient de la madrure, en appliquant le feu immédiat sous la chaudière durant cette opération, en l'exécutant à la manière ordinaire; car on a vu que l'introduction de la vapeur dans le mélange de la pâte et des diverses lessives, tend à les affoiblir de manière à diviser considérablement le gras qui constitue la marbrure. Au moyen de l'application du feu nu à la chaudière servant de cuvier, cet inconvénient ne sera plus à redouter. Les lessives employées successivement à différens titres, ne seront plus affoiblies par la vapeur aqueuse, et produiront l'effet désirable.

De même que si pour la liquidation du savon blanc, on trouvoit que l'introduction de la vapeur dans la pâte, pourroit ne pas être ménagée pour donner au savon l'humidité strictement nécessaire à sa composition, ou bien que le mouvement imprimé à la masse savonneuse par le passage de la vapeur, au moins équivalent à l'emploi du redable, fût trop considérable pour la précipitation du savon alumino-ferrugineux, on retomberoit la pâte dans une chaudière où l'on feroit successivement les petits services de lessives foibles, et l'on y pratiqueroit cette opération avec tout le succès qu'on devroit en attendre.

Mais supposons qu'au lieu de cuvier employé dans une opération en petit, on se serve d'une grande chaudière de nos savonneries, et qu'une bouillotte proportionnée à des travaux en grand, fournisse par un large tube la vapeur nécessaire à l'empâtage et à la coction de 100 milleroles d'huile, il ne seroit pas besoin de retomber la cuite pour procéder à l'opération de la madrure, ou de la liquidation du savon blanc.

Enfin pour concilier la méthode de M. de Rumfort avec l'ancienne, M. Gède s'exprime de la manière suivante.

« Je suis d'ailleurs persuadé de la réussite; et si j'étois propriétaire d'une fabrique de savon en grand, il y a long-temps que la méthode de M. de Rumfort y auroit été mise en activité, moyennant quelques changemens que j'aurois exécutés dans deux de mes chaudières, dont l'une eût été mon cuvier et l'autre ma chaudière évaporatoire. Ces deux chaudières m'eussent suffi, puisque, par la célérité de la nouvelle méthode, le travail d'une seule représenté celui de quatre. Or, voit-on assez ordinairement plus de quatre chaudières en activité dans une seule fabrique ? J'aurois donc choisi deux chaudières, celles qui auroient été les plus voisines, et dont les fourneaux auroient été les plus exposés à quelques courans d'air, ou les plus rapprochés des mises.

» Dans celle qui auroit remplacé mon cuvier, j'y aurois fait traverser diamétralement l'ouverture par une forte pièce de bois, au milieu de laquelle j'aurois fixé le tube conducteur, qui, beaucoup plus long, plus fort et plus pesant que celui de mon petit appareil, auroit eu besoin d'être fortement assujetti.

» Dans l'autre, destinée à devenir ma chaudière évaporatoire, les changemens eussent été plus considérables. Son fond auroit été enlevé et rehaussé jusqu'à la moitié environ de sa hauteur, de façon que son nouveau foyer se trouveroit dans la portion abandonnée de la chaudière, tandis que l'ancien auroit été confondu avec le cendrier. Je lui aurois conservé sa première forme, en lui donnant seulement un peu plus de diamètre, ainsi qu'à la chauffe qui auroit été concave intérieurement comme celle de l'autre chaudière. Le tuyau qui servoit aux épinages, changeant de destination, me serviroit à soutirer les lessives qu'on auroit mises à évaporer au lieu d'eau. Sur ce fond solidement appuyé, comme il l'étoit auparavant quelques pieds plus bas, j'aurois fait dresser circulairement, dans l'intérieur de ma chaudière, un mur de revêtement de l'épaisseur de 16 centimètres. Je n'aurois rien oublié pour lui donner toute l'imperméabilité possible. Ce mur, qui auroit enlevé 32 centimètres de diamètre à la chaudière, se seroit élevé jusqu'à 27 millimètres (1 pouce) de ses bords, et auroit supporté le couvercle. Ce couvercle de cuivre, hermétiquement luté avec le meilleur des cimens, fortement fixé par des barres de fer transversales et scellées dans le massif de la maçonnerie, auroit eu à peu près la forme de celui de ma chaudière, et se seroit terminé en un plateau percé de trois orifices destinés aux mêmes usages que dans mon appareil. J'aurois donné au tube conducteur 81 millimètres (3 pouces) de diamètre. Ce tube, parfaitement ajusté à l'orifice destiné à le recevoir, se seroit d'abord appuyé sur un support placé entre les deux chaudières, assujetti ensuite contre la pièce de bois qui traverseroit l'ouverture de la chaudière servant de cuvier, ou dans laquelle on cuiroit le savon ; il y seroit descendu perpendiculairement à son centre et jusqu'à 54 millimètres (2 pouces) de la chauffe. Un palan placé assez haut entre les deux chaudières, m'auroit servi à enlever le tube conducteur lors du relargage et de la madrure. »

L'auteur n'a pas cru devoir se livrer à la description des moyens pour luter, fermer, assujettir et consolider cet appareil représentant une grande bouillotte ; il pense que les ouvriers appelés à un pareil travail en proposeront de très-bons, et même de meilleurs que ceux qu'il a d'abord imaginés lui-même.

« On conçoit que cette disposition nécessite une nouvelle ouverture dans l'épaisseur du massif de maçonnerie qui entoure les chaudières, pour établir la porte de ce nouveau fourneau plus élevé que l'ancien, et livrer passage à la fumée, ainsi qu'au tuyau de l'épinage. C'est là, je l'avoue, une opération délicate et assez difficile ; mais avec des ouvriers adroits et intelligens, on peut la pratiquer sans détruire ni la chaudière, ni la façade ; d'autant plus que le mur de revêtement qu'on construiroit dans l'intérieur de la partie conservée de la chaudière, lui redonnera toute la solidité qu'aura pu lui enlever l'ébranlement nécessité par cette opération.

» A la rigueur, on pourroit bien placer dans l'intérieur et sur le milieu de la chaudière, telle et quelle, le couvercle que je place sur son ouverture ; mais outre que cette disposition offriroit plus de difficulté, soit pour livrer passage à l'air extérieur dans la chaudière, soit pour y verser les lessives, elle exigeroit un tube conducteur d'une longueur considérable, et qui, du milieu de cette chaudière, auroit à parvenir au fond de l'autre ; et je craindrois que, dans ce long trajet, la vapeur ne perdît de son effet en perdant de sa température. »

M. Gède ne pense pas que ces changemens soient si considérables et si coûteux qu'on ne puisse les effectuer ; il espère que les fabricans instruits voudront bien commenter les avantages de l'une et de l'autre méthode, et en faisant usage de celle-ci, ils seront dédommagés des foibles avances qu'elle entraîne pour son exécution.

On ne peut se dissimuler que si le procédé de M. Gède est praticable dans les ateliers en grand, les fabricans trouveront de l'économie de temps et de combustible, et n'auront pas à redouter la cassure des cuivres durant l'empâtage et la coction, puisque ces opérations auront lieu au moyen de la vapeur.

De la décomposition des savons. La décomposition des savons a pour but, 1°. de connoître le genre d'alcali et de corps gras qui fait partie de ces composés, et d'en préciser les proportions ; 2°. de déterminer si ces substances s'y trouvent dans des proportions convenables ; 3°. si des corps terreux ou étrangers n'y ont pas été introduits.

Pour atteindre le premier résultat, on commence par ratisser un hectogramme de savon ; on fait chauffer environ demi-pinte d'eau distillée dans un vase de terre, et lorsque celle-ci est bouillante, on y ajoute le savon ratissé ; on agite le mélange avec un tube de verre plein ou massif, jusqu'à ce que le savon soit parfaitement dissous.

Cela fait, on ajoute peu à peu deux onces d'acide acétique à 10 degrés ; on fait bouillir le tout pendant dix à douze minutes, et le savon se décompose ; l'acide acétique s'unit avec l'alcali combiné avec le corps gras, et ce dernier vient nager à la superficie de la liqueur, qu'on peut considérer comme un acétate de soude ou de potasse. Ce doute est bientôt éclairci par des expériences ultérieures.

On reconnoît que la décomposition du savon est bien faite, lorsque le liquide gras ou huileux qui se trouve à la superficie, est d'une transparence presque parfaite ; si on y observe de l'opacité ou une certaine consistance, il convient de le laisser quelques instans de plus sur le feu.

Le corps gras étant parfaitement séparé, on laisse reposer le vase qui le contient, jusqu'à parfait refroidissement. On enlève soigneusement le corps gras à l'aide d'une cuiller d'argent, et on le pèse dans un vase dont on a fait exactement la tare. Si le savon est de la nature des marbrés, on y trouve 63 à 64 grammes d'huile ou de corps gras acidifiés, sur 100 grammes de savon composé. Mais au cas qu'il soit rangé dans la classe des savons blancs, on n'obtient que 60 centièmes de matière grasse ; le restant est l'alcali et l'eau nécessaires à la composition du savon.

Quelle que soit la nature du corps gras qui a servi à la préparation du savon, il acquiert après son isolement par les acides (1), une consistance

(1) Les acides sulfuriques, hydro-chlorique et tartrique peuvent également servir à la décomposition des savons ; les deux premiers forment des sels indécomposables par la chaleur ; le dernier décomposable par le feu a les avantages de l'acide acétique, et de laisser l'alcali libre après la calcination.

supérieure à son état primitif ; ainsi, l'huile d'o-
live, par exemple, sera plus épaisse et plus opaque, et le suif plus dur qu'avant sa saponification.
De là vient sans doute l'origine de la fabrication
des bougies stéariques.

Or, si la matière grasse trouvée à la superficie
a une consistance intermédiaire entre celle des
huiles et de la graisse de porc, c'est une preuve
que le savon étoit composé d'huile d'olive ou de
graines, car l'expérience n'a point encore prononcé sur des moyens précis pour reconnoître
ces huiles pures ou combinées, après la décomposition des savons.

Si au contraire le corps gras a une consistance
au moins égale à celle du suif, ou qui soit supérieure à celle de cette substance, nul doute que
le savon examiné contient du suif ou s'en trouve
totalement composé : il arrive même que le résultat de la décomposition peut être solide
quoiqu'il recèle 15 à 20 pour cent de résine ;
mais alors le savon analysé a dû être plus ou
moins jaune ; le corps gras conserve aussi une
couleur légèrement citrine.

Pour lever tout doute à cet égard, on fait
dissoudre à chaud, dans une fiole à médecine,
la matière grasse dans l'alcool à 35 deg. On laisse
refroidir, et l'acide stéarique se précipite ; on
jette le tout sur un filtre, et le liquide filtré
contient l'acide oléique du suif mêlé à la résine
employée. En jetant ce liquide dans un volume
égal d'eau acidulée avec l'acide sulfurique, les
acides oléique et résinique se séparent en combinaison sous l'aspect d'un fluide épais, d'un
jaune foncé et très-odorant. Une portion de
l'acide résinique reste encore mélangée avec le
suif acidifié, qui devient de plus en plus fauve.
Dans le cas où l'acide oléique résultant de cet
isolement soit de couleur plus ou moins blanche
et non jaune, le savon est seulement composé de
suif. Ce dernier, séparé du savon, a toujours
une odeur rance et animale qui le caractérise.

Enfin, si du savon se trouve avoir été fait
avec l'axonge, la matière grasse provenant de la
décomposition par les acides, a une consistance
supérieure à celle de cette graisse et recèle des
acides oléique, stéarique et margarique, dont
les propriétés ont été déjà décrites à la section
des *Savons en général.*

Il reste maintenant à décrire le moyen de distinguer la nature de l'alcali employé à la saponification. Pour cela, je rappellerai que la liqueur
au-dessus de laquelle on a séparé la matière
grasse, recèle un acétate ou sur-acétate de
soude ou de potasse. On décèle d'abord l'un ou
l'autre de ces alcalis par l'hydro-chlorate de platine, qui ne louchit pas l'acétate si le savon est à
base de soude, et qui occasionne un précipité
d'un jaune-doré lorsque le savon est à base de
potasse.

Nonobstant ce moyen, qu'on peut employer

instantanément sur l'acétate à un certain degré
de concentration, et qui n'indique que la présence de la potasse, sans en faire connoître la
quantité, il importe de procéder à l'expérience
suivante.

On prend l'acétate liquide provenant de la
décomposition du savon ; on le fait évaporer
dans un creuset d'argent ou de platine. Sur la fin
de l'opération, le mélange s'épaissit, se charbonne et s'enflamme. Lorsque l'hydrogène est
totalement dégagé et que la matière est incandescente, on enlève le creuset du feu et on le
laisse refroidir. Dans cette opération, l'acétate
se décompose, et l'alcali est mis à nu dans un
mélange de charbon et de matière incinérée.

On enlève la matière du creuset au moyen
d'une spatule, et on la pulvérise dans un mortier
de bronze ; on l'arrose d'un peu d'eau distillée
pour en former une pâte qu'on triture encore,
et sur laquelle on jette peu à peu cinq à six
onces d'eau distillée ; on mélange bien le tout
avec le pilon, et on verse la lessive sur un filtre.
Après la filtration de cette dernière, on lave le
creuset et le mortier avec quelques filets d'eau
pure, qu'on jette ensuite sur le résidu dans le
filtre, et on attend la filtration du résultat de ce
lavage.

On prend alors la fiole contenant la totalité de
la lessive, et on la verse dans une capsule de
porcelaine ; on la sature avec l'acide sulfurique
à 10 degrés, dont on a rempli l'alcali-mètre jusqu'à
zéro.

Au cas que le résultat de l'opération soit tel
que 100 grammes de savon aient fourni l'alcali
saturé par 144 degrés de liqueur d'épreuve, il
faut conclure que la saturation a été exercée sur
soixante-douze décigrammes d'alcali de potasse
ou de soude, puisque 100 degrés de liqueur
d'épreuve, représentés par cinq grammes de cette
dernière, sont nécessaires pour saturer cinquante
décigrammes, soit demi-décagramme, ou cent
demi-décigrammes d'alcali pur, sur lequel on
agit d'après l'essai de M. Descroizilles.

En d'autres termes, chaque degré de liqueur
d'épreuve employée, sature exactement un demi-
décigramme d'alcali. Je reviens au résultat de
l'expérience.

Les soixante-douze décigrammes d'alcali dé-
célés par cet essai représentent sept grammes et
deux dixièmes de potasse ou de soude pure contenus dans les cent grammes de savon analysé ;
qu'on ajoute à ce résultat soixante-quatre grammes de corps gras isolé au moyen de l'acide, et
on trouve que le savon contient 28 grammes 5,
ou 28 et demi pour cent d'eau nécessaire à sa
composition.

Je n'ai donc plus qu'à énoncer le moyen à
l'aide duquel on reconnoît la nature de l'alcali
en combinaison avec le corps gras dans le savon
soumis à ces diverses expériences.

On met alors à évaporer au bain de sable et dans la même capsule, le résultat de la saturation de la lessive alcaline par l'acide sulfurique à 10 dègrés; on la chauffe à un feu modéré jusqu'à formation de la pellicule saline.

On laisse refroidir la capsule et la liqueur qu'elle contient. Si on obtient, après le refroidissement, du sulfate de soude en cristaux, le savon est à base de soude. Si au contraire on a du sulfate de potasse cristallisé, le savon est à base de potasse.

On distingue les cristaux de sulfate de soude par de longs prismes à six pans, d'une grande transparence, terminés par un sommmet dièdre. Ce sel s'effleurit promptement à l'air, et se dissout facilement dans un peu moins que son poids d'eau bouillante.

On reconnoît le sulfate de potasse à ces caractères : il cristallise en prismes à six ou à quatre pans très-courts, et terminés par des pyramides à six ou à quatre faces; il ne s'effleurit point à l'air; ses cristaux sont très-durs; il se dissout dans cinq fois son poids d'eau bouillante, et forme de l'alun en le combinant avec le sur-sulfate d'alumine.

Les opérations relatives à l'examen chimique des savons, se réduisent donc à celles-ci : solution aqueuse du savon à chaud; isolement de la matière grasse par l'acide acétique; évaporation à feu nu, jusqu'à la chaleur rouge de l'acétate; solution de l'alcali mis à nu par la calcination; filtration de la lessive, sa saturation à l'alcali-mètre, par l'acide sulfurique à 10 deg., pour en déterminer la quantité, et l'évaporation de la lessive saturée jusqu'à pellicule pour reconnoître, à la nature du sulfate, celle de l'alcali en combinaison avec le savon analysé.

Le troisième moyen d'analyse des savons ayant pour but de s'assurer de leur degré de pureté, consiste à ratisser un hectogramme de savon blanc et à le faire dissoudre dans trois à quatre hectogrammes d'alcool à 35 degrés; on filtre et on lave avec du nouvel alcool, puis on examine la matière restée sur le filtre.

Si, avant la filtration, la dissolution est presque transparente, ou qu'elle l'est parfaitement, c'est un signe que le savon est pur. Dans le cas où sa transparence n'est pas parfaite, on n'y découvre que quelques millièmes d'alumine recélée dans la plupart des soudes artificielles, et ce cas est assez ordinaire. Les savons bleu pâle et bleu vif recèlent environ un centième d'alumine mêlée à l'oxide de fer employé à l'opération de la madrure.

Ainsi, un gramme ou un pour cent de corps terreux sur cent grammes de savon madré, ne doit pas surprendre les personnes peu habituées à l'analyse des savons; mais si, au contraire, on trouve que le résidu resté sur le filtre, bien lavé à l'alcool, pèse trois à quatre grammes, nul doute qu'on y ait introduit des corps terreux, tels que l'alumine ou le carbonate de chaux. Ce dernier fait effervescence avec les acides. L'acide sulfurique forme un magma de sulfate de chaux avec le carbonate calcaire. L'alumine est soluble dans les lessives alcalines bouillantes; c'est pour cela qu'on en trouve des traces dans les savons les mieux fabriqués. La filtration des lessives chaudes à travers les soudes imparfaitement épuisées, donne lieu à la dissolution de l'alumine.

Enfin, le résidu terreux, isolé du savon par l'alcool, et traité par l'acide hydro-chlorique, se dissout dans cet acide. Si on étend cette dissolution d'eau distillée, et qu'on la filtre, on en précipite l'alumine au moyen de l'ammoniaque liquide, au lieu que ce dernier réactif ne louchit point l'hydro-chlorate de chaux également étendu d'eau pure.

On reconnoîtra la présence du carbonate de chaux dans le savon, d'une part, en précipitant la chaux de sa dissolution hydro-chlorique par l'oxalate d'ammoniaque : il se produit un précipité blanc d'oxalate de chaux, d'autre part, en traitant la même dissolution par le sous-carbonate de potasse qui y occasionne un précipité blanc de carbonate calcaire.

Mais je me plais à le répéter ici, la falsification est bannie des savonneries de Marseille. Des cas de la nature de ceux déjà retracés ne se sont rencontrés qu'à une époque fameuse où le vice avoit remplacé la vertu, et que celle-ci étoit proscrite du sol de l'antique Phocée.

FIN.

EXPLICATION DES PLANCHES.

PLANCHE PREMIÈRE,

RELATIVE AUX USTENSILES ET AUX DIVERSES OPÉRATIONS POUR LA FABRICATION
DU SAVON.

(La vignette représente l'intérieur d'une savonnerie dans la partie où sont les chaudières.)

Figure 1.   *a*. OUVRIER qui enfonce le *madras* ou redable dans la chaudière pour faciliter l'entrée des lessives et les mêler à la pâte saponifiée.

Fig. *b*.   Ouvrier qui verse un seau de lessive le long du bâton du madras, afin d'avoir
l'entrée plus libre dans la pâte et faciliter le mélange. (*Aujourd'hui on ne se sert que
de baquets au lieu de seaux.*)

Fig. *c*.   Autre ouvrier prêt à enfoncer le madras dans la matière pour la remuer.

Fig. *d*, *d*, *d*.   Disposition des chaudières; (elles sont ordinairement sur une seule
ligne.)

Fig. *e*, *e*.   Bassins pour les lessives, dits *barquieux*.

Fig. *f*, *f*.   Regards des piles à huile.

BAS DE LA PLANCHE.

Fig. 1.   Madras ou redable pour remuer les matières dans les chaudières.

Fig. 1. n°. 2.   Plan de madras. (C'est une planche carrée et adaptée à la fig. 1, ou
bâton du madras.)

Fig. 2 et 2. n°. 2.   Élévation et plan du pucheux dit *picadou* pour ôter les matières des
chaudières.

Fig. 3.   Fil de fer monté sur un bâton pour couper le savon blanc.

Fig. 4.   Pelle de fer pour couper le savon madré.

Fig. 5.   Masse de bois pour aider à couper le savon avec le couteau. (On ne se sert plus
aujourd'hui de cette masse.)

Fig. 6.   Baquet ou cornue pour le service des lessives. (Sa forme est plus conique
qu'elle n'est représentée par la figure.)

Fig. 7 et 7. n°. 2. Plan et élévation de la casserole de fer avec son tuyau pour porter l'huile aux chaudières. (Cet instrument n'est plus usité). On fait aujourd'hui parvenir l'huile aux chaudières au moyen d'un canal en bois. Le même canal sert aussi pour faire couler la pâte du savon madré dans les mises.

Fig. 8 et 9. Plan et coupe du canal de bois pour couler le savon dans les mises.

Fig. 10 et 11. Coins et haches de fer pour fendre le bois. (On ne se sert plus actuellement que de la houille, pour combustible, dans les savonneries.)

Fig. 12. Casse ou casserole pour enlever le savon blanc des chaudières; (elle est munie d'un plus long manche.)

Fig. 13. Masse de bois ferré pour enfoncer les coins dans le bois. (Inusité.)

Fig. 14. Pelle de fer pour mêler la soude pilée avec la chaux délitée, et projeter ce mélange dans les barquieux.

Fig. 15 et 16. Masses de fer pour briser les blocs de soude en divers morceaux.

Fig. 17. Autre pelle de fer pour jeter le charbon dans les fourneaux.

Fig. 18. Couteau pour couper le savon blanc : celui pour couper le savon madré est beaucoup plus long; l'un et l'autre sont munis d'un manche de bois, placé horizontalement au bout du manche.

Fig. 19 et 20. Platines de fer pour briser la soude sur le *picadou*. (Le picadou non représenté sur la planche est un bloc de pierre dure, sur lequel on pile la soude.)

Fig. 21. Croc de fer pour remuer la braise dans le fourneau.

Fig. 22. Matras pour fermer le canal ou l'épine des chaudières.

Fig. 23. *Fourcas* pour porter le bois dans les fourneaux. (Inusité)

PLANCHE II.

Plan d'une manufacture de savon et opérations pour faire le savon.

a, a, a. Piles à huile. b, b, caves. c, c, bassins pour les secondes lessives. d, d, fourneaux. Fig. 1re. e, e, e, bouche à feu, en forme de carré long, construite en briques et voûtée, par laquelle on projette le charbon sur le fourneau; elle sert aussi à reporter la braise en avant pour diminuer ou ôter le feu à la chaudière. f, f, f, bassins pour les premières lessives. g, g, cheminées. h, h, canaux pour porter les lessives des chaudières dans l'épine. i, i, i, cuves pour recevoir les lessives de l'épine. l, l, abat-jours pour jeter le bois. m, m, bassin pour recevoir les écoulemens des cuves. n, n, canaux de sortie des lessives.

96

EXPLICATION

Fig. 2. Ouvrier qui remue les matières dans les chaudières avec le madras sur lequel un autre ouvrier fait couler un baquet de lessive pour la mêler avec la pâte savonneuse. (Aujourd'hui on projette la lessive circulairement sur toute la pâte.)

Fig. 3. Ouvriers occupés à enlever avec des pucheux la matière des chaudières pour la transporter dans les mises, ou, comme on le fait aujourd'hui, pour couler le savon madré dans le canal appuyé sur le bord des chaudières.

Fig. 4. Autre ouvrier occupé à faire couler l'huile de la casserole dans les chaudières. (Aujourd'hui l'huile est extraite des piles au moyen des pompes, déversée dans le canal et versée dans les chaudières, ou bien on fait parvenir les futailles d'huile au bord des chaudières, à l'aide d'une forte planche inclinée, et après les avoir débouchées, on les vide : on peut également les vider au moyen d'une petite pompe mobile ou susceptible d'être transportée au bord des chaudières.)

PLANCHE III.

Plan du rez-de-chaussée d'une manufacture de savon.

Fig. 1. n°. 1. *a*, porte d'entrée. *b*, *b*, *b*, portiques de communication pour le service des chaudières. *c*, *c*, mises pour le savon madré. *d*, *d*, grands escaliers pour le service des magasins. *e*, *e*, bassins, dits *barquieux*, pour les lessives. *f*, *f*, *f*, bassins souterrains pour recevoir les premières lessives. *h*, *h*, autres bassins souterrains pour recevoir les secondes lessives. *i*, *i*, fontaines. *l*, *l*, regards des piles à huile. *m*, massif pour soutenir les chaudières. *n*, *n*, regards pour presser les lessives dans l'épine. *o*, *o*, tuyaux de cheminée des fourneaux. *p*, *p*, chaudières en briques, dont le fond est de cuivre. *q*, *q*, regards pour la lessive des mises, qui a servi à la madrure. *r*, *r*, magasins pour mettre les soudes ou matières. *s*, *s*, cours pour le bois. (Aujourd'hui on tient le charbon de terre dans la cave). *t*, *t*, magasin pour la chaux.

PLANCHE IV.

Plan du premier étage d'une savonnerie, et opérations pour partager et couper également le savon.

Fig. 1. *a*, *a*, lieux où l'on fait sécher le savon blanc, dit *Eyssugan*; on y encaisse aussi les trois qualités de savon. *b*, *b*, mise ou magasin pour le savon blanc. *c*, *c*, passages entre les mises et le savon blanc. *d*, *d*, magasins pour couper le savon blanc. *e*, *e*, arrivée de l'escalier au premier étage.

Fig. 2.

Fig. 2. Trois ouvriers occupés à couper une pièce de savon. (On ne pratique plus cette opération de la même manière; deux hommes suffisent aujourd'hui par le moyen décrit aux sections qui y sont relatives.)

Fig. 3. Ouvrier coupant le savon avec le fil de fer (fig. 3. planche 1re.), lequel passe dans les lignes tracées sur la boîte qui contient cette pièce de savon. (On ne coupe aujourd'hui avec le fil de fer que de petites pièces de savon, qu'on divise par ce moyen en longues barres et en petits morceaux carrés pour la commodité du savonnage.)

PLANCHE V.

Coupe sur la largeur de la manufacture de savon sur les n°s. 3 et 4 de la planche III.

Fig. 1, *a, a, a,* grand emplacement au premier étage, employé pour faire sécher le savon blanc. *b, b,* grandes chaudières bâties en maçonneries et en briques, avec un fond de cuivre épais pour faire chauffer les matières. *c, c,* fourneaux des chaudières. *d, d,* passage des fourneaux. *e, e,* caves ou corridors souterrains pour la communication de chaque fourneau. *f, f,* bassins pour les lessives. *g, g,* autres bassins pour les secondes lessives. *h,* massif pour soutenir les chaudières. *i, i, i,* cours pour serrer le bois. (Une cour est inutile aujourd'hui pour le bois, puisqu'on se sert du charbon de terre qu'on jette dans la cave, non loin des fourneaux, par une trappe pratiquée au rez-de-chaussée de la fabrique.)

Coupe de la longueur de la manufacture de savon, prise sur les n°s. 1 et 2 de la planche III.

Fig. 2. *a, a,* Séchoirs pour le savon blanc. *b, b,* superficie des chaudières. *c, c,* bassin des lessives. *d,* cave. *e,* escalier pour le premier étage. *f,* portique d'entrée pour l'atelier.

PLANCHE VI.

Savonnerie, plan et coupe d'une grande manufacture de savon.

Cette planche n'est, à proprement parler, qu'une répétition de ce qui a été dit à l'explication des planches 2 et 3, à la seule différence que le plan de celle-ci n'est que de 4 chaudières tandis que la planche 3 en représente 6.

Ainsi les figures *a, a, a, a,* sont les fourneaux. *b, b, b, b, b,* les chaudières. *c, c, c, c,* les bassins pour la lixiviation des soudes. *o, o, o, o,* les mises pour le savon madré, etc.

FIN DE L'EXPLICATION DES PLANCHES.

TABLE DES MATIÈRES.

FIN DE LA TABLE DES MATIÈRES.